실세계 시스템 기반의

데이터베이스 설계

Database design based on real-world systems

김창화 지음

21세기사

많은 컴퓨터 전공 서적들은 주제들과 그 주제와 관련된 개념이 무엇인지를 설명하고 그 주제가 방법이나 기술이면 어떻게 하는 것인지를 다룬다. 그 가운데 책을 잘 저술했다고 생각하는 경우는 많지 않다. 하지만 여러 영문의 전공 서적들을 읽다 보면 책을 정말 잘 저술했다고 종종 생각하곤 한다. 그 이유를 곰곰이 잘 생각해 보면, 잘 쓴 책들은 주제를 다룰 때 주제와 관련된 개념과 방법 및 기술에 관한 것 외에도, 그 주제를 왜 다루어야 하는지에 대한 필요성과 목적에 대해 명확히 제시하고, 그 주제에서 다룬 이론이나 방법의 장점과 문제점들을 논리적으로 제시하며, 유사한 이론이나 방법들과 비교할 때의 장단점들을 그 근거와 함께 합리적으로 잘 서술하고 있음을 발견할 수 있다. 게다가 좋은 전공 서적은 제시한 일련의 주제들과 관련된 개념들이 더 큰 주제로 이어지는 연계된 흐름 속에 독자는 그 흐름으로부터 주제와 개념과 이론과 방법들 사이에서 이들 각각의 기능과 역할을 이해하는 가운데 이들에 대한 지식과 그 연계성을 공고히 형성하게끔 유도한다. 좋은 서적의 또 한 가지 매우 중요한 요건은 저자 고유의 관점을 가지고 구성한 주제와 개념을 전개함으로써 독자가 새로운 관점의 지식의 틀을 형성하게 하고 생각하게 만드는 것일 것이다.

아직 부족한 점은 많겠지만, 이 책은 앞에서 언급한 좋은 책의 조건을 기준으로 다음의 방향과 내용으로 저술에 충실히 임하고자 했다.

그 첫째로, 이 책은 데이터베이스와 관련된 기사 시험이나 데이터베이스 개념의 단순한 암기와 도구 활용 기술을 빨리 습득하기 위한 것에서 탈피하여, 다루는 주제의 개념과 이론과 방법에 관한 소개는 물론 그 주제와 개념, 이론과 방법이 소개된 이유와 원리, 그 장점과 문제점, 그리고 다른 이론이나 방법과의 비교를 다루고자 했다.

이를 위해 각 주제 단원의 시작에서 그 주제가 소개되는 이유를 소개하고, 단원 내용에서 개념과 원리, 이론과 방법, 장단점과 비교에 대해 상세히 다루고자 했다. 단원 내용 전개에서 볼 때, 이 책은 빠른 단순한 내용 암기를 위해 개념 지식을 요약하거나 시각적 효과를 위한 현란한 그림 위주의 전공 서적은 아니다. 즉, 단편적인 내용의 저술에서 탈피하여 이 책은 전문 서적으로서 다양한 측면에서 풍부하고 상세한 설명을 제공하는 가운데 이해에 필요한 그림과 표를 제시함으로써 독자에게 폭넓고 깊은 지식의 틀 형성을 돕고자 했다.

둘째로, 이 책은 대주제인 데이터베이스 설계와 트랜잭션 처리의 여러 개념에 대해 이론과 방법을 연관성 없이 단순히 제시하기보다는 이 대주제 각각에 대해 흐름 중심의 주제와 세부 주제들을 구성하고 그 흐름 속에서 독자가 작은 개념의 이론과 방법에서 출발하여 점차 큰 주제의 개념과 방법에 대한 지식 체계를 형성해 갈 수 있도록 하고자 했다.

이를 위해 이 책은 1장부터 9장에 이르기까지 실세계와 시스템, 개념적 설계, 논리적 설계, 구현에 이르는 흐름의 데이터베이스에 대한 이론과 설계 프로세스를 다루었다. 특히, 이 단계적 흐름 속에서 필요한 개념과 이론 그리고 방법들을 소개함으로써 설계 프로세스의 맥락에서 이론과 방법에 대한 이해성과 적용성을 높이고자 했다. 또한, 이 책의 10장부터 12장까지는 데이터베이스에 접근하는 프로그램인 트랜잭션의 개념 소개, 이를 바탕으로 하는 트랜잭션 복구, 또 이를 기반으로 하는 트랜잭션 동시성 제어 개념과 방법의 흐름으로 그 주제와 내용을 다루었다.

셋째로, 데이터베이스 설계 기술은 관심 세계(universe of discourse)를 포함하는 실세계(real world)가 기본과 기준이 되는 기술로서, 이 책은 시스템적 관점에서 실세계로부터 데이터베이스 설계 기술로 이어지는 연계선 상에서 데이터베이스 설계를 실세계 시스템의 변환 개념으로 소개함으로써 다른 관련 서적과 다른 시각에서 데이터베이스 설계를 다루고자 했다.

관심 대상인 실세계 시스템을 컴퓨터 세계로 반영한 반사체가 바로 데이터베이스인데, 이 책은 실세계를 시스템적 관점에서 컴퓨터 세계로 변환하는 과정을 다루고 이 과정의 단계마다 실세계를 반영하는 중요한 상세 내용을 소개함으로써 실세계가 데이터베이스로 변환되는 프로세스와 이에 필요한 이론과 방법을 상세히 다루었다. 독자는 이 책의 1장부터 9장을 통해 시스템인 실세계가 데이터베이스 설계의 기초가 됨과 동시에 설계와 구현의 기준이 된다는 점을 확인할 수 있을 것이다.

넷째로, 소개한 이론과 방법과 절차에 따라 실세계를 컴퓨터 세계로 변환하는 데이터베이스 설계 프로세스를 직접 경험해 보는 기회를 이 책 속에서 담고자 했다.

앞에서 소개한 것처럼, 실세계 시스템을 컴퓨터 세계로 변환하는 과정의 관점에서 데이터베이스 설계를 다룬 내용과 함께, 이 관점의 접근 방법으로 구성된 프로세스를 작은 실세계에 직접 적용하여 경험하는 내용을 다룸으로써 타 관련 서적과 확실한 차별화를 이루었다. 이에 관하여, 7단원까지 소개한 이론과 모델과 방법을 가지고 8장에서 다룬 실세계 시스템에 기반한 데이터베이스 설계 프로세스를 강의 실세계 시스템에 적용하는 과정을 독자가 9장에서 직접 경험할 수 있도록 하고자 했다.

다섯째로, 데이터베이스에 접근하는 프로그램 단위를 트랜잭션이라 하는데, 이 책에서는 트랜잭션과 관련하여 꼭 다루어야 할 트랜잭션 개념, 복구, 동시성 제어에 대한 이론과 방법 종류들을 다루면서 구체적인 예와 함께 상세하고 풍부한 설명을 제시하고자 했다.

이를 위해 10장의 트랜잭션 개념 소개에서 트랜잭션이 갖추어야 할 성질이 무엇인지를 소개하는 것으로 끝나지 않고 각 성질을 갖추어야 하는 이유에 대해 구체적인 예와 설명으로 소개했다. 또한, 11장의 트랜잭션 복구와 12장의 트랜잭션의 동시성 제어에서 그 개념과 방법들 소개는 물론, 각 방법에 대한 구체적인 예를 들고 방법을 절차적으로 적용하는 과정을 하나씩 보이며 설명함에 따라 독자가 방법에 대해 쉽게 이해하고 적용 또한 가능하게 하고자 했다. 이와 더불어, 주제를 소개하는 단원에서 제시된 방법이 갖는 장점과 문제점을 다루고 다른 방법과 비교했을 때의 장단점을 그 이유와 함께 다루었다.

이 책이 나오기까지 사실 오랜 기간이 흘렀다. 처음 작성된 원고를 만지작거리며 조금 수정해서 책을 발간하고자 했지만 조금 시간이 흐른 뒤에 살펴보면 너무 창피할 정도로 설명이 매우 부족하고 매우 단편적이며 어색한 문장 표현도 많아서 원고의 내용과 문구의 보완과 수정을 거듭해 왔다.

전체 원고가 작성된 후에도 출판사와 다섯 번의 수정을 거치면서 오자·탈자는 물론 부정확한 표현, 어색한 문장, 부족한 설명, 잘못된 그림과 표 등에서 여러 가지 보완 작업을 거쳤다. 그런데도 이 책이 발간된 후 발견될 몇몇 오류들에 대해 독자들에게 미리 넓은 양해를 구한다.

끝으로 출판의 기회를 주신 21세기사 이범만 대표님과 무척이나 무더웠던 2024년 여름에 원고 편집과 수정에 정성을 다해주신 21세기사 관계 직원 여러분께 진심으로 감사의 말씀을 전한다.

항상 참된 동기를 부여하는 아내에게 항상 그러하듯 무한한 고마움을 전하며

2024년 9월
저자 김 창 화

C O N T E N T S

CONTENTS

CONTENTS

C O N T E N T S

C O N T E N T S

CONTENTS

C O N T E N T S

CHAPTER 1

실세계와 시스템 그리고 데이터베이스

1.1 시스템과 실세계

1.2 데이터베이스 시스템 특성

1.3 데이터베이스 추상 레벨과 데이터 독립성

1.4 데이터베이스 시스템 구성

1.5 데이터베이스 시스템 기술의 발전 과정

가깝게는 웹 기반의 온라인 쇼핑몰에서부터 은행, 기업, 제조업, 대학, 항공 예약, 소셜 미디어, 온라인 판매, 온라인 광고, 중앙·지방 정부 서비스, 각종 인터넷 기반 서비스 플랫폼, 연구 등 거의 현대 사회 전 분야에 걸쳐 데이터베이스 시스템이 활용되고 있다. 이러한 제반 분야에서 데이터베이스 시스템은 우리가 관심이 있는 실세계(real world) 혹은 관심 세계(universe of discourse)를 대상으로 사용자가 필요로 하는 데이터를 저장하여 다양한 정보를 신속하고 정확하게 제공하는 중요한 서비스를 제공한다.

여기에서 데이터베이스 시스템의 한 구성요소인 데이터베이스는 우리가 관심이 있는 실세계로부터 다양한 정보를 얻기 위해 데이터를 저장하고 필요하면 언제든지 저장된 데이터로부터 원하는 정보를 얻게 할 수 있는 역할을 한다. 이러한 역할을 하기 위해 데이터베이스는 우리가 관심이 있는 시스템으로서의 실세계(여기에서, 우리는 실세계를 관심 세계도 포함하는 것으로 한다)를 데이터 형태로 잘 반영해야 한다. 데이터베이스는 실세계를 반영하는 데이터를 저장할 수 있을 뿐 아니라, 저장되는 데이터의 틀(frame)도 제공하며, 데이터에 빠르게 접근하고 실세계를 오류 없이 정확히 반영하도록 하는 별도의 데이터도 포함한다. 이러한 점에서 사용 데이터만 저장한 데이터 세트(data set)와는 명백히 구분된다.

데이터베이스 시스템은 데이터베이스만이 아닌 데이터베이스에 접근하고 관리하는 소프트웨어인 데이터베이스 관리 시스템, 데이터를 생성하고 조작하고 제어하기 위한 데이터 언어, 데이터베이스를 사용하는 응용 프로그램, 데이터베이스 관리자를 비롯한 여러 유형의 사용자 등으로 구성되어 이 구성요소들이 상호작용하면서 서로 간에 서비스를 제공하기도 하는 시스템이다.

이 단원에서는 데이터베이스에 대한 개념과 함께 데이터베이스를 하나의 구성요소로 포함하는 데이터베이스 시스템에 대한 개념과 시스템 구성을 소개하고자 한다. 이를 위한 이 단원의 내용을 소개하면 다음과 같다. 1.1절은 먼저 시스템 개념과 시스템으로서의 실세계 특성을 소개하고 데이터베이스에서 데이터가 무엇을 반영해야 하는지를 설명한다. 1.2절은 데이터베이스 시스템이 출현하게 된 이유와 이 이유에 근거한 데이터베이스 시스템의 특성들을 소개한다. 1.3절은 데이터베이스를 인식하는 관점과 관련하여 세 가지 데이터 추상화 레벨을 소개하고 데이터 추상화를 통해 얻는 이점을 살펴본다. 1.4절은 데이터베이스 시스템의 아키텍처와 함께 이 시스템을 구성하는 각 구성요소의 기능과 역할을 하나씩 소개한 후, 네트워크상에서 데이터베이스 시스템에 대한 구성 모델을 소개하는 한편, 1.5절은 데이터베이스 시스템에 대한 현재까지의 발전 과정을 저장 시스템 초창기부터 살펴본다.

1.1 시스템과 실세계

1.1.1 시스템(system)이란?

우리는 시스템이란 용어를 자주 듣기도 하고 또한 사용하기도 한다. 시스템은 우리 용어로 체계 또는 체제로 번역되어 사용된다. 사실, 우리 자신 자체가 시스템이기도 하면서, 또 한편으로는 시스템 속에 한 구성요소이기도 하다. 우리가 관심을 두거나 다루고 있는 관심의 대상들은 대부분 이러한 시스템 측면에서 표현되고 관리된다. 그러면, 시스템이란 무엇인지에 대하여 설명하라면 어떻게 설명할 수 있을까?

시스템을 한마디로 정의하기에는 매우 부족한 면이 있다. 그러나 본 내용에서 다루는 데이터베이스는 시스템 측면에서 이해하고 설계하고 구성하고 관리되기 때문에 시스템에 대한 일반적이고 구체적인 개념을 정확히 이해할 필요가 있다.

시스템이란 무엇인지를 잘 이해하기 위해 먼저 시스템의 조건을 몇 가지 살펴보는 것이 좋을 것이다. 시스템의 조건은 다음의 세 가지로 요약하여 설명할 수 있다.

조건 1. 시스템(system)은 구성하는 하나 이상의 구성요소들을 갖는다.

시스템의 특성 중 하나는 시스템은 하나 이상의 요소들에 의해서 구성된다는 점이다. 시스템의 각 구성요소는 해당 시스템 내에서 고유의 역할과 기능을 담당한다. 실재하는(즉, 실제로 존재하는) 시스템의 한 예로서 그림 1.1 (a)의 '데이터베이스' 강의 시스템을 살펴보자. 그림 1.1 (a)의 이 강의 시스템은 '김창화' 교수, '조선희' 학생과 '김정호' 학생, '데이터베이스' 교과목, 그리고 'W6-306호' 강의실 등의 개체들을 각 구성요소로 하는 시스템이다. 여기에서 **개체(entity)**란 3.1.1절에서 다시 소개되겠지만 유일하게 구별되는 존재를 말하며 **인스턴스(instance)**라고도 부른다. 개념적으로는 조금 다를 수 있지만, 객체지향 언어(Object-Oriented Language)와 객체지향 데이터베이스(Object-Oriented Database)를 아우르는 **객체지향 패러다임(Object-Oriented Paradigm)**에서 개체, 혹은 인스턴스와 유사한 개념이 **객체(object)**이다.

그림 1.1 (a) 강의 시스템의 '조선희' 학생과 '김정호' 학생에서 학생은 특정 개체를 지칭하는 것이 아니라 '조선희' 개체와 '김정호' 개체가 속하는 범주, 즉, 카테고리를 의미한다. 학생을 비롯하여 교수, 교과목, 강의실과 같이 개체가 속하는 범주, 즉, 카테고리를 **개체 타입(entity type)**이라고 부르며 개념적으로는 약간 다를지라도 객체지향 패러다임에서 **클래스(class)**와 거의 유사한 개념이다.

그림 1.1 (a)가 개체 레벨에서의 강의 시스템이라면 그림1.1 (b)는 개체 타입 레벨에서의 강의 시스템을 나타낸다. 그림 1.1 (b)에서 시스템의 구성요소는 각각 사각형으로 표시되었다. 교수는 지식을 전달하는 기능

과 역할을 하며, 학생은 지식습득, 교과목은 교수가 담당(강의)하고 학생이 수강하는 대상으로서 학생과 교수 사이의 매개 역할을 한다. 또한 강의실은 교수와 학생이 지식의 전달과 습득을 위한 공간의 역할을 한다.

조건 2. 시스템을 구성하는 각 구성요소는 다른 구성요소 혹은 자기 자신과의 사이에서 관계(relationship)를 갖는다.

이 관계는 구성요소들 사이에 맺어진 **정적 관계(static relationship)**가 될 수 있고 물리적으로 주거나 받을 수 있는 상호작용과 같은 **동적 관계(dynamic relationship)**일 수도 있다. 또한, 정적이든 동적이든 관계가 한 구성요소에서 다른 구성요소로 향하는 일방적일 수도 있다.

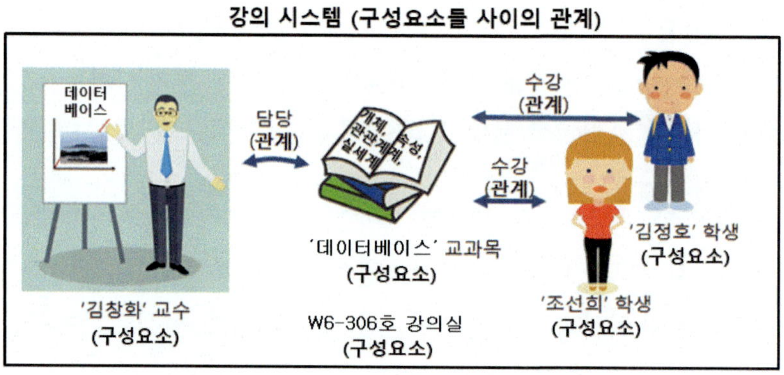

(a) 개체 레벨에서의 강의 시스템('데이터베이스' 강의 시스템)

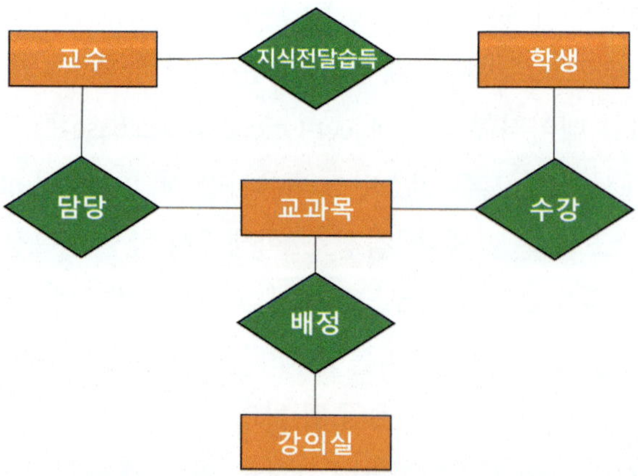

(b) 개체 타입 레벨에서의 강의 시스템('데이터베이스' 강의 시스템의 추상화)

그림 1.1 강의 시스템 예

시스템의 구성요소들은 서로 유기적으로 상호작용을 하면서 고유의 기능과 역할을 한다. 그림 1.1 (b)의 강의 시스템은 개체 타입 레벨에서 교수는 학생에게 지식을 전달하며 학생은 교수로부터 지식을 전달받는 상호작용 혹은 상호관계를 갖는다. 교수는 교과목을 담당하고 학생은 교과목을 수강하는 측면에서 보면 교수와 교과목 사이에서는 담당 관계가 존재하며 학생과 교과목 사이에는 수강 관계가 존재한다. 한편 그림 1.1 (b)에서 나타난 것처럼 강의실은 일반적으로 교과목에 배정되므로, 이 둘 사이에는 배정 관계가 존재한다고 볼 수 있다. 지식의 전달과 습득 관계는 상호작용 관계로 볼 수 있으며 담당, 수강, 배정 관계는 물리적으로 주고받는 매개체가 없으므로 정적인 관계로 볼 수 있다. 강의 시스템 구성 예의 그림 1.1 (b)에서 구성요소들 사이에 존재하는 상호관계는 다이아몬드 도형으로 나타내었으며 다이아몬드 도형에 연결된 연결선은 이 관계에 관련된 구성요소들을 나타낸다. 이 강의 시스템 예에서 시스템 구성요소와 구성요소 간에 존재하는 상호관계는 보는 관점에 따라 다를 수가 있으므로 사람에 따라 강의 시스템을 다르게 나타낼 수 있음을 유념하자.

개체 레벨에서의 관계는 그림 1.1 (a)에서 제시되었다. 그림 1.1 (b)에서 하나의 관계로 표현된 수강 관계가 그림 1.1 (a)의 예에서는 '데이터베이스' 개체와 '조선희' 개체 사이의 수강 관계와 '데이터베이스' 개체와 '김정호' 사이의 수강 관계 각각으로 표현된 것을 주의 깊게 관찰하자. 그림 1.1 (a)는 관계를 개체 레벨에서 개체들 사이에서 물리적 혹은 논리적으로 존재하는 개개의 관계를 표현한 것이며 그림 1.1 (b)는 이를 추상화하여 개체 타입 레벨에서 이 개개의 관계들이 속하는 관계의 범주인 **관계 타입(relationship type)**으로 표현한 것이다.

조건 3. 시스템은 추구하는 목표를 가질 수 있으며 타 시스템과 관련한 기능 또는 역할을 담당한다.

시스템의 세 번째 조건 내지 특성은 시스템은 추구하는 목표를 갖거나, 또는, 다른 외부 시스템과 관련하여 고유의 기능이나 역할을 담당한다는 점이다. 앞의 강의 시스템 예에서 강의 시스템의 궁극인 목표란 지식의 신속한 전달과 습득이 될 수 있으며, 학생들은 자신의 입장에 따라 강의 시스템 목표가 졸업에 필요한 학점 이수가 될 수도 있을 것이다. 또한 강의 교과목이 무엇이냐에 따라 다른 목표가 될 수도 있다.

시스템에 대한 개체 타입 레벨에서의 다른 예로 하드웨어 시스템을 들어보자. 하드웨어 시스템의 구성요소는 입력장치, 출력장치, 기억장치, 연산장치, 제어장치 등의 요소들로 구성되며, 각각은 고유의 기능 혹은 역할을 갖는다. 입력장치는 외부로부터 내부로의 데이터를 입력하는 기능을, 출력장치는 내부의 데이터를 외부로 출력하는 기능을, 기억장치는 데이터를 일시적 또는 영구히 보존하는 기능과 역할을 담당하며, 연산장치는 산술연산과 논리연산, 비교연산을 처리하는 기능을, 제어장치는 명령어 처리와 다른 구성요소들의 제어 기능을 담당한다. 이들 구성요소는 자신의 기능과 역할을 제어신호와 데이터를 서로 주고 받으면서 수행한다. 즉, 구성요소들 사이에 상호작용을 통한 상호관계를 갖는다. 하드웨어 시스템은 소프트웨어 시스템과 연관되어 소프트웨어가 처리하는 업무를 물리적 기능으로 처리하는 역할을 담당한다.

이상의 조건들을 종합해보면, **시스템**이란 **상호작용하거나 혹은 상호관계를 갖는 하나 이상의 구성요소들로 구성된 하나의 집합체**로 정의할 수 있다. 게다가 시스템은 추구하는 목표를 가질 수 있고 타 시스템들과 상호작용 혹은 상호관계를 가지면서 특정 기능과 역할을 행할 수 있다. 시스템에 대한 이 정의는 시스템을 다양한 관점에서 정의하는 데 부족한 면이 있다. 그러나 이 정의를 정확히 이해한다면 데이터베이스에 대한 이해는 물론 타 학문 관련 분야와 실생활의 많은 분야에서 우리의 관심 대상에 대해 체계적인 파악과 분석이 용이해지고 응용 면에서도 새로운 시스템에 대한 체계적 요구분석과 설계가 수월할 것이다.

한편, 그림 1.1 (b)에서 개체 타입 레벨에서 표현한 강의 시스템은 그림 1.1 (a)에서 소개한 개체 레벨의 '데이터베이스' 강의 시스템에만 해당하는 것이 아니라 '빅데이터' 교과목, '운영체제' 교과목과 같은 개체 레벨의 다른 모든 강의 시스템을 포함할 수 있는 일반적인 강의 시스템의 틀을 형성하는 것을 알 수 있다.

사실, 개체 레벨의 시스템에서 개체는 생성되기도 하고 소멸하기도 하는 등 시스템 내에서 그 존재가 시간에 따라 달라진다. 관계도 또한 개체 레벨의 시스템에서 마찬가지이다. 예를 들어, 그림 1.1 (a)는 어느 한 시점에서 '데이터베이스' 강의 시스템 상태를 나타낸 것으로 만일 '조선희' 개체가 '데이터베이스' 교과목 수강을 철회한다면 '데이터베이스' 강의 시스템에서 '조선희' 개체는 존재하지 않게 되고 '데이터베이스' 교과목 사이의 수강 관계도 존재하지 않게 된다. 또한, 다음 학기에는 학생 개체들이 달라지고 결과적으로 '데이터베이스' 교과목에 대한 수강 관계도 다른 개체들 사이에 존재하는 관계가 될 것이다.

하지만, 개체 타입 레벨에서의 시스템에서 개체 타입과 관계 타입은 개체와 관계처럼 시간에 따라 수시로 변동되는 것은 아니다. 그림 1.1 (b)를 가지고 앞의 설명을 통해 살펴본 각 개체 타입과 이들 사이의 각 관계 타입은 개체와 관계처럼 시간이 지남에 따라 그 존재가 심하게 변동되진 않는다. 또한, 개체 타입과 관계 타입은 각각 그 범주에 속하는 개체들과 관계들을 모두 수용할 수 있는 개념이다.

결론적으로 미리 말하면, 데이터베이스는 시스템인 관심 세계의 상태를 반영한 것으로 결국 개체 레벨에서의 개체와 관계에 대한 데이터를 포함하지만, 데이터베이스 설계에서는 시간에 따라 변동되는 개체와 관계들을 모두 수용할 수 있는 개체 타입과 관계 타입으로 이루어지는, 관심 세계 시스템에 대한, 틀(frame)을 형성한다. 이와 관련하여 데이터베이스 설계에 대한 설명이 2장에서 자세히 소개된다.

1.1.2 실세계(real world)란?

실세계란 관심의 대상인 실재(실제로 존재)하는 시스템을 의미한다. 그래서 실세계를 실 시스템(real system)이라고도 부른다. 여기에서 '존재'의 의미는 반드시 가시적인 물리적 존재만을 의미하는 것은 아니다. 예를 들어 대학 시스템을 고려해 보자. 대학 시스템은 학생, 교수, 직원 등의 물리적 구성요소들만 존재하는 것이 아니라 학칙, 업무부서, 단과대학, 각 부서 간에 주고받는 정보, 업무 처리 절차 등을 포함하는 구성요소들과 유기적인 관계를 포함하는데 이들 대부분은 물리적이지 않으면서 가시적이지도 않다. 따라서 '존재'의 의미는 가시적 혹은 비가시적인 물리적 또는 논리적 존재를 의미한다. 이러한 의미로 볼 때 사이버 대학도 실세계가 될 수 있다. 사이버 대학은 물리적으로 대학 건물이 존재하지는 않지만, 교수와 학생, 관리자 등의 물리적 구성요소를 포함하여 등록, 수강 신청, 성적처리 등 절차적 업무 기능과 관리 담당 부서 등이 논리적으로 존재하므로 실세계에 포함할 수 있다.

실세계는 구성요소들이 상호작용을 하면서 고유의 기능을 수행한다. 대부분 각 구성요소는 또 하나의 시스템이 될 수 있다. 하드웨어 시스템의 구성요소 중의 하나인 출력장치는 이를 구성하는 부품들이 각각 구성요소가 되며 이들 구성요소 간의 상호 작용으로 고유의 출력 기능을 수행한다. 따라서 출력장치도 1.1.1절에서 소개한 시스템 조건 모두를 충족하는 하나의 시스템이다. 이처럼 하나의 시스템을 이루는 구성요소로서의 시스템을 서브 시스템 또는 하부 시스템, 혹은 부 시스템이라 하며 영어로는 **subsystem**으로 표현한다.

일반적으로 시스템인 실세계는 자신의 고유 기능을 수행하는 동안 자신의 상태가 지속해서 변화한다. 예를 들면 '데이터베이스' 강의 시스템 실세계에서 처음 25명의 학생이 수강을 신청한 후 5명이 휴학했다면, 이 실세계는 처음에는 25명의 학생 개체들로 구성된 시스템이었지만 5명의 휴학 후에는 20명의 학생 개체들로 구성된 시스템으로 구성 개체들의 상태가 변화한 것이다. 이때, 이 실세계에서 휴학한 학생 개체 각각이 '데이터베이스' 교과목과 가졌던 수강 관계도 동시에 없어지는 상태 변화도 주시하자.

이렇게 실세계가 시간에 따라 그 상태가 변화하는 가운데 인간이 실세계로부터 필요한 정보를 정확히 얻기 위해서는 현재 상태를 정확히 반영한 데이터가 요구된다. 또한 시간에 따라 변화하는 각 상태에 대한 데이터를 모두 필요로 할 수도 있다. 컴퓨터 시스템에서는 이와 같은 실세계 상태를 나타내는 정보가 데이터로 표현되어 파일 형태로 저장되거나 데이터베이스 형태로 존재하게 된다. 데이터베이스는 시스템인 관심 실세계의 상태를 표현한 데이터들의 집합체로서 그 개념과 특징이 다음의 1.2 절에서 소개된다.

1.2 데이터베이스 시스템 특성

우리는 살아가면서 시간에 따라 변화하는 실세계에 대해 원하는 정보를 빠르고 정확하게 얻고자 원한다. 정확한 정보를 위해 서적, 비디오, 대중매체 등, 실세계 정보를 담고 있는 다양한 매체를 뒤진다. 그러나 이 방법은 매체를 확보하고 필요한 정보를 획득하는 데 시간이 오래 걸릴 뿐만 아니라 이 매체들이 담고 있는 정보는 시간이 지나면 변화한 실세계를 더 이상 정확히 반영하지 못하여 쓸모없는 정보가 된다.

컴퓨터를 이용하는 정보 시스템은 시간에 따라 변화하는 실세계에 대한 다양하고 많은 정보를 선별, 분석하여 특정 분야에 응용할 수 있도록 우리를 지원한다. 컴퓨터 정보 시스템은 실세계로부터 발췌와 정제를 통해 획득한 상태 데이터를 컴퓨터 보조기억장치에 저장한 후 사용자의 필요에 따라 새로운 데이터 삽입, 갱신, 삭제를 통해 변화하는 실세계의 상태를 정확히 반영할 뿐만 아니라 이 연산들과 검색을 통해 정보의 순환이 이루어진다.

컴퓨터를 이용하여 데이터를 처리하는 데 중요한 것은 데이터의 저장과 이용 방법이다. 여기서 **데이터(data)**란 의사결정을 위한 정보의 재료이다. 컴퓨터에 저장된 데이터베이스는 시간에 따라 변화하는 시스템으로서의 실세계에서, 실세계를 구성하는 구성요소들과 각 구성요소의 정보 그리고 이들 사이의 관계에 대해 특정 시점에서의 상태 정보를 표현한다. 컴퓨터에 저장된 데이터베이스로부터 정확한 정보를 얻기 위해서는 데이터베이스의 데이터가 실세계의 이러한 상태를 정확히 반영하고 있어야 한다. 만일 데이터베이스 데이터가 실세계를 정확히 반영하지 못하면 이 데이터들로부터 추출된 정보는 실세계와는 다른 정보가 되어 전혀 신뢰할 수 없기 때문이다.

1.2.1 파일 처리 시스템과 문제점

반드시 그런 것은 아니지만, 일반적으로, 데이터는 레코드로 표현되며 관련성 있는 레코드들을 모아서 데이터 파일로 구축한다. 이러한 데이터 파일들을 중심으로 레코드 검색, 삽입, 삭제, 갱신, 파일 합병, 파일 재구성 등의 파일 조작 연산을 통하여 정보를 얻고 관리하는 시스템을 **파일 처리 시스템(file processing system)**, 혹은, 단순히, **파일 시스템(file system)**이라 한다. 이러한 파일 처리 시스템에서 응용 프로그램들은 서로 간에 파일들을 공유함이 없이 각각 독자적인 파일들을 이용하고 관리하는데, 바로 여기에서 발생하는 문제점들을 살펴보면 다음과 같다.

- 응용 프로그램들이 각각 사용하는 파일들은 이 응용 프로그램들 사이에서 공유가 어렵다.
- 응용 분야에 따라 동일한 내용의 정보가 여러 개의 파일 내에 중복되어 저장되는 경우가 많다. 만일 같은 내용의 정보에 대해 중복해서 저장된 두 개 이상의 데이터 중 하나가 변경될 때 이와 동시에 나머지

중복 데이터들도 동일하게 변경하지 않는다면 중복된 데이터들 사이에 불일치가 발생한다. 여기에서의 문제는 이러한 **데이터 불일치(data inconsistency)**가 중복 데이터 중에 어느 데이터가 실세계의 현 상태를 정확히 반영하는 데이터인지 구분할 수 없게 만든다는 점이다. 파일 처리 시스템에서는 응용 프로그램들이 각자 파일들을 독자적으로 관리함에 따라 이 파일들 사이에서 중복된 데이터들에 대해 일치성을 유지하기란 현실적으로 매우 어렵다.

- 응용 프로그램이 파일의 형식에 종속된다. 따라서, 파일구조가 변경되면 이 파일을 이용하는 응용 프로그램 또한 변경되어야 한다. 이처럼, 파일구조 또는 데이터 구조가 변경됨에 따라 응용 프로그램이 변경되어야 하는 관계를 **데이터 종속성(data dependence)**이라 한다. 이와는 반대로 데이터 구조 변경이 응용 프로그램에 아무런 영향을 주지 않는 성질을 **데이터 독립성(data independence)**이라 한다. 데이터 종속성은 파일구조가 변경될 때마다 그 파일을 사용하는 응용 프로그램들을 모두 식별해서 각각에 대해 일일이 코드를 변경해야 하므로 번거로움은 물론 시간과 인력이 요구되는 비효율성을 발생시킨다. 반면, 데이터 독립성은 데이터 구조가 변경되더라도 이 데이터를 사용하는 응용 프로그램을 변경할 필요가 없으므로 응용 프로그램을 변경해야 하는 번거로움과 시간과 인적 비용의 비효율성으로부터 자유롭다.
- 종종 파일 상호 간에 호환성이 없다. 다른 언어로 처리된 파일 형식이 텍스트가 아닌 경우 서로 다른 경우가 많다. 한 언어로 코딩한 프로그램으로 생성한 파일을 다른 언어로 코딩한 프로그램으로 사용하고자 할 때 지원하는 파일 형식이 달라서 직접 사용할 수 없는 경우가 종종 발생한다.
- 응용 프로그램이 각각 사용하고 있는 파일들로부터 사용자가 원하는 대로 데이터를 조합하여 나타낼 수 없다. 예를 들어 두 개의 응용 프로그램이 각각 사용하는 두 파일로부터 서로 연관된 정보 일부를 추출하여 마치 한 파일처럼 나타내고자 한다면 이를 위한 새로운 응용 프로그램을 작성하기 전에는 불가능하다.

파일 시스템은 초창기 컴퓨터가 이용하는 데이터 체계였으며 파일 시스템의 이러한 문제점을 극복하기 위해 생긴 것이 바로 **데이터베이스 시스템(database system)**이다. 실세계 상태를 나타내는 데이터를 통괄적인 관점에서 중복을 최소화하여 한군데로 모아 저장하고 다수의 사용자 혹은 응용 프로그램들이 이를 공유하면서 사용할 수 있게 한 데이터의 집합체가 바로 **데이터베이스(database)**이다. 다시 말하면 데이터베이스는 어느 특정 조직의 응용업무에 공동으로 사용하기 위하여 운영상 필요한 데이터를 완벽화, 비중복화, 구조화하여 컴퓨터 기억장치에 저장한 데이터의 집합체로서 그 응용업무와 직접적으로 관련된 실세계의 상태를 반영한다.

1.2.2 데이터베이스 시스템의 특성

파일 시스템과는 달리 데이터베이스 시스템은 다음과 같은 몇 가지 특성을 갖는다.

(1) 실시간 접근성

오늘날과 같이 급변하는 상황에서 일괄처리(batch processing)에만 의존하는 정보는 드물기 때문에 컴퓨터가 접근할 수 있는 저장 장치에 수록된 데이터베이스는 수시로 정해져 있지 않은 비정형적인 질의에 실시간으로 처리하고 응답할 수 있어야 한다. 여기에서 데이터베이스에 대한 실시간 처리(real-time processing)란 사용자의 요청에 따라 생성 혹은 수정된 데이터나 삭제할 데이터를 즉시 컴퓨터에 반영하거나 혹은 필요한 데이터를 즉시 검색할 수 있게 하는 처리 방식을 말한다. 일반적으로 온라인 처리라 하면, 정확한 개념은 약간 다르지만 보통 이 실시간 처리를 의미한다.

(2) 지속적인 변화

데이터베이스의 내용으로 표현되는 데이터베이스의 상태는 시간의 흐름에 따라 정적이 아니고 동적으로 변화한다. 정확한 정보를 가져오기 위해 데이터베이스는 시간에 따라 변화하는 실세계를 정확히 반영해야 하는데, 이를 위해 데이터베이스는 실세계의 변화에 맞춰 새로운 데이터의 삽입, 기존 데이터의 삭제와 갱신을 통하여 실세계의 현재 상태를 정확히 반영하면서 변화하는 가운데 유지된다. 이러한 지속적인 변화 특성 때문에 데이터베이스를 정확하게 관리하는 것이 더욱 어려운 문제가 된다.

(3) 동시 공유

데이터베이스는 서로 다른 목적을 가진 응용을 위한 것이기 때문에 여러 사용자가 동시에 하나의 응용 프로그램으로 접근하는 데이터와 다르며, 비록 데이터를 공유하더라도 여러 응용 프로그램이 같은 데이터를 완전히 순차적으로 공유하는 개념과도 다르다. 같은 데이터를 여러 사람이 서로 다른 방법으로 동시에 공유한다는 것은 그 데이터에 접근하는 프로그램들이 한순간에 여러 개 존재함을 의미하며, 이 경우, 그 프로그램들은 복잡하게 제어되고 관리되어야 함은 물론 데이터베이스를 조직하는 데에도 매우 복잡하게 된다. 왜냐하면 데이터베이스의 모든 데이터 요소들이 처음부터 항상 동시 공유가 가능하도록 조직되고 관리되어야 하기 때문이다.

(4) 내용에 의한 참조

데이터베이스 시스템 환경에서 데이터의 참조는 수록되어 있는 데이터 레코드들의 주소나 위치에 의해서가 아니라 데이터의 내용, 즉 데이터의 값에 따라 참조된다. 일반적으로 참조하길 원하는 데이터의 자격요건, 즉, 조건을 제시하면 이 조건을 만족하는 모든 레코드는 하나의 논리적 단위로 취급되어 접근된다.

(5) 데이터 독립성(data independence) 지원

데이터베이스 시스템은 데이터 독립성을 지원하며, 따라서, 데이터의 구조가 변경되더라도 궁극적으로 그 데이터를 사용하는 응용 프로그램에는 영향을 주지 않는다. 데이터 독립성은 물리적 데이터 독립성(physical data independence)과 논리적 데이터 독립성(logical data independence)으로 구분된다. 이들 각 데이터 독립성은 데이터베이스 추상 레벨(database abstraction level)과 관련되므로 자세한 설명은 다음 절인 1.3절에서 소개하도록 한다. 여기에서는 데이터베이스 시스템이 데이터 독립성을 지원한다는 점을 주시하자.

1.3 데이터베이스 추상 레벨과 데이터 독립성

데이터베이스 시스템은 상호 관련된 공유 데이터들의 모임인 데이터베이스와 사용자들이 이 데이터를 동시에 접근하고 변경하고 관리할 수 있도록 해주는 프로그램 모듈들의 총체적 모임이다. 데이터베이스 시스템의 주요 목적 중의 하나는 사용자에게 데이터에 대한 추상적 관점(abstract view)을 제공하는 것이다. 이러한 추상성을 제공함으로써 시스템은 사용자가 데이터에 대한 물리적 저장구조와 유지보수에 대한 상세한 내용을 모르더라도 그 데이터에 대한 논리적 개념만을 이용하여 그 데이터를 사용할 수 있도록 해준다. 이에 대해 다음의 세부 절들에서 자세히 살펴보기로 하자.

1.3.1 데이터 추상화(data abstraction)

시스템이 데이터를 효율적으로 접근할 수 있도록 하기 위해서는 데이터베이스 내의 데이터 표현을 위한 복잡한 자료구조를 설계해야 한다. 그러나 데이터베이스 사용자들은 대부분 컴퓨터에 대한 상세한 지식이 없기 때문에 개발자들은 사용자들이 시스템과 쉽게 상호작용할 수 있도록 여러 단계의 추상 레벨(abstraction level)을 통하여 사용자들이 데이터베이스에 대한 복잡한 사항을 모르더라도 이용할 수 있는 환경을 제공한다.

일반적으로 데이터 추상 레벨은 그림 1.2와 같이 3단계로 구성되는데 각 추상 레벨에 대한 특성을 살펴보면 다음과 같다.

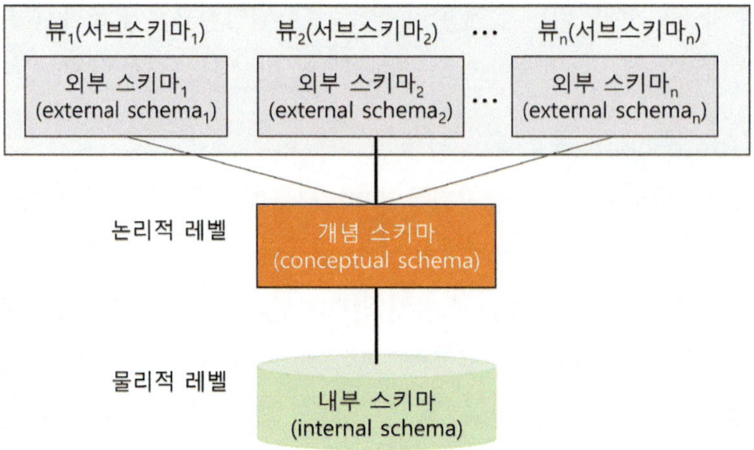

그림 1.2 데이터 추상 레벨과 스키마의 종류

(1) 물리적 레벨(physical level)과 내부 스키마(internal schema)

데이터베이스의 추상 레벨에서 최저 레벨인 **물리적 레벨(physical level)**은 실제로 데이터가 저장 장치에 어떻게 저장되는지를 기술한다. 물리적 레벨에서는 데이터에 대한 디스크 상의 실린더, 트랙, 섹터의 위치, 데이터의 크기, 다른 데이터에 대한 포인터, 데이터 접근 방식 등의 저장 장치의 물리적 특성을 포함하는 매우 복잡하고 구체적인 하위 레벨 자료구조가 상세히 기술되는데 이러한 정보를 담은 하위 레벨의 자료구조를 **내부 스키마(internal schema)**라 부른다.

(2) 논리적 레벨(logical level)과 개념 스키마(conceptual schema)

물리적 레벨의 바로 상위의 추상 레벨인 **논리적 레벨(logical level)**은 모든 사용자와 응용이 필요로 하는 데이터를 통합한 조직 전체의 데이터베이스로서 데이터베이스 내에 존재하는 데이터의 종류와 이 데이터 사이에 존재하는 관계를 나타낸다. 그러므로, 논리적 레벨에서 표현되는 전체 데이터베이스는 물리적 레벨에 비해 적은 수의 단순한 구조로 표현된다. 비록 논리적 레벨에서의 단순한 구조들이 물리적 레벨에서는 매우 복잡한 구조들과 대응될지라도, 논리적 레벨에서의 사용자들은 이러한 물리적 레벨 구조를 알 필요가 없다. 이와 같이 논리적 레벨에서 데이터베이스의 자료구조를 **개념 스키마(conceptual schema)**라고 한다. 내부 스키마는 데이터베이스를 이루는 정보의 종류를 결정하는 **데이터베이스 관리자(DataBase Administrator : DBA)**에 의해 구성된다. 여기에서 데이터베이스 관리자란 조직에서 데이터베이스 시스템을 설치하고 구성하고 관리하며 업그레이드하고 감시하는 등의 데이터베이스 구성과 관리에 대한 총체적

임무를 맡은 사람이나 조직을 가리킨다.

(3) 뷰 레벨(view level)과 외부 스키마(external schema)

데이터베이스에서 최상위 추상 레벨인 뷰 레벨(view level)은 전체 데이터베이스의 부분만을 나타낸다. 논리적 레벨의 단순한 구조의 사용에도 불구하고 데이터베이스의 대규모로 인하여 일부 복잡성이 여전히 존재하게 된다. 데이터베이스 시스템 사용자의 대부분은 전체 데이터베이스를 모두 필요로 하는 것은 아니다. 응용 프로그램을 이용하는 대부분의 업무 처리에서 사용자는 데이터베이스 일부분만 필요로 하고 사용한다. 예를 들어, 대학의 데이터베이스로부터 수업에 대한 정보를 다루는 수업부서(수업과)는 강의와 학생 그리고 교수에 대한 데이터만 필요하지만 대학의 물품을 다루는 재물 관리부서는 이 데이터와는 무관하게 기자재와 담당 교직원에 대한 데이터만 필요로 한다. 이처럼 주어진 업무에 필요한 논리적 레벨의 데이터베이스 일부분만 정의한 것을 뷰(view) 또는 서브스키마(subschema) 혹은 외부 스키마(external schema)라고 부른다. 사용자와 시스템 사이의 상호작용이 단순화되도록 뷰 추상 레벨이 정의된다. 시스템은 동일한 데이터베이스에 대하여 다수의 뷰를 제공할 수 있다.

1.3.2 데이터 추상화의 예

데이터베이스 추상화 개념의 이해를 돕기 위해 데이터베이스에서 사용하는 SQL 언어를 가지고 앞에서 설명한 추상 레벨과 스키마 종류의 차이점을 설명해보자.

대부분의 고수준 프로그래밍 언어들이 레코드 타입(즉, 구조체 타입) 개념을 지원하듯이 확장된 SQL 언어에서도 구조체 타입 개념과 거의 같은 강력한 데이터 타입을 지원한다. 다음은 C/C++에서의 구조체 타입 선언과 같이 Customer라는 타입을 SQL 언어로 생성한 예이다.

```
create type Customer(
   customer_id varchar(8),
   customer-name varchar(10),
   social-security varchar(14),
   age integer,
   address varchar(30),
   phone varchar(11)
);
```

여기에서, Customer 타입은 은행 실세계를 구성하는 고객 개체를 나타내기 위한 개체 타입으로서 customer_id, customer-name, social-security, age, address, phone 필드들로 구성되며 각 필드 옆은 그 필드의 타입을 나타낸다. 타입에서 **varchar(n)**은 해당 필드의 타입이 최대 n개까지의 가변 길이 문자열임을 나타내며 integer는 옆의 해당 필드가 정수형임을 나타낸다.

앞의 Customer 타입처럼, 타입을 갖는 필드들로 구성된 일종의 자료구조를 **스키마(schema)**라고 부르며, 사실상, 개체 타입과 관계 타입을 스키마라고 불러도 무방하다. 개체 타입과 관계 타입에는 각각 실제 개체들이나 관계들이 그 범주에 속할 조건이 있듯이, 스키마는 그 구성 필드들과 필드 타입들을 가지고 데이터의 수용 조건을 표현한 것으로, 그 조건에 대한 정보만 내부적으로 표현될 뿐, 이 스키마에 해당하는 실제 데이터가 저장되는 물리적 저장공간이 마련되는 것은 아니다. 한편, 실세계를 구성하는 개체 타입이나 관계 타입에 해당하는 하나 이상의 스키마들이 모여서 그 실세계에 대한 **데이터베이스 스키마(database schema)**를 형성한다. 데이터베이스 스키마란 그 데이터베이스에 저장되는 데이터의 구조와 조건을 나타낸 것으로 볼 수 있다.

Customer 스키마는 이를 포함하여 다른 스키마들로 구성되는 은행 실세계 데이터베이스 스키마의 일부로서 나타낸 것이다. Customer 스키마 선언으로 고객 데이터를 저장할 틀, 즉, 구조와 조건을 형성했을지라도 물리적 저장공간은 아직 할당되지 않은 상태이다. 이 스키마를 포함하여 은행 실세계에 대한 개체 타입과 관계 타입 레벨의 구성요소를 나타내기 위해 은행의 계좌 개체들과 직원 개체들을 각각 수용하기 위한 다음의 Account와 Employee 스키마를 포함해 보자.

```
create type Account(
   account-number varchar(12),
   customer_id varchar(8),
   balance integer
);

create type Employee(
  employee_id varchar(8),
  employee-name varchar(12),
  social-security varchar(14),
  salary integer
);
```

Customer 스키마 생성과 마찬가지로 이 두 스키마는 각각 계좌와 직원 개체를 나타내는 데이터들을 저장할 틀을 형성했을지라도 그 틀에 해당하는 데이터가 저장되는 물리적 저장공간은 아직 할당되지 않은 상태임을 주시하자. 은행 실세계의 개체 타입을 나타내는 이 세가지 스키마 Customer, Account, Employee는 다음 세가지 연산을 통해 비로소 각 스키마가 수용할 수 있는 데이터를 저장할 물리적 저장 공간이 마련된다. 이 연산에서 앞에서 생성한 스키마를 밑줄로 나타내었다.

```
create table customers of type Customer;
create table accounts of type Account;
create table employees of type Employee;
```

이들 중 첫 번째 생성 연산에서 customers는 Customer 스키마 형식으로 개체를 나타내는 데이터들을 저장하는 일종의 저장소의 이름이며, 개념적으로는 저장할 개체 종류의 명칭에 맞추어 나타낸 것이다. 처음으로 생성될 때 이 저장소는 비어 있으며, 이 이후 INSERT라는 삽입 명령을 통해 Customer 스키마 조건에 맞게 데이터를 나타내고 저장함으로써 고객 개체를 나타내는 데이터가 저장된다. 두 번째 명령과 세 번째 명령의 accounts와 employees도 customers에 대한 설명과 마찬가지이다. 개념 스키마를 표현한 이 명령들이 데이터베이스 시스템에 의해 실행되면 물리적 레벨의 정보에 반영되어 저장되고 데이터 저장을 위한 물리적 저장 공간이 할당되는 등, 물리적 레벨의 내부 스키마가 형성된다. 즉, 개념 스키마에 포함된 customers, accounts, employees 테이블들은 각각 대응하는 Customer, Account, Employee 스키마에 담긴 정보가 물리적 레벨의 내부 스키마로 반영되어 표현된다. 내부 스키마는 이들 각 테이블에 대한 보조 기억 장치 내에서의 위치, 구조, 필드와 필드 타입, 크기 등, 개념 스키마보다 훨씬 더 상세하고 복잡한 물리적 정보를 포함한다.

여기에서 개념 스키마는 전체 데이터베이스를 이용하는 사용자가 개념적으로 쉽게 이해하는 관점에서의 데이터베이스 스키마라면, 내부 스키마는 데이터베이스의 데이터가 실제로 저장된 보조기억장치에 실제로 접근하기 위한 물리적 관점에서의 데이터베이스 스키마이다.

앞에서 소개한 은행 실세계 데이터베이스의 예를 가지고 추상화 레벨을 명확히 구분하여 설명하면 다음과 같다.

(1) 물리적 레벨과 내부 스키마 예

앞에서 소개한 연산들이 데이터베이스 시스템에 의해 실행된 후 물리적 레벨에서는 보조기억장치에 생성된 customers, accounts, employees로 실제 데이터의 기록과 판독 등 이들 각각의 저장 공간에 실제 데이터에 대한 물리적 접근을 위한 정보가 보조기억장치에 내부 스키마로 표현된다. 물리적 접근을 위한 정보로는 보조기억장치에서 블록의 크기, 레코드가 저장된 블록의 위치, 레코드를 구성하는 필드의 이름과 위치 및 타입과 크기, 레코드 혹은 블록에 접근하는 방법, 신속한 레코드 접근을 위한 인덱스, 접근 권한 정보

등을 포함한다. 논리적 레벨에 해당하는 C나 C++와 같은 고수준 언어 프로그래밍에서 물리적 장치인 하드웨어와 관련한 기계어에 관한 상세한 내용들은 해당 언어 컴파일러에 의해 감춰져서 프로그래머는 기계어에 대해 인식하지 않고 프로그램을 작성한다. 이와 유사하게 데이터베이스 시스템은 사용자와 데이터베이스 프로그래머들에게 최저 레벨의 저장 장치와 관련한 많은 상세하고 복잡한 물리적 특성들을 감춰주기 때문에 데이터베이스를 개념 스키마나 외부 스키마 수준에서 쉽게 다룰 수 있도록 해 준다.

(2) 논리적 레벨과 개념 스키마 예

논리적 레벨에서 customers, accounts, employees에 저장될 데이터는 각각 create table 연산 부분에서 기술된 스키마에 따라 표현되며 물리적 레벨의 특성들은 표현되지 않는다. 데이터베이스 사용을 위해 프로그래밍하는 프로그래머와 사용자들은 이 추상 레벨, 즉, 논리적 레벨의 개념 스키마를 이용하여 작업한다.

다음은 데이터 검색에서 논리적 레벨의 개념 스키마를 이용하는 연산의 한 예이다.

```
select customer_id, customer-name, address, phone
from customers
where custumer_id='C0038';
```

이 연산은 고객 데이터들(customers) 중에서 고객 id가 'CS0038'인 고객을 찾아서 고객 id(customer_id), 이름(customer-name), 주소(address), 전화번호(phone)를 출력하는 논리적 레벨의 개념 스키마를 이용하는 검색 연산이다. 이 연산에서처럼 사용자는 고객 데이터들의 위치와 구조 그리고 고객 데이터에서 고객 id, 이름, 주소, 전화번호의 데이터 위치와 크기와 타입 등 디스크에 저장된 데이터에 물리적으로 접근하기 위한 세세한 정보를 모르더라도 검색 연산을 사용할 수 있다.

이처럼 데이터베이스 시스템은 사용자로 하여금 데이터베이스를 물리적으로 저장되는 보조기억장치와는 무관하게 논리적 레벨에서 쉽게 사용할 수 있도록 해 준다.

(3) 뷰 레벨과 외부 스키마 예

다음은 은행 실세계 데이터베이스로부터 두 개의 뷰(view)를 생성하는 선언문의 예를 보여준다.

```
create view customers-name-age as
   select customer-name, age
   from customers;
```

```
create view employees_customers as
  select employee_id, employee-name
  from employees, customers
  where employee.social-security=customers.social-security;
```

첫 번째 선언문은 customers에 저장된 모든 데이터에서 customer-name과 age 필드 값만으로 구성된 데이터들을 가지고 customers-name-age란 이름의 뷰를 형성한다. 이 뷰는 은행 실세계 데이터베이스를 구성하는 customers의 일부임을 명심하자. 이 뷰, 즉, 외부 스키마는 이 명령의 select 절 다음의 customer-name 필드와 age 필드로 구성되는데, 이 두 필드와 타입은 각각 from 절의 customers의 스키마인 Customer의 customer-name과 age로서 customers는 뷰를 생성하는 근원에 해당한다.

두 번째 선언문은 은행 실세계의 직원이자 고객인 직원들을 찾아서 그 직원들의 id(employee_id)와 이름(employee-name)으로 구성되는 employees_customers라는 뷰를 생성한다. employees_customers 뷰를 형성하는 근원은 from 절의 employees와 customers 테이블이며, 필드들은 select 절의 employee_id와 employee-name으로 이 필드들과 타입은 employees의 스키마인 Employee 스키마에서 제시된 것이다.

뷰 레벨의 컴퓨터 사용자들은 응용 프로그램을 통해 각 뷰에서 제시된 필드들만 사용할 뿐, 이 이외의 테이블과 필드들은 응용 프로그램에서 존재하지 않는 것처럼 은닉된다. 뷰 레벨에서는 데이터베이스를 중심으로 여러 뷰가 정의될 수 있다. 사용자들은 접근 권한에서 허락된 뷰들만을 응용 프로그램이나 명령어를 통해 볼 수 있지만, 그 이외의 데이터는 볼 수 없도록 하는 보안(security) 메커니즘이 데이터베이스 시스템에 의해 제공된다. 예를 들어, 모든 은행 실세계는 예금만 취급하는 직원들이 데이터베이스로부터 고객 계좌에 대한 데이터 일부분만 접근할 수 있도록 할 뿐, 다른 직원들의 급여 등 데이터베이스의 다른 부분은 접근할 수 없도록 한다. 즉. 예금 업무에 꼭 필요한 데이터 일부분만을 뷰를 생성하여 그 뷰를 예금 업무 직원이 사용할 수 있도록 하고 뷰 이외의 나머지 데이터베이스 부분은 그 직원이 아예 접근할 수 없도록 한다.

1.3.3 추상화 레벨 간의 연계

앞 절에서 설명했듯이, 데이터베이스 사용자나 응용 프로그래머는 데이터베이스를 이용할 때 논리적 레벨이나 뷰 레벨의 데이터베이스 스키마를 이용한다. 물리적 레벨에서 작업하게 되면 저장 장치에 대한 상세한 특성과 함께 접근하고자 하는 데이터의 위치, 크기, 타입 등의 물리적 특성을 상세히 알아야 하기 때문에 보통 전문가가 아니고서는 사용이 매우 복잡하고 어렵다. 이러한 이유로 대부분 사용자나 응용 프로그래머들은 논리적 레벨이나 뷰 레벨을 이용하는데, 데이터 접근을 위해서는 저장 장치에 접근해야 하므로 결국 물리적 레벨에서 작업이 이루어져야 한다. 이는 마치 C 코드 프로그래머가 코드를 작성할 때 C 언어 레벨에서 코드를 작성하고 기계어 레벨에서 작성하지 않는 것과 같으며 실행을 위해서는 기계어 레벨에서 실행되어야 하는 것과 같은 이치이다. 결국, 사용자 혹은 응용 프로그래머가 개념 스키마나 외부 스키마를 사용하면 이에 해당하는 물리적 레벨의 실제 데이터에 접근할 수 있도록 해야 하는데, 이러한 중재 역할을 담당하는 것이 1.4절에서 소개할 **데이터베이스 관리 시스템**이다. 말하자면 데이터베이스 관리 시스템은 컴파일러와 같이 프로그래머가 작성한 C 코드를 기계어 코드로 바꾸는, 즉, 논리적 수준의 소스 코드를 물리적 수준으로 변환한다는 측면에서 컴파일러와 개념적으로 유사한 역할을 담당한다.

레벨 간의 중재 역할을 위해서는 뷰 레벨의 데이터베이스를 논리적 레벨의 데이터베이스로 연계시키고 또한 논리적 레벨의 데이터베이스를 물리적 레벨의 데이터베이스로 연계시켜야 하는데 이를 위해 데이터베이스 관리 시스템은 데이터베이스와 데이터 생성 시 **데이터 디렉터리(data directory)**와 **데이터 사전(data dictionary)**을 생성한다. 실세계를 반영하는 실제 데이터와는 다르게 데이터 디렉터리나 데이터 사전에 저장된 데이터처럼 데이터 접근과 관리 혹은 중재 역할을 위해 사용되는 데이터를 **메타데이터(metadata)**라 한다. 데이터베이스 관리 시스템은 SQL의 **create table**과 같은 개념 스키마를 정의하는 명령으로 메타데이터를 포함하는 내부 스키마를 생성한다.

1.3.4 데이터 독립성(data independence)

물리적 레벨, 논리적 레벨 그리고 뷰 레벨의 세 레벨 스키마에서 상위 레벨의 스키마에 영향을 주지 않고 하위 레벨의 스키마를 변경 가능한 성질을 **데이터 독립성(data independence)**이라 한다. 이때, 상위 레벨의 스키마는 변경되지 않지만, 변경되는 스키마의 변경과 함께 상위 레벨과의 추상화 레벨 연계를 위한 메타데이터는 변경된다.

데이터 독립성은 물리적 데이터 독립성과 논리적 데이터 독립성의 두 가지로 분류된다.

(1) 물리적 데이터 독립성(physical data independence)

때때로 물리적 레벨에서의 데이터베이스 변경은 성능 향상을 위해 필요하다. 내부 스키마가 변경되더라도 개념 스키마의 변경에 영향을 주지 않아 결국 개념 스키마를 기반으로 하는 뷰 변경에 영향을 주지 않음으로써 최종적으로 개념 스키마 혹은 뷰를 사용하는 응용 프로그램에 영향을 주지 않는 성질을 **물리적 데이터 독립성(physical data independence)**이라 한다. 즉 물리적 데이터 독립성은 응용 프로그램의 변경을 유발하지 않고 내부 스키마를 변경할 수 있음을 의미한다. 내부 스키마가 변경되면 데이터베이스 관리 시스템은 내부 스키마와 개념 스키마를 중재하는 메타데이터만 수정함으로써 개념 스키마 변경을 막을 수 있다. 반대로 내부 스키마를 변경하면 개념 스키마도 변경해야 할 때 **물리적 데이터 종속성(physical data dependence)**이라 한다. 물리적 데이터 종속성은 내부 스키마의 변경이 개념 스키마의 변경은 물론 개념 스키마에 기반하여 형성되는 외부 스키마의 변경에도 영향을 주기 때문에 개념 스키마 또는 외부 스키마를 사용하는 응용 프로그램도 변경해야 하는 문제를 유발한다.

(2) 논리적 데이터 독립성(logical data independence)

논리적 데이터 독립성(logical data indepencence)은 응용 프로그램의 변경을 유발하지 않고 논리적 레벨의 개념 스키마를 변경할 수 있는 가능성을 의미한다. 논리적 레벨에서 개념 스키마의 변경은 데이터베이스의 논리적 구조가 변경될 때 발생한다. 논리적 데이터 독립성이 보장되면 논리적 레벨의 개념 스키마가 변경되더라도 개념 스키마를 기반으로 정의된 뷰, 즉, 외부 스키마의 변경이 필요 없으므로 뷰를 사용하는 응용 프로그램의 변경을 막을 수 있다. 반대로 개념 스키마 변경에 따라 응용 프로그램 수정에 직접 영향을 주거나 외부 스키마를 변경하여 결국 이를 사용하는 응용 프로그램도 변경해야 할 때 **논리적 데이터 종속성(logical data dependence)**라 한다. 논리적 데이터 종속성은 개념 스키마의 변경이 이 스키마에 기반하여 형성되는 외부 스키마의 변경에도 영향을 주기 때문에 개념 스키마 또는 외부 스키마를 사용하는 응용 프로그램도 변경해야 하는 문제를 유발한다.

일반적으로 데이터베이스 시스템은 데이터 독립성을 제공한다. 하지만, 데이터 독립성을 항상 제공해 주는 것은 아니다. 하위 레벨 스키마 변경이 어떻게 변경되느냐에 따라 불가피하게 상위 레벨 스키마와 그 스키마를 사용하는 응용 프로그램을 변경해야 할 때도 있다. 그럼에도 불구하고, 많은 경우, 데이터베이스 시스템은 물리적 데이터 독립성과 논리적 데이터 독립성을 제공하며, 이를 통해 상위 레벨의 스키마 변경과 응용 프로그램들의 변경을 차단함으로써 변경에 수반되는 번거로움과 비용을 막을 수 있다.

1.4 데이터베이스 시스템 구성

일반적으로 데이터베이스 시스템은 그림 1.3과 같이 **데이터베이스**, **데이터베이스 관리 시스템**, **데이터 언어**, **응용 프로그램**, **데이터베이스 관리자**, **일반 사용자**와 **응용 프로그래머**를 포함한 **사용자** 등으로 구성되며, 이들 각각의 기능과 역할을 살펴보면 다음과 같다.

- **데이터베이스** : 보조기억장치에 저장된 데이터들의 모임
- **데이터베이스 관리 시스템(DBMS : DataBase Management System)** : 데이터베이스를 직접 생성하

고 조작하고 제어하고 관리하는 소프트웨어

- **데이터 언어(Data Language)** : 데이터베이스 관리 시스템에 기능 실행을 요청하기 위한 수단으로서의 언어
- **응용 프로그램(Application Program)** : 업무 수행을 목적으로 데이터베이스 관리 시스템을 통해 데이터베이스를 간접적으로 접근하는 업무 프로그램
- **데이터베이스 관리자(DBA : DataBase Administrator)** : 데이터베이스를 설계하고 전체적으로 관리하는 사람으로 사용자의 한 부류
- **사용자(User)** : 데이터베이스 관리자, 응용 프로그래머, 혹은 일반 사용자

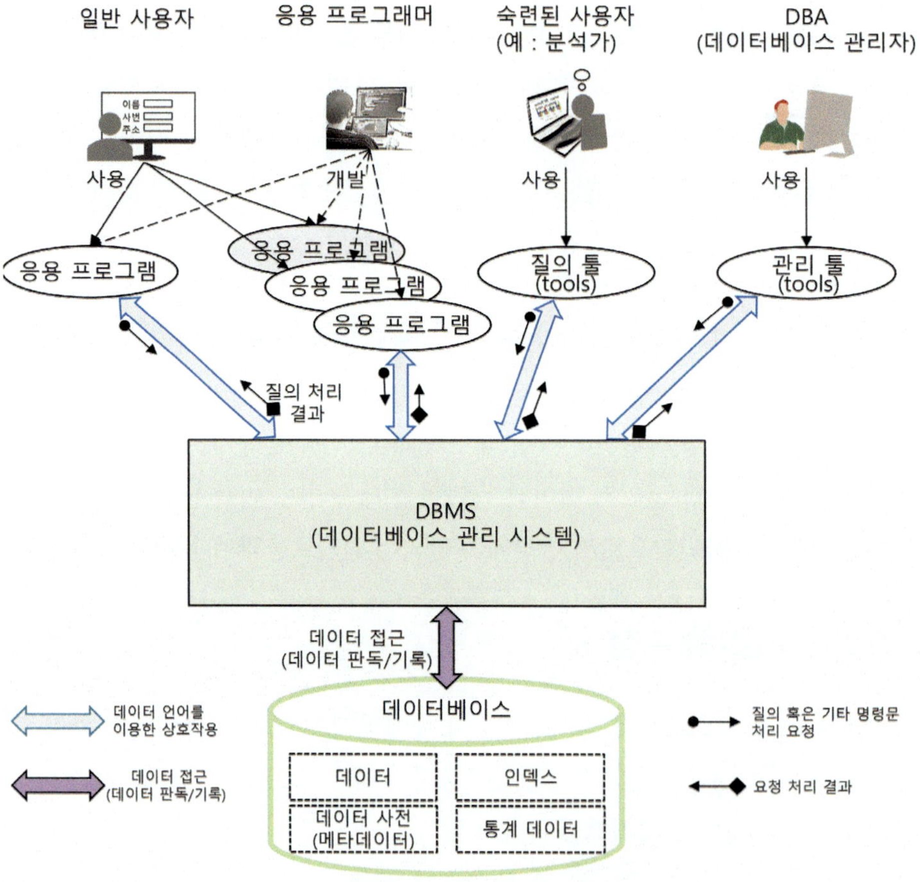

그림 1.3 데이터베이스 시스템 아키텍처

이 구성요소들은 데이터베이스에 필요한 데이터를 저장하고, 여러 사용자가 프로그램을 통해 저장된 데이터를 동시 접근(concurrent access)하여 사용할 수 있도록 하며, 데이터에 대한 사용자의 접근 권한(authority)에 따라 데이터 접근을 통제하는 등의 데이터와 관련된 여러 작업을 수행하기 위해 필수 불가결한 요소들이다. 이 구성요소 중에서 데이터베이스 관리 시스템, 응용 프로그램, 사용자, 데이터 언어에 대해서 좀 더 상세히 알아보기로 하자.

1.4.1 데이터베이스 관리 시스템

데이터베이스 관리 시스템(DBMS : DataBase Management System)은 응용 프로그램과 데이터베이스 또는 사용자와 데이터베이스 사이의 데이터 중재자로서 여러 응용 프로그램들과 사용자들이 데이터베이스를 공용할 수 있도록 관리해 주는 소프트웨어이다. 구별하여 사용하기도 하지만 데이터베이스 관리 시스템이라는 용어를 종종 데이터베이스 서버(database server) 또는 데이터베이스 엔진(database engine)이라는 용어로 서로 바꾸어 사용하기도 한다.

데이터베이스 내의 모든 데이터 접근은 데이터베이스 관리 시스템을 통해서만 가능하다. 데이터베이스 관리 시스템은 물리적 레벨의 데이터베이스 구성, 접근 방법, 관리와 유지에 대한 제반 기능을 담당한다. 데이터베이스 사용자나 응용 프로그램은 물리적 레벨의 데이터베이스 생성, 접근 방법, 처리 절차, 보안, 물리적 구조 등에 대해 자세히 관여할 필요 없이 원하는 조건의 데이터를 요구하기만 하면 데이터베이스 관리 시스템은 데이터베이스에 접근해서 처리한 후의 결과를 사용자나 응용 프로그램에 제공한다.

기능적 측면에서 데이터베이스 엔진은 스토리지 관리자와 질의 처리기 구성요소들 그리고 트랜잭션 관리 구성요소들로 크게 나눌 수 있다.

스토리지 관리자(storage manager), 혹은 저장 장치 관리자는 디스크에 저장된 데이터베이스와 응용 프로그램 혹은 질의 처리기(질의 처리와 실행을 담당한 DBMS 구성요소) 사이에서 디스크에 저장 공간 할당, 데이터 저장과 접근, 데이터 처리를 위한 주기억 장치에서 메모리 공간 할당과 관리, 주기적인 데이터 백업과 복구, 동시 공유 데이터에 대한 처리 제어, 데이터 접근 권한 제어, 데이터 무결성 관리 등, 데이터베이스에 데이터의 저장과 접근 및 복구에 대해 하위 레벨에서 총체적인 통제에 의한 실행과 관리 기능을 담당하는 DBMS의 구성요소이다. 응용 프로그램이나 사용자로부터 질의문이 DBMS로 전달되어 실행이 요청되면 질의 처리기는 이 질의문를 일련의 절차적인 저수준 실행문들로 번역하는데, 데이터 저장과 접근의 각 저수준 실행문은 이에 해당하는 기능 요청으로 스토리지 관리자에 의해 실행된다.

기업에서 데이터베이스는 수백 GB(gigabyte)에서 TB(terabyte) 단위의 데이터에 이르며 심지어 초대형 기업의 데이터베이스는 PB(petabyte) 단위 크기의 데이터로 구성되는 등 대용량의 저장 공간이 필요하지만 주기억 장치로는 이 많은 정보를 저장할 수 없다. 게다가, 시스템 크래시 등으로 데이터베이스 시스템 실행이 완전히 중단되면 주기억 장치의 데이터가 손실되기 때문에 이 정보들은 디스크에 저장되어야 한다. 데이터는 장기적으로 보관하기 위해 주기억 장치에서 디스크로 이동해야 하고 처리를 위해서는 디스크에 저장된 데이터를 주기억 장치로 이동해야 한다. 이와 같은 디스크와 주기억 장치 사이에서 데이터 이동은 CPU(Central Processing Unit)의 처리 속도에 비해 상대적으로 매우 느리기 때문에 CPU의 **운휴 시간(idle time)**이 많아지는 등 처리 성능을 매우 낮아지게 한다. 그래서, 이들 사이의 데이터 이동을 최소화하기 위해 데이터를 구조화하고, 빠른 데이터 이동을 위해 접근이 빠른 디스크를 데이터베이스 저장 장치로 많이 사용한다. 이러한 것들이 모두 스토리지 관리자 기능과 성능에 관련된 것들 중 일부이다.

질의 처리기(query processor)는 응용 프로그램 개발자나 사용자가 상위 수준의 추상성이 높은 데이터 언어를 사용할 수 있게 하여 데이터 접근을 단순하고 쉽게 할 수 있게 해주는 중요한 역할을 한다. 질의 처리기는 데이터베이스 사용자들이 뷰 레벨이나 논리적 레벨의 상위 레벨에서 데이터베이스를 대상으로 작업하는 동안 좋은 성능을 제공하며 사용자들이 데이터베이스 구성과 데이터베이스 시스템에 관해 물리적 레벨에서의 상세한 지식과 기술을 잘 몰라도 데이터베이스를 사용할 수 있게 해준다. 또한, 사용자들이 논리적 레벨 혹은 뷰 레벨에서 1.4.2절에서 소개되는 선언적 데이터 언어로 작성한 명령어나 프로그램을 물리적 레벨에서 효율적인 실행 성능을 갖는 일련의 절차적 연산들로 번역하고 각 연산은 스토리지 관리자에게 요청하여 실행한다.

트랜잭션(transaction)이란 데이터베이스 엔진에 의해 실행되는 데이터베이스에 접근하는 프로그램의 한 단위로서, 프로그램을 구성하는 일련의 데이터베이스 접근 연산들이 전부 실행되도록 하거나 아니면 아예 모두 실행되지 않도록 하는 **전부 혹은 전무(all-or-none)** 조건의 성질을 갖는다. 이러한 성질을 트랜잭션의 **원자성(atomicity)**이라 하는데 트랜잭션은 이 성질 외에 **일관성(consistency)**, **격리성(isolation)**, **영속성(durability)** 성질들을 갖는다. 트랜잭션 개념을 비롯하여 이 성질들에 대해서는 10장에서 자세히 소개되었으며 미리 알고자 하면 10장을 참조할 것을 권한다.

트랜잭션 관리자(transaction manager)는 응용 프로그램 개발자가 응용 프로그램에서 트랜잭션을 다룰 수 있도록 한다. 트랜잭션의 실행은 항상 성공적으로 완료되는 것은 아니며 여러 가지 이유로 일부만 실행되고 나머지 일부는 실행하지 못한 채 **시스템 장애(system failure)**로 중단되는 경우가 일어나기도 한다. 이렇게 중단이 일어난 경우, 트랜잭션 관리자는 트랜잭션이 전부 혹은 전무(all-or-none) 조건의 성질을 갖도록 데이터베이스를 복구하여 원자성과 영속성이 보장되도록 함으로써 응용 프로그래머가 복구에 대한 하위 레벨의 복잡한 코드를 작성하는 것에서 자유롭게 해준다. 한편, 일반적으로 데이터베이스 시스템은 처리율 향상과 빠른 응답 시간과 같은 성능상의 이유로 다수 트랜잭션이 동시에 실행되는 환경을 제공하는데, 이때 둘 이상의 동시 실행 트랜잭션이 같은 데이터를 공유할 때 데이터 불일치 문제가 생길 수 있다. 트랜잭션 관리자는 응용 프로그래머가 이러한 데이터 불일치 문제가 생기지 않도록 하는 하위 레벨의 복잡한 제어 코드의 작성에서 벗어나게 한다. 이처럼 트랜잭션 관리자는 데이터에 대한 여러 트랜잭션의 동시 접근과 시스템 장애로 인한 결과를 하위 수준에서 상세하게 제어하고 관리함으로써 응용 프로그램 개발자가 데이터베이스에 대한 하위 레벨의 복잡한 제어와 관리를 위한 코딩에서 벗어나 상위 추상화 레벨의 데이터베이스만을 고려하여 단순하게 프로그래밍할 수 있도록 해준다.

앞에서 소개한 데이터베이스 엔진의 구성요소인 스토리지 관리자, 질의 처리기, 트랜잭션 관리자에 대해 좀 더 자세히 살펴보기로 하자.

(1) 스토리지 관리자

스토리지 관리자 혹은 저장 장치 관리자는 저장 장치에 저장된 데이터베이스의 하위 레벨 데이터와 응용 프로그램 그리고 시스템에 전달되는 질의 사이에서 인터페이스를 제공하는 데이터베이스 시스템 구성요소이다. 스토리지 관리자는 운영체제의 파일 관리자(**file manager**)와 상호작용한다. 디스크 상의 실제 데이터는 스토리지 관리자의 요청을 받은 파일 관리자에 의해 저장되고 인출되고 관리된다. 데이터베이스 엔진이 데이터 검색, 삽입, 갱신, 삭제와 같은 데이터 조작 명령어를 응용 프로그램이나 사용자로부터 받으면 질의 처리기가 이 명령어를 하위 레벨의 파일 시스템 명령들로 번역하는데, 각 명령에 따라 스토리지 관리자가 파일 관리자에 데이터를 요청함으로써 데이터 접근이 이루어진다. 그러므로, 스토리지 관리자는 데이터베이스에 데이터를 저장하고, 인출하고, 갱신하고 삭제하는 역할을 담당한다.

스토리지 관리자는 다시 여러 하위 구성요소들로 구성되며 나열하면 다음과 같다.

- 권한과 무결성 관리자(**authorization and integrity manager**) : 이 구성요소는 4.4절에서 소개될 무결성 제약조건 만족 여부를 검사하고 접근하려는 데이터와 연산에 대한 사용자의 권한을 검사하여 허가된 데이터에 대해 허가된 연산만 실행될 수 있도록 통제하고 관리한다.
- 트랜잭션 관리자(**transaction manager**) : 이 구성요소는 시스템 장애로부터 데이터베이스가 일관성이 있는 상태로 복구하고 트랜잭션들이 데이터 불일치 문제를 일으키지 않으면서 동시에 실행할 수 있도록 한다. 트랜잭션 개념과 성질에 대해서는 10장에서 자세히 다루며 트랜잭션 복구 기법과 동시성 제어에 대해서는 각각 11장과 12장에서 자세히 소개된다.

- **파일 관리자(file manager)** : 이 구성요소는 디스크 저장 장치에 저장되는 데이터에 대한 디스크 공간의 할당과 이 데이터 정보를 표현하는 자료구조를 관리하며 버퍼 관리자를 통해 디스크로부터 데이터를 읽고 기록하는 기능을 담당한다.
- **버퍼 관리자(buffer manager)** : 이 구성요소는 주기억 장치로 미리 가져올 데이터를 결정하여 데이터를 디스크 저장 장치로부터 주기억 장치로 읽어오고 또한 주기억 장치의 데이터를 디스크 저장 장치로 기록하는 기능을 담당한다. 버퍼 관리자는 주기억 장치의 크기보다 훨씬 더 큰 크기의 데이터를 다룰 수 있도록 지원하기 때문에 데이터베이스 엔진에서 매우 중요한 역할을 한다. 버퍼 개념에 대해서는 10.1절에서 자세히 소개되었으며 미리 알고자 하면 10.1절을 미리 참조바란다.

스토리지 관리자는 데이터베이스가 물리적 레벨에서 구현될 때 데이터베이스를 구성하는 **데이터 파일**들, **데이터 사전(data dictionary)**, 그리고 **인덱스(index)**들과 같은 자료구조들을 생성한다. 여기에서, 데이터 파일들은 데이터베이스의 실제 데이터를 구성하고, 데이터 사전은 데이터베이스에 접근하기 위한 데이터베이스 구조와 무결성에 대한 메타데이터를 포함하며, 인덱스는 주어진 데이터 값으로 직접 그 데이터 레코드를 빠르게 접근할 수 있도록 하는 정보를 포함한다.

(2) 질의 처리기

앞에서 설명한 것처럼 질의 처리기는 데이터베이스 엔진의 중요한 구성요소로서, 응용 프로그램이나 사용자로부터 데이터베이스 엔진으로 전송된 질의문을 효율적으로 처리할 수 있도록 하위 명령어들로 번역 및 최적화하고, 이 명령어들을 각각 스토리지 관리자를 통해 실행하는 역할을 한다. 질의 처리기 덕분에 어플리케이션 개발자와 사용자는 상세하고 복잡한 물리적 레벨의 내부 스키마를 고려함이 없이 단순하고 이해하기 쉬운 외부 스키마와 개념 스키마 수준에서 질의문을 작성할 수 있다.

질의 처리기의 구성요소들은 다음과 같으며 여기에서 나타나는 DDL(데이터 정의어)과 DML(데이터 조작어)에 관해서는 다음 절인 1.4.2절에서 자세히 소개된다.

- **DDL 인터프리터(DDL interpreter)** : 다음 절에 소개될 DDL(데이터 정의어) 문을 번역하고 DDL에서 정의되는 정보를 데이터 사전에 기록한다. 데이터 사전에 기록된 정보는 데이터 구조, 타입, 제약조건, 접근 권한, 접근 방법, 인덱스를 포함하며 데이터 접근과 데이터베이스의 무결성을 위해 사용한다.
- **DML 컴파일러(DML compiler)** : 질의어로 표현된 DML(데이터 조작어) 문을 아래의 질의 평가 엔진이 실행할 수 있는 저수준 명령어들로 구성된 실행 계획인 **질의 평가 플랜(query evaluation plan)**으로 번역한다(질의 평가 플랜을 **질의 평가 계획** 혹은 **질의 실행 계획**으로 부르기도 한다). 여기에서 질의

평가 플랜은 질의 처리를 위한 저수준 명령어들의 처리 순서 혹은 절차를 포함한다. 한 개의 질의문이 주어질 때 같은 결과를 생성하지만 저수준 명령어로 실행하는 방법, 즉, 질의 평가 플랜은 여러 개가 있을 수 있다. 특히, 복잡한 질의문에 대해서는 그 수가 기하급수적으로 늘어난다. 중요한 점은 이들 질의 평가 플랜들은 저마다 실행 속도나 필요한 기억 용량 등의 성능이 다르다는 점이다. 질의문에 여러 질의 평가 플랜이 주어질 때 이들 중 실행에서 성능이 가장 좋은, 즉, 최저 비용의 질의 평가 플랜을 선택하는 과정을 질의 최적화(query optimization)라고 하는데 DML 컴파일러는 질의 최적화도 수행한다.

- **질의 평가 엔진(query evaluation engine)** : 이 구성요소는 DML 컴파일러가 질의 평가 플랜으로 생성한 저수준 명령어들을 순서대로 실행한다.

(3) 트랜잭션 관리자

앞에서 트랜잭션의 원자성에 대해 잠깐 소개되었지만, 트랜잭션의 원자성이 왜 중요한지는 설명되지 않았다. 따라서, 트랜잭션의 원자성이 왜 보장되어야 하는지를 소개함으로써 그 중요성을 설명하고자 한다.

두 사람의 서로 다른 예금 계좌 A와 B에 1,000만 원과 700만 원이 각각 예금되어 있을 때, A 계좌의 예금주가 200만 원을 자신의 A 계좌에서 타인의 B 계좌로 계좌이체를 한다고 가정하자. 이 계좌이체에 사용되는 프로그램을 T라 하면, T의 내용이 여러 가지가 있을 수 있지만, 그중 하나로 아래의 두 단계가 차례대로 실행되는 코드라고 가정하자.

단계 1. 디스크에 저장된 A 계좌 1,000만 원을 프로그램 변수로 읽고 이 변수에서 200만 원을 뺀 800만 원을 디스크의 A 계좌에 저장한다.

단계 2. 디스크에 저장된 B 계좌 700만 원을 프로그램 변수로 읽어서 이 변수에 200만 원을 더한 900만 원을 디스크의 B 계좌에 저장한다.

이 두 단계가 성공적으로 실행되면 A 계좌와 B 계좌의 금액은 각각 800만 원과 900만 원으로 디스크에 저장되어야 A 계좌에서 빠진 금액이 그대로 B 계좌로 더해져서 데이터 일관성(data consistency)이 유지된 정상 상태가 된다. 그런데 이 프로그램 실행 과정에서 단계 1만 실행되고 단계 2가 실행되지 않은 상태에서 시스템 장애가 일어나면 디스크에 저장된 계좌 A에는 원래 잔액에서 200만 원이 빠진 800만 원이 남게 되고 B 계좌에는 700만 원이 변경 없이 그대로 남게 되어 정상적으로는 900만 원이 되지 않아 B 계좌에 저장된 금액 700만 원과 정상적인 처리 금액 900만 원 사이에 데이터 불일치(data inconsistency)가 생긴다.

이 경우 실세계에서는 계좌 A에서 빠진 200만 원이 B 계좌로 이체되지 않은 채 아예 사라지는 비정상적인 현상이 발생한 것이다. 이러한 현상이 실세계의 은행권에서 발생한다면 정말 큰 문제가 아닐 수 없다. 트랜잭션은 실행 전에도 데이터베이스에 대한 일관성이 보장되어야 하고 실행 후에도 일관성이 보장되어야 한다. 이 일관성(consistency)이 바로 원자성과 함께 트랜잭션이 갖추어야 할 성질 중의 하나이다. 한편, 트랜잭션에 의해 디스크의 데이터베이스에 저장된 데이터는 다른 트랜잭션이 그 값을 변경하지 않는 한 어떠한 시스템 장애가 발생하더라도 그대로 보존되어야 하는데 이 성질을 트랜잭션의 영속성(durability)이라 한다.

앞의 프로그램 T의 실행에서 데이터 불일치 문제가 왜 발생한 것일까? 그 원인은 프로그램 T가 실행되려면 단계 1에 이어 단계 2까지 전부 실행되든가 아니면 아예 T가 실행되지 않든가 하는 전부 혹은 전무 조건 성질인 원자성이 보장되어야 이러한 종류의 데이터 불일치 문제가 일어나지 않고 일관성이 유지되는데, 그렇지 못하고 프로그램 T의 일부만 실행되고 나머지 일부는 실행되지 못한 데에서 비롯된 것이다. 하지만 시스템 장애로 인해 프로그램 T의 실행 예와 같은 데이터 불일치 문제는 언제나 일어날 수 있다. 게다가 데이터베이스에서 데이터의 변경은 그 데이터를 주기억 장치의 변수로 가져와서 변경하기 때문에 일시적으로 같은 데이터에 대해 주기억 장치에서 변경된 변수의 값과 데이터베이스의 원래 데이터 사이에 불일치가 발생할 수 있으며 이때 시스템 장애가 발생하면 데이터 일관성이 보장되지 않을 수 있다.

트랜잭션 관리자는 복구 관리자와 동시성 제어 관리자로 구성되는데 트랜잭션에 대한 원자성과 영속성은 복구 관리자(recovery manager)를 통해 보장된다. 트랜잭션 실행의 실패 원인은 매우 다양하며 트랜잭션의 실행이 항상 성공적으로 완료되는 것은 아니다. 앞의 사례와 같이 시스템 장애나 기타 원인으로 인해 트랜잭션 실행이 성공적으로 완료되지 못하고 실패하면, 트랜잭션 관리자는 이를 탐지하고 복구 관리자에게 데이터베이스를 트랜잭션이 실행되기 직전 상태로 되돌리게 한다. 이처럼 시스템 장애로부터의 복구를 위해 데이터베이스를 트랜잭션이 실행되기 직전 상태 아니면 실행 완료 상태로 만드는 작업을 장애 복구(failure recovery)라 한다. 이처럼 트랜잭션의 원자성과 영속성은 복구 관리자의 장애 복구를 통해 실현된다.

한편, 다수 트랜잭션의 동시 실행 환경에서 각 트랜잭션을 하나씩 차례로 실행할 때는 문제가 없지만, 같은 데이터를 공유하는 트랜잭션들이 동시에 실행될 때는 데이터 불일치 문제가 발생할 수 있다. 이를 막고 트랜잭션들의 동시 실행 환경에서 데이터 일관성이 보장되도록 하기 위해서는 트랜잭션들을 구성하는 모든 연산의 실행을 전체 트랜잭션의 차원에서 적절히 제어해야 하는데 이러한 제어를 동시성 제어(concurrency control)라 한다. 동시성 제어는 트랜잭션 관리자의 구성요소인 동시성-제어-관리자(concurrency-control manager)가 담당한다.

트랜잭션에 대한 더 상세한 개념이 10장에서 소개되며, 장애 복구와 동시성 제어에 관한 자세한 내용은 각각 11장과 12장에서 다룬다.

(4) 기타 구성요소들

앞에서 소개한 스토리지 관리자, 질의 처리기, 트랜잭션 관리자는 대부분의 DBMS에 공통인 기본 구성요소들이다. 하지만, 데이터베이스 시스템에 다른 저장 및 처리 기술이 통합될 때는 데이터베이스 관리 시스템에 그 기술과 관련된 구성요소들이 추가된다. 그 대표적인 예가 **병렬 분산 데이터베이스 시스템(parallel and distributed database system)**이다. 이 기술은 1990년대부터 현재까지 대규모 데이터 저장과 처리, 실시간 응답, 높은 신뢰도(reliability)와 높은 가용성(availability) 등 여러 성능 면에서 데이터베이스를 효율적으로 처리하고 관리하는 주요 기술이 되어왔다. 병렬 분산 데이터베이스 시스템은 데이터베이스를 물리적으로 하나의 저장 장치에 저장하고 제어 및 관리하는 **중앙집중식 데이터베이스 시스템(centralized database system)**과는 매우 다르다. 병렬 분산 데이터베이스 시스템에서 데이터베이스는 네트워크상에서 여러 사이트의 디스크에 분산 및 병렬로 저장되고 접근되며 통제 및 관리된다. 사용자는 중앙집중식 데이터베이스 시스템과 같이 분산 저장된 데이터베이스를 하나의 데이터베이스로 간주하고 일반 질의문을 작성하여 사용한다. 하지만, 그 질의문이 실제로 실행될 때는, 그 질의 처리에 필요한 여러 사이트의 데이터에 대해 각 데이터에 접근하고 처리하는 **지역 질의(local query)**로 구성된 질의 평가 플랜들이 생성되고, 이 각 평가 플랜에 따라 지역 질의를 처리할 데이터의 사이트들로 각각 전송한 후 응답으로 받는 처리 결과 데이터를 이 사이트들로부터 모두 모아 최종 처리하는 방식으로 진행된다.

이를 지원하기 위해 **병렬 분산 DBMS(parallel and distributed DBMS)**는 중앙집중식 DBMS와는 달리 데이터를 분산하여 병렬로 접근하고 통제 및 관리를 위한 **병렬 분산 데이터 저장 장치(parallel and distributed data storage)**와 관련한 구성요소들이 요구된다. 또한, 사용자는 데이터베이스를 하나로 보고 질의문을 작성하여 사용하지만, 사용자 질의문이 실행될 때는 분산된 사이트의 데이터에 접근하여 처리하기 위한 **병렬 분산 질의 처리(parallel and distributed query processing)**를 위한 구성요소들도 필요하다.

게다가, 트랜잭션 개발과 실행에서도 개발자는 분산 병렬 데이터베이스를 하나의 데이터베이스로 생각하고 코딩하고 사용자는 이 트랜잭션 하나를 실행하지만, 실제로 실행될 때는 트랜잭션이 접근하는 분산된 데이터를 병렬로 접근하고 처리하는 **병렬 분산 트랜잭션 처리(parallel and distributed transaction processing)**와 관련된 구성요소들이 요구된다. 이처럼, 데이터베이스 시스템에 새로운 기술이 융합되면 DBMS 설계자는 그 기술과 관련된 기능을 기존의 어느 구성요소로 배치하는 것이 좋은지를 고려하여 추가한다. 하지만, 기존의 구성요소에 배치하는 것이 부적합할 때는 물리적 레벨을 비롯한 하위 레벨에서 지원하기 위한 구성요소들과 사용자에 따라 추상 레벨별로 단순성과 편이성을 제공하기 위한 구성요소들을 새롭게 설계하고 개발하여 DBMS의 새로운 구성요소들로서 추가한다.

1.4.2 데이터 언어

데이터 언어(data language)는 사용자와 데이터베이스 관리 시스템 사이 또는 응용 프로그램과 데이터베이스 관리 시스템 사이에서 데이터베이스를 이용하기 위한 수단이다. 그림 1.3에 표현되었듯이 사용자 또는 응용 프로그램은 데이터 언어를 이용하여 표현한 데이터 정의와 조작, 혹은 관리 연산을 실행하도록 데이터베이스 관리 시스템에 질의 처리를 요청한다. 요청받은 데이터베이스 관리 시스템은 요청 연산을 실행한 후 처리 결과를 요청 사용자 또는 요청 응용 프로그램에 제공함으로써 해당 요청에 응답한다.

데이터 언어는 기능 요청의 종류와 사용자 인터페이스의 특성에 따라 데이터 정의어, 데이터 조작어, 데이터 제어어로 나뉜다.

(1) 데이터 정의어

데이터 정의어(DDL : Data Definition Language)는 개념 스키마와 외부 스키마 또는 내부 스키마의 데이터베이스 스키마를 나타내고 필요시 변경하거나 삭제하기 위해 사용하는 데이터 언어의 한 종류이다. 데이터베이스를 처음 구현할 때 설계자는 실세계에 대한 시스템 분석을 통하여 개체 타입과 관계 타입 레벨에서 실세계를 구성하는 개체 타입들과 이들 사이의 관계 타입을 표현한다.

SQL에서 데이터 정의어의 예가 1.3.2절에서 잠깐 언급되었던 **create type** 정의와 이 정의를 이용하는 **create table** 구문이다. 이 정의에서처럼, 개체 타입을 선언할 때 설계자는 그 이름과 성질을 나타내는 필드인 **속성(attribute)**의 이름과 그 속성이 취할 수 있는 값의 타입을 선언한다. 논리적 레벨에서 표현된 각 개체 타입과 관계 타입, 그리고 속성들은 데이터베이스 관리 시스템에 의해 각각 물리적 레벨에서의 저장 공간과 필드들로 대응된다. 즉, 데이터베이스 관리 시스템은 데이터 정의어로 선언된 논리적 레벨의 개체 타입과 관계 타입, 속성들을 가지고 각각 물리적 레벨의 저장 공간과 구성할 레코드 필드들을 저장 장치에 생성하고 논리적 레벨과 물리적 레벨의 사상 관계(즉, 개체와 저장 공간, 속성과 그 위치 및 타입과의 대응 관계)에 대한 정보, 즉 메타데이터를 생성하여 데이터 디렉터리와 데이터 사전에 저장한다.

데이터베이스가 실세계를 정확히 반영하도록 하여 데이터베이스 내의 데이터가 결함이 없이 정확하고 완전한 성질을 **데이터 무결성(data integrity)**라 한다. 데이터베이스 설계자가 데이터 무결성을 유지하기 위해 데이터 정의어를 사용하여 제시한 조건을 **무결성 제약조건(integrity constraints)**이라고 한다. 데이터 정의어를 이용하여 무결성 제약조건을 정의하면 데이터베이스 관리 시스템은 이 조건을 메타데이터로 저장하고 관리하여 데이터베이스에 데이터를 삽입, 삭제, 혹은 갱신 연산을 실행하기 전 혹은 실행한 후에 이 데이터 무결성 제약조건을 자동으로 검사하여 데이터 무결성이 유지되도록 한다. 데이터베이스 관리 시스템은 무결성 제약조건 검사에서 참일 때에는 해당 연산을 실행하지만, 거짓일 때에는 무결성 보호를 위해 연산을 거절하고 연산 실행을 요청한 사용자나 응용 프로그램에 오류 메시지를 전달한다. SQL에서 **create table**이나 **create type** 구문 안에서 사용할 수 있는 **check** 절과 **primary key** 절, **char**이나 **integer**를 포함한 여러 속성 타입들이 모두 무결성 제약조건을 위해 사용된다. 한편, SQL은 삽입이나 삭제, 혹은 갱신 연산 실행 후에 무결성 유지를 위해 후속으로 실행되는 연산도 정의할 수 있다. 무결성 제약조건에 대한 자세한 내용은 4.4절에서 소개된다.

외부 스키마인 데이터 뷰들은 논리적 레벨에서 선언된 개체 타입들과 관계 타입들, 그리고 속성 중에서 일부를 가지고 뷰 생성을 위한 데이터 정의어로 선언함으로써 형성된다. 뷰 생성에 대한 SQL 데이터 정의어 예가 이미 1.3.2절에서 **create view** 명령으로 잠깐 소개되었음을 기억하자. SQL에서 create type, create table, create view가 각각 스키마를 생성하는 것과는 반대로 drop type, drop table, drop view의 SQL 구문들은 생성된 스키마들을 삭제하는 구문으로 이들 또한 데이터 정의어에 해당한다.

데이터 정의어는 데이터베이스 스키마를 정의하는 것 외에도 값의 집합인 도메인의 정의, 스키마 정의 변경, 인덱스 정의에 사용되거나 혹은 데이터 정의어로 정의한 것을 삭제하는 데 사용되기도 한다.

표준 데이터 언어인 SQL에서 DDL 연산의 종류와 기능이 6.1절에서 자세히 설명된다. 이에 대하여 미리 알기를 원하면 이 절을 참고하도록 하자.

(2) 데이터 조작어

데이터 조작(data manipulation)이란 데이터베이스 내에 저장된 정보를 검색하고, 새로 생성된 정보를 삽입하며, 기존의 데이터를 새로운 데이터로 갱신하고, 필요한 데이터를 삭제하는 작업이다. **데이터 조작어(DML : Data Manipulation Language)**는 사용자 또는 응용 프로그램이 데이터베이스 관리 시스템으로 하여금 데이터 조작 기능을 수행하도록 요청하는 언어이다. 따라서, 데이터 조작어는 데이터 검색, 데이터 삽입, 데이터 갱신, 데이터 삭제 요청을 위한 명령어들로 구성된다.

데이터 조작어는 필요한 데이터의 조작 방법을 단계에 따라 절차적으로 구사하는 **절차식 DML(procedural DML)**과 필요한 데이터를 얻는 방법에 대한 상세한 절차를 제시하지 않고 단지 조작하고자 하는 대상 데이터와 연산 조건과 그리고 얻고자 하는 정보들만 제시함으로써 데이터 조작이 이루어질 수 있도록 하는 **선언식 DML(declarative DML)**이 있다. 국제 표준인 SQL은 선언식 DML의 한 예이다. SQL에서 데이터 검색, 삽입, 갱신, 삭제에 해당하는 연산인 select, insert, update, delete 명령이 데이터 조작어에 해당한다.

쿼리 혹은 질의(query)란 데이터베이스 시스템에 데이터 검색을 요청하는 명령으로 쿼리 언어 혹은 질의어(query language)란 데이터 검색에 해당하는 데이터 조작어의 부분을 의미한다. 하지만, 기술적으로 올바른 것은 아닐지라도 질의어와 데이터 조작어를 구별하지 않고 거의 동의어처럼 사용하는 것이 일반적이다.

표준 데이터 언어인 SQL에서 DML 연산의 종류와 기능이 6.2절에서 자세히 설명된다. 미리 알기를 원하면 이 절을 참고하도록 하자.

(3) 데이터 제어어

데이터베이스를 관리하기 위해서는 보안과 권한 제어, 무결성 제어, 복구, 동시성 제어가 필요한데 이를 표현하기 위해 사용하는 데이터 언어가 데이터 제어어(DCL : Data Control Language)이다. 데이터 제어어의 종류에 관해 소개하면 다음과 같다.

- 데이터 보안과 권한 제어 : 데이터베이스 데이터에 대해 권한이 있을 때만 접근을 허락하고 권한이 없을 때는 접근을 막아서 데이터를 보호한다. SQL에서 데이터 권한을 부여하는 **grant** 명령과 부여된 권한을 철회하는 명령인 **revoke** 명령이 데이터 보안과 권한 제어어의 예이다.
- 데이터 복구 : 트랜잭션이 시스템 오류로 인해 실행이 중단되면 접근한 데이터에 불일치 등의 문제가 발생한다. 이러한 문제를 해결하기 위해 데이터베이스 관리 시스템은 트랜잭션이 접근한 데이터베이스의 데이터 값을 트랜잭션이 실행되기 전으로 되돌리거나 혹은 트랜잭션이 완전히 수행되었을 때의 값으로 만들어 주는데 이 작업을 트랜잭션 복구(transaction recovery)라 한다. 데이터베이스 시스템은 트랜잭션 복구를 위한 데이터 제어어를 제공한다. SQL의 **commit** 명령이나 **rollback** 명령이 데이터 복구 명령의 예이다.
- 동시성 제어 : 여러 사용자 혹은 여러 응용 프로그램이 동시에 데이터베이스에 있는 같은 데이터에 접근하고자 할 때, 이 공유되는 데이터를 적절하게 제어하지 않으면 예기치 못한 데이터 불일치가 발생하여 데이터 무결성이 손상된다. 데이터베이스 관리 시스템은 동시에 접근되는 공유 데이터를 제어하여 불일치성이 발생하지 않게 하는데, 이 작업을 동시성 제어(concurrency control)라 한다. 사용자는 데이터 검색에서 허용하는 오류 수준에 따라 동시성 제어 수준을 제시할 수 있으며 데이터 기록이 수반되는 연산인 삽입, 삭제, 갱신에 대해서는 데이터베이스 관리 시스템이 데이터 불일치 오류가 발생하지 않도록 제어한다.

문헌에 따라 앞의 DCL 종류 중 데이터 보안과 권한 제어에 관련한 연산을 DCL로 정의하고, 나머지 트랜잭션 복구와 동시성 제어에서 트랜잭션과 관련된 연산을 별도로 **트랜잭션 제어어(TCL : Transaction Control Language)**로 분류하기도 한다. 표준 데이터 언어인 SQL에서 DCL과 TCL에 대한 연산의 종류와 기능이 각각 6.3절과 6.4절에서 자세히 소개된다.

(4) 데이터 언어를 사용하는 방법

사용자가 데이터베이스 관리 시스템이 데이터 생성과 접근을 수행하도록 하는 방법에는 여러 가지가 있을 수 있다.

한 가지 방법은 범용 프로그래밍 언어로 작성된 응용 프로그램 내부에 데이터 언어로 작성된 질의를 포함하여 이 질의 처리를 데이터베이스 시스템에 요청하여 데이터를 생성하거나 접근하는 방법이다. 이 방법에서 사용자는 응용 프로그램을 실행하여 데이터 처리를 메뉴나 기능을 통해 그 응용 프로그램에 요청하고, 응용 프로그램은 그 내부에 포함된 내장된 질의를 데이터베이스 관리 시스템에 전송하여 실행하도록 요청한다. 여기에서, 내장된 질의가 아닌 응용 프로그램 부분을 작성하는 데 사용된 범용 언어를 **호스트 언어(host language)**라 한다. 이 방법에서 호스트 언어로 작성된 응용 프로그램의 코드 부분은 해당 언어 컴파일러가 번역할 수 있지만 내장된 질의 부분은 번역할 수 없다. 때문에, 호스트 언어 컴파일러로 컴파일하기 전에 먼저 내장된 질의 부분까지 호스트 언어로 번역하기 위해 데이터베이스 시스템을 제작한 업체에서 제공하는 **전처리기(preprocessor)**를 사용하여 소스 코드를 모두 호스트 언어 코드로 번역한 후 생성된 호스트 언어 소스 코드를 다시 호스트 언어 컴파일러로 컴파일하여 실행 코드를 생성해서 사용해야 한다. 아니면 호스트 언어 프로그램에서 데이터베이스 접근을 위해 사용할 수 있는 **표준 API** 함수를 사용하여 함수의 매개변수에 데이터 언어로 작성된 질의를 포함시켜서 호스트 언어 컴파일러로 일반 프로그램처럼 편하게 한 번만 컴파일하여 사용하는 방법도 있다. 이 경우 응용 프로그램과 DBMS를 중재하는 별도의 드라이버 프로그램을 설치해야 한다.

또 다른 데이터베이스 접근 방법은 사용자가 직접 데이터 언어 형식의 명령문을 작성하여 데이터베이스 관리 시스템에게 그 명령문의 실행을 요청하는 방법이다. 데이터베이스 관리 시스템은 사용자가 직접 데이터 언어로 명령문을 작성하고 처리를 요청할 수 있는 사용자 명령 모드의 인터페이스를 제공한다. 이 인터페이스에서 사용자는 데이터 언어로 작성한 명령문을 제시하여 데이터 접근을 위한 요청을 한다. 이 인터페이스에서 사용자는 데이터베이스 관리자가 제공한 사용자 권한에 따라 데이터 정의어, 데이터 조작어, 데이터 제어어 그리고 트랜잭션 제어어에 해당하는 명령문들을 사용할 수 있다.

1.4.3 응용 프로그램

앞에서 설명한 것처럼 데이터베이스에 접근하는 응용 프로그램은 호스트 언어로 작성된 응용 프로그램 내부에 데이터베이스 접근을 위해 데이터 언어로 작성한 명령문을 포함하여 구성된다. 응용 프로그램은, 앞에서 설명한 것처럼, 보통 두 단계의 번역 과정을 거친다. 첫 단계에서 응용 프로그램에 포함된 데이터 조작어 부분은 데이터베이스 관리 시스템에 기능 요청을 위한 호스트 언어로 변환하는 전처리(preprocessing) 과정이다. 호스트 언어로 번역된 응용 프로그램은 두 번째 단계에서 일반적인 컴파일과 링크 과정을 거쳐 실행 프로그램으로 만들어지고 최종적으로 사용자의 프로그램 실행 명령으로 실행됨으로써 데이터베이스 관리 시스템과 상호작용을 한다.

응용 프로그램으로 데이터베이스 접근을 위한 또 한 가지 방법은 앞 절에서 소개한 것처럼 데이터베이스 관리 시스템에 접속과 데이터 요청과 응답을 받기 위한 표준 함수(즉, API 함수) 라이브러리를 이용하는 방법이 있다.

1.4.4 사용자

데이터베이스에 접근하기 위해 데이터베이스 관리 시스템을 이용하는 사람은 모두 사용자가 된다. 사용자는 데이터베이스에 접근하려는 목적과 사용하는 도구에 따라 일반 사용자, 응용 프로그래머, 그리고 능숙한 사용자의 세 그룹으로 나뉜다.

일반 사용자(naive user)는 데이터베이스 구성이나 접근에 대한 특별한 지식이 없더라도 웹이나 모바일 앱 혹은 일반 업무 프로그램과 같은 응용 프로그램으로 목적하는 일을 처리하기 위해 간접적으로 매우 쉽게 데이터베이스를 이용하는 그룹이다. 일반 사용자는 응용 프로그래머가 개발해서 제공한 프로그램을 실행하고 이 프로그램에서 제공하는 사용자 인터페이스에서 데이터를 입력하고 저장, 수정, 삭제, 검색과 같은 메뉴 기능만을 선택함으로써 컴퓨터와 데이터베이스 시스템에 대한 특별한 지식이 없더라도 쉽게 데이터베이스에 간접적으로 접근할 수 있다. 선택한 프로그램의 메뉴 기능에 데이터베이스 접근과 구성 그리고 데이터 언어와 관련된 코드가 포함되어 실행되지만 일반 사용자는 이 내용에 대해 전혀 인식하지 못하거나 혹은 인식하지 않고 사용한다.

한 예를 들면, 웹 이용자는 데이터베이스에 대한 지식이 전혀 없어도 접속한 웹 인터페이스를 통해 쉽게 원하는 물품을 구매할 수 있다. 사용자는 단지 웹을 통해 여러 종류의 물품을 살피고 구매할 물품들을 마우스 클릭으로 선택하여 장바구니에 넣은 다음, 결제 기능을 택하여 필요한 정보를 제공하고 완료 버튼을 클릭한 후 결제 완료 메시지와 함께 물품 및 배송지 등을 확인할 뿐이다. 이 과정에서 일반 사용자인 웹 이용자는 데이터베이스에 대한 어떠한 지식도 필요하지 않다. 이처럼 데이터베이스에 대한 어떠한 지식이 없어도 이용할 수 있는 응용 프로그램의 사용자가 바로 일반 사용자이다.

응용 프로그래머(application programmer)는 일반 사용자들이 손쉽게 데이터베이스를 이용할 수 있도록 호스트 언어와 데이터 조작어를 이용하여 업무 중심의 응용 프로그램을 개발하는 그룹을 말한다. 응용 프로그래머는 여러 응용업무 기능들과 이 기능 중에서 데이터베이스에 접근을 요청하는 코드를 작성하기 위해 호스트 언어 프로그래밍에 대한 지식과 스킬은 물론 데이터베이스의 논리적 레벨과 뷰 레벨의 개념 스키마와 외부 스키마 그리고 질의어에 대한 지식이 필요하다. 게다가, 호스트 언어 프로그래밍에서 DBMS 접속, 데이터베이스 개방(open), 작성한 질의어 전송과 응답 결과 처리에 대한 지식도 필요하다.

앞의 웹을 이용한 물품 구매 예에서 웹 이용자가 물품을 클릭하여 장바구니에 넣거나 혹은 결제 기능 버튼으로 장바구니 물품들에 대한 결제 요청을 받은 웹 프로그램은 선택한 물품 정보나 장바구니에 담긴 물품 정보를 가지고 개념 스키마나 외부 스키마를 사용하여 작성한 질의를 DBMS에 전송하여 질의 처리 요청을 한 후 처리 결과에 대한 응답을 받아 이해할 수 있는 메시지를 웹 이용자에게 출력한다. 이를 코딩해야 하는 응용 프로그래머는 질의 작성을 위한 데이터베이스 스키마와 질의 요청을 위한 데이터 언어 그리고 데이터베이스 관리 시스템과의 접속과 질의 전송 및 응답 처리 방법에 대한 지식과 기술을 갖추고 있어야 한다.

능숙한 사용자(sophisticated user)는 프로그램을 작성하지 않고 DBMS와 상호작용하면서 데이터베이스에 접근한다. 이 부류의 사용자는 데이터베이스 질의어를 사용하거나 데이터 분석 소프트웨어와 같은 도구를 이용하여 DBMS에 제시할 데이터 처리 요청을 작성한다. 이 요청을 통해 데이터베이스의 데이터를 자유롭게 탐색하거나 데이터 마이닝을 하면서 조직에 필요한 데이터 분석이나 예측과 같은 수준 높은 업무를 수행한다.

이 세 종류의 사용자는 데이터베이스에 접근하는 목적과 사용하는 데이터베이스에 접근하는 데 사용하는 도구 종류가 서로 다르다. 일반 사용자는 일반적으로 맡은 업무 혹은 하고자 하는 업무 수행을 목적으로 응용 프로그램이나 웹 혹은 모바일 앱을 통해 간접적으로 손쉽게 데이터베이스에 접근한다. 반면, 응용 프로그래머는 프로그램 언어와 컴파일러 또는 전처리기를 이용하여 일반 사용자가 손쉽게 데이터베이스에 접근할 수 있도록 프로그램을 개발하여 제공할 목적으로 데이터베이스에 접근하는 프로그램을 개발한다. 한편, 능숙한 사용자는 데이터베이스에 정해진 제한된 접근 기능을 갖는 응용 프로그램과는 달리 데이터베이스를 자유롭게 탐색하면서 분석이나 예측과 같은 수준 높은 업무를 수행할 목적으로 질의어나 데이터 분석 소프트웨어를 이용한다.

1.4.5 데이터베이스 관리자

DBMS(데이터베이스 관리 시스템)을 사용하는 주된 이유 중의 하나는 데이터베이스의 데이터와 그 데이터에 접근하는 프로그램과 사용자들 모두를 중앙에서 제어하고자 하는 데 있다. 데이터베이스 시스템에 대해 그런 권한을 갖고 중앙 제어를 하는 사람 혹은 그룹이 바로 **데이터베이스 관리자(DBA : Database Administrator)**이다. DBA는 데이터베이스뿐만 아니라 이를 포함하는 데이터베이스 시스템을 총체적으로 감시하고 관리하는 책임과 권한을 갖는다. DBA는 또한 데이터베이스를 설계하고 데이터 정의어와 데이터 제어어를 이용하여 데이터베이스를 생성하고 제어하고 관리하며, 사용자의 요구와 불만을 접수하여 해소하고 시스템의 성능을 감시하고 조정한다. 데이터베이스 관리자의 주 기능은 다음과 같다[1].

- **스키마 정의** : DBA는 데이터 정의어로 작성된 데이터 정의 명령문들을 실행하여 초기의 데이터베이스 스키마를 생성한다.
- **저장구조와 접근 방법(access method) 정의** : DBA는 데이터와 인덱스들의 물리적 구성에 관한 파라미터들을 명시하여 이들을 생성할 수 있다.
- **스키마와 물리적 구성 변경** : 데이터베이스 시스템에 대해 DBA는 조직의 변화하는 요구사항을 반영하거나 혹은 성능 개선으로 데이터베이스의 물리적 구성 변경을 위해 데이터베이스 스키마와 물리적 구성을 바꿀 수 있다.
- **데이터 접근 권한(data access authorization) 허가** : 데이터베이스 관리자는 사용자에 따라 다른 유형의 권한을 허가함으로써 다양한 사용자들이 접근할 수 있는 데이터베이스 부분을 통제할 수 있다. 권한 정보는 DBA의 명령으로 특별한 시스템 구조의 메타데이터 형태로 저장되어 유지·관리된다. 사용자가 데이터 접근을 시도할 때마다 데이터베이스 시스템은 이 메타데이터를 조사하여 사용자에게 접근이 허락된 데이터에 허락된 유형의 연산만 가능하도록 통제한다.
- **정례적인 유지보수** : DBA는 일정한 규칙이나 관례에 따른 여러 가지 업무들을 수행한다. 예를 들어, 홍수와 같은 재난 발생으로 인한 데이터 손실을 막기 위해 데이터베이스를 원격 서버로 주기적으로 백업한다든가, 연산을 정상적으로 수행하는데 필요한 여유로운 빈 디스크 공간이 있는지를 확인하고 필요시 디스크 공간을 확장한다든가, 데이터베이스를 이용하는 실행 중인 태스크들을 모니터링하면서 몇몇 사용자들이 고비용으로 실행하는 태스크에 의해 성능이 저하되지 않도록 한다든가 하는 업무

1 Database Systems Concepts (7th ed.), A. Shiberschatz, H. F. Korth, and S. Sudarshan, McGraw-Hill Education

들을 주기적으로 행한다. 이 업무들 외에도 시스템 장애와 성능 저하를 막는데 필요한 업무들을 정례적으로 수행하며 어쩔 수 없이 시스템 장애가 발생하면 데이터베이스와 시스템을 신속하게 복구하는 작업에도 책임을 진다.

이처럼 데이터베이스 관리자는 총체적 데이터베이스 시스템을 감시하고 조정 및 관리할 목적으로 데이터베이스에 접근한다.

1.4.6 데이터베이스 시스템의 클라이언트-서버 모델 구조

여러 프로그램이 중복된 기능을 갖거나 같은 종류의 자원을 여러 프로그램이 사용하고자 하는 경우를 생각해 보자. 프로그램들 사이에 중복된 기능들이 많으면 이 프로그램들은 중복된 코드를 포함하므로 기억공간의 낭비가 생길 뿐만 아니라, 중복된 여러 기능 중 일부를 수정해야 하는 경우 중복된 프로그램들의 해당 코드 부분을 모두 수정해야 하는 등의 유지보수 문제가 생긴다. 게다가 이 프로그램들이 네트워크에서 다른 사이트들에서 실행된다면 같은 종류의 필요 자원들을 사이트마다 중복해서 마련해야 하므로 비용 문제를 수반한다. 이러한 문제를 해결하기 위한 좋은 모델이 **클라이언트-서버 모델(client- server model)**이다. 이 모델에서 시스템은 다수의 **클라이언트 프로그램(client program)**과 한 개의 **서버 프로그램(server program)**으로 구성된다. 여기에서, 서버 프로그램을 단순히 **서버(server)**라 하고 클라이언트 프로그램을 단순히 **클라이언트(client)**라 부른다. 클라이언트-서버 모델에서 서버는 클라이언트로부터 서비스 요청을 받아 처리한 후 서비스 결과를 그 클라이언트로 전달한다. 이 모델에서 클라이언트는 서비스를 서버에 요청하고 서버로부터 처리 결과를 받아 클라이언트 고유의 업무 기능을 수행한다. 서버는 클라이언트로부터 서비스 요청을 받고 그 서비스 제공을 위한 기능을 실행하며 실행 결과를 서비스를 요청한 클라이언트로 제공한다.

클라이언트-서버 모델은 여러 프로그램 사이에 중복되는 기능들을 하나의 서버에 구현하고 여러 프로그램이 사용할 같은 종류의 자원을 서버 측에 하나만 두어 클라이언트들의 서비스 요청에 따라 공유하여 사용하기 때문에 앞에서 제시한 중복으로 인한 여러 문제를 해결한다. 클라이언트-서버 모델에서 사용자가 시각적으로 보면서 입력과 출력을 하는 사용자 인터페이스를 제공하는 프로그램을 **프론트-엔드(front-end)**라 하고 사용자에게 보이지 않으면서 프론트-엔드를 통해 요청된 서비스를 처리하고 그 결과를 제공하는 프로그램을 **백-엔드(back-end)**라 한다. 데이터베이스 시스템에서 데이터베이스 서버, 즉, DBMS는 응용 프로그램으로부터 요청을 받고 질의를 처리하여 결과를 응용 프로그램에게 전달하므로 백-엔드에 해당한다. 네트워크에서 데이터베이스 서버를 백-엔드로 하는 데이터베이스 시스템은 일반적으로 2-계층 아키텍처나 3-계층 아키텍처로 설계 및 구현된다.

2-계층 아키텍처(2-tier architecture)에서 데이터베이스 시스템은 그림 1.4 (a)와 같이 프론트-엔드로서 클라이언트인 어플리케이션(즉, 응용 프로그램) 그리고 백-엔드인 데이터베이스 서버, 이 두 부분이 네트워크상에서 직접 접속하여 작동하는 형태로 설계 및 구현된다. 이 구성에서 프론트-엔드인 어플리케이션은 응용 업무 처리에 필요한 모든 기능을 가지며 응용업무에 필요한 데이터를 얻기 위해 질의문을 서버로 직접 전송하면 데이터베이스 서버는 그 질의문을 실시간으로 처리한 후 결과 데이터를 응용 프로그램에 전송하여 직접 응답한다.

3-계층 아키텍처(3-tier architecture)는 그림 1.4 (b)와 같이 2-계층 아키텍처의 어플리케이션이 클라이언트 부분과 서버 부분으로 나뉜다. 많은 경우 클라이언트의 어플리케이션은 입력과 출력 중심의 사용자 인터페이스만 제공하고 서버 쪽의 어플리케이션 서버에서 업무 처리 기능을 담당한다. 이 업무 처리 기능을 **어플리케이션 로직(application logic)** 혹은 **비즈니스 로직(business logic)**이라 한다. 네트워크를 통해 어플리케이션 서버에게 사용자로부터의 응용 업무 서비스를 요청하고 어플리케이션 서버는 비즈니스 로

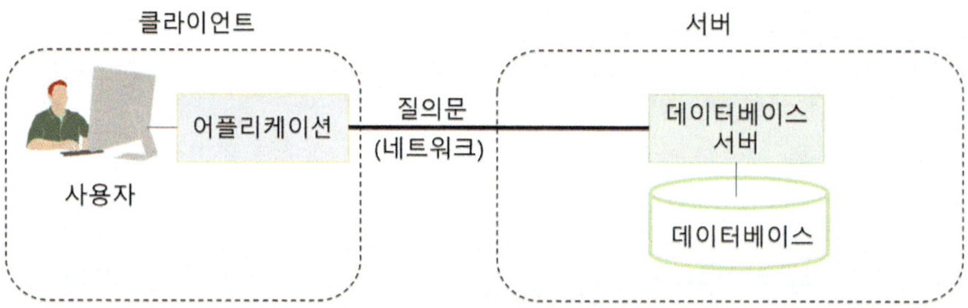

(a) 2-계층 아키텍처

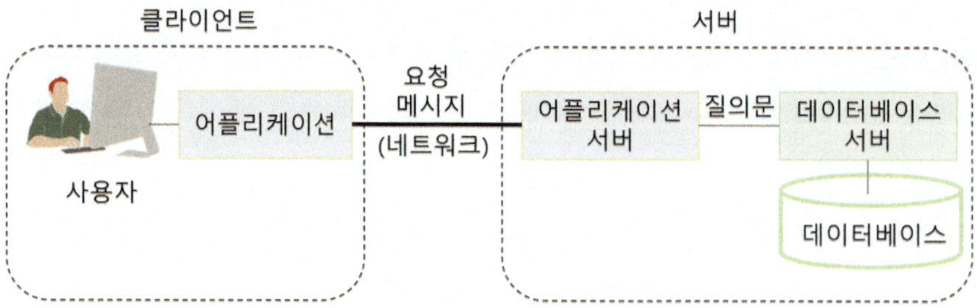

(b) 3-계층 아키텍처

그림 1.4 2-계층 아키텍처와 3-계층 아키텍처

직 실행을 통해 요청한 서비스 결과를 클라이언트 어플리케이션으로 전송하면 어플리케이션은 그 결과를 화면을 통해 사용자가 볼 수 있도록 출력한다. 어플리케이션 서버가 비즈니스 로직을 실행하는 과정에서 그림 1.4 (b)와 같이 필요한 데이터를 질의문을 통해 데이터베이스 서버로 요청하며 데이터베이스 서버는 요청받은 질의문을 실행한 결과 데이터를 어플리케이션 서버로 응답한다. 오늘날 웹 브라우저와 모바일 앱이 3-계층 아키텍처에서 가장 많이 사용되는 어플리케이션 클라이언트이다. 이 경우 클라이언트의 어플리케이션은 2-계층 아키텍처보다 더 좋은 성능은 물론 더 높은 수준의 보안을 제공한다.

3-계층 아키텍처에서 클라이언트마다 응용업무 일부가 서로 다를 때 클라이언트들 사이의 공통 비즈니스 로직을 어플리케이션 서버로 할당하고 각각 다른 응용업무와 사용자 인터페이스를 해당 어플리케이션 클라이언트들에 할당하여 구현하기도 한다.

1.5 데이터베이스 시스템 기술의 발전 과정

1946년 펜실베이니아 대학에서 개발한 최초의 컴퓨터로 알려진 에니악(ENIAC)이 탄생한 후 1940년대 후반까지 컴퓨터 초창기에 사용한 데이터 저장 매체들은 소량의 데이터만 저장했을 뿐 많은 양의 데이터를 저장하지 못했다. 대량의 데이터를 비교적 작은 저장 매체에 영구히 저장하기 시작한 시기는 자기 테이프가 데이터 저장 장치로 활용되기 시작한 1950년대 초부터이다. 이때부터 많은 양의 저장 데이터를 효율적으로 다루기 위해 데이터의 조직, 구성, 처리와 관리에 기술적 초점이 맞춰져 왔으며 이 유형의 기술은 오늘날까지도 데이터베이스 기술에서 가장 기초가 되고 있다.

이 절에서는 데이터베이스 시스템과 관련한 기술 발전의 역사를 대량의 데이터를 저장하기 시작한 1950년대부터 2020년 초반까지 10년 단위로 소개하고자 한다.

1.5.1 1950년대의 데이터베이스 기술 발전

컴퓨터 기술의 초기 단계였던 1950년대는 데이터를 저장하고 관리하는 방식에 대한 초기 개념과 기술이 개발되기 시작한 시기로서 파일 처리 시스템 중심의 데이터 처리 기술이 시작된 시기이다. 이 시기에 개발된 데이터 처리 관련 기술을 소개하면 다음과 같다.

1950년대에는 데이터 저장과 판독을 위해 자기 테이프(magnetic tape)를 사용했다. 자기 테이프는 장치 특성상 데이터를 순차적으로 기록하고 판독하는 순차 파일(sequential file)만 가능하다. 원하는 정보를 얻기 위해 순차 파일로부터 해당 데이터를 찾으려면 그 데이터가 나타날 때까지 첫 번째 데이터부터 차례로 읽어야 하는 비효율적인 순차 접근(sequential access)만 가능했다. 파일 데이터에 변동이 생기면, 실시간 접근이 불가능했기 때문에, 일정 기간에 변동 데이터를 모았다가 천공 카드에 반영하고 일정 시점에 순차적으로 자기 테이프에 있는 데이터를 읽어가며 천공 카드에 반영된 데이터를 읽어서 변경된 새로운 순차 파일을 자기 테이프에 생성하는 일괄처리(batch processing) 방식만 가능했다.

파일 처리 시스템에서 파일에 저장되는 레코드 중심의 파일구조는 데이터베이스 구조를 이루는 근간이 되었다. 하지만, 1.2.1절에서 소개했듯이 데이터 중복으로 인한 일관성 유지 문제와 데이터 종속성 문제를 비롯한 여러 파일 처리 시스템의 문제점들이 대두되었다. 1950년대는 컴퓨터가 비즈니스와 과학 연구를 위해 사용되기 시작했으므로 파일 처리 시스템 문제를 극복하고 데이터를 효율적으로 관리하고 처리할 필요성이 증가하기 시작했다.

1.5.2 1960년대의 데이터베이스 기술 발전

1960년대에는 몇 가지 데이터베이스 모델이 개발되고 기업용 시스템에서 활용되는 등, 데이터베이스 시스템의 초기 면모를 갖춘 기술이 개발된 시기이다.

이 시기에는 현재의 하드 디스크(hard disk)와 같은 원리와 접근 방식의 자기 디스크(magnetic disk) 기술이 개발됨에 따라 접근하고자 하는 데이터의 디스크 주소로 직접 접근(direct access)하여 수십 밀리초 내에 데이터를 판독하고 기록하는 것이 가능해졌다. 이에 따라 1960년대 초반에 데이터 사이의 관계를 포인터를 이용하여 그래프 형태로 표현하는 네트워크형 데이터 모델(network data model)이 처음 등장했고 이 데이터 모델은 데이터 간에 계층구조를 갖는 계층형 데이터 모델(hierarchical data model)의 등장에 영향을 끼쳤다. 1960년대 중반에 IBM이 IMS(Information Management System)를 개발하면서 계층형 데이터베이스 모델이 등장했다. 이 데이터 모델은 데이터를 포인터를 이용한 트리 형태로 관리한다.

1960년대 후반에는 데이터 처리 언어와 데이터베이스 인터페이스 표준 개발을 이끈 CODASYL(Conference Committee on Data Systems Languages)이 네트워크 데이터 모델 표준을 제정하고 이후 네트워크 데이터베이스 시스템의 발전을 도모했다. 계층형 데이터 모델과 네트워크형 데이터 모델은 둘 다 관계 표현에 어려움이 있고 질의 처리가 어려우며 높은 데이터 중복 가능성, 데이터 검색의 어려움 등 데이터를 표현하고 조작하는 데 많은 부족함과 어려움이 있었다.

1.5.3 1970년대의 데이터베이스 기술 발전

1970년대는 현재 가장 널리 사용되고 있는 관계형 데이터베이스 모델과 SQL이 등장한 시기로 데이터베이스 시스템 기술 역사에서 가장 중요한 시기 중의 하나이다.

관계형 데이터베이스 모델(relational database model)는 1970년 IBM 연구원이었던 Edgar F. Codd가 처음으로 관계형 모델(relational model)을 정의하고 이 모델에서 데이터를 질의하는 선언적 방법, 즉, 비절차적 방법을 포함하는 발표 논문에서 탄생했다. 관계형 데이터 모델은 데이터를 테이블 형태로 표현하고 관계 연산을 통해 포인터를 사용하지 않고 데이터를 조작하는 기반을 제공했다. 계층형 데이터 모델이나 네트워크형 데이터 모델과 비교할 때 그 개념이 매우 단순하며 데이터 정의와 접근을 위한 프로그래밍을 매우 단순화하는 큰 장점이 있어서 학술적으로 큰 주목을 받았다. 하지만, 데이터 처리에서 성능상 뒷받침이 되지 않아 1970년대 초기에는 잘 사용하지 않았다.

그 후 IBM의 San Jose 연구소(현재는 Almaden Research Center)는 개발한 System R 프로젝트의 프로토타입 시스템에서 성능을 효율적으로 개선한 첫 번째 관계형 데이터베이스 시스템 결과로 데이터 조작을 위한 표준 언어인 SQL/DL을 개발했다. 이와 동시에, UC 버클리 대학은 1980년대에 완성된 Ingres 시스템을 개발하기 시작했다. 이러한 개발은 초기의 상용 관계형 데이터베이스 출현과 SQL과 같은 선언적 질의(declarative query) 처리 기술 발전에 크게 이바지했다.

또한, 1977년에는 Oracle Corporation이 Oracle Database의 초기 버전을 출시했다. Oracle Database는 초기에는 IBM의 System R을 기반으로 개발되었으며, 이후 독자적으로 발전하여 현재까지도 많이 사용되는 상용 데이터베이스 시스템 중 하나가 되었다. 이 시기에 온라인 거래 처리(OLTP) 시스템이 개발되어 등장했다. OLTP 시스템은 온라인으로 데이터를 입력, 검색, 업데이트할 수 있기 때문에 금융 거래, 재고 관리, 판매 관리 등과 같은 업무에 활용되기 시작했다.

1.5.4 1980년대의 데이터베이스 기술 발전

1980년대는 클라이언트-서버 아키텍처 기술, 다양한 상용 관계형 데이터베이스 시스템 출시, 분산 데이터베이스 시스템 기술, 객체지향 데이터베이스 시스템 기술, 데이터 웨어하우스 기술과 OLAP 기술 등, 데이터베이스 시스템 기술의 발전과 다양한 새로운 기술이 등장한 시기이다. 이 시기에 데이터베이스 시스템은 기업과 조직에서 핵심적인 역할을 하게 되었으며 이 기술들이 이후에도 계속해서 발전하여 현재의 다양한 형태의 데이터베이스 시스템을 구축하는 데 기반을 제공하게 되었다. 이 시기에 데이터베이스 시스템과 관련한 기술 변화의 특성을 살펴보면 다음과 같다.

이 시기에 관계형 데이터베이스 시스템들이 상용 제품으로 출시되어 기업들 사이에서 널리 사용되기 시작했다. IBM의 DB2, Oracle의 Oracle Database, Microsoft의 SQL Server 등이 대표적인 제품으로 등장했다. 이들은 계속해서 기능과 성능을 개선하며 데이터베이스 시장을 선도했다. 이러한 기술적 발전에 힘입어 관계형 데이터베이스는 1980년대 초반에 네트워크형 데이터베이스와 계층형 데이터베이스보다 성능에서 경쟁력을 갖추게 되었고, 급기야 높은 추상 레벨에서 데이터베이스의 생성과 조작, 그리고 강력한 질의 표현과 처리가 가능해짐에 따라 데이터 모델들 사이에서 최고의 자리에 우뚝 서게 되었다.

1980년대에는 **클라이언트-서버 모델(client-server model)** 아키텍처가 등장해서 데이터를 중앙집중식으로 관리하는 서버와 클라이언트 간의 구분이 생겼다. 이를 통해 데이터 저장 및 처리의 효율성이 향상되고 분산 데이터베이스 시스템의 기반이 마련되었으며 클라이언트-서버 모델을 기초로 **병렬 분산 데이터베이스 시스템(parallel and distributed database system)** 기술이 발전하기 시작했다. 병렬 분산 데이터베이스 시스템 기술은 네트워크에 분산된 여러 서버 사이에 데이터베이스를 분산시켜 병렬로 데이터를 저장하고 처리하고 관리하는 방식으로 대규모 데이터베이스의 실시간 처리에 적합한 방식을 제공한다.

1980년대에는, 또한, **객체지향 데이터 모델(object-oriented data model)**이 소개되어 주목받던 시기이다. **객체지향 데이터베이스(object-oriented database)**는 객체 지향 프로그래밍의 개념을 데이터베이스에 적용하여 데이터를 객체 단위로 관리하는 방식을 제공했다. 이 데이터베이스 모델은 복잡한 데이터 구조를 효율적으로 표현하고 관리할 수 있는 풍부한 타입 체계의 장점으로 향후 관계형 데이터베이스의 타입 체계와 질의 확장의 기초가 되었다.

또한, 이 시기는 데이터 웨어하우스와 OLAP 기술이 등장한 시기이기도 하다. **데이터 웨어하우스(data warehouse)**는 대량의 데이터를 분석하기 위해 기업이나 조직의 다양한 데이터를 주기적으로 생성하는 일종의 요약 데이터베이스로서 신속한 의사결정을 위한 요약 분석을 위해 사용되는데, 이 기술은 데이터 웨어하우스의 구축과 신속한 요약 분석을 지원하는 데 사용된다. **OLAP(Online Analytical Processing)** 기술은 **다차원 데이터베이스(multidimensional database)**에서 복잡한 분석 질의를 다각도에서 신속하게 처리하는 데 이용하는 기술로 기업에서 데이터 분석가가 데이터베이스의 데이터를 다양한 측면에서 분석하는 것을 지원하는 데 사용된다.

1.5.5 1990년대의 데이터베이스 기술 발전

1990년대는 대규모의 데이터베이스에서 의사결정 지원을 위한 데이터 처리 기술이 발전하여 기업 발전에 많은 도움이 되었고, 관계형 데이터베이스에 객체지향 데이터베이스의 장점이 도입되어 복잡한 데이터를 쉽게 표현하고 효율적인 처리가 가능해졌으며, 인터넷에 기반한 WWW 기술 발전과 이에 기반한 전자상거래 보급의 확산에 따라 대규모 데이터 처리와 실시간 응답이 가능한 시스템이 등장한 시기이다. 이 시기에 데이터베이스 시스템과 관련한 기술 변화의 특성을 살펴보면 다음과 같다.

1990년대 초반에는 1980년대에 등장한 데이터 웨어하우스와 OLAP가 많은 기업에서 활용되었다. 이를 위해 질의 위주의 의사결정을 지원하는 어플리케이션을 위해 SQL이 주로 설계되었다. 그렇지만 데이터베이스 기술에서 주류를 이룬 것은 1980년대에 대두되었던 트랜잭션 처리의 응용이었다. 이에 따라 1990년대 초에 의사결정에 필요한 대량의 데이터 분석과 질의를 위한 도구들이 사용 면에서 큰 성장을 이루었으며 신속한 처리를 위한 병렬 데이터베이스 제품들이 소개되었다.

이 시기에는, 또한, 관계형 데이터베이스의 확산과 함께 객체지향 데이터베이스와 **객체관계형 데이터베이스(object-oriented relational database)**가 발전했다. 특히, 객체관계형 데이터베이스는 관계형 데이터베이스에 객체지향 데이터베이스의 장점인 다양한 타입 시스템을 도입하여 복잡한 데이터 구조를 보다 효율적으로 사용하고 관리할 수 있도록 지원하기 시작했다.

1990년대의 가장 큰 특징 중의 하나는 **WWW(World Wide Web)**의 폭발적 성장이라 할 수 있다. 이 성장으로 데이터베이스 시스템이 훨씬 더 많이 사용되는 계기가 되었고, 높은 신뢰성과 높은 가용성과 함께 고도의 트랜잭션 처리를 지원하게 되었으며, 데이터 접근을 위한 웹 인터페이스까지도 지원하게 되었다.

1990년대 후반에는 WWW 기술의 발전에 따른 전자상거래의 확대로 대규모 데이터베이스 시스템이 필요해졌다. 이에 대용량 데이터베이스 시스템과 분산 데이터베이스 기술이 발전하여 대규모 데이터 처리와 실시간 응답이 가능한 시스템이 등장했다.

1.5.6 2000년대의 데이터베이스 기술 발전[2]

2000년대는 인터넷과 디지털 기술의 급격한 발전에 힘입어 데이터베이스 기술은 다양한 유형의 데이터 저장과 처리를 지원하게 되었고, 소셜 네트워크 데이터 저장과 신속한 배포, 데이터 마이닝을 위한 대용량 데이터 처리 기술과 이에 적합한 NoSQL 시스템이 등장하게 된 변화의 시기이다. 이 시기에 데이터베이스 시스템과 관련한 기술 변화의 특성을 살펴보면 다음과 같다.

2000년대 초반은 저장 데이터의 유형이 빠르게 진화하던 시기이다. 이 시기에 **XML**이 출현하여 **반구조적 데이터(semi-structured data)** 형식의 문서 구조와 내용 표현을 지원함으로써 데이터 통합, 콘텐츠 관리, 웹 서비스 등에 활용되기 시작했다. 또한, **JSON 형식(JSON format)**이 등장하여 프로그램 언어에서 객체를 저장하거나 인터넷상에서 데이터 교환을 위해 널리 사용되기 시작했다. 상용 관계형 데이터베이스 시스템에서도 이들 형식의 데이터를 저장할 수 있도록 지원하기 시작했다. 네비게이션 시스템에서 지리정보

2 Database Systems Concepts (7th ed.), A. Shiberschatz, H. F. Korth, and S. Sudarshan, McGraw-Hill Education

데이터인 공간 데이터(spacial data)가 넓게 활용되는 응용 추세에 따라 이를 지원하는 기능도 데이터베이스에 추가되기도 하고, 한편으로는 PostgreSQL와 MySQL과 같은 주목할 만한 오픈 소스(open source) 데이터베이스 시스템이 사용되기 시작했다.

소셜 네트워크 플랫폼(social network platform)이 빠르게 성장함에 따라 소셜 네트워크에 게시한 데이터와 사람들을 연계하는 데이터 관리의 필요성이 대두되었다. 하지만, 행렬 형태의 관계형 데이터베이스 형식은 이러한 관리에 적합하지 않아서 그래프 형태의 데이터베이스 개발로 유도되었다. 게다가 2000년대 하반부에 기업에서 데이터 분석과 데이터 마이닝이 확산함에 따라 특별히 이 시장에 발맞춘 데이터베이스 시스템들이 개발되었다. 이 시스템들은 상업용 데이터베이스에서 사용하는 행 중심의 저장이 아닌 열 중심 저장과 같이 분석 처리에 적합하도록 물리적으로 데이터를 조직하는 특성을 갖는다.

데이터 분석에서 사용되는 대규모 데이터가 텍스트이거나 반구조적 형식이기 때문에 맵-리듀스(map-reduce)와 같이 분산 병렬처리를 사용하는 응용 프로그래밍이 가능한 환경이 오픈 소스로 제공되었고 이 특성들이 상용 데이터베이스 시스템에도 도입되어 지원되기 시작했다. 기존의 트랜잭션 처리 응용과 새로운 데이터 분석 응용을 모두 단일 데이터베이스 시스템에서 지원하는 것과 이 기능들을 별도로 분리하는 것 사이에서 상대적인 장점을 놓고 데이터베이스 연구 공동체에서 논쟁을 벌였으며 이 논쟁은 2010년대 후반까지도 지속되었다.

새로운 데이터 중심 어플리케이션의 다양성과 빠른 개발의 필요성에 따라 데이터 관리를 수월하게 지원하는 NoSQL(Not Only SQL) 시스템이 스타트 업 회사에 의해 개발되었다. NoSQL이란 이름은 여기저기에서 많이 사용하는 데이터베이스 질의어인 SQL 지원이 거의 없다는 의미에서 지어진 것이다. NoSQL이 관계형 데이터 모델에 기반한 고수준 질의어를 지원하지 않음으로써 프로그래머에게 새로운 데이터 유형을 다루는 데 더 많은 융통성을 제공했다. 또한, 전통적인 데이터베이스 시스템의 지원에서 요구되는 엄격한 데이터 일관성 유지와는 다르게, NoSQL은 데이터 불일치성을 일부 감수함에 따라 어플리케이션에서 분산 데이터 저장소를 더욱 융통성 있게 사용하는 것이 가능해졌다. NoSQL은 데이터 접근이 필요하면 언제든지 접근할 수 있도록 하는 가용성(availability)을 높이기 위해 네트워크상에서 데이터 복사본을 여러 노드에 분산시켜 사용하며 데이터가 변경될 때 이 복사본들 사이에 일시적인 데이터 불일치(data inconsistency)가 생길 수 있다.

1.5.7 2010년대의 데이터베이스 기술 발전[3]

2010년대는 더 다양하고 복잡한 환경에서 데이터베이스 기술이 발전하고 성숙해 온 시기로 빅데이터, 클라우드, 인공지능 등 다양한 기술과의 융합을 통해 더욱 진화하여 다양한 데이터 관리 및 분석 요구를 충족시켜 왔다. 이와 관련한 데이터베이스 시스템 기술 동향을 소개하면 다음과 같다.

2010년대에는 NoSQL 데이터베이스가 더욱 보편화되어 웹 기업과 빅데이터 분야에서 널리 사용되었다. 2010년대에 접어들면서 데이터 일관성과 선언적 질의를 지원하지 못하는 NoSQL의 한계는 소셜 네트워크와 같은 많은 응용에서 높은 확장성(scalability)과 가용성과 같은 장점 덕분으로 감수할 만했다. 하지만, 2010년대에 이 한계 때문에 데이터 일관성을 유지해야 하고 데이터베이스를 수월하게 조작하거나 관리해야 하는 프로그래머와 DBA 입장에서는 심각할 정도로 매우 복잡한 것은 분명했다. 그 결과, NoSQL 시스템들은 높은 확장성과 가용성을 계속 지원하면서 더 엄격한 일관성을 지원하는 특성들을 제공하도록 진화해 왔다. 게다가, 이 시스템들은 더 높은 수준의 추상화를 제공함으로써 프로그래머들이 전통적인 데이터베이스 시스템의 표준 특성들을 재구현할 필요가 없도록 더 많은 기능을 지원해 왔다.

2010년대는, 또한, 2000년대 초반에 등장한 **인-메모리 데이터베이스(IMDB: In-Memory DB)** 기술이 발전한 시기이다. IMDB 기술은, 메인 메모리의 접근 속도가 디스크 저장 장치에 비해 훨씬 빠르고 메인 메모리 기술 발전으로 인해 가격은 저렴해지면서 기억 용량이 매우 커짐에 따라 데이터베이스를 메인 메모리에 모두 적재시켜 고속으로 데이터의 처리와 분석을 가능하게 하고 실시간 데이터 처리에 특히 유용한 기술이다. 일반 DBMS는 디스크와 메인 메모리 사이에서 데이터 접근과 처리에 중점을 두는 대신, IMDB의 DBMS 기술은 메인 메모리와 캐시 메모리(cache memory) 사이에서의 데이터 접근과 처리에 중점을 둔다. 현재는 빅데이터 처리를 위해 IMDB를 네트워크상에 분산시켜 처리하는 기술로도 발전하고 있다.

이 시기는 또한 분산 데이터베이스 시스템과 **클라우드 네이티브(cloud native)** 데이터베이스가 더욱 발전했다. **클라우드 컴퓨팅(cloud computing)**은 1960년대에 그 개념이 유래되어 2006년대에 **아마존 웹 서비스(AWS: Amazon Web Service)**로 처음 상용으로 서비스가 시작되었다. 일반적으로 사용자는 필요한 인프라와 플랫폼 그리고 소프트웨어를 직접 구매하고 유지보수하고 교체한다. 하지만, 클라우드 컴퓨팅 서비스를 이용하는 사용자는 클라우드 서비스 제공자가 다양한 종류로 제공하는 인프라나 플랫폼 혹은 소프트웨어 중에서 필요한 것만 필요한 만큼 네트워크상에서 빌려서 사용하고 사용한 만큼 클라우드 서비스 제공자에게 요금을 지불한다. 특히, **클라우드 네이티브 데이터베이스(cloud native database)** 기술은 클라

3 Database Systems Concepts (7th ed.), A. Shiberschatz, H. F. Korth, and S. Sudarshan, McGraw-Hill Education

우드 환경에서 최적화된 방식으로 데이터베이스를 생성, 저장, 처리, 관리하는 기술로 이 서비스 사용자는 데이터베이스 개발부터 운영 및 유지보수에 이르기까지 저장 공간을 포함한 어떠한 인프라와 소프트웨어도 소유할 필요가 없다. 이와 더불어 어플리케이션 소프트웨어의 실행과 유지보수 서비스까지도 클라우드 서비스 제공자를 통해 받을 수 있다. 이러한 데이터베이스 시스템 서비스는 대규모 데이터 처리와 클라우드 환경에서의 유연한 운영을 지원하여 결과적으로 비용 절감에서 큰 효과를 얻을 수 있으므로 현재에도 많은 기업에서 채택하고 있다. 하지만, 데이터 보안과 데이터 소유권에 대한 문제가 복잡하고 첨예한 새로운 논란을 일으켜 왔다.

1.5.8 2020년대 초반의 데이터베이스 기술 발전

2020년대는 데이터베이스 기술이 더욱 발전하고 다양한 분야에 적용되고 있다. 빅데이터, 클라우드, 인공지능, 블록체인 등 다양한 기술과의 융합을 통해 데이터베이스 기술은 더욱 진화하여 다양한 데이터 관리 및 분석 요구를 충족시키고 있다.

2020년대 초반에는 많은 기업이 인프라, 플랫폼, 소프트웨어를 모두 자체 보유하는 것에서 탈피하여 클라우드 기반의 데이터베이스 시스템으로 옮겨가는 추세가 두드러지고 있다. 클라우드 기반의 데이터베이스 시스템은 유연성과 확장성이 뛰어나며 대규모 데이터 처리와 분석에 적합하기 때문이다.

또한, 2020년대에는 데이터베이스 보안에 관한 관심이 더욱 높아졌다. 데이터베이스 시스템은 기업의 중요한 정보를 담고 있으므로, 기술적으로 더욱 치밀해지고 치명적인 보안 위협에 대한 대응이 중요해졌기 때문이다. 기업들이 데이터베이스 시스템을 클라우드 서비스로 옮아감에 따라 클라우드 서비스 제공자는 클라우드 최신 기술들로 데이터베이스 보안을 강화하고 있다. 이 시기에 **블록체인(blockchain)** 기술은 심각하게 대두되는 보안 문제를 해결할 수 있는 분산 데이터 처리 기술로 각종 금융 거래와 계약을 비롯한 다양한 분야에서 활용 가치가 매우 높은 기술로 인정되어 데이터베이스 분야에서도 큰 관심을 보이기 시작했다. **블록체인 데이터베이스((blockchain database)** 기술은 블록체인 기술과 관련하여 빠른 검색과 다양한 질의 처리를 위해 블록체인의 저장과 접근 방법에 대한 이슈에 관심을 기울여 왔으며, 블록체인 기술에 데이터베이스를 도입하는 방법과 데이터베이스 기술에 블록체인 기술을 포함하는 방법으로 진행 중이다.

2020년대에는 데이터베이스 기술과 인공지능 기술의 융합이 더욱 활발해진 시기이다. 데이터 분석과 예측 등 다양한 인공지능 활용 분야에서 데이터베이스 기술이 활용되기도 한다. 데이터베이스가 오랫동안 중요한 데이터의 저장과 관리를 담당해온 이유 때문에 인공지능 모델 학습을 위해 학습 데이터를 제공하기 위한 데이터 관리 플랫폼의 역할을 한다. 반면, 인공지능 기술을 도입하여 패턴 인식, 클러스터링, 분석과 예측 등, 데이터베이스 시스템 기능을 확장하기도 한다. 게다가 데이터베이스 시스템의 성능 향상을 위해 인공지능 기술을 활용하기도 한다.

CHAPTER 2

실세계 시스템 중심의 데이터베이스 설계 프로세스

일반적으로 요구사항이란 무엇을 해결해야 하는 것인지를 정의한 것으로 해결해야 하는 것이 무엇(WHAT?) 인지에 초첨을 두어 정의한다. 요구사항 분석은 솔루션을 마련하기 위해 정의된 요구사항을 더 구체적이고 상세하게 정의하는 과정으로, 정의된 요구사항을 해결하기 위해 무엇들을 해결해야 하는지에 초점을 두고 해결해야 하는 문제를 더욱 세분화하는 과정을 밟는다. 데이터베이스 요구사항은 무슨 실세계를 데이터베이스로 반영하여 무슨 서비스를 할 것인가에 초점을 둔다. 그리고 요구사항 분석을 통해 그 서비스를 받기 위해 무슨 실세계 정보가 필요한지를 식별함으로써 세분화한 요구사항들이 도출된다.

데이터베이스 설계란 요구사항 분석을 통해 도출한 정보 요구사항들과 실세계를 중심으로 데이터베이스 관리 시스템이 데이터를 저장할 수 있는 데이터베이스 틀(frame), 즉, 1.3.1절의 데이터 추상화에서 소개한 세 종류 추상 레벨에서의 데이터베이스 스키마를 도출하는 과정이다. 하지만, 정보 요구사항들과 실세계를 중심으로 직접 데이터베이스 스키마를 도출하는 것은 매우 어렵고 복잡하며 자칫 운영할 때 문제가 발생할 수 있는 잘못된 설계가 될 수 있다. 이러한 이유로, 먼저, 실세계로부터 필요한 정보를 사람의 관점에서 개념적으로 쉽게 인식하고 쉽게 도출할 수 있는 데이터베이스 설계 단계와 그 결과를 논리적 레벨의 개념 스키마로 변환하는 설계 단계를 거쳐 물리적 레벨의 내부 스키마와 외부 스키마를 설계하는 과정을 거친다.

이 단원은 데이터베이스 설계 개념과 종류 그리고 데이터베이스 설계 절차를 소개하고자 한다. 이를 위해 2.1절에서는 데이터베이스 설계가 무엇인지를 설명하고 2.2절에서 데이터베이스를 잘 설계해야 하는 이유를 소개한다. 2.3절은 데이터베이스 설계의 종류와 각 설계 종류에서 사용하는 데이터 모델을 소개한다. 그리고, 2.4절은 데이터베이스 구현을 위한 요구사항 분석 단계부터 구현 단계에 이르기까지의 데이터베이스 설계 절차를 소개한다.

2.1 실세계 시스템 기반의 데이터베이스 설계 개념

어느 한 실세계를 대상으로 지속해서 업무를 처리하는 사람은 그 실세계와 관련된 정보를 신속하고 정확하게 얻거나 처리하길 원하며 이러한 가운데 데이터베이스 시스템 도입에 대한 요구가 발생하게 된다. 그 사람이 처리하는 업무의 대상이 되는 실세계로부터의 정보 획득과 처리는 그 실세계를 구성하는 구성요소와 이들 간의 관계에 대한 데이터에서 비롯되며 이 데이터들의 적절한 조합에 의해 새로운 정보가 창출된다. 한편, 사람이 수행하는 업무 대부분은 절차성을 가지고 동적으로 수행된다.

조직 업무에서 데이터베이스 시스템을 도입한다는 것은 궁극적으로 업무와 관련된 실세계의 구성요소와 구성요소 간의 관계 정보를 데이터베이스화하고 절차성을 갖는 업무를 지원하기 위해 데이터베이스를 사용하는 응용 프로그램들을 개발하여 활용하고 운영하는 것을 말한다. 응용 프로그램 개발에서 하나의 논리적 단위로 처리해야 하는 데이터베이스 접근과 처리 부분은 일반적으로 데이터베이스 엔진이 실행할 수 있는 트랜잭션으로 구현한다.

데이터베이스 설계(database design)란 실세계와 관련한 업무를 컴퓨터를 이용하여 수행할 목적으로 이를 위한 사용자의 요구조건에서 데이터베이스 구조, 즉, 데이터베이스 스키마를 도출해 내는 과정을 말한다. 데이터베이스 설계의 근본 문제는 조직의 응용업무를 데이터베이스 시스템화하는 데에서 내부와 외부 사용자의 요구에 부합하도록 어떻게 데이터베이스의 논리적 구조인 개념 스키마와 물리적 구조인 내부 스키마 그리고 외부 스키마를 도출하느냐 하는 것이다. 데이터베이스 설계의 목표는 여러 가지가 있을 수 있다. 예를 들자면, 특정 사용자와 응용을 위한 정보 요구를 만족시키는 것, 자연스럽고 쉽게 이해할 수 있는 정보 구조를 제공하는 것, 그리고 처리의 요구조건과 응답 시간, 처리시간, 저장 공간 등과 같이 성능 목적을 지원하는 것 등을 들 수 있는데 이들의 일부 또는 모두가 데이터베이스 설계의 목표가 될 수 있다. 이들을 모두 달성하기란 매우 어렵고 또 달성 여부의 측정도 어렵다. 더욱 심각한 문제는 데이터베이스 설계 과정은 흔히 비공식적이고 확실히 정의되지 않은 요구조건에서부터 시작하는 반면, 그 설계 결과가 일단 구현되기만 하면 변경하기 어려울 수 있는 견고한 데이터베이스 스키마가 될 수 있다는 점이다.

2.2 데이터베이스를 잘 설계해야 하는 이유

한 사람이나 소수의 응용에만 사용하는 아주 작은 데이터베이스의 설계는 그렇게 복잡하지 않다. 그러나 큰 기관의 정보 시스템으로 사용되는 중형이나 대형 데이터베이스의 설계는 매우 복잡하다. 그 이유는 데이터베이스 시스템화 할 대상 실세계의 규모가 커서 표현해야 할 정보 종류가 많고 게다가 데이터베이스를 이용하는 여러 가지 다른 환경에서 많은 사용자가 필요로 하는 서로 다른 모든 요구를 충족시키기 위해 너무 복잡하고 많은 사항이 고려되어야 하기 때문이다.

데이터베이스 시스템이 그 본연의 기능을 충분히 발휘하기 위해서는 먼저 데이터베이스의 설계가 잘 되고 검사가 잘 되어야만 가능하다. 여기서 중형이나 대형 데이터베이스라고 하면 사용자가 수십 명에서 수백 명 이상이 되고 정보 저장량이 수백 기가바이트 이상이며 수백 개 이상의 질의어나 응용 프로그램들이 관련된 그러한 규모를 말한다. 이러한 규모의 데이터베이스를 정부 기관, 연구소, 기업체에서 많이 사용한다. 특히 은행, 공공서비스, 보험, 여행, 호텔, 통신회사와 같은 서비스 산업들은 사실상 그 업무를 연중무휴의 성공적 데이터베이스 운용에 전적으로 의존하고 있다. 또한, 정확한 정보를 신속하게 획득하고 관리하기 위해서도 데이터베이스의 좋은 설계가 필수적이다. 잘못된 설계는 데이터베이스에서 데이터 간의 불일치나 무결성 손상을 야기하고 실세계를 정확히 반영하지 못해서 실세계와는 동떨어진 부정확한 정보를 사용자에게 제공하며 낮은 성능과 보안 문제를 비롯한 운영과 관리 그리고 유지보수에서 문제를 일으키기 때문이다.

2.3 데이터베이스 설계의 종류와 데이터 모델

실세계를 컴퓨터 내부로 반영하기 위해서는 최종적으로 실세계의 정보가 보조 기억 장치에 물리적 레벨의 내부 스키마 형태로 표현되어 저장되어야 한다. 그러나 실세계를 물리적 레벨의 내부 스키마로 직접 변환하기란 마치 설계도가 없이 건물을 짓는 것과 마찬가지로 어려운 작업임과 동시에 최종적인 데이터베이스에 심각한 오류를 수반할 가능성이 커지게 된다. 따라서 이러한 어려움과 문제를 최소화하기 위해 여러 설계 단계를 거치는 것이 좋으며, 이에 따라, 데이터베이스 구현을 위한 설계는 일반적으로 개념적 설계, 논리적 설계, 물리적 설계 등의 단계적 순서로 진행된다. 각 단계에서 도출된 설계도, 즉, 설계 결과는 다음 단계의 설계를 진행하는 바탕이 된다. 즉, 논리적 설계는 이전 단계인 개념적 설계 결과를 가지고 진행되며 물리적 설계는 논리적 설계 결과를 기반으로 진행된다.

각 단계는 그 단계 수준에 알맞은 데이터 모델을 사용하여 설계가 이루어지는데, **데이터 모델(data model)**이란 실세계를 구성하는 구성요소, 구성요소의 특성, 구성요소 간의 관계 등의 개념을 도형이나 언어를 이용하여 표현한 것으로 데이터베이스의 설계 결과는 데이터 모델로 표현된다. 즉, 개념적 설계는 **개념적 데이터 모델(개념적 모델)**로, 논리적 설계는 **논리적 데이터 모델(논리적 모델)**로, 물리적 설계는 **물리적 데이터 모델(물리적 모델)**로 표현되는데, 이들 각 단계에서의 설계와 모델에 대해 자세히 살펴보도록 하자.

2.3.1 개념적 설계

실세계의 정보를 직접 물리적 레벨의 내부 스키마로 변환한다는 것은, 앞에서 설명했듯이, 많은 어려움이 따르게 되고 구축된 데이터베이스는 검색과 관리 면에서 심각한 오류를 포함할 수 있게 된다. 따라서 내부 스키마로 직접 변환하기 이전에 우선 인간이 표현하기 쉽고 이해하기 쉬운 관점에서 실세계를 표현할 필요가 있는데 이러한 관점에서 표현하는 설계를 **개념적 설계(conceptual design)**라 한다. 다시 말하면, 개념적 설계란 인간이 표현하기 쉽고 이해하기 쉬운 개념적 관점에서 실세계를 표현하는 작업이라 말할 수 있다.

개념적 설계는 실세계를 대상으로 실세계의 구성요소, 구성요소의 특성, 구성요소들 사이에 존재하는 관계 등을 표현하게 된다. 따라서 개념적 설계는 일반적으로 실세계의 구성요소 식별, 구성요소가 갖는 특징적 요소 식별, 구성요소들 사이의 관계 식별 등을 행하는 작업이다.

개념적 설계는 인간의 개념적 측면에서 실세계를 표현하기 때문에 추상성이 매우 높으며 특정 컴퓨터 시스템이나 데이터베이스 관리 시스템을 전혀 고려함이 없이 이들과는 독립적으로 진행된다. 이처럼 개념적 설계는 인간의 개념적 측면에서 실세계를 표현하기 위해 실세계를 구성하는 구성요소, 구성요소의 특성, 구성요소 간의 관계 등의 개념을 표현하는 도형이나 언어를 사용하여 나타낸다. 개념적 설계를 위해 사용되는 이러한 도형들의 모임이나 언어 등과 같은 기호들과 개념들을 이용하여 실세계를 나타낸 것을 **개념적 데이터 모델(conceptual data model)** 혹은 줄여서 **개념적 모델(conceptual model)**이라 하고 개념적 데이터 모델을 도출하는 설계 작업을 **개념적 모델링(conceptual modeling)**이라 한다.

개념적 설계는 개념적 모델에서 사용하는 여러 종류의 기호와 개념을 이용하여 행한다. 개념적 모델을 표현하기 위해 데이터베이스 설계에서 가장 많이 사용하는 대표적인 모델이 바로 **ER 모델(Entity-Relationship model)**이며 ER 모델은 3장에서 별도로 상세히 소개한다. 이 외에도 객체지향 모델(Object-Oriented Model), Semantic 모델, Conceptual Dependency 모델, 논리 중심(Logic-based) 모델, 프레임 중심(Frame-based) 모델, 규칙 중심(Rule-based) 모델과 같은 여러 모델이 개념적 모델링을 위해 제안되었다.

2.3.2 논리적 설계

논리적 데이터베이스 설계(logical database design) 혹은 줄여서 **논리적 설계(logical design)**란 1.3절에서 소개한 데이터베이스 추상 레벨에서 논리적 레벨의 개념 스키마를 생성해 내는 과정을 말하는데 개념적 설계 결과가 도출되면 논리적 설계는 일반적으로 이 개념적 설계 결과인 개념적 모델을 가지고 진행한다.

논리적 설계의 결과는 **논리적 데이터 모델**을 가지고 표현된다. DBMS(데이터베이스 관리 시스템)에 따라 그 DBMS가 채택하고 있는 데이터베이스에 대한 자료구조가 서로 다를 수 있는데, 이러한 데이터베이스에 대한 자료구조 형식이 바로 **논리적 데이터 모델(logical data model)**이며 간단히 **논리적 모델(logical model)**로 부르기도 한다. 논리적 데이터 모델은 실세계 구성요소를 표현하는 레코드 구조와 각 필드의 타입, 레코드 타입 간의 관계 표현 등을 포함한다.

데이터 모델의 예로서, 4장에서 자세히 다룰 **관계형 데이터 모델(relational data model)**은 구성요소와 구성요소의 특성, 구성요소 간의 관계가 모두 행렬 형태의 테이블 구조로 표현되며, **객체지향 데이터 모델**에서는 구성요소 간의 관계가 레코드 사이의 레퍼런스(reference)(일종의 포인터) 중심으로 표현된다.

실세계 정보를 컴퓨터를 이용하여 처리하기 위해서는 실세계 시스템을 DBMS가 채택하고 있는 데이터 모델로 표현된 개념 스키마로 변환해야 하므로 논리적 설계는 결국 DBMS에 종속적일 수밖에 없다. 실세계를 대상으로 개념적 설계 없이 직접 논리적 설계를 하면 실세계 정보를 바로 DBMS에 종속된 데이터 모델로 표현해야 하므로 결코 쉬운 작업이 아니며 그 결과로서 구축된 데이터베이스는 운영과 유지보수에 심각한 잠재적 오류를 내포할 수 있다. 이러한 문제 때문에 일반적으로 실세계를 먼저 개념적 모델로 개념적 설계를 하고 그 결과를 바탕으로 일정한 규칙에 맞춰 DBMS 데이터 모델로 변환하는 방법으로 논리적 설계 작업을 수행한다.

2.3.3 물리적 설계

물리적 데이터베이스 설계(physical database design) 혹은 간단히 **물리적 설계(physical design)**란 데이터베이스 추상 레벨에서 물리적 레벨의 내부 스키마를 생성해 내는 것을 말한다. 논리적 설계에서 도출된 개념 스키마는 결국 데이터 파일과 인덱스 파일 형태로 물리적 저장 장치에 반영되어야 하는데, 이때 반영되는 물리적 구조가 바로 내부 스키마이다. 내부 스키마를 표현한 데이터 구조를 **물리적 데이터 모델(physical data model)** 혹은 **물리적 모델(physical model)**이라 부른다.

내부 스키마는 물리적 저장 공간의 할당, 레코드 블럭킹, 파일구조, 데이터 액세스 방법, 파일과 인덱스에 대한 트랙과 섹터의 위치, 해싱, 데이터 클러스터링, 디렉터리 구조와 위치 등과 같이 복잡한 물리적 특성들을 포함한다. 이러한 물리적 특성들은 데이터베이스 접근 속도, 저장 장치 공간의 효율적 관리, 보안, 복구 여부, 데이터 무결성 수준, 동시성 레벨 등 데이터베이스 시스템의 성능, 보안, 운영, 제어 및 관리, 유지보수 등에 중대한 영향을 미친다. 왜냐하면 데이터베이스가 실제 저장 장치에 구현되고 접근되는 것은 이 물리적 구조에 의존하기 때문이다.

물리적 설계는 이러한 특성들을 고려하고 결정하여 일부 특성들은 데이터베이스 엔진의 설정 파일에서 관련 파라미터들을 세팅하고 나머지 특성들은 DDL을 이용하여 논리적 설계의 개념 스키마 정의를 통해 DBMS가 물리적 스키마로 변환하거나, 혹은, 성능 개선을 위한 데이터 클러스터링이나 합병, 인덱스 생성 등을 통해 이루어진다. 한편, 인덱스 생성과 같은 특성은 SQL에서 create index와 같은 별도의 DDL 문을 사용하기도 한다. 이처럼 파라미터 설정값들이 데이터베이스 엔진에 반영되고 물리적 특성을 반영하여 작성된 DDL 문들이 DDL 인터프리터에 의해 번역되어 실행됐을 때 비로소 물리적 설계가 반영된 내부 스키마 형식의 데이터베이스가 구현된다. 데이터 클러스터링이나 합병, 인덱스 생성 등은 내부 스키마가 형성된 후 데이터베이스 운영 중에도 할 수 있다. DBA는 물리적 설계를 반드시 반영할 필요가 있으며 이전 설계 단계에서 도출된 개념 스키마로서는 목표 성능에 미치지 못하는 등으로 인해 도저히 반영할 수 없는 부득이한 경우 개념 스키마 설계 변경까지 요구하거나 행할 수 있다.

2.4 실세계 시스템 기반의 데이터베이스 설계 절차

데이터베이스 설계는 그림 2.1처럼 요구사항 분석 단계, 개념적 설계 단계, 논리적 설계 단계, 물리적 설계 단계, 구현 단계 등의 절차에 따라 단계적으로 수행한다. 그림 2.2는 이 단계들을 적용하는 과정에서 단계마다 도출되는 결과물과 그 결과물을 가지고 다음 단계를 진행하는 예를 보여준다. 그림 2.1의 각 단계에서 수행하는 내용을 그림 2.2의 데이터베이스 설계 과정 예와 함께 차례로 설명하면 다음과 같다.

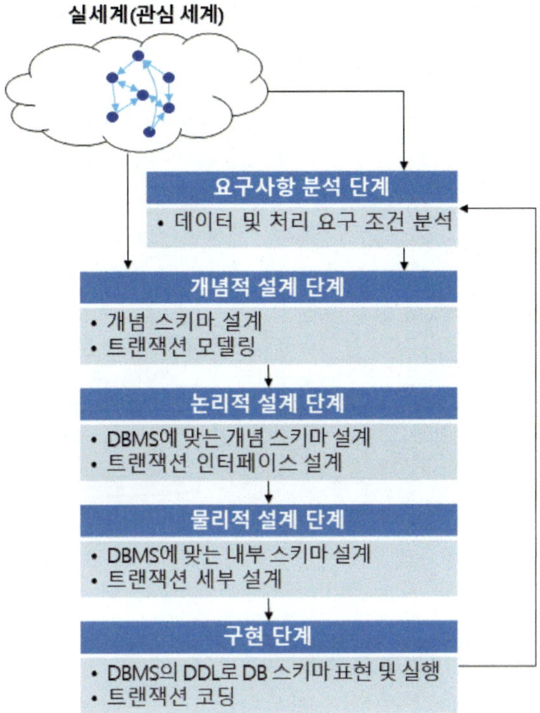

그림 2.1 데이터베이스 설계 절차

(1) 요구사항 분석 단계

데이터베이스 설계의 첫 번째 단계는 데이터베이스에 대한 잠재적 사용자를 식별하고 사용자가 원하는 데이터베이스의 용도를 파악하는 것이다. 이 과정을 **요구사항 분석(requirement analysis)**이라 한다. 이 과정의 핵심은 사용자의 요구조건을 수집하고 분석해서 공식적인 요구조건 명세를 생성하는 것이다.

데이터베이스 측면에서 보면 이 요구조건에는, 첫째 실세계로부터 무슨 정보 서비스를 받을 것인가에 대한 요구사항, 둘째로 실세계의 구성요소들, 각 구성요소의 성질, 구성요소 간의 관계, 제약조건 등에서 시간이 흘러도 변하지 않는 정적 정보에 대한 요구사항, 셋째로 트랜잭션의 유형, 트랜잭션의 실행 빈도와 같은 데이터 이용을 위한 처리업무에 관련된 데이터베이스 처리 요구사항, 그리고, 넷째로 실세계와 관련된 기관의 경영 목표 및 정책 그리고 법과 규정과 같은 범기관적인 혹은 기관 고유의 제약조건이 포함되어야 한다.

이러한 내용의 요구사항 명세를 문서화하고 주요 사용자 그룹과 함께 그 내용을 다시 검토하고 확인한 후 필요시 수정과 보완을 거쳐 최종 데이터베이스 요구사항 명세서로 확정한다. 그림 2.2는 데이터베이스로 개발하고자 하는 실세계를 대상으로 요구사항 분석을 수행하여 그 결과로 요구사항 명세서가 도출되는 것을 보여준다. 또한, 도출된 요구사항 명세서가 다음 단계인 개념적 설계의 기초가 됨을 그림 2.2를 통해 볼 수 있다.

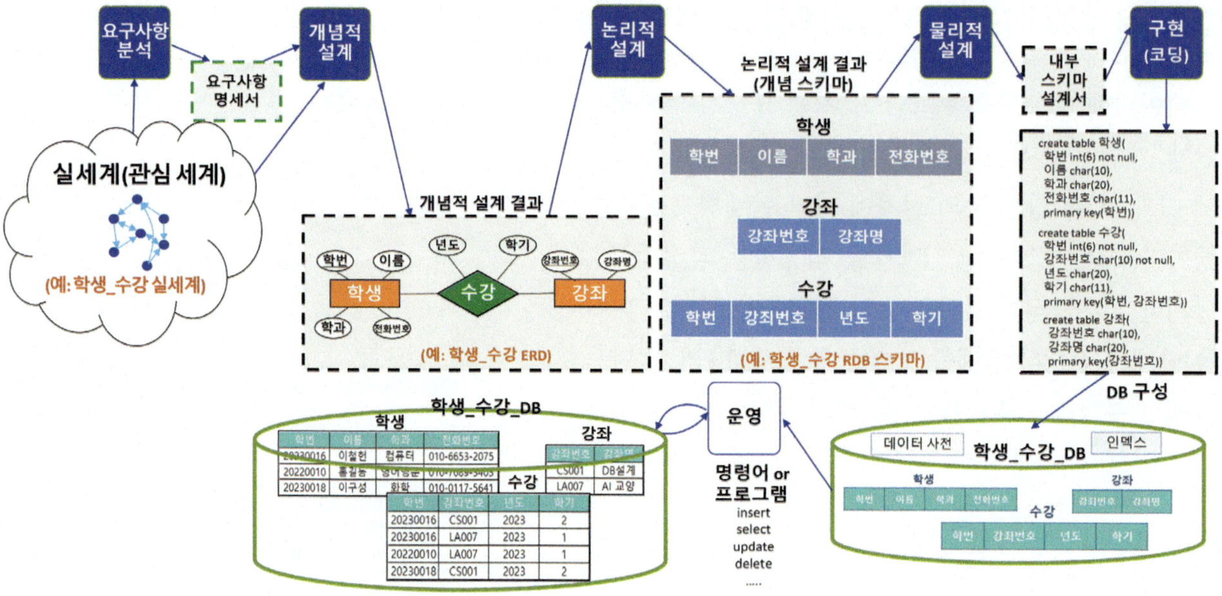

그림 2.2 데이터베이스 설계 과정 예

(2) 개념적 설계 단계

요구사항 분석이 이루어지면 데이터베이스 시스템화를 위한 대상 실세계와 최종 데이터베이스 요구사항 명세를 기반으로 개념적 설계가 진행되는데 이 과정에서는 개념적 모델링과 트랜잭션 모델링을 병행적으로 수행한다.

개념적 모델링은 이전 단계의 결과인 데이터베이스 요구사항 명세를 기반으로 데이터베이스에 반영할 실세계를 대상으로 하므로 정보를 얻고자 하는 실세계 시스템 중심의 설계가 되고 트랜잭션 모델링은 응용(업무 처리)을 위한 데이터 처리에 주안점을 두기 때문에 업무 기능 중심의 설계가 된다. 그림 2.2는 이전 단계에서 도출된 요구사항 명세서를 기초로 하고 실세계를 대상으로 개념적 설계를 진행하여 개념적 설계 결과를 도출하는 과정을 나타낸다. 도출된 개념적 설계 결과는 다음 단계인 논리적 설계 단계의 기초가 되는 것도 그림 2.2를 통해 알 수 있다. 이 그림에서 개념적 설계 결과인 ERD(Entity-Relationship Diagram) 예는 개념적 모델인 ER 모델(Entity-Relationship model)을 이용하여 표현한 결과물이다. ER 모델은 실세계를 구성요소와 구성요소 간의 관계를 개체 타입과 관계 타입 레벨에서 도형을 이용하여 높은 추상 레벨에서 설계하는 개념적 모델로서 개념적 설계에서 가장 많이 사용한다. ER 모델에 대해서는 3장에서 자세히 다룬다.

(3) 논리적 설계 단계

논리적 설계 단계는 개념적 설계 단계에서 만들어진 개념적 정보 구조, 즉 개념적 모델로 표현된 개념적 설계의 최종 결과를 가지고 DBMS가 처리할 수 있는 데이터베이스의 개념 스키마로 변환 또는 생성하는 단계이다. 이 개념 스키마는 사용자 요구사항을 만족해야 할 뿐만 아니라 데이터베이스가 잘못된 오류를 포함하지 않도록 설계되어야 한다.

그림 2.2의 예는 논리적 설계 단계가 개념적 설계에서 도출된 개념적 설계 결과인 ERD를 가지고 시작함을 보여준다. 이 단계의 끝에 도출된 결과는 개념 스키마로서 그림 2.2에서는 관계형 데이터베이스 스키마인 RDB(Relational DataBase) 스키마의 예를 보여준다. 그림 2.2는 ERD를 가지고 주어진 변환 규칙에 따라 RDB 스키마로 변환한 것이다. ERD를 RDB 스키마로 변환하는 방법은 8장에서 자세히 소개된다.

(4) 물리적 설계 단계

물리적 설계 단계는 논리적 설계 단계에서 생성된 개념 스키마를 기반으로 주로 성능을 고려하여 내부 스키마를 설계하는 단계이다. 데이터베이스의 실제 저장과 접근은 내부 스키마에 의존하기 때문에 데이터베이스의 물리적 구조는 데이터베이스 시스템의 성능에 중대한 영향을 미친다. 내부 스키마의 기본 데이터 단위는 **저장 레코드(stored record)**이다. 앞에서 설명했듯이, 내부 스키마는 물리적 저장 공간의 할당, 레코드 블럭킹, 파일구조, 인덱스, 데이터 액세스 방법, 파일과 인덱스에 대한 트랙과 섹터의 위치, 해싱, 데이터 클러스터링과 합병, 디렉터리 구조와 위치 등과 같이 복잡한 물리적 특성들을 나타내는 데이터가 포함되며 데이터베이스 설계자는 이러한 특성들을 요구사항에 따라 잘 설계해야 한다.

그림 2.2는 물리적 설계 단계 이전 단계인 논리적 설계에서 도출된 개념 스키마를 가지고 시작하여 내부 스키마 설계서를 도출하는 과정을 화살표로 나타내었다. 이 내부 스키마 설계서는 다음의 구현 단계에서 데이터베이스 엔진의 파라미터 설정이나 DDL에 반영할 내용을 포함한다.

(5) 구현 단계

논리적 설계에 이어 물리적 설계가 끝나면 물리적 스키마를 반영하여 데이터베이스 구현 단계가 시작된다. 목표 DBMS의 DDL(데이터 정의어)로 기술된 명령문이 데이터베이스 스키마와 데이터베이스 파일을 생성하기 위해 번역되어 실행된다. 처음 생성된 데이터베이스 파일은 어떠한 논리적 레코드도 포함하지 않지만, 생성과 함께 데이터 저장 공간이 할당되고 데이터베이스 스키마 구조 및 저장과 관련된 메타데이터가 데이터 사전에 저장된다. 그림 2.2는 구현 단계에서 DDL로 코딩하고 실행하여 그 결과로 데이터베이스를 생성한 예를 나타낸다. 데이터베이스가 생성된 후 응용 프로그램 내의 데이터 삽입 명령문(insert)이나 트랜잭션들에 의해 데이터베이스로 데이터가 삽입된다. 만일 데이터를 어떤 기존의 데이터 파일로부터 변환시켜야 한다면 변환 루틴을 이용하여 이 데이터베이스로 적재시킬 수 있다. 이 시점에서 데이터베이스 트랜잭션은 응용 프로그래머나 숙련된 사용자에 의해 구현된다. 이를 위해서는 트랜잭션의 개념적 명세를 검토하고 DML(데이터 조작어) 명령문을 가진 프로그램 코드가 작성되고 검사된다. 검사하는 동안 오류가 제거되고 요구사항 명세에 맞게 데이터베이스 시스템이 작동되면 데이터베이스의 설계와 구현은 완성된다.

이 이후에는 응용업무를 위해 데이터를 검색하고 실세계 변화에 따른 데이터 삽입, 삭제, 갱신 연산 및 필요시 외부 스키마의 설정과 개념 스키마와 내부 스키마 변경을 통해 데이터베이스를 지속해서 수정하고 관리하면서 이용하는 데이터베이스 운용과 유지보수 단계에 이른다.

CHAPTER 3

실세계 시스템 기반의 개념적 설계와 ER 모델

2장에서 우리는 데이터베이스 설계가 개념적 설계, 논리적 설계, 물리적 설계의 세 단계로 진행됨을 소개했다. 이 중에서, 개념적 설계는 데이터베이스 요구사항들과 실세계를 중심으로 인간이 표현하기 쉽고 이해하기 쉬운 개념적 관점에서 실세계를 표현하는 과정으로 실세계의 구성요소 식별, 구성요소가 갖는 특징적 요소 식별, 구성요소들 사이의 관계 식별 등을 행하는 작업으로 소개했다. 이처럼 데이터베이스에 대한 **개념적 설계**는 사람이 개념적 관점에서 실세계를 이해하고 실세계를 시스템적으로 표현하기 때문에 개념적 설계를 위해서는 실세계를 잘 이해하고 표현하기 위해 개념적 설계 요소에 대한 개념과 이에 해당하는 기호들에 대한 정확한 이해가 요구된다.

개념적 설계를 위해 **ER 모델**이 대표적인 개념적 데이터 모델로서 굳게 자리매김을 해왔으며 ER 모델링을 위해 **Chen 표기법**이 초창기 표기법으로 소개되었고 그 후 **IE 표기법(Information Engineering notation)**과 여러 확장 표기법이 파생되어왔다.

이 단원에서는 ER 모델 중심의 개념적 설계 요소와 두 종류의 표기법인 chen 표기법과 IE 표기법을 소개한 후 개념적 설계 절차를 단계별로 소개하고자 한다.

이를 위해 3.1절은 개념적 설계를 이루는 개념 요소들을 먼저 소개하고 그 개념 요소를 이용하여 간단하게 개념적 설계를 한 예를 ER 모델의 Chen 표기법과 IE 표기법을 사용하여 보인다. 3.1절에서 소개되는 개념 요소들은 실세계 시스템을 구성하는 구성요소, 구성요소가 갖는 특성, 구성요소 사이의 관계에 대응하는 용어와 개념 그리고 기호들로서, 실세계를 이해하고 개념적 모델로 표현하는 데 핵심적이므로 정확히 잘 이해할 필요가 있다. 3.2절은 3.1절에서 간간이 소개된 기호들을 포함하여 ER 모델의 각 표기법에 대한 전체 기호들을 소개한다. 그리고 마지막 절인 3.3절에서는 ER 모델을 이용한 개념적 설계에 대한 절차와 방법을 자세히 다룬다. 3.3절에서 소개되는 단계적 절차와 방법을 적용한 예가 9.2절에서 강의 시스템 실세계를 대상으로 소개된다. 따라서, 3.3절에서 소개되는 개념적 설계의 각 단계를 9.1절과 9.2절에서 소개되는 각 단계와 대응해가면서 학습할 것을 적극 권장한다.

3.1 개념적 설계의 개념 요소

이 절에서는 개념적 설계를 위한 개념 요소에 대한 용어와 그 개념 그리고 ER 모델에서 사용하는 기호를 소개한다. 여기에서 소개되는 개념 요소는 데이터베이스 설계의 대상이 되는 실세계 시스템의 구성요소, 구성요소의 특성, 구성요소 사이의 관계에 대응하는 용어와 개념 그리고 기호로서, 개념적 설계를 하는데 매우 중요한 기초이므로 잘 이해하도록 하자.

3.1.1 개체와 속성 그리고 키(key)

(1) 개체, 개체 타입, 속성, 개체 집합

개념적 설계를 학습하고 이해하기에 앞서 일반적으로 사용되고 있는 용어들에 대한 개념과 정의를 살펴보기로 한다. 소개되는 용어에 대한 개념 이해를 돕기 위해 그림 3.1을 예로 들어 보자.

개체(entity)란 실세계의 구성요소로서 유일하게 구분되는 존재를 말한다. 개체는 실세계에서 실제로 존재하는 물리적 구성요소일 수도 있고 논리적 혹은 가상적으로 존재하더라도 그 세계에서 유일하게 구분되는 존재라면 개체가 될 수 있다. 1.1절에서 잠깐 소개되었듯이 개체를 인스턴스(instance)라고도 부른다.

개체 타입(entity type)이란 개체가 속하는 범주, 즉, 카테고리로서 개체를 표현하거나 생성하기 위한 하나의 틀로서 작용한다. 개체 타입을 개체 스키마(entity schema)라고도 한다. 그러므로 그림 3.1의 학생 개체 타입은 학생 스키마라고 부를 수 있다.

그림 3.1은 개체 타입과 개체의 차이를 보여주는 예이기도 하다. 이 그림에서 학생 개체 타입은 특정 개체를 표현한 것이 아니다. 이 개체 타입은 학생 범주에 속하는 모든 개체를 표현하기 위한 구성 필드들을 나타낸 것이다. 이 범주에 속하는 학번이 20230016인 학생 개체는 학생 개체 타입의 각 필드에 해당하는 이 학생 개체의 정보를 값으로 나타냄으로써 표현된다. 개체 타입을 구성하는 각 필드를 속성(attribute)이라 하고, 속성에서 개체를 표현하기 위해 부여된 값을 속성값(attribute value)라 하며, 속성값으로 가질 수 있는 값의 범위를 속성 도메인(attribute domain)이라 한다. 그림 3.1에서 속성 도메인은 표시되지 않았다. 하지만, 2.4절의 그림 2.2 예의 구현(코딩) 단계 DDL의 「create table 학생」에서 이름 속성이 값으로 가질 수 있는 범위가 문자로 10자리(한글 한 음절은 2바이트이므로 한글 5개 문자에 해당함)라면 SQL에서

학생 **개체 타입**

학번	이름	학과	전화번호

강좌 **개체 타입**

강좌번호	강좌명

학생 **개체**

20230016	이철헌	컴퓨터	010-6653-2075

강좌 **개체**

CS001	DB설계

학생 **개체 집합**

20230016	이철헌	컴퓨터	010-6653-2075
20220010	홍길동	영어영문	010-7689-3403
20230018	이구성	화학	010-0117-5641

강좌 **개체 집합**

CS001	DB설계
LA007	AI 교양

그림 3.1 개체 타입, 속성, 개체, 개체 집합 예

char(10) 혹은 varchar(10)으로 표현할 수 있고 이것은 이름 속성의 타입이자 도메인을 나타낸다. 개체 타입에서 각 속성은 그림 3.1의 학생 개체 타입의 학번, 이름, 학과, 전화번호처럼 동일한 개체 타입에서 서로 다른 이름의 **속성 명칭(attribute name)**을 갖는다. 속성은 개체 타입에 속하는 개체들이 갖는 공통적인 성질 혹은 특성으로서 개체는 그 특성에 해당하는 속성값을 가지고 그 개체의 정보를 표현한다.

속성은 그림 3.1의 예와는 달리 두 개 이상의 여러 개의 속성으로 구성될 수 있다. 예를 들어, 학생 개체 타입에서 추가로 생년월일 속성을 고려할 수 있는데 생년월일 속성은 다시 년, 월, 일의 세 개의 속성으로 구성될 수 있다. 이처럼 둘 이상의 속성으로 구성된 속성을 **복합 속성(composite attribute)**이라 하고, 반면, 한 개의 속성으로만 구성된 속성을 **단순 속성(simple attribute)**이라 한다. 한편, 생년월일 속성과 나이 속성이 주어질 때, 나이 속성값은 현재 날짜에서 생년월일 속성값을 빼서 구할 수 있다. 이처럼 하나 이상의 다른 속성값들을 가지고 속성값을 구할 수 있는 속성을 **파생 속성(derived attribute)** 혹은 **유도 속성**이라 한다.

이름 속성과 같이 속성값이 하나인 속성을 **단일 값 속성(single-valued attribute)**이라 한다. 일반적으로 많은 속성이 단일 값을 갖지만 모든 속성이 단일 값 속성인 것은 아니다. 그 한 예로, 복수 전공이 허용된 대학에서 학생 개체 타입의 전공 속성을 고려하자. 이때, 전공 속성값은 {컴퓨터공학과, 수학과}와 같이 여러 개의 값을 가질 수 있다. 전공 속성처럼 두 개 이상의 속성값을 가질 수 있는 속성을 **다중 값 속성(multi-valued attribute)** 혹은 **다치 속성**이라고 부른다.

개체 집합(entity set)은 개체 타입에 따라 표현된 개체들의 모임이다. 그림 3.1에서 학생 개체 집합은 학번이 20220010, 20230018인 학생들을 20230016 학생 개체와 같이 학생 개체 타입의 각 속성에 값을 부여함에 따라 표현하여 모은 개체 집합이다. 실세계에서 일어나는 학생의 입학이나 편입 그리고 졸업이나 자퇴 등으로 새로운 개체가 개체 집합에 추가되기도 하고 삭제되기도 하며 다른 학과로 전과할 때는 속성값이 변경되기도 한다. 예를 들어, 어떤 학생이 전과하는 경우, 그림 3.1 예의 학생 개체 집합에서 전과한 학생 개체의 학과 속성값을 전과한 학과로 변경한다.

데이터베이스의 개념적 설계에서 개체 타입과 속성은 실세계에서 그 의미를 그대로 반영하는 명칭을 부여하여 실세계에 대한 이해를 쉽게 할 수 있도록 하는 것이 좋다. 개체 타입의 속성들은 그 개체 타입의 개체들이 갖는 정보를 나타내므로 그 개체 타입의 범주에 속하는 개체들이 공통으로 갖는 여러 특성 중에서 향후 데이터베이스 검색에서 정보 활용에 꼭 필요하거나 혹은 필요할 것으로 예측되는 것들을 선택하여 반영한다.

(2) 키(key)와 키의 종류

키(key)란 개체 집합을 대상으로 검색에 사용되는 하나 이상의 속성들의 모임을 말한다. 좀 더 정확히 정의하자면 검색 조건에서 사용되는 속성들의 모임이라 할 수 있다. 그림 3.1의 예에서 학생 개체 집합으로부터 '학번=20230016 **and** 학과=컴퓨터'의 조건으로 개체를 찾는다고 할 때 이 조건에서 사용된 속성들을 집합으로 표현하면 {학번, 학과}가 이 검색을 위한 키이다. 이때, 이 키 {학번, 학과}에 대한 학생 개체 집합의 첫 번째 개체의 키값은 (20230016, 컴퓨터), 두 번째 개체의 키값은 (20220010, 영어영문), 세 번째 개체의 키값은 (20230018, 화학)으로, 개체에서 키값은 그 키를 이루는 속성값들을 순서대로 나열한 것이다.

n개의 속성을 갖는 개체 타입이 주어질 때 검색 키는 속성이 1개인 키들에서부터 속성 n개의 키에 이르기까지 여러 종류가 존재한다. n개의 속성을 갖는 개체 타입에서 속성이 r개인 키의 수는 조합에서 ${}_nC_r$이므로 이 개체 타입으로부터 나올 수 있는 키의 개수는 $2^n - 1$ 개로 속성의 개수가 많아짐에 따라 가능한 키의 수는 기하급수적으로 많아진다.

개체 타입으로 생성할 수 있는 모든 유일한 개체를 포함하면서 중복된 개체가 없는 가상적인 개체 집합을 생각하자. 이때, 같은 키값을 갖는 개체가 두 개 이상 나올 수 없고 오직 한 개의 유일한 개체만을 구분하게 하는 키를 **수퍼 키(super key)**라고 부른다.

그림 3.1의 학생 개체 집합은 3개의 개체로 이루어졌지만, 학생 개체 타입으로 생성하여 개체 집합에 포함시킬 수 있는 개체들은 이들을 포함하여 엄청나게 많이 존재한다. 이 가상적인 개체 집합에서 이름 속성은 수퍼 키가 될 수 없다. 그 이유는 그림 3.1의 학생 개체 집합에서 홍길동이란 이름의 개체는 하나지만 가상적인 개체 집합에서는 홍길동이라는 같은 이름을 갖는 서로 다른 개체들이 얼마든지 존재할 수 있기 때문이다. 학과 속성도 수퍼 키가 될 수 없다. 학과가 컴퓨터인 서로 다른 개체들 또한 얼마든지 존재할 수 있기 때문이다. 하지만, 학번 속성은 수퍼 키가 될 수 있다. 그 이유는 학번(정확히는 학번 속성값)은 모든 학생, 즉, 학생 개체들 사이에서 유일하며 같은 학번을 갖는 학생이 둘 이상 존재하지 않도록 부여되기 때문이다.

한편, {학번, 이름} 키도 수퍼 키가 될 수 있는지 조사해 보자. 가상적인 학생 개체 집합에서 이 키값이 같은 개체는 존재하지 않는다. 앞에서 알아본 것처럼, 같은 이름을 갖는 둘 이상의 개체들은 얼마든지 있을 수 있지만, 모든 개체 사이에서 학번이 같은 개체는 존재하지 않으므로 모든 개체 사이에서 학번과 이름 속성값이 둘 다 같은 개체는 오직 하나만 존재하기 때문이다.

일반적으로 수퍼 키의 속성들을 포함하는 키 또한 수퍼 키가 되는데, 앞에서 설명한 {학번, 이름} 키의 경우가 이에 해당한다. 하지만, {학번} 키처럼 수퍼 키가 항상 수퍼 키 이외의 다른 속성을 포함하는 것은 아니며 이 경우 모든 속성이 함께 수퍼 키가 되는데 이바지한다.

개체 타입에서 다수의 수퍼 키들이 존재할 수 있다. 수퍼 키 중에서 속성들의 수가 가장 적은 수퍼 키를 **후보 키(candidate key)**라고 한다. 그림 3.1의 예에서 {학번} 키는 속성의 개수가 한 개로 가장 적은 수퍼 키이므로 후보 키이다.

그림 3.1 예의 학생 개체 타입에서 주민등록번호 속성을 추가한다면 {주민등록번호} 키값은 가상적인 학생 개체 집합에서 모든 개체가 유일하게 갖는 값이므로 수퍼 키가 된다. 게다가, 속성의 수가 {학번} 키와 같이 한 개로서 최소이므로 {주민등록번호} 키도 {학번} 키와 함께 후보 키가 된다. 이처럼 한 개체 타입에서 후보 키는 한 개 이상이 존재할 수 있는데, 개체를 대표해서 사용하기 위해 후보 키 중에서 하나를 선택하여 선정한 키를 **주 키** 혹은 **기본 키(primary key)**라고 한다. 후보 키 중에서 기본 키를 설정할 때 특별한 조건은 없지만, 개체 타입으로부터 생성되는 가상적인 개체 집합에서 각 개체를 유일하게 구별시키는데 대표성을 갖는 후보 키를 기본 키로 설정하는 것이 일반적이다. {학번} 키와 {주민등록번호} 키를 두 후보 키로 갖는 예에서 이들 중 어느 후보 키이든 기본 키가 될 수 있지만, 실세계에서 학생을 대표하는 속성은 일반적으로 학번이므로 {학번} 후보 키를 기본 키로 설정하는 것이 더 바람직하다.

3.1.2 관계와 약한 개체

(1) 관계, 관계 타입, 관계 집합

관계 혹은 **관계성(relationship)**이란 개체들 사이의 연관성을 의미하며 1.1절의 시스템 설명에서 소개했듯이 개체들 사이에서 시간에 따라 변화가 적은 정적 관계나 시간에 따라 관계의 변화가 심한 동적 관계를 모두 포함한 개념이다.

그림 3.2는 학생 개체 집합과 강좌 개체 집합의 개체들 사이에 존재하는 수강 관계들을 점선으로 표현한 예이다. 이 관계들 모두 문장으로 다음과 같이 표현할 수 있다. 그림 3.2의 관계들과 아래의 문장들은 모두 개체 레벨에서 표현한 것임을 주시하자.

> "20230016 학번의 학생이 강좌번호 CS001 강좌를 <u>수강한다</u>."
> "20230016 학번의 학생이 강좌번호 LA007 강좌를 <u>수강한다</u>."
> "20220010 학번의 학생이 강좌번호 LA007 강좌를 <u>수강한다</u>."
> "20230018 학번의 학생이 강좌번호 CS001 강좌를 <u>수강한다</u>."

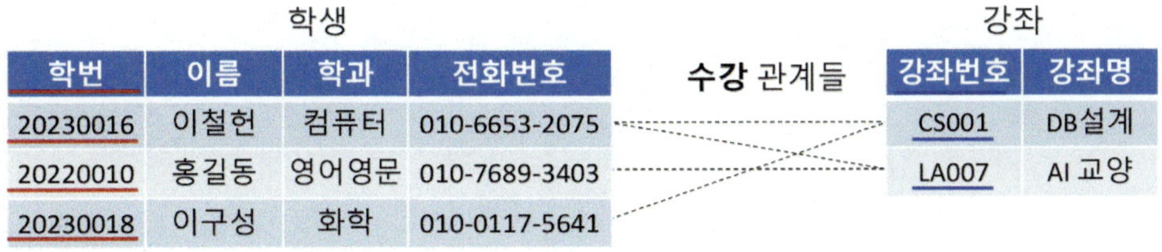

그림 3.2 관계의 예 : **수강** 관계들

이 문장들에서 서술어 부분은 관계를 나타낸다. 거의 모든 문장에서 주어와 목적어는 개체 혹은 개체 타입이다. 문장에서 서술어는 주어와 목적어 사이를 연관짓거나 혹은 주어와 보어를 연관시키며 아니면 주어의 속성과 관련된다. 따라서, 서술어가 속성이 아닌 경우, 그 서술어는 주어와 목적어 사이 혹은 주어와 보어 사이를 연관짓는 관계에 해당한다. 앞의 문장들에서도 주어는 학생 개체, 목적어는 강좌 개체이며 서술어 '수강한다'는 이 두 개체를 연관시키는 관계임을 알 수 있다.

서술어가 관계를 나타낸 것인지 아니면 속성과 관련된 것인지는 그 서술어가 개체들 사이에 대한 설명인지 아니면 개체의 특성을 나타내는 설명인지를 판단해 보면 알 수 있다. 앞의 모든 문장에서 서술어 '수강한다'는 학생 개체와 강좌 개체 사이를 연관지어 설명한 것이므로 관계에 해당한다. 하지만 "강좌번호 CS001 강좌는 DB설계이다"에서 이 문장 서술어의 보어 부분인 'DB설계'는 강좌 개체인 강좌번호 CS001을 설명한 것이라면 개체들 사이를 설명한 것이 아니므로 속성과 관련된 것으로 속성값에 해당한다. 이 문장을 정확히 다시 표현한다면 "강좌번호 CS001 강좌의 강좌명은 DB설계이다"로 표현할 수 있고 'DB설계'는 강좌에 속한 강좌명 속성의 속성값이다.

한편, 앞의 개제 레벨에서의 문장들을 개체 타입 레벨에서 일반화시켜서 표현하면 다음과 같다.

> 학생이 강좌를 수강한다.

이처럼 개체 레벨에서의 관계들을 일반화시켜서 개체 타입 레벨로 추상화한 것을 **관계 타입(relationship type)** 혹은 **관계성 타입**이라 하며 이 관계 타입의 범주에 속하는 관계들의 모임을 **관계 집합(relationship set)** 혹은 **관계성 집합**이라 한다. 앞의 문장에서도 관계 타입은 서술어로 밑줄로 표현한 것을 주시하자. 이 문장 예에서 학생이 강좌를 언제, 즉, 몇 년도 몇 학기에 수강한 것인지 알 수 없다. 실세계에서 학생이 강좌를 수강한다고 할 때 몇 년도 몇 학기에 수강하는 것인지를 표현해야 더욱 완전한 정보를 표현할 수 있다. 와일드카드로 *를 사용하여 관계 타입을 다음과 같이 다시 표현해 보자.

학생이 강좌를 *년도 *학기에 수강한다.

그림 3.3 (a)와 (b)는 학생과 강좌 사이의 수강 관계에서 몇 년도 몇 학기에 수강 관계가 생긴 것인지, 즉, 몇 년도 몇 학기에 수강한 것인지를 반영한 수강 실세계를 서로 다른 표기법의 **ER 모델(Entity Relationship model)**로 표현한 것으로 이를 **ER 다이어그램(ERD : ER Diagram)**이라 한다. 그림 3.3 (a)의 Chen 표기법은 초기 ER 모델 표기법 버전이고 나중에 나온 표기법이 그림 3.3 (b)의 **crow's foot 표기법**이라고 불리기도 하는 **IE 표기법**인데, 현재 IE 표기법이 많이 사용되고 있다. 하지만, 그림 3.3 (a)와 (b)처럼 다른 표기법의 ERD를 둘 다 소개한 이유는 지금까지도 두 버전의 표기법이 사용되고 있어 모두 알고 있을 필요가 있기 때문이다.

ER 모델에 해당하는 기본 개념은 3.1절에서 자세히 다루고 ER 모델의 개념요소를 포함하여 ERD를 형성하는 방법은 3.2절에서 자세히 다루기로 한다.

그림 3.3 (a)의 ERD에서 내부에 명칭과 함께 표현된 사각형은 개체 타입, 마름모는 관계 타입, 타원형은 링크로 연결된 개체 타입의 속성을 각각 나타내며 밑줄 친 속성은 개체 타입의 기본 키를 나타낸다. 이 ERD에서 수강은 학생 개체 타입과 강좌 개체 타입 사이의 관계 타입에 해당한다. 년도와 학기는 관계 타입의 속성으로 표현되었다. 그 이유는, 년도와 학기는 학생의 고유 속성도 강좌의 고유 속성도 아니며 수강 관계가 형성될 때 몇 년도 몇 학기에 수강했는지에 대한 정보가 발생하는데, 수강 관계가 없으면, 즉, 수강하지 않았으면 수강 년도도 수강 학기도 존재하지 않기 때문이다.

그림 3.3 (b)의 IE 표기법 ERD는 개체 타입과 그 속성들을 위아래로 분리된 사각형으로 표시하고 위쪽에는 개체 타입 이름을 나타내고 아래에는 속성들을 나열하며 기본 키는 밑줄로 표시하였음을 알 수 있다. 또한, 관계 타입은 관계를 갖는 개체 타입들을 링크로 연결하여 이 링크 가운데 바로 위에 관계 타입

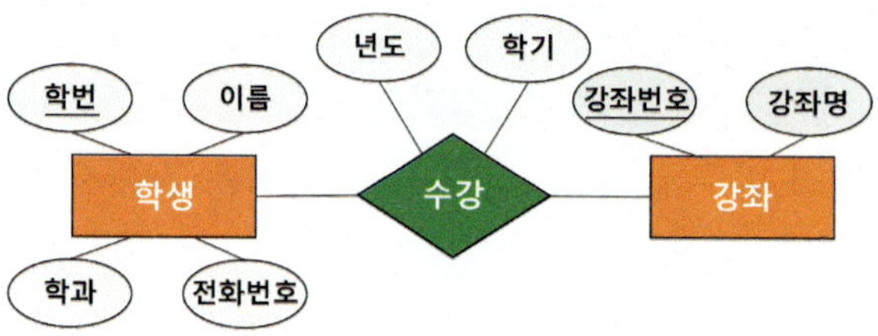

(a) Chen 표기법 ERD

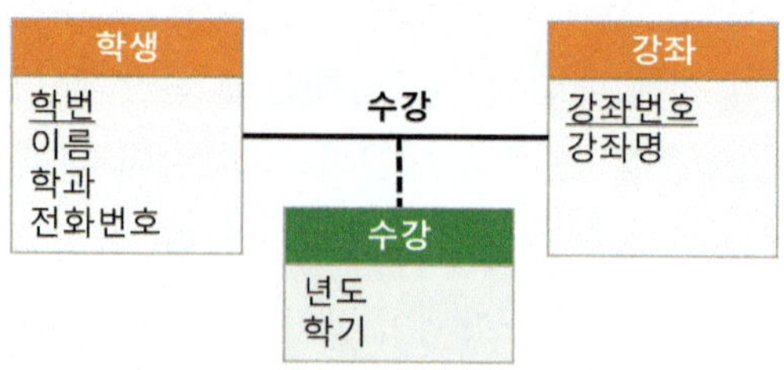

(b) IE (crow's foot) 표기법 ERD

그림 3.3 다른 ER 모델 표기법을 사용한 **수강** 실세계 ERD

이름을 표시하고, 그 링크 아래에는 관계 타입 이름과 관계 타입의 속성들을 나열한 사각형을 점선으로 관계 링크의 가운데에 연결하여 표시한다.

일반적으로 **개체 타입 레벨의 문장에서 관계 타입을 나타내는 서술어를 꾸미는 부사구가 있다면 이 부사구는 서술어인 관계 타입을 나타내는 속성이다.** 앞의 와일드카드를 사용한 개체 타입 레벨의 관계 타입 문장에서 '*년도 *학기'는 '수강한다'를 꾸미므로 그림 3.3에서 수강 관계 타입의 속성으로 표현되었다.

한편, **개체 레벨의 문장에서 관계를 나타내는 서술어를 꾸며주는 부사구가 있다면 이 부사구는 관계를 나타내는 속성의 속성값이 된다.** 개체 레벨에서 수강 관계를 나타내는 문장에 년도와 학기를 포함하여 좀 더 많은 정보를 포함하는 문장으로 다음과 같이 바꿔보자. 이 첫 번째 문장에서 '2023년도 2학기에'는 '수강한다'를 꾸미는 부사구로서 각각 년도 속성과 학기 속성의 값임을 알 수 있다.

"20230016 학번의 학생이 강좌번호 CS001 강좌를 **2023년도 2학기에** 수강한다."
"20230016 학번의 학생이 강좌번호 LA007 강좌를 **2023년도 1학기에** 수강한다."
"20220010 학번의 학생이 강좌번호 LA007 강좌를 **2023년도 1학기에** 수강한다."
"20230018 학번의 학생이 강좌번호 CS001 강좌를 **2023년도 2학기에** 수강한다."

관계를 나타내는 방법으로 여러 가지가 있을 수 있지만, 그 중 한 가지 방법으로, 관계가 개체들 사이를 연관시키는 역할을 하는 것으로 고려한다면, 관계에 연관된 개체들을 대표하는 기본 키 값들과 그 관계에 속성값들을 순서적으로 나열한 조합으로 표현할 수 있다. 이때, 관계 타입은 이렇게 표현된 관계들을 추상화 시킨 것이므로 속성값을 제외한 속성들로만, 즉, 관계 타입에 연관된 개체 타입들의 기본 키 속성들과 그 관계 타입을 구성하는 속성들의 조합으로 표현할 수 있다. 수강 관계의 예에서 수강 관계 타입은 그림 3.4 (a)와 같이 나타낼 수 있으며 그림 3.4 (b)는 수강 관계 타입의 관계 4개로 구성된 관계 집합을 나타낸다. 그림 3.4 (b)의 수강 관계 집합은 수학적 표현에서 집합으로 다음과 같이 표현할 수 있다.

```
수강 = { (20230016, CS001, 2023, 2), (20230016, LA007, 2023, 1),
         (20220010, LA007, 2023, 1), (20230018, CS001, 2023, 2) }
```

여기에서, (20230016, CS001, 2023, 2), (20230016, LA007, 2023, 1), (20220010, LA007, 2023, 1), (20230018, CS001, 2023, 2) 각각은 수강 집합의 원소로서 수강 개체 집합의 각 관계를 나타내며, 개체 레벨에서 수강 관계를 나타내는 바로 앞의 각 관계 문장과 동등한 의미로 표현된 것이다. 이처럼 괄호 안에 콤머로 구분하여 속성값을 속성 순서대로 나열하여 나타낸 것을 **튜플(tuple)**이라 하며, 튜플은 관계는 물론

학번	강좌번호	년도	학기

(a) **수강** 관계 타입

20230016	CS001	2023	2
20230016	LA007	2023	1
20220010	LA007	2023	1
20230018	CS001	2023	2

(b) **수강** 관계 집합

그림 3.4 **수강** 관계 타입과 관계 집합

개체를 나타내는 데도 사용된다. 튜플에서는 관계 타입 혹은 개체 타입의 속성 순서에 맞추어 속성값이 나열되기 때문에, 두 튜플에서 속성 순서에 대응하는 속성값이 한 개라도 다르면 이 둘은 다른 관계 혹은 다른 개체이다.

(2) 존재 종속성과 약한 개체

그림 3.5 왼쪽의 학과 ERD를 전국 여러 대학의 학과를 나타내기 위한 개제 타입이라고 하자. 그림 3.5의 오른쪽 테이블은 비록 소수이지만 이 개체 타입의 전국 대학 학과 개체들로 모은 개체 집합이라고 하자. 이 개체 집합에서 학과ID 속성의 역할을 잘 살펴보면 학과를 구분하는 역할의 속성일 뿐 개체들 사이에서 유일한 값이 아니므로 기본 키가 아님을 알 수 있다. 여기에서 중요한 점은 학과 개체 집합에서 학과 정보는 알 수 있지만, 이 개체 집합만 가지고는 어느 대학교의 학과인지 전혀 알 수 없어서 학과 개체 집합의 모든 학과 개체가 정체불명의 학과가 된다는 점이다. 학과ID 속성과 같이 기본 키는 아니지만, 대학교 정보만 연

학과 개체 타입 ERD

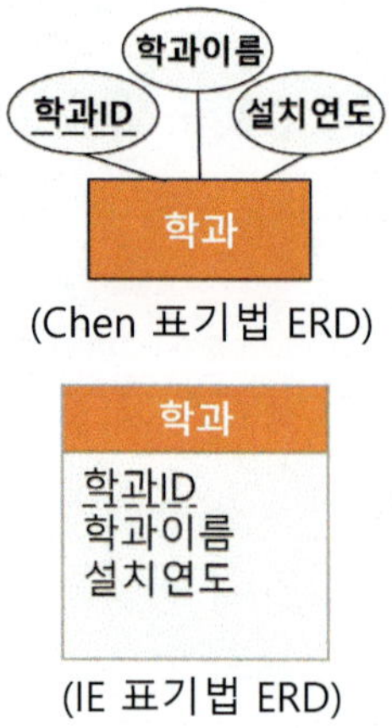

학과 개체 집합

학과ID	학과이름	설치연도
CSE	컴퓨터공학과	1988
IME	산업경영공학과	1989
EEE	전자공학과	1989
CSE	컴퓨터공학과	1984
EEE	전자공학과	1983
CSE	컴퓨터공학과	1990

그림 3.5 **학과** ERD와 개체 집합 표현

관되면 어느 대학교의 학과인지를 유일하게 구분할 수 있듯이, 다른 개체 집합의 기본 키 정보가 있으면 개체를 유일하게 구분짓는 역할을 하는 키를 **구분자** 혹은 **구별자(discriminator)**라고 하며 점선으로 된 밑줄로 표시하는데 구분자에 대해서는 잠시 후에 자세히 설명하기로 한다.

그림 3.5의 학과 개체 집합의 개체들에서 서로 다른 컴퓨터공학과 개체는 세 개로서 학과ID는 모두 같다. 이 세 개 학과들은 설치연도가 서로 다르므로 각기 다른 대학교의 컴퓨터공학과임을 추측할 수 있지만, 어느 대학교의 컴퓨터공학과인지는 알 수 없다. 따라서, 특정 대학교의 컴퓨터공학과의 학과 이름을 컴퓨터과학과로 변경하려고 해도, 혹은, 그 대학교가 컴퓨터공학과를 없애려고 해도 컴퓨터공학과 개체가 어느 대학교의 개체인지를 알 수 없어서 어떠한 작업도 할 수 없다. 사실, 대학 실세계를 조금 깊이 고려해 볼 때, 학과가 대학교와는 상관없이 독립적으로 존재하는 경우를 본 적이 있을까? 사실, 교육부에서 인정한 대학교 없는 학과는 우리나라의 대학 실세계에서는 존재하지 않는다. 그래서, 그림 3.5와 같이 학과ID, 학과이름, 설치연도의 세 개 속성을 갖는 학과는 독립적으로 존재할 수 없고 그 학과를 포함하는 대학교가 반드시 존재해야 한다.

그림 3.5의 학과 개체 예와 같이 독립적으로 존재할 수 없고 그 존재가 다른 개체에 종속되는 개체, 즉, 다른 개체가 존재해야만 존재할 수 있는 개체를 **약한 개체(weak entity)**라고 한다. 여기에서, 약한 개체의 존재에 꼭 필요한 개체를 그 약한 개체의 **식별 개체(identifying entity)**라고 부르며, 이때 약한 개체는 식별 개체에 **존재 종속적(existence dependent)**이라고 말한다. 이와는 다르게, 대학교와 같이 다른 개체의 존재와는 무관하게 독립적으로 존재할 수 있는 개체를 **강한 개체(strong entity)**라 한다. 그러므로, 약한 개체가 아니면 그 개체는 강한 개체이다. 그림 3.5의 학과 개체 집합 예에서 설명한 것처럼 약한 개체는 그 자체로서 유일하게 구별되지 못하는 문제가 있기 때문에 이를 해결하기 위해 식별 개체가 약한 개체와 연관되어야 한다. 이처럼 약한 개체와 식별 개체가 연관되는 관계를 **식별 관계(identifying relationship)**라고 한다.

한편, 강한 개체의 개체 타입을 **강한 개체 타입(strong entity type)**이라 하고 약한 개체의 개체 타입을 **약한 개체 타입(weak entity type)**이라 하며, 강한 개체 타입의 개체 집합을 **강한 개체 집합(strong entity set)**, 약한 개체 타입의 개체 집합을 **약한 개체 집합(weak entity set)**이라 한다. 약한 개체 타입은 그 타입의 약한 개체들의 식별 개체들이 속하는 **식별 개체 타입(identifying entity type)**과 **식별 관계 타입(identifying relationship type)**으로 연관되어야 한다. 이와 마찬가지로, 약한 개체 집합 또한 **식별 개체 집합(identifying entity set)**과 연관되어야 한다.

예를 들어, 그림 3.5에서 대학ID, 대학이름, 주소, 설립연도를 속성으로 갖는 대학교 개체 타입을 고려할 때, 학과 개체의 존재는 대학 개체 없이는 존재할 수 없으므로 대학 개체 타입은 학과 개체 타입의 식별 개체 타입이다. 이를 반영하여, 그림 3.6 (a)는 약한 개체 타입인 학생과 식별 개체 타입인 대학교를 소속 식별 관계 타입으로 연관지은 것을 Chen 표기법과 IE 표기법으로 표현한 ERD이다. 이 Chen 표기법의 ERD 표현에서 약한 개체 타입은 이중 사각형으로, 강한 개체 타입은 단일 사각형으로 각각 표시함을 주시하자.

Chen 표기법에서 약한 개체 타입과 식별 개체 타입을 연관 짓는 식별 관계 타입은 그림 3.6 (a)의 소속과 같이 이중 마름모로 표현한다. 또한, 식별 관계 타입은 식별 개체 타입과는 단일 링크로 연결하고 약한 개체 타입과는 이중 링크로 연결한다.

IE 표기법에서 약한 개체 집합은 그림 3.6 (a)와 같이 강한 개체 타입처럼 사각형으로 표시하지만, 구분자에 해당하는 속성은 점선의 밑줄로 표시함으로써 약한 개체 타입인지를 구별할 수 있다. IE 표기법을 기반으로 하는 IDEF1X라는 다른 표기법에서는 두 개체 타입을 연결하는 식별 관계 타입 링크에서 약한 개체 타입 쪽의 링크 끝을 검은색의 작은 원으로 표시하여 두 개체 타입을 구분하며 작은 검은색 원 대신 작은 검은색 다이아몬드로 표현하기도 한다. 또 다른 IE 표기법과 유사한 표기법에서는 개체 타입을 나타내는 사각형 테두리를 Chen 표기법과 같이 이중선으로 나타내기도 한다.

강한 개체 타입의 강한 개체는 독립적인 유일한 존재를 나타내는 기본 키가 존재하지만, 약한 개체 타입의 약한 개체는 그 자체가 독립적인 유일한 존재를 나타내는 기본 키를 갖지 못하기 때문에 약한 개체를 유일하게 식별하기 위해서는 그 존재 여부를 결정하는 식별 개체 타입의 기본 키와 약한 개체를 구분하는 약한 개체 타입의 구분자를 합쳐서 약한 개체 타입의 기본 키로 만들 수 있다. 이처럼 식별 개체 타입의 기본 키가 약한 개체 타입과 연관될 때 약한 개체를 유일하게 구분하게 하는 약한 개체 타입의 최소 수 속성들의

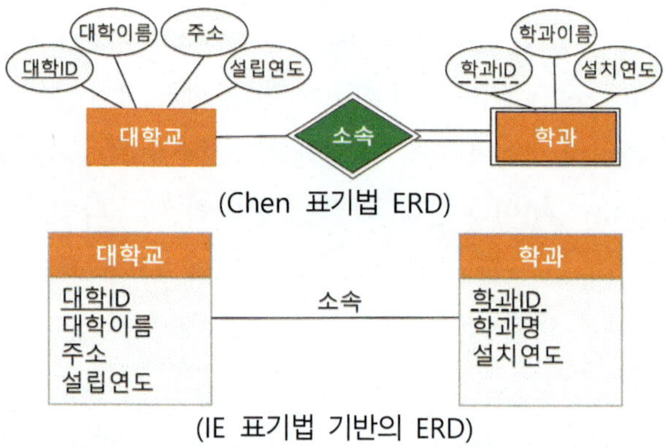

(a) 식별 개체 타입과 연관 짓는 ERD 표현 예

학과 개체 집합

대학ID	학과ID	학과이름	설치연도
한국대	CSE	컴퓨터공학과	1988
대한대	IME	산업경영공학과	1989
한국대	EEE	전자공학과	1989
대한대	CSE	컴퓨터공학과	1984
KOR대	EEE	전자공학과	1983
KOR대	CSE	컴퓨터공학과	1990

(b) 학과 약한 개체 타입의 기본 키

그림 3.6 약한 개체 타입의 식별 개체 타입과의 연관과 기본 키 설정 예

모임이 바로 구분자인 것이다. 미리 소개하면, 개념적 설계 산출물인 ERD를 기반으로 하는 논리적 설계 과정에서 약한 개체 타입의 기본 키는 그림 3.6 (b)와 같이 식별 개체 타입의 기본 키와 약한 개체 타입의 구분자 키를 합쳐서 구성한다.

그림 3.6 (a)와 (b)의 예에서 식별 개체 타입인 대학교는 강한 개체 타입이므로 기본 키를 가질 수 있고 {대학ID}가 기본 키이며 실선의 밑줄로 표시되었다. 하지만 약한 개체 타입인 학과는 ERD에 표현된 속성들만으로는 기본 키가 될 수 없다. 대신, 학과 개체 타입에서 학과를 구분하는 구분자는 {학과ID}이며 ERD에서 점선의 밑줄로 표시했다. 이 ERD를 기반으로 하여 8.3.2절에서 소개되는 논리적 설계 과정에서 학과의 기본 키는 식별 개체 타입의 기본 키인 대학ID 속성을 학과에 추가함으로써 이 식별 개체 타입의 기본 키 속성과 구분자 속성을 합친 {대학ID, 학과ID}가 학과 개체들을 유일하게 구분 짓는 최소수 속성의 수퍼 키가 되는데 바로 이 키가 학과 개체 타입의 기본 키가 된다.

한편, 존재 종속성을 갖는 약한 개체 집합과 식별 개체 집합에서 식별 개체 집합으로부터 식별 개체가 제거되면, 이 개체에 종속된 약한 개체들도 또한 약한 개체 집합에서 모두 제거되어야 한다. 그렇지 않을 경우, 존재하지 않는 식별 개체에 존재 종속인 개체가 약한 개체 집합에 남아 있게 되는 오류가 발생해서 실세계를 정확히 반영하지 못하는 문제가 생긴다. 개념적 설계에서 약한 개체 타입 여부의 판별은 논리적 설계에서 기본 키 설정과 더불어 나중에 구축되는 데이터베이스의 운영에서 데이터 삽입과 삭제로 인한 오류를 피하기 위해 꼭 필요한 작업이다.

3.1.3 ISA 관계와 상속성

일반화는 ER 모델에서 특별히 구분하여 다루는 관계이다. 일반화의 예로서 학생과 사람 사이의 관계를 따져보자. 일반적 개념으로 우리말로 표현하자면 '학생은 사람이다'라고 할 수 있으며 이를 영어 문장으로 '학생(student) is a 사람(person).'으로 표현할 수 있다. 이 문장을 자세히 분석해보면 사람은 학생보다 더 일반화된(generalized) 개념이고 학생은 사람의 구체화된(specialized) 개념으로, 일반화 측면에서 사람은 상위 개념으로 구체화된 학생은 사람의 특수화된 하위 개념이다. 개체 집합 차원에서 학생과 사람을 고려하자면 학생 개체 집합은 사람 개체 집합에 포함되는 부분 집합 관계이다. 이와 같이 두 개체 집합 A와 B 사이에서 'A는 B이다' 혹은 영문장으로 'A is a B' 로 표현되어 A가 B에 개념상으로 포함되면서 A에서 B로 향하는 관계를 일반화(generalization) 관계라 하며, 영문장 '~ is a ~'를 본떠서 **ISA 관계(ISA relationship)**라고도 한다.

A에서 B로 향하는 일반화 관계에서 상위 개념에 해당하는 개체 타입 B를 개체 타입 A의 **상위 개체 타입(super entity type)**, 하위 개념에 해당하는 A를 개체 타입 B의 **하위 개체 타입(sub entity type)**이라 하고 이 개체 타입들을 가지고 생성되는 개체 집합을 각각 **상위 개체 집합**과 **하위 개체 집합**이라 한다.

학생과 사람의 일반화 관계 예에서 개념상으로 보면 학생은 사람이기 때문에 사람이 갖는 특성들, 즉, 속성들을 학생이 그대로 갖게 된다. 이처럼 상위 개체 타입의 특성(즉, 속성)들을 하위 개체 타입이 그대로 이어받는 성질을 **상속성(inheritance)**이라 한다.

ER 모델이 아직 상세히 소개되지 않아 이른 감은 있지만, 그림 3.7은 ISA 관계와 상속성의 예를 ER 모델로 나타내고 있다. 그림 3.7 (a)는 ISA 관계를 Chen 표기법으로 나타낸 것으로 사각형은 개체 타입을, 타원형은 속성을, ISA 역삼각형은 ISA 관계를 각각 나타내어 ISA 관계를 쉽게 이해할 수 있다.

한편, A에서 B로 향하는 일반화 관계에서 그 역인 B에서 A로 향하는 관계는 개념상 B 개념의 일부 속성들에 특수한 값이나 값의 범위로 조건을 부여하거나 혹은 구체화하는 속성들을 추가하여 A 개념이 생성된 것으로, B 개념으로 생성된 개체 집합에 이들 속성으로 제약이 부여되어 형성된 부분 개체 집합이 A 개념에 대한 개체 집합이다. 그래서, A에서 B로 향하는 일반화 관계에서 A 개념은 B 개념에 세부적인 구별 조건이 부여된 것이므로, 일반화의 역관계인 B 개념에서 A 개념으로 향하는 관계를 **구체화** 혹은 **세분화(specialization) 관계**라 한다.

일반적으로 '학생은 사람이다(학생 is a 사람)'와 '교수는 사람이다(교수 is a 사람)'의 개념이 성립되므로, 이에 따라 그림 3.7 (a)는 확장된 Chen 표기법으로 일반화 관계를 나타낸 것으로 학생 개체 타입과 사람

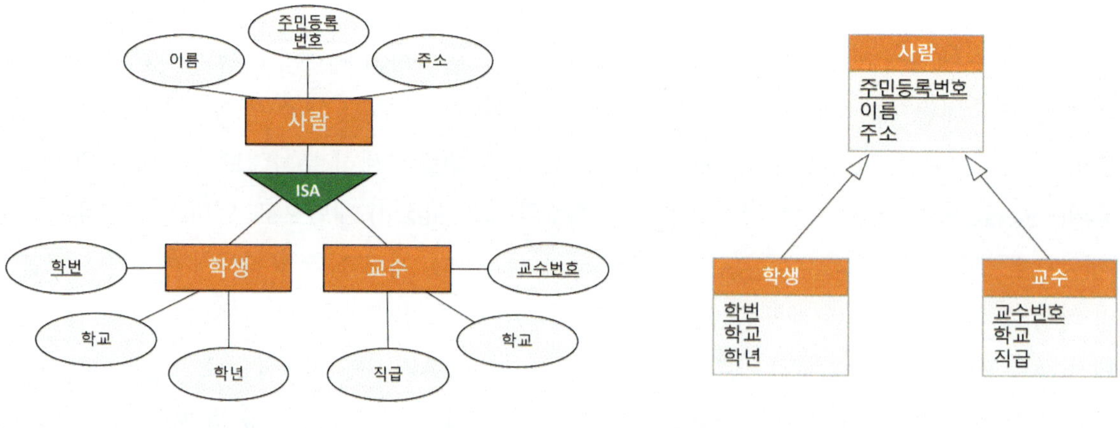

(a) 확장된 Chen 표기법 ERD

(b) IE 표기법 ERD

그림 3.7 일반화 관계(ISA 관계)의 ERD 예

개체 타입 사이의 ISA 관계와 교수 개체 타입과 사람 개체 타입 사이의 ISA 관계를 역삼각형에 링크로 연결하여 함께 표현한 것이다. 한편, 그림 3.7 (b)는 그림 3.7 (a)의 일반화 관계를 IE 표기법으로 나타낸 것으로 하위 개체 타입에서 상위 개체 타입으로 향하는 비어 있는 삼각형 머리를 갖는 화살표로 일반화를 나타낸다.

그림 3.7의 두 ERD에서 사람 개체 타입은 이름, 주민등록번호, 주소 속성을 갖는다. 학생 개체 타입과 사람 개체 타입 사이의 ISA 관계에서 학생은 사람이기 때문에 사람 개체 타입이 가지는 이름, 주민등록번호, 주소 속성들을 학생 개체 타입에도 표현해야 하지만, 그림 3.7의 두 ERD에서 이 속성들이 생략되었음을 주시하자. 또한, 교수 개체 타입에서도 마찬가지로 이 속성들이 생략되었다. 이 속성들을 중복해서 표현하지 않더라도, 앞에서 소개한 상속성으로 인해 이 속성들을 상위 개체 타입으로부터 자동으로 하위 개체 타입들이 이어받는다. 따라서, 학생 개체 타입은 ERD에서 직접 표현된 학번, 학교, 학년 속성들 외에도 학생 개체 타입에 직접 표현되지 않은 상위 개체 타입 사람의 속성들인 이름, 주민등록번호, 주소를 갖는다. 마찬가지로, 교수 개체 타입도 교수번호, 학교, 직급과 더불어 상속성으로 인해 상위 개체 타입의 이름, 주민등록번호, 주소 속성들을 갖는다.

일반화는 하위 개체 타입들과 상위 개체 타입사이의 조건에 따라 세 가지 종류로 분류되며 그림 3.8은 이 세 종류의 일반화 관계를 IE 표기법으로 표현한 예이다.

그 첫 번째로는 그림 3.8 (a)와 같이 하위 개체 집합들이 서로소이면서(즉 같은 개체가 하위 개체 집합들 사이에 중복해서 존재할 수 없다) 하위 개체 집합들의 개체들을 모두 합하면 상위 개체 집합을 이루는 일반

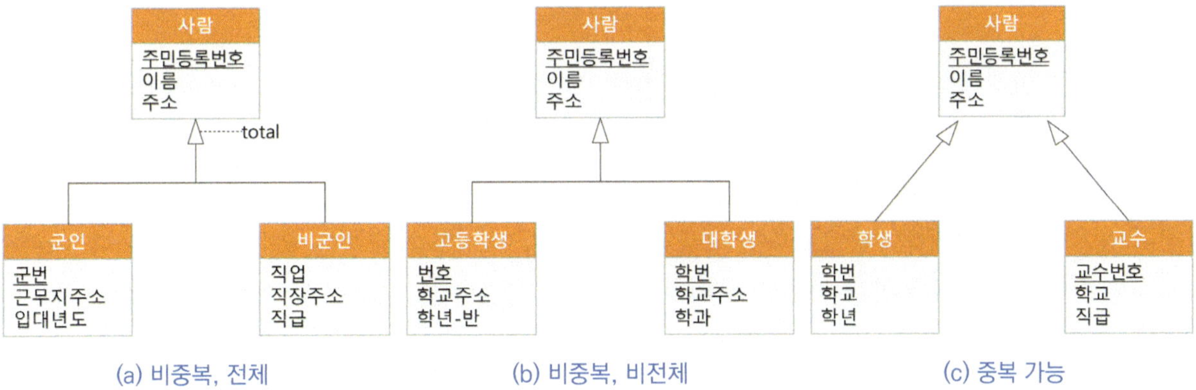

그림 3.8 일반화의 종류 예

화 관계이다. 이 관계를 완전 서로소 일반화(totally disjoint generalization)라 부른다. 이 종류의 일반화 관계에서 개체는 모든 하위 개체 집합 중에서 오직 한 개체 집합에만 존재하며, 상위 개체 집합은 사실상 개체를 포함하지 않는다. 그림 3.8 (a)에서 군인도 사람이고 비군인도 사람이다. 따라서 군인과 사람 사이 그리고 비군인과 사람 사이의 관계는 일반화 관계이다. 하지만, 사람은 군인이든가 아니면 비군인이든가 둘 중의 하나에 속하며 군인이면서 동시에 비군인일 수는 없다. 따라서, 하위 개체 집합인 군인 개체 집합과 비군인 개체 집합은 서로소이며 이들 하위 개체 집합의 합집합이 상위인 사람 개체 집합을 형성한다. 이 종류의 일반화 관계는 그림 3.8 (a)처럼 하위 개체 타입들을 모두 연결한 연결선의 가운데에 상위 개체 타입으로 향하는 속이 빈 삼각형 머리로 표시된 화살표를 연결하여 표시하되 이 삼각형에 점선과 함께 'total' 표시를 하여 표현한다.

두 번째 일반화 종류는 두 하위 개체 집합은 서로소이지만 하위 개체 집합들의 합집합이 상위 개체 집합의 전체가 아닌 일부분을 이루는 일반화 관계로, 이 일반화 관계를 서로소 일반화(disjoint generalization)라 부른다. 이 종류의 일반화 관계에서는 하위 개체 집합에 속하지 않는 상위 개체 집합의 개체가 존재할 수 있으므로 상위 개체 집합은 개체를 가질 수 있다.

그림 3.8 (b)는 그 예를 보여준다. 고등학생은 사람이고 동시에 대학생도 사람이다. 따라서, 고등학생과 사람 사이, 그리고 대학생과 사람 사이에는 둘 다 일반화 관계이다. 그리고, 고등학생이면서 대학생인 개체는 존재하지 않는다. 따라서 고등학생 개체 집합과 대학생 개체 집합은 서로소이다. 하지만, 고등학생 개체들과 대학생 개체들이 모인다고 해서 사람 전체를 이루는 것은 아니며, 사람이지만 초등학생이나 군인처럼 고등학생과 대학생이 아닌 사람들도 얼마든지 존재할 수 있다. 이러한 개체들은 하위 개체 집합에서 수용할 수 없으므로 상위 개체 집합인 사람에 포함되어야 한다. IE 표기법에서는 이러한 일반화 관계를 그림 3.8 (a)의 완전 서로소 일반화 링크에서 삼각형에 점선으로 연결된 'total'을 제외하여 그림 3.8 (b)와 같이 표현한다.

마지막인 세 번째 일반화 종류는 하위 개체 집합들 사이에 개체의 중복을 허용하는 관계이다. 이것은 한 개체가 둘 이상의 하위 개체 집합에 속할 수 있는 경우이다. 그림 3.8 (c)는 이를 나타내는 IE 표기 ERD로서 이 종류의 일반화 관계를 나타낸다. 주민등록번호가 A인 사람이 한국대학교의 교수이지만 다른 전공에 관심이 있어 대한 사이버대학교에 입학한 학생일 수 있으며, 이 경우 A 교수는 교수이자 학생이다. 따라서 A 교수는 하위 개체 집합인 학생에도 포함되어야 하고 교수 개체 집합에도 포함되어야 한다.

지금까지 일반화 관계의 종류와 종류별 IE 표기에 대해 살펴보았다. 개념적 설계에서 종류에 따라 다르게 표현된 일반화 관계는 논리적 설계에서도 다르게 다루어진다. 중요한 것은 어떤 종류이든 일반화 관계는 상속성을 가진다는 것으로 이에 따라 모든 하위 개체 타입의 공통 속성들은 상위 개체 타입에서 한 번만 표현하고 하위 개체 타입들에서 이 속성들을 계승한다는 점이다.

이처럼 ISA 관계에서 상속성은 상위 개체 타입에서 표현된 속성들을 하위 개체 타입에서 중복해서 표현할 필요가 없는 편리함을 제공한다. 일반화 관계임에도 상속성이 없이 상위 개체 타입의 속성을 중복해서 하위 개체 타입들에서도 표현하거나 일반화할 수 있는 복수의 개체 타입들이 공통된 속성을 가지는 경우, 새로운 공통된 속성을 추가하거나 기존의 공통된 속성을 삭제하거나 혹은 공통된 속성 명칭을 변경하거나 하는 등의 스키마 변경이 행해질 때마다 그 공통 속성에 해당하는 모든 개체 타입을 대상으로 반복해서 그 변경 작업을 해야 한다. 하지만, 상속성에서는 ISA 관계에서 상위 개체 타입에서 공통 속성에 대해 한 번만 작업하기 때문에 하위 개체 타입들에 대한 반복적인 스키마 변경 작업이 불필요하므로 공통 속성들의 표현과 수정을 편하게 하는 장점이 있다.

3.1.4 종합화(aggregation)

그림 3.9는 관리자의 관리 실세계 시스템을 ER 모델로 표현 중인 상태를 나타낸다. 실세계에서 관리자가 직원이 지점에서 업무를 수행하는 것에 대해 관리하는 것을 ERD로 표현하려는 것인데 이렇게 되면 관리자가 관리하는 것은 수행 관계 타입이 되어야 한다. 그러나 ER 모델에서는 관계 타입과 링크로 연결하여 관계 타입을 표현하는 방법이 없다. ER 모델에서 관계 타입은 반드시 개체 타입들 사이에서만 링크를 연결

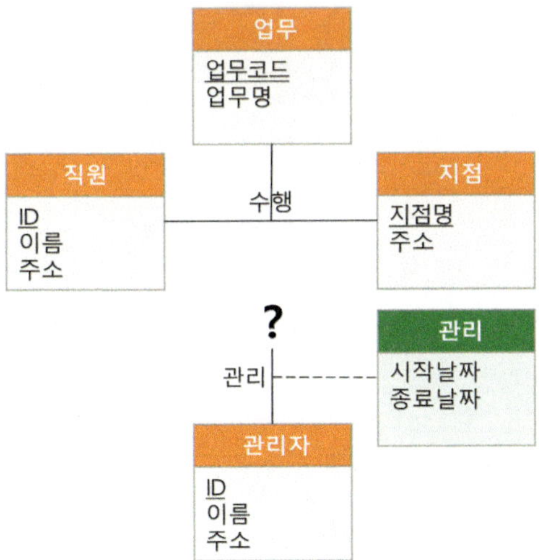

그림 3.9 관리 관계 타입과 수행 관계 타입

하여 나타내기 때문이다.

관리자가 관리하는 것은 지점에서의 직원의 업무 수행인데 이것을 표현하기 위해 관리 관계 타입에 관리 내용에 포함된 개체 타입들인 직원, 업무, 지점을 각각 링크로 연결하는 방법이 있을 수 있다. 그러나 이 방법은 링크가 많아지고 이 개체 타입들과 링크로 연결된 수행 관계 타입과 중복되는 부분이 생긴다.

또 하나의 방법으로 수행 관계 타입과 관리 관계 타입을 하나의 관계 타입으로 통합하는 방법이 있을 수 있는데, 이 경우, 수행 관계 타입은 직원이 지점에서 수행하는 업무에만 관련될 뿐 관리자와는 관계가 없어서 통합은 타당하지 않다.

또 다른 방법으로 관리 관계 타입을 없애고 수행 관계 타입에 관리자 개체 타입의 속성들과 제거되는 관리 관계 타입의 속성들을 부여하는 방법을 생각해 볼 수 있다. 그렇게 하면 관리자가 관리하는 수가 늘어날 때마다 관리자 정보가 속성값으로 중복되는 문제가 발생한다.

이러한 문제를 해결하려는 방법이 **종합화(aggregation)**(혹은 **통합화**)이다. **종합화(aggregation)**란 개체 타입들과 이들 사이에 존재하는 관계 타입을 함께 묶어서 하나의 개체 타입으로 추상화시키는 과정이다. 즉, 그림 3.10과 같이 직원, 지점, 업무 개체 타입과 수행 관계 타입을 하나의 사각형(Chen 표기법에서는 개체 타입을 나타내는 기호임)으로 묶어서 하나의 개체 타입으로 추상화시키고, 이 추상화된 개체 타입을 관리자 개체 타입과 관리 관계 타입으로 연결한다. 이렇게 함으로써 관리가 관리자 개체 타입과 종합화된 개체 타입 사이의 관계 타입임을 나타낸다. 따라서 종합화는 ERD에서 개체 타입들 사이에서 표현되는 관계 타입

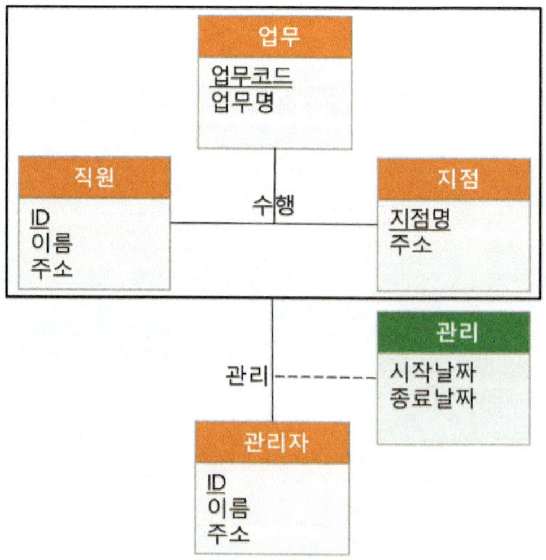

그림 3.10 종합화(aggregation) 예

특성을 해치지 않고 간접적으로 관계 타입을 링크로 연결할 수 있게 한다. 즉, 그림 3.10의 종합화에서 종합화로 개체 타입화 된 사각형과 관리자 개체 타입을 관리 관계 타입 링크로 연결함으로써 관계 타입이 개체 타입들 사이의 연결 고리라는 관념을 깨지 않으면서 수행 관계 타입과 간접적으로 연결됨을 알 수 있다.

3.1.5 대응 카디널리티

ER 모델은 데이터베이스의 내용이 지켜야 할 제약조건들을 지정할 수 있는데 그중의 하나가 개체 타입에 기반하여 개체 집합들 사이의 관계 집합에서 개체가 관계를 맺을 수 있는 개체들의 수를 나타내는 **대응 카디널리티(mapping cardinality)**이다. 미리 언급하면, 대응 카디널리티는 개념적 설계의 대상인 실세계에 의해 결정된다. **대응 카디널리티**는 둘 이상의 개체 집합 사이에 정의된 관계 집합의 대응 조건을 나타내는 데도 이용될 수 있지만 본 내용에서는 두 개체 집합 사이의 관계, 즉, **이항 관계(binary relationship)**만을 고려하기로 한다.

두 개체 집합 E1, E2와 이들 사이에 관계 집합 R이 주어질 때 관계 집합 R은 E1과 E2 사이에 일 대 일, 일 대 다, 다 대 일, 다 대 다의 네 가지 대응 카디널리티 중의 하나를 가지며, 그림 3.11은 왼쪽부터 차례대로 이들 대응 카디널리티를 각각 나타낸다. 이 그림의 각 대응 카디널리티에서 E1의 개체들은 파란색 점들로 E2의 개체들은 주황색 점들로 나타내었으며 관계 집합 R의 각 관계는 두 개체 집합의 개체들 사이의 연결 링크로 표시되었다. 또한, 개체 집합 E1과 E2 아래에 표시된 화살표는 관계 R에서 개체 집합의 개체 하나에 대해 다른 개체 집합에서 몇 개의 개체가 대응하는 지를 나타낸다. 여기에서, 화살표 끝에 표시된 0..1은 관계 R에서 0개 또는 1개가 대응함을 나타내며 0..n은 관계 R에서 0개 또는 여러 개의 개체가 대응함을 나타낸다.

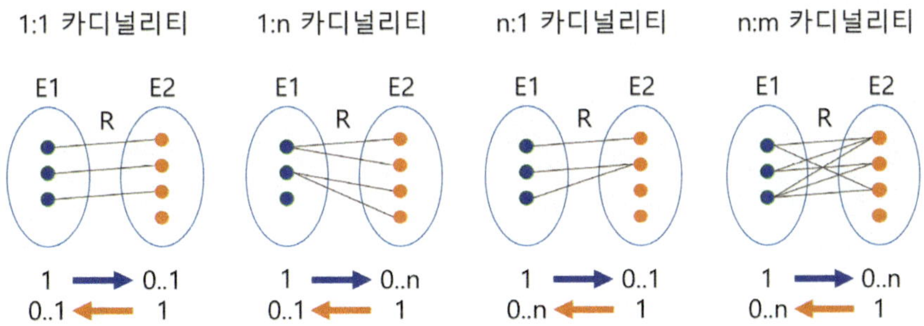

그림 3.11 대응 카디널리티 종류

(1) 일 대 일(1:1, one-to-one) 카디널리티

일 대 일 카디널리티에서는 그림 3.11의 1:1 카디널리티와 같이 R에서 E1의 한 개체에 대해 최대 한 개의 E2 개체만 관련되며, 역으로 E2의 한 개체에 대해서도 최대 한 개의 E1 개체만 관련된다. 그림 3.11의 1:1 카디널리티에서 1 → 0..1과 0..1 ← 1은 각각 이 의미를 나타낸 것이다.

(2) 일 대 다(1:n, one-to-many) 카디널리티

일 대 다 카디널리티에서는 그림 3.11의 1:n 카디널리티와 같이 R에서 E1의 한 개체에 대해 0개 이상의 E2 개체들이 관련될 수 있지만, E2의 한 개체에 대해서는 최대 한 개의 E1 개체만 관련된다. 그림 3.11의 1:n 카디널리티에서 1 → 0..n과 0..1 ← 1은 각각 이 의미를 나타낸 것이다.

(3) 다 대 일(n:1, many-to-one) 카디널리티

다 대 일 카디널리티에서는 그림 3.11의 n:1 카디널리티와 같이 R에서 E1의 한 개체는 최대 한 개의 E2 개체만 관련된다. 그러나 E2의 한 개체는 0개 이상의 여러 E1 개체들과 관련될 수 있다. 그림 3.11의 n:1 카디널리티에서 1 → 0..1과 0..n ← 1은 각각 이 의미를 나타낸 것이다.

(4) 다 대 다(n:m, many-to-many) 카디널리티

다 대 다 카디널리티에서는 그림 3.11의 n:m 카디널리티와 같이 R에서 E1의 한 개체는 0개 이상의 여러 E2 개체들과 관련될 수 있고, 역으로 E2의 한 개체도 0개 이상의 여러 E2 개체들와 관련될 수 있다. 그림 3.11의 n:m 카디널리티에서 1 → 0..n과 0..n ← 1은 각각 이 의미를 나타낸 것이다.

대응 카디널리티가 소개되기 전까지 ERD를 포함한 모든 그림에서 대응 카디널리티가 표시되지 않았는데, 그 이유는 대응 카디널리티 개념이 소개되지 않았기 때문이다. 그림 3.12는 앞의 네 가지 대응 카디널리티를 Chen 표기의 ER 모델에서 나타내는 방법으로 개체 타입의 속성은 생략했다.

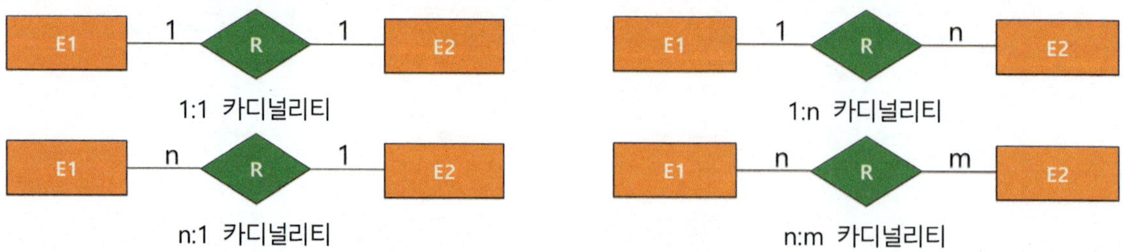

그림 3.12 Chen ERD에서 대응 카디널리티의 표현

그림 3.13의 일반적인 수강 시스템에서 한 학생은 여러 강좌를 수강할 수 있고 반대로 한 강좌를 여러 학생이 수강할 수 있다. 따라서, 수강 관계에서 학생 개체 집합과 강좌 개체 집합 사이에는 다 대 다(n:m) 대응 카디널리티가 존재한다.

그림 3.13은 강의 시스템 실세계에서 강의와 수강 관계 타입에 대응하는 관계 집합에 대한 대응 카디널리티를 Chen 표기법으로 나타낸 ERD이다. 이 그림에서 수강 관계 타입의 관계 집합에서 한 학생이 한 개 이상의 강좌를 수강할 수 있고 역으로 한 강좌에는 여러 학생이 수강할 수 있으므로 수강 관계 타입은 앞에서 소개한 다 대 다 대응 카디널리티를 갖는다. 또한, 이 그림의 강의 관계 타입에서 교수는 0개 이상의 강좌를 강의하지만 강좌 한 개에 대해서는 교수 한 명만 담당할 수 있음을 알 수 있다.

사실, 관계 타입의 대응 카디널리티는 실세계에 따라 결정되기 때문에 실세계마다 다를 수 있다. 그림 3.13은 한 강좌를 교수 한 명만이 강의하는 실세계를 나타내지만 여러 교수가 한 강좌를 강의하는 실세계도 존재한다. 이 경우에서 실세계의 강의 관계 타입은 다 대 다 대응 카디널리티를 갖는다.

IE 표기법에서는 그림 3.13의 표기보다 대응 카디널리티를 더욱 구체적으로 표현할 수 있다. 다음의 표 3.1은 IE 표기 ERD에서 대응 카디널리티를 구성하는 기호들이며, 이 기호들로 구성된 대응 카디널리티의 표현과 그 의미는 표 3.2와 같다.

표 3.1 대응 카디널리티 구성 기호

기호	설명
────	관계 타입 링크
○	0개를 의미
|	1개를 의미
<	n개를 의미

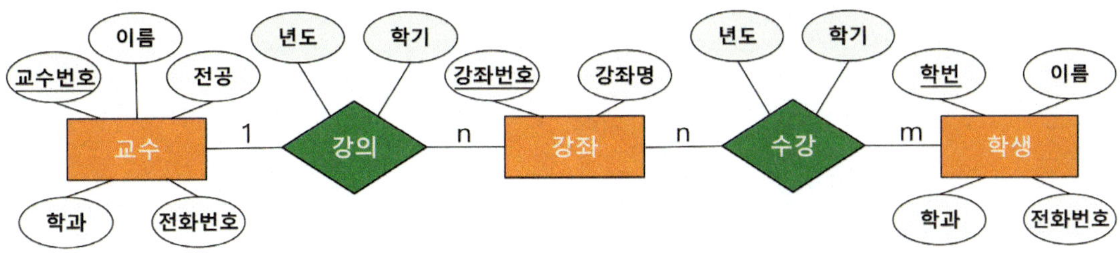

그림 3.13 Chen 표기법 ERD에서 대응 카디널리티의 표현 예

표 3.2 IE 표기 ERD에서 대응 카디널리티의 표현과 의미

표현1	표현2	설명
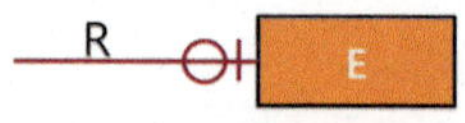	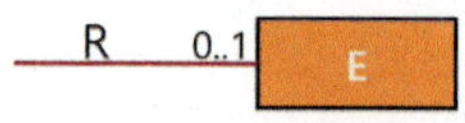	개체 타입 E와 관계 R을 갖는 다른 개체 타입의 개체 하나에 대해 E의 개체가 0개 또는 1개 대응(관계)함을 의미(Optional One).
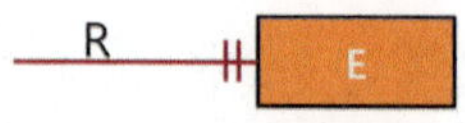	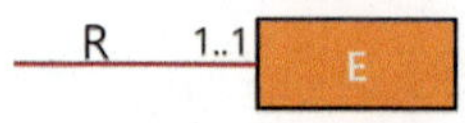	개체 타입 E와 관계 R을 갖는 다른 개체 타입의 개체 하나에 대해 E의 개체가 반드시 1개가 대응(관계)함을 의미(Mandatory One).
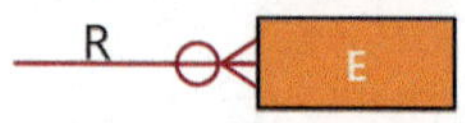	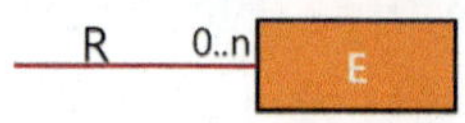	개체 타입 E와 관계 R을 갖는 다른 개체 타입의 개체 하나에 대해 E의 개체가 0개 이상 대응(관계)함을 의미(Optional Many).
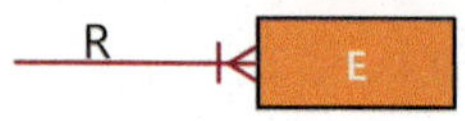	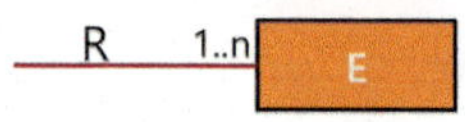	개체 타입 E와 관계 R을 갖는 다른 개체 타입의 개체 하나에 대해 E의 개체가 반드시 1개 이상 대응(관계)함을 의미(Mandatory Many).

표 3.2에서 표현1과 표현2는 관계 타입 R에서 이 표현에서는 보이지 않는 왼쪽 개체 타입의 개체 한 개에 대해 R의 오른쪽 개체 타입 E의 개체들이 몇 개 대응하는지를 나타낸다. 하지만 ERD에서 실제 대응 카디널리티는 그림 3.14에서 맨 위의 개체 타입 E1과 E2 사이에 점선 사각형으로 표시한 것처럼, 관계 타입 R의 링크 양쪽에 표시하며, 이 표현은 대응 카디널리티를 한쪽에만 표현하는 표 3.2와는 차이가 있다.

그림 3.14의 IE 표기법 ERD에서 관계 타입 R의 대응 카디널리티에 대한 해석은 E1 → E2 방향의 해석과 반대로 E1 ← E2 방향 해석(즉, E2 → E1 방향 해석)을 모두 고려하여 결정해야 한다. E1 → E2 방향 해석에서 표 3.2를 적용하면, 좌측 개체 타입 E1의 개체 한 개에 대해 우측 개체 타입 E2의 개체가 몇 개 대응되는지를 나타낸다. 역으로, E1 ← E2 방향 해석에서도 우측 E2 개체 한 개에 대해 좌측 E1 개체가 몇 개 대응되는지를 나타낸다. E1 ← E2 방향 해석에서도 당연히 표 3.2가 적용된다. 이에 따라, 두 방향 해석으로

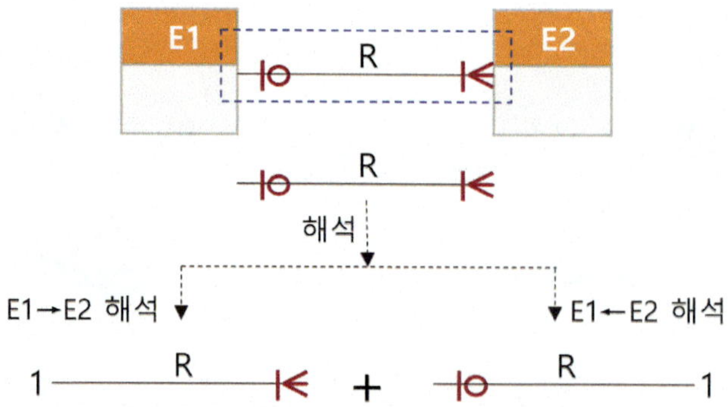

그림 3.14 IE 표기법의 대응 카디널리티 해석

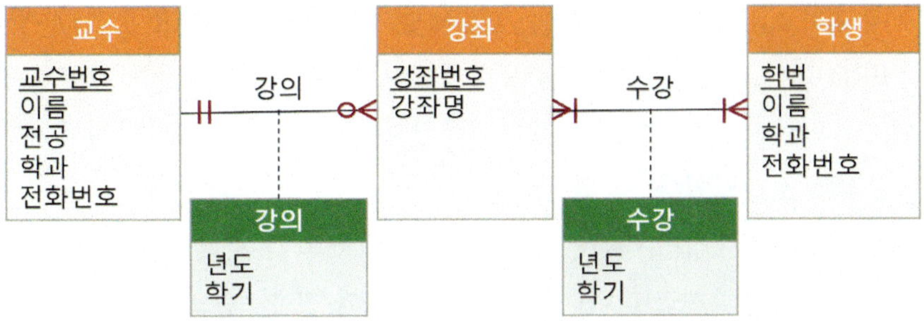

그림 3.15 그림 3.13의 Chen 표기법 ERD에 상응하는 IE 표기법 ERD

R의 대응 카디널리티를 해석하면, E1 → E2 방향 해석에서 그림 3.14의 맨 아래 좌측과 같이 E1 개체 한 개에 대해 E2 개체는 반드시 하나 이상(1..n) 대응하는 1 : n 대응 관계(정확하게는 1 : 1..n 대응 관계)임을 알 수 있다. 그리고 E2 → E1 방향 해석에서는 그림 3.14의 맨 아래 우측과 같이 E2 개체 한 개에 대해 0개 또는 1개의 1 : 1 대응 관계(좀 더 정확히는 1: 0..1 대응 관계)를 나타낸다.

그림 3.15는 그림 3.13에서 Chen 표기법으로 표현한 강의 시스템 실세계에 대한 ERD를 IE 표기법으로 나타낸 ERD이다. 그림 3.13의 Chen 표기 ERD에서 교수와 강좌 사이의 강의 관계 타입의 대응 카디널리티는 일 대 다이지만 교수가 강좌를 맡지 않아도 되는지, 즉, 교수에 대응하는 강좌가 없어도 되는지는 표현할 수 없다. 이러한 점에서 IE 표기법은 그림 3.13보다 관계 타입에 대한 대응 카디널리티를 더 자세히 표현할 수 있다. 그림 3.15의 교수 → 강좌 방향 해석에서 1 : 0..n 이므로 교수는 강좌를 강의하지 않을 수 있음을 알 수 있다.

앞에서 언급한 것처럼, 관계 타입에 대한 대응 카디널리티는 실세계에 따라 달라질 수 있다는 점을 명심하자. 대응 카디널리티는 사실 일종의 제약조건으로 실세계에서 정한 법, 규정이나 규범, 또는 약속 등의 제약에 따라 결정된다.

3.2 ER 모델

개념적 설계를 위한 도구로 사용되는 대표적인 개념적 모델이 바로 **ER 모델(Entity Relationship model)**이다. ER 모델에 의한 개념적 설계는 실세계로부터 개체 집합과 개체 집합의 속성, 관계 집합과 관계 집합의 속성 그리고 관계 집합에 연관된 개체 집합들 사이의 대응 카디널리티를 식별함으로써 행해진다. 개체 집합과 관계 집합은 각각 개체 타입과 관계 타입에 의해 형성되므로 개념적 설계는 결국 개체 타입들과 관계 타입들 그리고 관계 타입들 사이의 대응 카디널리티를 식별하는 과정으로 볼 수 있다.

앞 절에서 실세계에 대해 ER 모델을 이용하는 개념적 설계는 많은 경우 ER 모델의 개념 요소들로 구성되는 다이어그램인 ERD 형태로 표현된다는 점을 소개했다. 또한, ERD는 다른 기호들로 표현되는 Chen 표기법과 IE 표기법(Crow's foot 표기법)으로 표현되어왔다는 것과 이들 표기법에서 사용하는 개념 요소들, 즉, 도형 기호들도 일부 소개되었다.

이 절에서 Chen 표기법과 IE 표기법(Crow's foot 표기법)에서 각각 사용하는 개념 요소(기호)들과 이들 이외의 개념 요소들을 일목요연하게 정리하여 소개하고자 한다. 또한, 강의 시스템 실세계에 대한 간단한 ER 모델의 개념적 설계 예를 가지고 강의 시스템이 시스템 측면에서 어떻게 ERD로 표현되는지를 살펴보고자 한다.

3.2.1 P. Chen 표기법의 개념 요소

지금까지 앞 절들에서 ER 모델 소개를 위해 일부 소개되었던 Chen 표기법의 개념 요소들을 포함하여 다른 중요한 개념 요소들도 모두 나열하면 표 3.3과 같다.

표 3.3 ER 모델의 Chen 표기법 개념 요소

개념 요소(도형)	개념	의미
	개체 타입	E라는 이름의 개체 타입을 나타내며, 단일 사각형은 강한 개체 타입을, 이중 사각형은 약한 개체 타입을 각각 나타낸다.
	관계 타입	관계 타입을 나타내며 R은 그 관계 타입의 명칭이다. 단일 마름모는 강한 개체 타입 사이의 관계 타입을 나타내며 이중 마름모는 약한 개체 타입과의 관계 타입, 즉, 식별 관계 타입을 나타낸다.
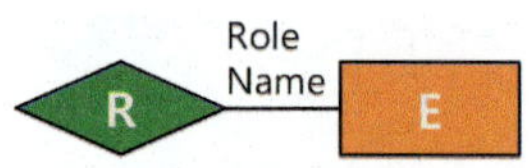	역할 표시자 (Role Name)	Role Name은 관계 타입 R에서 개체 타입 E의 역할을 나타내는 표시자(역할 명칭)로서 R에서 E로 연결하는 링크 위에 표시한다.
	ISA 관계 (일반화 관계)	상속성을 포함하는 ISA 관계(일반화 관계) 타입을 나타낸다.
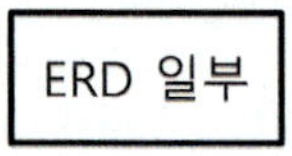	종합화 (aggregation)	사각형 안의 ER 다이어그램을 종합화를 통해 한 개의 추상 개체 타입으로 나타낸다.
	속성	개체 타입 혹은 관계성 타입의 속성을 나타내며 A는 그 속성의 이름이다. 여기에서, 단일 타원은 한 개의 값만 가지는 단일 값 속성을 나타내는 한편, 이중 타원은 여러 개의 값(다중 값)을 가질 수 있는 다치 속성을 나타낸다.
	기본 키 속성	속성 A가 기본 키의 일부임을 속성명칭에 실선 밑줄로 나타낸다.

개념 요소(도형)	개념	의미
	구분자 속성	속성 A가 약한 개체 집합의 구분자임을 속성 명칭에 점선 밑줄로 나타낸다.
	링크	실선 링크는 개체 타입과 속성, 개체 타입과 관계 타입, 관계 타입과 속성, ISA 관계와 개체 타입 사이의 연결을 나타낸다. 개체 타입과 관계 타입을 연결할 때는 강한 개체 타입을 연결하는 링크이다.
	이중 링크	개체 타입과 관계 타입을 연결할 때 약한 개체 타입을 연결하는 링크이다.
 혹은 	1 대 1 카디널리티	관계 타입 R에서 R에 관련된 두 개체 타입의 개체 집합 간에 1 대 1 카디널리티를 나타낸다.
 혹은 	1 대 n 카디널리티	관계 타입 R에서 R에 관련된 두 개체 타입의 개체 집합 간에 1 대 n 카디널리티를 나타낸다.
 혹은 	n 대 1 카디널리티	관계 타입 R에서 R에 관련된 두 개체 타입의 개체 집합 간에 n 대 1 카디널리티를 나타낸다.
 혹은 	n 대 m 카디널리티	관계 타입 R에서 R에 관련된 두 개체 타입의 개체 집합 간에 n 대 m 카디널리티를 나타낸다.

개체 타입의 사각형, 속성을 나타내는 타원형, 관계 타입을 나타내는 마름모 기호에는 개념적 설계를 담당한 설계자에 의해 각각의 개념을 나타내는 이름이 부여됨을 주시하자.

3.2.2 IE(Crow's foot) 표기법의 개념 요소

지금까지 일부 소개되었던 IE 표기법의 개념 요소들과 함께 다른 중요한 개념 요소들도 포함하여 나열하면 표 3.4와 같다.

표 3.4 ER 모델의 IE 표기법 개념 요소

개념 요소(도형)	개념	의미
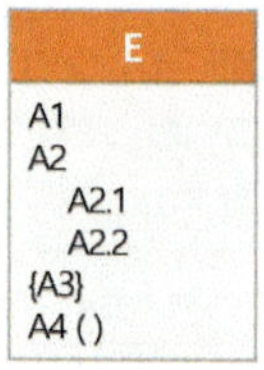	개체 타입과 속성	E라는 이름의 개체 타입을 나타낸다. 다음은 속성들이며 설명은 다음과 같다. • A1 : 단순 속성 • A2 : 속성 A21과 A22로 구성된 복합 속성 • A3 : 다중 값 속성으로 {A3}로 표시 • A4 : 파생 속성으로 A4 ()로 표시
	기본 키 속성	속성 A1은 개체 타입 E의 기본 키 속성임을 나타내며 속성 아래에 실선 밑줄을 쳐서 표시한다.
	약한 개체 타입과 구분자	속성 A1은 약한 개체 타입 E의 구분자 속성임을 나타내며 속성 아래에 점선 밑줄을 쳐서 표시한다. 한편, 구분자를 갖는 개체 타입은 약한 개체 타입을 나타낸다.
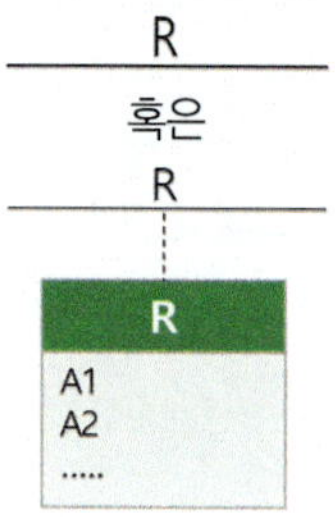	관계 타입	R이란 이름의 관계 타입을 나타내며 개체 타입을 연결하는 링크 위 한가운데에 관계 타입 이름을 표시한다. 관계 타입이 속성을 갖는 경우, 관계 타입 이름과 속성들이 표시된 사각형을 링크 가운데에 점선으로 연결하여 나타낸다.
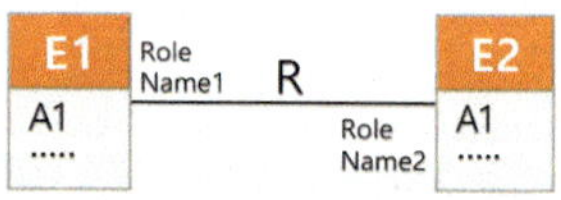	역할 표시자 (Role Name)	관계 타입 링크 위와 아래에 표시된 Role Name1과 Role Name2는 관계 타입 R에서 개체 타입 E1과 E2의 역할을 각각 나타내는 표시자(역할 명칭)들로 각 역할 명칭을 링크 위 또는 아래에 해당 개체 타입에 가깝게 나타낸다.
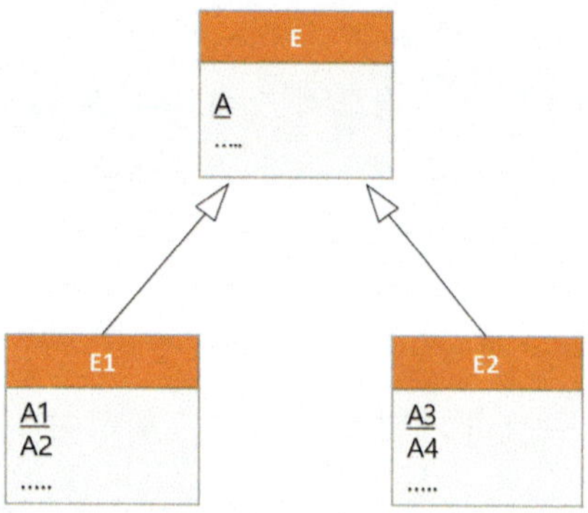	중복 가능 ISA 관계 타입 (중복 가능 일반화 관계)	상속성을 포함하는 중복 가능 ISA(중복 가능 일반화 또는 구체화) 관계 타입을 나타낸다.

개념 요소(도형)	개념	의미
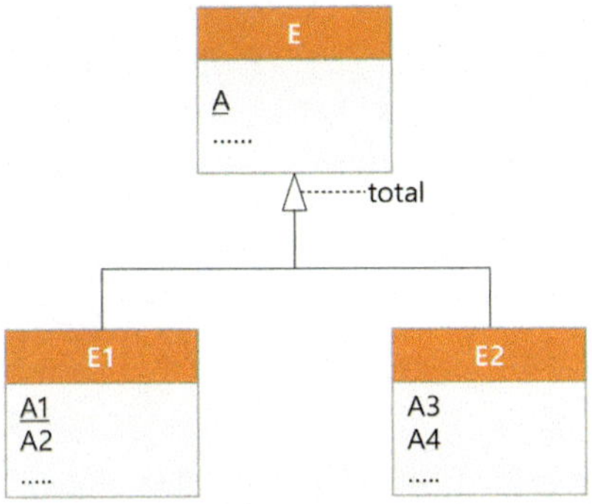	완전 서로소 ISA 관계 (완전 서로소 일반화 관계)	상속성을 포함하는 완전 서로소 ISA(완전 서로소 일반화 또는 완전 서로소 구체화) 관계 타입을 나타낸다.
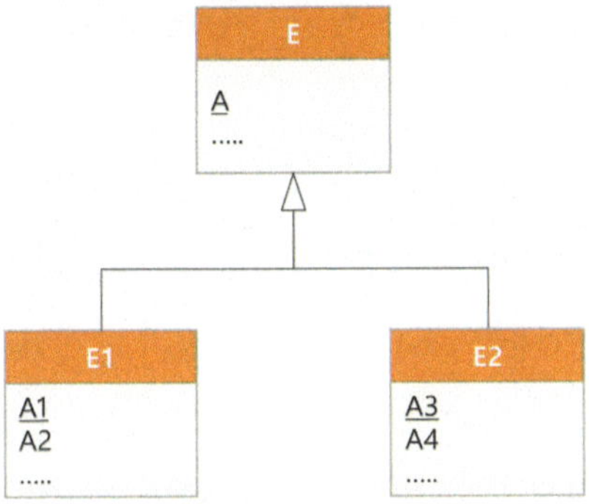	서로소 ISA 관계 (서로소 일반화 관계)	상속성을 포함하는 서로소 ISA(서로소 일반화 또는 서로소 구체화) 관계 타입을 나타낸다.
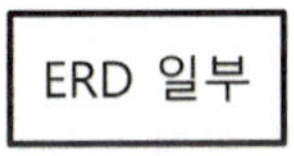	종합화 (aggregation)	사각형 안의 ER 다이어그램을 종합화를 통해 하나의 추상 개체 타입으로 나타낸다.
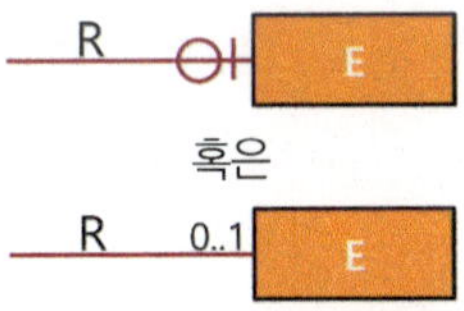	선택적 일 대응 관계 (0개 또는 1개 대응)	개체 타입 E와 관계 R을 갖는 다른 개체 타입의 개체 하나에 대해 E의 개체가 0개 또는 1개 대응(관계)함을 나타낸다(Optional One).
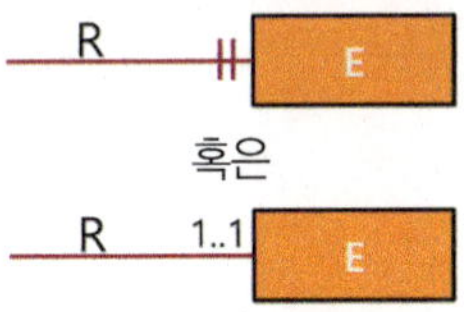	필수적 일 대응 관계 (반드시 1개 대응)	개체 타입 E와 관계 R을 갖는 다른 개체 타입의 개체 하나에 대해 E의 개체가 반드시 1개가 대응(관계)함을 나타낸다(Mandatory One).
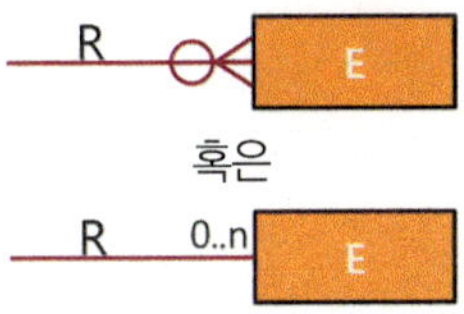	선택적 n 대응 관계 (0개 또는 n(≧1)개 대응)	개체 타입 E와 관계 R을 갖는 다른 개체 타입의 개체 하나에 대해 E의 개체가 0개 이상 대응(관계)함을 나타낸다 (Optional Many).

개념 요소(도형)	개념	의미
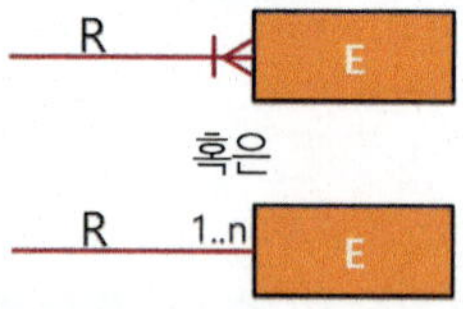	필수적 n 대응 관계 (1개 이상 대응)	개체 타입 E와 관계 R을 갖는 다른 개체 타입의 개체 하나에 대해 E의 개체가 반드시 1개 이상 대응(관계)함을 나타낸다(Mandatory Many).

3.2.3 기타 ER 모델 개념 요소들

Chen 표기법과 IE 표기법 외에도 ER 모델링을 위한 여러 기호가 존재한다. 이 기호들은 원래의 Chen 표기법이나 IE 표기법으로 표현할 수 없거나 혹은 표현하기에 복잡한 구성 개념들을 새로 만들어 사용하는 기호들이며, 같은 의미의 개념 요소를 유사하지만 다르게 표현하기도 한다.

그림 3.16은 IE 표현에서 개체 타입을 나타내는 다양한 방법 중 일부를 나열한 것이다. 그림 3.16의 (a)는 그림 3.15의 IE 표기 ERD의 학생 개체 타입의 기본 키를 밑줄로 표현하는 대신 별표(*)로 표시한 것이다. 그림 3.16의 (b)와 (c)는 각각 기본 키 속성 앞과 뒤에 기본 키임을 나타내는 PK(Primary Key의 약자)를 대괄호 안에 나타내었다. 또한, 이 그림의 (d)와 (e)는 각각 그림 3.16의 (b)와 (c)에 대응하여 행으로 구분하고 열은 키 종류와 속성 필드로 구분하여 나타낸 것이다. 한편, 그림 3.16의 (f)는 (a)부터 (e)까지의 표현 방법과는 조금 다르게 개체 타입 명칭을 사각형 밖의 바로 위로 빼서 그 자리에 기본 키를 배치하고 그 아래에는 일반 속성들로 나타낸 것을 볼 수 있다. 그림 3.16의 (a)부터 (e)까지 각각의 IE 표기 방법에서 (f)와 같이 개체 타입 이름을 위로 빼고 그 자리에 기본 키를 옮기는 표현들도 자주 볼 수 있다. IE 표기법과 이 표기법

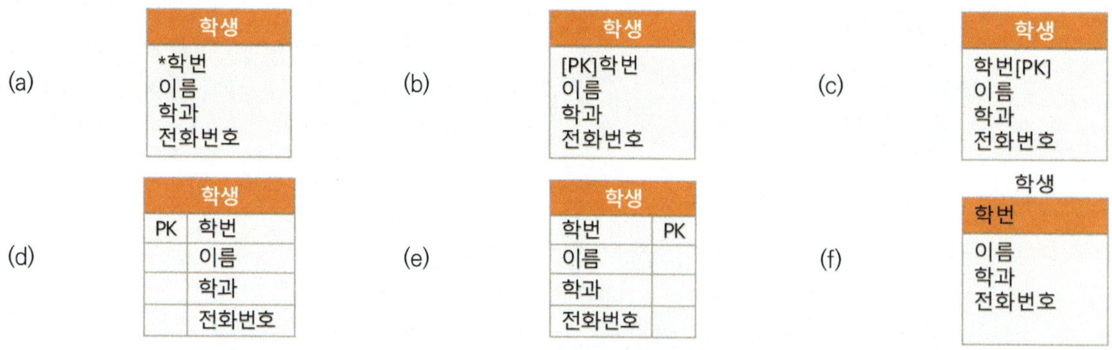

그림 3.16 개체 타입에 대한 다양한 IE 표현 방법

을 따르는 유사한 표기법들에서 개체 타입을 표현하는 방법은 살펴본 것처럼 매우 다양하다. 개념적 설계에서 IE 표기법으로 ERD를 나타낼 때 구성 기호의 선택은 설계자 혹은 설계 그룹의 몫이다. 개체 타입뿐만 아니라 다른 ER 모델 구성 기호들 가운데에도 개념적 의미는 같지만 다르게 표현하거나 혹은 아예 다른 모양의 기호들로 표현하는 기호들이 존재하며, 이들 중 어느 기호를 선택해서 사용하는가 하는 것 또한 설계자 혹은 설계 그룹이 결정해야 한다.

앞에서 소개된 Chen 표기법이나 IE 표기법에서 사용하는 ERD 구성 기호 이외에 쉽게 사용할 수 있는 기호들이 표 3.5에서 소개되는 한편, Chen 표기법에서 사용하는 대응 카디널리티에 대해 표 3.4의 표현과는 다른 IE 표현이 표 3.6에서 제시된다.

표 3.5 Chen 표기법이나 IE 표기법 이외의 표기법에서 사용하는 기호들

개념 요소(도형)	개념	의미
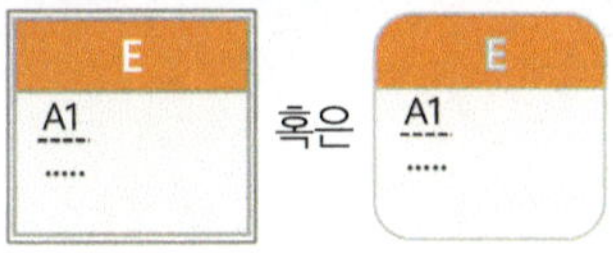	약한 개체 타입	IE 표기법에 추가된 기호로서 이중 실선 테두리의 사각형 혹은 귀가 둥근 테두리의 사각형으로 약한 개체 타입을 나타내며 점선 밑줄의 속성 A1은 E의 구분자임을 나타낸다.
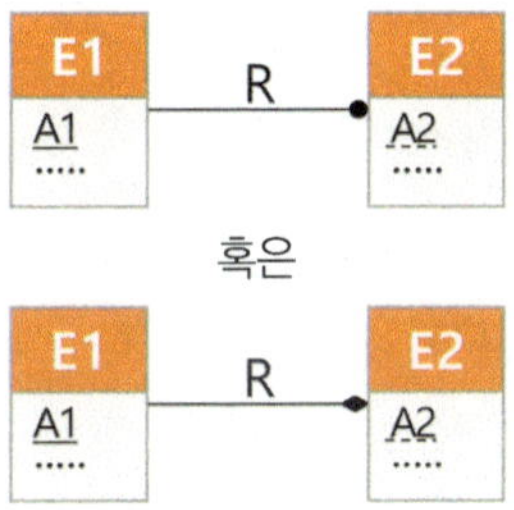	약한 개체 타입, 식별 관계 타입 링크와 구분자	IE 표기법에 추가된 기호로서 관계 타입 R의 링크 끝이 검은색 원이나 검은색 다이아몬드인 개체 타입(E2)이 약한 개체 타입임을 나타낸다. 약한 개체 타입의 구분자는(A2) 점선 밑줄로 표시한다.
	완전 일반화 (완전 구체화)	Chen 표기법에 추간된 기호로서 하위 개체 집합들의 개체들을 모두 모으면 상위 개체 집합 전체를 이루는 **완전 일반화 (total genaralization)**를 나타낸다.
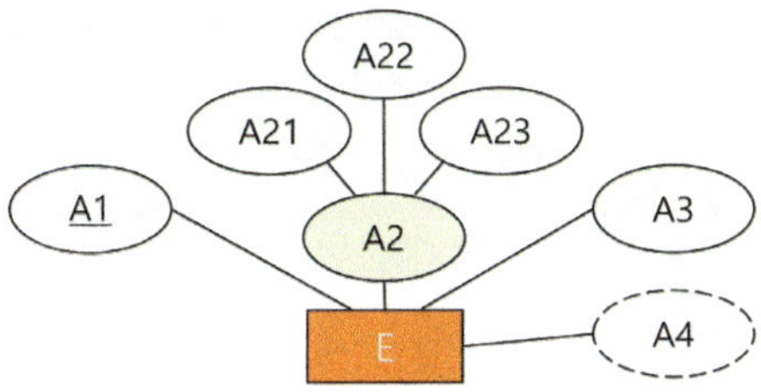	복합 속성, 파생 속성	Chen 표기법에 추가된 기호로서 개체 타입 E의 속성 A2는 세 개의 단일 속성 A21, A22, A23으로 구성되는 복합 속성임을 나타낸다. 파생 속성인 A4는 점선 테두리의 속성 기호로 나타낸다.

표 3.6 Chen 표기법의 대응 카디널리티 표현에 대한 IE 표기법 표현(□ : 개체 타입)

개념 요소(도형)		개념
Chen 표기법	IE 표기법	
	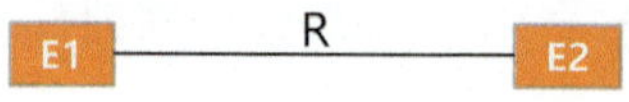	1 대 1 대응 카디널리티
	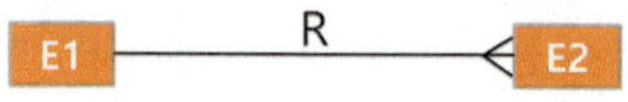	1 대 n 대응 카디널리티
	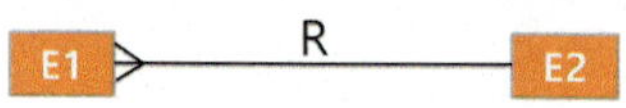	n 대 1 대응 카디널리티
	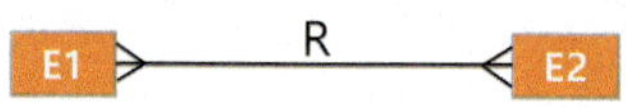	n 대 m 대응 카디널리티

3.2.4 강의 시스템 실세계 ERD에 대한 시스템적 분석 예

그림 3.17은 강의 시스템 실세계를 Chen 표기법으로 표현한 ERD이고 그림 3.18 (a)는 표 3.6의 기호를 이용하여 그림 3.17의 ERD와 동일한 개념적 의미를 갖는 IE 표기법의 ERD로 나타낸 것이다. 두 그림 모두에서 배정 관계 타입의 속성인 배정시간은 요일과 시간 속성들로 구성된 복합 속성이자 이 속성값들을 여러 개 가질 수 있는 다중 값 속성임을 주시하자.

한편, 그림 3.18의 (b)는 대응 카디널리티를 정밀하게 표현한 IE 표기법 ERD로 그림 3.17과 그림 3.18 (a)의 대응 카디널리티에 비해 대응 카디널리티를 더욱 정밀하게 표현할 수 있음을 알 수 있다. 대응 카디널리티를 정밀하게 표현하면 논리적 설계에서 관계 타입을 변환한 스키마를 다른 스키마와 결합할 가능성을 높여서 데이터베이스를 사용할 때 더 빠른 처리 성능을 기대할 수 있다. 대응 카디널리티에 따른 관계 타입의 스키마 변환과 결합에 대해서는 8.3.3절에서 자세히 소개된다.

이제 개념적 설계에서 무엇을 어떻게 설계해야 하는지를 이해하기 위해 그림 3.17과 그림 3.18의 ERD들을 1.1절에서 소개한 시스템 측면에서 자세히 분석해보자.

- 구성요소 : 그림 3.17과 그림 3.18에서 강의 시스템 실세계의 구성요소는 개체 레벨이 아닌 개체 타입 레벨에서 표현된다. 강의 시스템 실세계의 구성요소는 조선희 학생, 김정호 학생 등과 같이 학생 범주의 개체 각각이 구성요소가 될 수 있지만, 개념적 설계이든 논리적 설계이든 데이터베이스 설계는 개

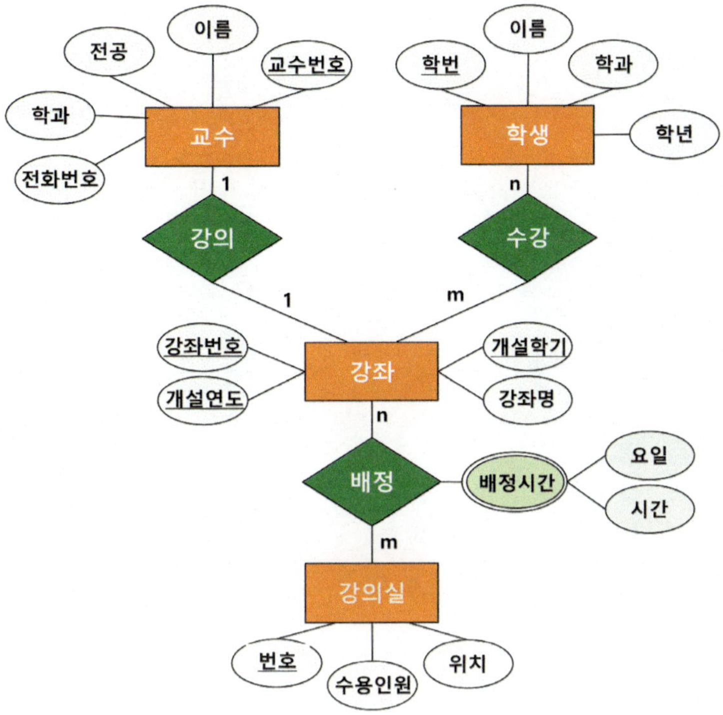

그림 3.17 강의 시스템에 대한 Chen 표기법 ER 모델링 예

체 개개에 대한 개체 레벨의 구성요소 설계가 아니라 이들 개체 정보를 담을 수 있는 일종의 틀로서 개체 타입으로 구성요소를 표현한다는 점을 유념하자. 실세계를 구성하는 개체 타입을 도출할 때는 실세계의 개체들을 범주화하여 형성되는 각 개체 집합을 찾고 그 개체 집합의 개체로부터 무슨 정보를 얻을 것인가를 고려하여 속성들을 식별해 낼 필요가 있다. 이러한 식별 작업 후 각 개체 집합에 명칭을 부여하고 각 속성에 이름을 부여하여 표기법에 따라 표현함으로써 속성을 갖는 ERD의 개체 타입이 형성된다.

- 구성요소 간의 관계 : ER 모델링에서 구성요소를 개체 타입 레벨에서 표현했듯이, 구성요소 간의 관계 또한 관계 타입 레벨에서 표현한다. 따라서, 개체들 사이에 존재하는 개개의 관계를 표현하는 것이 아니라 개체 타입 사이에 존재하는 관계 타입을 식별해서 ER 모델로 표현한다.

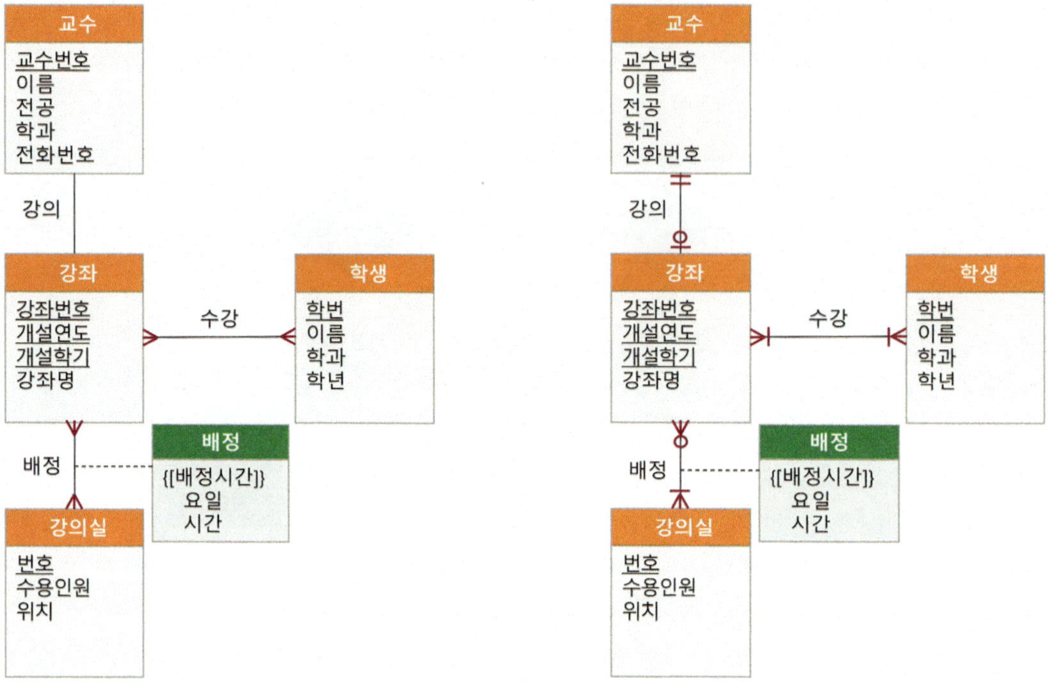

(a) 그림 3.17과 동일한 IE 표기 ERD

(b) 정밀한 대응 카디널리티 표현

그림 3.18 강의 시스템에 대한 IE 표기법의 ER 모델링 예

그림 3.17과 그림 3.18 (a)와 (b)의 ERD에서 관계 타입 명칭을 서술어로 삼아 문장을 만들어 보자. 이들 문장에서 개체 타입은 문장의 주어가 되거나 목적어가 되며, 이렇게 해서 만든 문장은 아래의 사각형 안의 문장들과 같다. 이 문장에서 개체 타입은 굵은 글씨체에 밑줄로 표시하고 관계 타입에는 밑줄없이 굵은 글씨체로만 표시했다.

> **교수**는 **강좌**를 **강의**한다.
> **학생**은 **강좌**를 **수강**한다.
> **강의실**을 **강좌**에 **배정**한다.

앞의 세 번째 문장에서 **강좌**는 주어도 목적어도 아닌 것으로 볼 수 있다. 이 문장은 원래 주어가 생략된 문장으로 주어를 포함하여 표현하면 '**강의실-배정자**가 **강의실**을 **강좌**에 배정한다'가 완전한 문장이다. 이때 영어 문법으로 따지면, '배정한다'는 서술어에 대해 **강의실-배정자**는 주어, **강의실**은 직접 목적어 **강좌**

는 간접 목적어에 해당한다. 따라서 **강의실**과 **강좌**는 물론 **강의실-배정자** 또한 개체 타입이 될 수 있다. 강의실을 강좌에 배정하는 주체인 강의실-배정자에 대한 정보를 데이터베이스에 포함하여 강의실을 강좌에 배정한 강의실 배정자의 정보를 알고자 한다면 반드시 ERD에 포함해야 한다. 하지만 강의실 배정자의 정보는 불필요해서 데이터베이스에 포함하지 않을 예정이라면 ERD에 포함할 필요없다. ERD에 포함된 모든 개체 타입과 관계 타입은 결국 데이터베이스에 포함되는 정보를 담는 그릇에 해당하는데, 불필요한 정보에 대해 그 그릇을 굳이 만들어서 데이터베이스를 사용할 때 불필요한 정보를 담게 되면 그만큼 불필요한 저장 공간과 연산 시간을 쓸데없이 낭비하기 때문이다.

앞의 문장들처럼 ERD는 단순히 다이어그램으로 표현된 것만은 아니고 실세계를 시스템 관점에서 스토리텔링하고 있는 것이므로 ERD를 이해할 때는 스토리텔링으로 이해할 필요가 있다. 사실, ER 모델을 이용한 개념적 설계 프로세스는 ER 모델 기호들을 사용하여 요구사항 기반으로 실세계에 대한 스토리텔링을 만드는 과정으로 볼 수 있다. 그림 3.17과 그림 3.18 (a)와 (b)의 ERD 각각에서 앞의 세 문장의 서술부에 해당하는 관계 타입이 문장의 주어와 목적어에 해당하는 개체 타입 사이를 연결하는 역할을 한다. 이처럼 개념적 설계에서 ERD를 구성할 때는 실세계에 대해 구성요소와 구성요소 간의 관계를 설명하는 문장을 먼저 도출하여 그 문장에서 주어와 목적어는 ERD의 개체 타입으로 표현하고 서술어는 관계 타입으로 표현하는 것이 바람직하다.

그림 3.17과 그림 3.18 (a)에서 강의 관계 타입은 교수 개체 타입과 강좌 개체 타입 사이에 일 대 일(1:1) 대응 카디널리티를 갖는다. ERD에서 대응 카디널리티에 대한 스토리텔링은 연관된 개체 타입으로 형성되는 관계 집합 간의 관계를 중심으로 해석된다. 따라서, 대응 카디널리티는 개체 타입과 관계 타입에 해당하는 개체 집합과 관계 집합을 중심으로 식별되거나 해석될 필요가 있다.

그림 3.17과 그림 3.18 (a)의 ERD 스토리텔링에는 포함되어 있지 않지만, 그림 3.18 (b)의 ERD 스토리텔링에서는 한 교수가 강의하는 강좌는 없거나 기껏해야 하나만 있어야 하고 한 강좌는 반드시 한 교수가 강의해야 한다는 제약조건을 표현하고 있다. 이 해석에서 교수와 강좌는 모두 개체 타입을 의미하는 것이 아니라 교수 개체 타입과 강좌 개체 타입으로 형성되는 각 개체 집합들에 속한 개체를 의미한다. 강의, 또한, 이 두 개체 집합 사이에서 형성되는 관계 집합의 관계를 의미한다. 그림 3.18 (b) ERD의 수강 관계 타입과 배정 관계 타입도 그림 3.17과 그림 3.18 (a)의 ERD 스토리텔링에서보다도 더 강한 대응 카디널리티 제약조건을 말하고 있다. 이에 대한 분석과 해석을 통한 스토리텔링은 독자 여러분의 몫으로 남긴다.

일반적으로 대응 카디널리티는 그 시스템에 대한 실세계에 의해 결정된다. 대부분의 대학교는 교수가 한 강좌 이상을 강의해서 일 대 다(1:n) 대응 카디널리티를 갖는다. 하지만 그림 3.17과 그림 3.18의 강의 시스템에서처럼 강의 관계 타입의 일 대 일(1:1) 대응 카디널리티는 강의 시스템 실세계에서 교수는 기껏해야 한 강좌만 강의하고 강좌 또한 한 교수에 의해서만 강의되어야 한다는 실세계의 규정에 따라 부여한다. 이처럼 대응 카디널리티는 실세계의 법이나 규정 때로는 관행에 따라 결정된다. 이에 따라 그림 3.17과 그림 3.18에서 수강 관계 타입이 학생 개체 타입과 강좌 개체 타입 사이에 다 대 다(n:m) 대응 카디널리티가 부여되고, 배정 관계 타입도 또한 강좌 개체 타입과 강의실 개체 타입 사이에 다 대 다(n:m) 대응 카디널리티로 부여된 것이다.

한편, 관계 타입에도 속성이 부여될 수 있다. 그림 3.17과 그림 3.18의 ERD 예에서 강의실 배정 요일과 시간은 강의실이 강좌에 배정될 때 결정된다. 이처럼 관계 타입의 속성은 연관된 개체 집합들의 개체들 사이에 관계가 생길 때 그 값이 함께 결정되는 속성이다. 앞에서 소개한 문장 중에서 '**강의실**을 **강좌**에 **배정**한다'의 ERD의 서술 문장을 예를 들어 개체와 관계 레벨에서 표현하면, 다음과 같이 강의실 개체 **W6-301**과 강좌 개체 **503.817(01)**이 문장에 표현되며, 이때 문장에서 표현된 배정은 이 두 개체 사이의 관계가 된다.

> 강의실 **W6-301**를 강좌 **503.817(01)**에 **배정**한다.

중요한 것은 이 개체 레벨 문장에서 우리는 다음의 질문에 해당하는 궁금한 정보가 생길 수 있다.

> 강의실 **W6-301**이 강좌 **503.817(01)**에 **무슨 요일 몇 시**에 **배정**되는 것인가?

이 질문에서 **요일**과 **시간** 속성은 두 개체 **W6-301**과 **503.817(01)** 사이에 **배정** 관계가 생길 때 그 값이 정해진다. 반면, 이 두 개체 사이에 배정 관계를 빼 보자. 이 두 개체 사이에 **배정** 관계가 없으면 강좌 503.817(01)에 강의실 W6-301을 배정한 요일과 시간은 아예 존재할 수 없다. 결국 **요일**과 **시간** 속성은 두 개체 사이에 배정 관계가 생길 때 고려할 수 있는 속성이다. 이처럼 개체 타입들의 개체들 사이에서 관계가 형성될 때 그 값이 결정되거나 고려해야 하는 속성이 그 관계 타입의 속성이 되며, ERD를 스토리텔링하는 문장에서 서술어를 꾸미는 부사구가 그 서술어에 해당하는 관계 타입의 속성이 된다. 앞의 질문 문장에서도 부사구인 '무슨 요일 몇 시에'는 '배정되는 것인가?'의 배정을 꾸미므로 요일과 시간 속성이 배정 관계 타입의 속성이 된 것이다. 그림 3.17과 그림 3.18의 ERD는 이 배정 요일과 시간을 복합 속성으로 구성하여 배정시간으로 명명했으며, 대학교에서 강좌에 대한 강의실은 대개 일주일에 여러 번 배정되므로 배정시간을 다중 값 속성으로 표시했음을 주시하자.

3.3 ER 모델을 이용한 시스템 기반의 개념적 설계 절차와 방법

그림 3.19는 ER 모델을 이용하여 실세계를 개념적으로 모델링하기 위한 실세계 시스템 기반의 개념적 설계 절차를 나타낸 것으로 단계별 세부 설계 사항들을 살펴보면 다음과 같다.

단계 1. 실세계를 구성하는 개체 집합으로 개체 타입을 식별한다.

이 단계에서는 실세계를 구성하거나 실세계에 존재하는 구성요소를 개체 타입 레벨에서 분석하여 개체 타입을 식별한다. 이를 위해 실세계를 구성하는 현재의 실제 개체들과 미래에 존재할 수 있는 개체들을 고려하여 동종의 개체들로 이루어지는 개체 집합을 먼저 구분하고 이 개체 집합에 명칭을 부여하여 개체 타입의 이름으로 한다. 개체 타입 혹은 개체 집합의 명칭은 실세계에서 그 명칭으로도 그 개체 집합이 무엇인지를 인식할 수 있는 단어로 결정하는 것이 좋다. 단, ERD의 개체 타입들 사이에서 개체 타입의 명칭은 서로 달라야 한다.

식별된 개체 타입은 단계 2에서 행하는 속성들을 식별하여 명칭과 함께 그룹화를 통해 구조화함으로써

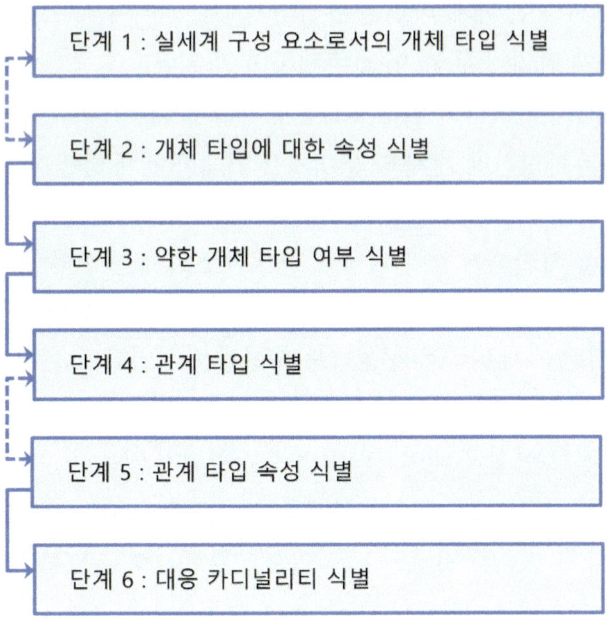

그림 3.19 실세계 시스템 기반의 개념적 설계 프로세스

완성된다. 개체 타입은 다음의 세 가지 방법으로 완성될 수 있다.

- 단계 1에서 모든 개체 집합을 식별하여 개체 타입의 명칭을 부여한 후 각 개체 집합을 대상으로 단계 2에 따라 속성들을 식별하여 완성하는 방법
- 단계 1에서 개체 집합 하나를 식별할 때마다 개체 타입의 명칭을 부여한 후 바로 단계 2를 적용하여 이 개체 집합으로부터 속성을 식별하여 완성하는 방법
- 앞의 두 방법을 혼합한 방법으로 일부 개체 타입들은 첫 번째 방법으로 완성하고 다른 개체 타입들은 두 번째 방법으로 완성하는 방법

앞의 두 번째와 세 번째 방법은 모두 단계 1과 단계 2를 번갈아 가며 진행해야 하는데 그림 3.19의 단계 1과 단계 2 사이의 양방향 화살표는 이 교차 진행 과정을 의미한다.

이 절차에서 실세계를 구성하는 구성요소의 식별은 개체 수준이 아닌 개체 타입 수준에서 이루어져야 함을 명심해야 한다. 구성요소가 개체인지 개체 타입인지를 구별하는 방법은 그 구성요소의 명칭이 고유명사에 해당하는지 아니면 보통명사에 해당하는지를 판단해 보면 된다. 즉, 그 명칭이 특정한 하나를 구별하여 지칭하는 것인지 아니면 여러 개를 통칭하여 가리키는 것인지를 판단하여 특정한 하나로 구별하여 지칭하는 것이면 고유명사로서 개체에 해당하며 여러 개를 통칭하여 가리키는 것은 보통명사로서 개체 타입에 해당한다. ER 모델링에서 모든 개체 타입은 유일하게 구별되어야 하므로 개체 타입의 명칭은 유일해야 하며 같은 명칭의 다른 개체 타입이 두 개 이상 존재하면 안 된다.

개체 타입이 식별되면 ERD에 반영하기 위해, Chen 표기법에서는 가운데에 개체 타입의 명칭으로 표현된 사각형을, IE 표기법에서는 해당란에 개체 타입 명칭을 기재한 개체 타입 기호를 ERD에 나타낸다.

단계 2. 개체 집합의 속성을 식별하여 개체 타입에 반영함으로써 개체 타입을 구조화 한다.

이 단계는 단계 1에서 식별된 개체 타입을 구성하는 속성들을 식별하여 개체 타입을 완성하는 단계이다. 개체 타입의 속성은 이 개체 타입의 개체로부터 무슨 정보를 얻을 것인지를 가지고 결정한다. 개체 타입에 반영되지 않은 속성에 대한 정보는 결국 데이터베이스에 반영되지 않는다. 따라서, 그 개체 타입의 개체에 대해 표현되지 않은 속성에 대한 정보는 개념적 설계를 바탕으로 구현된 데이터베이스로부터 얻을 수 없다. 따라서, 개체에 대해 현재 꼭 필요한 정보는 물론 앞으로도 필요한 정보를 예측하여 속성들을 식별하고 선별하는 것이 바람직하다.

동일한 개체 타입 내에서 속성 명칭은 유일하며 동일한 개체 타입에서 같은 명칭을 갖는 두 개 이상의 속

성은 존재할 수 없다. 그러나 서로 다른 개체 타입들 사이에서는 같은 명칭의 속성들이 얼마든지 있을 수 있다. 예를 들어 교수 개체 타입에서 생년월일이라는 속성이 존재하더라도 학생 개체 타입에도 생년월일이라는 속성 명칭을 부여할 수 있다. 두 속성의 명칭은 같지만, 어느 개체 타입의 속성인지를 구별할 수 있기 때문이다.

식별된 속성은 둘 이상의 다른 속성들로 구성되는 복합 속성인지 단순 속성인지를 구분하고 하나의 값을 갖는 단일 값 속성인지 여러 개 값을 갖는 다중 값 속성인지도 구분해야 하며, 또한, 파생 속성인지도 구분한다. 그리고 실세계를 기준으로 속성이 가질 수 있는 값의 범위와 체계 그리고 속성값 부여 방법과 이 이외의 제약사항들을 식별하여 개념적 설계의 결과 문서에 반영하고 논리적 설계를 통해 데이터베이스 구현에 반영할 수 있도록 한다. 예를 들어, 대학생 개체 타입에 학년 속성을 고려한다면 학년 속성값은 1, 2, 3, 4로 제한되며 그 이외의 값은 에러로 처리해야 하는데, 하지만, ERD에서는 속성에 대해 값의 범위를 표현할 수 없다. 따라서, 속성에서 값의 범위와 제약사항은 반드시 문서로 남겨서 후속 설계 단계인 논리적 설계를 통해 데이터베이스 구현에 반영할 수 있도록 해야 한다.

개체 타입의 속성을 모두 식별하고 그 유형 또한 모두 구분되면 이 속성들로부터 기본 키를 결정한다. 기본 키의 조건은 이미 3.1.1절에서 소개되었으며 이 조건을 만족하는 하나 또는 그 이상의 속성들로 기본 키를 결정한다. 기본 키를 결정할 수 없는 경우 단계 3에서 약한 개체 타입인지를 따져서 기본 키 대신 구분자를 식별해야 할 수도 있다. 하지만, 기본 키나 구분자를 반드시 결정해야 하는 것은 아니다.

Chen 표기법의 ER 모델링에서 속성은 현재까지 작성한 ERD에 속성 명칭과 함께 표 3.3이나 표 3.5에서 속성 유형에 따라 소개된 도형으로 표현하고 해당 개체 타입의 사각형과 링크로 연결한다.

한편, IE 표기법에서는 현재까지 작성된 ERD에서 식별된 속성에 대한 해당 개체 타입 도형의 속성 표현난에 표 3.4의 속성 유형에 해당하는 표시 형식에 따라 추가 기재하여 반영한다.

단계 3. 식별된 각 개체 타입이 강한 개체 타입인지 약한 개체 타입인지를 구분한다.

단계 1과 단계 2를 통해 완성된 각 개체 타입에 대하여 그 개체 집합에 속한 개체가 독립적으로 존재할 수 있는지 아니면 다른 개체 타입의 개체가 있을 때만 존재할 수 있는지를 판단하여 강한 개체 타입인지 아니면 약한 개체 타입인지를 구분한다.

강한 개체 타입은 단계 2에서 기본 키를 결정할 수 있지만, 앞에서 설명한 것처럼, 약한 개체 타입의 개체는 존재 종속된 식별 개체 타입의 개체가 있어야 유일하게 구분될 수 있으므로 약한 개체 타입의 속성들로만으로는 기본 키를 구성할 수 없다. 그 대신 약한 개체 타입의 속성 중에서 식별 개체 타입의 기본 키와 함께 할 때 약한 개체를 유일하게 구별시키는 최소 개수의 속성들을 구분자로 결정한다.

Chen 표기법의 ER 모델링에서 약한 개체 타입은 현재까지의 ERD에 이미 반영된 그 개체 타입의 사각형을 표 3.3에서처럼 이중 사각형으로 변경하고 구분자 속성 혹은 속성들은 점선 밑줄로 표시하는 한편, 강한 개체 타입의 사각형은 그대로 둔다. 그리고, 관계 타입과 개체 타입 사이를 이중선 링크로 연결한다.

IE 표기법에서는 작성중인 ERD의 약한 개체 타입의 도형에서 표 3.4에 따라 구분자 속성 명칭 아래에 점선 밑줄을 그어 표시한다. 또 다른 표현으로서 표 3.5와 같이 밑줄 친 구분자와 더불어 개체 타입 도형 테두리를 이중선으로 표시하거나 귀가 둥근 사각형의 개체 타입 기호를 이용할 수도 있다.

단계 4. 실세계로부터 개체 타입들 사이에 존재하는 관계 타입을 식별한다.

이 단계에서는 실세계의 구성 개체들 사이에서 존재하는 관계를 분석하여 개체 타입 사이의 관계 타입을 식별한다.

이를 위해 앞 단계에서 구별한 개체 타입의 개체 집합 차원에서 이들 사이에 존재하는 관계 집합과 관련된 개체 집합을 식별하고, 식별된 관계 집합에 명칭을 부여하여 관계 타입의 이름으로 한다. 개체 타입과 마찬가지로, 관계 타입 혹은 관계 집합의 명칭은 실세계에서 그 명칭으로도 그 관계 집합이 어떤 관계인지를 나타내는 단어로 결정하는 것이 좋다. 단, ERD에서 개체 타입 이름이 유일해야 하는 것과 마찬가지로 관계 타입들 사이에서 관계 타입 이름 또한 서로 달라야 한다. 게다가 개체 타입 이름과도 달라야 한다.

관계 타입을 식별하기 위해서는 실세계에서 존재하는 구성요소 간의 관계를 먼저 식별해야 하는데 이 식별은 앞 단계에서 이미 식별된 개체 타입을 주어, 목적어 또는 직접 목적어나 간접 목적어로 하여 알고자 하는 정보에 관한 서술 문장을 구성하고 그 문장의 서술부로부터 관계 타입과 명칭을 결정하면 된다.

예를 들어, 강의 시스템 실세계를 구성하는 교수, 학생, 강좌, 강의실 개체 타입이 주어질 때 데이터베이스에 반영하고자 하는 정보에 관한 서술 문장 몇 개를 예를 들어 구성해 보면 다음과 같다.

교수는 **강좌**를 **강의**한다.
학생은 **강좌**를 **수강**한다.
강의실이 **강좌**에 **배정**된다.
학생이 **교수**와 **상담**한다.
학생이 **강좌**에 대해 **평가**받는다.
학생이 **강좌**에 **출석**한다.
학생이 **강좌**를 **평가**한다.

앞의 서술문장들 중에서 첫 번째 문장을 가지고 개념적 설계와 논리적 설계를 거쳐 궁극적으로 데이터베이스가 구축되면 교수 개체에 대한 정보와 강좌 개체에 대한 정보 그리고 강의 관계에 대한 정보가 각 타입에 맞춰 입력된다. 이때 사용자는 데이터베이스에서 강의 관계를 이용하여 다음 정보를 검색할 수 있으며 이들 검색에서 관계가 이용된다는 점을 주시하자.

- **P 교수**가 **강의**한 **강좌**들
- **C 강좌**를 **강의**한 **교수**들
- 각 **교수**가 **강의**한 **강좌**들
- 각 **강좌**를 **강의**한 **교수**들

그림 3.17이나 그림 3.18에서 강의 관계 타입을 반영한 ERD 부분을 살펴보면, 이 정보들을 얻기 위해 강의 관계 타입을 중심으로 한 개체 타입의 주어진 개체를 중심으로 강의 관계 타입의 관계를 갖는 다른 개체 타입의 개체들을 찾는 방법으로 관계가 검색에서 중요한 매개 역할을 한다는 점을 주시할 필요가 있다.

앞의 서술 문장들 중에서 두 번째 문장을 반영하여 구축된 데이터베이스를 통해 다음의 정보를 얻을 수 있으며 이때 수강 관계 타입의 역할은 검색에서 강의 관계 타입처럼 두 개체 타입의 개체들 사이를 수강 관계로 연결하는 역할을 한다.

- **S 학생**이 **수강**한 **강좌**들
- **C 강좌**를 **수강**한 **학생**들
- 각 **학생**이 **수강**한 **강좌**들
- 각 **강좌**를 **수강**한 **학생**들

또한, 앞의 두 그룹의 서술문장에서 강의 관계 타입과 수강 관계 타입을 반영한 ERD를 통해 최종으로 구축된 데이터베이스로부터 앞의 정보들 외에도 다음의 정보를 얻을 수 있다.

- **A 교수**가 **강의**한 **강좌**를 **수강**한 **학생**들
- **S 학생**이 **수강**한 **강좌**를 **강의**한 **교수**들
- 각 **교수**가 **강의**한 **강좌**를 **수강**한 **학생**들
- 각 **학생**이 **수강**한 **강좌**를 **강의**한 **교수**들

그림 3.17이나 그림 3.18에서 두 서술 문장을 반영한 ERD 부분에서 강의 관계 타입과 수강 관계 타입이 포함된 다음의 두 경로 중 하나를 따라 앞의 각 정보를 얻게 됨을 알 수 있고, 여기에서 관계 타입은 연결된 개체 타입 사이의 개체를 연결하는 징검다리 역할을 한다는 것을 알 수 있다.

- 교수 개체 타입 → **강의 관계 타입** → 강좌 개체 타입 → **수강 관계 타입** → 학생 개체 타입
- 학생 개체 타입 → **수강 관계 타입** → 강좌 개체 타입→ **강의 관계 타입** → 학생 개체 타입

한편, 식별된 관계 타입은 단계 5에서 행하는 속성들을 식별하여 명칭과 함께 그룹화하여 구조화함으로써 완성된다. 관계 타입의 속성은 데이터베이스 요구사항으로부터 실세계를 분석하여 식별하며 상세한 식별 방법은 단계 5에서 설명된다. 한편, 관계 타입은 속성을 갖지 않을 수도 있으며 이 경우에는 관계 타입 명칭만으로 완성된다.

관계 타입은 속성을 가질 때 다음의 세 가지 방법으로 완성될 수 있다.

- 단계 4에서 모든 관계 집합을 식별하여 관계 타입의 명칭을 부여한 후 각 관계 타입을 대상으로 단계 5에 따라 속성들을 식별하여 완성하는 방법
- 단계 4에서 관계 집합 하나를 식별할 때마다 관계 타입의 명칭을 부여한 후 바로 단계 5를 적용하여 이 관계 타입으로부터 속성을 식별하여 완성하는 방법
- 앞의 두 방법을 혼합한 방법으로 일부 관계 타입들은 첫 번째 방법으로 완성하고 다른 관계 타입들은 두 번째 방법으로 완성하는 방법

앞의 두 번째와 세 번째 방법은 모두 단계 4와 단계 5를 번갈아 가며 진행해야 하는데 그림 3.19의 단계 4와 단계 5 사이의 양방향 화살표는 이 교차 진행 과정을 의미한다.

Chen 표기법의 ER 모델링에서 식별된 관계 타입에 참여한 개체 타입들이 모두 강한 개체 타입이면, 현재까지 작성한 ERD에 관계 타입 도형인 단일선 테두리의 마름모 도형을 추가하여 그 도형 안에 관계 타입의 명칭을 기재한 다음, 이 관계 타입에 참여하는 각 개체 타입 도형과 링크로 연결하여 반영한다. 만일 약한 개체 타입과의 관계 타입이면 이중선 테두리의 마름모 도형을 사용하여 표현하고 약한 개체 타입 도형을 이중 사각형 도형으로 변경한 후 이 둘을 이중선 링크로 연결한다.

IE 표기법 ER 모델링의 경우, 지금 식별한 관계 타입에 참여하는 개체 타입들이 모두 강한 개체 타입이면, 현재까지의 ERD에서 각 개체 타입에 연결한 실선의 링크가 한 점에서 만나도록 하고 그 점 위에 관계 타입 명칭을 부여한다. 약한 개체 타입이 지금 식별한 관계 타입에 참여할 수도 있다. 이때에는 이미 단계 3

에서 약한 개체 타입의 구분자 속성에 점선 밑줄로 표시되어 약한 개체 타입임을 구분할 수 있으므로 강한 개체 타입이 모두 참여한 경우처럼 똑같은 방법으로 ERD에 표시하면 된다. 굳이 약한 개체 타입과의 식별 관계 타입임을 표시하고 싶다면 표 3.5에서 소개한 것처럼 식별 개체 타입과 약한 개체 타입을 연결하는 관계 타입 링크에서 약한 개체 타입 쪽에 접하는 끝을 작은 검은 원이나 다이아몬드로 표현할 수도 있다.

단계 5. 실세계로부터 관계 타입이 갖는 속성들을 식별한다.

이 단계는 데이터베이스 요구사항에 따라 실세계를 대상으로 단계 4에서 식별한 관계 타입이 가질 수 있는 속성들을 도출하는 단계로, 개체 타입들의 개체들 사이에서 형성된 관계 타입의 관계에 대해 알고자 하는 정보를 속성으로 식별한다.

단계 4에서 설명을 위해 예를 들었던 다음 문장에서 관계를 통해 얻을 수 있는 여러 가지 정보를 소개했다.

교수는 **강좌**를 **강의**한다.

하지만, 이 문장에서 강의 관계 타입과 관련하여 다음 질문에 대한 답을 구할 수 있는지 알아보자.

- **P 교수**가 **C 강좌**를 무슨 교수법으로 **강의**했나?
- **P 교수**가 PBL 교수법으로 **강의**한 **강좌**들은?
- **C 강좌**를 PBL 교수법으로 **강의**한 **교수**들은?
- PBL 교수법으로 **강의**한 **교수**와 **강좌**는?

이 질문들을 하나씩 자세히 살펴보면, 이중선으로 밑줄 친 교수법을 포함하는 부사구는 강의를 꾸미고 있으며, 이 모든 질문이 단순히 개체들 사이의 관계가 아닌 교수와 강좌 사이에서 강의했을 때의 교수법, 즉, 강의 관계가 형성됐을 때의 교수법에 관련된 질문임을 알 수 있다. 앞 절에서 설명한 것처럼 교수법을 포함하는 부사구가 서술어에 해당하는 강의를 꾸미고 있으므로 교수법을 강의 관계 타입의 속성이 될 수 있으며, 앞의 질문에 대한 답변 정보가 데이터베이스 요구사항이라면 강의 관계 타입의 속성으로 교수법을 포함해야 한다.

관계 타입의 모든 속성이 식별되면 그 속성이 단순 혹은 복합 속성 여부, 단일 값 혹은 다중 값 속성 여부, 파생 속성 여부 등을 판단하여 속성 유형을 결정하고 관계 타입과 유형이 결정된 속성들을 묶어서 관계 타입을 완성한다. 또한, 관계 타입의 속성에 대해서는 개체 타입과 마찬가지로 실세계를 기준으로 속성이 가질 수 있는 값의 범위 혹은 제약사항을 식별하고 개념적 설계의 결과인 문서에 반영하여 후속의 논리적 설계를 통해 데이터베이스 구축에 반영할 수 있도록 한다.

Chen 표기법의 ER 모델링에서 관계 타입의 속성은 속성 명칭과 함께 표 3.3이나 표 3.5 그리고 표 3.6의 속성 유형에 따라 소개된 도형으로 표현하여 현재까지 작성한 ERD에 추가하고 해당 관계 타입 도형과 링크로 연결한다.

반면, IE 표기법에서는 현재까지 작성된 ERD에서 해당 관계 타입에서 식별된 첫 번째 속성이면 표 3.4에서 소개한 관계 타입의 사각형 도형의 관계 타입 명칭 필드와 속성 필드에 각각 해당 관계 타입 이름과 속성 이름을 속성 유형에 맞춰 기재하여 ERD에 추가하고 점선 링크로 연결하여 나타낸다. 이때 점선 링크 연결은 단계 4에서 해당 관계 타입의 링크의 중간에 방금 추가한 관계 타입 도형을 점선으로 연결함으로써 이루어진다. 두 번째부터 식별되는 속성은 이 추가된 관계 타입 도형에 속성 이름을 속성 유형에 맞춰 기입하면 된다.

단계 6. 실세계로부터 관계 타입에 관련된 개체 타입들 사이에서 대응 카디널리티를 식별한다.

이 단계는 단계 4에서 식별한 각 관계 타입을 중심으로 링크로 연결된 개체 타입들 사이에서 대응 카디널리티를 식별하고 개념적 설계에 반영하는 단계이다. Chen 표기법과 IE 표기법의 ER 모델링에서 대응 카디널리티는 3.1.5절에서 제시한 내용에 따라 ERD에 표현한다.

데이터베이스 설계의 최종 단계에서 구축된 데이터베이스는 구축된 이후에도 개념적 설계에서 반영된 대응 카디널리티를 유지해야 한다. 대응 카디널리티는 실세계를 반영하여 구축한 데이터베이스에 대한 일종의 제약조건으로서, 이 제약조건이 최종적으로 데이터베이스 시스템에서 제공하는 데이터베이스 구축 도구나 데이터 언어로 표현되어 데이터베이스 관리 시스템에 의해 자동으로 유지되도록 하거나 아니면 응용 프로그램에 반영되어 유지되도록 해야 한다. 그림 3.19의 개념적 설계 프로세스에서 단계 5의 관계 타입 속성 식별 이후에 단계 6의 대응 카디널리티를 식별해야 하는 절차 순서를 반드시 지켜야 하는 것은 아니다. 두 단계는 서로 의존성이 없으므로, 두 단계의 순서를 바꿔서 단계 4에서 관계 타입을 식별한 후, 단계 6 관계 타입에 대한 대응 카디널리티를 식별한 다음, 단계 5의 관계 타입의 속성을 식별해도 된다.

대응 카디널리티는 일종의 무결성 제약조건에 해당한다. 여기에서 **무결성 제약조건(integrity constraints)**이란 데이터가 데이터베이스에 어떠한 결함도 없이 존재할 조건을 말한다. 예를 들어, 실세계에서 대학생은 반드시 고등학교 졸업자이거나 혹은 검정고시 등으로 이에 준하는 자격을 갖추어야 하며 이 자격에 해당하지 않는 학생은 대학생이 될 수 없다. 이러한 실세계와는 다르게 대학생 정보를 담은 대학 시스템 데이터베이스에 고등학교 졸업자도 아니고 이에 준하는 학생도 아닌 사람이 학생 데이터로 존재한다면 데이터베이스가 실세계의 규정에 어긋나는 결함이 있는 데이터를 포함하므로 문제가 생긴다. 이처럼 무결성 제약조건은 실세계의 법이나 규정이나 규칙에 맞는 데이터가 데이터베이스에 저장되도록 하는 역할을 한다.

데이터베이스가 실세계를 정확히 반영하도록 하려면 요구사항 분석 단계는 물론 개념적 설계 단계에서도 자격이 없는 데이터가 데이터베이스에 함부로 저장되지 않도록 무결성 제약조건을 식별해야 한다. 이 절은 개념적 설계에서 오직 ERD 구성을 위한 단계적 절차만 소개했을 뿐, 무결성 제약조건 식별에 대한 자세한 소개와 설명은 생략한다. 무결성과 무결성 제약조건 개념과 표현에 대해서는 4.4절에서 자세히 소개되며, 개념적 설계 단계에서의 무결성 제약조건의 식별은 8.1.1절과 8.2.1절 그리고 9장의 데이터베이스 설계 과정의 예에서 다룬다.

CHAPTER 4

논리적 설계와 관계형 데이터 모델

논리적 설계(logical design) 혹은 논리적 데이터베이스 설계(logical database design)란 1.3.1절의 데이터 추상화에서 소개한 데이터베이스 추상 레벨에서 논리적 레벨의 개념 스키마를 생성하는 것으로 보통 개념적 설계에서 도출된 결과를 가지고 진행한다. 논리적 설계 결과인 개념적 스키마는 데이터 저장을 위해 DBMS가 채택하는 자료구조 형식의 표현과 실세계와 일치성을 유지하기 위한 제약조건들을 포함한다. 따라서, 논리적 설계는 DBMS에 의존한다.

앞에서 논리적 설계는 개념적 설계의 결과물을 가지고 하는 것으로 소개했지만 개념적 설계 없이 실세계를 대상으로 직접 논리적 설계가 불가능한 것은 아니다. 하지만 2.3.2절에서 설명한 것처럼 실세계 정보를 바로 DBMS에 종속된 데이터 모델로 표현하는 것은 결코 쉬운 일이 아니며, 실세계가 조금 복잡해지면 설계 내용 또한 더더욱 복잡해질 뿐만 아니라 설계 시간을 많이 소요할 수 있다. 더욱 심각한 것은 그 결과로 구축된 데이터베이스는 운영과 유지보수에서 실세계를 정확히 반영하지 못하는 심각한 오류를 내포할 수 있다는 점이다. 이러한 문제 때문에 일반적으로 실세계를 대상으로 먼저 개념적 설계를 하고 그 결과를 바탕으로 일정한 규칙에 맞춰 데이터 모델로 변환하는 방법으로 논리적 설계 작업을 행한다.

관계형 데이터 모델은 자료구조의 단순성과 강력한 비절차적 언어인 SQL에 힘입어 구조적 데이터(structured data)를 다루는 최고의 인기 있는 데이터 모델로서 상업적 데이터베이스 시스템들 사이에서 확고한 우위를 점해 왔다. 비록 관계형 데이터 모델의 자료구조가 간단하다고 해도 다른 논리적 모델과 비교할 때 단순할 뿐, 관계형 데이터베이스를 설계하고 구축하고 운영하고 관리하기 위해서는 관계형 데이터베이스의 기본 구조와 개념 요소들을 포함하는 여러 특성을 이해해야 한다.

이 단원은 논리적 데이터 모델인 관계형 데이터 모델을 자세히 다루고 관계형 데이터베이스가 실세계와의 정확성 유지를 위한 제약조건의 종류와 표현 방법을 소개하며 논리적 설계 접근 방법에 대해 다루고자 한다. 이를 위해 단원의 구성은 다음과 같다.

4.1절은 논리적 데이터 모델과 그 개념을 소개하고 논리적 데이터 설계를 하는 이유와 두 종류의 대표적인 논리적 데이터 모델을 소개한다. 4.2절은 강력한 논리적 데이터 모델인 관계형 데이터 모델의 구조와 이 데이터 모델에서 사용하는 개념 요소들에 대해 다루고 SQL을 이용하여 관계형 데이터베이스를 이루는 릴레이션을 생성하는 예를 보인다. 4.3절은 보통 데이터 언어의 특정 일부이지만 사실상의 데이터 언어를 의미하는 질의어 개념과 종류를 소개한다. 4.4절은 데이터베이스에 저장된 데이터가 실세계를 정확히 반영하여 어떤 결함도 없는 상태의 성질을 의미하는 데이터 무결성(data integrity) 개념과 이 성질이 유지되지 않을 때 어떤 문제들이 발생하는지를 예를 들어 소개한다. 또한, 데이터 무결성의 종류와 SQL에서 데이터 무결성 유지를 위한 제약조건을 표현하는 예들도 소개한다. 4.5절은 개념적 설계의 관계 타입에서 개체 타

입들 사이의 대응 카디널리티도 무결성 제약조건임을 소개하고 잘못 식별된 대응 카디널리티는 논리적 설계에 영향을 끼쳐서 결국 무결성 손상을 유발함을 강조한다. 4.6절은 관계형 데이터 모델 기반의 논리적 설계를 위한 두 가지 접근 방법을 소개하면서 이 단원을 마친다.

4.1 논리적 데이터 모델

4.1.1 논리적 데이터 모델 개념

컴퓨터가 관리하는 데이터베이스는 지속해서 변화하는 실세계를 표현한다. **논리적 데이터 모델(logical data model)**은 바로 이 실세계를 데이터베이스에 표현하는 중간 과정, 즉 데이터베이스 설계 과정에서 데이터베이스의 구조와 데이터 조건을 DBMS에 맞추어 논리적으로 표현한 것을 말하며, 때때로 이를 표현하기 위해 사용하는 형식 또는 체계를 의미하기도 한다.

논리적 데이터 모델을 좀 더 잘 이해하기 위해서는 먼저 정보가 실세계로부터 어떻게 인지되어 데이터베이스에 데이터로 저장되는가를 고찰해 볼 필요가 있다. 정보는 기본적으로 다소 상이하면서도 연관된 세 개의 분리된 세계에서 생각해 볼 수 있다. 첫째는 인간이 오감과 생각을 통해 인지할 수 있는 실세계이고, 둘째는 인지된 실세계로부터 형성된 인간의 개념(concept)으로 표현한 **개념 세계(conceptual world)**이며, 셋째는 이 개념 세계를 컴퓨터가 처리할 수 있는 데이터로 표현한 **컴퓨터 세계(computer world)**가 그것이다. 이미 언급했듯이 데이터는 컴퓨터 세계에서 데이터베이스 관리 시스템(DBMS)에 의해 다루어지는데, DBMS에 따라 그 DBMS가 채택하고 있는 데이터베이스에 대한 자료구조와 데이터 조건의 표현 형식이 서로 다를 수 있다. 이러한 데이터베이스에 대해 DBMS가 채택한 자료구조와 조건의 표현을 **논리적 데이터 모델(logical data model)**이라 하며, 일반적으로 **데이터 모델(data model)**이라 부르기도 한다. 넓게는 데이터 모델 개념이 개념적 모델도 포함하지만 일반적으로 논리적 데이터 모델을 가리킨다. 논리적 데이터 모델은 실세계 구성요소를 표현하는 데이터의 구성 필드와 타입, 데이터 간의 관계(이는 데이터가 표현하는 실세계의 구성요소 간의 관계를 나타냄), 그리고 데이터베이스에서 데이터가 충족해야 할 제약조건 등의 표현을 포함한다. 경우에 따라서는 이러한 내용을 표현하는 형식과 체계를 데이터 모델로 언급하기도 하므로 이 용어는 그 맥락에 따라 이해하고 사용해야 한다.

4.1.2 논리적 데이터 모델링(논리적 데이터 설계)을 하는 이유

개념적 설계에서 생성된 개념적 세계의 정보 구조는 인간의 이해 중심이므로 컴퓨터(DBMS)가 직접 이해할 수 없기 때문에 다시 컴퓨터가 이해하고 처리할 수 있는 컴퓨터 세계의 환경에 맞도록 변환시켜야 한다. 이를 위해서는 먼저 개념적 정보 구조와 조건을 컴퓨터 DBMS 중심의 논리적 개념(logical concept)을 이용하여 논리적 데이터 구조로 표현하는 것이 필요한데, 이 변환 과정이 바로 **논리적 데이터 모델링(logical data modeling)** 또는 **논리적 설계 과정(logical design process)**으로, 이 과정에서 논리적 데이터 모델의 개념요소들이 사용된다. 논리적 설계는 DBMS에 종속적인 논리적 데이터 구조인 개념 스키마의 설계와 이 데이터 구조의 데이터들을 처리하는 트랜잭션의 기본 구조에 대한 설계를 포함한다.

논리적 데이터 구조가 결정되면 컴퓨터가 접근할 수 있는 저장 장치에 이 데이터가 물리적으로 표현될 수 있도록 물리적 데이터 구조로 변환할 수 있다. 이 과정은 SQL과 같은 데이터 언어, 특히, DDL을 사용하여 진행된다.

데이터베이스의 데이터는 관심 있는 실세계 정보를 표현하는 것이기 때문에 저장 데이터로부터 추출되는 정보는 사실상 실세계와 일치하여 실세계를 정확히 반영해야 하는데, 그렇지 못하면 데이터베이스가 실세계와 다른 잘못된 정보를 포함하는 거짓된 정보를 제공함으로써 잘못된 의사결정에 이르게 하여 사람이나 조직에 심각한 해를 가져올 수 있다. 잘못된 논리적 설계는 이와 같은 부작용을 초래할 수 있으므로 체계적인 논리적 설계가 매우 중요하다.

4.1.3 관계형 데이터 모델과 객체지향 데이터 모델

관계형 데이터 모델(relational data model)은 지금까지 가장 많이 사용되어 온 대표적인 논리적 데이터 모델로서, 이 데이터 모델로 표현된 데이터베이스는 행렬 형태의 테이블들의 모임으로 이루어진다. 각 테이블을 **릴레이션(relation)**이라 부르며 개념적 설계에서 모든 개체 타입과 관계 타입은 모두 이 테이블 형태의 릴레이션으로 표현된다. 물리적 레벨에서 볼 때 하나의 테이블은 사실상 하나의 파일에 대응한다. 개체 타입이나 관계 타입의 속성은 릴레이션, 즉, 테이블의 열에 해당하며 개체 타입과 관계 타입으로 생성한 개체 집합이나 관계 집합에 속하는 개체나 관계는 테이블의 한 행으로(사실상 레코드이며 이를 **튜플(tuple)**이라 함) 표현된다. 데이터 연산을 지원하는 데이터 언어로는 이론 중심 언어인 **관계 대수(relational algebra)**, **도메인 관계 해석(domain relational calculus)**, **튜플 관계 해석(tuple relational calculus)** 등 수학적으로 잘 정의된 언어들과 상용 언어들인 SQL, QBE(Query By Example) 등이 대표적이다. 관계형 데이터 모델에서 데이터 언어는 논리적 관점에서 볼 때 포인터를 전혀 사용하지 않고 데이터 값만을 이용하여 한 개 이상의 릴레이션에 접근한다.

관계형 데이터 모델은 계층형 데이터 모델이나 네트워크형 데이터 모델에 비해 그 이론과 이에 바탕을 둔 제품이 늦게 출현했다. 그러나 현재는 다른 데이터 모델과 비교할 때 이론이 수학적으로 잘 정립된 데다가 강력한 표준 데이터 언어인 SQL과 데이터 처리 기술 발전에 따라 상용화된 관련 제품들이 데이터베이스 시장에서 월등한 우위를 차지하고 있다. 관계형 데이터 모델에 대한 기본 구조와 이론적 개념은 다음 절인 4.2절에서 자세히 다룬다.

객체지향 데이터 모델(object-oriented data model), 혹은, **객체지향 모델(object-oriented model)**은 개념적 데이터 모델이면서 동시에 논리적 데이터 모델이기도 한 데이터 모델이다. 따라서, 객체지향 데이터 모델을 이용하여 작성된 개념적 설계 구조는 그 자체가 객체지향 DBMS가 지원할 수 있는 논리적 데이터 구조가 된다. 때로는 객체지향 데이터 모델을 개념적 모델로만 사용하여 모델링한 결과를 관계형 데이터베이스 구조로 변환하기도 한다.

객체(object)란 물리적 혹은 개념적으로 구분되는 실세계의 구성체를 개념화한 것이다. 객체는 자신의 성질을 나타내는 속성(attribute)과 그 객체가 수행할 수 있거나 혹은 그 객체를 대상으로 적용할 수 있는 연산(operation)(이를 **메소드(method)**라 부르기도 한다)들을 갖는다. 객체와 개체는 실세계에서 유일하게 구분되는 존재로서 속성을 갖는다는 점에서 유사한 개념을 가지지만 객체는 자신이 수행할 수 있는 동적 연산인 메소드를 가질 수 있다는 점에서 개체와 구분하기도 한다. 객체는 개체와 같이 실세계에서 유일하게 구별되는 존재로서 **인스턴스(instance)**라고도 부른다. 한편, 동종의 개체들을 형성하는 틀인 개체 타입처럼 동종의 여러 객체를 형성하는 일종의 틀을 **클래스(class)**라 하며 그 명칭은 보통명사로 표현된다. 예를 들어, 사람이라는 클래스는 실세계에 존재하는 실체를 나타내는 것이 아니라, 홍길동, 이정길, 안상훈 등과 같이 공통 속성을 갖는 실체들을 총칭하는 개념으로서 보통명사에 해당하는 개체 타입 개념과 매우 유사하다. 하지만, 클래스는 메소드를 가질 수 있다는 점에서 ER 모델의 개체 타입과 구별된다.

객체지향 데이터 모델에서 실세계는 객체와 객체들 사이에 존재하는 정적 관계(static relationship), 그리고 객체들 사이의 메시지 교환에 의해 이루어지는 동적 관계(dynamic relationship) 등의 관점에서 표현된다. 객체지향 모델에서 정적인 관계는 일반화(generalization), 종합화(aggregation), 연관성(association)을 기초로 구성되며 동적 관계는 객체가 다른 객체의 메소드를 사용함으로써 이루어진다. 사실 현재의 ER 모델은 초기 ER 모델에 객체지향 모델로부터 일반화와 종합화 관계 개념을 도입하여 확장된 모델이다.

일반화(generalization) 관계는 클래스들 사이의 ISA 관계이다. 즉, 클래스들 사이에서 클래스의 개념을 비교하여 일반성(ISA 관계)을 바탕으로 클래스들 사이의 계층구조를 형성하는 관계이다. 3.1.3절에서 소개한 것처럼, 그 한 예로, 학생 클래스와 사람 클래스가 주어질 때 '학생은 사람이다'라는 '~이다' 관계 즉, 영어로 ISA 관계가 학생과 사람 사이에 존재하게 되어 사람은 학생의 **상위 클래스(superclass)**이며 역으로 학생은 사람의 하위 클래스(subclass)가 된다. 일반화 관계는 상속성에 의해 상위 클래스가 갖는 속성이 하위 클래스로 상속됨은 물론 상위 클래스의 메소드도 하위 클래스에 상속된다. 그래서, 상위 클래스에서 선언된 속성과 연산(메소드)들은 하위 클래스에서 다시 선언할 필요가 없는, 다시 말하면, 상위 클래스의 속성과 연산을 하위 클래스가 공유 내지 재사용할 수 있는 장점을 제공한다. 객체지향 데이터 모델은 이 일반화 관계에 의해 계층구조 형태의 자료구조를 갖는다.

종합화(aggregation)란 조합에 의한 구성 관계를 말하는데 예를 들어 개념적으로 자동차는 엔진, 차체, 바퀴, 문 등 구성요소들의 조합에 의해 구성되는데, 이처럼 엔진, 차체, 바퀴, 문 등의 구성요소에 해당하는 객체들과 자동차와 같은 객체 사이의 구성 관계를 종합화라 한다. 엔진 객체는 자동차 객체의 한 부분이므로 영어로 'part-of'로 표현하여 part-of 관계라 하며, 역으로 자동차는 엔진을 한 부분으로 갖기 때문에 자동차에서 엔진으로 가는 관계는 has-part 관계라 한다. 종합화 관계는 기존 객체들의 조합으로 새로운 객체를 생성해 낼 수 있는 장점을 제공한다. 3.1.4절에서 소개한 ER 모델에서의 종합화와 객체지향 데이터 모델의 종합화는 유사하면서도 차이가 있다. ER 모델에서 종합화는 관계 타입과 이에 참여하는 개체 타입들을 모아서 하나의 개체 타입으로 취급하는데, 여기에서 종합화 관계는 개체 타입들이 연관된 이 관계 타입도 포함한다. 반면, 객체지향 데이터 모델에서 종합화는 구성요소에 해당하는 클래스 사이에서 part-of 관계 이외의 관계는 고려하지 않는다.

연관성(association)이란 일반화와 종합화 관계를 제외한 객체 간의 관계를 말한다. ER 모델에서 개체 타입을 클래스로 본다면 ISA 관계와 part-of 관계를 제외한 개체 타입 간의 모든 관계가 클래스들 사이의 연관성에 해당한다. 객체지향 데이터베이스는 클래스를 선언하여 타입으로 이용할 수 있고, 집합형, 복합형 등 다양한 타입 체계를 제공하는 장점을 갖는다. 한편, 객체지향 데이터베이스는 포인터 중심의 데이터 구조를 제공한다. 따라서 관계형 데이터베이스에 비해 속도 성능 측면에서 빠른 장점은 있으나 포인터에 대한 관리가 요구되는 단점을 갖기도 한다.

객체지향 데이터 모델은 개념적 데이터 설계 모델이자 논리적 데이터 모델로서 상속성, 강력한 타입 체계, 빠른 데이터 접근 속도 등 장점이 많은 데이터 모델이다. 하지만, 관계형 데이터 모델과 비교하면, SQL과 같은 강력한 데이터 언어 지원이 부족하고 트랜잭션 제어와 관리 측면에서 기능이 매우 부족하기 때문에 응용 개발과 데이터베이스의 운영과 관리 그리고 유지보수 등에서 불편함과 어려움이 있다.

그럼에도 불구하고, 객체지향 모델의 상속성 개념과 타입 체계와 같은 강력한 특성들이 초기 관계형 데이터 모델에는 없었기 때문에 관계형 데이터 모델이 확장을 통해 이 특성들을 도입하고 SQL에 반영하는 등 그 기능을 지속해서 확장해 오면서 오랫동안 강력한 대표적인 모델로서 자리를 굳혀 왔다. 오래전부터 많은 기관이 관계형 데이터베이스 시스템을 사용해 왔으며, 지금은 응용업무 처리를 위해 데이터베이스를 사용하는 거의 모든 기관이 관계형 데이터베이스 시스템을 사용할 정도로 인기가 높다.

4.2 관계형 데이터 모델

4.2.1 관계형 데이터베이스 기본 구조와 개념

(1) 릴레이션(relation)과 속성(attribute)

관계형 데이터베이스는 그림 4.1과 같은 행렬 형태의 테이블들의 모임이다. 이러한 형태의 테이블을 **릴레이션(relation)**이라 부른다. 그림 4.1의 학생 릴레이션에서 학번, 이름, 소속학과, 학년, 주소, 전화번호, 지역번호, 성별 각각은 해당 릴레이션의 **속성(attribute)**을 **속성 이름(attribute name)**으로 표현한 것이다.

이 학생 릴레이션은 학번을 포함하여 8개의 속성들로 구성된다. 이처럼 릴레이션이 갖는 속성의 수를 그 릴레이션의 **차수(arity)**라 부른다. 그림 4.1의 학생 릴레이션은 모두 8개의 속성을 가지므로 이 릴레이션의 차수는 8이 된다.

(2) 속성 도메인(attribute domain)

속성 도메인(attribute domain)이란 속성이 가질 수 있는 값들의 집합으로 속성이 가질 수 있는 값의 범위를 의미하며 그 속성의 타입으로 나타낸다. 그림 4.1의 학생 릴레이션에서 학번 속성의 도메인은 4자리 정수들의 집합(즉, 4자리 정수 타입), 이름 속성의 도메인은 6자리의 문자열들의 집합(즉, 6자리 문자열), 학년 속성의 도메인은 집합 {1, 2, 3, 4}가 될 수 있다. 속성의 도메인은 데이터베이스 설계자가 데이터 언어에서 제공하는 타입을 속성에 선언함으로써 정해진다.

학생 릴레이션

학번	이름	소속학과	학년	주소	전화번호	지역번호	성별
1001	김소망	컴퓨터	3	인천시	360-2424	032	남
1002	나민수	컴퓨터	3	강릉시	640-2424	033	남
1003	오현주	컴퓨터	3	서울시	302-8439	02	남
1004	문혜주	컴퓨터	3	부산시	640-2424	051	남

그림 4.1 릴레이션 구조 예

릴레이션을 이루는 속성의 순서에 따라 속성값으로 이루어진 하나의 행(row)을 그 릴레이션의 **튜플(tuple)**이라 부른다. 그림 4.1의 학생 릴레이션의 예에서 첫 번째 행을 속성값 순서에 따라 컴머로 구분하여 나타낸 (1001, '김소망', '컴퓨터', 3, '인천시', '360-2424', 032, '남')이 학생 릴레이션에 속하는 한 개의 튜플이다. 학생 릴레이션은 학번, 이름, 소속학과, 학년, 주소, 전화번호, 지역번호, 성별 순서로 속성을 갖기 때문에 이 튜플은 이 속성 순서에 따라 학번은 1001, 이름은 '김소망', 소속학과는 '컴퓨터', 학년은 3학년, 주소는 '인천시', 전화번호는 '360-2424', 지역번호는 032, 성별은 '남' 등의 정보를 나타내고 있음을 알 수 있다. 학생 릴레이션은 총 4개의 튜플을 가지고 있는데 R을 릴레이션이라 할 때 R에 속한 튜플의 수를 R의 **카디널리티(cardinality)**라 부르며 |R|로 표기한다. 그러므로 학생 릴레이션의 카디널리티는 |학생|로 표시하고 |학생|=4 임을 알 수 있다.

(3) 카테젼 곱(cartesian product)과 튜플

집합 $D_1, D_2, \dots, D_n$이 각각 주어질 때 **카테젼 곱(cartesian product)**은 $D_1 \times D_2 \times \dots \times D_n$으로 표기하며 이에 대해 수학적으로 정의하면 다음과 같다.

$$D_1 \times D_2 \times \dots \times D_n = \{ (d_1, d_2, \dots, d_n) \mid d_1 \in D_1 \text{ and } d_2 \in D_2, \dots \text{ and } d_n \in D_n \}$$

위의 카테젼 곱 정의에서 $(d_1, d_2, \dots, d_n)$은 집합 $D_1, D_2, \dots, D_n$ 각각에서 한 원소씩 대응하여 순서화시킨 하나의 튜플로서, 이러한 방식으로 만들 수 있는 모든 튜플을 모은 집합이 바로 $D_1, D_2, \dots, D_n$의 카테젼 곱 $D_1 \times D_2 \times \dots \times D_n$이다. 결국, 이 카테젼 곱은 집합 $D_1, D_2, \dots, D_n$의 각 원소를 집합 순서대로 조합하여 튜플로 만들어 모은 집합인 셈이다.

다음의 이름, 학과, 학년 집합을 가지고 카테젼 곱을 구하는 예를 들어 보자.

$\text{이름} = \{\text{김호순, 나한수, 박희정}\},$

$\text{학과} = \{\text{컴퓨터공학과, 전자공학과}\}$

$\text{학년} = \{1, 2, 3, 4\}$

이 집합들에 대한 카테젼 곱은 각 집합의 원소를 하나씩 집합 순서별로 나열하여 만든 모든 튜플로 이루어진다. 그러므로,

$\text{이름} \times \text{학과} \times \text{학년} = \{ (\text{김호순, 컴퓨터공학과}, 1), (\text{김호순, 컴퓨터공학과}, 2),$

(김호순, 컴퓨터공학과, 3), (김호순, 컴퓨터공학과, 4),
(김호순, 전자공학과, 1), (김호순, 전자공학과, 2),
(김호순, 전자공학과, 3), (김호순, 전자공학과, 4),
(나한수, 컴퓨터공학과, 1), (나한수, 컴퓨터공학과, 2),
(나한수, 컴퓨터공학과, 3), (나한수, 컴퓨터공학과, 4),
(나한수, 전자공학과, 1), (나한수, 전자공학과, 2),
(나한수, 전자공학과, 3), (나한수, 전자공학과, 4),
(박희정, 컴퓨터공학과, 1), (박희정, 컴퓨터공학과, 2),
(박희정, 컴퓨터공학과, 3), (박희정, 컴퓨터공학과, 4),
(박희정, 전자공학과, 1), (박희정, 전자공학과, 2),
(박희정, 전자공학과, 3), (박희정, 전자공학과, 4)}

임을 알 수 있다.

(4) 릴레이션과 집합(set)

수학에서 카테젼 곱의 부분 집합을 릴레이션(relation)이라 부른다. 앞에서 이름, 학과, 학년 집합을 가지고 구한 카테젼 곱 이름 × 학과 × 학년은 이름과 학과와 학년을 짝지어서 나올 수 있는 모든 가능한 것들로 일부 튜플들은 실세계와 일치하는 반면 나머지 튜플들은 실세계를 반영하지 못하고 동떨어진 내용의 정보를 나타낸다. 반면에 정상적인 관계형 데이터베이스라면 릴레이션에 포함된 튜플들은 모두 실세계를 정확히 반영한다.

앞의 카테젼 곱 이름 × 학과 × 학년의 예에서, 만일 컴퓨터공학과의 학생이 김호순과 박희정이고 모두 3학년이라 할 때, 이름 × 학과 × 학년의 튜플 중에서 이에 해당하는 튜플들을 모아서 만든 아래의 집합 3학년컴퓨터공학과학생을 고려하자.

3학년컴퓨터공학과학생 = {(김호순, 컴퓨터공학과, 3), (박희정, 컴퓨터공학과, 3)}

이 집합은 두 튜플이 모두 이름 × 학과 × 학년의 원소이다. 따라서, 3학년컴퓨터공학과학생 집합은 이름 × 학과 × 학년의 부분 집합으로 하나의 릴레이션으로서 컴퓨터공학과의 3학년 학생 정보를 반영한다.

관계형 데이터베이스에서 앞에서 정의한 테이블 구조의 릴레이션은 사실상 수학적 정의인 릴레이션, 즉, 카테젼 곱의 부분 집합에서 비롯되었는데 이제 그 이유에 대해 알아보도록 하자.

관계형 데이터베이스에서 속성으로 $A_1, A_2, \ldots, A_n$을 갖는 릴레이션 R을 고려하자. $A_1, A_2, \ldots, A_n$의 속성 도메인이 각각 $D_1, D_2, ..., D_n$이라 할 때. 속성 도메인들의 카테젼 곱 $D_1 \times D_2 \times ... \times D_n$을 생성할 수 있다. $(t_1, t_2, ..., t_n)$이 릴레이션 R의 임의의 튜플이라면 이 튜플의 각 t_i $(i = 1, 2, ..., n)$는 속성 A_i의 값이기 때문에 A_i의 도메인 D_i의 원소가 된다. 그러므로 튜플 $(t_1, t_2, ..., t_n)$은 $D_1 \times D_2 \times ... \times D_n$의 원소이다. 결국 릴레이션 R의 모든 원소가 $D_1 \times D_2 \times ... \times D_n$의 원소가 되므로 R은 $D_1 \times D_2 \times ... \times D_n$의 부분 집합이 된다. 따라서 관계형 데이터베이스에서 릴레이션은 속성 도메인들의 카테젼 곱의 부분 집합이므로 수학적 정의에서의 릴레이션 정의와 일치한다.

관계형 데이터베이스에서의 릴레이션이라는 용어는 수학적 집합론에서 비롯되었다. 사실, 수학에서의 릴레이션도 실세계의 관계를 표현하기 위해 제안된 것이다. 릴레이션의 튜플은 한 개 이상의 속성들에서 이 속성값들의 순서화로 이루어지며 릴레이션은 이러한 형태의 튜플들을 원소로 하는 집합으로 고려할 수 있다. 두 개의 튜플 $(t_1, t_2, ..., t_n)$과 $(s_1, s_2, ..., s_n)$이 주어질 때 이 두 튜플이 순서적으로 대응하는 속성의 값이 같을 때, 즉, 모든 $i = 1, 2, ..., n$에 대하여 $t_i = s_i$일 때(즉, $t_1 = s_1$이고 $t_2 = s_2$이고 $\cdots$ $t_n = s_n$일 때) 두 튜플은 동일한 것이다. 집합은 동일한 두 개 이상의 원소를 하나로 취급하기 때문에 릴레이션에서 동일한 두 개 이상의 튜플들도 하나로 취급된다. 그러므로 특정한 경우를 제외하고는 앞으로 한 릴레이션에서 각 튜플은 유일한 것으로 다루고자 한다. 하지만, 실제 관계형 데이터베이스는 두 개 이상의 중복된 튜플을 갖는 릴레이션이 존재할 수 있다. 한편, 두 개의 튜플에서 순서적으로 대응하는 속성값이 하나라도 다르면 두 튜플은 서로 다른 튜플이다.

(5) 릴레이션과 파일

하나의 릴레이션을 논리적으로 하나의 파일로 간주할 수 있는데 릴레이션의 속성은 파일을 구성하는 레코드 타입의 필드에 해당하며 각 튜플들은 파일을 구성하는 하나의 레코드와 대응된다. 관계형 데이터베이스에서 릴레이션은 하나의 파일처럼 구현되는데, 앞에서 '관계형 데이터베이스가 테이블(릴레이션)들의 모임'이라고 언급한 것에서 관계형 데이터베이스란 개념적으로 파일들의 모임으로 간주할 수 있다.

4.2.2 데이터베이스 스키마와 릴레이션 스키마

(1) 데이터베이스 스키마와 데이터베이스 인스턴스

데이터베이스를 언급할 때 데이터베이스 스키마와 데이터베이스 인스턴스를 구분해야 한다.

데이터베이스 스키마(database schema)란 데이터베이스의 논리적 설계로 생성된 데이터베이스 구조와 데이터베이스에 포함될 데이터의 조건을 표현한 것을 말한다. 관계형 데이터베이스에서 데이터베이스 스키마는 각 릴레이션에 저장될 데이터의 형식과 타입은 물론 한 릴레이션 혹은 둘 이상의 릴레이션 사이에서 삽입, 삭제, 갱신 연산을 위한 사전 처리 조건과 사후 처리 조건을 모두 포함한다. 데이터베이스 스키마는 데이터를 담을 일종의 틀(frame), 즉, 데이터베이스 틀로서, 데이터를 생성하고 생성 데이터를 데이터베이스에 저장하며 필요에 따라 데이터를 삭제하거나 변경하는 등의 데이터베이스를 대상으로 하는 모든 처리 연산이 이 틀에 맞춰 행해진다.

반면, **데이터베이스 인스턴스(database instance)**는 주어진 시점에서 데이터베이스에 저장된 모든 실제 데이터의 **스냅샷(snapshot)**으로 그 시점에서 실세계를 반영하는 데이터들의 모임이다. 일반적으로 실세계는 시간에 따라 지속해서 변하므로 데이터베이스 또한 시간에 따라 변경되기 마련이다. 데이터베이스의 변경은 데이터베이스에 데이터의 삽입이나 삭제 또는 갱신으로 이루어진다. 시간 흐름에 따라 데이터베이스가 변경되고 그때마다 데이터베이스 내용이 달라지므로 시간에 따라 다른 내용의 데이터베이스 인스턴스가 대응되는 셈이다.

(2) 릴레이션 스키마와 릴레이션

3장의 개념적 설계에서 개체 레벨과 관계 레벨에서 소개한 실세계에 실존하는 개체와 관계는 관계형 데이터베이스에서 튜플로 표현되어 반영된다. 그리고, 개체 혹은 관계들이 모인 개체 집합과 관계 집합은 모두 릴레이션으로 표현되어 반영된다. 또한, 개체 타입과 관계 타입은 모두 릴레이션 스키마로 표현되거나 반영된다. 먼저, 쉬운 이해를 돕기 위해, 붕어빵 틀(frame)과 붕어빵과의 관계를 가지고 릴레이션 스키마와 릴레이션 튜플과의 관계를 설명해 보기로 하자. 붕어빵 틀은 붕어빵의 형태를 형성하여 붕어빵을 만들어 내는 기능을 하지만 그 자체가 붕어빵이 아닌 것처럼, 릴레이션 스키마는 릴레이션의 구조와 릴레이션 데이터의 조건을 나타내지만 그 자체가 릴레이션도 릴레이션 튜플도 아니다. 또한, 붕어빵은 실제로 붕어빵 틀에 의해 만들어진 형태를 가지고 생성된 실세계에 존재하는 물리적 개체인 것처럼 릴레이션 튜플 또한 릴레이션 스키마에 의해 형성된 구조와 조건을 가지고 물리적 저장 장치에 실제로 저장된 물리적 데이터인 것이다. 한편, 붕어빵 틀로 여러 개의 붕어빵을 생산하면 그 붕어빵들만 따로 담을 그릇이 필요하듯이 릴레이션 스키마로 생성된 튜플들도 저장할 저장 공간이 필요한데 릴레이션이 바로 그릇에 해당하는 저장 공간을 제공한다.

관계형 데이터베이스에서 릴레이션은 릴레이션 스키마에 의해 생성되며, 생성된 후에는 릴레이션 스키마에 해당하는 튜플만 저장한다. 릴레이션이 생성될 때 릴레이션 스키마 내용도 데이터 사전에 메타데이터로 반영되어 이 정보가 튜플 삽입과 삭제와 갱신과 검색을 포함한 릴레이션 연산에 활용된다. 그러므로, 릴레이션은 자신을 정의하는 스키마 정보와 저장 공간이 연관됨을 잊지 말자.

그림 4.2는 릴레이션 스키마와 릴레이션의 정의와 생성 그리고 삽입된 릴레이션 튜플의 예을 보여준다. 그림 4.2 (a)의 릴레이션 스키마 정의는 생성될 릴레이션의 속성과 속성 타입을 정의한 것으로 릴레이션을 생성하기 이전을 나타낸다. 속성 타입에서 char(4)는 길이 4의 문자열임을, varchar(n)은 해당 속성의 타입이 최대 길이 n까지의 가변길이 문자열임을, 그리고 integer은 정수형임을 나타낸다. 그림 4.2 (b)는 그림 4.2 (a)의 릴레이션 스키마에 따라 릴레이션을 생성한 예를 나타낸다. 점선으로 표시한 빈 영역은 릴레이션이 생성되어 저장 공간은 마련되었으나 아직 데이터가 삽입되지 않아 빈 공간으로 남아 있음을 의미한다. 그림 4.2 (c)는 그림 4.2 (b)의 릴레이션 생성 후 4개의 튜플이 삽입된 예를 보여준다.

지금까지 릴레이션 스키마와 릴레이션의 차이에 대해 소개했다. 이제 이 두 개념에 대해 좀 더 자세히 살펴보면서 이들에 대한 메타데이터와 어떻게 연관되는지를 살펴보자.

릴레이션 스키마(relation schema)는 이 스키마에 의해 생성되는 릴레이션의 구성 조건과 릴레이션에 영향을 주는 연산에 대한 처리 조건을 포함한다. 릴레이션 구성 조건으로 릴레이션을 구성하는 하나 이상

고객 릴레이션 스키마

고객 ID	고객이름	주민번호	나이	주소	전화번호
char(4)	varchar(10)	varchar(14)	integer	varchar(30)	varchar(11)

(a) 고객 릴레이션 스키마 정의 후(고객 릴레이션 생성 이전)

고객 릴레이션

고객 ID	고객이름	주민번호	나이	주소	전화번호

(b) 릴레이션 생성 직후

고객 릴레이션

고객 ID	고객이름	주민번호	나이	주소	전화번호
1001	김소훈	20010107	24	원주시	01020208411
1002	나민수	19971010	28	서울시	01034729311
1003	오현주	19761208	49	강릉시	01078907618
1004	문혜주	20020708	22	원주시	01028904351

(c) 릴레이션에 4개 튜플 삽입 후

그림 4.2 릴레이션 스키마와 릴레이션 예

의 속성과 속성의 타입(도메인), 기본 키, 외래 키 등의 속성 관련 구성 정보가 릴레이션 스키마에 포함된다. 또한, 연산 처리 조건으로는 릴레이션에 삽입되는 속성값의 조건, 릴레이션의 데이터(즉, 튜플)가 갱신 또는 삭제될 때 사전 처리 혹은 사후 처리 조건과 연산 또한 릴레이션 스키마에 포함된다.

릴레이션 스키마와 릴레이션의 정의에는 다음의 두 가지 방법이 있다.

- 먼저 릴레이션 스키마를 DDL로 정의하고 이 정의를 이용하여 릴레이션을 정의하는 방법

릴레이션 스키마가 DDL로 정의되고 이 정의가 질의 처리기(DDL 인터프리터)에 의해 데이터 사전에 메타데이터로 저장된다. 릴레이션 생성을 위한 DDL 정의에서 질의 처리기의 DDL 인터프리터는 이미 정의된 릴레이션 스키마를 기반으로 생성되는 릴레이션을 해당 릴레이션 스키마에 대한 데이터 사전의 관련 메타데이터를 참조하여 이 스키마에 맞게 생성하고 이 릴레이션에 대한 스키마 정보 위치, 저장 공간 위치 및 크기 등의 정보 또한 데이터 사전에 메타데이터로 저장한다. 릴레이션 생성 후의 연산에서 질의 처리기는 연산 실행 전이나 후에 데이터 사전에 접근하여 해당 릴레이션 스키마의 조건에 맞게 처리한다.

- 릴레이션 스키마 정보와 함께 릴레이션을 정의하는 방법

대부분의 경우, 릴레이션을 생성할 때 릴레이션 스키마 정보를 DDL 정의에 함께 포함한다. 이 경우, 릴레이션 스키마 정보와 릴레이션 저장 공간 위치와 크기 등의 정보가 함께 데이터 사전의 메타데이터로 저장되며 이 정보를 이용한 릴레이션에 대한 연산 처리는 앞에서 소개한 내용과 같다.

(3) 설명을 위한 릴레이션 스키마와 릴레이션의 표기 약속

앞으로 설명의 단순성을 위해 몇 가지 사항들을 다음과 같이 약속하자.

1. 속성 타입에 대한 별도의 설명이 없다면 속성 도메인(속성 타입)이 이미 결정되었다고 가정하고 속성 도메인은 당분간 생략하고 속성만 표현하기로 한다.
   이에 따라 그림 4.2에서 고객 릴레이션 스키마를 선언한 예로서 '고객-스키마'라는 명칭이 부여된 릴레이션 스키마를 각 속성의 도메인은 생략하고 앞으로 다음 형식과 같이 선언하고자 한다.

   고객-스키마 = (고객ID, 고객이름, 주민번호, 나이, 주소, 전화번호)

2. 릴레이션 스키마 명칭과 릴레이션 명칭를 각각 영문자열로 나타낼 때, 릴레이션 스키마는 첫 문자를 대문자로 나타내고 생성되는 릴레이션은 모두 소문자로 나타낸다.

이에 따라, 릴레이션 스키마는 R, S, K, T, Student, Professor 등과 같이 영문자열인 경우 첫 자를 대문자로 나타내며 릴레이션은 department, r, s, k, teacher와 같이 모두 소문자로 표기한다.

3. 릴레이션 스키마 R을 가지는 r이라는 명칭의 릴레이션의 생성은 다음과 같이 릴레이션 r 다음의 괄호 안에 릴레이션 스키마 R을 넣어 표기한다.

$$r(R)$$

이에 따라, 앞에서 선언한 '고객-스키마'를 릴레이션 스키마로 하는 고객 릴레이션의 생성은 다음과 같이 표기한다.

고객(고객-스키마)

이 표기는 고객-스키마의 구조와 조건을 갖는 고객이란 명칭의 릴레이션 생성을 의미하는 것으로 생성될 때 물리적 저장 공간은 확보되지만 어떠한 튜플도 존재하지 않는다. 그림 4.2 (c)와 같이 릴레이션의 튜플은 관계형 데이터 언어의 삽입 연산을 통해 생성된다.

4. 릴레이션 스키마 R을 가지고 생성된 릴레이션 r의 한 튜플 t를 고려하자. R의 속성들의 부분 집합 α가 주어질 때 t[α]는 튜플 t에서 α의 속성값들로만 이루어진 튜플이다. 예를 들어 그림 4.2 (c)의 고객 릴레이션에서 튜플 t = (1002, '나민수', 19971010, 28, '서울시, '01034729311')이라 할 때, t[고객ID, 고객이름, 주소]는 튜플 t에서 고객ID, 고객이름, 주소 속성값으로만 이루어진 튜플 (1002, '나민수', '서울시')이다.

즉, t**[고객ID, 고객이름, 주소]**
= (1002, '나민수', 19971010, 28, '서울시, '01034729311')**[고객ID, 고객이름, 주소]**
= (1002, '나민수', '서울시')

한편, 릴레이션 r에 대한 r[α]는 릴레이션 r에서 속성들 α로만 이루어진 튜플들의 집합을 의미한다. 이를 수학적으로 다음과 같이 표현할 수 있다.

$$r[\alpha] = \{t[\alpha] | t \in r\}$$

교수 릴레이션

교수ID	이름	주민등록번호	소속학과	전공
CS101	김길찬	990807-1253789	컴퓨터	AI
CS102	이찬성	981210-1893925	컴퓨터	OS
CS103	하진일	991015-1358796	컴퓨터	DB

교과목 릴레이션

교과목ID	과목명
C100	운영체제
C101	데이터베이스
C102	인공지능

그림 4.3 교수 릴레이션과 교과목 릴레이션

한 예로 그림 4.2 (c)의 고객 릴레이션에서 고객[고객ID, 고객이름, 주소]는 다음과 같다.

고객[고객ID, 고객이름, 주소] = { (1001, '김소훈', '원주시'), (1002, '나민수', '서울시'), (1003, '오현주', '강릉시'), (1004, '문혜주', '원주시') }

다음은 그림 4.3의 두 릴레이션에 대해 릴레이션 스키마 정의와 릴레이션 생성을 앞의 표기 약속에 따라 나타낸 예이다.

- 릴레이션 스키마 선언 :
  Professor-schema = (교수ID, 이름, 주민등록번호, 소속학과, 전공)
  Course-schema = (교과목ID, 과목명)
- 릴레이션 생성 :
  교수(Professor-schema)　　// 교수 릴레이션 생성
  교과목(Course-schema)　　// 교과목 릴레이션 생성

4.2.3 릴레이션의 키

우리는 3.1.1절에서 키(key)의 개념과 수퍼 키, 후보 키, 기본 키를 이미 소개했다. 릴레이션과 관련하여 이들의 개념은 변함이 없다. 그렇다 하더라도 키에 대한 개념은 매우 중요하므로 이 절에서는 이미 소개한 세 종류의 키와 더불어 대체 키(alternate key)와 외래 키(foreign key)를 새로 소개하고자 한다.

릴레이션의 키에 대한 설정과 이해는 릴레이션 스키마의 속성들과 릴레이션의 튜플을 대상으로 한다. 하지만 키 설정과 이해에서 매우 중요한 것은 릴레이션에 포함된 현재의 튜플들만 고려해서는 안 되고 반드시 릴레이션이 가질 수 있는 모든 튜플을 고려해야 한다는 점이며, 반드시 이 점을 유념하여 각 종류의

키를 이해하도록 하자.

(1) 수퍼 키(superkey)

수퍼 키(superkey)란 릴레이션의 튜플들을 유일하게 구분시켜주는 하나 이상의 속성들의 모임으로, 이 속성 모임을 집합으로 표현한다. 수퍼 키처럼 릴레이션의 튜플을 유일하게 구분시키는 성질을 유일성(uniqueness)라 하며 릴레이션의 모든 튜플들은 수퍼 키를 이루는 속성들의 값들에 의해 유일하게 구분된다.

그림 4.3과 관련한 스키마 Professor-schema를 갖는 교수 릴레이션 예에서 속성들의 모임인 {교수ID, 이름, 소속학과, 전공}을 고려하자. 교수 릴레이션이 가질 수 있는 모든 튜플을 고려할 때, 교수ID 속성값은 서로 다르므로 이 속성들의 값들이 모두 같은 두 개 이상의 튜플은 존재할 수 없다. 따라서, 이 속성들의 값들은 교수 릴레이션의 튜플들을 유일하게 구분시키므로 {교수ID, 이름, 소속학과, 전공}은 수퍼 키이다. 한 릴레이션에서 수퍼 키는 여러 개 존재할 수 있다. 예를 들면, {교수ID}, {교수ID, 이름}, {교수ID, 이름, 소속학과}, {교수ID, 소속학과, 전공}, {교수ID, 전공} 등은 각각 모두 수퍼 키가 될 수 있다. 사실, 교수 ID 속성을 포함하는 키는 모두 수퍼 키가 될 수 있다. 교수 ID 속성값은 교수 릴레이션이 가질 수 있는 모든 튜플에서 유일하기 때문이다. {주민등록번호} 속성값도 교수 릴레이션의 가능한 모든 튜플 사이에서 유일하기 때문에 수퍼 키이다. 따라서 주민등록번호 속성을 포함하는 모든 키는 수퍼 키가 될 수 있다.

(2) 후보 키(candidate key)

수퍼 키들 중에서 속성의 수가 가장 적은 키를 후보 키(candidate key)라 한다. 이처럼 키가 최소 수의 속성들을 가져야 하는 성질을 키의 최소성(minimality)이라 한다. 후보 키는 수퍼 키이면서 최소 수의 속성들을 가지므로 후보 키는 유일성과 최소성을 모두 만족한다.

앞에서 소개한 교수 릴레이션의 수퍼 키들 중에서 속성의 개수가 가장 적은 {교수ID}와 {주민등록번호}가 각각 후보 키가 된다. {교수ID, 이름}은 후보 키가 될 수 없다. 그 이유는 이 수퍼 키는 2개의 속성을 갖기 때문에 이보다 속성의 수가 더 적은 수퍼 키 {교수ID}와 {주민등록번호} 두 개가 존재하기 때문이다.

후보 키는 바로 다음에 설명할 기본 키(혹은 주 키)의 후보자이며 후보 키들 중에서 단 하나만 선택하여 기본 키로 결정한다.

(3) 기본 키(primary key)

후보 키들은 모두 기본 키가 될 수 있는 자격이 있다. 그러나, 후보 키들 중에서 대표적으로 오직 하나만 선택하여 기본 키(혹은 주 키)(primary key)로 선정한다. 기본 키는 릴레이션에서 오직 하나만 존재한다. 기본 키 역시 후보 키이므로 유일성과 최소성을 갖는다.

릴레이션의 튜플에서 모든 속성이 값을 반드시 가져야 하는 것은 아니다. 튜플에서 속성이 값을 갖지 않을 때 NULL이 부여된다. 튜플에서 속성값이 NULL이라면 그 속성의 값이 아직 결정되지 않았거나 없다는 것을 의미한다. NULL은 원래 속성값이 없거나 혹은 아직 값이 알려지지 않아서 입력할 수 없을 때, 혹은, 당장 입력할 필요가 없을 때 사용한다. 하지만, 릴레이션에서 기본 키를 구성하는 모든 속성의 값은 반드시 NULL이 아니어야 한다. 이러한 성질을 키의 **NOT NULL 성질**이라 한다. 기본 키에서 어느 한 속성이라도 NULL이 허락되면 릴레이션의 어떤 튜플이든 이 속성값으로 NULL을 가질 수 있으므로 이 속성을 제외한 나머지 기본 키 속성들로는 기본 키의 최소성 때문에 튜플들을 유일하게 구분할 수 없게 된다. 만일 기본 키의 속성이 NULL임에도 튜플을 유일하게 구분할 수 있다면 기본 키의 최소성에 모순된다. 이 속성이 없더라도 나머지 속성값들로 튜플을 유일하게 구별할 수 있기 때문이다. 이러한 이유로 기본 키는 NOT NULL 성질을 만족해야 한다.

이상으로 종합하면 기본 키는 유일성과 최소성을 가지면서 **NOT NULL 성질**을 가진다. 이 중에서 키가 유일성과 NOT NULL 성질을 둘 다 만족하는 성질을 **개체 무결성(entity integrity)**이라 한다. 즉, 개체를 실세계에서 구분되는 유일한 존재로 이해하면 왜 유일성과 NOT NULL 성질을 가져야 하는지 이해할 수 있을 것이다. 앞의 교수 릴레이션 예에서 두 후보 키 {교수ID}와 {주민등록번호} 중에서 하나를 선택하여 기본 키로 선정한다. {주민등록번호}를 기본 키로 선정해도 되지만 일반적으로 대학에서 교수는 ID가 부여되며 대학에서 교수에 대한 정보를 다루기 위해 주민등록번호를 이용하기보다는 교수ID를 사용하는 것이 더 일반적이다. 그래서, {교수ID}를 기본 키로 선정하는 것이 더욱 바람직하다.

릴레이션에서 기본 키를 설정하면 데이터베이스 시스템 측면에서 다음과 같은 몇 가지 의미가 있다.

우선, 릴레이션이 생성될 때 데이터베이스 관리 시스템은 기본 키에 대한 인덱스를 자동으로 생성한다.

인덱스를 이용하면 데이터베이스에 대한 접근 속도가 빠르므로 기본 키 중심의 릴레이션 검색, 삽입, 삭제, 갱신의 연산 속도가 빨라진다. 릴레이션의 데이터 접근에서 기본 키가 빈번하게 이용되기 때문에 릴레이션에서 기본 키 설정은 데이터베이스 시스템 전체 측면에서 속도 향상 효과를 가져온다.

둘째로 동일한 기본 키 값을 갖는 튜플의 중복 저장을 자동으로 막아준다.

데이터베이스 관리 시스템은 튜플을 릴레이션에 삽입할 때 먼저 같은 기본 키 값의 튜플이 있는지를 검사하고 없을 때만 삽입함으로써 튜플의 유일성을 보장한다.

셋째로 기본 키의 속성값이 NULL인 튜플이 릴레이션에 삽입되지 않도록 한다.

앞에서 설명했듯이 기본 키의 속성값이 NULL이면 튜플을 유일하게 구분할 수 없거나 혹은 최소성에 모순되기 때문에 데이터베이스 관리 시스템은 일부 속성값이 NULL인 기본 키 값을 갖는 튜플의 삽입을 자동으로 막아준다.

(4) 대체 키(alternate key)

후보 키가 둘 이상일 때 기본 키를 제외한 나머지 키를 **대체 키(alternate key)**라고 한다. 앞의 예에서 {교수ID}를 기본 키로 삼았다면 이를 제외한 후보 키인 {주민등록번호}가 대체 키가 된다. 물론 {주민등록번호}를 기본 키로 선택했다면 나머지 후보 키 {교수ID}가 대체 키가 된다.

(5) 외래 키(foreign key)

릴레이션은 다른 릴레이션의 기본 키를 자신의 키로 삼을 수 있는데 이렇듯 다른 릴레이션의 키를 가져와서 삼은 릴레이션의 키를 그 릴레이션의 **외래 키(foreign key)**라 부른다. 이때 그 키의 원래 릴레이션을 그 외래 키의 **참조 릴레이션(reference relation)**이라고 한다. 그림 4.4의 수강 릴레이션에서 밑줄 친 학번과 강좌번호 속성은 각각 학생 릴레이션과 강좌 릴레이션의 기본 키인 학번과 강좌번호 속성을 참조한 것으로 둘 다 외래 키이다. 그리고, 수강 릴레이션에서 학번 속성의 참조 릴레이션은 학생 릴레이션, 강좌번호 속성의 참조 릴레이션은 강좌 릴레이션이다.

그림 4.4는 개념적 설계에서의 관계 타입이 관계형 논리적 설계에서 외래 키를 중심으로 설계된다는 것을 보여준다. 개념적 설계에서 개체 타입은 관계형 데이터 모델의 논리적 설계에서 릴레이션으로 변환된다. 또한, 개체 타입들 사이의 관계 타입은 그림 4.4와 같이 각 개체 타입의 기본 키를 외래 키로 하는 별도

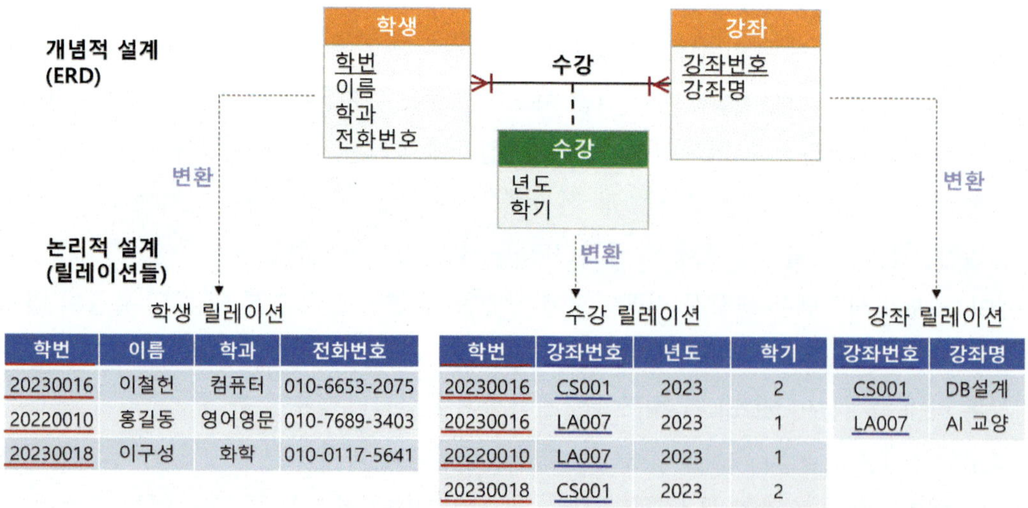

그림 4.4 수강 릴레이션의 외래 키와 관계 타입과의 관계

의 릴레이션으로 변환되거나 아니면 한 개체 타입의 기본 키를 다른 개체 타입에 해당하는 릴레이션의 외래 키로 추가함으로써 변환된다. 중요한 것은 외래 키는 참조 릴레이션 사이의 튜플들을 상호 연결하는 관계 역할을 한다는 점이다. 이를 설명하기 위해 그림 4.4를 자세히 관찰해 보자. 그림 4.4에서 수강 릴레이션의 학번과 강좌번호 속성은 각각 외래 키로서 학생 릴레이션과 강좌 릴레이션 사이를 연계하는 가교 역할을 한다. 즉, 그림 4.4에서 이철헌 학생이 수강하는 강좌명를 찾는다고 하자. 이를 위해 학생 릴레이션에서 이 이철헌 학생의 튜플을 찾아 학번 20230016을 가지고 수강 릴레이션에서 학번(외래 키)이 20230016인 튜플을 찾아 다시 강좌번호 속성(외래 키) 값 CS001과 LA007을 구한다. 그리고 참조 릴레이션인 강좌 릴레이션에서 이들과 같은 값의 강좌번호 튜플을 찾아서 그 튜플의 강좌명인 DB설계와 AI 교양을 출력하면 된다. 이 과정에서 수강 릴레이션의 두 외래 키는 학생 릴레이션과 강좌 릴레이션의 튜플을 연결하는 징검다리 역할을 하고 있음을 알 수 있다.

4.2.4 SQL을 이용한 릴레이션 생성 예

그림 4.5는 SQL을 이용하여 릴레이션 스키마를 정의한 후에 릴레이션을 생성한 예이다. 이 예는 라인 1부터 라인 14에서 create type 문으로 릴레이션 스키마인 수강_스키마를 정의한 후, 라인 15에서 이 수강_스키마를 이용하여 create table 문으로 수강 릴레이션을 생성하는 것을 보여준다. 릴레이션 스키마를 먼저 정의한 후에는 이 정의를 이용하여 같은 스키마의 여러 릴레이션들을 간단하게 생성할 수 있다.

그림 4.5의 정의에서 단순성을 위해 학생과 강좌에 대한 릴레이션 스키마 정의와 릴레이션 생성을 위한 SQL 문은 생략했다.

수강 릴레이션 스키마인 수강_스키마 정의는 다음의 정보를 포함한다.

- 수강 릴레이션 스키마의 구조 : 라인 2부터 라인 5에서 수강 릴레이션 스키마를 구성하는 속성과 속성 타입을 나타낸다. 학번, 강좌번호, 년도, 학기 속성과 각 타입들이 수강_스키마를 구성한다.
- 속성값의 조건 : 라인 2와 3에서 학번과 강좌번호 속성이 NOT NULL 조건을 만족해야 함을 나타낸다. 사실 이 조건은 라인 6의 선언에서 이 두 속성이 기본 키이기 때문에 부여된 것이다. 나머지인 년도와 학기 속성은 각각 이 조건이 없으므로 NULL이 될 수 있다. 하지만, 학기 속성은 라인 13에서 1 혹은 2 값을 가져야 하는 도메인 제약조건이 부여된다. 따라서 1과 2 이외의 학기 속성값을 갖는 튜플은 이 스키마로 생성되는 릴레이션에 삽입될 수 없고 오류 메시지가 리턴된다.

```
1  create type 수강_스키마(
2      학번       varchar(8) not null,
3      강좌번호   varchar(10) not null,
4      년도       integer(4),
5      학기       integer(1),
6      primary key (학번, 강좌번호),
7      foreign key (학번) references 학생
8                             on delete cascade
9                             on update cascade,
10     foreign key (강좌번호) references 강좌
11                            on delete cascade
12                            on update cascade,
13     check (학기>=1 and 학기<=2)
14  );

15 create table 수강 of type 수강_스키마;
```

릴레이션 스키마 정의 (라인 1~14)

릴레이션 생성 (라인 15)

그림 4.5 수강_스키마 릴레이션 스키마 정의 후 수강 릴레이션 생성 예

- **기본 키와 외래 키 선언** : 라인 6에서 primary key 절을 이용하여 {학번, 강좌번호}가 기본 키임을 선언한다. 기본 키는 NOT NULL 성질을 만족해야 하므로 라인 2와 3에서 학번과 강좌번호 속성에 각각 not null의 조건을 부여한 것이다. 라인 7에서 라인 9까지는 외래 키를 선언한 하나의 절로 라인 7의 references 구를 통해 학번 속성이 학생 릴레이션의 기본 키인 학번 속성을 참조하는 외래 키임을 나타낸다. 라인 8과 라인 9는 연산에 대한 학번 속성과 관련한 처리 조건을 나타낸 것으로 바로 다음에 설명된다. 라인 10부터 라인 12도 강좌번호 속성에 대한 외래 키 선언으로 자세한 설명은 학번 속성에 대한 외래 키에 대한 설명과 같다.
- **참조 릴레이션의 연산 처리 조건** : 라인 8은 외래 키 학번의 참조 릴레이션인 학생으로부터 delete 연산으로 학생 튜플이 삭제될 때마다 이 삭제 튜플의 학번 값과 같은 외래 키 값을 갖는 튜플을 수강_스키마로 생성된 릴레이션에서 연쇄적으로 자동 삭제할 것을 표현한 것으로, 학생 릴레이션(참조 릴레이션) 대상의 delete 연산에서 수강_스키마의 릴레이션(여기에서는 수강 릴레이션)에 대한 사후 처리 조건이다. 라인 9는 참조 릴레이션인 학생 릴레이션의 update 연산에 대해 라인 8의 삭제 연산처럼 수강_스키마로 생성된 릴레이션에서 연쇄적으로 자동 갱신할 것을 정의한 부분이다. 라인 11과 라인 12 또한 라인 8과 라인 9처럼 참조 릴레이션인 강좌에 대한 튜플 삭제와 갱신 연산에서 수강_스키마로 생성된 릴레이션에 대한 자동 연쇄 삭제와 자동 연쇄 갱신 처리 조건을 나타낸 부분이다.

```
create table 수강(
    학번      varchar(8) not null,
    강좌번호 varchar(10) not null,
    년도      integer(4),
    학기      integer(1),
    primary key (학번, 강좌번호),
    foreign key (학번) references 학생
                        on delete cascade
                        on update cascade,
   foreign key (강좌번호) references 강좌
                        on delete cascade
                        on update cascade,
    check (학기>=1 and 학기<=2)
 );
```

그림 4.6 릴레이션 스키마 정의를 포함한 수강 릴레이션 생성 예

이처럼 SQL에서 릴레이션 스키마는 생성되는 릴레이션의 구성 조건, 기본 키와 외래 키, 그리고 릴레이션에 영향을 주는 연산에 대한 처리 조건을 정의한다. 이렇게 정의한 수강_스키마를 가지고 그림 4.5의 라인 15는 간단히 한 줄로 수강 릴레이션을 생성할 수 있음을 보여준다. 이 수강_스키마를 가지고 만일 단과대학마다 수강 릴레이션을 만들고자 한다면 다음과 같이 이미 정의한 수강_스키마를 재사용하여 다른 릴레이션들을 간단하게 생성할 수 있다.

```
create table 공대_수강 of type 수강_스키마;
create table 과학기술대_수강 of type 수강_스키마;
create table 사회대_수강 of type 수강_스키마;
```

한편, 그림 4.6은 릴레이션에 릴레이션 스키마를 포함시켜 한꺼번에 릴레이션 스키마를 정의하고 릴레이션을 생성하는 방법을 보여준다.

4.3 질의어와 종류

4.3.1 질의어(query language)란?

1.4.2절에서 데이터 조작어(DML)를 소개할 때, 쿼리 혹은 **질의(query)**란 데이터베이스 시스템에 데이터 검색을 요청하는 명령으로 쿼리 언어 혹은 **질의어(query language)**란 데이터 검색에 해당하는 데이터

조작어의 부분을 의미하지만, 기술적으로 올바른 것은 아니더라도, 질의어와 데이터 조작어를 구별하지 않고 거의 동의어처럼 사용하는 것이 일반적이라고 설명했다. 질의어란 사용자 혹은 응용 프로그램이 데이터베이스 관리 시스템에 데이터 처리 요청을 위해 이용되는 언어이다. 이 부류의 언어들은 대개 표준 프로그래밍 언어보다 더 높은 수준의 언어 표현력을 갖는다.

4.3.2 절차적 언어와 선언적 언어

질의어는 연산을 표현하는데 절차성을 갖는지 아닌지에 따라 절차적 언어와 선언적 언어(또는 비절차적 언어라 함)로 분류된다.

절차적 언어(procedural language)란 사용자가 원하는 결과를 얻기 위해 수행해야 할 연산을 절차적 순서에 따라 차례로 기술하는 언어를 말한다. 기계어는 1세대 언어, 어셈블리어는 2세대 언어, C/C++, Java, Python과 같은 고수준 언어는 3세대 언어로 분류되는데 이들 모두가 절차적 언어이다.

선언적 언어(declarative language) 혹은 비절차적 언어(nonprocedural language)란 데이터베이스로부터 원하는 결과를 얻기 위해 절차적 언어처럼 절차적 순서에 따라 연산들을 기술하는 것이 아니라 절차 없이 얻고자 하는 정보와 데이터 소스 그리고 조건만을 표현하는 언어로서 4세대 언어(4GL)로 분류된다. SQL은 4세대의 선언적 언어로 분류되는 상용 언어로서 사용자와 DBMS 사이 또는 응용 프로그램과 DBMS 사이에서 질의어로 사용된다. 응용 프로그램에서 질의어를 제외한 나머지 부분은 대부분 3세대 언어로 작성된다.

4.3.3 순수 질의어와 상용 질의어

관계형 데이터베이스 시스템에서 질의어는 순전히 이론적으로 사용하기 위해 고안된 일종의 순수 질의어(pure query language)와 상용화된 관계형 데이터베이스 시스템에 포함되어 제공되고 있는 상용 질의어(commercial query language)로 구분된다. 일반적으로 순수 질의어에 대한 이론적 접근과 연구는 상용 질의어의 표현력을 확장하고 질의 최적화(query optimization) 등으로 처리 능력을 향상하는 기초로 활용된다. 즉, 순수 질의어를 통해 얻은 이론적 결과를 상용 질의어에 반영함으로써 질의어의 기능을 확장하거나 혹은 질의 처리 성능을 향상시킨다.

관계 대수, 튜플 관계 해석, 도메인 관계 해석은 순수 질의어의 대표적인 언어이다.

관계 대수(relational algebra)는 잘 정형화된 형식(well-formed formula)을 갖는 절차적 질의어이다. 관계 대수는 5개 또는 6개의 기본 연산과 이 기본 연산을 이용하여 정의한 추가 연산, 그리고 이들 연산이 정의된 이후에 새롭게 추가된 확장된 연산들로 구성된다.

튜플 관계 해석(tuple relational calculus)과 도메인 관계 해석(domain relational calculus)은 잘 정형화된 형식(well-formed formula)의 선언적 질의어이다. 따라서, 튜플 관계 해석과 도메인 관계 해석은 데이터베이스로부터 정보를 얻기 위한 절차를 사용자에게 요구하지 않는다. 사용자는 단지 얻고자 하는 정보, 정보 소스, 그리고 얻고자 하는 정보의 조건만 제시할 뿐이다.

한편, 상용 질의어의 대표적인 언어로 SQL, QBE, Quel 등이 소개되어왔다.

SQL은 관계 해석(튜플 관계 해석과 도메인 관계 해석을 총칭한 용어임)에 이론적 기반을 두고 있는 질의어로서 오래전에 국제 표준으로 제정되어 현재까지 질의문 종류와 그 기능을 확장한 표준들이 지속해서 제정되어왔다. SQL은 관계형 데이터베이스의 스키마 정의와 변경, 데이터베이스 관리, 보안 제약조건 기술 등의 기능을 포함한 여러 가지 기능과 특징을 갖는다. SQL 연산의 처리 방법과 절차는 관계 대수에 기반을 둔다.

QBE는 도메인 관계 해석에 이론적 기반을 둔 언어로서 질의는 속성들과 조건 입력난으로 구성된 테이블 상에 사용자가 검색 조건을 제시함으로써 이루어진다.

Quel은 튜플 관계 해석에 이론적 기반을 둔 언어로서 버클리 대학에서 개발한 Ingres 데이터베이스 시스템을 위한 질의어로 소개되었다.

순수 질의어인 관계 대수, 튜플 관계 해석, 도메인 관계 해석에 관해 모두 소개할 필요가 있지만, 이들 모두 너무 이론에 치우쳐 있고 직접 활용되지 않으므로 이들 중 대표적인 관계 대수 하나만 5장에서 소개한다. 특히 관계 대수에서 소개된 이론과 연산은 상용으로 가장 널리 이용되는 SQL 질의 처리에도 밀접하게 반영되어 있기 때문에 다소 이론적으로 치우친 감이 있다 하더라도 5장의 관계 대수를 잘 숙지할 필요가 있다. 튜플 관계 해석이나 도메인 관계 해석에 특히 관심이 있는 독자들은 기타 관련 서적들을 참고바란다.

대부분의 상용 관계형 데이터베이스 시스템들은 절차성과 선언성을 모두 취하는 질의어를 제공한다. 선언적 데이터 언어 중에서 대표적인 상용 질의어인 SQL을 6장에서 소개한다.

4.4 데이터 무결성과 무결성 제약조건

4.4.1 데이터 무결성과 무결성 손상

데이터 무결성(data integrity)이란 데이터베이스의 데이터에 논리적 결함과 물리적 결함이 없는 성질을 의미한다. 이 정의는 너무 추상적이고 개념의 범위가 매우 넓어서 바로 이해하기 어려울 수 있다. 따라서

그림 4.7의 대학 릴레이션과 학과 릴레이션을 예로 들어 데이터 무결성을 설명하고자 하며 먼저 두 릴레이션에 대해 소개하면 다음과 같다.

그림 4.7의 두 릴레이션은 실세계에서 대학과 그 대학에 속한 학과들과 그 학과들의 정보를 나타낸 것이다. 이 두 릴레이션에서 기본 키를 각각 설정해보자. 그리고 각 릴레이션의 기본 키로서 설정하게 된 타당한 이유를 제시해 보자. 대학 릴레이션과 학과 릴레이션에서 동일한 이름의 대학코드 속성이 있음을 확인하자. 대학코드는 대학마다 모두 다르고 대학들 사이에서 유일하므로 대학코드 속성은 대학 릴레이션에서 기본 키이다.

그런데, 학과 릴레이션을 잘 살펴보자. 학과 릴레이션에서 컴퓨터학과는 그 학과가 속한 소속 대학교가 다르기 때문에 튜플들 사이에서 중복해서 나타날 수 있다. 그러므로 학과 릴레이션에서 대학코드 001과 002에 대응하는 두 컴퓨터학과는 각각 OCU와 한국대학교에 소속된 다른 학과임을 알 수 있다. 이에, 학과 릴레이션에서는 학과코드 속성만으로는 튜플들이 유일하게 구분되지 않으므로 기본 키가 될 수 없다. 실세계에서 컴퓨터학과라 하더라도 어느 대학의 컴퓨터학과인지를 알아야 학과를 유일하게 구분할 수 있다. 그러므로 학과 릴레이션의 기본 키는 {대학코드, 학과코드}이다. 학과 릴레이션에서 대학코드 속성은 학과 릴레이션 고유의 속성이기보다는 대학 릴레이션의 기본 키에 해당하는 속성이다. 따라서 학과 릴레이션의 대학코드 속성은 대학 릴레이션을 참조 릴레이션으로 하는 외래 키임을 알 수 있다.

사실, 두 릴레이션 사이에는 존재 종속 관계가 있다. 그 이유는 실세계에서 대학이 존재해야 학과가 존재하고 소속 대학이 없이 학과만 독자적으로 존재할 수 없으며 이 두 릴레이션은 각각 실세계의 대학 개체 집합과 학과 개체 집합에 해당하기 때문이다. 그래서, 학과 릴레이션은 대학 릴레이션에 존재 종속적이며, 따라서 대학 릴레이션은 식별 개체 집합, 학과 릴레이션은 약한 개체 집합이다. 이러한 존재 종속 관계를 중

대학 릴레이션

대학코드	대학명	설립연도	총학생인원
001	OCU	1998	20000
002	한국대학교	1920	15000
003	대한대학교	1960	10000
004	무궁대학교	1970	9000

학과 릴레이션

대학코드	학과코드	학과명	학생인원
001	001	컴퓨터학과	200
001	002	수학과	160
002	001	컴퓨터학과	240
002	002	수학과	200
002	003	전자공학과	160
003	001	컴퓨터학과	240
003	002	수학과	180
004	004	기계공학과	160
005	001	컴퓨터학과	160

그림 4.7 무결성의 개념 설명을 위한 릴레이션 예

심으로 데이터 무결성이 손상된 예들을 살펴보자.

(1) 무결성 손상 예1

그림 4.7의 학과 릴레이션에서 점선 사각형으로 표시한 맨 마지막 튜플을 살펴보자. 이 튜플에서 컴퓨터 학과의 대학코드 속성값은 005인데 이 학과가 존재하기 위해서는 존재 종속 관계에 따라 대학코드 005에 해당하는 대학교가 대학 릴레이션에 반드시 존재해야 한다. 그러나, 대학 릴레이션에서 대학코드 005에 해당하는 튜플은 존재하지 않는다.

이러한 상황은 대학 실세계에서 대학이 없는 유령 학과가 존재하는 것과 같다. 이 상황은 대학 실세계를 논리적인 관점에서 볼 때 이치에 맞지 않으며 이 점이 바로 논리적 결함에 의한 무결성 손상의 한 종류이다.

외래 키를 갖는 릴레이션의 모든 튜플에서 외래 키 값에 해당하는 튜플이 참조 릴레이션에 반드시 존재해야 하는 성질을 **참조 무결성(referential integrity)**이라 한다. 방금 소개한 무결성 손상 예는 참조 무결성이 손상된 예를 설명한 것으로, 만일 대학 릴레이션이 대학코드 값이 005인 튜플을 가지고 있다면 두 릴레이션 사이에 참조 무결성은 문제가 없다.

(2) 무결성 손상 예2

그림 4.7의 릴레이션이 반영하는 실세계에서 대학이 폐교되면 존재 종속 관계에 따라 이 대학에 속한 학과도 존재할 수 없기 때문에 폐과되어야 한다. 실세계에서 한국대학교가 폐교가 되었다고 가정하자. 실세계에서는 한국대학교에 존재 종속 관계를 갖는 컴퓨터학과, 수학과, 전자공학과도 함께 폐과 되어야 한다. 한국대학교의 폐교에 따라 이를 데이터베이스에 반영하기 위해 대학 릴레이션에서 이 대학에 해당하는 튜플만 삭제하면, 학과 릴레이션에는 대학의 폐교와 함께 폐과되어야 할 학과들에 대하여 튜플을 삭제하지 않았으므로 데이터베이스 내에서는 소속 대학교가 없는 학과들이 폐과되지 않은 채로 남는다. 이것은, 결국, 데이터베이스는 실세계를 정확히 반영하지 못하는 결과를 낳는다. 이것이 바로 실세계와 데이터베이스 사이의 불일치에서 발생한 데이터베이스의 무결성 손상 증의 하나이다.

(3) 무결성 손상 예3

학과 릴레이션에서 학과코드 속성값에 따라 소속 대학교와 무관하게 학과명 속성값이 정해진다. 즉, 소속 대학과는 무관하게 학과코드 001은 컴퓨터학과를, 학과코드 002는 수학과를, 학과코드 003은 전자공학과를 의미한다. 이 상태에서 한국대학교의 컴퓨터학과가 수학과로 통합되었다고 하자. 이를 반영하기 위해, 만일 학과 릴레이션에서 한국대학교에 속하는 컴퓨터학과 튜플을 학과코드 속성값은 변경하지 않은 채 학과명 속성값만 수학과로 변경한다면, 튜플들 사이에서 컴퓨터학과를 의미하는 학과코드 속성값 001

이면 학과명이 컴퓨터학과이어야 하는데 학과명이 수학과가 되어 불일치가 발생하게 된다. 이때 만일 학과코드 속성값만 가지고 학과명을 결정한다면 한국대학교의 학과코드 값 001은 컴퓨터학과로 결정될 것이다. 이 상황은 속성 간의 종속 관계에 의해 발생하는 무결성 손상이다.

(4) 무결성 제약조건(integrity constraints)

앞에서 소개한 무결성 손상 예 외에도 데이터의 삽입, 삭제, 갱신에 따른 여러 가지 무결성 손상 예가 무수히 존재할 수 있다. 데이터베이스의 무결성 손상은 데이터베이스가 실세계를 정상적으로 반영하지 못할 때 발생한다. 따라서, 데이터베이스 무결성 손상은 비정상적인 데이터 삽입이나 삭제 혹은 비정상적인 변경 또는 데이터베이스의 물리적 손상으로 발생한다.

사실 실세계는 개체들과 개체 사이의 관계들뿐만 아니라 이들을 논리적으로 지배하는 이치나 법칙, 법, 규율과 규정을 포함하는 규칙 등을 포함한다. 따라서 데이터베이스가 실세계를 정상적으로 정확히 반영하기 위해서는 실세계를 논리적으로 지배하는 지켜야 할 이치나 규범에 따라 개체와 관계 정보가 데이터베이스에 저장되고 조작되며 보호되어야 한다. 예를 들어, 대학 실세계에서 대학생의 학력은 고졸 이상이어야 하는 규정이 있는데 이 규정에 맞지 않게 무학력자가 대학생 릴레이션에 저장되었다면 데이터베이스가 비정상적인 대학 실세계를 반영하므로 무결성 손상이 생긴 것이다.

모든 종류의 무결성 손상을 방지하는 것은 단순한 데이터베이스에서조차 거의 불가능에 가깝다. 사용자가 실세계 변화를 반영하는 데이터를 알맞은 시간에 데이터베이스에 반영하지 않거나 잘못된 정보 데이터를 입력할 수도 있으며 데이터베이스의 물리적 손상이 발생할 수도 있는데 이들 모두 무결성 손상으로 이어지기 때문이다. 일부 무결성 손상은 사전에 방지될 수 있고 일부는 사후에 복구를 통해 정상화할 수 있지

```
create table 대학(
  대학코드     char(3) not null,
  대학명       char(10) unique not null,
  설립연도     integer(4),
  총학생인원   integer(5),
  primary key (대학코드),
  check (총학생인원 >=1500)
  );
```

```
create table 학과(
  대학코드     char(3) not null,
  학과코드     char(3) not null,
  학과명       char(16),
  학생인원     integer(5),
  primary key (대학코드, 학과코드),
  foreign key (대학코드) references 대학(대학코드)
                      on delete cascade
                      on update cascade,
  check (학생인원 >= 40)
  );
```

그림 4.8 여러 무결성 제약조건을 포함하는 릴레이션 생성 예

만, 일부 무결성 손상은 정상적인 복구가 불가능할 수도 있다. 무결성 방지와 복구는 실세계 분석과 요구사항 분석에서 식별되어야 하며 이 분석 결과가 개념적 설계와 논리적 설계에 차례로 반영되어, 결국, 일부는 데이터베이스와 트랜잭션 혹은 응용 프로그램에 구현되고 나머지 일부는 사용자와 관리자에 대한 사용 지침과 관리 및 유지보수 지침으로 제시되어야 한다. 실세계 분석과 요구사항 분석에서 무결성과 관련된 사항들이 충분히 고려되어야 하며 개념적 설계와 논리적 설계는 무결성 요구사항을 잘 반영해야 한다. 무결성을 충분히 고려하지 않은 실세계 분석과 요구사항 분석 그리고 데이터베이스 설계는 다양한 종류의 빈번하고 때로는 심각하고 치명적인 무결성 손상을 유발할 수 있다.

데이터베이스의 **무결성 제약조건(integrity constraints)**은 무결성 손상을 사전에 방지할 목적으로 데이터베이스 내에 데이터가 존재할 조건을 나타내며, 관계형 데이터베이스의 제약조건은 대부분 릴레이션들을 대상으로 튜플의 특정 속성값에 대한 조건, 기본 키와 외래 키 선언, 키 유일성, 튜플 조작 연산에 대한 사전 혹은 사후 처리 조건을 표현한다. 그림 4.8은 그림 4.7의 참조 릴레이션인 대학 릴레이션과 외래 키를 갖는 학생 릴레이션을 SQL 문으로 표현한 예이다. 이 두 릴레이션은 여러 종류의 무결성 제약조건들을 포함하고 있다. 이 SQL 예를 중심으로 무결성 제약조건의 종류와 릴레이션에 대한 튜플의 삽입, 삭제, 갱신 연산 처리 방법에 대해 살펴보도록 하자.

4.4.2 도메인, NOT NULL 그리고 유일성 제약조건

속성에 주어지는 **도메인 제약조건(domain constraints)**은 속성값이 취할 수 있는 값의 범위를 제한함으로써 제한된 값 범위 이외의 값이나 다른 타입의 값이 데이터베이스 내부로 입력되는 것을 막는다. 그림 4.8의 대학 릴레이션과 학과 릴레이션에서 속성의 타입인 char(3), char(10), char(16), integer(4), integer(5)는 속성의 타입과 자리수까지 제한하여 속성값의 범위를 제한하는 도메인 제약조건의 한 종류이다.

도메인 제약조건은 가장 기본 형태의 무결성 제약조건이다. 릴레이션에서 여러 속성이 같은 도메인을 가질 수 있다. 예를 들어 그림 4.7의 학과 릴레이션의 대학코드 속성과 학과코드 속성은 그림 4.8의 학과 릴레이션처럼 같은 도메인임을 알 수 있다.

그림 4.8의 학과 릴레이션에서 라인 10과 같이 SQL에서 제공하는 check 절은 프로그래밍 언어의 타입 체계에서는 거의 보기 힘든 도메인 제약조건 기능을 제공한다. 스키마 설계자는 check 절을 이용하여 실세계의 규범에 해당하는 값이 할당되도록 하는 제약조건을 제시할 수 있다. 다음은 check 절을 이용하여 학생 수가 40 이상이 되도록 제한을 가한 number-of-student 도메인의 선언 예이다. 선언된 도메인은 integer이나 varchar(8)처럼 릴레이션 속성의 타입으로 사용할 수 있다.

```
create domain number-of-student  integer
    constraint  number-of-student-test  check(value >= 40)
```

이 예에서 constraint 부의 number-of-student-test는 제약조건의 명칭으로 데이터베이스 갱신 등으로 인하여 발생하는 위반된 제약조건들을 식별하기 위해 사용된다.

NOT NULL 제약조건은 속성이 NULL이 되지 못하도록 하는 제약조건으로, 튜플이 입력될 때 NOT NULL인 속성은 튜플에서 그 속성값이 반드시 제공되어야 한다. 그림 4.8의 대학 릴레이션의 대학코드와 대학명 속성 그리고 학과 릴레이션의 대학코드와 학과코드 속성이 모두 NOT NULL로 선언되어 있음을 주시하자. 보통 튜플을 입력할 때 값을 반드시 입력해야 하는 속성을 NOT NULL로 선언한다. 튜플을 입력할 때 기본 키 값은 반드시 입력해야 하므로 기본 키의 속성 혹은 속성들은 모두 NOT NULL로 선언해야 한다. 그림 4.8에서 두 릴레이션의 각 라인 6에서 기본 키로 선언한 속성들에 대해 대학 릴레이션의 라인 2 그리고 학교 릴레이션의 라인 2와 3에서 기본 키에 해당하는 속성들이 NOT NULL로 선언되었음을 주시하자.

도메인에서 NULL 값을 갖지 못하도록 할 수 있는데, 다음은 학과명 department-name 도메인의 속성이 NULL 값을 갖지 못하도록 도메인 제약조건을 부여한 예이다.

```
create domain department-name  char(16)
    constraint  department-name-test  check(value not null)
```

한편, 기본 키로 선언된 키는 유일성, 최소성, NOT NULL 성질을 가지므로 그림 4.8의 두 릴레이션과 같이 기본 키로 선언되면, 앞에서 설명한 NOT NULL 제약조건과 더불어 유일성 제약조건도 주어진다. 즉, 대학 릴레이션에서 대학코드 속성이 기본 키이므로 DBMS는 자동으로 이 릴레이션에 입력되는 튜플의 기본 키 값이 중복되지 않도록 한다. 또한, 학과 릴레이션도 그림 4.8의 라인 6에서 기본 키 선언에 따라 유일성을 보장하기 위해 이 릴레이션의 튜플들 사이에서 대학코드와 학과코드 속성의 값이 중복되지 않도록 제약한다. 릴레이션에서 튜플들 사이에서 속성값의 유일성 제약조건은 반드시 기본 키에만 해당하는 것은 아니다. 그림 4.8 대학 릴레이션의 대학명 속성이 unique로 선언됨에 따라 삽입되는 튜플의 대학명이 대학 릴레이션의 튜플들 사이에서 중복되면 삽입 연산이 거부되고 중복되지 않으면 삽입이 행해진다. 또한, 갱신연산에서도 변경되는 대학명 속성값이 중복되지 않도록 제한된다.

4.4.3 참조 무결성 제약조건

(1) 참조 무결성(referential integrity)

우리는 4.4.1절의 첫 번째 무결성 손상 예에서 참조 무결성이 무엇인지를 이미 소개했다. 이를 좀 더 수학적으로 설명해 보자.

두 릴레이션 스키마 R과 S를 갖는 두 릴레이션 r과 s가 각각 주어질 때 릴레이션 r의 속성 집합 α를 릴레이션 s의 속성 집합 β를 참조하는 외래 키라 하자. 이때 **참조 무결성(referential integrity)**란 릴레이션 r의 모든 튜플 t_r에 대해서 속성 집합 α로만 이루어진 값인 $t_r[\alpha]$에 대해 $t_r[\alpha]=t_s[\beta]$인 튜플 t_s가 반드시 릴레이션 s에 존재해야 하는 성질로 정의할 수 있다.

그림 4.7의 대학 릴레이션에서 만약 튜플 (005, 태극대학교, 1976, 12000)이 이 릴레이션에 포함되어 있었다면 학과 릴레이션의 모든 외래 키 값에 대해 같은 키 값을 포함하는 대학 릴레이션의 튜플이 존재하므로 참조 무결성이 유지되었을 것이다.

그림 4.8의 학과 릴레이션에 대한 SQL 선언에서 라인 7이 참조 무결성을 유지하기 위한 선언 부분이다. 한편, 라인 8과 9는 참조 릴레이션인 대학 릴레이션에서 튜플을 삭제하거나 갱신할 때 어떻게 처리할 것인지를 각각 선언한 부분이다. 라인 7의 '**foreign key** (대학코드) **references** 대학(대학코드)' 절은 '**foreign key** (대학코드)'에서 학과 릴레이션의 대학코드가 외래 키임을 의미하며 이 외래 키가 '**references** 대학(대학코드)'에서 대학 릴레이션의 대학코드를 참조함을 의미한다. 여기에서, 반드시 외래 키의 속성명이 참조하는 릴레이션의 속성명과 일치할 필요는 없다. 하지만, 두 속성의 타입은 일치해야 한다. 만일 학과 릴레이션에서 대학 릴레이션의 대학코드를 참조하는 외래 키 속성명을 U_코드로 하고 싶다면 그림 4.8의 학과 릴레이션 라인 2의 대학코드 속성명을 U_코드로 대체하고 라인 7을 '**foreign key** (U_코드) **references** 대학(대학코드)'로 선언하면 된다. 한편, 그림 4.8에서 학과 릴레이션의 라인 8과 9는 참조 릴레이션인 대학 릴레이션에서 튜플을 삭제하거나(delete) 갱신할(update) 때 학과 릴레이션에서 연쇄 삭제 혹은 연쇄 갱신을 통해 참조 무결성을 유지할 것을 각각 선언한 부분이다. 참조 무결성을 유지하기 위해 튜플 삽입과 삭제 연산 그리고 갱신 연산을 어떻게 처리해야 하는지를 자세히 알아보기로 하자.

(2) 참조 무결성에 대한 연산 처리 방법

외래 키를 갖는 릴레이션과 그 외래 키의 참조 릴레이션 사이에서 튜플의 삽입과 삭제, 그리고 갱신 연산은 참조 무결성이 손상되지 않도록 신중히 고려되어야 한다. 대부분의 데이터베이스 시스템은 참조 무결성을 다루는 여러 가지 방법을 지원한다.

그중의 첫 번째로, 참조 무결성 손상을 허용하는 가장 느슨한 방법이 있다. 이 방법에서는 DBMS가 연산을 실행할 때 참조 무결성 손상 가능 여부를 체크하지 않고 연산을 무조건 실행한다.

두 번째 방법으로, DBMS가 연산을 실행할 때 먼저 참조 무결성 손상 가능 여부를 체크하고 참조 무결성 손상의 가능성이 있는 경우 그 사실을 연산 실행자에게 알림과 동시에 연산 실행 여부를 묻고 그 응답에 따라 처리하는 방법으로 첫 번째 방법보다는 좀 더 강한 방법이다.

마지막으로 가장 강한 처리 방법인 세 번째 방법은 참조 무결성 손상 가능 여부를 먼저 체크하고 참조 무결성 손상의 가능성이 있는 경우 연산 실행을 무조건 거부하거나 아니면 정의된 방법에 따라 처리하는 방법이다.

관계형 데이터베이스 시스템은 그 종류에 따라 이 세 가지 방법 중 일부 또는 전부를 지원하며 그 경우 참조 무결성 처리 조건을 미리 선언해야 한다. 앞으로의 설명을 위해 r(R)과 s(S)로 생성된 두 릴레이션 r과 s 사이에 참조 무결성이 존재하고 릴레이션 r이 외래 키 α를 가지고 릴레이션 s의 β를 참조한다고 가정하자. 이때, 삽입 연산과 삭제 연산 그리고 갱신 연산이 각각 어떻게 처리되는지를 앞에 소개한 연산 처리 방법 중 세 번째 방법을 중심으로 살펴보자.

■ 삽입 연산 처리 방법

그림 4.7의 학과 릴레이션에 튜플 (006, 001, 컴퓨터학과, 220)을 삽입하는 연산을 실행한다고 하자. 이 튜플에서 외래 키인 대학코드 값이 006이다. 그리고 외래 키 대학코드 속성에 대응하는 참조 릴레이션인 대학 릴레이션의 키 또한 대학코드 속성이다. 하지만 참조 릴레이션인 대학 릴레이션의 튜플 중에 속성 대학코드의 값이 006인 튜플은 존재하지 않는다. 따라서 튜플 (006, 001, 컴퓨터학과, 220)이 삽입되면 참조 무결성이 손상되므로 이 삽입 연산은 거부되어야 한다.

한편, 그림 4.7의 참조 릴레이션인 대학 릴레이션에 튜플을 삽입할 경우 값을 참조할 릴레이션이 없어서 참조 무결성을 손상하지 않는다. 따라서 이 튜플 삽입 연산은 실행되어도 문제가 없다.

앞의 예들을 통해 종합해 보면, 참조 무결성 측면에서 삽입 연산은 외래 키를 갖는 릴레이션의 삽입 연산만 문제가 될 뿐, 외래 키를 갖지 않는 릴레이션의 삽입 연산은 문제가 되지 않는다. 이 예를 기반으로 일반적인 처리 방법을 소개하면, 외래 키 α를 갖는 릴레이션 r에 튜플 t_r을 삽입하고자 할 때 참조 무결성을 손상하지 않기 위해 다음에 따라 처리한다.

- 튜플 t의 삽입이 이루어지기 전에 참조 릴레이션 s의 튜플 중 $t_r[\alpha] = t_s[\beta]$인 튜플 t_s가 있는지를 먼저 조사한다. 튜플 t_s가 존재하면 튜플 삽입이 행해지고 그렇지 않으면 삽입 연산은 거부된다.

그림 4.8의 학과 릴레이션 SQL에서 라인 7은 참조 무결성을 선언한 부분으로 DBMS는 이 방법으로 삽입 연산을 실행한다.

■ 삭제 연산 처리 방법

그림 4.7의 대학 릴레이션에서 두 번째 튜플인 (002, 한국대학교, 1920, 15000)의 삭제 연산을 실행한다고 하자. 이때 이 삭제 연산이 실행되면 대학코드를 외래 키로 갖는 학생 릴레이션의 세 번째 튜플과 네 번째 튜플 그리고 다섯 번째 튜플은 참조하는 대학 릴레이션의 튜플이 삭제되어 더 이상 존재하지 않으므로 참조 무결성이 손상된다. 이 경우에 강한 처리 방법으로 이 삭제 연산을 거부하는 방법과 튜플인 (002, 한국대학교, 1920, 15000)를 삭제하고 이 튜플을 참조하던 학생 릴레이션의 세 튜플 모두를 연쇄적으로 삭제하는 방법이 있다. 한편, 그림 4.7의 외래 키를 갖는 학과 릴레이션에서의 튜플 삭제 연산은 다른 릴레이션에서 참조하는 키가 없으므로 어떤 튜플을 삭제하더라도 참조 무결성에는 문제가 되지 않는다.

따라서, 참조 무결성 측면에서 볼 때, 삭제 연산은 참조 릴레이션의 삭제 연산만 문제가 될 뿐, 어떤 릴레이션에서도 참조하지 않는 릴레이션에서 튜플 삭제 연산은 문제가 되지 않음을 알 수 있다.

이 예를 기반으로 일반적인 처리 방법을 소개하면, 참조 릴레이션 s에서 튜플 t_s를 삭제하고자 할 때 참조 무결성을 손상하지 않기 위해 다음에 따라 처리한다. 여기에서 $B = \{\beta \mid \beta$는 릴레이션 s의 키로서 다른 릴레이션의 외래 키로 참조되는 키$\}$ 라 하자.

- 릴레이션 s에서 B 의 각 β에 대해 β를 참조하는 외래 키 α를 갖는 모든 릴레이션 r에 $t_s[\beta] = t_r[\alpha]$인 튜플 t_r이 존재하는지를 조사한다.

  튜플 t_r이 존재하면, 다음의 둘 중 하나를 실행한다.

  실행 1. 튜플 t_s의 삭제는 참조 무결성을 손상하므로 삭제 연산을 거부한다.

  실행 2. 튜플 t_s를 삭제한 다음에 α를 외래 키로 갖는 릴레이션 r에서 $t_s[\beta] = t_r[\alpha]$인 모든 튜플 t_r을 삭제한다.

  튜플 t_r이 존재하지 않으면,

  모든 릴레이션 r에서 튜플 t_s를 참조하는 어떠한 튜플도 존재하지 않으므로 삭제 연산을 수행한다.

SQL에서 실행 1와 실행 2 중에서 어떤 것을 수행할지는 그림 4.8의 학과 릴레이션의 라인 8과 같이 on delete cascade 부분의 선언 여부에 따라 결정된다. 이 선언이 없으면 실행 1이 수행되고 이 선언이 있으면 실행 2가 수행된다.

■ 갱신 연산 처리 방법

참조 무결성과 관련하여 갱신 연산은 다음 두 가지 경우를 고려할 필요가 있다.

- 참조 릴레이션의 튜플에서 외래 키에 해당하는 키의 속성값 변경에 따른 튜플 갱신
- 외래 키를 갖는 릴레이션의 튜플에서 외래 키의 속성값 변경에 따른 튜플 갱신

이 중에서 먼저 첫 번째 튜플 갱신에서의 처리 방법에 대해 알아보기로 하자.

그림 4.7의 대학 릴레이션에서 OCU의 대학코드 속성 값 001를 007로 갱신하는 연산을 고려하자. 이 연산이 실행되면 대학코드 속성값이 001에서 007로 변경된다. 그러면, 학과 릴레이션의 첫 번째 튜플과 두 번째 튜플은 더 이상 대학 릴레이션에 존재하지 않는 001 대학코드 값을 참조하게 되어 참조 무결성이 손상된다. 이 손상 문제를 해결하는 방법은 삭제 연산과 유사하게 갱신 연산을 거부하는 방법과 대학 릴레이션의 대학코드 속성값이 001인 튜플을 속성값 007의 튜플로 갱신한 다음 이 속성을 외래 키로 하는 학생 릴레이션에서 대학코드 속성값이 001인 첫 번째와 두 번째 튜플의 대학코드 속성값을 007로 변경하여 갱신하는 방법이 있다.

이 예를 기반으로 일반적인 처리 방법을 소개하면 릴레이션 s에서 튜플 $t1_s$를 $t1_s \neq t2_s$인 $t2_s$로 갱신하고자 할 때 참조 무결성을 손상하지 않기 위해 다음에 따라 처리한다. 여기에서 $B = \{\beta \mid \beta$는 값을 변경하고자 하는 속성들의 일부 또는 전부를 포함하는 릴레이션 s의 키로서 다른 릴레이션의 외래 키로 참조되는 키$\}$라 하자.

- 릴레이션 s에서 B의 각 β에 대해 $t1_s[\beta] \neq t2_s[\beta]$이고 β를 외래 키 α로 갖는 모든 릴레이션 r에 $t1_s[\beta] = t_r[\alpha]$인 튜플 t_r이 존재하는지를 조사한다.

  튜플 t_r이 존재하면, 다음의 둘 중 하나를 실행한다.

  실행 1. 튜플 $t2_s$로의 갱신은 참조 무결성을 손상하므로 갱신 연산을 거부한다.

  실행 2. 튜플 $t1_s$를 $t2_s$로 갱신한 다음에 릴레이션 r에서 $t1_s[\beta] = t_r[\alpha]$인 모든 튜플 t_r의 외래 키 α의 값을 $t2_s[\beta]$로 변경하여 갱신한다.

  $t1_s[\beta]=t2_s[\beta]$이거나 튜플 t_r이 존재하지 않으면,

  모든 릴레이션 r에서 변경되는 튜플 $t1_s[\beta]$를 참조하는 어떠한 튜플도 존재하지 않으므로 갱신 연산을 수행한다.

삭제 연산과 마찬가지로, SQL에서 실행 1와 실행 2 중에서 어떤 것을 수행할지는 그림 4.8의 학과 릴레이션의 라인 9처럼 on update cascade 부분의 선언 여부에 따라 결정된다. 이 선언이 없으면 실행 1이 수행되고 이 선언이 있으면 실행 2가 수행된다.

이번에는 외래 키를 갖는 릴레이션의 튜플에서 외래 키의 속성값 변경에 따른 튜플 갱신에서의 처리 방법을 알아보자. 그림 4.7에서 학과 릴레이션에서 대학코드 값이 004인 튜플에서 대학코드 값을 003으로 변경하다고 하자. 이 연산은 실세계에서 무궁대학교의 기계공학과가 대한대학교로 편입된다면 이를 데이터베이스에 반영하기 위해 가능할 수 있다. 이 경우, 대학코드 값이 003으로 변경되더라도 참조 릴레이션인 대학 릴레이션에 003에 해당하는 튜플이 존재하므로 참조 무결성을 손상하지 않으므로 변경이 허용된다. 하지만, 학과 릴레이션에서 대학코드 속성값을 007로 변경하고자 한다면, 삽입 연산과 마찬가지로, 참조 릴레이션인 대학 릴레이션에서 해당 키인 대학코드 속성값 007에 해당하는 튜플이 존재하지 않는다. 따라서, 참조 무결성 손상에 해당하므로 이 갱신 연산은 거부된다.

이 예를 일반화하여 처리 방법을 소개하도록 하자. 릴레이션 r이 외래 키 α를 가지고 릴레이션 s를 참조한다고 하고 외래 키 α가 참조하는 릴레이션 s의 키를 β라 하자. 이때, 릴레이션 r에서 튜플 $t1_r$을 $t1_r[\alpha] \neq t2_r[\alpha]$인 $t2_r$로 갱신하고자 할 때 참조 무결성을 손상하지 않기 위해 다음에 따라 처리한다.

- 릴레이션 s에서 $t_s[\beta]=t2_r[\alpha]$인 튜플 t_s가 존재하는지를 조사한다.
  튜플 t_s가 존재하면,
    학생 릴레이션의 튜플 $t1_r$을 $t2_r$로 갱신한다.
  튜플 t_s가 존재하지 않으면
    학생 릴레이션의 튜플 $t1_r$을 $t2_r$로 변경하는 갱신 연산을 거부한다.

■ assertion과 trigger

assertion과 trigger는 SQL에서 제약조건을 명시적으로 표현하기 위해 사용된다.

assertion은 데이터베이스가 항상 만족하도록 원하는 조건을 표현하는 일종의 조건식이다. 도메인 제약조건과 참조 무결성 제약조건들이 assertion의 특수 형태이다. SQL에서 assertion은 다음의 형식을 취한다.

```
create assertion <assertion-명칭> check <조건식>
```

그림 4.8의 대학 릴레이션에서 라인 7의 check 부분을 생략하고 대신 다음의 assertion을 별도로 생성할 수 있다.

```
create assertion minimum_of_total_students
      check (not exist (select * from 대학 where 총학생인원 < 1500));
```

이 assertion의 check 부분의 괄호 안은 대학 릴레이션에서(**from** 대학) 총학생인원 속성값이 1500 미만인(**where** 총학생인원 < 1500) 튜플이 존재하지 않는(**not exist**) 조건을 제시한 것이다.

assertion이 생성될 때 시스템은 타당성 체크를 위해 그 assertion을 검사한다. 그 assertion이 타당하면 데이터베이스에 대한 변경이 그 assertion이 위반되지 않는 범위 내에서 허락된다. 이러한 검사는 복잡한 assertion이 만들어졌을 때 매우 큰 오버헤드를 유발할 수 있다. 그러므로 assertion은 많은 주의를 가지고 사용해야 한다. 이러한 이유로 일부 시스템 개발자들은 일반적인 assertion 기능 지원을 생략하거나 혹은 보다 검사하기 쉬운 특별한 형태의 assertion을 제공하기도 한다. 참고로 모든 DBMS가 assertion을 지원하는 것은 아니다.

한편, **trigger**는 데이터베이스의 변경 때마다 DBMS에 의해 자동으로 실행된다. trigger 메커니즘을 설계하기 위해 설계자는 다음 두 가지를 고려해야 한다.

- trigger가 실행될 조건을 기술해야 한다.
- trigger가 실행될 때 처리할 행위를 기술해야 한다.

트리거는 실행 조건이 만족되면 사용자에게 경고하거나 혹은 주어진 연산을 수행하는 유용한 메커니즘이다. 다음은 over-num-of-student trigger의 한 예이다.

```
create trigger over-num-of-student
after update on 학과
for each row
  when (학생인원 < 10) begin
    delete from 학과  where 학생인원 < 10
  end;
```

이 trigger 예는 학과 릴레이션이 갱신되었을 때 갱신 후의 학생인원이 10명보다 적으면 그 해당 튜플들을 그 릴레이션으로부터 삭제(delete) 처리하는 trigger 문으로 학생인원이 10명 미만이면 폐과하는 실세계를 반영하여 무결성을 유지하는 예이다. 이 trigger문은 SQL 표준 문법을 반영한 예이지만 대부분의 기존 DBMS들은 자신의 비표준 trigger 문법들을 사용한다.

4.5 대응 카디널리티와 무결성 제약조건

대응 카디널리티는 개념적 설계에서 실세계 분석을 통해 개체 집합들 사이의 관계에 따라 그 개체 타입들 사이의 관계 타입에 부여된다. 3.1.5절에서 우리는 대응 카디널리티의 결정은 관계 타입에서 각 개체 타입의 임의의 한 개체를 중심으로 관계 타입을 통해 참조하는 다른 개체 타입의 개체들이 몇 개인지를 가지고 결정한다는 점을 살펴보았다. 사실, 대응 카디널리티는 데이터 무결성의 한 종류이다. 그림 3.17의 강의 시스템 ER 모델링에서 강의 관계 타입은 교수 개체 타입과 강좌 타입 사이에서 1:1 대응 카디널리티를 갖는다. 하지만, 만약 논리적 설계 과정에서 이 대응 카디널리티가 무시되어 교수 릴레이션의 한 튜플이 강의 관계에서 둘 이상의 강좌를 참조한다면 이 또한 데이터 무결성의 손상을 유발한다. 그러므로, 개념적 설계에서 관계 타입이 어떻게 식별되고 논리적 설계로 어떻게 반영되는가에 따라 데이터 무결성 손상이 생길 수 있다.

8장에서 자세히 소개되겠지만, 관계형 데이터 모델 기반의 논리적 설계에서 개념적 설계의 관계 타입은, 대응 카디널리티에 따라, 관계 타입에 참여하는 모든 개체 타입의 기본 키들을 외래 키로 하는 새로운 릴레이션 스키마를 형성하거나, 아니면 어느 한 개체 타입의 기본 키를 외래 키로 다른 개체 타입에 추가함으로써 변환된다. 관계 타입과 외래 키와의 관련성에 대해서는 4.2.3절의 외래 키에 대한 설명에서 이미 일부 설명되었음을 기억하자.

4.6 논리적 설계 접근 방법

지금까지 이 단원에서 우리가 살펴본 것을 한 구절로 요약하여 강조하자면 논리적 설계는 데이터 무결성을 최대한 보장하는 데이터베이스가 되도록 데이터베이스 스키마를 도출해야 한다는 점이다.

4.4.1절의 무결성 제약조건에서 설명했듯이 데이터 무결성은 실세계 분석, 데이터 요구사항 분석, 개념적 설계, 논리적 설계, 물리적 설계, 구현, 운영과 유지보수 흐름의 데이터베이스 전체 라이프 사이클(life cycle)의 각 단계에서 보장되어야 한다. 라이프 사이클의 이전 단계에서 데이터 무결성이 잘 반영되었다 하더라도 그 후속 단계에서 새롭게 대두되는 데이터 무결성이 고려되지 않거나 아니면 이전 단계에서 분석

된 데이터 무결성이라 하더라도 더 상세히 분석되어 반영되지 않으면 그 데이터 무결성은 그 단계는 물론 모든 그 후속 단계에까지 보장되지 않는다. 그러므로, 데이터 무결성 보장을 위해 데이터베이스 설계의 첫 단추를 끼우는 실세계 분석과 데이터 요구사항 분석은 매우 중요하다. 이 분석을 통해 데이터 무결성을 위한 요구사항이 개념적 설계에 반영되어야 하며 개념적 설계에 반영되지 못한 데이터 요구사항 분석에서의 데이터 무결성 요구사항이나 개념적 설계 단계에서 새롭게 대두된 데이터 무결성 요구사항은 개념적 설계 결과물로 문서화하여 논리적 설계에 반영되어야 한다.

논리적 설계는 두 가지 접근 방법으로 진행할 수 있다.

현재까지 가장 많이 사용해 온 첫 번째 방법은 실세계 분석과 분석된 데이터베이스 요구사항을 기반으로 개념적 설계를 하고 그 결과를 가지고 변환 규칙에 따라 릴레이션으로 변환하는 방법이다.

이 방법에서 개념적 설계는 ER 모델을 사용한다. ER 모델링은 그 결과로서 ERD는 물론 개념적 설계 레벨에서 반영되지 못한 요구사항까지를 포함한다. 논리적 설계는 이 ERD와 요구사항을 바탕으로 진행한다. 일정한 변환 규칙에 따라 ERD의 개체 타입과 관계 타입을 릴레이션으로 변환하고 요구사항에 따라 릴레이션 스키마의 속성 도메인과 참조 무결성 등 여러 종류의 데이터 무결성 보장을 위한 조치를 릴레이션 스키마에 반영한다. 이 과정에서 논리적 설계 레벨에서 새로운 요구사항이 대두될 수 있으며 개념적 설계에서 도출된 요구사항 일부가 반영되지 않을 수도 있다. 요구사항들은 논리적 설계 레벨에서 가능한 한 상세하게 분석한다. 이렇게 상세히 분석한 요구사항들은 릴레이션 스키마들뿐만 아니라 이를 포함하는 데이터베이스 스키마에 반영할 수 있으면 최대한 반영한다. 별도의 도메인 제약조건이나 assertion 혹은 trigger로 반영하는 내용들도 데이터베이스 스키마 설계에 포함된다. 데이터베이스 스키마에 반영되지 않은 일부 요구사항들은 트랜잭션 설계에 반영하고 일부는 응용 프로그램 설계에 반영하며 나머지 요구사항들은 논리적 설계의 결과물인 설계문서에 반영한다. 물론, 논리적 설계의 설계문서에는 데이터베이스 스키마, 트랜잭션, 응용 프로그램의 설계 내용을 포함할 수 있다.

논리적 설계의 두 번째 방법은 데이터 요구사항으로부터 얻고자 하는 정보를 속성들로 나타내고 이 속성들을 모아서 하나의 릴레이션 스키마를 생성한다. 이 릴레이션 스키마는 속성들뿐만 아니라 개념적 설계 레벨의 요구사항과 논리적 설계에서 새롭게 생긴 요구사항을 상세히 분석한 내용을 반영한다. 이렇게 생성한 하나의 릴레이션 스키마를 7장에서 자세히 소개되는 **정규화(normalization)**를 통해 원하는 목표 **정규형(normal form)** 조건을 만족할 때까지 분해하여 최종적인 릴레이션 스키마들을 도출한다. 릴레이션 스키마에 반영할 수 없는 요구사항들은 첫 번째 방법과 마찬가지로 일부는 데이터베이스 스키마, 일부는 트랜잭션 설계, 일부는 응용 프로그램 설계에 반영하고 남은 요구사항들은 이들 모두와 함께 설계 문서에 반영한다.

앞의 두 가지 방법 중 첫 번째 방법은 이미 설명한 대로 현재까지 많이 사용되어 왔다. 반면에 두 번째 방법은 요구사항으로부터 속성들을 도출하는 작업이 복잡하고 많은 시간을 소요하며 도출하고자 하는 속성들도 한 번에 완전하게 도출되지 않기 때문에 잘 사용되지 않는다. 게다가 정규형을 체크하는 작업과 정규화 작업은 속성 수가 많아짐에 따라 엄청난 노력과 시간을 필요로 한다. 그럼에도 불구하고, 두 번째 방법에서 사용되는 정규화 방법과 그 과정은 첫 번째 방법에서 도출한 릴레이션 스키마에 적용할 때 데이터 이상이라 부르는 데이터 무결성 손상을 최소화하는 릴레이션 스키마의 설계로 유도된다. 따라서, 정규화는 두 방법 모두에서 필요한 과정이라 할 수 있다. 정규화 개념과 방법에 대해서는 7장에서 자세히 다룬다.

CHAPTER 5

관계형 데이터 언어 : 관계 대수

데이터 언어(data language)는 사용자와 데이터베이스 관리 시스템 사이 또는 응용 프로그램과 데이터베이스 관리 시스템 사이에서 데이터베이스를 이용하기 위한 수단이다. 데이터 언어의 분류와 처리 과정에 대해서는 이미 1.4.2절에서 소개한 바 있다.

관계형 데이터 언어(relational data language)는 관계형 데이터베이스를 구축하고 조작하고 관리하기 위해 사용되는 관계형 데이터 모델기반의 데이터 언어이다.

관계형 데이터 언어는 4.1절의 관계형 데이터 모델과 객체지향 데이터 모델 설명에서 잠깐 소개했듯이 이론 중심의 데이터 언어와 상용 데이터 언어로 구분된다. 관계 대수(relational algebra), 도메인 관계 해석(domain relational calculus), 튜플 관계 해석(tuple relational calculus)는 수학적으로 잘 정의된 대표적인 관계형 데이터 언어이며, 이 언어들은 표현력(expression power)이 서로 같다는 것이 증명되었다. 즉, 이들 중 한 데이터 언어로 표현된 연산은 이 언어를 제외한 다른 언어 연산으로 표현할 수 있다. 이들 중 관계 대수는 절차적 언어이며 이 언어로 표현한 연산은 데이터 처리 절차가 포함된다. 반면, 도메인 관계 해석과 튜플 관계 해석으로 분류되는 관계 해석(relational calculus)은 선언적 언어로서, 이 언어로 표현한 연산에는 얻고자 하는 데이터 항목과 접근할 데이터 소스 그리고 데이터 접근 조건만 표현할 뿐, 데이터 처리 절차에 대한 표현은 없다. 6장에서 소개되는 상용 관계형 데이터 언어인 SQL은 관계 해석에 이론적 기초를 두고 만든 선언적 언어이다.

선언적 언어로 표현된 연산은 질의 처리 절차를 고려함이 없이 표현되더라도 1.4.1절에서 소개한 질의 처리기에 의해 질의 평가 플랜, 즉, 질의를 처리하는 절차로 먼저 번역되고 나서, 질의 처리 비용의 최소화를 위해 최적화된 질의 평가 플랜으로 변형된 후, 이 최적화된 평가 플랜에 따라 실행된다. 질의 처리기는 질의 최적화를 통해 요청된 질의로부터 처음 번역된 질의 평가 플랜에서 처리 순서 일부를 바꾸거나 혹은 변형함으로써 최종 질의 평가 플랜을 생성한다. 관계 대수는 선언적 언어로 표현된 질의를 절차적 표현으로 변환하고 질의 최적화를 위한 이론과 접근 방법을 연구하고 개발하는 데 크게 이바지해 왔다. SQL도 질의 표현은 관계 해석에 기초하지만, 질의 평가 플랜의 생성과 최적화 이론과 구현은 관계 대수를 기반으로 한다.

관계 대수에는 6개의 기본 연산과 이 기본 연산의 조합으로 구현되는 여러 추가 연산들이 존재하며 이 단원은 5.1절과 5.2절에서 이 기본 연산과 중요한 몇몇 추가 연산을 소개하고자 한다.

5.1 기본 연산

5.1.1 select 연산

select 연산은 릴레이션으로부터 주어진 조건을 만족하는 튜플들을 추출하는 기본 연산이다. 이 연산에 대한 일반 형식과 연산 결과는 표 5.1과 같다.

표 5.1 select 연산의 일반 형식과 연산 결과

일반 형식	$\sigma_p(r)$
기호의 의미	• σ : select 연산 기호 • P : 조건 • r : 릴레이션
연산 결과	주어진 릴레이션 r로부터 조건 P를 만족하는 튜플들을 릴레이션 형태로 출력한다.

(1) select 연산 예1

select 연산을 설명하기 위해 그림 5.1의 릴레이션을 고려하자. 그리고 그림 5.1의 릴레이션에 대해 다음 연산을 실행한다고 하자.

$$\sigma_{\text{소속학과='컴퓨터'}}(\text{OCU대학생})$$

이 연산은 OCU대학생 릴레이션으로부터 컴퓨터 소속학과 학생 정보를 출력하는 연산으로 소속학과가 컴퓨터인 튜플들을 골라서 릴레이션 형태로 출력하는 select 연산이다. 따라서 이 연산의 결과는 그림 5.2와 같다.

OCU대학생 릴레이션

주민번호	이름	소속학과	주소	출신학교
001	손영실	컴퓨터	강릉시	한일
002	한미자	컴퓨터	서울시	두상
003	김한길	전자공학	서울시	충암
004	나한일	컴퓨터	서울시	대신
005	강상대	통계	부천시	강남

한국대학생 릴레이션

주민번호	이름	소속학과	주소	출신학교
006	김복희	통계	부산시	부산고
007	이순재	컴퓨터	부천시	부천고
003	김한길	전자공학	서울시	충암
004	나한일	컴퓨터	서울시	대신

그림 5.1 OCU대학생 릴레이션과 한국대학생 릴레이션

주민번호	이름	소속학과	주소	출신학교
001	손영실	컴퓨터	강릉시	한일
002	한미자	컴퓨터	서울시	두상
004	나한일	컴퓨터	서울시	대신

그림 5.2 $\sigma_{소속학과=‘컴퓨터’}$(OCU대학생) 연산의 결과

이 select 연산에서 조건 부분은 속성명 = 속성값 형태로 조건이 하나인 단일 조건임을 주시하자. 이 조건 형식에서 속성명과 속성값 사이에 등호 '=' 를 이용했지만, 일반적인 단일 비교 조건은 6가지 형식을 갖는다. 6가지 형식과 각 형식의 의미는 표 5.2와 같다. 표 5.2에서 A는 속성을 V는 값을 각각 나타낸다.

표 5.2 단일 비교 조건식의 형식과 의미

형식	의미
$A > V$	속성 A의 값이 V보다 클 조건
$A < V$	속성 A의 값이 V보다 작을 조건
$A \geq V$	속성 A의 값이 V보다 크거나 같을 조건
$A \leq V$	속성 A의 값이 V보다 작거나 같을 조건
$A = V$	속성 A의 값이 V와 같을 조건
$A \neq V$	속성 A의 값이 V와 다를 조건

(2) select 연산 예2

앞의 **select 연산 예1**의 연산은 조건이 하나인(즉, 소속학과=‘컴퓨터’인 조건) 반면 다음 연산은 OCU 대학 학생 중에서 소속학과가 컴퓨터이고 주소가 서울시인 두 개의 조건을 갖는 튜플들을 릴레이션 형태로 산출하는 select 연산이다.

$$\sigma_{소속학과=‘컴퓨터’ \wedge 주소=‘서울시’}(\text{OCU대학생})$$

이 연산의 조건 부분에서 기호 ∧는 논리 연산인 and 연산을 의미하며, 따라서, 소속학과=‘컴퓨터’ ∧주소=‘서울시’의 의미는 소속학과가 컴퓨터이고(and) 주소가 서울시인 조건을 나타낸다. OCU대학생 릴레이션에서 이 조건에 맞는 튜플들로 이루어진 릴레이션 형태의 결과는 그림 5.3과 같다.

주민번호	이름	소속학과	주소	출신학교
002	한미자	컴퓨터	서울시	두상
004	나한일	컴퓨터	서울시	대신

그림 5.3 $\sigma_{소속학과='컴퓨터' \wedge 주소='서울시'}$(OCU대학생) 연산의 결과

이 연산은 조건이 두 개, 즉, 소속학과가 컴퓨터이고(and) 주소가 서울시인 조건으로 형성된 복합 조건이다. 복합 조건은 단일 조건을 두 개 이상 조합하여 생성할 수 있으며 C_1과 C_2를 각각 조건이라 할 때 이를 조합하는 방법은 표 5.3과 같다.

표 5.3 ∧(and)와 ∨(or) 논리식의 형식과 의미

형식	의미
$C_1 \wedge C_2$	조건 C_1과 조건 C_2를 모두 만족할 조건
$C_1 \vee C_2$	조건 C_1을 만족하거나 혹은 조건 C_2를 만족할 조건

5.1.2 project 연산

project 연산은 릴레이션으로부터 조건에 주어진 속성들의 값들로 이루어진 튜플들을 릴레이션 형태로 출력하는 기본 연산이다. 이 연산의 일반 형식과 연산 결과는 표 5.4와 같다.

표 5.4 project 연산의 일반 형식과 연산 결과

일반 형식	$\pi_{A1,A2,...,An}$ (r)
기호의 의미	• π: project 연산 기호 • A1,A2,..,An : 속성들 • r : 릴레이션
연산 결과	주어진 릴레이션 r의 모든 튜플에서 A1, A2,..., An의 속성값들만 선택하여 만든 릴레이션 형태의 결과를 출력한다. 튜플들이 출력될 때 중복되는 튜플들은 출력에서 제외된다.

(1) project 연산 예1

그림 5.1의 OCU대학생 릴레이션에서 OCU 대학 학생들의 이름과 주소만 출력하고자 할 때, 다음과 같이 project 연산을 작성하면 된다.

$$\Pi_{\text{이름,주소}}(\text{OCU대학생})$$

이 연산은 OCU대학생 릴레이션의 각 튜플을 대상으로 이름 속성값과 주소 속성값으로만 이루어진 튜플들을 릴레이션 형태로 출력한다. 이 project 연산의 결과는 그림 5.4와 같다.

이름	주소
손영실	강릉시
한미자	서울시
김한길	서울시
나한일	서울시
강상대	부천시

그림 5.4 $\Pi_{\text{이름,주소}}(\text{OCU대학생})$ 연산의 결과

(2) project 연산 예2

project 연산의 대상인 릴레이션은 반드시 데이터베이스에 존재하는 릴레이션일 필요는 없다. 예를 들어 다음의 project 연산을 고려하자.

$$\Pi_{\text{이름}}(\sigma_{\text{주소='서울시'}}(\text{OCU대학생}))$$

이 연산은 select 연산과 project 연산이 조합되어 있는 형태이다. 이 연산은 먼저 OCU대학생 릴레이션에 대한 select 연산을 수행하여 주소가 서울시인 튜플들로 이루어진 릴레이션 형태의 결과를 만든 후, 그 결과에 대하여 이름 속성에 대한 project 연산을 수행하는 절차를 거친다. 이 연산은 사실상 'OCU대학생 중에서 서울시에 거주하는 학생들의 이름을 제시하라'는 질의이다. 이 연산의 결과는 그림 5.5와 같다.

이름
한미자
김한길
나한일

그림 5.5 $\Pi_{\text{이름}}(\sigma_{\text{주소='서울시'}}(\text{OCU대학생}))$ 연산의 결과

5.1.3 union 연산

union 연산은 합집합 연산이다. 즉, union 연산은 릴레이션 스키마가 같은 두 릴레이션의 튜플들을 합쳐

서 하나의 릴레이션 형태로 출력하는 연산이다. 이 연산의 결과로 출력되는 릴레이션 형태의 결과에서 중복된 튜플들은 하나로 취급된다. union 연산의 일반 형식과 연산 조건, 그리고 연산 실행의 결과는 표 5.5와 같다.

표 5.5 union 연산의 일반 형식과 연산 결과

일반 형식	r ∪ s
기호의 의미	• ∪ : union 연산 기호 • r, s : 릴레이션
연산 조건	두 릴레이션 r과 s의 릴레이션 스키마가 동일해야 한다. 즉, 속성의 순서 및 개수가 동일하고 같은 순서에 대응하는 두 속성의 도메인이 같아야 한다. 단, 이 두 속성 이름은 달라도 된다.
연산 결과	릴레이션 r과 릴레이션 s에 속한 튜플들을 모두 포함하는 릴레이션 형태의 결과를 출력한다. 즉, 릴레이션 r에 속하거나 혹은 릴레이션 s에 속한 튜플들을 모두 출력한다. 단, 동일한 튜플들은 하나로 취급한다.

■ union 연산 예

union 연산을 설명하기 위해 그림 5.1의 OCU대학생 릴레이션과 한국대학생 릴레이션을 고려하자. 이 두 릴레이션은 같은 릴레이션 스키마를 갖기 때문에 표 5.5의 연산 조건을 만족하므로 union 연산이 가능하다. OCU대학 학생이거나 혹은 한국대학 학생인 모든 학생을 출력하는 질의는 다음의 union 연산으로 표현될 수 있다.

OCU대학생 ∪ 한국대학생

이 연산은 두 릴레이션에 중복된 튜플을 하나로 취급하여 그림 5.6의 결과를 출력한다.

주민번호	이름	소속학과	주소	출신학교
001	손영실	컴퓨터	강릉시	한일
002	한미자	컴퓨터	서울시	두상
003	김한길	전자공학	서울시	충암
004	나한일	컴퓨터	서울시	대신
005	강상대	통계	부천시	강남
006	김복희	통계	부산시	부산고
007	이순재	컴퓨터	부천시	부천고

그림 5.6 OCU대학생 ∪ 한국대학생 연산의 결과

5.1.4 set difference 연산

set difference 연산은 차집합 연산이다. 즉, 한 릴레이션으로부터 다른 릴레이션에 공통으로 속한 튜플들을 제거하고 남은 튜플들을 릴레이션 형태로 출력하는 연산이다. 이 연산에 대한 일반 형식과 연산 조건, 그리고 이 연산 실행의 결과는 표 5.6과 같다.

표 5.6 set difference 연산의 일반 형식과 연산 결과

일반 형식	r − s
기호의 의미	• − : set difference 연산 기호 • r, s : 릴레이션
연산 조건	두 릴레이션 r과 s의 릴레이션 스키마가 동일해야 한다. 즉, 속성의 순서 및 개수가 동일하고 같은 순서에 대응하는 두 속성의 도메인이 같아야 한다. 단, 이 두 속성 이름은 달라도 된다.
연산 결과	릴레이션 r로부터 릴레이션 s에 속한 튜플들을 뺀 나머지 튜플들로 이루어진 릴레이션 형태의 결과를 출력한다.

■ set difference 연산 예

set difference 연산을 설명하기 위해 그림 5.1의 OCU대학생 릴레이션과 한국대학생 릴레이션을 고려하자. 이 두 릴레이션은 같은 릴레이션 스키마를 갖기 때문에 표 5.6의 연산 조건을 만족하므로 set difference 연산이 가능하다. OCU대학생이지만 한국대학생은 아닌 학생을 출력하는 질의는 다음의 set difference 연산으로 표현할 수 있으며 이 연산 결과는 그림 5.7과 같다.

OCU대학생 - 한국대학생

주민번호	이름	소속학과	주소	출신학교
001	손영실	컴퓨터	강릉시	한일
002	한미자	컴퓨터	서울시	두상
005	강상대	통계	부천시	강남

그림 5.7 OCU대학생 − 한국대학생 연산의 결과

5.1.5 cartesian-product 연산

cartesian-product 연산은 두 릴레이션 간의 카테젼 곱을 수행하여 릴레이션 형태로 결과를 출력하는 기본 연산이다. 한 릴레이션의 각 튜플에 다른 릴레이션의 각 튜플을 대응시켜서 연결한 튜플들로 구성한 릴레이션 형태의 결과를 출력한다. 이 연산에 대한 일반 형식과 연산 결과는 표 5.7과 같다.

표 5.7 cartesian-product 연산의 일반 형식과 연산 결과

일반 형식	r × s
기호의 의미	• × : cartesian-product 연산 기호 • r, s : 릴레이션
연산 결과	릴레이션 r과 릴레이션 s의 카테젼 곱 연산을 수행한다. 즉, 릴레이션 r의 각 튜플에 릴레이션 s의 각 튜플을 연결하여 생성한 새로운 튜플들로 구성된 릴레이션 형태의 결과를 출력한다. 이 연산 결과의 스키마는 두 릴레이션 r과 s의 모든 속성으로 이루어지며 중복하는 속성들도 중복해서 구성된다.

■ cartesian-product 연산 예

cartesian-product 연산을 설명하기 위해 그림 5.8의 릴레이션들을 고려하자.

그림 5.8의 두 릴레이션은 각각 OCU 대학의 학생들과 OCU 대학의 교수들을 나타내는 릴레이션들이다. 이 릴레이션들을 중심으로 다음 연산을 예로 들어 보자.

$$\text{OCU대학생} \times \text{OCU교수}$$

이 연산 결과의 릴레이션 스키마 속성은 두 릴레이션의 속성들을 합친 {주민번호, OCU대학생.이름,

OCU대학생 릴레이션

주민번호	이름	소속학과	주소	출신학교
001	손영실	컴퓨터	강릉시	한일
002	한미자	컴퓨터	서울시	두상
003	김한길	전자공학	서울시	충암
004	나한일	컴퓨터	서울시	대신
005	강상대	통계	부천시	강남

OCU교수 릴레이션

교수번호	이름	소속학과
001	한일수	컴퓨터
002	고명성	전자공학
003	김한조	컴퓨터

그림 5.8 OCU대학생 릴레이션과 OCU교수 릴레이션

주민번호	OCU대학생.이름	OCU대학생.소속학과	주소	출신학교	교수번호	OCU교수.이름	OCU교수.소속학과
001	손영실	컴퓨터	강릉시	한일	001	한일수	컴퓨터
001	손영실	컴퓨터	강릉시	한일	002	고명성	전자공학
001	손영실	컴퓨터	강릉시	한일	003	김한조	컴퓨터
002	한미자	컴퓨터	서울시	두상	001	한일수	컴퓨터
002	한미자	컴퓨터	서울시	두상	002	고명성	전자공학
002	한미자	컴퓨터	서울시	두상	003	김한조	컴퓨터
003	김한길	전자공학	서울시	충암	001	한일수	컴퓨터
003	김한길	전자공학	서울시	충암	002	고명성	전자공학
003	김한길	전자공학	서울시	충암	003	김한조	컴퓨터
004	나한일	컴퓨터	서울시	대신	001	한일수	컴퓨터
004	나한일	컴퓨터	서울시	대신	002	고명성	전자공학
004	나한일	컴퓨터	서울시	대신	003	김한조	컴퓨터
005	강상대	통계	부천시	강남	001	한일수	컴퓨터
005	강상대	통계	부천시	강남	002	고명성	전자공학
005	강상대	통계	부천시	강남	003	김한조	컴퓨터

그림 5.9 OCU대학생 × OCU교수 연산의 결과

OCU대학생.소속학과, 주소, 출신학교, 교수번호, OCU교수.이름, OCU교수.소속학과}가 된다. 여기에서, 이름 속성과 소속학과 속성 앞에 마침표(.)로 구분하여 OCU대학생과 OCU교수를 각각 붙인 것은 두 릴레이션에서 동일한 명칭의 속성들이기 때문에 어느 릴레이션의 속성인지를 구분하기 위해서이다. 또한, 이 질의는 OCU대학생 릴레이션의 각 튜플에 대하여 OCU교수 릴레이션 튜플을 하나씩 연결시켜서 만든 튜플들로 이루어진 그림 5.9와 같은 릴레이션 형태의 결과를 생성한다.

5.1.6 rename 연산

rename 연산은 연산 실행 결과로 만들어진 릴레이션 결과에 이름을 붙여 출력한다. rename 연산의 형식은 다음의 두 가지이며 각각에 대한 일반 형식과 연산 결과는 다음과 같다.

(1) 일반 형식1

이 rename 연산의 형식은 연산식에 의해 생성된 릴레이션 형태의 결과에 이름을 붙여 출력하는 연산 형식이다. 이 연산에 대한 일반 형식과 연산 결과는 표 5.8과 같다.

표 5.8 rename 연산의 일반 형식과 연산 결과

일반 형식	ρ_{n}(E)
기호의 의미	• ρ : rename 연산 기호 • E : 릴레이션 연산식
연산 결과	릴레이션 연산식 E에 의해 생성된 릴레이션 형태의 결과를 n이라는 이름으로 출력한다.

(2) 일반 형식2

이 rename 형식은 연산식에 의해 생성된 결과에 대해 이름을 부여하고 출력하는 각 속성에 대해 이름을 붙여서 출력하는 연산에 대한 형식이다. 이 연산에 대한 일반 형식과 연산 결과는 표 5.9와 같다.

표 5.9 rename 연산의 또 다른 일반 형식과 연산 결과

일반 형식	$\rho_{n(A1,A2,...,An)}$(E)
기호의 의미	• ρ : rename 연산 기호 • E : 릴레이션 연산식 • A1,A2,...,An : 속성들
연산 결과	릴레이션 연산식 E에 의해 생성된 릴레이션 형태의 결과를 n이라는 이름으로 출력하되, 결과 릴레이션의 속성들을 차례대로 각각 A1, A2, ..., An으로 재명명하여 출력한다.

(3) rename 연산 예1

다음의 rename 연산은 OCU 대학생 중에서 서울시에 사는 학생들의 명단을 OCU서울학생이라는 이름으로 출력하는 관계 대수 연산이며 OCU대학생 릴레이션에서 주소 속성값이 서울시인 튜플들을 추출하여 학생의 이름만으로 구성한 릴레이션 형태의 결과를 'OCU서울학생'이라는 명칭을 부여하여 출력하는 예이다.

$$\rho_{\text{OCU서울학생}}(\pi_{\text{이름}}(\sigma_{\text{주소='서울시'}}(\text{OCU대학생})))$$

이 연산은 OCU대학생 릴레이션을 대상으로 주소='서울시'인 조건으로 select 연산을 하고 그 결과에 대하여 이름 속성으로 project 연산을 한 후 최종 결과를 'OCU서울학생'이라는 명칭을 붙여 그림 5.10과 같이 출력한다.

OCU서울학생

이름
한미자
김한길
나한일

그림 5.10 $\rho_{\text{OCU서울학생}}(\pi_{\text{이름}}(\sigma_{\text{주소='서울시'}}(\text{OCU대학생})))$ 연산의 결과

5.2 추가 연산

5.2.1 set-intersection 연산

set-intersection 연산은 교집합 연산이다. 즉, 이 연산은 두 릴레이션에 공통으로 속한 튜플들을 릴레이션 형태로 출력한다. 이 연산에 대한 일반 형식과 연산 조건, 그리고 이 연산 실행의 결과를 자세히 소개하면 다음과 같다.

표 5.10 set-intersection 연산의 일반 형식과 연산 결과

일반 형식	r ∩ s
기호의 의미	• ∩ : set-interaction 연산 기호 • r, s : 릴레이션
연산 조건	두 릴레이션 r과 s의 릴레이션 스키마가 동일해야 한다. 즉, 속성의 순서 및 개수가 동일하고 같은 순서에 대응하는 두 속성의 도메인이 같아야 한다. 단, 이 두 속성 이름은 달라도 된다.
연산 결과	릴레이션 r과 릴레이션 s에 공통으로 속한 튜플들로 이루어진 릴레이션 형태의 결과를 출력한다.

(1) set-interaction 연산 예

set-interaction 연산에 대한 예를 들어 보자. 그림 5.1의 OCU대학생 릴레이션과 한국대학생 릴레이션을 대상으로 OCU대학생이면서 한국대학생인 학생 정보를 원한다고 할 때 다음의 관계 대수 연산으로 표현한다.

OCU대학생 ∩ 한국대학생

이 연산은 OCU대학생 릴레이션과 한국대학생 릴레이션에 공통으로 속한 튜플들을 릴레이션 형태의 결과로 출력한다. 따라서 이 연산의 결과는 그림 5.11과 같다.

주민번호	이름	소속학과	주소	출신학교
003	김한길	전자공학	서울시	충암
004	나한일	컴퓨터	서울시	대신

그림 5.11 OCU대학생 ∩ 한국대학생 연산의 결과

(2) 기본 연산에 의한 set-interaction 연산 표현

r과 s를 각각 두 릴레이션이라 할 때 set-interaction 연산은 기본 연산들의 조합으로 다음과 같이 표현할 수 있다. 이에 대해서는 집합 연산으로 증명된다.

$$r \cap s = r - (r - s)$$

5.2.2 natural-join 연산

natural-join 연산은 두 릴레이션이 주어질 때 이 두 릴레이션 스키마에서 같은 이름의 속성들을 중심으로 이 속성값들이 동일한 두 릴레이션의 각 튜플을 결합하여 하나로 만든 튜플들로 구성된 릴레이션 형태의 결과를 생성한다. 이때, 이 결과의 릴레이션 스키마에서 중복된 속성은 그 값이 같으므로 하나로 단일화하여 출력한다.

r과 s를 각각 릴레이션 스키마 R과 S로 하는 두 릴레이션이라 하고 R∩S = {A1,A2,...,An}이라 할 때, natural-join 연산에 대한 일반 형식과 연산 결과는 표 5.11과 같다.

표 5.11 natural-join의 일반 형식과 연산 결과

일반 형식	$r \bowtie s$
기호의 의미	• $\bowtie$: natural-join 연산 기호 • r, s : 릴레이션
연산 결과	$r \bowtie s = \pi_{R \cup S}(\sigma_{r.A1=s.A1 \wedge r.A2=s.A2 \wedge ... \wedge r.An=s.An}(r \times s))$ 두 릴레이션에서 속성 A1, A2,..., An 값이 일치하는 두 튜플을 하나로 연결하여 만든 튜플들로 구성한 릴레이션 형태의 결과를 출력한다. 연산 결과의 스키마는 R∪S로 R과 S에서 중복되는 속성은 하나만 선택한다.

(1) natural-join 연산 예

natural-join 연산을 설명하기 위해 그림 5.12의 OCU대학생 릴레이션과 OCU교수 릴레이션을 고려하기로 한다.

OCU대학생 릴레이션

주민번호	이름	소속학과	주소	출신학교
001	손영실	컴퓨터	강릉시	한일
002	한미자	컴퓨터	서울시	두상
003	김한길	전자공학	서울시	충암
004	나한일	컴퓨터	서울시	대신
005	강상대	통계	부천시	강남

OCU교수 릴레이션

교수번호	교수이름	소속학과	주소
001	이성훈	통계	공주시
002	이순재	컴퓨터	강릉시
003	한상훈	통계	부천시
004	박상길	컴퓨터	서울시
005	최은희	전자공학	서울시
006	김성수	컴퓨터	서울시

그림 5.12 OCU대학생 릴레이션과 OCU교수 릴레이션

그림 5.12의 두 릴레이션을 대상으로 다음 연산을 수행한다고 하자.

$$\text{OCU대학생} \bowtie \text{OCU교수}$$

이 연산은 OCU대학생 릴레이션과 OCU교수 릴레이션에서 공통 속성들인 소속학과와 주소의 속성값들이 같은 튜플을 하나로 연결하여 생성한 튜플들을 릴레이션 형태로 출력하되, 연산 결과의 스키마는 중복되는 속성들인 소속학과, 주소 속성들을 하나로 단일화하여 {학번, 이름, 소속학과, 주소, 출신학교, 교수번호, 교수이름}이 된다.

이 연산 과정을 좀 더 자세히 설명하면, 우선 OCU대학생 릴레이션의 첫 번째 튜플 (001, 손영실, 컴퓨터, 강릉시, 한일)에서 두 릴레이션의 공통 속성인 소속학과 및 주소의 값은 각각 컴퓨터와 강릉시이며 이 값들을 갖는 OCU교수 릴레이션 튜플은 (002, 이순재, 컴퓨터, 강릉시)이다. 따라서 이 튜플을 연결하고 중복되는 컴퓨터, 강릉시 값을 각각 하나씩 남겨서 하나의 튜플로 생성하면 (001, 손영실, 컴퓨터, 강릉시, 한일, 002, 이순재) 튜플이 생성된다.

또한, OCU대학생 릴레이션의 다음 튜플인 (002, 한미자, 컴퓨터, 서울시, 두상)에 대해서도 소속학과와 주소 속성값인 컴퓨터와 서울시를 값으로 갖는 OCU교수 릴레이션의 튜플을 찾으면 (004, 박상길, 컴퓨터, 서울시)와 (006, 김성수, 컴퓨터, 서울시)의 두 튜플이 대응되므로 이들을 각각 (002, 한미자, 컴퓨터, 서울시, 두상) 튜플과 짝지어 연결하면 (002, 한미자, 컴퓨터, 서울시, 두상, 004, 박상길)과 (002, 한미자, 컴퓨터, 서울시, 두상, 006, 김성수)의 두 튜플이 생성된다. 이러한 방식으로 튜플들을 생성하여 릴레이션 형태로 나타낸 연산 결과가 그림 5.13과 같다.

주민번호	이름	소속학과	주소	출신학교	교수번호	교수이름
001	손영실	컴퓨터	강릉시	한일	002	이순재
002	한미자	컴퓨터	서울시	두상	004	박상길
002	한미자	컴퓨터	서울시	두상	006	김성수
003	김한길	전자공학	서울시	충암	005	최은희
004	나한일	컴퓨터	서울시	대신	004	박상길
004	나한일	컴퓨터	서울시	대신	006	김성수
005	강상대	통계	부천시	강남	003	한상훈

그림 5.13 OCU대학생 ⋈ 한국대학생 연산의 결과

사실상 그림 5.13의 natural-join 연산은 소속학과가 같으면서 같은 주소를 갖는 학생과 교수에 대한 대응 정보를 구하는 질의 연산이다.

(2) 기본 연산에 의한 natural-join 연산 표현

r과 s를 각각 릴레이션 스키마 R과 S로 하는 두 릴레이션이라 하고 $R \cap S = \{A1, A2, ..., An\}$이라 할 때 기본 연산을 조합하여 natural-join 연산을 나타내면 다음과 같다.

$$r \bowtie s = \Pi_{R \cup S}(\sigma_{r.A1=s.A1 \wedge r.A2=s.A2 \wedge ... \wedge r.An=s.An}(r \times s))$$

5.2.3 theta-join 연산

theta-join 연산은 cartesian-product 연산과 select 연산을 단일 연산으로 결합한 natural-join 연산의 확장이다.

r과 s를 각각 릴레이션 스키마 R과 S로 하는 릴레이션이라 하고 θ를 스키마 $R \cup S$ 속성들 상의 조건이라 할 때 theta-join 연산 $r \bowtie_\theta s$ 는 다음과 같이 정의된다.

$$r \bowtie_\theta s = \sigma_\theta (r \times s)$$

5.2.4 division 연산

r과 s를 각각 릴레이션 스키마 R과 S로 하는 릴레이션이라 하고 $S \subseteq R$ 이라 하자. division 연산은 R–S를 스키마로 하는 릴레이션 형태의 결과를 출력하는 연산으로 이 연산에 대한 일반 형식과 연산 결과는 표 5.12와 같다.

표 5.12 division 연산의 일반 형식과 연산 결과

일반 형식	r ÷ s
기호의 의미	• ÷ : division 연산 기호 • r, s : 릴레이션
연산 조건	s의 릴레이션 스키마 S는 r의 릴레이션 스키마 R에 포함되어야 한다. 즉, $S \subseteq R$
연산 결과	r ÷ s에 속하는 튜플 t는 다음의 두 조건을 모두 만족해야 한다(즉, t 가 r ÷ s 에 속하기 위한 필요충분 조건). 1. t는 $\pi_{R-S}(r)$의 튜플이다. 2. s의 모든 튜플 t_s에 대해서 다음 두 조건 모두를 만족하는 r의 튜플 t_r이 존재해야 한다. (1) $t_r[S] = t_s[S]$ (2) $t_r[R-S] = t$

(1) division 연산 예

division 연산에 대한 개념을 쉽게 이해 할 수 있도록 하기 위해 그림 5.14를 예로 설명하자.

그림 5.14의 학생 릴레이션에서 복수 전공이 허용되고 있음을 알 수 있다. 이때 다음 연산을 수행한다고 가정하자.

학생 ÷ 컴퓨터_전자전공

결과부터 설명하면 이 연산은 복수 전공으로 컴퓨터 전공과 전자 전공을 둘 다 하는 학생 명단을 출력하라는 질의이다. 이 연산은 학생 릴레이션 튜플 중에서 이름 속성(이 속성은 ÷ 연산자의 왼쪽인 학생 릴레이션의 속성들에서 오른쪽의 컴퓨터_전자전공의 속성을 뺀 나머지 속성이다)의 속성값이 같으면서 전공

학생 릴레이션

이름	전공
손영실	컴퓨터
한미자	컴퓨터
손영실	전자
나한일	컴퓨터
강상대	통계
나한일	전자
이승달	컴퓨터
백창정	전자

컴퓨터_전자전공 릴레이션

전공
컴퓨터
전자

그림 5.14 학생 릴레이션과 컴퓨터_전자전공 릴레이션

이름
손영실
나한일

그림 5.15 학생 ÷ 컴퓨터_전자전공 연산의 결과

속성값으로 컴퓨터_전자전공 릴레이션의 튜플들(여기에서는 컴퓨터와 전자 튜플들임)을 모두 갖는 튜플들을 선택한 후 이 튜플들을 컴퓨터_전자전공 릴레이션의 속성을 제외한 이름 속성으로 project하여 이루어진 릴레이션 형태의 결과를 출력한다. 이 결과에서 중복되는 튜플들은 하나로 단일화 된다. 따라서, 이 연산의 결과는 그림 5.15와 같다. 그림 5.14의 학생 릴레이션에서 컴퓨터와 전자 모두를 전공하는 학생은 손영실과 나한일 학생들 뿐이다.

(2) 기본 연산에 의한 division 연산 표현

r과 s를 각각 릴레이션 스키마 R과 S로 하는 두 릴레이션이라 하고 S⊆R 일때 division 연산에 대한 기본 연산의 조합은 다음과 같다.

$$r \div s = \Pi_{R-S}(r) - \Pi_{R-S}((\Pi_{R-S}(r) \times s) - \Pi_{R-S,S}(r))$$

5.2.5 assign 연산

assign 연산은 관계 대수 연산의 결과를 **릴레이션 변수(relational variable)**에 일시적으로 저장하는 추가 연산이다. 이 연산에 대한 일반 형식과 연산 결과는 표 5.13과 같다.

표 5.13 assign 연산의 일반 형식과 연산 결과

일반 형식	v ← E
기호의 의미	• ← : assign 연산 기호 • E : 관계 대수 연산식 • v : E의 연산 결과를 임시로 저장하는 릴레이션 변수
연산 조건	관계 대수 연산식 E를 수행한 릴레이션 형태의 결과를 릴레이션 변수 v 에 저장한다.

■ assign 연산 예

assign 연산을 쉽게 이해하기 위해 다음의 관계 대수 연산식을 고려하자.

$$\Pi_{R-S}(r) - \Pi_{R-S}((\Pi_{R-S}(r) \times s) - \Pi_{R-S,S}(r))$$

이 연산식은 division 연산 $r \div s$을 기본 연산의 조합으로 나타낸 것이다. 이 식을 릴레이션 변수를 이용하는 assign 연산을 이용하면 다음과 같이 변환할 수 있다.

$$temp1 \leftarrow \Pi_{R-S}(r)$$
$$temp2 \leftarrow \Pi_{R-S}((temp1 \times s) - \Pi_{R-S,S}(r))$$
$$result = temp1 - temp2$$

이 지정문(assignment)의 결과는 릴레이션 형태의 출력은 아니다. 단지, 지정문 기호(←) 오른쪽의 연산식 결과가 왼쪽의 릴레이션 변수로 할당된다. assign 연산은 길고 복잡한 연산식을 릴레이션 변수를 이용하여 여러 개의 짧고 간단한 연산식으로 나누어 나타내거나 혹은 연산 결과를 후속 연산에서 사용하기 위해 활용할 수 있다.

CHAPTER 6

관계형 데이터 언어 : SQL

SQL은 관계형 데이터베이스 언어의 국제 표준으로 확립된 **선언적 언어(declarative language)**이다. SQL은 여러 버전이 존재하는데 원래의 초기 버전은 IBM의 San Jose 연구소(현재는 Almaden Research Center)에서 개발되었다. 이 언어는 원래 1970년대 초에 **System R 프로젝트**의 일부로 Donald D. Chamberlin과 Raymond F. Boyce에 의해 개발되었는데 처음에는 **SEQUEL(Structured English QUEry Language)**이라 불렀다. 그 이후 SEQUEL 언어는 더욱 향상되어 **SQL(Structured Query Language)**로 변경되었고 현재 수 많은 상용 데이터베이스 시스템 제품이 이 SQL 언어를 지원하고 있다.

1986년 미국 표준인 ANSI와 국제 표준인 ISO가 **SQL-86**이라는 SQL 표준을 발표했다. IBM은 1987년 **SAA-SQL**라는 자체의 SQL 표준을 발표했다. 1989년 SQL의 확장된 표준인 **SQL-89**가 발표되었고 오늘날의 데이터베이스 시스템들은 전형적으로 SQL-89 특성들을 최소한으로 지원한다. 1992년 대폭 개정을 통해 **SQL-92**가 표준으로 발표되었고 그 후 **SQL:1999**, **SQL:2003**, **SQL:2006**, **SQL:2008**, **SQL:2011**, **SQL:2016**을 거쳐 2023년에는 현재 ISO/IEC 표준인 **SQL:2023** 표준에 이르렀다. SQL:2023 표준은 그 이전 SQL 언어에 대해 다양한 소규모 변경 사항들, JSON과 관련된 새로운 기능, 그리고 **속성 그래프 질의(property graph query)**를 위한 새로운 부분 등 세 가지 영역이 반영되었다.

SQL 언어는, 1.4.2절의 데이터 언어에서 소개했듯이, **DDL**, **DML**, **DCL** 그리고 **TCL**로 분류된다. 이 단원은 6.1절부터 6.4절에 걸쳐 이들 각 유형의 언어에 해당하는 연산의 종류와 종류별 연산의 구문 그리고 사용 예를 소개한다. 마지막으로 6.5절은 **뷰(view)**의 개념과 뷰 연산의 종류와 구문 그리고 뷰를 사용할 때의 장점에 대해 다룬다.

6.1 데이터 정의어(DDL : Data Definition Language)

▪ DDL 종류

SQL의 DDL은 크게는 릴레이션(테이블이라고도 함)에 대한 연산과 뷰(view)에 대한 연산으로 분류되며 이들 범주에 속한 연산들은 표 6.1과 같고 이들 범주에 속한 연산들이 각각 6.1.1절과 6.1.2절에서 소개된다.

표 6.1 SQL DDL의 연산들

분류	연산 종류	연산에 대한 설명
릴레이션(테이블) 연산	CREATE TABLE 연산	릴레이션 스키마 정의와 함께 릴레이션을 생성하는 연산
	DROP TABLE 연산	저장된 모든 튜플과 릴레이션 존재 자체를 완전히 제거하는 것은 물론 그 릴레이션과 관련된 인덱스, 제약조건, 트리거, 권한 설정 등을 모두 제거하는 연산

분류	연산 종류	연산에 대한 설명
	ALTER TABLE 연산	릴레이션의 스키마를 변경하는 연산
	RENAME 연산	릴레이션의 이름을 변경하는 연산
	TRUNCATE TABLE 연산	릴레이션으로부터 튜플을 모두 삭제하지만 릴레이션은 남기는 연산
	CREATE INDEX 연산	릴레이션에서 하나 이상의 속성들에 대해 하나의 인덱스를 생성하는 연산
	DROP INDEX 연산	CREATE INDEX 연산으로 생성되어 사용 중인 인덱스를 삭제하는 연산
뷰 연산	CREATE VIEW 연산	하나 이상의 릴레이션들로부터 뷰를 생성하는 연산
	DROP VIEW 연산	뷰를 제거하는 연산

6.1.1 릴레이션 연산

(1) CREATE TABLE : 릴레이션 생성 연산

CREATE TABLE 연산은 릴레이션 스키마를 갖는 릴레이션을 정의하고 생성한다. 이 연산 문은 릴레이션을 구성하는 속성들, 각 속성의 도메인, 기본 키 선언, 외래 키 선언과 참조 무결성, 튜플들이 만족해야 하는 도메인 조건(check) 등을 정의하며 이 연산 문에 의해 이러한 내용이 반영된 빈 릴레이션, 즉 튜플이 없는 릴레이션이 생성된다. CREATE TABLE 연산의 예는 이미 4.2.4절의 그림 4.5와 그림 4.6 그리고 4.4.1절의 그림 4.8에서 수강 릴레이션 생성 예에 소개되었으며 자세한 설명은 이 그림들과 함께 이들에 대한 설명을 참조 바란다.

한편, CREATE TABLE 연산 문에서 속성 타입의 종류, 즉, 속성 도메인의 종류와 선언 형식은 표 6.2와 같다. 대부분의 데이터베이스 시스템 제품들은 표 6.2보다 더 많은 종류의 속성 도메인을 제공하며 이들에 대해 자세히 알려면 제품 관련 문서를 참고해야 한다.

표 6.2 속성 도메인과 선언 형식

도메인(타입)	선언 형식
정수	INTEGER, INT, SMALLINT
실수 타입	FLOAT, REAL, DOUBLE PRECISION
정형 수자 타입	DECIMAL(i,j), DEC(i,j), NUMERIC(i,j) 여기에서 i는 전체 자릿수, j는 소수점 이하의 자릿수
고정 길이 문자 스트링 타입	CHAR(n), CHARACTER(n) 여기에서 n은 문자의 최대 길이(n은 1에서 255까지 가능)

도메인(타입)	선언 형식
가변 길이 문자 스트링 타입	VARCHAR(n), CHAR VARYING(n), CHARACTER VARYING(n) 여기에서 n은 문자의 최대 길이(n은 1에서 65535까지 가능)
고정 길이 비트 스트링 타입	BIT(n) 여기에서 n은 비트 열의 길이
가변 길이 비트 스트링 타입	BIT VARYING(n) 최대 길이 n의 가변 길이 비트열 여기에서 n은 비트 열의 길이
날짜 타입	DATE 연, 월, 일로 YYYY-MM-DD 형식을 취함
시간 타입	TIME 시, 분, 초로 hh:mm:ss 형식을 취함
TIMESTAMP타입	TIMESTAMP DATE 필드와 TIME 필드를 포함

(2) DROP TABLE : 릴레이션 삭제 연산

DROP TABLE은 데이터베이스로부터 릴레이션을 삭제하는 연산이다. r을 릴레이션이라 할 때 이 연산문의 일반 형식은 다음과 같다.

```
DROP TABLE  r                                                    (연산 6.1)
```

DROP TABLE 연산은 튜플을 포함한 릴레이션 삭제를 포함하여 그 릴레이션에 대한 인덱스, 제약조건, 트리거, 권한 설정 등 릴레이션을 대상으로 한 모든 정보가 삭제된다.

(3) ALTER TABLE : 릴레이션 스키마 변경 연산

ALTER TABLE 연산은 릴레이션 이름을 변경하거나 혹은 속성에 대한 추가, 삭제, 도메인 변경 등 릴레이션 스키마를 변경하는 연산이다.

■ 릴레이션의 이름 변경 연산

릴레이션의 이름을 r_{old}에서 r_{new}로 변경하는 연산 문의 일반 형식은 다음과 같으며 제품에 따라 이 형식에서 TO를 생략할 수도 있다.

ALTER TABLE r_{old} RENAME TO r_{new}	(연산 6.2)

■ 새로운 속성 추가 연산

릴레이션 r에 도메인 D를 갖는 속성 A를 추가함으로써 릴레이션 r의 릴레이션 스키마를 변경하는 연산 문의 일반 형식은 다음과 같다.

ALTER TABLE r ADD A D	(연산 6.3)

이 연산에 따라 변경된 릴레이션 r의 모든 튜플들의 속성 A는 null 값을 갖게 된다.

■ 속성 삭제 연산

릴레이션 r로부터 속성 A를 삭제하는 연산 문의 일반 형식은 다음과 같다.

ALTER TABLE r DROP A	(연산 6.4)

이 연산에 따라 변경된 릴레이션의 모든 튜플에서 A의 값 또한 제거된다.

■ 속성 도메인(속성 타입) 변경 연산

릴레이션 r로부터 속성 A의 도메인을 D로 변경하는 연산 문의 일반 형식은 제품에 따라 약간 다르다. Oracle이나 MySQL에서 속성 도메인 변경 형식은 다음과 같다.

ALTER TABLE r MODIFY COLUMN A D	(연산 6.5)

SQL Server에서는 MODIFY 대신에 ALTER를 사용한다. 이 연산에서 속성 도메인이 변환되지 않는 오류가 날 경우가 있으며, 이 경우에는 이 속성의 속성값들을 모두 지워야 한다.

■ 속성 명칭 변경 연산

릴레이션 r로부터 속성 명칭을 A_{old}에서 A_{new}로 변경하는 연산 문의 일반 형식은 다음과 같다.

```
ALTER TABLE r RENAME COLUMN A_old TO A_new                    (연산 6.6)
```

이 연산 형식 역시 제품에 따라 약간 다를 수 있으며, MySQL은 이 형식에서 TO가 없고 RENAME 대신 CHANGE를 사용한다.

■ 기본 키 정의 및 정의 삭제 연산

릴레이션을 생성할 때 기본 키가 설정되지 않았을 경우 기본 키를 새로 설정할 수 있다. 릴레이션 r에서 속성 $A_1, A_2, ..., A_n$을 기본 키로 설정하는 연산 문의 일반 형식은 다음과 같다.

```
ALTER TABLE r ADD PRIMARY KEY(A1, A2, ..., An)                (연산 6.7)
```

이 연산에서 릴레이션 r에 이미 기본 키가 설정되어 있을 때는 오류가 발생하며 이때는 기존에 기본 키 정의를 삭제한 후 다시 기본 키 설정 연산을 실행해야 한다. 릴레이션 r에서 기존의 기본 키 정의를 삭제하는 연산은 다음과 같다.

```
ALTER TABLE r DROP PRIMARY KEY(A1, A2, ..., An)               (연산 6.8)
```

(4) RENAME TABLE 연산 : 릴레이션의 이름 변경에 대한 MySQL 연산

사실, SQL 표준에서 릴레이션의 이름을 변경하는 연산은 앞에서 이미 소개한 ALTER TABLE의 RENAME을 사용하는 방법 외에는 따로 정의되어 있지 않다. 지금 소개하는 RENAME TABLE 연산은 MySQL에서 사용하는 연산이며 이 RENAME TABLE 연산의 사용 여부는 DBMS 종류마다 다르다.

릴레이션의 이름을 r_{old}에서 r_{new}로 변경하는 연산의 형식은 다음과 같다.

```
RENAME TABLE r_old TO r_new                                   (연산 6.9)
```

RENAME 연산이 ALTER TABLE의 RENAME 연산과 다른 점은 한 개의 명령으로 여러 릴레이션의 이름을 변경할 수 있다는 데에 있다. 다음은 n 개의 릴레이션이 $r_{old1}, r_{old2}, ..., r_{oldn}$의 이름을 가질 때 이 릴레이션의 이름을 각각 $r_{new1}, r_{new2}, ... , r_{newn}$의 이름으로 변경하는 RENAME TABLE 연산 문이다.

```
RENAME TABLE r_old1 TO r_new1,
             r_old2 TO r_new2,
             ................,
             r_oldn TO r_newn
```
(연산 6.10)

(5) TRUNCATE TABLE 연산 : 릴레이션의 모든 튜플만의 삭제 연산

TRUNCATE TABLE 연산은 릴레이션에서 모든 튜플을 삭제하는 연산이다. 이 연산을 사용하여 릴레이션의 모든 튜플을 한 번에 제거할 수 있다. 하지만 튜플만 모두 삭제될 뿐 릴레이션 자체와 릴레이션에 관련된 모든 정보는 그대로 유지된다.

TRUNCATE TABLE 연산은 6.2.4절에서 소개되는 DELETE 연산보다 모든 튜플의 삭제 작업을 더 빠르게 수행한다. 하지만, 이 연산으로 삭제된 튜플들은 복구할 수 없으므로 이 연산 문을 사용할 때는 주의를 기울여야 한다. 대신, DELETE 연산으로 삭제된 튜플은 ROLLBACK 연산으로 복구할 수 있다.

다음은 릴레이션 r에서 모든 튜플을 삭제하는 TRUNCATE TABLE 연산의 기본 형식이다.

```
TRUNCATE TABLE r
```
(연산 6.11)

(6) CREATE INDEX 연산 : 인덱스 생성 연산

릴레이션을 대상으로 특정 속성값을 가지고 조작 연산을 실행하면 그 연산을 실행하기 위해 릴레이션의 모든 튜플에 순차적으로 접근한다. 인덱스는 특정 속성값을 갖는 튜플에 접근할 때 릴레이션의 모든 튜플에 접근하지 않고 효율적으로 접근할 수 있게 하는 자료구조이다. 속성에 대한 인덱스 생성은 그 속성값을 가지고 튜플에 접근하는 속도를 빠르게 한다. DBMS는 CREATE INDEX 연산 문의 실행을 통해 속성에 대한 인덱스를 생성하여 저장하며 속성값으로 릴레이션의 튜플에 접근할 때 인덱스를 자동으로 이용한다. 또한, 릴레이션의 특정 튜플에서 인덱스가 생성된 속성의 값 변경, 특정 속성값에 의한 튜플 삭제, 새로운 튜플 삽입 등의 조작 연산이 일어날 때마다 DBMS는 인덱스를 자동으로 변경하여 관리한다.

릴레이션이 생성될 때 기본 키에 대해서는 자동으로 인덱스가 생성된다. 하지만 후보 키는 데이터베이스 시스템에 따라 자동으로 생성될 수도 있고 생성되지 않을 수도 있다. 릴레이션에 튜플 수가 많으면 기본 키 이외의 자주 사용하는 속성에 대해 인덱스를 생성하는 것이 좋다.

릴레이션 r에서 속성 A에 대해 inx-name라는 이름의 인덱스를 생성하는 연산의 기본 형식은 다음과 같다.

```
CREATE INDEX inx-name ON r (A)                                  (연산 6.12)
```

만약 릴레이션 r에서 속성 A가 후보 키가 되도록 하고 싶다면 CREATE INDEX 사이에 UNIQUE를 삽입하여 다음과 같이 표현한다.

```
CREATE UNIQUE INDEX inx-name ON r (A)                           (연산 6.13)
```

이 연산 실행을 통해 속성 A에 대해 inx-name 인덱스가 생성된 후 릴레이션 r에 새로운 튜플을 삽입하는 연산 실행이 요청되면, DBMS는 inx-name 인덱스에서 이 튜플의 속성 A의 값이 이미 존재하는지를 검사하고 속성값이 중복되면 UNIQUE에 위반되므로 오류로 처리한다. 한편, 둘 이상 속성값들의 조합으로 인덱스를 생성할 수도 있다.

다음은 속성 $A_1, A_2, ..., A_n$를 가지고 이 속성값들의 조합으로 inx-name 이름의 인덱스를 생성하는 일반 형식을 나타낸다.

CREATE INDEX inx-name ON r ($A_1, A_2, ..., A_n$) (연산 6.14)

(7) DROP INDEX 연산 : 인덱스 삭제 연산

생성되어 사용 중인 인덱스는 다음 연산 문에 의해 언제든지 삭제될 수 있다. 릴레이션 r에서 inx-name 이름의 인덱스를 삭제하는 연산 문의 기본 형식은 다음과 같다.

```
DROP INDEX inx-name                                             (연산 6.15)
```

6.1.2 뷰 연산

뷰(view)란 외부 스키마이며 데이터베이스에 존재하는 하나 이상의 릴레이션에서 이 릴레이션들이 갖는 속성들을 이용하여 정의된다. 뷰는 6.2.1절에서 소개되는 SELECT 연산을 이용하여 정의되며 정의된 뷰는 SELECT 연산에서 릴레이션처럼 사용한다. 하지만, INSERT, UPDATE, DELETE 연산에서는 제한적으로 사용된다. 6.5절에서 뷰 생성과 연산에 관해 자세히 소개하도록 한다.

6.2 데이터 조작어(DML : Data Manipulation Language)

■ DML 종류

표 6.3은 SQL에서 제공되는 DML 연산의 종류를 나열한 것이다. 이 연산 중에서 SELECT, INSERT, UPDATE, DELETE 연산은 SQL DML 연산에서 핵심 연산이며, 이 연산들에 대해 6.2.1절부터 6.2.4절에 걸쳐 소개하고자 한다.

표 6.3 SQL DML 연산들

분류	연산 종류	연산에 대한 설명
데이터 검색 연산	SELECT	조건에 따라 하나 이상의 릴레이션들을 검색하여 그 결과를 생성하는 연산
데이터 삽입 연산	INSERT	릴레이션에 튜플을 삽입하는 연산
데이터 갱신 연산	UPDATE	릴레이션에서 갱신 조건에 해당하는 튜플들에 대해 하나 이상의 속성값을 변경하는 연산
데이터 삭제 연산	DELETE	릴레이션으로부터 삭제 조건에 해당하는 튜플을 삭제하는 연산
릴레이션 MERGE 연산	MERGE	대상 릴레이션과 원본 릴레이션과의 조인 결과에서 대상 릴레이션에 튜플의 삽입, 갱신, 또는 삭제 연산을 하는 연산
프로시저 호출 연산	CALL	정의된 프로시저를 매개변수들을 전달하여 호출(call)하는 연산
질의 실행 계획 생성 연산	EXPLAIN PLAN	연산이 주어질 때 여러 단계로 구성된 질의 실행 계획을 생성하는 연산
릴레이션 로킹 연산	LOCK TABLE	동시성 제어에서 다른 트랜잭션이 접근하지 못하도록 릴레이션을 격리하는 연산

6.2.1 SELECT 연산

SELECT 연산은 하나 이상의 릴레이션에서 조건에 따라 튜플들을 검색하여 주어진 속성값들만 출력하는 연산이다.

(1) SELECT 연산 일반 형식

SELECT 연산의 일반 형식은 다음과 같다.

SELECT $A_1, A_2, \ldots, A_n$ (연산 6.16)
FROM $r_1, r_2, \ldots, r_m$
WHERE P

$r_1, r_2, ..., r_m$: 릴레이션들
$A_1, A_2, ..., A_n$: $r_1, r_2, ..., r_m$ 릴레이션들의 일부 속성들
P : $r_1, r_2, ..., r_m$ 의 속성들 사이에서의 검색 조건

SELECT 연산의 실행 결과는 릴레이션 형태를 취한다. 이 일반 형식에서 SELECT 연산은 릴레이션 r_1, r_2, ..., r_m 들로부터 조건 P를 만족하는 튜플들을 찾아서 속성 A_1, A_2, ..., A_n 값의 튜플들로 구성된 릴레이션 형태의 결과를 생성한다.

이 기본 형식에서 볼 수 있듯이 SELECT 연산은 SELECT, FROM, WHERE의 세 개의 절로 구분되는데 각 절의 기능을 소개하면 다음과 같다.

SELECT 절은 연산 결과를 릴레이션 형태로 구성하는 속성들의 리스트를 나열하는 부분으로 관계 대수의 project 연산에 해당한다. FROM 절은 데이터 검색에 이용되는 릴레이션들의 리스트를 나타내는 절로 관계 대수의 카테젼 곱(cartesian product) 연산에 해당한다. 그리고 WHERE 절은 데이터 선택 조건을 나타내며 관계 대수 select 연산의 검색 조건에 해당한다.

한편, SELECT 기본 연산을 관계 대수 연산으로 표현하면 다음과 같다.

$$\Pi_{A_1, A_2, ..., A_n}(\sigma_P(r_1 \times r_2 \times ... \times r_m))$$

(2) SELECT 기본 연산 예

SELECT 기본 연산의 예를 설명하기 위해 그림 6.1의 OCU대학생 릴레이션과 한국대학생 릴레이션을 고려하자.

5.1.1절 「**(2) select 연산 예2**」의 그림 5.1의 두 릴레이션에서 다음의 관계 대수 연산식을 기억하자. 이 연산식은 OCU 대학 학생 중에서 소속학과가 컴퓨터이고 주소가 서울시인 두 개의 조건을 갖는 튜플들을 릴

OCU대학생 릴레이션

주민번호	이름	소속학과	주소	출신학교
001	손영실	컴퓨터	강릉시	한일
002	한미자	컴퓨터	서울시	두상
003	김한길	전자공학	서울시	충암
004	나한일	컴퓨터	서울시	대신
005	강상대	통계	부천시	강남

한국대학생 릴레이션

주민번호	이름	소속학과	주소	출신학교
006	김복희	통계	부산시	부산고
007	이순재	컴퓨터	부천시	부천고
003	김한길	전자공학	서울시	충암
004	나한일	컴퓨터	서울시	대신

그림 6.1 SELECT 기본 연산 예를 위한 릴레이션들

레이션 형태로 산출하는 select 관계 대수 연산이다.

$$\sigma_{\text{소속학과='컴퓨터'} \land \text{주소='서울시'}}(\text{OCU대학생})$$

이 연산과 동일한 의미와 결과를 갖는 SQL로 표현한 SELECT 연산은 다음과 같다.

```
SELECT 주민번호, 이름, 소속학과, 주소, 출신학교                    (연산 6.17)
FROM  OCU대학생
WHERE 소속학과='컴퓨터' and 주소='서울시'

혹은,

SELECT *
FROM  OCU대학생
WHERE 소속학과='컴퓨터' and 주소='서울시'
```

이 SELECT 연산의 'SELECT *' 부분에서 '*'은 모든 속성을 나타내는 기호이다. 따라서, 앞의 SELECT 연산에서 '*' 기호는 '주민번호, 이름, 소속학과, 주소, 출신학교' 모두를 나타낸다. SELECT 연산의 WHERE 절에서 검색 조건을 구성하기 위한 비교 연산 기호를 살펴보면 표 6.4와 같다. 이 표에서 A는 속성을, V는 A의 값과 비교할 값을 나타낸다.

표 6.4 WHERE 검색 조건 절의 비교 연산자

연산자	형식	의미
>	$A > V$	속성 A의 값이 V보다 클 조건
<	$A < V$	속성 A의 값이 V보다 작을 조건
>=	$A >= V$	속성 A의 값이 V보다 크거나 같을 조건
=<	$A =< V$	속성 A의 값이 V보다 작거나 같을 조건
=	$A = V$	속성 A의 값이 V와 같을 조건
<>	$A <> V$	속성 A의 값이 V와 다를 조건

한편, SELECT 연산의 WHERE 절에서 검색 조건을 구성하기 위한 논리연산 기호를 살펴보면 표 6.5와 같다. 이 표에서 E, E1, E2는 각각 true 혹은 false인 연산식을 의미한다.

표 6.5 WHERE 검색 조건 절의 논리 연산자

연산자	형식	의미
AND	E1 AND E2	E1과 E2 모두 true일 조건
OR	E1 OR E2	E1 또는 E2가 true일 조건
NOT	NOT E	E 가 false일 조건

그림 6.1의 OCU대학생 릴레이션에서 이름과 소속학과만 알고 싶다면 다음의 SELECT 연산 문을 작성하면 된다. 이 SELECT 연산 문은 WHERE 절이 없고, 이 경우, 모든 튜플이 연산 대상이 된다. 이 연산의 결과는 그림 6.2와 같다.

```
SELECT 이름, 소속학과                                  (연산 6.18)
FROM  OCU대학생
```

이름	소속학과
손영실	컴퓨터
한미자	컴퓨터
김한길	전자공학
나한일	컴퓨터
강상대	통계

그림 6.2 (연산 6.18)의 실행 결과

(3) 중복 튜플의 제거

그림 6.1의 OCU대학생 릴레이션을 대상으로 다음 SELECT 연산 문을 고려하자.

```
SELECT 소속학과                                        (연산 6.19)
FROM OCU대학생
```

이 SELECT 연산 문의 실행 결과는 관계 대수의 select 문과는 달리 중복된 튜플을 포함하기 때문에 다음의 결과를 출력한다.

소속학과
컴퓨터
컴퓨터
전자공학
컴퓨터
통계

그림 6.3 (연산 6.19)의 실행 결과

SELECT 연산 문에서 중복성을 제거하기 위해서는 다음과 같이 SELECT DISTINCT를 사용해야 한다.

```
SELECT DISTINCT 소속학과                                    (연산 6.20)
FROM  OCU대학생
```

이 연산을 수행한 결과는 그림 6.4와 같다.

소속학과
컴퓨터
전자공학
통계

그림 6.4 (연산 6.20)의 실행 결과

(4) 튜플 정렬

그림 6.1의 OCU대학생 릴레이션에서 주민번호가 001부터 004 사이인 학생의 소속학과와 출신학교를 출력하되, 소속학과에 대해서는 오름차순으로 출신학교에 대해서는 내림차순으로 정렬하여 출력하는 SELECT 연산 문은 다음과 같다.

```
SELECT DISTINCT 소속학과, 출신학교                          (연산 6.21)
FROM  OCU대학생
WHERE 주민번호 >= 001 AND 주민번호 <= 004
ORDER BY 소속학과 ASC, 출신학교 DESC
```

이 연산 실행 결과를 출력할 때 소속학과에 대해서 오름차순으로 정렬하되, 같은 소속학과 속성값을 갖는 튜플에 대해서는 출신학교로 내림차순으로 정렬하여 그림 6.5와 같이 출력한다.

소속학과	출신학교
전자공학	충암
컴퓨터	한일
컴퓨터	두상
컴퓨터	대신

그림 6.5 (연산 6.21)의 실행 결과

(5) join 연산

join 연산을 설명하기 위해 그림 6.6을 고려하자.

그림 6.6의 두 릴레이션에서 소속학과가 같으면서 같은 주소에 사는 학생과 교수를 짝지워서 학생이름, 교수이름, 소속학과, 주소를 출력하는 다음의 SELECT 연산 문을 고려하자.

```
SELECT DISTINCT OCU대학생.이름, OCU교수.교수이름, OCU대학생.소속학과, OCU대학생.주소    (연산 6.22)
FROM  OCU대학생, OCU교수
WHERE OCU대학생.소속학과=OCU교수.소속학과 AND OCU대학생.주소=OCU교수.주소
```

이 SELECT 연산 문의 FROM 절은 두 개의 릴레이션을 포함하고 있음을 주시하자. 이 SELECT 연산 문에서 OCU대학생.소속학과, OCU교수.소속학과, OCU대학생.주소, OCU교수.주소는 각각 OCU대학생 릴레이션의 소속학과 속성, OCU교수 릴레이션의 소속학과 속성, OCU대학생 릴레이션의 주소 속성, OCU교수 릴레이션의 주소 속성을 의미한다. 이처럼 여러 릴레이션에서 둘 이상의 속성 이름이 같아서 구분할 수 없을 때는 속성 앞에 릴레이션 명칭과 마침표 '.'를 붙임으로써 어느 릴레이션의 속성인지를 구별한다.

(연산 6.22)와 똑 같은 결과를 생성하는 관계 대수 연산식은 다음과 같고 그림 6.7은 (연산 6.22)의 실행 결과를 보여준다.

OCU대학생 릴레이션

학번	이름	소속학과	주소	출신학교
001	손영실	컴퓨터	강릉시	한일
002	한미자	컴퓨터	서울시	두상
003	김한길	전자공학	서울시	충암
004	나한일	컴퓨터	서울시	대신
005	강상대	통계	부천시	강남

OCU교수 릴레이션

교수번호	교수이름	소속학과	주소
001	이성훈	통계	공주시
002	이순재	컴퓨터	강릉시
003	한상훈	통계	부천시
004	박상길	컴퓨터	서울시
005	최은희	전자공학	서울시
006	김성수	컴퓨터	서울시

그림 6.6 조인 연산 예를 위한 릴레이션들

$$\Pi_{\text{OCU대학생.이름, OCU교수.교수이름, OCU대학생.소속학과, OCU대학생.주소}}$$
$$(\sigma_{\text{OCU대학생.소속학과} = \text{OCU교수.소속학과} \wedge \text{OCU대학생.주소} = \text{OCU교수.주소}}(\text{OCU대학생} \times \text{OCU교수}))$$

OCU대학생.이름	OCU교수.교수이름	OCU대학생.소속학과	OCU대학생.주소
손영실	이순재	컴퓨터	강릉시
한미자	박상길	컴퓨터	서울시
한미자	김성수	컴퓨터	서울시
김한길	최은희	전자공학	서울시
나한일	박상길	컴퓨터	서울시
나한일	김성수	컴퓨터	서울시
강상대	한상훈	통계	부천시

그림 6.7 (연산 6.22)의 실행 결과

이 SELECT 연산 문은 릴레이션 변수를 도입하여 다음과 같이 표현할 수도 있다.

```
SELECT DISTINCT T.이름, S.교수이름, T.소속학과, T.주소          (연산 6.23)
FROM  OCU대학생 as  T, OCU교수 as  S
WHERE T.소속학과=S.소속학과 AND T.주소=S.주소
```

이 SELECT 연산 문에서 OCU대학생 릴레이션은 변수 T로, OCU교수 릴레이션은 변수 S로 각각 치환되었음을 알 수 있다. 이 연산의 연산 실행 결과는 그림 6.8과 같다.

T.이름	S.교수이름	T.소속학과	T.주소
손영실	이순재	컴퓨터	강릉시
한미자	박상길	컴퓨터	서울시
한미자	김성수	컴퓨터	서울시
김한길	최은희	전자공학	서울시
나한일	박상길	컴퓨터	서울시
나한일	김성수	컴퓨터	서울시
강상대	한상훈	통계	부천시

그림 6.8 (연산 6.23)의 실행 결과

(6) UNION 연산

그림 6.1에서 OCU 대학생과 한국대학생의 이름을 모두 중복 없이 출력하는 SELECT 연산 문은 다음과 같다.

```
(SELECT 이름 FROM OCU대학생)                                    (연산 6.24)
 UNION
(SELECT 이름 FROM 한국대학생)
```

이 SELECT 연산 문은 OCU대학생 릴레이션과 한국대학생 릴레이션을 이름 속성으로 각각 project하여 union시키는 연산으로 중복되는 튜플은 하나만 출력하는 연산 문이며, 중복성을 유지하기 위해서는 UNION을 **UNION ALL**로 대체하면 된다. 한편, 그림 6.9는 (연산 6.24)의 실행 결과를 보여준다.

이름
손영실
한미자
김한길
나한일
강상대
김복희
이순재

그림 6.9 (연산 6.24)의 실행 결과

(7) INTERSECT 연산

그림 6.1의 두 릴레이션에서 OCU 대학생이면서 한국대학생인 학생의 이름을 출력하는 SELECT 연산 문은 다음과 같다.

```
(SELECT 이름 FROM OCU대학생)                                    (연산 6.25)
 INTERSECT
(SELECT 이름 FROM 한국대학생)
```

이 SELECT 연산 문은 OCU대학생 릴레이션과 한국대학생 릴레이션을 이름 속성으로 각각 project하여 intersect시키는 연산으로 중복되는 튜플은 하나만 출력하는 명령문이며 중복성을 유지하기 위해서는 INTERSECT를 **INTERSECT ALL**로 대치하면 된다. 한편, 그림 6.10은 (연산 6.25)의 실행 결과를 보여준다.

이름
김한길
나한일

그림 6.10 (연산 6.25)의 실행 결과

(8) EXCEPT 연산

그림 6.1의 두 릴레이션에서 OCU 대학생이지만 한국대학생이 아닌 학생의 이름을 출력하는 SELECT 연산 문은 다음과 같다.

```
(SELECT 이름 FROM OCU대학생)                                    (연산 6.26)
 EXCEPT
(SELECT 이름 FROM 한국대학생)
```

이 SELECT 연산 문은 OCU대학생 릴레이션과 한국대학생 릴레이션을 이름 속성으로 각각 project하여 set difference시키는 연산으로 중복되는 튜플은 하나만 출력하는 명령문이며 중복성을 유지하기 위해서는 EXCEPT를 **EXCEPT ALL**로 대치하면 된다. 한편, 그림 6.11은 (연산 6.26)의 실행 결과를 보여준다.

이름
손영실
한미자
강상대

그림 6.11 (연산 6.26)의 실행 결과

(9) 집단 함수(aggregation function)

릴레이션을 대상으로 튜플들의 총 개수를 구하거나 혹은 특정 속성의 총합, 평균값, 최대값, 최소값을 구하기 위해서는 그 릴레이션의 여러 튜플을 대상으로 해야 하는데 이와 같이 릴레이션의 여러 튜플을 대상으로 적용하는 연산을 **집단 함수(aggregation function)**라 한다.

집단 함수의 종류와 연산 내용은 표 6.6과 같다.

표 6.6 집단 함수와 연산 내용

집단 함수	연산 내용
COUNT	조건에 맞는 결과의 수가 몇 개인지를 구하는 함수
SUM	조건에 맞는 결과의 합을 구하는 함수
AVG	조건에 맞는 결과의 평균을 구하는 함수
MAX	조건에 맞는 결과들 중에서 최대값을 구하는 함수
MIN	조건에 맞는 결과들 중에서 최소값을 구하는 함수

집단 함수에 대한 설명을 위해 그림 6.12의 직원 릴레이션을 고려하자.

직원 릴레이션

사원번호	이름	소속부서	나이
001	김원희	기획부	30
002	나원주	총무부	46
003	기성철	총무부	40
004	한상수	기획부	35
005	이찬성	총무부	33
006	박희열	홍보부	42
007	구범수	총무부	28
008	이기성	홍보부	30

그림 6.12 집단 함수 설명을 위한 릴레이션

■ COUNT 함수

COUNT 함수는 연산 실행 결과에서 해당 데이터의 수가 몇 개인지를 카운팅하는 함수이다. 다음의 SELECT 연산 문은 그림 6.12의 직원 릴레이션에서 총무부에서 근무하는 사원번호 속성값의 수, 즉, 직원 수를 COUNT 함수를 이용하여 구하는 질의이다.

```
SELECT COUNT (DISTINCT 사원번호) AS '총무부 사원수'          (연산 6.27)
FROM 직원
WHERE 소속부서='총무부'
```

이 SELECT 연산 문은 소속부서 속성값이 '총무부'인 튜플들의 사원번호 속성값의 수를 중복성을 배제하고(DISTINCT) 구하는 질의이다. AS 부분의 '총무부 사원수'는 출력할 때 '총무부 사원수'라는 속성 이름으로 출력하라는 의미이며 실행 결과는 그림 6.13 (a)와 같다. (연산 6.27)에서 DISTINCT를 제외하면 연산 실행 결과에서 중복된 데이터도 각각 별도로 카운팅한다.

총무부 사원수
4

(a) (연산 6.27) 실행 결과

총무부 나이 총합
147

(b) (연산 6.28) 실행 결과

총무부 나이 평균
36.75

(c) (연산 6.29) 실행 결과

총무부 최고 나이
46

(d) (연산 6.30) 실행 결과

총무부 최소 나이
28

(e) (연산 6.31) 실행 결과

그림 6.13 (연산 6.27), (연산 6.28), (연산 6.29), (연산 6.30), (연산 6.31)의 실행 결과

■ SUM 함수

SUM 함수는 연산 조건을 만족하는 튜플들을 대상으로 함수의 파라미터에 명시된 속성의 값들을 모두 합하는 함수이다. 다음의 SELECT 연산 문은 그림 6.12의 직원 릴레이션에서 총무부에서 근무하는 직원의 나이를 모두 합하여 '총무부 나이 총합'이라는 속성명 형태로 출력하는 질의이며 실행 결과는 그림 6.13 (b)와 같다.

```
SELECT SUM(나이) AS '총무부 나이 총합'                    (연산 6.28)
FROM  직원
WHERE 소속부서='총무부'
```

■ AVG 함수

AVG 함수는 연산 조건을 만족하는 튜플들을 대상으로 함수의 파라미터에 명시된 속성값들의 평균을 구하는 함수이다. 다음의 SELECT 연산 문은 그림 6.12의 직원 릴레이션에서 총무부에서 근무하는 직원들의 평균 나이를 '총무부 나이 평균'이라는 속성명 형태로 출력하는 질의이며 실행 결과는 그림 6.13 (c)와 같다.

```
SELECT AVG(나이) AS '총무부 나이 평균'                    (연산 6.29)
FROM  직원
WHERE 소속부서='총무부'
```

■ MAX 함수

MAX 함수는 연산 조건을 만족하는 튜플들을 대상으로 함수의 파라미터에 명시된 속성값들 중에서 최대값을 구하는 함수이다. 다음의 (연산 6.30)은 그림 6.12의 직원 릴레이션에서 총무부 직원 중 나이가 가장 많은 직원의 나이를 출력하는 질의를 MAX 집단 함수를 사용하여 간단히 나타낸 질의로서 그 결과는 그림 6.13 (d)와 같다.

```
SELECT MAX(나이) AS '총무부 최고 나이'                    (연산 6.30)
FROM  직원
WHERE 소속부서='총무부'
```

■ MIN 함수

MIN 함수는 연산 조건을 만족하는 튜플들을 대상으로 함수의 파라미터에 명시된 속성값들 중에서 최소값을 구하는 함수이다. 다음의 (연산 6.31)은 그림 6.12의 직원 릴레이션에서 총무부 직원 중 나이가 가장 적은 직원의 나이를 출력하는 질의를 MIN 집단 함수를 사용하여 간단히 나타낸 질의로서 그 결과는 그림 6.13 (e)와 같다.

```
SELECT MIN(나이) AS '총무부 최소 나이'                    (연산 6.31)
FROM  직원
WHERE 소속부서='총무부'
```

(10) GROUP BY 부분

SELECT 연산 문에서 GROUP BY 부분은 이 뒤에 나오는 속성의 값을 기준으로 릴레이션 튜플들을 그룹화시키는 기능을 한다.

그림 6.12의 직원 릴레이션에서 각 부서별 직원 수를 구하여 소속부서와 직원수를 구하되 소속부서를 부서명으로 부서별 직원수를 직원수로 출력하는 질의를 작성하면 다음과 같다.

```
SELECT  소속부서 AS 부서명, COUNT(*) AS 직원수              (연산 6.32)
FROM  직원
GROUP BY 소속부서
```

이 SELECT 연산 문은 'GROUP BY 소속부서'에 의해 직원 릴레이션 튜플들을 같은 소속부서 속성값별로 그룹화 한 후 각 그룹별(부서별) 튜플 수를 구하는 질의이며 그 결과는 그림 6.14와 같다.

부서명	직원수
기획부	2
총무부	4
홍보부	2

그림 6.14 (연산 6.32)의 실행 결과

(11) HAVING 부분

HAVING 부분은 SELECT 연산 문의 GROUP BY에 의해 형성된 각 그룹을 대상으로 그룹 선택을 위한 자격 조건을 기술하는 부분이다. GROUP BY 부분이 생략되면 릴레이션 튜플 전체를 하나의 그룹으로 취급한다.

다음 SELECT 연산 문은 그림 6.12의 직원 릴레이션을 대상으로 3명 이상의 직원을 갖는 부서의 부서명과 평균나이를 출력하는 질의로 그 결과는 그림 6.15와 같다.

```
SELECT 소속부서 AS 부서명, AVE(나이) AS  평균나이                (연산 6.33)
FROM 직원
GROUP BY 소속부서
HAVING COUNT(*) >= 3
```

부서명	평균나이
총무부	36.75

그림 6.15 (연산 6.33)의 실행 결과

(12) LIKE 부분

그림 6.12의 직원 릴레이션을 대상으로 다음 질의를 고려하자.

```
SELECT  이름, 나이                                          (연산 6.34)
FROM    직원
WHERE   소속부서 LIKE '총%'
```

이 SELECT 연산 질의에서 「WHERE 소속부서 LIKE '총%'」 부분의 「소속부서 LIKE '총%'」에서 %는 와일드 카드로 소속부서 속성값이 '총'으로 시작하는 문자열일 조건을 의미하며 문자열에 대한 패턴 매칭을 수행한다. 따라서 이 질의 결과는 그림 6.16과 같다.

이름	나이
나원주	46
기성철	40
이찬성	33
구범수	28

그림 6.16 (연산 6.34)의 실행 결과

이처럼 LIKE 부분에서 패턴 매칭을 위해 사용되는 와일드 카드 문자와 기능은 다음과 같다.

- **퍼센트 기호(%)** : %는 길이 0 이상의 부분 문자열을 매칭하며 아무 문자와 매칭할 수 있다.
- **밑줄(_)** : _는 문자 하나만을 매칭한다.

위의 패턴 매칭 기호의 사용을 예로 들어보자.

- '총무%'는 '총무'로 시작하는 문자열을 매칭하며 '총무' 다음에 길이 0 이상의 어떤 문자열이라도 매칭된다.
- '%총무%'는 '총무'를 부분 문자열로 포함하는 문자열을 매칭하며 '총무' 앞과 뒤로 길이 0 이상의 어떤 문자열이라도 매칭된다.
- '_ _ DB'은 네 개 문자로 구성되는 문자열 중 'DB'로 끝나는 문자열을 매칭한다. 앞에는 두 개의 어떤 문자라도 매칭된다.
- '_ _ _'은 길이가 3인 어떤 문자열이라도 매칭한다.
- 'ab_ _ _'은 길이가 5이면서 'ab'로 시작하는 문자열을 매칭한다. 'ab' 다음에는 길이 3의 어떤 문자열이라도 매칭한다.
- '_ _ _%'은 문자 길이가 최소한 3인 문자열을 매칭한다.

⒀ EXISTS와 NOT EXISTS 부분

EXISTS 부분은 SELECT 연산 문의 WHERE 절에서 조건으로 이용되며, EXISTS를 포함하는 WHERE 절은 EXISTS 다음의 SELECT 연산으로 검색된 결과에 FROM 뒤의 릴레이션의 튜플이 존재하는지를 검사하여 존재하면 참, 존재하지 않으면 거짓의 조건 결과를 산출한다.

EXISTS의 기능을 설명하기 위해 그림 6.1의 OCU대학생 릴레이션과 한국대학생 릴레이션을 중심으로 다음 질의를 고려하자.

```
SELECT 이름                                                    (연산 6.35)
FROM  OCU대학생
WHERE EXISTS (SELECT *
              FROM 한국대학생
              WHERE 한국대학생.주민번호 = OCU대학생.주민번호)
```

이름
김한길
나한일

그림 6.17 (연산 6.35)의 실행 결과

이 질의는 먼저 OCU대학생 릴레이션의 각 튜플에 대해 그 튜플의 주민번호 속성값을 가지고 WHERE 절 EXISTS 뒤의 「(SELECT * FROM 한국대학생 WHERE 한국대학생.주민번호 = OCU대학생.주민번호)」를 실행한 후 이 실행 결과에 한국대학생 튜플이 존재하면 OCU대학생 릴레이션 튜플의 이름 속성값을 출력하는 연산이다. 따라서, (연산 6.35)는 OCU대학생 중에서 동시에 한국대학생인 학생의 이름을 출력하는 SELECT 연산으로 이 질의의 실행 결과는 그림 6.17과 같다.

이와는 반대로 다음의 (연산 6.36) 질의는 OCU 대학생이지만 한국대학생이 아닌 학생의 이름을 출력하는 SELECT 연산 문으로 그림 6.18은 이 질의의 실행 결과이다.

```
SELECT 이름                                                    (연산 6.36)
FROM  OCU대학생
WHERE NOT EXISTS (SELECT *
                  FROM 한국대학생
                  WHERE 한국대학생.주민번호 = OCU대학생.주민번호)
```

이름
손영실
한미자
강상대

그림 6.18 (연산 6.36)의 실행 결과

EXISTS 부분과 NOT EXISTS 부분은 (연산 35)와 (연산 36)과 같이 릴레이션 사이에서 공통 키를 가지고 연계가 되는지를 따질 때 유용하게 사용된다.

⒁ IN과 NOT IN 부분

IN은 EXISTS 부분과 유사하게 WHERE 절에서 조건으로 이용되는데, EXISTS 부분은 FROM 뒤의 릴레이션의 튜플이 EXISTS 다음의 SELECT 검색 조건과 연계하여 그 결과가 존재하는지의 조건을 기술하는 한편, IN 부분은 IN 앞의 속성값이 IN 부분 뒤의 SELECT 연산 문으로 검색된 결과에 존재하는지의 조건을 기술한다. 이때 WHERE 절은 IN 앞의 속성의 값이 검색 결과에 존재하면 참을 존재하지 않으면 거짓을 산출한다.

IN 부분을 자세히 설명하기 위해 그림 6.1의 OCU대학생 릴레이션과 한국대학생 릴레이션을 중심으로 다음 질의를 고려해 보자.

```
SELECT T.이름                                              (연산 6.37)
FROM  OCU대학생  AS  T
WHERE T.주민번호 IN (SELECT  S.주민번호
                    FROM 한국대학생  AS  S)
```

이 SELECT 연산 문은 WHERE 절의 「(SELECT S.주민번호 FROM 한국대학생 AS S)」를 실행하여 생성된 결과에 OCU대학생 튜플(T)의 주민번호 속성값(T.주민번호)이 존재하는지를 따져서 존재하면 첫 번째 SELECT 절에서 그 튜플의 이름 속성값(T.이름)을 출력하는 질의이다. 따라서, 이 질의의 실행 결과는 EXISTS 예인 (연산 6.35)의 실행 결과와 동일한 그림 6.17과 같다.

한편, (연산 6.37)과는 반대로, 이번에는 OCU대학생이지만 한국대학생이 아닌 학생의 이름을 출력하는 SELECT 연산 문은 다음의 (연산 6.38)과 같으며, 그 실행 결과는 NOT EXISTS 예인 (연산 6.36) 실행 결과와 동일한 그림 6.18과 같다.

```
SELECT T.이름                                              (연산 6.38)
FROM  OCU대학생  AS  T
WHERE T.주민번호 NOT IN (SELECT  S.주민번호
                        FROM 한국대학생  AS  S)
```

6.2.2 INSERT 연산

INSERT 연산 문은 릴레이션에 하나 혹은 그 이상의 튜플을 삽입하는 SQL 연산 문으로, 튜플 한 개를 삽입할 수도 있고 SELECT 문을 이용하여 여러 튜플을 삽입할 수도 있다. 이 두 방법에서 INSERT 연산 문의 일반 형식과 예를 각각 알아보도록 하자.

(1) 단일 튜플 삽입을 위한 INSERT 연산 문의 일반 형식

릴레이션 r의 속성들을 $A_1, A_2, ..., A_n$이라 하고, $V_1, V_2, ..., V_n$을 각각 속성 $A_1, A_2, ..., A_n$에 대응되는 속성값이라 할 때, 릴레이션 r에 한 개의 튜플 $(V_1, V_2, ..., V_n)$을 삽입하는 INSERT 연산 문의 일반 형식은 다음과 같다.

```
INSERT INTO r [(A1, A2, ..., An)]                                    (연산 6.39)
VALUES (V1, V2, ..., Vn)
```

이 일반 형식의 $[(A_1, A_2, ..., A_n)]$에서 대괄호 [ ]의 표현은 선택적으로 생략 가능함을 나타낸다. 이 대괄호 안의 $(A_1, A_2, ..., A_n)$은 릴레이션 r에서 삽입되는 튜플에서 콤머로 구분하여 나열한 속성값의 순서를 나타내는 것으로 속성값 V_i (i=1,2,...,n)는 속성 A_i의 값임을 나타낸다. $(V_1, V_2, ..., V_n)$의 속성값 순서가 릴레이션 r의 스키마 속성 순서와 동일하면 $(A_1, A_2, ..., A_n)$ 부분은 생략할 수 있다.

(2) 단일 튜플 삽입 예

그림 6.1에서 OCU대학교에 김철수 학생 한 명이 편입해서 OCU대학생 릴레이션에 튜플 (019, '김철수', '컴퓨터', '원주시', '원주고') 를 삽입하는 INSERT 연산 문은 다음과 같다.

```
INSERT INTO OCU대학생                                                (연산 6.40)
VALUES (019, '김철수', '컴퓨터', '원주시', '원주고')
```

이 연산 문에서 튜플 (019, '김철수', '컴퓨터', '원주시', '원주고')의 속성값의 순서는 OCU대학생 릴레이션 스키마의 속성 순서인 (주민번호, 이름, 소속학과, 주소, 출신학교) 순서로 나열되었기 때문에 속성 순서 리스트는 생략되었다. 만일 삽입 연산 문에서 OCU대학생 릴레이션 스키마와는 다르게 속성 순서를 바꿔서 (이름, 주민번호, 소속학과, 출신학교, 주소) 순서로 튜플을 표현하고자 한다면 속성 순서를 다음과 같이 표현해야 한다.

```
INSERT INTO OCU대학생(이름, 주민번호, 소속학과, 출신학교, 주소)        (연산 6.41)
VALUES ('김철수', 019, '컴퓨터', '원주고', '원주시')
```

(연산 6.40)과 (연산 6.41)의 실행 결과는 동일하며 그림 6.1의 OCU대학생 릴레이션에 그림 6.19와 같이 점선으로 표시된 튜플이 삽입된다.

OCU대학생 릴레이션

주민번호	이름	소속학과	주소	출신학교
001	손영실	컴퓨터	강릉시	한일
002	한미자	컴퓨터	서울시	두상
003	김한길	전자공학	서울시	충암
004	나한일	컴퓨터	서울시	대신
005	강상대	통계	부천시	강남
019	김철수	컴퓨터	원주시	원주고

그림 6.19 (연산 6.40) 혹은 (연산 6.41)의 실행 결과

(3) 복수 튜플 삽입을 위한 INSERT 연산 문 일반 형식

SELECT 연산 문을 이용하여 여러 튜플을 릴레이션에 삽입하는 INSERT 연산 문의 일반 형식은 다음과 같다.

```
INSERT INTO r [(A1, A2, ..., An)]                                  (연산 6.42)
   SELECT연산 문
```

이 INSERT 연산 문은 SELECT 연산 문에 의해 생성된 여러 튜플을 릴레이션 r로 삽입하는 명령문이다. 이 일반 형식에서 $[(A_1, A_2, ..., A_n)]$의 의미는 (연산 6.39)의 단일 INSERT 연산 문에서 설명한 의미와 같다. 단, 이 형식에서 SELECT연산 문의 실행 결과로 산출된 각 튜플에서 속성값의 순서가 $A_1, A_2, ..., A_n$ 순서이어야 한다. SELECT연산 문의 실행 결과로 산출된 각 튜플의 속성 순서가 릴레이션 r의 속성 순서와 같으면 순서 리스트인 $(A_1, A_2, ..., A_n)$은 생략할 수 있다.

(4) 복수 튜플 삽입 예

그림 6.1에서 한국대학교의 부산고와 부천고 출신 학생들이 모두 OCU대학교로 편입했다고 가정하자. 이때 한국대학교 릴레이션의 부산고와 부천고 출신 학생 튜플들은 모두 OCU대학교 릴레이션에 삽입해야 하며 이를 위한 INSERT 연산 문은 다음과 같다.

```
INSERT INTO OCU대학생                                              (연산 6.43)
   SELECT *
   FROM 한국대학생 AS S
   WHERE S.출신학교 = '부산고' OR S.출신학교 = '부천고'
```

이 질의에서 SELECT 연산 문은 출신학교 속성값이 부산고이거나 부천고인 튜플들을 검색하며, 이 튜플들은 INSERT INTO 명령에 따라 OCU대학생 릴레이션에 삽입된다. 그림 6.1의 OCU대학생 릴레이션에서 이 질의를 실행해서 반영된 튜플들이 그림 6.20에서 점선으로 표시된다. 이 질의에서 「SELECT *」에 의해 SELECT 연산 실행 결과의 속성 순서가 OCU대학생 릴레이션의 속성 순서와 같으므로 속성 순

OCU대학생 릴레이션

주민번호	이름	소속학과	주소	출신학교
001	손영실	컴퓨터	강릉시	한일
002	한미자	컴퓨터	서울시	두상
003	김한길	전자공학	서울시	충암
004	나한일	컴퓨터	서울시	대신
005	강상대	통계	부천시	강남
006	김복희	통계	부산시	부산고
007	이순재	컴퓨터	부천시	부천고

그림 6.20 (연산 6.43)의 실행 결과

서 리스트가 생략되었음을 주시하자.

6.2.3 UPDATE 연산

UPDATE 연산 문은 릴레이션에서 하나 이상의 튜플을 대상으로 속성값을 갱신하는 SQL 연산 문으로 그 일반 형식과 튜플을 갱신하는 예를 살펴보면 다음과 같다.

(1) UPDATE 연산 문의 일반 형식

r을 릴레이션이라 하고, V_1, V_2, ..., V_m을 각각 속성 A_1, A_2, ..., A_m의 변경해야 할 새로운 값이라 할 때 UPDATE 연산 문의 일반 형식은 다음과 같다.

```
UPDATE r                                        (연산 6.44)
SET A1=V1, A2=V2, ..., Am=Vm
[WHERE 조건]
```

이 갱신 연산 문은 WHERE 절의 조건에 해당하는 튜플들을 골라서 속성 A_1, A_2, ..., A_m의 값을 각각 V_1, V_2, ..., V_m으로 변경한다. 릴레이션 r의 모든 튜플 값을 조건 없이 변경하고자 할 때는 WHERE 절을 생략한다.

(2) 튜플 갱신 예

그림 6.12의 직원 릴레이션 예에서 홍보부가 기획부로 통합되었다고 가정하면 홍보부 직원들의 소속 부서는 모두 기획부로 변경해야 한다. 이를 위한 UPDATE 연산 문은 다음과 같다.

```
UPDATE 직원                                     (연산 6.45)
SET 소속부서='기획부'
WHERE 소속부서='홍보부'
```

(3) SELECT 연산 문을 이용한 갱신 예

그림 6.1의 OCU대학생 릴레이션과 한국대학생 릴레이션 예에서 OCU대학생이자 한국대학생인 모든 학생이 1년 동안 교환 학생으로 미국 L.A. 기숙사에 거주하게 되었다고 가정하자. 이때 OCU대학생이면서 한국대학생인 모든 학생의 주소를 L.A.로 모두 변경해야 하는데, 이에 대한 두 UPDATE 연산 문은 다음과

같다. 이 두 질의의 WHERE 조건 절에서 IN 부분이 사용되었음을 주시하자.

```
UPDATE   OCU대학생                                                    (연산 6.46)
SET 주소='L.A.'
WHERE OCU대학생.주민번호 IN (SELECT  한국대학생.주민번호
                              FROM  한국대학생)

UPDATE  한국대학생
SET 주소='L.A.'
WHERE 한국대학생.주민번호 IN (SELECT  OCU대학생.주민번호
                              FROM   OCU대학생)
```

이 실행 결과는 그림 6.21과 같고 갱신된 주소 속성값들은 점선 사각형으로 표시되었다.

OCU대학생 릴레이션

주민번호	이름	소속학과	주소	출신학교
001	손영실	컴퓨터	강릉시	한일
002	한미자	컴퓨터	서울시	두상
003	김한길	전자공학	L.A.	충암
004	나한일	컴퓨터	L.A.	대신
005	강상대	통계	부천시	강남

한국대학생 릴레이션

주민번호	이름	소속학과	주소	출신학교
006	김복희	통계	부산시	부산고
007	이순재	컴퓨터	부천시	부천고
003	김한길	전자공학	L.A.	충암
004	나한일	컴퓨터	L.A.	대신

그림 6.21 (연산 6.46)의 실행 결과

6.2.4 DELETE 연산

DELETE 연산 문은 릴레이션에서 하나 또는 하나 이상의 튜플을 삭제하는 SQL 연산 문이다. DELETE 연산 문의 일반 형식과 예를 살펴보면 다음과 같다.

(1) DETELE 연산 문의 일반 형식

r을 릴레이션이라 할 때 DELETE 연산 문의 일반 형식은 다음과 같다.

```
DELETE                                                               (연산 6.47)
FROM  r
[WHERE 조건]
```

이 삭제 연산 문은 WHERE 절의 조건에 해당하는 튜플들을 골라서 릴레이션 r에서 삭제한다. 한편, 릴레이션 r의 모든 튜플을 삭제할 때는 WHERE 절을 생략한다. DELETE 연산으로 모든 튜플이 삭제되더라도 튜플들만 삭제될 뿐 릴레이션과 릴레이션 스키마와 관련된 모든 정보는 그대로 유지된다.

(2) 튜플 삭제 예

그림 6.12의 직원 릴레이션 예에서 총부무가 없어지면서 총무부 직원이 모두 사직했다고 가정하면 직원 릴레이션의 튜플 중에서 소속부서 속성값이 '총무부'인 튜플들을 모두 삭제해야 한다. 이에 대한 DELETE 연산 문은 다음과 같다. 이 삭제 연산의 실행 결과는 어렵지 않으므로 여러분의 과제로 남긴다.

```
DELETE                                          (연산 6.48)
FROM  직원
WHERE 소속부서 = '총무부'
```

(3) SELECT 문을 이용한 복수 튜플 삭제 예

그림 6.1의 OCU대학생 릴레이션과 한국대학생 릴레이션 예에서 OCU 대학생이면서 한국대학생인 학생들이 모두 OCU대학을 마치고 한국대학에서만 재학 중이라면, OCU 대학생이면서 한국대학생인 학생들을 OCU대학생 릴레이션에서 제거해야 한다. 이를 위해 SELECT 연산 부분을 포함한 DELETE 연산 문은 다음과 같고 그 실행 결과는 그림 6.22와 같다.

```
DELETE                                          (연산 6.49)
FROM  OCU대학생
WHERE OCU대학생.주민번호 IN (SELECT  한국대학생.주민번호
                            FROM   한국대학생)
```

OCU대학생 릴레이션

주민번호	이름	소속학과	주소	출신학교
001	손영실	컴퓨터	강릉시	한일
002	한미자	컴퓨터	서울시	두상
005	강상대	통계	부천시	강남

그림 6.22 (연산 6.49)의 실행 결과

6.3 데이터 제어어(DCL : Data Control Language)

■ DCL 종류

DCL은 데이터베이스 시스템에서 사용자의 권한과 데이터베이스 접근을 제어하기 위해 사용하는 연산을 포함한다. 표 6.7은 SQL에서 제공되는 DCL 연산의 종류를 나열한 것으로 표 6.7의 각 연산에 대해 다음 절들에서 알아보도록 하자.

표 6.7 SQL DCL의 연산들

분류	연산 종류	연산에 대한 설명
권한 허용 연산	GRANT	하나 이상의 릴레이션 혹은 뷰에 대해 갖고 있던 권한을 다른 사용자에게 허용하는 연산
권한 철회 연산	REVOKE	릴레이션 혹은 뷰에 허용한 권한을 회수하는 연산

6.3.1 GRANT 연산

DBA 혹은 데이터베이스 보안 담당자는 허용하지 않은 접근을 하려는 사용자들로부터 데이터베이스를 보호할 책무를 갖는다. GRANT 연산은 사용자가 릴레이션이나 속성, 저장된 프로시저 중의 특정 객체에 대해 앞에서 소개한 DML과 DDL을 포함하는 SQL 연산 종류 중 하나 또는 그 이상의 연산들을 실행할 수 있는 권한을 데이터베이스 사용자에게 부여하는 데 사용된다. GRANT 연산 문의 일반 형식과 예를 살펴보면 다음과 같다.

(1) GRANT 연산 문의 일반 형식

릴레이션 r에 대해 $O_1, O_2, \ldots, O_n$ 연산의 실행 권한들을 사용자 계정이 $U_1, U_2, \ldots, U_m$인 사용자들에게 부여하는 GRANT 연산 문의 일반 형식을 소개하면 다음과 같다.

GRANT $O_1, O_2, \ldots, O_n$ **ON** r **TO** $U_1, U_2, \ldots, U_m$ (연산 6.50)

이 일반 형식의 $O_1, O_2, \ldots, O_n$에서 각 $O_i(i=1, 2, \ldots n)$는 6.1절과 6.2절에서 소개한 DDL과 DML 연산 중의 하나로서 GRANT 연산을 실행하는 사용자는 릴레이션 r에 대해 이 연산의 실행과 그 이상의 권한들을 가지고 있어야 한다. 또한, (연산 6.50)의 $U_1, U_2, \ldots, U_m$에서 각 $U_i(i=1, 2, \ldots, m)$는 일반적으로 DBMS를 사용할 수 있는 사용자 계정에 해당한다.

(연산 6.50)에서 $U_1, U_2, ..., U_m$ 사용자들은 릴레이션 r에 대해 $O_1, O_2, ..., O_n$의 연산을 실행할 수는 있지만, 이 사용자들이 다른 사용자에게 이 연산의 일부 또는 전부의 실행 권한을 GRANT 연산으로 다시 행사할 수 있는 것은 아니다. 사용자에게 릴레이션에 대한 연산의 실행 권한을 부여함과 동시에 권한을 부여받은 사용자가 그 권한을 다른 사용자에게 부여할 수 있도록 하려면 다음과 같이 (연산 6.50)의 일반 형식 뒤에 WITH GRANT OPTION을 추가함으로써 가능하다.

GRANT $O_1, O_2, ..., O_n$ **ON** r **TO** $U_1, U_2, ..., U_m$ **WITH GRANT OPTION** (연산 6.51)

(2) 권한 부여 예

그림 6.1의 OCU대학생 릴레이션에 대해 SELECT, INSERT, UPDATE 연산에 대한 실행 권한을 두 사용자 data_user와 base_user에게 부여하는 GRANT 연산 문은 다음과 같다.

```
GRANT SELECT, INSERT, UPDATE ON  OCU대학생                (연산 6.52)
        TO  data_user, base_user
```

이 연산 실행으로 data_user와 base_user 사용자 각각은 OCU대학생 릴레이션에 대해 SELECT, INSERT, UPDATE 연산을 실행할 수 있다. 하지만, 앞에서 설명한 것처럼, data_user와 base_user가 부여받은 이 연산 실행 권한을 다시 다른 사용자에게 부여할 수 있는 것은 아니다. 이를 가능하게 하려면 다음과 같이 WITH GRANT OPTION을 추가해야 한다.

```
GRANT SELECT, INSERT, UPDATE ON  OCU대학생                (연산 6.53)
        TO  data_user, base_user  WITH GRANT OPTION
```

이때, data_user 사용자는 다음과 같이 (연산 6.53)에서 부여받은 실행 연산 권한의 일부인 SELECT 연산 실행 권한을 다른 사용자(DB_user)에게 부여할 수 있다.

```
GRANT SELECT ON OCU대학생 TO DB_user                       (연산 6.54)
```

6.3.2 REVOKE 연산

REVOKE 연산은 앞의 GRANT 연산으로 데이터베이스의 특정 객체에 부여한 연산 실행 권한을 철회하여 무효화 하는 연산이다. REVOKE 연산 문의 일반 형식과 예를 살펴보면 다음과 같다.

(1) REVOKE 연산 문의 일반 형식

다음의 두 일반 형식은 같은 기능을 하는 REVOKE 연산 문의 일반 형식으로서, 이 연산은 이전에 GRANT 연산으로 릴레이션 r에 대해 일차적으로 다른 사용자에게 부여한 연산 실행 권한은 물론, 그 사용자들이 또 다른 사용자에게 부여한 권한들까지 연쇄적으로 추적해서 연산 문에 명시된 연산들에 대한 권한을 철회한다.

REVOKE O_i, O_j, ..., O_k **ON** r **FROM** U_l, U_m, ..., U_n (연산 6.55)

혹은

REVOKE O_i, O_j, ..., O_k **ON** r **FROM** U_l, U_m, ..., U_n **CASCADE**

이 일반 형식에서 O_i, O_j, ..., O_k와 U_l, U_m, ..., U_n은 각각 사전에 GRANT 연산에서 실행 권한을 부여한 연산 일부분과 사용자 일부분이다. (연산 6.55)와는 달리 권한을 연쇄적으로 철회하지 않고 연산 문에서 지정한 사용자들만 권한을 철회하는 연산 문의 일반 형식은 다음의 (연산 6.56)과 같이 (연산 6.55)의 CASCADE 대신 RESTRICT로 대체함으로써 표현된다. 이 형식의 연산은 릴레이션에 대해 사용자들 사이에 연쇄적인 GRANT가 없었으면 권한 철회를 실행하지만, 연쇄적인 GRANT가 존재하면 연쇄 철회를 할 수 없으므로 오류를 리턴한다.

REVOKE O_i, O_j, ..., O_k **ON** r **FROM** U_l, U_m, ..., U_n **RESTRICT** (연산 6.56)

한편, (연산 6.51)을 이용하여 릴레이션 r에 대해 사용자에게 부여한 권한에서 연산 실행 권한은 그대로 유지하고 다른 사용자에게 연산 실행 권한을 부여할 수 있는 권한만 철회하고자 한다면 다음 일반 형식의 연산 문을 사용한다.

REVOKE GRANT OPTION FOR O_i, O_j, ..., O_k **ON** r **FROM** U_l, U_m, ..., U_n (연산 6.57)

(2) 권한 철회 예

(연산 6.53)과 (연산 6.54)를 실행한 후 (연산 6.53)을 실행한 사용자가 다음 연산을 실행한다면,

```
REVOKE SELECT ON  OCU대학생  FROM  data_user  RESTRICT                    (연산 6.58)
```

(연산 6.53)에서 권한이 부여된 사용자 중 data_user 사용자가 (연산 6.54)에서 SELECT 연산을 연쇄적으로 DB_user 사용자에게 부여함에 따라 연쇄 철회가 필요한데 RESTRICT로 제한했기 때문에 오류로 처리된다. 연쇄 철회를 위해서는 다음과 같이 CASCADE를 이용한 REVOKE 연산이 요구된다.

```
REVOKE SELECT ON  OCU대학생  FROM  data_user  CASCADE                     (연산 6.59)
```

이번에는 (연산 6.53)을 실행한 후 (연산 6.53)의 사용자가 다음 연산을 실행한다면,

```
REVOKE GRANT OPTION FOR SELECT ON  OCU대학생                              (연산 6.60)
        FROM  data_user
```

data_user 사용자는 (연산 6.53) 실행으로 부여받은 OCU대학생에 대한 SELECT, INSERT, UPDATE 연산의 실행 권한은 그대로 남아 있었지만 (연산 6.60)으로 인해 data_user 사용자는 더 이상 (연산 6.54)를 실행할 수 없다. data_user 사용자는 더 이상 다른 사용자에게 OCU대학생 릴레이션에 대한 SELECT 권한을 부여할 수 없으므로 지금부터 data_user의 (연산 6.54) 실행은 오류로 처리된다. 하지만, data_user 사용자는 OCU대학생에 대한 INSERT 연산과 UPDATE 연산에 대한 실행 권한을 다른 사용자에게 부여할 수 있다.

한편, (연산 6.60)은 일부 데이터베이스 시스템에서 지원하지 않는 구문이므로 이 점을 유의하자.

6.4 트랜잭션 제어어(TCL : Transaction Control Language)

트랜잭션의 실행과 복구 그리고 동시성 제어에 관련된 언어로 SQL 연산의 종류는 표 6.8에서 제시되며 문헌에 따라 TCL 연산들을 DCL에 포함하기도 한다. 표 6.8에서 제시된 연산을 이해하기 위해서는 트랜잭션 개념과 성질, 트랜잭션 실행 실패와 복구 개념 그리고 트랜잭션 동시성 제어 개념에 대한 이해가 선행되어야 한다.

이런 이유로 각 연산에 대한 개념과 설명은 10장과 11장 그리고 12장에서 개념과 이론을 설명할 때 자세히 소개하고자 하며, 표 6.8에서 분류된 연산과 관련된 내용을 소개한 단원이 표 6.8의 분류에서 괄호 안에 표시되었음을 주시하자.

표 6.8 SQL TCL의 연산들

분류	연산 종류	연산에 대한 설명
트랜잭션 선언 연산 (10장)	트랜잭션 선언 연산	이 연산 이후 제시되는 연산들이 트랜잭션 연산들임을 선언하는 연산(이 선언 연산의 형식은 DBMS마다 다르다)
트랜잭션 복구 연산 (11장)	COMMIT	현재까지 실행한 트랜잭션의 연산 결과들을 디스크의 데이터베이스에 저장하는 연산
	ROLLBACK	데이터베이스 상태를 트랜잭션 실행 전의 상태로 되돌리는 연산
	체크포인트 연산	트랜잭션 실행의 지정된 지점을 기준으로 데이터베이스 상태를 복구하는 연산(연산의 표현 형식은 제품마다 다르다)
격리성 수준 관련 연산 (12장)	SET TRANSACTION ISOLATION LEVEL	트랜잭션의 격리성 수준을 설정하는 연산
	격리성 수준 변경 연산	트랜잭션의 현재 격리성 수준을 변경하는 연산

6.5 뷰(view)와 연산

■ 뷰의 개념과 실체화

뷰(view)란 외부 스키마이며 데이터베이스에 존재하는 하나 이상의 릴레이션에서 이 릴레이션들에 포함된 속성들을 이용하여 연산 형식으로 선언함으로써 정의된다. 선언된 뷰는 SQL의 SELECT 연산 문에서 일종의 릴레이션처럼 사용한다. 그러나, SQL의 INSERT, UPDATE, DELETE의 연산 문에서는 부작용(side effect) 때문에 매우 제한적으로 사용된다.

뷰가 정의될 때 데이터베이스에서는 연산 형식의 선언 정보로만 저장되므로 뷰를 구성하는 튜플들은 갖지 못한다. 단지 선언된 뷰를 이용하는 검색 연산 등의 조작 연산이 실행될 때 비로소 이 뷰 선언에 포함된 SELECT 연산을 실행하여 실제 튜플들을 구성한다. 이처럼 실제로 데이터가 생성되어 데이터를 갖게 되는 것을 **데이터 실체화(data materialization)**라 하는데, 뷰의 데이터 실체화는 선언을 통해 뷰가 정의될 때 이루어지는 것이 아니라 뷰를 사용하는 연산이 실행될 때 일시적으로 이루어진다. 뷰를 사용하는 연산의 실행이 끝나면 일시적으로 실체화된 뷰의 데이터와 저장 공간은 더 이상 존재하지 않는다. 따라서 뷰의 저장 공간과 데이터는 연산이 실행될 때마다 일시적으로 생성되었다가 연산이 끝나면 모두 사라지므로 뷰가 많은 데이터를 갖게 되거나 혹은 뷰를 이용하는 연산이 빈번히 실행되는 경우 많은 데이터를 자주 실체화하는 데 긴 시간이 소요되는 오버헤드가 생긴다.

6.5.1 CREATE VIEW 연산

CREATE VIEW는 뷰를 정의하는 연산이다. 뷰는 이미 존재하는 릴레이션들을 바탕으로 선언 형식으로 정의되는데 뷰 정의를 위해 사용되는 릴레이션을 **기저 릴레이션(base relation)** 혹은 **기본 릴레이션**이라 부른다. 선언된 뷰를 이용하여 새로운 뷰를 정의할 수 있으며 또한, 릴레이션과 정의된 뷰를 이용하여 새로운 뷰를 정의할 수도 있다.

v를 뷰라 하고 $A_1, A_2, ..., A_n$을 v를 구성하는 속성이라 한다면 뷰 v 정의를 위한 일반 형식은 다음과 같다.

```
CREATE VIEW  v [(A1, A2, ..., An)]                                    (연산 6.61)
   AS SELECT연산 문
```

뷰 선언에서 데이터베이스 내부에는 이 선언의 SELECT 연산 문 내용을 저장하고 있다가 이 뷰를 이용하는 조작 연산이 실행될 때 DBMS는 이 SELECT 연산 문을 실행하여 뷰의 튜플들을 구성한다.

■ 뷰 정의의 예

뷰 정의를 위한 몇 가지 예를 들어보자. 우선, 그림 6.1에서 OCU대학생 릴레이션과 한국대학생 릴레이션을 UNION하여 주민번호, 이름, 소속학과 속성을 갖는 하나의 OCU_한국대학생 뷰를 정의하고자 한다면 다음의 뷰 정의 DDL을 사용한다.

```
CREATE VIEW  OCU_한국대학생(주민번호, 이름, 소속학과)  AS                  (연산 6.62)
  (SELECT 주민번호, 이름, 소속학과
   FROM OCU대학생)
  UNION
  (SELECT 주민번호, 이름, 소속학과
   FROM 한국대학생)
```

이미 설명한 것처럼, 이 예에서 OCU_한국대학생 뷰 정의에서는 AS 이후의 두 SELECT 연산 문과 UNION 연산 문은 선언 형식일 뿐 실행되지 않기 때문에 튜플은 생성되지 않는다. AS 이후의 연산 문이 데이터베이스에 선언 형태로 저장되어 있다가 다음과 같이 이 뷰를 이용하는 질의가 실행될 때 AS 이후의 연산 문을 실행하여 뷰를 구성하는 튜플들이 실체화된다.

```
SELECT                                                    (연산 6.63)
FROM  OCU_한국대학생
WHERE 소속학과 = '컴퓨터'
```

또 한 가지 예로 OCU대학생 릴레이션을 이용하여 OCU컴퓨터학생 뷰를 정의하는 다음의 DDL을 고려해 보자.

```
CREATE VIEW  OCU컴퓨터학생  AS                              (연산 6.64)
  SELECT *
  FROM  OCU대학생
  WHERE 소속학과 = '컴퓨터'
```

이 CREATE VIEW 연산 문에서는 OCU컴퓨터학생 뷰의 속성 리스트가 지정되지 않았다. 이때, 이 뷰는 SELECT 연산 문에 의해 생성된 릴레이션의 스키마와 같은 (주민번호, 이름, 소속학과, 주소, 출신학교) 스키마를 디폴트로 갖게 된다. 이번에는 OCU대학생 릴레이션을 이용하여 OCU전자공학생 뷰를 생성하는 DDL을 작성해 보자. 이 DDL은 다음의 (연산 6.65)와 같다.

```
CREATE VIEW  OCU전자공학생  AS                              (연산 6.65)
  SELECT *
  FROM OCU대학생
  WHERE 소속학과 = '전자공학'
```

마지막 예로 이번에는 이미 정의한 뷰를 이용하여 새로운 뷰를 정의하는 예를 들어보자. (연산 6.64)와 (연산 6.65)에서 OCU컴퓨터학생 뷰와 OCU전자공학생 뷰를 이용하여 OCU컴퓨터_전자공학생 뷰를 정의하면 다음의 (연산 6.66)과 같다. 이처럼 뷰를 이용하여 새로운 뷰를 정의할 수 있다.

```
CREATE VIEW  OCU컴퓨터_전자공학생  AS                        (연산 6.66)
   (SELECT *
```

```
 FROM OCU컴퓨터학생)
UNION
(SELECT *
 FROM OCU전자공학생)
```

6.5.2 DROP VIEW 연산

DROP VIEW는 CREATE VIEW 연산으로 정의된 뷰를 삭제하는 연산이다. 뷰는 데이터가 생성되지 않고 선언 형식으로 데이터베이스에 저장되므로 DROP VIEW 연산은 뷰를 저장한 선언 정보를 데이터베이스로부터 삭제한다.

v를 뷰라 할 때 v를 삭제하는 DDL의 일반 형식은 다음과 같다.

```
DROP VIEW  v  RESTRICT                                    (연산 6.67)
혹은
DROP VIEW  v  CASCADE
```

(연산 6.67)의 첫 번째 DROP VIEW 연산에서 RESTRICT를 이용하여 뷰 v를 삭제할 때, 만약 뷰 v를 이용(참조)하여 정의된 뷰가 없으면 바로 삭제되지만 뷰 v를 이용하여 정의된 뷰가 있으면 삭제가 거부된다.

하지만 (연산 6.67)의 두 번째 DROP VIEW 연산처럼 CASCADE를 이용하면 뷰 v 삭제는 물론 v를 참조하여 정의된 뷰들 또한 모두 연쇄적으로 삭제된다.

(연산 6.67)의 두 DROP VIEW 연산을 예를 들어 설명하기 위해 (연산 6.62)부터 (연산 6.66)까지 정의한 뷰들을 대상으로 하는 다음의 뷰 삭제 명령을 고려하자.

```
DROP VIEW  OCU_한국대학생  RESTRICT                         (연산 6.68)
```

(연산 6.68)의 실행에서 OCU_한국대학생은 다른 뷰 정의에서 참조되고 있지 않기 때문에 바로 삭제된다. 그러나, 다음의 뷰 삭제 명령을 고려하자.

```
DROP VIEW  OCU컴퓨터학생  RESTRICT                          (연산 6.69)
```

(연산 6.69)에서 OCU컴퓨터학생 뷰는 (연산 6.66)의 OCU컴퓨터_전자공학생 뷰 정의에서 참조되고 있기 때문에 RESTRICT에 의해 삭제가 취소된다. 그러나, 다음 (연산 6.70)의 CASCADE를 이용하여 삭제하면 OCU컴퓨터학생 뷰 삭제는 물론 이를 참조하여 정의된 모든 뷰, 즉, OCU컴퓨터_전자공학생 뷰도 연쇄적으로 삭제된다.

```
DROP VIEW OCU컴퓨터학생 CASCADE                                    (연산 6.70)
```

6.5.3 뷰 사용의 장점

뷰는 데이터베이스 추상 수준에서 뷰 레벨, 즉, 외부 스키마 레벨에 존재한다. 뷰를 정의해서 사용하는 이유는 여러 장점이 있기 때문인데 이 장점들을 나열하면 다음과 같다.

- 뷰는 논리적 데이터 독립성을 일부 제공한다. 이미 정의된 뷰가 참조하는 기저 릴레이션에 새로운 속성이 추가되더라도 이 뷰를 변경할 필요가 없으며, 따라서 이 뷰를 사용하는 응용 프로그램 또한 아무런 영향을 받지 않는다.
- 뷰는 데이터 접근을 제한하며 이를 통해 데이터 보안 효과를 얻을 수 있다. 사용자 혹은 응용 프로그램이 뷰를 통해서만 데이터에 접근하게 함으로써 뷰 정의에서 나타나지 않은 데이터를 안전하게 보호할 수 있다.
- 사용자가 데이터 관리를 수월하게 할 수 있도록 한다. 필요한 데이터만 뷰로 정의해서 처리할 수 있으므로 관리가 쉽고 연산 문이 간단해진다.
- 여러 사용자 사이에서 다양한 요구나 응용을 지원해 준다. 데이터베이스의 릴레이션들을 가지고 사용자들의 다양한 요구와 응용에 따라 서로 다른 여러 개의 뷰를 정의하여 사용할 수 있기 때문이다.

하지만, 뷰는 그 정의를 변경할 수 없다. 또한, 뷰는 기저 릴레이션을 기반으로 하므로 뷰를 대상으로 하는 삽입과 삭제 연산 그리고 갱신 연산에서 많은 제한이 있다. 뷰를 대상으로 튜플 삽입, 삭제 혹은 갱신과 같은 조작 연산이 실행될 때, 이 조작 연산은 데이터베이스 시스템에 따라 실행이 거부되거나 혹은 뷰 정의에서 참조된 기저 릴레이션들을 대상으로 실행될 수 있다. 뷰 대상의 조작 연산에 대해서는 데이터베이스 시스템마다 제공하는 내용과 방식이 다르므로 데이터베이스 시스템 사용 설명서를 반드시 참고해야 한다.

CHAPTER 7

데이터 이상과 정규화

실세계의 정보는 관계형 데이터베이스에서 릴레이션들로 표현되기 때문에 데이터베이스의 릴레이션들은 실세계를 정확히 반영해야 한다. 실세계는 시간에 따라 변화하므로 이러한 변화를 데이터베이스 내부로 정확히 반영하기 위해 릴레이션 내의 튜플 삽입, 삭제, 갱신 등의 연산이 수시로 행해진다. 릴레이션 스키마를 잘못 설계하면 그 결과로 릴레이션에 대한 연산이 비정상적으로 처리되어 데이터베이스에서 데이터 무결성 손상을 일으킬 수 있다. 그 예들을 소개하면 다음과 같다.

릴레이션에 튜플을 삽입하고자 할 때 기본 키의 속성값이 결정되지 않으면 NOT NULL 무결성 조건에 위배되어 삽입이 거부된다. 릴레이션의 튜플에서 속성값은 실세계의 개체 혹은 관계에 대한 정보를 나타낸다. 이 정보가 릴레이션의 여러 튜플 사이에 중복해서 표현될 때 실세계에서 이 정보가 변경되면, 중복해서 표현된 모든 튜플 사이에서 그 정보를 나타내는 속성의 값이 일치하도록 모두 변경해야 한다. 그러나, 중복된 데이터 값들에 대한 변경이 일부만 행해지고 나머지에 대해 행해지지 않는다면 중복된 데이터 사이에 불일치가 발생하게 되는데 이러한 **데이터 불일치(data inconsistency)**는 결국 어느 데이터 값이 실세계를 정확히 반영하는지 알 수 없게 만드는 혼란의 요인이 된다. 때로는 튜플에서 일부 정보가 불필요해서 이 튜플을 릴레이션에서 삭제할 경우, 데이터베이스에서 이 튜플의 나머지 일부로서 유일하게 남아 있던 필요한 정보마저 함께 잃을 수도 있다.

이와 같이, 릴레이션에 대한 튜플의 삽입, 갱신, 삭제 등의 연산에서 데이터베이스를 대상으로 발생되는 바람직하지 않은 이러한 현상을 **데이터 이상(data anomaly)**이라고 한다.

데이터 이상을 제거하기 위해 설계자는 정규화를 행한다. **정규화(normalization)**란 데이터 이상을 제거하기 위해 릴레이션 스키마를 **분해(decomposition)**하는 작업으로 관계형 데이터베이스의 논리적 설계에서 매우 중요하다. 이 단원에서는 이러한 데이터 이상에 대해 구체적으로 설명하고 데이터 이상이 발생하는 원인을 살펴본 후 데이터 이상의 원인을 제거하는 방법인 정규화를 소개한다.

이를 위해 7.1절은 릴레이션에서 데이터의 삽입, 삭제, 갱신 연산에서 바람직하지 않은 현상인 **데이터 이상(data anomaly)**과 그 원인을 다룬다. 7.2절은 데이터 이상을 제거하는 데 사용하는 **함수적 종속성**의 개념과 성질 그리고 그 역할을 소개하고, 7.3절은 **정규형**과 **정규화** 그리고 정규화를 위한 **무손실 분해**를 개념적 차원에서 소개한다.

7.4절은, 이 단원의 핵심 내용으로서, 릴레이션 스키마에 대한 각 정규형 조건과 이 조건을 만족하지 못할 경우의 데이터 이상을 소개하고 정규화를 위한 무손실 분해 방법에 대해 자세히 다룬다. 이 단원의 마지막인 7.5절은 정규형을 만족하는 릴레이션 집합 사이의 포함관계를 소개한다.

7.1 데이터 이상(data anomaly)

앞에서 설명한 것처럼 데이터 이상(data anomaly)이란 릴레이션에 대한 튜플의 삽입, 삭제, 갱신 연산에서 데이터베이스를 대상으로 발생하는 바람직하지 않은 현상이다. 튜플의 삽입 연산, 삭제 연산, 갱신 연산으로 발생하는 데이터 이상을 각각 삽입 이상(insertion anomaly), 삭제 이상(deletion anomaly), 갱신 이상(update anomaly)이라고 하며, 이들에 대한 자세한 설명을 위해 그림 7.1의 학생-수강교과목 릴레이션을 예로 들어가며 자세히 살펴보기로 하자.

7.1.1 삽입 이상(insertion anomaly)

그림 7.1의 릴레이션에서 {학번, 과목코드}는 이 릴레이션의 튜플들을 유일하게 구분시키기 때문에 기본 키가 될 수 있음을 알 수 있다. 그림 7.1의 학생-수강교과목 릴레이션은 학생 정보, 교과목에 대한 정보, 학생이 수강하는 교과목의 수강 정보의 세 종류의 정보가 모두 한 개의 릴레이션에 데이터로 표현된 것이다. 사실, 교과목 정보는 학생 정보와 수강 정보와는 별도로 존재할 수 있어야 한다. 그 이유는 일반적으로 교과목 커리큘럼 상에서 보면, 실세계에서는 학생들이 수강하는 교과목과는 별도로 개설되지 않은 교과목도 존재하며 이 정보 또한 데이터베이스에 필요하기 때문이다.

그런데 릴레이션에 과목코드가 CS004인 컴퓨터구조 교과목 정보를 새로 삽입하려 한다고 하자. 하지만, 과목코드 CS004인 컴퓨터구조 교과목 정보만 학생-수강교과목 릴레이션에 반영하고자 튜플을 구성할 때, 기본 키인 {학번, 과목코드} 중에서 과목코드 값은 CS004로 부여할 수 있지만, 이 새로운 교과목을 수강하는 학생들이 없어서 학번 속성값은 당장 결정할 수가 없다. 그래서 학번 속성값을 NULL로 해서 삽입하려고 할 때 기본 키 속성의 NOT NULL 조건에 어긋나므로 결국 삽입되지 못한다. 기본 키 값이 완전히 결정

학생-수강교과목 릴레이션

학번	이름	전공	학년	과목코드	과목명
001	강원희	컴퓨터	2	CS001	DB
001	강원희	컴퓨터	2	CS002	OS
001	강원희	컴퓨터	2	CS003	자료구조
002	이상구	컴퓨터	3	CS001	DB
002	이상구	컴퓨터	3	CS002	OS
003	한원희	컴퓨터	4	CS005	파일처리

그림 7.1 학생-수강교과목 릴레이션 예

되지 않아서 과목코드 CS004인 컴퓨터구조 교과목 정보는 튜플로 삽입할 수 없게 된 것이다.

이와 같이 튜플을 릴레이션에 삽입하고자 할 때 튜플의 기본 키 값이 결정되지 않아 삽입을 못하는 것처럼 데이터 삽입에서 생기는 바람직하지 않은 현상이 바로 삽입 이상(insertion anomaly)이다. 기본 키가 NULL 값을 포함하면 기본 키가 갖는 유일성, 최소성, NOT NULL 조건에서 NOT NULL 조건에 위배되어 현재 혹은 미래에 기본 키가 중복된 튜플이 존재할 수 있으므로 삽입이 거부되는 것이다.

7.1.2 삭제 이상(deletion anomaly)

그림 7.1의 릴레이션에서 마지막 튜플은 파일처리 교과목에 대한 유일한 정보를 포함하고 있음을 주시하자. 여기에서 파일처리 교과목에 대한 정보란 이 교과목의 코드가 CS005란 사실과 가르치는 교과목들 중에 파일처리 교과목이 있다는 사실이다. 이 상태에서 한원희 학생이 본인의 개인 사정으로 자퇴했다고 가정하자. 이때 한원희 학생의 자퇴 사실을 릴레이션에 반영하기 위해 한원희 학생 정보를 학생-수강교과목 릴레이션에서 삭제해야 한다. 그런데 관계형 데이터베이스에서 릴레이션에 대한 데이터 삽입과 삭제 연산은 항상 튜플 단위로 행하기 때문에 한원희 학생의 튜플인 (003, '한원희', '컴퓨터', 'CS005', '파일처리')를 이 릴레이션으로부터 삭제해야 한다. 이 튜플은 한원희 학생에 대한 정보만 포함하는 것이 아니라 파일처리 교과목에 대한 정보도 포함하기 때문에 이 튜플의 삭제는 파일처리 교과목에 대한 유일한 정보까지 의도치 않게 삭제시키는 문제점을 발생시킨다. 즉, 이 튜플의 삭제는 교과과정 교과목들에서 삭제하면 안 되는 파일처리 교과목을 제거하는 등의 의도하지 않은 부작용을 낳게 된다. 이처럼 튜플을 릴레이션으로부터 삭제할 때 남아 있어야 할 정보까지 함께 삭제되어 손실됨으로써 데이터 무결성에 손상을 주는 것처럼 데이터 삭제 시 바람직하지 않은 현상을 삭제 이상(deletion anomaly)이라 한다.

7.1.3 갱신이상(update anomaly)

그림 7.1의 학생-수강교과목 릴레이션에서 강원희 학생이 컴퓨터에서 수학으로 전공을 변경했다고 하자. 이때 강원희와 관련하여 바꾸어야 할 전공 속성값 '컴퓨터'의 수는 세 개인데 이들을 모두 '수학'으로 값을 변경해야 한다. 만일 일부만 변경한다면 강원희에 대한 전공 속성값이 '컴퓨터'와 '수학' 두 값이 동시에 남아 데이터 불일치가 생겨서 어느 것이 실세계를 정확히 반영하는 값인지 알 수 없게 된다. 따라서 중복된 데이터들을 갱신할 때는 중복된 모든 데이터를 찾아서 모두 동일한 값으로 갱신시켜야 하는 번거로움이 발생한다. 이와 같이 릴레이션에서 속성 A의 값이 동일한 여러 튜플이 존재하는 상황에서 일부 튜플의 A 속성값만 변경하고 나머지 튜플들의 A 속성값을 변경하지 않아서 발생하는 데이터 불일치 현상을

갱신 이상(update anomaly)이라 한다.

7.1.4 데이터 이상의 원인과 데이터 정규화(data normalization)

앞에서 소개한 삽입 이상, 삭제 이상, 갱신 이상의 데이터 이상은 바로 릴레이션 스키마의 잘못된 설계에 그 원인이 있다. 앞의 예에서 삽입 이상과 삭제 이상은 서로 독립적으로 존재해야 하는 정보를 하나의 릴레이션으로 묶어서 발생된 것이다. 학생-수강교과목 릴레이션은 학생 정보와 교과목 정보 그리고 수강 정보를 포함하는데 이 릴레이션은 학생에 대한 정보와 교과목에 대한 정보, 그리고 학생이 수강하는 교과목 정보를 모두 포함한다. 추가되는 교과목 정보만 삽입하려고 해도 이를 수강하는 학생이 결정되지 않은 상태에서는 학생 정보가 결정될 수 없으므로 삽입 이상이 발생한다. 또한 삭제 이상도 한원희에 대한 학생 정보만 삭제해야 하는데, 하나의 튜플에 학생과 교과목에 대한 두 종류의 정보가 함께 묶여 있으므로 결국 튜플 삭제 시 교과목 정보 또한 함께 어쩔 수 없이 삭제됨으로써 발생한다. 그러므로 앞의 예에서 삽입 이상과 삭제 이상을 없애기 위해서는 학생-수강교과목 릴레이션을 나눠서 학생 정보와 교과목 정보 그리고 수강 정보를 서로 독립적으로 나타내도록 해야 한다. 한편, 갱신 이상의 원인은 데이터의 중복에서 발생됨을 알 수 있다. 이 또한 릴레이션을 분해하여 데이터의 중복성을 최소화함으로써 갱신 이상을 제거하거나 최소화할 수 있다.

데이터 정규화(data normalization)는 데이터 이상의 원인을 제거하면서 데이터베이스를 설계하는 과정이다. 정규화는 실세계를 기준으로 릴레이션 스키마를 구성하는 속성들 사이에 존재하는 함수적 종속성(functional dependency)이라는 종속 관계들을 식별하고 이들을 중심으로 속성들을 재그룹화하여 릴레이션 스키마를 분할해 가는 단계적 과정을 취한다.

7.2 함수적 종속성(functional dependency)

7.2.1 함수적 종속성 개념

한 릴레이션 스키마에서 α와 β를 각각 이 릴레이션 스키마의 속성 집합이라 하자. 이 릴레이션 스키마를 갖는 릴레이션에서 α의 값이 같은 모든 튜플에서 β의 값도 항상 같다면, 즉, α의 값에 대해 β의 값이 오직 하나로 유일하게 대응하면 '속성 집합 β는 속성 집합 α에 함수적으로 종속된다(functionally dependent)' 혹은 '속성 집합 β는 속성 집합 α에 함수적 종속성을 갖는다'라고 하고 이러한 성질을 함수적 종속성(functional dependency)이라 부르며 단순하게 $\alpha \rightarrow \beta$로 표기한다. β가 α에 함수적 종속성을 갖지 않을 때 $\alpha \nrightarrow \beta$로 표기한다.

예를 들어 실세계의 대학생들에서 학번이 같으면 그 학번의 학생 이름은 항상 같다. 이 실세계를 중심으로 생성한 릴레이션인 대학생(학번, 이름, 학과, 학년, 전화번호)에 삽입될 수 있는 가능한 모든 튜플을 고려할 때 학번 속성값이 같은 모든 튜플의 이름 속성값은 단 하나로 모두 같다. 따라서, 함수적 종속성 {학번} → {이름}이 성립하여 이름 속성은 학번 속성에 함수적으로 종속된다.

하지만, 한 학생이 여러 교과목을 수강할 수 있는 실세계를 고려해 보자. 실세계에서 학생의 수강 정보를 반영한 릴레이션인 수강(학번, 교과목코드, 학년, 학기)에서 학번 속성값이 같더라도 한 학생이 여러 교과목을 수강할 수 있으므로 수강하는 교과목은 여러 개가 대응한다. 따라서, 학번 속성값이 같은 모든 튜플에서 교과목코드 속성값은 유일하지 않으므로 교과목코드는 학번에 함수적으로 종속되지 않으며 {학번} $\nrightarrow$ {교과목코드}로 표현할 수 있다.

$\alpha \rightarrow \beta$의 함수적 종속성에서 속성 집합 α는 속성 집합 β의 값을 오직 한 개만 갖도록 결정해 주기 때문에 **α는 β를 결정한다(determine)**고 말하기도 하는데, 이러한 의미에서 속성 집합 α를 이 함수적 종속성의 **결정자(determinant)**, 속성 집합 β를 **종속자(dependent)**라고 부른다.

■ 함수적 종속성의 예

함수적 종속성은 두 개의 속성 집합 사이에 존재하는 종속 관계로서 여러분들의 이해를 돕기 위해 그림 7.2의 예를 들어 설명해보자.

그림 7.2의 학과 릴레이션은 대학별로 소속되어 있는 학과에 대한 교수수, 학생수, 설치연도 등의 정보와 설치 후 현재까지의 존속기간 정보를 나타내는 릴레이션으로 {대학, 학과코드}가 기본 키가 된다. 실세계를 중심으로 고려한다면 이 릴레이션에 대한 릴레이션 스키마의 속성들 사이에 다음과 같은 관계가 존재함을 알 수 있다.

학과 릴레이션

대학	학과코드	학과	교수수	학생수	설치연도	존속기간
OCU	001	컴퓨터	20	300	2022	3
OCU	002	통계학	15	150	2023	2
한국대	001	컴퓨터	10	160	2002	23
한국대	003	수학	8	120	1994	31
한국대	004	전자공	10	200	2003	22
대한대	004	전자공	9	200	1994	31
대한대	005	기계공	9	160	1994	31

그림 7.2 함수적 종속성 설명을 위한 학과 릴레이션

관계 1. 그림 7.2의 학과 릴레이션에서 학과의 설치 후 현재까지의 기간을 나타내는 존속기간은 설치연도가 같으면 항상 같다. 따라서 {설치연도} → {존속기간}으로 표현할 수 있고 {존속기간}은 {설치연도}에 함수적으로 종속된다.

관계 2. 일반적으로 교수수는 어느 대학의 학과인지를 알면 오직 하나의 값만 주어진다. 즉, 일반적인 실세계에서 그림 7.2의 학과 릴레이션처럼 튜플들 사이에서 대학과 학과 속성값이 모두 같으면 교수수도 항상 동일하다. 따라서 {교수수}는 {대학, 학과}에 함수적 종속성을 가지며 {대학, 학과} → {교수수}로 표현할 수 있다.

관계 3. 관계 2와 마찬가지로 그림 7.2의 {학생수}는 {대학, 학과}에 함수적 종속성을 가지며 {대학, 학과} → {학생수}로 표현할 수 있다.

7.2.2 함수적 종속성 표기와 식별

앞의 예를 토대로 함수적 종속성(functional dependency)을 수학적으로 표현해보자.

R을 릴레이션 스키마라 하고 r은 R을 릴레이션 스키마로 갖는 릴레이션이라 하자. α와 β를 각각 속성 집합으로 R의 부분 집합이라 할 때 릴레이션 r에 속하는 임의의 두 튜플 t_1, t_2에 대하여 $t_1[\alpha] = t_2[\alpha]$일 때마다 반드시 $t_1[\beta] = t_2[\beta]$라면 β는 α에 **함수적으로 종속된다(functionally dependent)**고 하고 앞에서 설명한 것처럼 $\alpha \rightarrow \beta$로 표기한다. 좀 더 정확하게 표현하면, **함수적 종속성(functional dependency) $\alpha \rightarrow \beta$가 릴레이션 스키마 R에 대해 성립한다(hold)**고 정의한다. {A, B, ⋯, C} → {D, E, ⋯, F} 형태의 함수적 종속성은 집합 괄호를 제외하고 간단히 A B ⋯ C → D E ⋯ F 로 표기하기도 한다.

릴레이션 스키마에서 α를 결정자로 하는 두 함수적 종속성 $\alpha \rightarrow \beta$와 $\alpha \rightarrow \gamma$가 주어질 때 7.2.3절에서 소개할 함수적 종속성의 합 규칙(union rule)에 따라 $\alpha \rightarrow \beta\gamma$가 성립하는데 그 이유는 다음과 같다. $\alpha \rightarrow \beta$이고 $\alpha \rightarrow \gamma$이므로 이 릴레이션 스키마를 갖는 릴레이션에서 임의의 서로 다른 두 릴레이션 튜플 t_1과 t_2에 대해 $t_1[\alpha] = t_2[\alpha]$이면 $\alpha \rightarrow \beta$이므로 $t_1[\beta] = t_2[\beta]$이고 또한 $\alpha \rightarrow \gamma$이므로 $t_1[\gamma] = t_2[\gamma]$이다. 따라서, $t_1[\alpha] = t_2[\alpha]$이면 $t_1[\beta\gamma] = t_2[\beta\gamma]$가 되므로 $\alpha \rightarrow \beta\gamma$가 성립한다. 합 규칙의 예로, 앞의 대학생(학번, 이름, 학과, 학년, 전화번호) 릴레이션에서 {학번} → {이름}이고 {학번} → {학과}이므로 {학번} → {이름, 학과}가 성립하므로 종속자에 이름과 학과 속성을 합쳐서 하나로 표현할 수 있다. 함수적 종속성 {학번} → {이름, 학과}는 대학생 릴레이션의 각 튜플 t에서 학번 속성값, 즉 t[학번] 값이 주어지면 이 값에 따라 t[이름, 학

과] 값이 단 하나로 유일하게 결정된다는 의미이다.

반대로 함수적 종속성이 $\alpha \rightarrow \beta\gamma$이면 7.2.3절에서 소개되는 분해 규칙(decomposition rule)에 따라 $\alpha \rightarrow \beta$와 $\alpha \rightarrow \gamma$의 두 함수적 종속성으로 분리할 수 있다. 이에 대한 증명은 합 규칙 증명의 역순으로 증명할 수 있으므로 생략하기로 한다. 따라서, 함수적 종속성 {학번} → {이름, 학과}는 두 함수적 종속성 {학번} → {이름}과 {학번} → {학과}로 각각 분리할 수 있다. $\alpha \rightarrow \beta$가 릴레이션 r의 릴레이션 스키마 R에 대해 성립할 때 속성 β 값은 속성 α 값에 함수적으로 종속되기 때문에 릴레이션 r의 한 튜플에서 속성 α 값이 변경되면 이에 따라 속성 β 값을 변경해야 할 수도 있다(그렇다고 해서 속성 β 값이 반드시 다른 값으로 변경되어야 하는 것은 아니다). 만약 이러한 값의 변경이 릴레이션에 반영되지 않으면 데이터 무결성이 손상된다.

두 속성 집합 간의 함수적 종속성은 실세계를 기준으로 유추하여 식별한다. 즉, 실세계에 적용되는 사실, 원리, 규칙, 제약조건이 함수적 종속성을 식별하는 기준이 된다. 예를 들어, 대학에서 같은 학번을 갖는 학생이 둘 이상 존재할 수 없는데, 이것은 대학 실세계에서 보편화 된 불변의 사실이다. 이 사실을 다시 해석하면 학번이 같으면 학생 정보도 같다는 의미이므로, 결국, 학생 릴레이션 스키마에서 학번 속성값이 주어질 때 학생 릴레이션의 모든 단일 값 속성의 값은 오직 하나만 대응된다. 따라서, 대학생(학번, 이름, 학과, 학년, 전화번호) 릴레이션에서 우리는 이 사실을 가지고 {학번} → {학번, 이름, 학과, 학년}임을 유추할 수 있다. 이 함수적 종속성에서 전화번호 속성을 뺀 이유는 한 학생이 전화번호가 서로 다른 여러 대의 전화를 가질 수 있어서 전화번호 속성은 여러 개의 값이 대응되는 다중 값 속성을 가정했기 때문이다. 만일 실세계에서 여러 개의 전화번호 중에 오직 한 개만 대표 전화번호로 사용해서 전화번호 속성을 단일 값 속성으로 취급한다면 함수적 종속성 {학번} → {전화번호}가 성립되어 함수적 종속성 {학번} → {학번, 이름, 학과, 전화번호}가 성립된다. 이처럼, 함수적 종속성은 실세계를 기준으로 유추해서 식별함을 기억하자.

한편, 그림 7.2의 학과 릴레이션에서 학과 릴레이션 스키마에 대해 성립되는 함수적 종속성은 앞 절에서 소개한 관계 1, 관계 2, 관계 3에서 제시한 것 외에도 여러 개 존재하는데 이 함수적 종속성들에 대해서는 여러분이 연습 삼아 식별해 보도록 하자.

7.2.3 함수적 종속성의 성질과 역할

함수적 종속성은 두 속성 집합 사이에 주어진 일종의 무결성 제약조건으로 실세계를 기준으로 식별되어야 한다. 정규화는 함수적 종속성을 가지고 행하는데 함수적 종속성이 잘못 식별되면 정규화가 잘못되어 데이터 이상이 유발된다.

α, β, γ, δ를 각각 속성 집합이라 할 때 함수적 종속 관계에 대한 몇 가지 성질들을 살펴보면 다음과 같다. 여기에서, 증명은 생략하며 $\beta\gamma$는 $\beta \cup \gamma$, 즉 β의 속성들과 γ의 속성들을 합친 속성 집합임을 유념하자.

- **반사 규칙(reflectivity rule)** : $\beta \subseteq \alpha$이면 $\alpha \rightarrow \beta$가 성립한다.
- **첨가 규칙(augmentation rule)** : $\alpha \rightarrow \beta$가 성립하면 $\gamma\alpha \rightarrow \gamma\beta$도 성립한다.
- **전이 규칙(transitivity rule)** : $\alpha \rightarrow \beta$가 성립하고 $\beta \rightarrow \gamma$가 성립하면 $\alpha \rightarrow \gamma$가 성립한다.
- **합 규칙(union rule)** : $\alpha \rightarrow \beta$가 성립하고 $\alpha \rightarrow \gamma$가 성립하면 $\alpha \rightarrow \beta\gamma$가 성립한다.
- **분해 규칙(decomposition rule)** : $\alpha \rightarrow \beta\gamma$가 성립하면 $\alpha \rightarrow \beta$가 성립하고 $\alpha \rightarrow \gamma$가 성립한다.
- **의사전이 규칙(pseudotransitivity rule)** : $\alpha \rightarrow \beta$가 성립하고 $\gamma\beta \rightarrow \delta$가 성립하면 $\gamma\alpha \rightarrow \delta$가 성립한다.

릴레이션 스키마의 속성 집합 사이에 존재하는 함수적 종속성은 릴레이션의 데이터 이상 현상을 제거하기 위한 정규화 과정에서 이용된다. 정규화 과정은 릴레이션 스키마를 중심으로 함수적 종속성을 식별하고 식별된 함수적 종속성을 기준으로 릴레이션 스키마가 갖추어야 할 조건들을 검사한다. 이 조건을 **정규형 조건**이라 하는데 이 정규형 조건들을 만족하지 못하면 그 릴레이션 스키마에 의해 생성된 릴레이션은 데이터 이상이 발생한다.

데이터 이상을 제거하기 위해 릴레이션 스키마는 **분해 규칙(decomposition rule)**에 따라 정규형 조건들을 만족할 때까지 두 개의 릴레이션 스키마들로 계속해서 분해해 가는 정규화 과정을 거치는데 이 분해에서도 함수적 종속성이 이용된다.

7.3 정규형과 릴레이션 스키마 분해

7.3.1 정규형(normal form)

정규화란 앞에서 언급한 것처럼 릴레이션을 대상으로 삽입 이상, 삭제 이상, 갱신 이상 등의 데이터 이상을 없애는 과정으로 정규화 과정은 여러 단계를 거쳐 진행된다. 정규화의 단계마다 릴레이션 스키마가 함수적 종속성을 포함하는 종속 관계에 의해 만족해야 할 기준, 즉, 조건들이 부여되는데 이 단계별 기준 또는 조건을 **정규형(Normal Form)**이라 한다. 릴레이션 스키마가 만족해야 할 단계 조건별로 정규형 종류를 나열하면 다음과 같다.

- 제 1 정규형
- 제 2 정규형
- 제 3 정규형
- Boyce-Codd 정규형
- 제 4 정규형
- 제 5 정규형

이 정규형들에서 릴레이션 스키마가 갖추어야 할 조건들은 나열된 순서에 따라 점점 더 강화된다. 즉, 각 정규형은 나열 순서에서 이전 정규형의 조건을 반드시 기본으로 만족해야 한다. 예를 들면 한 릴레이션 스키마가 제 3 정규형에 있게 되려면 제 2 정규형의 조건을 기본적으로 만족해야 한다.

정규화는 주어진 릴레이션 스키마를 대상으로 제 1 정규형에서부터 출발하여 제 2 정규형, 제 3 정규형, Boyce-Codd 정규형, 제 4 정규형, 제 5 정규형 등을 차례대로 거치면서 진행된다.

7.3.2 릴레이션 스키마 분해와 분해 조건

앞에서 나열한 정규형별로 만족해야 할 조건을 릴레이션 스키마가 갖추지 못하면 그 릴레이션 스키마에 의해 생성된 릴레이션은 데이터 이상이 발생할 수 있다. 그러므로, 그 릴레이션 스키마는 두 개의 릴레이션 스키마로 분해하는 정규화를 취하는데, 정규화에서 모든 릴레이션은 원하는 정규형 조건을 만족할 때까지 계속해서 두 개의 릴레이션 스키마로 분해한다. 정규화를 통해 릴레이션 스키마를 분해할 때는 반드시 다음의 무손실 분해 조건과 종속 관계 보존 조건을 만족해야 한다.

(1) 무손실 분해(lossless decomposition)

릴레이션 스키마가 분해될 때 분해 이전 릴레이션 스키마의 릴레이션이 가지는 데이터 정보가 분해 이후의 릴레이션 스키마들로 생성되는 릴레이션들로 분산되는데 이때 데이터 정보 손실이 없어야 한다. 여기에서 데이터 정보 손실이 없어야 한다는 의미는 정규화로 분해된 두 릴레이션을 조인(natural- join)한 결과가 분해 이전 릴레이션 내용과 동일해야 한다는 것을 말한다. 두 릴레이션의 조인은 5.2.2절의 natural-join에서 이미 소개했듯이 두 릴레이션이 하나 이상의 공통 속성들을 가질 때 가능하며, 두 릴레이션의 튜플(행)에서 공통 속성값들이 같은 튜플(행)을 하나로 합쳐서 하나의 릴레이션으로 만드는 연산이다. 조인 연산의 결과 릴레이션은 조인에 참여하는 두 릴레이션의 속성들로 이루어지는데 공통으로 중복되는 속성은 중복하지 않고 하나만 취해진다.

그림 7.3의 (a)와 (b)는 각각 분해 이전의 학과_수강교과목 릴레이션과 분해 이후의 학생 릴레이션과 수강교과목 릴레이션을 보여준다. 그림 7.3 (b)의 학생 릴레이션과 수강교과목 릴레이션의 공통 속성은 학번

학생-수강교과목 릴레이션

학번	이름	전공	학년	교과목	
				과목코드	과목명
001	강원희	컴퓨터	2	CS001	DB
				CS002	OS
				CS003	자료구조
002	이상구	컴퓨터	3	CS001	DB
				CS002	OS
003	한원희	컴퓨터	4	CS005	파일처리

(a) 무손실 분해 이전

학생 릴레이션

학번	이름	전공	학년
001	강원희	컴퓨터	2
002	이상구	컴퓨터	3
003	한원희	컴퓨터	4

수강교과목 릴레이션

학번	교과목	
	과목코드	과목명
001	CS001	DB
	CS002	OS
	CS003	자료구조
002	CS001	DB
	CS002	OS
003	CS005	파일처리

(b) 무손실 분해 이후

그림 7.3 무손실 분해와 조인의 예

이다. 학생 릴레이션의 각 행에 대해 수강교과목 릴레이션의 학번이 같은 행을 하나로 합쳐서 하나의 행으로 만들어 구성한 릴레이션의 내용은 그림 7.3 (a)의 학생_수강교과목 릴레이션의 내용과 같다. 그러므로, 그림 7.3 (b)의 학생 릴레이션과 수강교과목 릴레이션을 조인한 결과가 그림 7.3 (a)의 학생_수강교과목 릴레이션이다. 따라서, 학생 릴레이션과 수강교과목 릴레이션은 학생_수강교과목 릴레이션을 무손실 분해한 릴레이션들이다.

릴레이션 스키마 R을 함수적 종속성을 반영하여 다음의 두 조건을 모두 만족하도록 R_1과 R_2로 분해한다면 릴레이션 스키마 R은 두 개의 릴레이션 스키마 R_1과 R_2로 무손실 분해된 것이다. 다음 조건에서 r(R), $r_1(R_1)$, $r_2(R_2)$는 각각 R, R_1, R_2를 릴레이션 스키마로 하는 릴레이션을 의미한다.

■ 무손실 분해조건

- **조건 1(반사 규칙).** $R_1 \cap R_2 \rightarrow R_1$ 그리고 $R_1 \cap R_2 \rightarrow R_2$
- **조건 2(합 규칙).** $r_1(R_1) \bowtie r_2(R_2) = r(R)$ (여기에서 ⋈는 두 릴레이션의 natural-join 연산이다)

(2) 종속 관계 보존(dependency preservation)

릴레이션 스키마가 분해될 때 함수적 종속성도 분해된 후의 릴레이션 스키마들로 분산되기 때문에 분산된 상태에서도 함수적 종속성 관계가 보존되어야 한다. 즉, 분해 이전의 릴레이션 스키마 R에서 존재하는 각 함수적 종속성 $\alpha \rightarrow \beta$가 분해된 후에도 두 릴레이션 스키마 R_1과 R_2에서 보존되어야 한다.

7.4 정규화(normalization)

7.4.1 제 1 정규형(The First Normal Form : 1st NF, 1NF)과 정규화

릴레이션 스키마에서 속성이 오직 하나의 속성값만 가질 때 그 속성 도메인은 **원자값(atomic value)**을 갖는다고 하고 그 속성의 도메인은 **원자성(atomicity)**을 갖는다고 한다. 원자성 조건을 만족하지 못하고 둘 이상의 속성값을 가질 수 있는 속성을 **다중 값 속성** 혹은 **다치 속성(multi-valued attribute)**이라 한다. 관계형 데이터베이스는 기본적으로 다치 속성과 복합 속성을 허용하지 않기 때문에 릴레이션의 모든 속성은 단순 속성이면서 원자성을 가져야 한다. 예를 들어 학생 릴레이션의 어느 학생 튜플에서 취미 속성값으로 '낚시', '여행'의 두 값을 가진다면 하나의 속성에 두 개의 값을 가지므로 취미 속성 도메인은 원자성을 만족하지 못한다.

(1) 제 1 정규형의 조건

릴레이션 스키마가 제 1 정규형일 조건은 다음과 같다.

- 릴레이션 스키마의 모든 속성의 도메인이 도메인에 속하는 개개의 값이 오직 하나이고 둘 이상으로 더 이상 분리될 수 없는 성질인 원자성(atomicity)을 만족한다.

릴레이션 스키마가 제 1 정규형의 조건에 해당할 때 그 릴레이션은 **제 1 정규형(The First Normal Form: 1st NF, 1NF)에 속한다** 혹은 **제 1 정규형에 존재한다** 혹은 **제 1 정규형을 만족한다**라고 한다. 일반적으로 제 N 정규형 조건에 대해 릴레이션이 그 조건을 만족하면 그 릴레이션은 **제 N 정규형에 속한다** 혹은 **제 N 정규형에 존재한다** 혹은 **제 N 정규형을 만족한다**라고 한다.

(2) 제 1정규형이 아닌 릴레이션의 예

그림 7.3 (a)는 학생 정보와 그 학생이 수강하고 있는 교과목 정보를 포함하는 학생_수강교과목 릴레이션이며 이 릴레이션은 학번, 이름, 전공, 학년, 교과목의 속성을 갖는다. 이 릴레이션 스키마의 교과목 속성은 과목코드와 과목명의 두 개의 속성으로 구성되는 복합 속성으로 그 속성값은 과목코드 값과 과목명 값으로 분리되므로 교과목 속성 도메인은 원자성을 가질 수 없다. 게다가, 강원희 학생 튜플의 경우 수강하는 교과목으로 (CS001, DB), (CS002, OS), (CS003, 자료구조)의 3개의 속성값을 가지므로 원자성을 만족하지 못한다. 그림 7.3 (a)의 학생_수강교과목 릴레이션에서 교과목 속성의 값은 기본 키인 학번 속성값에 대

해 과목코드 속성과 과목명 속성으로 이루어진 교과목 속성 튜플들의 그룹들로 이루어진다. 이와 같이 기본 키 값에 대해 속성 도메인이 원자성 조건을 만족하지 않고 둘 이상의 값을 가질 수 있는 속성을 반복 그룹(repeating group)이라 한다. 교과목과 같이 복합 속성이거나, 혹은, 단순 속성이라 하더라도 다치 속성이면 그 속성은 반복 그룹이다.

릴레이션이 반복 그룹을 가질 때 제 1 정규형을 만족시키는 방법에는 두 가지가 있다.

첫 번째로, 그림 7.3 (a)의 학생_수강교과목 릴레이션 스키마의 모든 속성이 원자성 도메인을 갖도록 교과목 속성을 풀어서 과목코드 속성과 과목명 속성으로 명시화하고 학생 정보를 반복해서 대응시킨 그림 7.4 (a)의 수정된 학생_수강교과목 릴레이션을 고려해 볼 수 있다.

그림 7.3 (a)와 그림 7.4 (a)의 두 학생_수강교과목 릴레이션은 나타내는 정보는 같지만 기본 키는 다르다. 즉, 그림 7.3 (a)의 학생_수강교과목 릴레이션의 기본 키는 학번 속성이지만 그림 7.4 (a)의 수정된 학생_수강교과목 릴레이션에서는 학번 속성이 더 이상 기본 키가 되지 못한다. 그림 7.4 (a)에서도 알 수 있듯이, 같은 학번 속성값을 갖는 튜플들이 여러 개가 있어서 유일성 조건을 만족하지 못하기 때문이다.

사실, 그림 7.4 (a)의 수정된 릴레이션의 기본 키는 {학번, 과목코드}이다. 이때, 그림 7.4 (a)의 수정된 학생_수강교과목 릴레이션은 모든 속성이 원자성을 가지므로 제 1 정규형을 만족한다. 릴레이션이 제 1 정규형을 만족하면 그 다음 단계인 제 2 정규형에 대한 검사와 더불어 필요시 다시 무손실 분해를 진행한다.

제 1 정규형을 만족시키는 두 번째 방법은 그림 7.4 (a) 처럼 수정한 릴레이션으로 만들지 않고 그림 7.3 (a) 형태의 반복 그룹을 갖는 릴레이션을 가지고 바로 이어서 설명되는 무손실 분해를 하는 방법이다. 이 방법은 그림 7.4 (a)와 같은 릴레이션이라도 반복 그룹을 찾아 그림 7.4 (b)로 변환하여 바로 다음에 소개하는 무손실 분해를 적용할 수 있다.

수정한 학생-수강교과목 릴레이션

학번	이름	전공	학년	과목코드	과목명
001	강원희	컴퓨터	2	CS001	DB
001	강원희	컴퓨터	2	CS002	OS
001	강원희	컴퓨터	2	CS003	자료구조
002	이상구	컴퓨터	3	CS001	DB
002	이상구	컴퓨터	3	CS002	OS
003	한원희	컴퓨터	4	CS005	파일처리

(a) 제 1 정규형을 만족하는 릴레이션

반복 그룹을 찾아 표현한 학생-수강교과목 릴레이션

학번	이름	전공	학년	교과목	
				과목코드	과목명
001	강원희	컴퓨터	2	CS001	DB
				CS002	OS
				CS003	자료구조
002	이상구	컴퓨터	3	CS001	DB
				CS002	OS
003	한원희	컴퓨터	4	CS005	파일처리

(b) 반복 그룹을 찾아 변환한 릴레이션

그림 7.4 수정된 학생-수강교과목 릴레이션

(3) 무손실 분해

다시 그림 7.3 (a)의 반복 그룹을 갖는 학생_수강교과목 릴레이션의 예로 돌아가 보자. 반복 그룹으로 인하여 제 1 정규형이 아닌 릴레이션 스키마는 다음 규칙에 따라 무손실 분해를 한다. 이때 분해되는 두 릴레이션 스키마에는 그 스키마를 설명하는 명칭을 각각 부여한다.

■ 반복 그룹 무손실 분해 규칙

반복 그룹으로 인해 제 1 정규형을 만족하지 못할 경우, 다음의 두 릴레이션 스키마로 무손실 분해하고 각각 명칭을 부여한다.

- 릴레이션 스키마1 : 반복 그룹 속성과 이 속성의 결정자(determinant) 속성으로 이루어진 릴레이션 스키마 (이 릴레이션 스키마에서 복합 속성은 구성하는 단순 속성들로 완전히 대체하고 결정자 속성값을 다중 값과 일일이 반복 대응시켜서 그림 7.5의 수강교과목 릴레이션처럼 표현한다).
- 릴레이션 스키마2 : 이 반복 그룹 속성 이외의 속성들로 구성된 릴레이션 스키마

이 규칙에서 해당 반복 그룹 이외의 속성들로 구성된 릴레이션 스키마는 분해된 반복 그룹 속성들만 제외되기 때문에 반복 그룹의 결정자를 포함함을 주시하자. 무손실 분해 예를 설명하기 위해 먼저 그림 7.3 (a)의 학생_수강교과목 릴레이션 스키마에서 성립하는 함수적 종속성들을 찾아 나열하면 다음과 같다.

학번 → 이름
학번 → 전공
학번 → 학년
학번 → 교과목

학생 릴레이션

학번	이름	전공	학년
001	강원희	컴퓨터	2
002	이상구	컴퓨터	3
003	한원희	컴퓨터	4

수강교과목 릴레이션

학번	과목코드	과목명
001	CS001	DB
001	CS002	OS
001	CS003	자료구조
002	CS001	DB
002	CS002	OS
003	CS005	파일처리

그림 7.5 기본 키 값을 반복한 수강교과목 릴레이션

학생_수강교과목 릴레이션 스키마에서 학번 속성은 기본 키이기 때문에 이 함수적 종속성 관계가 성립한다. 소개한 반복 그룹 무손실 분해 규칙에 따라 학생_수강교과목 릴레이션 스키마인 (학번, 이름, 전공, 학년, 교과목)을 반복 그룹 결정자와 그 반복 그룹을 함께 결합한 릴레이션 스키마인 (학번, 교과목)과 반복 그룹을 제외한 (학번, 이름, 전공, 학년)으로 분해하고 스키마 명칭을 각각 수강교과목과 학생으로 하면, 그림 7.3 (b)의 두 릴레이션으로 분해된다.

이 분해가 앞 절의 무손실 분해에서 설명한 무손실 분해 조건과 종속성 관계 보존을 만족하는지 알아보자.

우선, 무손실 분해 조건을 만족하는지를 알아보기 위해 그림 7.3 (a)와 (b)의 릴레이션들에 대해 두 가지 무손실 분해 조건인 반사 규칙(조건 1)과 합 규칙(조건 2)를 만족하는지 살펴보면 다음과 같다.

학생 릴레이션 스키마 ∩ 수강교과목 릴레이션 스키마 = {학번, 이름, 전공, 학년} ∩ {학번, 교과목} = {학번}이고 {학번}은 학생 릴레이션 스키마와 수강교과목 릴레이션 스키마 각각의 기본 키이므로 무손실 분해의 조건 1을 만족함을 알 수 있다. 또한, 이미 앞 절에서 무손실 분해 소개에서 그림 7.3 (b)의 학생 릴레이션과 수강교과목 릴레이션을 조인하면 분해 이전의 학생_수강교과목 릴레이션과 같은 릴레이션이 만들어지는 것을 알 수 있다. 따라서, 이를 정리하면 다음 조건들이 성립한다.

- **조건 1.** 학생 릴레이션 스키마 ∩ 수강교과목 릴레이션 스키마 → 학생 릴레이션 스키마, 학생 ∩ 수강교과목 릴레이션 스키마 → 수강교과목 릴레이션 스키마
- **조건 2.** 학생 릴레이션 스키마 ⋈ 수강교과목 릴레이션 스키마 = 학생_수강교과목 릴레이션 스키마

이제 종속 관계 보존 여부를 알아보자. 앞에서 나열했듯이, 학생_수강교과목 릴레이션 스키마에 존재하는 네 개의 함수적 종속성 중에서 세 개의 함수적 종속성(즉, 학번 → 이름, 학번 → 전공, 학번 → 학년)은 학생 릴레이션 스키마에 존재하고 나머지 한 개인 학번 → 교과목 함수적 종속성은 수강교과목 릴레이션 스키마에 존재하므로 모두 보존되었음을 알 수 있다.

규칙에 따라 무손실 분해를 했다고 해서 분해된 두 릴레이션 스키마가 모두 제 1 정규형을 만족하는 것은 아니다. 그림 7.3 (b)에서 학생 릴레이션은 모든 속성이 원자값을 가지므로 제 1 정규형에 있지만, 수강교과목 릴레이션은 기본 키 값에 대해 아직 반복 그룹이 형성되어 있으므로 제 1 정규형에 있지 않다.

하지만, 그림 7.3 (a)의 학생_수강교과목 릴레이션과의 차이점은 학생_수강교과목 릴레이션에서는 기본 키는 물론 기본 키 이외의 이름, 전공, 학년 속성에 대해서도 반복 그룹이 대응되었지만 그림 7.3 (b)의 수강교과목 릴레이션은 기본 키인 학번 속성에만 대응된 것을 알 수 있다.

이 경우, 분리된 수강교과목 릴레이션 스키마를 제 1 정규형에 있도록 교과목 속성을 과목코드 속성과

과목명 속성으로 완전히 대체하고 학번 속성값을 반복 대응시켜서 그림 7.5의 수강교과목 릴레이션과 같이 제 1 정규형에 있도록 한다. 단, 복합 속성인 교과목 속성이 과목코드와 과목명 속성들로 대체되기 때문에 교과목 속성을 포함하는 함수적 종속성 학번 → 교과목도 변경되어야 하는데 이때 과목코드 속성과 과목명 속성 사이에도 함수적 종속성이 존재하므로 함수적 종속성 학번 → 교과목은 학번 → {과목코드, 과목명}과 과목코드 → 과목명의 두 함수적 종속성으로 대체되어야 한다. 이렇게 대체하여 두 릴레이션 스키마의 함수적 종속성을 모두 다시 정리하면 다음과 같다.

학번 → 이름
학번 → 전공
학번 → 학년
학번 → {과목코드, 과목명}
과목코드 → 과목명

이제 학생 릴레이션 스키마와 수강교과목 릴레이션 스키마는 둘 다 제 1 정규형을 만족하고 함수적 종속성도 복합 속성을 해체하여 반영한 상태이다. 만일 분해한 릴레이션 스키마가 또 제 1 정규형을 만족하지 않는다면 앞의 반복 그룹 무손실 분해 규칙에 따라 분해하고 분해된 릴레이션 스키마 중에 기본 키와 반복 그룹 속성들만으로 구성된 릴레이션 스키마의 릴레이션은 그림 7.5와 같이 기본 키 값을 반복하는 것으로 하여 제 1 정규형을 만족하도록 한다. 이때, 앞의 예처럼 복합 속성의 경우 새롭게 함수적 종속성들을 식별하여 기존 함수적 종속성을 대체한다.

무손실 분해 후 분해된 릴레이션 스키마는 또 반복 그룹을 포함할 수 있으므로 제 1 정규형을 만족할 때까지 앞의 무손실 분해 과정을 계속한다. 한편, 제 1 정규형을 만족하는 릴레이션은 원래의 혹은 대체된 함수적 종속성들을 가지고 다음에 소개할 제 2 정규형 만족 여부를 검사하여 정규화를 진행한다.

7.4.2 제 2 정규형(The Second Normal Form : 2nd NF, 2NF)과 정규화

(1) 제 1 정규형의 데이터 이상

그림 7.5의 수강교과목 릴레이션 스키마는 제 1 정규형에 있지만, 여전히 다음과 같은 데이터 이상이 발생한다.

- **삽입 이상** : 교과목 정보만 새로 추가할 경우, 수강하는 학생이 결정되지 않아서 학번을 알 수 없을 수 있다. 이 릴레이션에서 {학번, 과목코드}가 기본 키이기 때문에, 이 경우, 기본 키 중 학번 속성이

NULL이 되어 삽입이 거부된다.

- 삭제 이상 : 학번이 003인 학생이 파일처리 교과목 수강을 철회한다면, 튜플 하나 전체가 삭제되므로 파일처리에 대한 유일한 교과목 정보까지 의도치 않게 완전히 삭제되어 정보 손실을 가져온다.
- 갱신 이상 : CS002 코드의 대응 과목명을 'OS'에서 '운영체제'로 변경한다면 CS002 코드의 튜플들을 찾아 과목명 속성값을 '운영체제'로 모두 바꾸어야 한다. 일부만 변경하면 CS002 코드 값을 갖는 교과목의 과목명이 'OS'와 '운영체제' 사이에 불일치가 생긴다.

이 예를 통해 제 1 정규형을 만족하더라도 새로운 데이터 이상이 발생함을 알 수 있다. 이러한 새로운 데이터 이상의 원인을 살펴보고 이 원인 제거를 위한 제 2 정규형의 조건과 무손실 분해 방법을 알아보자.

(2) 완전 함수적 종속성과 부분 함수적 종속성

함수적 종속성 $\alpha \rightarrow \beta$에서 α로부터 $\gamma \subsetneq \alpha$(즉, γ는 α의 진부분집합)인 모든 γ에 대해 함수적 종속성 $\gamma \rightarrow \beta$가 성립되지 않는다면, 이 함수적 종속성 $\alpha \rightarrow \beta$를 **완전 함수적 종속성(fully functional dependency)**이라 부르며 **종속자 β는 결정자 α에 완전 함수적 종속이다** 라고 한다. 이와는 다르게 함수적 종속성 $\alpha \rightarrow \beta$에서 $\gamma \subsetneq \alpha$이면서 함수적 종속성 $\gamma \rightarrow \beta$가 성립하는 γ가 존재하면 이 함수적 종속성 $\alpha \rightarrow \beta$를 **부분 함수적 종속성(partially functional dependency)**이라 부르며 **종속자 β는 결정자 α에 부분 함수적 종속이다** 라고 한다.

완전 함수적 종속성 $\alpha \rightarrow \beta$에서 종속자 β의 값은 결정자 α에 속하는 모든 속성의 값에 따라 결정됨을 의미한다. 반면, $\alpha \rightarrow \beta$가 부분 함수적 종속성인 경우, 종속자 β의 값이 결정자 α의 속성들 전부가 아닌 일부 속성들 값만으로도 결정됨을 의미한다.

(3) 제 2 정규형의 조건

> 릴레이션 스키마가 제 2 정규형을 만족하기 위해서는 다음 두 조건을 모두 충족해야 한다.
>
> - 조건 1 : 릴레이션 스키마가 제 1 정규형을 만족한다.
> - 조건 2 : 기본 키가 아닌 모든 속성이 기본 키에 완전 함수적 종속이다.

(4) 제 2 정규형이 아닌 릴레이션의 예

그림 7.5의 수강교과목 릴레이션은 모든 교과목 정보와 함께 학생이 무슨 교과목을 수강하는지의 정보

를 포함한다. 이 릴레이션은 제 1 정규형에 있으며 이 릴레이션의 기본 키는 {학번, 과목코드}이다. 이 릴레이션에서 과목명에 대해 함수적 종속성 {학번, 과목코드} → {과목명}이 수강교과목 릴레이션 스키마에서 성립함을 알 수 있다. 하지만 기본 키에서 학번 속성을 뺀 {과목코드}만으로도 함수적 종속성 {과목코드} → {과목명}도 성립하기 때문에 종속자 {과목명}은 결정자 {학번, 과목코드}에 부분 함수적 종속이고 완전 함수적 종속은 아니다. 그러므로 수강교과목 릴레이션 스키마는 제 2 정규형에 속하지 않는다.

(5) 무손실 분해

그림 7.5의 수강교과목 릴레이션 스키마를 완전 함수적 종속성이 성립하는 릴레이션 스키마들로 분해한다면 데이터 이상을 제거하거나 줄일 수 있는데, 부분 함수적 종속성에 대한 무손실 분해 규칙을 소개하면 다음과 같다.

■ 부분 함수적 종속성에 대한 무손실 분해 규칙

α를 기본 키로 하는 릴레이션 스키마 R의 함수적 종속성 $\alpha \rightarrow \beta$에서 $\gamma \subsetneq \alpha$인 최소수의 속성 집합 γ에 대해 함수적 종속성 $\gamma \rightarrow \beta$가 성립하여 제 2 정규형을 만족하지 못할 경우, 다음의 두 릴레이션 스키마로 무손실 분해한다.

- 릴레이션 스키마1 : 릴레이션 스키마 R에서 종속자 β를 제외한 릴레이션 스키마, 즉, R−β 속성들로 이루어진 릴레이션 스키마
- 릴레이션 스키마2 : $\gamma \rightarrow \beta$의 결정자 γ와 종속자 β의 속성들로 이루어진 릴레이션 스키마, 즉, $\gamma \cup \beta$ 속성들로 이루어진 릴레이션 스키마

이 규칙을 제 1 정규형을 만족하지만 제 2 정규형을 만족하지 않는 그림 7.5의 수강교과목 릴레이션에 적용해 보자. 부분 함수적 종속성 {학번, 과목코드} → {과목명}을 갖는 (학번, 과목코드, 과목명) 수강교과목 릴레이션 스키마로부터 부분 함수적 종속성 {과목코드} → {과목명}의 종속자 {과목명}을 제외한 (학번, 과목코드)를 수강 명칭의 수강 릴레이션 스키마로 분리하자. 분리된 <u>수강(학번, 과목코드)</u> 스키마는 기본 키가 {학번, 과목코드}이고 이 이외의 속성은 없으므로 자동으로 완전 함수적 종속성을 만족한다. 그리고, {학번, 과목코드} → {과목명}에서 부분 함수적 종속성의 종속자 {과목명}과 결정자 {과목코드}와 합친 (과목코드, 과목명)를 분리하여 교과목 이름의 릴레이션 스키마로 하자. <u>교과목(과목코드, 과목명)</u> 스키마는 기본 키가 과목코드이고 과목코드 → 과목명은 완전 함수적 종속이므로 제 2 정규형에 속한다. 따라서, 이 두 릴레이션 스키마 <u>수강(학번, 과목코드)</u>와 <u>교과목(과목코드, 과목명)</u>은 기본 키를 제외한 모든 속성이 모두 기본 키에 완전 함수적 종속이기 때문에 제 2 정규형에 속한다.

수강 릴레이션

학번	과목코드
001	CS001
001	CS002
001	CS003
002	CS001
002	CS002
003	CS005

교과목 릴레이션

과목코드	과목명
CS001	DB
CS002	OS
CS003	자료구조
CS005	파일처리

그림 7.6 수강교과목 릴레이션 스키마를 무손실 분해한 후의 릴레이션들

그림 7.5의 수강교과목 릴레이션 스키마를 수강(학번, 과목코드) 스키마와 교과목(과목코드, 과목명) 스키마로 무손실 분해한 후의 릴레이션들은 그림 7.6과 같다.

수강교과목 릴레이션 스키마가 그림 7.6의 두 릴레이션으로 분해됨에 따라 이 절의 앞에서 제시한 제1정규형의 삽입 이상, 삭제 이상, 갱신 이상 모두가 제거되는데 이에 대해 자세히 설명하면 다음과 같다.

그림 7.6의 교과목 릴레이션 스키마는 교과목 정보만 포함한다. 함수적 종속성 {과목코드} → {과목명}에서 새로운 교과목이 생기면 당연히 기본 키인 과목코드 값이 바로 결정되어 교과목 릴레이션에 바로 삽입할 수 있게 된다. 따라서 수강교과목 릴레이션에서 부분 함수적 종속성 {학번, 과목코드} → {과목명}으로 인한 삽입 이상이 제거된다. 삭제 이상의 경우 학번 003인 학생이 파일처리 교과목을 철회하면 그림 7.6의 수강 릴레이션으로부터 튜플 (003, CS005)를 삭제하더라도 파일처리 교과목에 대한 정보는 교과목 릴레이션에 그대로 남게 되므로 삭제 이상도 제거된다. 마지막으로 갱신 이상에서 CS002 코드의 대응 과목명이 OS에서 운영체제로 변경된다면 교과목 릴레이션에서 기본 키 값 CS002인 튜플은 유일하므로 (CS002, OS) 튜플의 과목명 속성값을 운영체제로 변경함으로써 데이터 중복으로 인한 데이터 불일치 문제가 해결된다.

7.4.3 제 3 정규형(The Third Normal Form : 3rd NF, 3NF)과 정규화

(1) 제 2 정규형의 데이터 이상

그림 7.7의 소속학과 릴레이션은 학과에 대한 정보와 학생이 어느 학과 소속인지를 나타내는 정보를 포함한다.

소속학과 릴레이션

학번	학과	학과장
001	컴퓨터학과	김수길
002	컴퓨터학과	김수길
003	컴퓨터학과	김수길
004	전자공학과	강문일
005	컴퓨터학과	감수길
006	컴퓨터학과	김수길

그림 7.7 소속학과 릴레이션

그림 7.7의 소속학과 릴레이션 스키마는 모든 속성 도메인이 원자성을 가지므로 제 1 정규형을 만족하고 기본 키는 학번 속성으로 학번 → 학과, 학번 → 학과장 이므로 소속학과 릴레이션은 완전 함수 종속성을 만족하므로 제 2 정규형에 존재한다. 한편, 그림 7.7에서 함수적 종속성 학번 → 학과가 성립하고 학과 → 학과장이 성립하므로 7.2.3절의 전이 규칙에 따라 함수적 종속성 학번 → 학과장이 성립한 것이다. 하지만, 이로 인해 이 릴레이션이 제 2 정규형에 속하더라도 다음과 같이 데이터 이상이 발생한 것이다.

- **삽입 이상** : 기계공학과가 신설되어 삽입하고자 할 때 당장 이에 소속된 학생들이 결정되지 않아 기본 키인 학번 속성값은 NULL이 되어 해당 정보를 삽입할 수 없다.
- **삭제 이상** : 학번이 004인 학생이 자퇴하여 튜플 (004, 전자공학과, 강문일)을 삭제한다면 전자공학과가 존재한다는 사실과 강문일 교수가 전자공학과 학과장이라는 사실의 정보도 완전히 삭제된다.
- **갱신 이상** : 컴퓨터학과 학과장이 김수길 교수에서 나민수 교수로 바뀌었다면 김수길 튜플들을 찾아 학과장 속성값을 나민수로 모두 변경해야 한다. 일부만 변경하면 데이터 불일치가 생긴다.

앞의 예에서 제 2 정규형을 만족하더라도 새로운 데이터 이상이 발생함을 알 수 있다. 이에 이 새로운 데이터 이상의 원인 제거를 위한 제 3 정규형의 조건과 해결 방법을 알아보자.

(2) 전이 종속성(transitive dependency)

함수적 종속성 성질에서 함수적 종속성 $\alpha \rightarrow \beta$가 성립하고 $\beta \rightarrow \gamma$가 성립하여 7.2.3절에서 소개한 전이 규칙으로 성립되는 함수적 종속성 $\alpha \rightarrow \gamma$를 **전이 종속성(transitive dependency)**이라 한다. 전이 종속성을 그림으로 쉽게 나타내면 우측 그림 7.8과 같다.

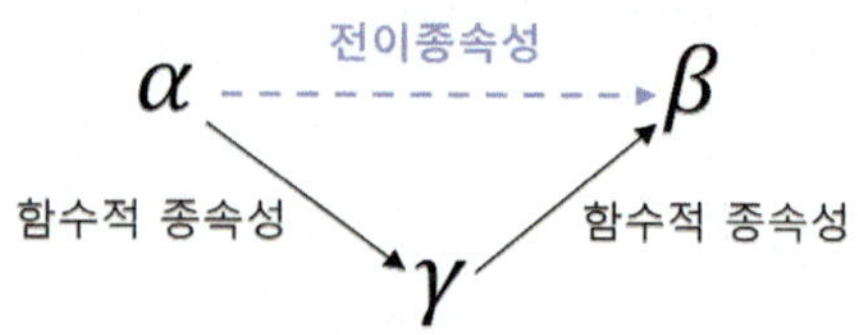

그림 7.8 전이종속성

(3) 제 3 정규형의 조건

릴레이션 스키마가 제 3 정규형을 만족하기 위해서는 다음 두 조건을 모두 충족해야 한다.

- 조건1 : 릴레이션 스키마가 제 2 정규형을 만족한다.
- 조건2 : 기본 키가 아닌 모든 속성이 기본 키에 전이 종속이지 않다.

(4) 제 3 정규형이 아닌 릴레이션의 예

그림 7.7의 소속학과 릴레이션 스키마는 앞에서 설명한 것처럼 제 2 정규형에 있지만, 기본 키에 대한 함수적 종속성인 학번 → 학과장은 전이 종속이므로 제 3 정규형이 될 수 없다.

(5) 무손실 분해

그림 7.7의 소속학과 릴레이션은 전이 종속성의 속성들을 따로 분리하여 별도의 릴레이션 스키마를 형성함으로써 무손실 분해될 수 있다. 제 2 정규형이지만 제 3 정규형이 아닌 릴레이션 스키마를 무손실 분해하기 위해서는 전이 정속성을 제거해야 하며, 이를 위한 무손실 분해 규칙은 다음과 같다.

■ 전이 종속성에 대한 무손실 분해 규칙

α를 기본 키로 하면서 제 2 정규형에 속한 릴레이션 스키마에서 $\alpha \rightarrow \beta$와 $\beta \rightarrow \gamma$의 두 함수적 종속성에 의해 전이 종속성 $\alpha \rightarrow \gamma$가 성립할 때 다음의 두 릴레이션 스키마로 무손실 분해하고 각각 명칭을 부여한다.

- 릴레이션 스키마1 : 릴레이션 스키마에서 종속자 γ를 제외한 릴레이션 스키마
- 릴레이션 스키마2 : 함수적 종속성 $\beta \rightarrow \gamma$에서 결정자 β의 속성들과 종속자 γ의 속성들로 이루어진 릴레이션 스키마

이 규칙에 따라 소속학과 릴레이션 스키마 (학번, 학과, 학과장)을 학생소속 릴레이션 스키마 (학번, 학과)와 학과 릴레이션 스키마 (학과, 학과장)으로 무손실 분해할 수 있다. 이 두 릴레이션 스키마는 각각 기본 키에 대해 전이 종속성이 존재하지 않으므로 각각 제 3 정규형에 속한다. 무손실 분해된 릴레이션들이 그림 7.9에 제시된다.

그림 7.9의 무손실 분해는 제 2 정규형에 속한 소속학과 릴레이션 스키마의 데이터 이상들을 제거시킨다. 제 2 정규형의 데이터 이상 예에서 삽입 이상, 삭제 이상, 갱신 이상이 어떻게 제거되는지를 설명하면 다음과 같다.

학생소속 릴레이션

학번	학과
001	컴퓨터학과
002	컴퓨터학과
003	컴퓨터학과
004	전자공학과
005	컴퓨터학과
006	컴퓨터학과

학과 릴레이션

학과	학과장
컴퓨터학과	김수길
전자공학과	강문일

그림 7.9 소속학과 릴레이션 스키마를 무손실 분해한 릴레이션들

- **제거된 삽입 이상** : 기계공학과가 새롭게 신설됐을 때 이 새로운 학과 정보는 이를 학과로 하는 학생이 없더라도 그림 7.9의 학과 릴레이션에 삽입하면 된다. 이 릴레이션의 기본 키 속성은 학과이므로 속성값 기계공학과는 NULL이 아니기 때문에 학과장이 결정되지 않더라도 튜플 (기계공학과, NULL)을 학과 릴레이션에 삽입할 수 있다. 물론 학과장이 결정되었다면 NULL 대신 그 학과장 이름으로 하면 된다.
- **제거된 삭제 이상** : 학번이 004인 학생이 자퇴하면 그림 7.9의 학생소속 릴레이션으로부터 튜플 (004, 전자공학과)을 삭제하면 된다. 그림 7.9에서 볼 수 있듯이 (004, 전자공학과) 튜플이 삭제되더라도 학과 릴레이션에는 전자공학과가 존재하고 학과장이 강문일이란 정보는 변함이 없다.
- **제거된 갱신 이상** : 컴퓨터학과 학과장이 김수길 교수에서 나민수 교수로 바뀐다면 그림 7.9 학과 릴레이션의 (컴퓨터학과, 김수길) 튜플에서 김수길을 나민수로 하나만 변경하면 된다.

7.4.4 Boyce-Codd 정규형(Boyce-Codd Normal Form : BCNF)과 정규화

(1) 제 3 정규형의 데이터 이상

교수는 오직 한 전공과목만 담당하지만 같은 이름의 전공과목들이 여러 개가 개설되어 한 명 이상의 교수가 각각 하나씩 담당할 수 있는 실세계를 고려하자. 이 실세계를 반영한 그림 7.10의 강의 릴레이션을 고려할 때, 이 실세계를 중심으로 성립되는 가능한 모든 함수적 종속성을 나열하면 다음과 같다.

{학번, 전공과목} → {담당교수}
{학번, 전공과목} → {학번}
{학번, 전공과목} → {전공과목}
{담당교수} → {전공과목}

강의 릴레이션

학번	전공과목	담당교수
001	컴퓨터과학	이길홍
002	자료구조	한배훈
003	컴퓨터과학	이상철
004	컴퓨터과학	이길홍
005	컴파일러	한대화
005	컴퓨터과학	이상철

그림 7.10 강의 릴레이션

그림 7.10의 강의 릴레이션에서 005번 학생은 컴파일러와 컴퓨터과학의 두 과목을 수강하고 컴퓨터과학 전공과목은 과목명은 같더라도 이상철 교수와 이길홍 교수 두 사람에 의해 진행되는 다른 강좌임을 주시하자.

이 강의 릴레이션 스키마의 후보 키는 {학번, 전공과목}과 {학번, 담당교수}로서 기본 키를 {학번, 전공과목}으로 한다면 이 릴레이션 스키마는 제 2 정규형에 존재하면서 전이 종속성이 존재하지 않으므로 제 3 정규형에 있게 된다. 하지만 제 3 정규형에 속한 이 강의 릴레이션도 다음의 데이터 이상이 발생한다.

- **삽입 이상** : 이창훈 교수가 컴퓨터통신 전공과목을 담당한다는 사실을 삽입하고자 할 때 이 과목을 수강하는 학생이 결정되지 않아 기본 키의 속성 중의 하나인 학번 속성이 NULL이 되므로 삽입할 수 없다.
- **삭제 이상** : 학번이 002인 학생이 자퇴하여 튜플 (002, 자료구조, 한배훈)을 삭제한다면 한배훈 교수가 담당한 전공과목이 자료구조라는 유일한 사실 데이터까지도 삭제된다.
- **갱신 이상** : 이길홍 교수가 담당하는 컴퓨터과학 전공과목을 Computer Science로 변경한다면 이길홍 튜플들을 찾아 전공과목 속성값을 Computer Science로 모두 변경해야 한다.

(2) Boyce-Codd 정규형의 조건

릴레이션 스키마가 Boyce-Codd 정규형(Boyce-Codd Normal Form : BCNF)을 만족하기 위해서는 다음 두 조건을 모두 충족해야 한다.

- 조건1 : 릴레이션 스키마가 제 3 정규형을 만족한다.
- 조건2 : 릴레이션 스키마에 대한 모든 함수적 종속성 $\alpha \rightarrow \beta$에 대해 결정자인 α는 후보 키이다.

따라서, 제 3 정규형을 만족하는 어떤 릴레이션 스키마가 BCNF인지를 검사하려면 모든 함수적 종속성의 결정자가 후보 키인지만 검사하면 된다. 제 3 정규형에 있는 릴레이션 스키마들은 대부분 BCNF에 존재한다. 그러나 앞의 예에서처럼 제 3 정규형에 있는 모든 릴레이션 스키마가 BCNF에 존재하는 것은 아니다.

(3) Boyce-Codd 정규형이 아닌 릴레이션의 예

그림 7.10의 강의 릴레이션 스키마는 이미 언급한 것처럼 제 3 정규형에 있지만, 이 릴레이션 스키마 상에서 성립하는 함수적 종속성 {담당교수} → {전공과목}에서 결정자인 {담당교수}는 이 릴레이션 스키마에서 후보 키가 아니다. 따라서 BCNF 조건에 맞지 않으므로 이 릴레이션 스키마는 BCNF에 속하지 않는다.

(4) 무손실 분해

그림 7.10의 강의 릴레이션 스키마에서 앞에서 설명한 데이터 이상을 자세히 살펴보면 각 데이터 이상은 바로 BCNF 조건에 위반되는 함수적 종속성 {담당교수} → {전공과목} 때문에 발생함을 알 수 있다. 따라서, 제 3 정규형에 속하지만, BCNF가 아닌 릴레이션 스키마에 대해 다음 규칙에 따라 모든 함수적 종속성의 결정자가 후보 키가 되도록 한다.

■ BCNF를 위한 무손실 분해 규칙

제 3 정규형에 속한 릴레이션 스키마에서 α가 후보 키가 아닌 함수적 종속성 $\alpha \rightarrow \beta$에 대해 다음의 두 릴레이션 스키마로 무손실 분해하고 각각 명칭을 부여한다.

- 릴레이션 스키마1 : 릴레이션 스키마에서 종속자 β를 제외한 릴레이션 스키마
- 릴레이션 스키마2 : 함수적 종속성 $\alpha \rightarrow \beta$에서 결정자 α의 속성들과 종속자 β의 속성들로 이루어진 릴레이션 스키마

앞의 규칙에 따라 {담당교수} → {전공과목}이 BCNF 조건에 합당하도록 강의 릴레이션 스키마를 분해할 필요가 있다. 앞의 분해에 따라 강의 릴레이션 스키마 (학번, 전공과목, 담당교수}를 그림 7.11과 같이 수강 릴레이션 스키마 (학번, 담당교수)와 교수전공 릴레이션 스키마 (담당교수, 전공과목)으로 무손실 분해한다. 이렇게 함으로써, 결국, 함수적 종속성 {담당교수} → {전공과목}이 교수전공 릴레이션 스키마에서 그대로 보존되는 가운데 담당교수 속성이 기본 키가 되어 이 함수적 종속성의 결정자가 후보 키가 된 것이다.

그림 7.11의 수강 릴레이션과 교수전공 릴레이션은 각각 BCNF에 존재하며 제 3 정규형의 데이터 이상 예에서 설명한 데이터 이상은 다음과 같이 제거된다.

수강 릴레이션

학번	담당교수
001	이길홍
002	한배훈
003	이상철
004	이길홍
005	한대화
005	이상철

교수전공 릴레이션

담당교수	전공과목
이길홍	컴퓨터과학
한배훈	자료구조
이상철	컴퓨터과학
한대화	컴파일러

그림 7.11 '강의' 릴레이션 스키마를 무손실 분해한 후의 릴레이션들

- **제거된 삽입 이상** : 이창훈 교수가 컴퓨터통신을 담당한다는 사실을 삽입하고자 할 때는 튜플 (이창훈, 컴퓨터통신)을 교수전공 릴레이션에만 삽입하면 되며, 삽입할 때 기본 키인 담당교수 속성값이 NULL이 아니므로 이 튜플의 삽입이 가능하다. 따라서, 삽입 이상이 제거된다.
- **제거된 삭제 이상** : 학번이 002인 학생이 자퇴하면 (002, 한배훈) 튜플을 수강 릴레이션에서 삭제하면 된다. 이렇게 하더라도 한배훈 교수가 담당한 전공과목이 자료구조라는 사실은 교수전공 릴레이션에 남게 되므로 삭제 이상이 해결된다.
- **제거된 갱신 이상** : 이길홍 교수가 전공과목을 Computer Science로 변경한다면 교수전공 릴레이션에서 오직 한 개의 튜플 (이길홍, 컴퓨터과학)에서 전공과목 속성값인 컴퓨터과학을 Computer Science로 변경하면 되므로 갱신 이상이 제거된다.

(5) Boyce-Codd 정규형과 정규화

Boyce-Codd 정규형(BCNF)도 데이터 이상이 발생한다. 그러나 대부분의 응용에서 모든 릴레이션 스키마가 BCNF에 있을 때 이 스키마를 갖는 릴레이션에서 데이터 이상 발생 가능성은 적기 때문에 종종 이 상태에서 정규화를 종료한다. BCNF 상태에서 정규화를 종료하는 또 하나의 주된 이유는 성능과 관련이 있다. 데이터 이상이 생길 때마다 수행하는 무손실 분해는 향후 분해되는 릴레이션들을 대상으로 하는 검색 연산에서 하나의 릴레이션으로 다시 합치는 조인 연산 작업을 수반하는 경우가 많다. 사실, 조인 연산은 관여하는 릴레이션들에 데이터가 많을수록 연산 시간이 더 오래 걸린다. 따라서 무손실 분해 이전의 릴레이션을 대상으로 연산을 수행할 때는 이러한 조인 연산이 필요 없으므로 처리 성능에서 효율적이다.

그러나 릴레이션이 BCNF 상태임에도 불구하고 데이터 이상으로 심각한 데이터 무결성 손상을 초래한다면 다음 절에서 소개되는 후속 정규화 단계를 거쳐야 한다.

7.4.5 제 4 정규형(The Fourth Normal Form : 4th NF, 4NF)과 정규화

(1) 다치 종속성(Multivalued Dependency : MVD) 예

다치 종속성을 이해하기 위해 먼저 그림 7.12의 예를 가지고 설명하도록 하자.

그림 7.12의 학생 릴레이션의 기본 키는 {학번, 전공, 취미}임을 알 수 있다. 이 릴레이션은 모든 속성이 모여 기본 키가 되므로 전이 종속이 없으며 기본 키 자체가 후보 키이므로 BCNF를 만족한다.

그런데, 이 릴레이션을 자세히 살펴보면 학번이 001인 학생은 복수 전공으로 컴퓨터과학과 물리학을, 취미는 독서와 수영임을 알 수 있다. 이처럼 하나의 속성에 여러 개의 다른 속성값이 대응될 때 여러 개의 다른 값을 **다중 값** 혹은 **다치(multivalue)**라 한다. 즉, 001번 학생은 전공 속성값으로 {컴퓨터과학, 물리학} 그리고 취미 속성값으로 {독서, 수영}과 같이 속성값들의 집합으로 나타낼 수 있고 이 속성값의 집합들은 각각 학번 001에 종속되어 있음을 알 수 있다. 즉, 여러 개의 값을 갖는 이 두 속성은 모두 학번에 종속되어 있다. 그러면서 학번과 전공 사이의 관계는 학번과 취미 사이의 관계와 무관하다. 학번, 전공, 취미 속성처럼 학번을 중심으로 다음 조건이 만족되면 전공 속성은 학번 속성에 **다치 종속성**을 갖는다고 하고 **학번 →→ 전공**으로 표현한다.

다치 종속성 조건. 학번과 전공 사이의 관계가 학번과 취미 사이의 관계와 아무런 관련이 없다.

이 조건이 만족되면 취미 속성을 제외한 {학번, 전공} 속성들에서 취미 속성 또한 학번 속성에만 종속되고 나머지 전공 속성에는 독립적이므로 **학번 →→ 취미** 가 성립된다. 사실, **다치 종속성 $\alpha \rightarrow\rightarrow \beta$ 는 α 값에 대해 β 값이 하나 이상 대응되는데, 함수적 종속성 $\alpha \rightarrow \beta$는 α 값에 대해 β 값이 하나만 대응되는 것을 고려한다면 함수적 종속성은 다치 종속성의 한 종류임**을 알 수 있다.

앞의 조건이 학번, 전공, 취미 사이에 존재하기 때문에 다치 종속성의 릴레이션은 학번 속성값 001에 대해 전공과 취미 속성값들의 조합인 (컴퓨터과학, 독서), (물리학, 독서), (컴퓨터과학, 수영), (물리학, 수영)

학생 릴레이션

학번	전공	취미
001	컴퓨터과학	독서
001	물리학	수영
001	컴퓨터과학	수영
001	물리학	독서
002	통계학	테니스

그림 7.12 다치 종속성 예

을 조합해서 대응시킨 4개의 튜플이 존재해야 한다.

(2) 다치 종속성(Multivalued Dependency : MVD) 정의

릴레이션 스키마 R에서 $\alpha \subseteq R$ 이고 $\beta \subseteq R$ 이라 하자. R을 릴레이션 스키마로 하는 임의의 릴레이션 r에서 $t_1[\alpha]=t_2[\alpha]$를 만족하는 두 개의 튜플 t_1과 t_2가 존재할 때 다음 5가지 조건을 만족하는 튜플 t_3와 t_4도 반드시 릴레이션 r에 존재한다고 하자.

- **조건 1.** $t_1[\alpha]=t_2[\alpha]=t_3[\alpha]=t_4[\alpha]$
- **조건 2.** $t_3[\beta]=t_1[\beta]$
- **조건 3.** $t_3[R-\beta]=t_2[R-\beta]$
- **조건 4.** $t_4[\beta]=t_2[\beta]$
- **조건 5.** $t_4[R-\beta]=t_1[R-\beta]$

앞의 다섯 조건을 모두 만족할 때 **다치 종속성(multivalued dependency : MVD) $\alpha \twoheadrightarrow \beta$가 성립한다**고 하고, 이때 **$\alpha$는 β를 다중결정한다(multidetemine)**고 말한다.

$R-\alpha-\beta \subseteq R-\beta$이므로 7.2.3절의 반사 규칙에 따라 $R-\beta \rightarrow R-\alpha-\beta$가 되어 튜플 t_i와 t_j에 대해 $t_i[R-\beta]=t_j[R-\beta]$ 이면 $t_i[R-\alpha-\beta]=t_j[R-\alpha-\beta]$가 성립한다. 따라서, 조건 3과 조건 5는 이를 반영하여 다시 표현한 다치 종속성 조건이다.

- **조건 1.** $t_1[\alpha]=t_2[\alpha]=t_3[\alpha]=t_4[\alpha]$
- **조건 2.** $t_3[\beta]=t_1[\beta]$
- **조건 3.** $t_3[R-\alpha-\beta]=t_2[R-\alpha-\beta]$
- **조건 4.** $t_4[\beta]=t_2[\beta]$
- **조건 5.** $t_4[R-\alpha-\beta]=t_1[R-\alpha-\beta]$

다치 종속성은 R을 스키마로 하는 릴레이션에서 α의 값에 대해 여러 개의 β의 값들(값들의 집합)이 대응됨을 의미하며, 결국 다치 종속성 정의를 다르게 해석하면 다음과 같다.

릴레이션 스키마 R에서 $\alpha \subseteq R$ 이고 $\beta \subseteq R$에서 $\gamma = R-\alpha-\beta$라 할 때, $\alpha\gamma$ 값에 대응되는 β 값들의 집합이 α에만 종속되고 γ 값에는 독립적이면 $\alpha \twoheadrightarrow \beta$이다.

앞의 조건들을 통해 $\alpha \twoheadrightarrow \beta$이면 $\beta = R-(R-\beta)$ 이므로 맨 앞의 5개 조건에 대입하면 $\alpha \twoheadrightarrow R-\beta$ 임

을 알 수 있다. 또한, 반사 규칙에 의해 $\alpha \twoheadrightarrow \beta$이면 $\alpha \twoheadrightarrow R-\alpha-\beta$ 임을 알 수 있다.

다치 종속성을 3개의 속성을 갖는 릴레이션으로 설명하면, 3개의 속성 중 2개가 다치 속성이고, 그 값들이 나머지 속성에만 종속될 때 존재한다. 즉, 다치 종속성은 릴레이션 스키마 R(A, B, C)에서 A가 B의 다치(다중 값)을 결정하고 A가 C의 다치(다중 값)을 결정하며 B와 C가 서로 독립적일 때 존재한다.

릴레이션 스키마 R로 생성된 모든 릴레이션 r에서 $\alpha \twoheadrightarrow \beta$가 성립할 때 $\beta \subseteq \alpha$이거나 혹은 $\alpha \cup \beta = R$이면 $\alpha \twoheadrightarrow \beta$를 **단순 다치 종속성(trivial multivalued dependency)**이라 한다.

(3) BCNF의 데이터 이상

그림 7.13의 학생 릴레이션은 앞에서 설명했듯이 제 3 정규형이면서 BCNF에 존재한다. 그러면서, 학번 $\twoheadrightarrow$ 전공과 학번 $\twoheadrightarrow$ 취미의 다치 종속성이 존재하며 이로 인해 학생 릴레이션은 다음과 같은 데이터 이상이 발생한다.

- 삽입이상 : 한 학생에 대한 취미 하나를 추가하려면 그 학생의 모든 전공과 짝을 지어 취미 내용을 여러 개 삽입해야 한다. 예를 들어 만약 학번 001 학생이 축구 취미도 갖게 되어 그림 7.13처럼 (001, 컴퓨터과학, 축구) 튜플을 추가했다고 하자.

  이때, 릴레이션의 내용은 학번 001 학생이 컴퓨터과학 전공에는 축구 취미를 갖고 물리학 전공에는 축구 취미를 갖지 않음을 암시한다. 하지만, 학생의 전공과 학생의 취미는 전혀 관계 없으므로 데이터 일관성이 있도록 하려면 이 학생의 모든 전공에 대해 한 행씩 축구와 짝을 지어 저장해야 한다. 그러므로, 그림 7.14처럼 (001, 물리학, 축구)행도 추가해야 한다. 즉, 튜플 하나를 삽입하기 위해 여러 개의 튜플을 삽입해야 하는 이상한 현상이 생긴 것이다.

학생 릴레이션

학번	전공	취미
001	컴퓨터과학	독서
001	물리학	독서
001	컴퓨터과학	수영
001	물리학	수영
002	통계학	테니스
001	컴퓨터과학	축구

그림 7.13 다치 종속성에 의한 삽입 이상 예 릴레이션

학생 릴레이션

학번	전공	취미
001	컴퓨터과학	독서
001	물리학	독서
001	컴퓨터과학	수영
001	물리학	수영
002	통계학	테니스
001	컴퓨터과학	축구
001	물리학	축구

그림 7.14 다치 종속성에서 삽입 이상 해결 예

- 삭제이상 : 한 학생이 한 전공을 취소하면 그 전공 값을 가진 여러 튜플도 모두 삭제하여야 한다. 그림 7.14에서 001번 학생이 물리학 전공을 취소하면 (001, 물리학, 독서) 튜플과 (001, 물리학, 수영) 튜플 그리고 (001, 물리학, 축구) 튜플을 모두 삭제해야 한다. 또한 그림 7.14의 학생 릴레이션에서 002번 학생이 테니스 취미가 없어졌다면 취미 속성값을 NULL 처리하거나 아니면 튜플을 삭제해야 한다. 하지만, 취미 속성은 학생 릴레이션 스키마의 기본 키의 일부이기 때문에 NULL로 처리할 수 없다. 결국, 002번 학생 튜플을 삭제해야 하는데 이 튜플을 삭제하게 되면 002번 학생의 전공이 통계학이라는 유일한 정보도 함께 없어지는 결과를 가져온다.
- 갱신이상 : 001번 학생의 경우, 독서 취미가 등산으로 바뀌었다면 학번 001 학생의 취미 속성값이 독서인 튜플들을 찾아서 취미 속성의 값을 모두 등산으로 변경해야 한다.

(4) 제 4 정규형의 조건

릴레이션 스키마 R에서 $\alpha \subseteq R$ 이고 $\beta \subseteq R$ 이라 하자.
$\alpha \twoheadrightarrow \beta$ 형태의 모든 다치 종속성에 대하여 $\alpha \twoheadrightarrow \beta$가 단순 다치 종속성이거나 혹은 α가 릴레이션 스키마 R에 대한 수퍼 키라면 릴레이션 스키마 R을 갖는 릴레이션은 제 4 정규형에 존재한다.

(5) 제 4 정규형이 아닌 릴레이션의 예

그림 7.14의 학생 릴레이션 스키마는 3NF와 BCNF에 존재함을 알 수 있다. 그러나 이 릴레이션 스키마는 다치 종속성들인 학번$\twoheadrightarrow$전공, 학번$\twoheadrightarrow$취미 각각이 단순 다치 종속성도 아니고 동시에 학번 속성이 수퍼 키도 아니기 때문에 제 4 정규형에 존재하지 않는다.

(6) 무손실 분해

그림 7.14의 학생 릴레이션 스키마에서 데이터 이상을 제거하려면 다치 종속성을 제거하여야 한다. 학생 릴레이션 스키마 {학번, 전공, 취미}는 오직 하나의 다중 값 속성만을 포함하는 두 개의 릴레이션 스키마 (학번, 전공), (학번, 취미)로 무손실 분해함으로써 다치 종속성이 제거된다. 그 결과 만들어진 릴레이션은 앞에서 제시한 데이터 이상 현상이 발생하지 않는다. 다치 종속성 제거를 위해 무손실 분해된 릴레이션들이 그림 7.15에서 제시된다.

릴레이션 스키마 R에서 $\alpha \subseteq R$, $\beta \subseteq R$, 그리고 $\gamma = R-\alpha-\beta$라 할 때 $\alpha \twoheadrightarrow \beta$이고 $\alpha \twoheadrightarrow \gamma$ 이며 α와 β 사이의 관계가 α와 γ 사이의 관계와 무관하다고 하자. 이때, R이 BCNF라 하더라도 단순 다치 종속성이 아닌 다치 종속성으로 인해 제 4 정규형을 만족하지 못하기 때문에 다음 규칙에 따라 무손실 분해한다.

■ 다치 종속성에 대한 무손실 분해 규칙

릴레이션 스키마 R에서 $\alpha \subseteq R$, $\beta \subseteq R$, 그리고 $\gamma = R-\alpha-\beta$ 라 할 때 $\alpha \twoheadrightarrow \beta$ 이고 $\alpha \twoheadrightarrow \gamma$ 이며 α와 β 사이의 관계가 α와 γ 사이의 관계와 무관하다고 하자. 이때 다치 종속성을 제거하기 위해 다음의 두 릴레이션 스키마로 무손실 분해하고 각각 명칭을 부여한다.

- 릴레이션 스키마1 : α와 β의 속성들로 구성된 릴레이션 스키마, 즉, $\alpha\beta$ (= $\alpha \cup \beta$)
- 릴레이션 스키마2 : α와 γ의 속성들로 구성된 릴레이션 스키마, 즉, $\alpha\gamma$ (= $\alpha \cup \gamma$)

그림 7.15의 학생전공 릴레이션 스키마와 학생취미 릴레이션 스키마는 그림 7.14의 학생 릴레이션을 이 규칙에 따라 무손실 분해한 것으로 각각 제 4 정규형에 존재하며 BCNF의 데이터 이상 예에서의 데이터 이상이 제거된다. 데이터 이상이 어떻게 제거되는 것인지에 대한 설명은 연습으로 여러분에게 남기고자 한다.

학생전공 릴레이션

학번	전공
001	컴퓨터과학
001	물리학
002	통계학

학생취미 릴레이션

학번	취미
001	독서
001	수영
002	테니스
001	축구

그림 7.15 무손실 분해 후의 두 릴레이션

7.4.6 제 5 정규형(The Fifth Normal Form : 5th NF, 5NF)과 정규화

(1) n-분해 릴레이션(n-decomposition relation)

제 1 정규형에서부터 제 4 정규형에 이르기까지 릴레이션 스키마가 정규형을 만족하지 못하면 함수적 종속성 혹은 다치 종속성을 고려한 규칙에 따라 두 개의 릴레이션 스키마로 무손실 분해하는 방법을 소개해 왔다. 지금까지는 소개한 규칙에 따라 무손실 분해한 두 릴레이션 스키마의 릴레이션들을 조인하면 정보 손실이 없이 분해하기 이전 릴레이션 스키마의 원래 릴레이션을 그대로 복원할 수 있었다.

하지만 하나의 릴레이션 스키마를 두 개의 릴레이션 스키마로 분해하게 되면 조인을 하더라도 원래의 릴레이션으로 복원할 수 없는 경우도 있다. 이때는 세 개 이상으로 릴레이션 스키마를 분해해야 무손실 분해가 된다. 일반적으로 n 개 이상의 릴레이션 스키마들로 분해해야 무손실 분해가 되는 릴레이션을 **n-분해 릴레이션(n-decomposition relation)**이라 하는데 n-분해 릴레이션은 n 보다 적은 수로 릴레이션 스키마를 분해하면 무손실 분해가 불가능하다. 지금까지는 2-분해 릴레이션을 다루어온 반면, 2-분해 릴레이션이 아닌 경우들과 문제점 그리고 해결 방법을 살펴보기로 하자.

(2) 2-분해 릴레이션이 아닌 예

그림 7.16의 선물 릴레이션은 제공자가 물품을 수혜자에게 준 정보를 나타낸다. 이 릴레이션에서 기본 키는 모든 속성인 {제공자, 물품명, 수혜자}가 되며, 따라서, 이 릴레이션은 제 4 정규형에 있음을 알 수 있다.

그런데, 실세계에서 박이찬이가 줄 수 있는 물품 종류로 책이 하나 더 생겼는데 아직 누구에게 줄지 수혜자가 결정되지 않았다고 하자. 이때, 선물 릴레이션은 이 정보를 반영할 수 없다. 그 이유는 이 정보를 선물 릴레이션에 반영하려면 (박이찬, 책, NULL) 튜플을 삽입해야 하는데 이 튜플에서 기본 키인 수혜자의 속성값이 NULL이기 때문이다.

이처럼 수혜자는 결정되지 않았음에도 제공자가 제공할 수 있는 물품 정보를 반드시 반영할 필요가 있

선물 릴레이션

제공자	물품명	수혜자
김홍석	시계	홍기재
김홍석	책	나재호
박이찬	시계	나재호
김홍석	시계	나재호

그림 7.16 선물 릴레이션(2-분해 릴레이션이 아닌 예)

다면 선물 릴레이션처럼 기본 키라 하더라도 이를 무손실 분해하여 분해한 릴레이션 스키마들 중의 하나가 {제공자, 물품명} 스키마가 되도록 하는 수밖에 없다.

하지만, 선물 릴레이션은 2-분해 릴레이션이 아니다. 그 이유를 설명하면 다음과 같다.

그림 7.17의 (a), (b), (c) 각각은 선물 릴레이션을 두 개의 릴레이션으로 분해한 후 다시 조인 연산을 통해 만든 릴레이션으로, 선물 릴레이션을 분해한 모든 경우를 나타낸다. 조인 후의 각 릴레이션에서 사각형으로 표시된 튜플은 분해 이전의 선물 릴레이션에는 포함되지 않았던 튜플을 나타낸 것으로 이러한 튜플을 **허위 튜플(spurious tuple)**이라 한다. 따라서 선물 릴레이션은 2개로 분해하더라도 어떠한 경우든 허위 튜플이 생성되어 무손실 분해가 될 수 없다.

그림 7.18은 선물 릴레이션의 무손실 분해를 보여준다. 선물 릴레이션을 3개로 분해한 후 다시 조인 연산을 수행하면 그림 7.18과 같이 원래의 선물 릴레이션과 동일한 릴레이션을 얻을 수 있다. 3개로 분해해야 무손실 분해가 되므로 선물 릴레이션은 3-분해 릴레이션이다.

그렇다면 3-분해 릴레이션이 무엇을 의미하는지를 살펴보자. 선물 릴레이션 예에서 3-분해 선물 릴레이션이 제공자-물품, 물품-수혜자, 수혜자-제공자 릴레이션들로 분해되는 조건일 때, 이들 릴레이션이 각각 (s, p), (p, r), (r, s) 튜플을 포함할 경우 이들을 조인하면 (s, p, r)이 된다. 그러므로 3-분해 릴레이션을 분해한 3개의 분해 릴레이션들을 다시 조인한 결과의 릴레이션은 반드시 (s, p, r) 튜플을 포함하므로 분해 이전의

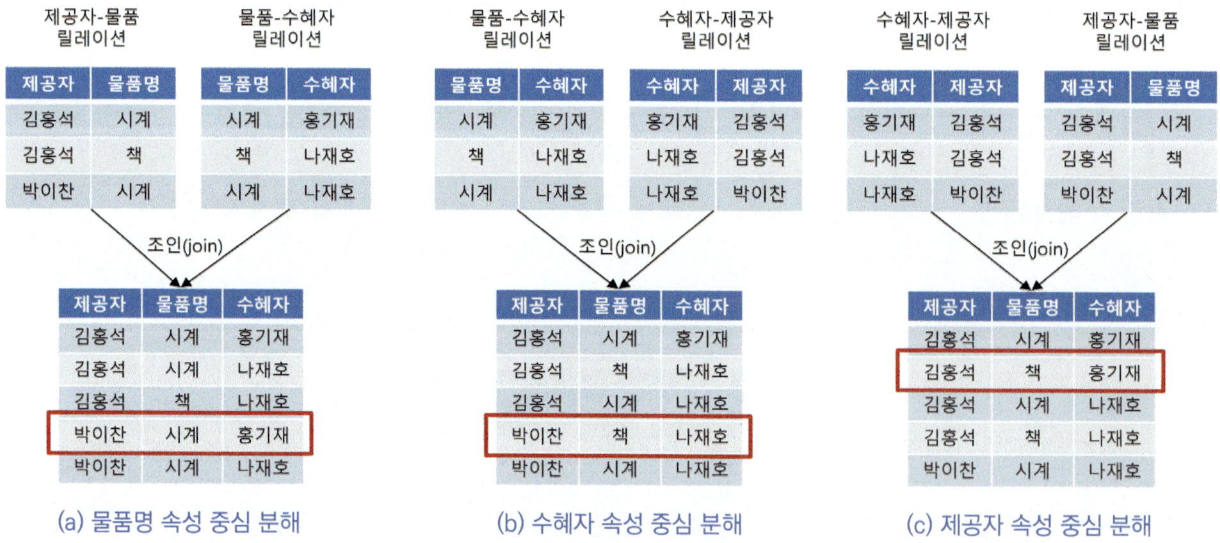

그림 7.17 그림 7.16의 선물 릴레이션을 2개로 분해한 모든 경우와 허위 튜플

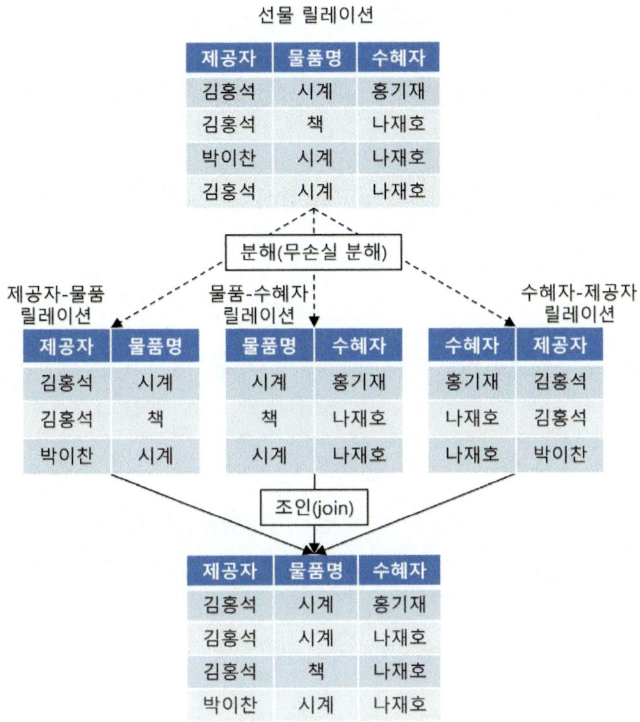

그림 7.18 3-분해 릴레이션(선물 릴레이션의 무손실 분해)

3-분해 릴레이션은 반드시 (s, p, r) 튜플을 포함해야 한다. 즉, 임의의 r′, s′, p′에 대해 3-분해 선물 릴레이션이 (s, p, r′), (s′, p, r), (s, p′, r) 튜플들을 가지면 분해된 제공자-물품, 물품-수혜자, 수혜지-제공자 릴레이션들은 각각 (s, p), (p, r), (r, s) 튜플들을 가지므로, 이들 세 릴레이션이 선물 릴레이션의 무손실 분해 릴레이션들이 되기 위해서는 이 세 튜플을 조인한 (s, p, r) 튜플도 선물 릴레이션이 반드시 포함해야 한다는 것을 의미한다.

7.18의 예에서와 같이 어떤 릴레이션과 이 릴레이션의 속성들의 부분 집합으로 프로젝션한 릴레이션들이 주어질 때 이 릴레이션이 프로젝션 릴레이션들을 조인한 결과와 동일해야 하는 조건을 **조인 종속(JD : Join Dependency)**이라 하는데 정확한 정의는 다음과 같다.

> 릴레이션 r에서 $R_1, R_2, \ldots, R_n$을 각각 릴레이션 r의 속성들의 부분 집합이라 하자. $r_1, r_2, \ldots, r_n$을 각각 $R_1, R_2, \ldots, R_n$으로 프로젝션한 릴레이션이라 할 때, $r = r_1 \bowtie r_2 \bowtie \ldots \bowtie r_n$ 이라면 r은 조인 종속 $*(R_1, R_2, \ldots, R_n)$을 만족시킨다고 한다.

이 정의에 따르면 그림 7.18의 예의 선물 릴레이션은 *({제공자, 물품명}, {물품명, 수혜자}, {수혜자, 제공자}) 조인 종속을 만족시킨다.

(3) 조인 종속과 다치 종속과의 관계

다치 종속은 2-분해 조인 종속으로서 조인 종속의 특별한 경우에 해당한다. 다음은 조인 종속과 다치 종속간의 관계를 나타내는 정리이며, 이에 대한 증명은 생략한다.

> 릴레이션 r(A, B, C)가 조인 종속 *(AB, AC)를 만족하면 릴레이션 r에서 다치 종속 A →→ B와 A →→ C가 성립한다.

또한, 함수적 종속성은 다치 종속성의 특별한 경우에 해당함을 이미 소개한 바 있다. 따라서 조인 종속은 지금까지 소개한 여러 종류의 종속성 중에서 가장 일반적인 종속성이다.

(4) 조인 종속 *(R_1, R_2, ..., R_n) 릴레이션이 n-분해되지 않을 경우의 데이터 이상 예

조인 종속을 만족하는 n-분해 릴레이션이 n-분해되지 않을 경우에 데이터 이상이 발생하는데 그 예를 살펴보자.

그림 7.19에서 (1)의 선물 릴레이션이 *({제공자, 물품명}, {물품명, 수혜자}, {수혜자, 제공자}) 조인 종속을 만족시키는 3-분해 릴레이션이라고 할 때, 그림 7.19 (1)에서의 선물 릴레이션은 이 조인 종속을 만족한다. 하지만 튜플의 삽입과 삭제 시 다음과 같은 데이터 이상이 발생하는데 다음의 삽입 이상과 삭제 이상은 선물 릴레이션을 3 분해함으로써 해결된다.

- **삽입이상** : 그림 7.19 (1)의 선물 릴레이션에 (박이찬, 시계, 나재호) 튜플을 삽입한다고 하자. 이 삽입 연산의 결과는 그림 7.19의 (2)와 같다. 문제는 (2)에서의 선물 릴레이션이 *({제공자, 물품명}, {물품명, 수혜자}, {수혜자, 제공자}) 조인 종속을 만족해야 한다는 점에서 발생한다. 그림 7.19에서 (2)의 선물 릴레이션을 제공자-물품, 물품-수혜자, 수혜자-제공자 릴레이션들로 그림 7.19의 (3)과 같이 분해하면 각각 사각형으로 표시된 것과 같이 이 세 릴레이션은 각각 튜플 (김홍석, 시계), (시계, 나재호), (나재호, 김홍석)을 갖게 된다. 그림 7.19의 (4)에서처럼 이 튜플들을 다시 조인한 릴레이션은 (김홍석, 시계, 나재호) 튜플을 포함해야 한다. 하지만 그림 7.19에서 (2)의 선물 릴레이션은 이 튜플을 포함하지 않는다. 조인 종속에 따라 (박이찬, 시계, 나재호) 튜플을 삽입할 때는 반드시 (김홍석, 시계, 나재호) 튜플을 함께 삽입해야 한다.

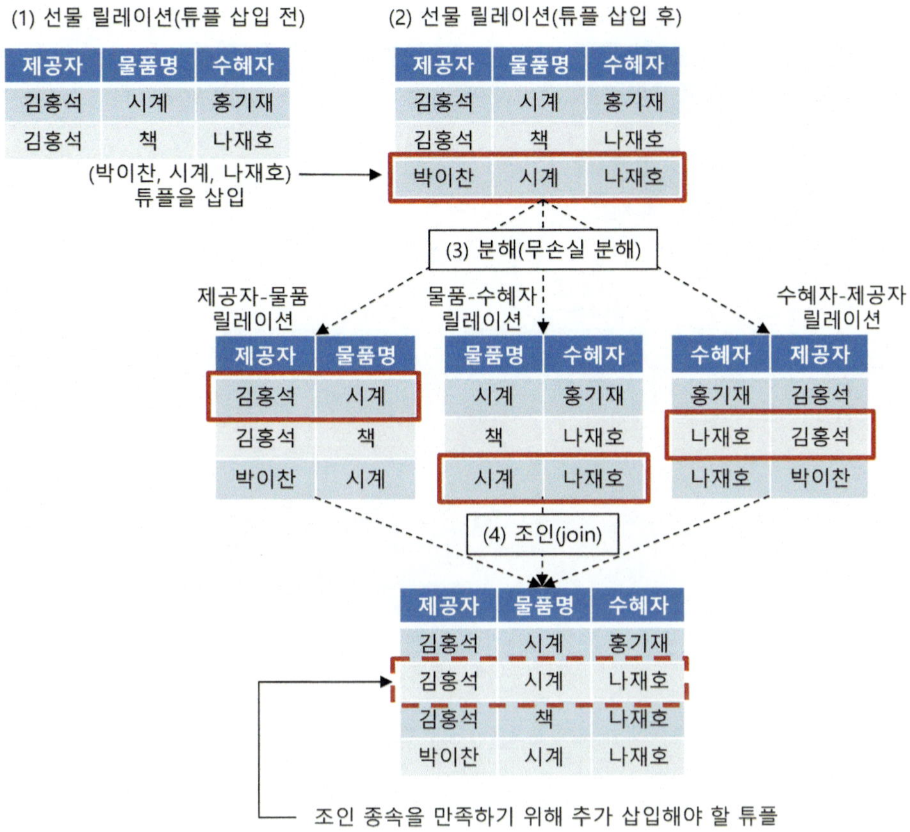

그림 7.19 조인 종속에서 3-분해하지 않은 릴레이션에서의 삽입 이상 예

- **삭제이상** : 그림 7.20의 (1)에서 선물 릴레이션에서 (김홍석, 시계, 나재호) 튜플을 삭제한다고 하자. 삭제 후의 선물 릴레이션이 그림 7.20의 (2)에서 나타난다. 하지만 이 원래의 선물 릴레이션은 조인 종속을 만족해야 하므로 (2)의 선물 릴레이션을 (3)의 분해를 통해 제공자-물품, 물품-수혜자, 수혜자-제공자 릴레이션으로 분해 후 (4)의 조인한 릴레이션과 동일해야 하는데 이렇게 되기 위해서는 삭제했던 (김홍석, 시계, 나재호) 튜플을 원래의 선물 릴레이션에 다시 삽입해야 하므로 결국 이 튜플은 영원히 삭제할 수 없게 된다.

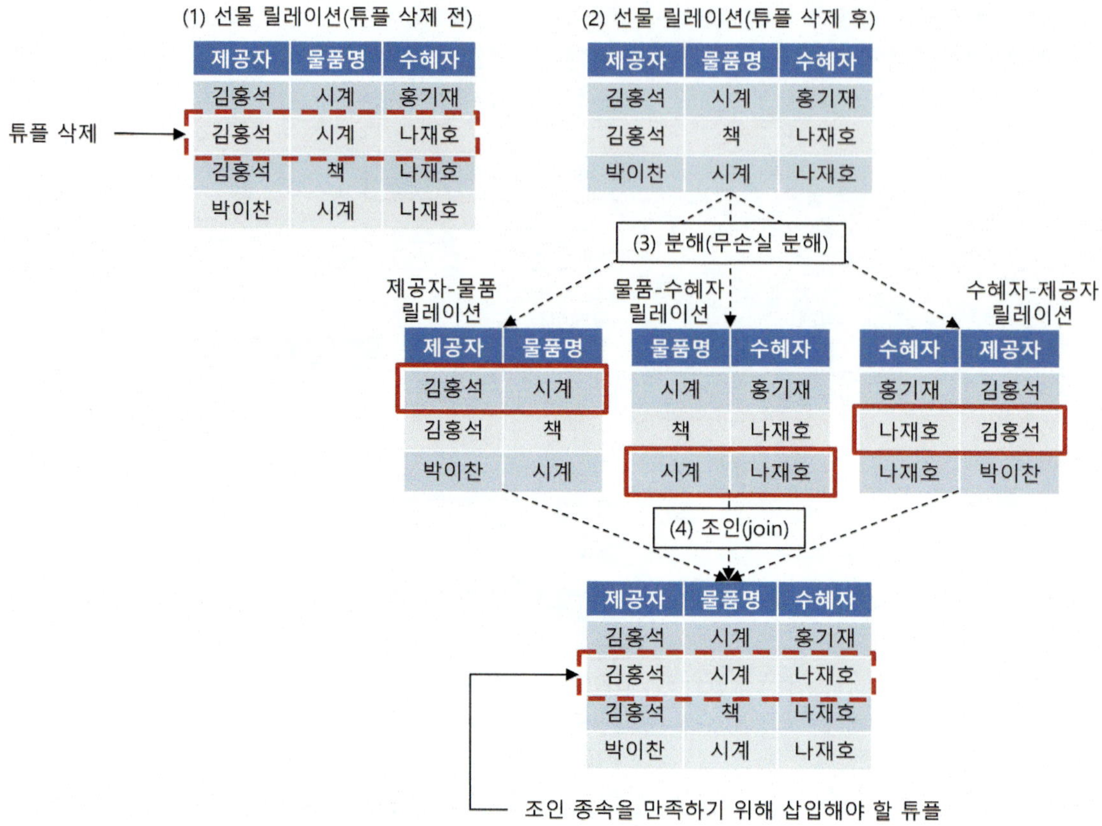

그림 7.20 조인 종속에서 3-분해하지 않은 릴레이션에서의 삭제 이상 예

(5) 제 5 정규형의 조건

제 5 정규형은 조인 종속과 관련하여 다음과 같이 정의된다.

> 릴레이션 r에 존재하는 모든 조인 종속에서 각 조인 종속에서의 조인이 릴레이션 r의 후보 키만을 매개로 이루어진다면 릴레이션 r은 제 5 정규형 혹은 PJ/NF(Projection-Join Normal Form)에 존재한다.

앞의 제 5 정규형 조건에서 '조인이 릴레이션 r의 후보 키만을 매개로 이루진다'는 의미를 이해하기 위해 학번과 주민등록번호 속성 각각을 후보 키로 갖는 학생(학번, 이름, 주민등록번호, 학과) 릴레이션을 예를 들어 설명해 보자. 이 릴레이션은 여러 조인 종속을 만족하겠지만 그 중에 다음 조인 종속도 만족한다.

*({학번, 이름, 주민등록번호}, {학번, 학과})

이 조인 종속은 학생 릴레이션이 {학번, 이름, 주민등록번호}를 속성으로 갖는 릴레이션과 {학번, 학과}를 속성으로 갖는 릴레이션의 두 릴레이션의 조인으로 무손실 분해될 수 있다(그렇다고 반드시 분해해야 함을 의미하는 것은 아니다). 이 조인 종속에서 두 릴레이션의 공통 속성이 학번이므로 조인이 학번 후보 키를 매개로 이루어진다. 또 하나의 예로 다음의 조인 종속을 고려해 보자.

*({학번, 주민등록번호}, {학번, 이름}, {주민등록번호, 학과})

이 때 {학번, 주민등록번호} 스키마의 릴레이션과 {학번, 이름} 스키마의 릴레이션 사이에는 공통 속성이자 기본 키인 학번 후보 키를 매개로 조인이 이루어지고, {학번, 주민등록번호} 스키마의 릴레이션과 {주민등록번호, 학과} 스키마의 릴레이션 사이에는 공통 속성인 주민등록번호 후보 키를 매개로 조인이 이루어지므로 결국 조인이 모두 후보 키를 매개로 이루어짐을 알 수 있다.

한편 제 5 정규형에 존재하는 모든 릴레이션은 제 4 정규형에 존재한다. 그 이유는 앞에서 설명한 것처럼 다치 종속성은 조인 종속의 한 특수한 경우이므로 후보 키를 통한 조인 종속은 후보 키를 통한 다치 종속이고 후보 키를 통한 다치 종속은 그 후보 키가 결정자가 되는 함수적 종속이기 때문이다.

(6) 제 5 정규형이 아닌 릴레이션의 예

그림 7.16부터 그림 7.20까지의 선물 릴레이션은 *({제공자, 물품명}, {물품명, 수혜자}, {수혜자, 제공자})에서 조인 종속이 물품명, 수혜자, 제공자 속성을 매개로 이루어지지만, 이 속성 각각이 후보 키가 아니므로 제 5 정규형을 만족하지 않는다.

어떤 릴레이션이 제 5 정규형에 존재하는지를 판단하는 것은 쉬운 일이 아니다. 왜냐하면 그 릴레이션에 대한 모든 조인 종속을 찾아서 조인의 매개자가 후보 키인지를 판단해야 하는데, 함수적 종속성이나 다치 종속성은 실세계를 바탕으로 직접 식별이 가능하지만 조인 종속은 그렇지 못하기 때문이다. 이러한 이유로 릴레이션이 제 4 정규형에 존재하지만 제 5 정규형을 따지고 무손실 분해하는 것이 항상 좋은 것인지에 대해서는 아직 명확하지 않은 것으로 되어 있다.

(7) 무손실 분해

제 4 정규형을 만족하지만 제 5 정규형을 만족하지 않는 릴레이션은 후보 키를 매개로 하지 않는 조인 종속을 찾아서 이 조인에 참여하는 각 속성 그룹을 하나의 릴레이션으로 분해하고 각각 명칭을 부여함으로써 무손실 분해할 수 있다.

앞의 선물 릴레이션 예에서 선물 릴레이션은 *({제공자, 물품명}, {물품명, 수혜자}, {수혜자, 제공자}) 조인 종속을 만족한다. 하지만, 이미 설명했듯이, 이 조인 종속은 후보 키를 매개로 하지 않으므로 제 5 정규형에 있지 않다.

한편, 선물 릴레이션은 3-분해 릴레이션이므로 최소 3개의 릴레이션으로 분해되어야 하는데 이 조인 종속에서 조인에 참여하는 속성들을 중심으로 (제공자, 물품명) 릴레이션, (물품명, 수혜자) 릴레이션, (수혜자, 제공자) 릴레이션 3개로 분해한 후 각 릴레이션에 대해 다시 정규형을 만족하는지 검사해서 만족하지 않으면 다시 정규화를 진행한다. 분해된 3개의 릴레이션 각각은 속성 모두가 후보 키로서 조인 종속이 더 이상 존재하지 않기 때문에 제 5 정규형을 만족한다.

7.5 정규형 간의 포함관계

릴레이션에 대해 비정규형을 포함하여 제 1 정규형에서 제 5 정규형에 이르기까지 상위 수준의 정규형은 하위 수준의 정규형에 더 많은 제약조건을 가한 것이므로 더 강한 제약조건을 갖는다. 그러므로, 상위 수준의 정규형은 바로 한 단계 낮은 하위 수준의 정규형을 만족하며, 따라서, 상위 수준의 정규형은 모든 하위 수준의 정규형을 만족한다. 이에 따라 릴레이션 전체 집합이 주어질 때 각 정규형을 만족하는 릴레이션들의 집합을 포함 관계로 나타내면 그림 7.21과 같다.

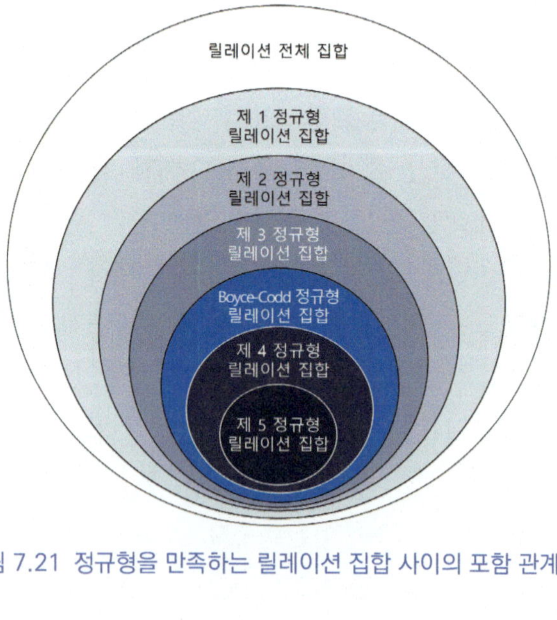

그림 7.21 정규형을 만족하는 릴레이션 집합 사이의 포함 관계

CHAPTER 8

실세계 시스템 중심의 데이터베이스 설계

관계형 데이터베이스의 설계는 데이터베이스를 구성하는 릴레이션들의 스키마를 도출하는 과정이다. 도출된 모든 릴레이션 스키마는 목표로 하는 정규형을 만족할 필요가 있으며 릴레이션 스키마에는 릴레이션을 구성하는 속성들뿐만 아니라 기본 키와 외래 키, 도메인 무결성과 참조 무결성을 비롯한 무결성 제약 조건이 반영된다.

논리적 설계인 관계형 데이터베이스 설계는 ER 모델을 이용하여 개념적 설계 결과로 산출된 ERD와 이를 포함한 문서를 기반으로 이루어진다. 즉, 관계형 데이터베이스 설계는 개념적 설계와 분리하여 진행하지 않고 ER 모델링에 의한 개념적 설계에서 바로 이어지는 과정으로 진행한다. 그 이유는 ERD로부터 관계형 데이터베이스를 구성하는 릴레이션과 릴레이션 스키마로 유도하는 과정은 실세계와 함께 ERD를 구성하는 개체 타입과 관계 타입에 대한 분석을 거치기 때문이다. 게다가 ERD를 기반으로 하는 관계형 데이터베이스 설계의 성공 여부는 ERD가 실세계를 얼마나 잘 반영하여 개념적으로 잘 표현되었는가에 달려있다. 이것이 관계형 데이터베이스 설계에서 ER 모델링을 꼭 포함해야 하는 이유이다.

지금까지도 여러분들은 개념적 설계와 논리적 설계를 어떤 절차를 통해 어떻게 행하고 또한 개념적 설계 결과를 어떻게 관계형 데이터베이스의 논리적 설계에 반영하며 도대체 7장에서 학습한 정규화를 논리적 설계 과정의 어디에 적용하는지에 대해 궁금할 것이다. 이 단원의 내용은 이러한 궁금증을 풀고, 개념적 설계 과정과 관계형 데이터베이스의 논리적 설계 과정의 단계적 흐름을 이해하는 가운데 관계형 데이터베이스 설계 결과인 릴레이션 스키마와 릴레이션을 도출하는 과정과 방법을 소개하는 데 그 목적을 둔다.

이 단원에서 우리는 관계형 데이터베이스 설계를 주제로 앞 단원들에서 퍼즐의 조각들처럼 소개한 개념적 설계와 논리적 설계 개념들을 통합하여 실세계 정의부터 시작해서 관계형 데이터베이스를 구성하는 릴레이션 스키마와 릴레이션 도출에 이르기까지의 전 과정을 소개한다.

ER 모델을 기반으로 하는 관계형 데이터베이스의 논리적 설계는 ER 모델링에서 도출한 결과물을 가지고 이 단원을 통해 소개되는 변환 규칙들의 적용 조건과 변환 방법에 따라 관계형 데이터베이스를 구성하는 릴레이션들과 그 릴레이션 스키마들로 변환하는 과정을 밟는다. 관계형 데이터베이스 설계에서 매우 중요한 과정 중의 하나로서 이 단원은 먼저 실세계를 대상으로 시스템 관점의 ER 모델링을 통해 ERD를 도출하는 과정인 3.3절을 요약과 정리 차원에서 소개한다.

그 후 ERD의 각 개체 타입과 관계 타입을 대상으로 그 특성을 따져서 릴레이션과 릴레이션 스키마로 변환하는 일반적 규칙들을 소개한다. 소개되는 규칙마다 그 규칙을 적용하는데 요구되는 개체 타입 혹은 관계 타입의 조건과 적용 대상과 방법이 제시된다. 규칙을 적용한 결과는 관계형 데이터베이스를 구성하는 릴레이션들과 각 릴레이션의 스키마이며, 특히, 릴레이션 스키마는 릴레이션을 구성하는 속성들과 기본 키와 외래 키 그리고 참조 무결성을 도출하는 데 초점을 두어 소개한다.

7장에서 정규화를 관계형 데이터베이스의 논리적 설계의 어느 단계에서 적용하는지에 대한 명시적인 언급은 없었지만, 사실상, 정규화 과정은 4.6절에서 언급한 것처럼 관계형 데이터베이스 설계 과정 일부분으로서 ERD로부터 변환한 각 릴레이션의 스키마를 대상으로 진행한다.

이 단원의 구성은 다음과 같다. 이 단원의 8.1절에서 우리는 데이터베이스 설계 시 고려사항을 개념적 설계 시 고려사항과 논리적 설계 시 고려사항으로 나누어 각 설계에서 무슨 요소들이 어느 수준으로 고려되어야 하는지를 그 이유와 함께 제시한다. 우리가 초점을 둔 관계형 데이터베이스 설계는 ER 모델링 과정을 포함하며 그 결과인 ERD를 기반으로 한다. 따라서, 8.2절은 관계 데이터베이스 과정을 실세계 정의에서부터 시작해서 ERD 도출을 위한 단계들과 ERD를 가지고 관계형 데이터베이스 스키마로 변환하는 단계들을 소개한다.

이 단원의 핵심인 8.3절은 ERD를 구성하는 개체 타입과 관계 타입을 릴레이션의 스키마로 변환하는 규칙들을 소개한다. 이 변환 규칙들에서 우리는 규칙을 적용하기 위한 개체 타입이나 관계 타입의 조건과 이들 규칙에 따라 릴레이션과 릴레이션 스키마로 변환하고 기본 키를 설정하는 방법 그리고 반영해야 할 외래 키와 참조 무결성 제약조건 내용을 소개한다. 마지막으로 8.4절은 8.3절에서 도출된 릴레이션들과 릴레이션 스키마들을 가지고 정규형을 검사하고 정규화를 위한 가이드라인을 제시한다.

8.1 실세계 시스템 중심의 데이터베이스 설계 고려사항

이미 설명한 것처럼 데이터베이스 설계는 개념적 설계, 논리적 설계, 그리고 물리적 설계로 분류되며 설계 또한 이 순서대로 진행한다. 앞에서 소개한 것처럼 관계형 데이터베이스 설계는 개념적 설계인 ER 모델링을 포함해서 진행하기 때문에 개념적 설계와 논리적 설계 시의 고려사항에 대해 먼저 살펴보고자 한다.

8.1.1 개념적 설계 고려사항

개념적 설계 단계는 실세계로부터 실세계를 구성하는 구성요소, 구성요소 특성, 구성요소들 사이에 존재하는 관계 등을 표현하는 단계이기 때문에 이 측면에서 고려해야 할 사항들을 소개하면 다음과 같다.

고려사항 1. 데이터베이스를 구축하고자 하는 실세계에 대한 정의가 정확히 이루어져야 한다.

요구사항에 따라 데이터베이스를 구축하고자 하는 실세계의 영역을 정확히 구분하고 그 실세계가 정확히 무엇을 하는 시스템인지, 또한 어떻게 구성되어 있는지 등에 대해 정확히 파악해야 한다. 이를 위해, 우선, 실세계에서 데이터베이스를 어떤 목적으로 사용할 것인지 그리고 그 목적을 위해 데이터베이스가 실세계에서 무슨 역할과 기능을 할 것인지를 명확하게 구체화하고 이를 기반으로 데이터베이스를 구축할 실세계 영역을 명확히 구분해야 한다. 이러한 과정을 통해, 설계 대상인 실 시스템을 구성하는 구성요소, 각 구성요소의 속성, 구성요소 간의 관계, 실세계 내에 존재하는 제약사항에 대한 식별이 명확하게 이루어질 수 있다. 데이터베이스를 구축하고자 하는 실세계에 대한 정의가 불명확하거나 부정확하면 데이터베이스화 할 대상이 모호해지거나 잘못 인식될 수 있다. 이는 개념적 설계를 비롯한 후속 진행 절차를 수행하기 어렵게 하거나 혹은 설계 과정과 결과에서 오류를 발생시킬 수 있다.

따라서, 실세계로부터 데이터베이스를 구축하기 위해서는 먼저 실세계에 대한 명확하고 정확한 이해와 함께 데이터베이스를 구축하려는 이유와 목적을 명확히 하는 것이 선행되어야 한다. 이를 통해, 데이터베이스를 구축할 대상 실세계를 정확히 파악하고, 이를 기반으로 데이터베이스를 설계할 수 있다.

고려사항 2. 실세계를 구성하는 구성요소는 개체 집합(혹은 개체 타입) 차원에서 식별되어야 하며 개체 집합(혹은 개체 타입) 차원에서 식별된 구성요소는 구축할 데이터베이스가 그 구성요소는 물론 다른 구성요소와의 관계에 대한 정보를 제공할 필요가 있는지를 판단하여 개념적 설계에 반영하도록 한다.

실세계는 구성요소들로 이루어지며 구성요소는 이들 사이의 동적·정적 관계에 따라 그 역할이 식별되고 이 역할에 적합한 기능을 수행한다. 실세계의 각 구성요소는 자체적인 정보를 포함하고 있을 뿐만 아니라 관계를 이루는 기본이 된다. 따라서 어떤 구성요소가 개념적 설계에 반영되지 않으면 이 구성요소에 대한 정보는 물론 다른 구성요소들과의 관계 정보도 반영되지 않는다. 데이터베이스의 논리적 설계는 실세계의 개념적 설계 결과를 가지고 이루어지기 때문에 이러한 정보가 개념적 설계에 반영되지 않으면 결국 논리적 설계를 통해 개발한 데이터베이스가 실세계 정보를 충분히 반영하지 못하는 결과를 가져온다.

실세계의 구성요소는 개체 차원이 아닌 개체 집합 혹은 개체 타입 차원에서 식별되어야 한다. 개체는 실세계를 구성하면서 독립적으로 존재하여 구별되는 물리적 또는 논리적 구성요소이며, 개체 집합은 동종의 개체들이 모여서 이루어진 개념적 집단이다. 우리가 명사를 고유명사, 보통명사, 추상명사, 물질명사 등으로 구분할 때, 일반적으로 개체는 고유명사를 이용하여 지칭하고 개체 집합은 보통명사를 가지고 그 집합을 지칭한다. 개체와 개체 집합 사이의 차이점을 설명하기 위해 '홍길동'과 사람' 사이의 차이점을 예로 들어보면, 먼저 '홍길동'이란 고유명사이고 실세계에 존재하는 독립적 실체로서 구별되는 개체에 해당하며 '사람'이란 보통명사로서 '홍길동'을 포함함과 동시에 '홍길동'과 같은 특성을 갖는 모든 인간의 집합적 개념으로서 개체 집합에 해당한다.

실세계의 구성요소가 개체 집합 차원에서 식별되어야 한다는 것은 개체 집합을 구성하는 개체들까지 모두 표현해야 하는 것을 의미하는 것은 아니다. 개념적 설계에서 개체 집합은 다음의 고려사항 3에서 소개되는 속성들을 식별함으로써 개체 타입으로 구조화된다. 개념적 설계에서 개체 타입은 그 명칭과 속성들을 가지고 표현되며 이에 속하는 개개의 개체들은 표현하지 않는다(사실상 개체 타입은 속성뿐만 아니라 속성에 부여되는 제약사항도 포함한다). 개념적 설계는 개체 타입들을 중심으로 다음의 고려사항들에서 소개하는 관계 타입들과 제약조건 등을 표현함으로써 완성된다. 개체들을 표현하지 않는다고 해서 개념적 설계에서 이들이 전혀 무시되는 것은 아니다. 예를 들어 개체 타입들 사이의 관계 타입과 이 관계 타입의 대응 카디널리티를 식별하려면 실제로 개체 타입의 개체 집합을 고려하여 이에 속할 수 있는 임의의 개체들을 고려해야 한다. 개체 집합 차원에서 구성요소가 식별되었다 해서 이들 모두를 개념적 설계에 반드시 반영할 필요는 없다. 그 이유는 식별된 개체 집합이 데이터베이스에 반영할 필요가 없을 정도로 중요하지 않거나 혹은 데이터베이스에 반영하더라도 정보 제공에서 아무런 기능이나 역할을 하지 못한다면 개념적 설계에서 제외할 필요가 있다.

예를 들어 대학 실세계에서 단과대학과 단과대학에 귀속된 컴퓨터의 두 개체 집합과 이들 사이에 존재하는 귀속 관계 집합의 표현 여부를 결정하고자 할 때, 만약 단과대학에 대한 정보는 관심의 대상인 반면 컴퓨터와 이에 관련된 정보(즉, 컴퓨터 개체와 관계를 통하여 얻을 수 있는 정보)는 관심 밖이라면 비록 컴퓨터 개체 집합과 귀속 관계 집합이 실세계를 이루는 구성요소와 관계라 할지라도 개념적 설계에서 제외할 수 있다. 그 이유는 데이터베이스 구축 후 검색하지도 않을 불필요한 정보를 데이터베이스화 함으로써 저장 공간의 낭비와 정보 유지를 위한 오버헤드 등의 비효율화를 굳이 초래할 필요가 없기 때문이다.

개념적 설계 후 후속적인 논리적 설계와 물리적 설계 및 구현을 통해 데이터베이스가 생성되면 데이터베이스 운영 단계에서 개체 타입에 속한 각 개체는 개체 타입의 구조와 제약사항에 따라 자신을 나타내는 데이터로 표현되어 삽입 연산을 통해 데이터베이스에 반영될 것이다.

고려사항 3. 실세계를 구성하는 개체 집합의 속성은 충분히 식별되어야 하며 식별된 속성들은 구축될 데이터베이스가 그 속성 정보를 제공할 필요가 있는지를 판단하여 개체 타입 형성에 반영함으로써 개체 타입으로 구조화한다.

실세계로부터 식별한 각 개체 집합을 대상으로 그 개체 집합에 속하는 모든 개체가 갖는 공통 속성들을 가능한 한 충분히 구분하고 식별한다. 개체 집합의 속성들은 설계를 통해 데이터베이스를 구축한 후 개체 타입에 따라 생성되는 개체 집합의 개별 개체에 대한 정보를 나타내는 데 사용된다. 즉, 개체의 속성에 부여되는 속성값이 바로 그 개체에 대한 정보이다.

식별된 모든 속성 역시 개념적 설계에 반드시 반영되어야 하는 것은 아니다. 데이터베이스에 반영할 필요나 가치가 없는 속성들은 개념적 설계에 반영될 필요가 없다. 예를 들어 한 회사의 회사원 개체 집합의 모든 개체 표현을 위한 속성에서 손 모양에 대한 정보는 일반적으로 불필요하거나 부적절한 정보일 수 있다. 이 정보가 필요해서 이용되는 것이라면 개념적 설계에서 반영되어야 하지만, 만약 앞으로 이용할 가능성이 없다면 이러한 속성 표현은 개념적 설계에서 제외되어야 한다. 앞으로의 활용에 필요할 것으로 예측해서 개념적 설계에 반영되는 모든 속성은 개체 집합을 나타내는 개체 타입에 반영하여 구조화한다.

고려사항 4. 실세계 개체 집합들 사이에 존재하는 관계 집합들과 대응 카디널리티들이 정확히 식별되어야 하며 식별된 관계 집합들은 관계를 이용하여 유추되는 정보가 무엇이고 과연 필요한 것인지를 판단하여 개념적 설계에 반영되도록 한다.

실세계 구성요소들 사이의 관계 역시 개체 차원이 아닌 관계 집합 차원에서 식별해야 한다. 관계 집합은 개체 집합에 속할 수 있는 임의의 개체 사이에 존재하는 관계를 분석함으로써 식별된다. 관계 집합에서 대응 카디널리티는 관계 집합에 관여하는 개체 집합 사이에서 가능한 모든 개체 간에 가능한 모든 대응 관계들을 고려하여 결정한다. 관계 집합을 표현할 때 이에 속한 모든 관계를 일일이 표현하지는 않는다. 단지, 개체들 사이의 관계는 관계 집합과 대응 카디널리티 식별 그리고 제약조건을 식별할 때 고려될 뿐, 개체 정보와 마찬가지로 관계 정보 역시 데이터베이스 생성 후 데이터로 표현되어 사용자의 삽입 연산을 통해 데이터베이스에 반영될 것이다.

개체 집합과 마찬가지로 식별된 관계 집합을 항상 개념적 설계에 반영하는 것은 아니다. 관심의 대상이 아니거나 데이터베이스로 반영할 가치가 없는 관계 집합은 개념적 설계 과정에서 제외한다. 개념적 설계에 반영한 관계 집합은 다음의 고려사항에서 소개하는 속성과 제약사항을 반영하여 관계 타입으로 구조화한다.

고려사항 5. 관계 집합의 속성들이 충분히 식별되어야 하고 식별된 속성들은 구축될 데이터베이스가 그 관계에 대한 속성 정보를 제공할 필요가 있는지를 판단하여 그 관계 집합을 나타내는 관계 타입에 반영되도록 한다.

실세계로부터 식별한 각 관계 집합을 대상으로 그 관계 집합에 속할 모든 가능한 관계가 갖는 공통 속성들을 가능한 한 충분히 구분하고 식별한다. 이 속성에 대응하는 속성값은 연관된 개체들 사이에서 그 관계에 대한 정보를 나타낸다. 따라서 관계에 대한 중요한 정보를 나타내는 속성이 개념적 설계에 반영되지 않으면 데이터베이스 구축 후 활용 면에서 관계 자체에 대한 정보는 물론이고 그 관계를 따라가며 추적할 수 있는 정보를 더 이상 유추할 수 없게 된다. 식별된 모든 속성 또한 개념적 설계에 반드시 반영되어야 하는 것은 아니며 알고자 하는 정보로서 필요가 없거나 가치가 없는 속성들은 개념적 설계에 반영할 필요가 없다. 필요한 것으로 구별된 속성들은 관계 집합을 나타내는 관계 타입에 반영하여 구조화한다.

고려사항 6. 실세계에 존재하는 제약사항들이 충분히 식별되어 설계에 반영되어야 한다.

실세계에는 그 실세계를 구성하거나 관리 또는 유지하거나 개선을 위한 여러 가지 규정, 규칙, 법 또는 관행과 같은 실세계에 대한 제약조건들이 존재한다. 예를 들어 대학교에는 학칙이 존재하고 국가에는 법이 존재한다. 이러한 규칙들은 실세계의 개체 집합에 속하는 개체들의 자격 조건을 제한하고 개체들 사이의 관계를 제한한다. 이러한 실세계의 제약조건은 실세계를 반영하는 데이터베이스로 반영되어야 하는데, 이를 위해서는 개념적 설계에서부터 이들이 반영되어야 한다. 앞에서 소개한 ER 모델은 이러한 다수의 복잡한 제약사항을 충분히 표현하는데에는 많은 한계가 있다. 따라서 ER 모델을 이용하여 개념적 설계를 할 때는 ER 모델로 표현 불가능한 제약사항들은 문서화 하여 데이터베이스의 논리적 설계와 이를 통한 구현에서 혹은 트랜잭션이나 응용 프로그램에서 반영되도록 해야 한다. 이렇게 하지 않으면 지켜져야 할 제약사항들이 고스란히 데이터베이스를 사용하는 사용자의 몫으로 남게 되어 데이터베이스 무결성에 심각한 손상과 이로 인해 개인이나 조직에 정신적이고 물리적인 큰 손해로 이어질 수 있다.

개념적 설계 결과의 한 부분인 제약사항 중에서 일부는 4장에서 소개한 무결성 제약조건 표현 방법(도메인 제약조건, 참조 무결성, assertion, trigger)을 통하여 논리적 설계와 데이터베이스 구현에서 반영되어야 한다. 한편, 도메인 제약조건이나 참조 무결성을 제외한 나머지 제약조건들은 트랜잭션이나 응용 프로그램에 반영하고 반영되지 않는 나머지는 운영과 관리상의 지침으로 문서화한다.

8.1.2 논리적 설계 고려사항

개념적 설계가 인간의 개념적 측면에서 실세계를 표현하는 과정이라면 논리적 설계는 DBMS(데이터베이스 관리 시스템)가 사용하는 논리적 데이터 모델 측면에서 데이터를 표현하는 과정으로서 논리적 설계에서 고려해야 할 사항들을 살펴보면 다음과 같다.

고려사항 7. 논리적 설계는 개념적 설계 결과를 모두 그리고 정확히 반영해야 한다.

일반적으로 논리적 설계는 개념적 설계 결과를 기초로 수행되기 때문에 논리적 설계는 개념적 설계 결과를 정확히 반영해야 하는데, 이 과정에서 개념적 설계 결과로 반영한 개체 타입, 속성, 관계 타입 등이 논리적 데이터베이스 스키마로 정확히 반영되어야 한다. 관계형 데이터베이스에서 개체 타입과 관계 타입 모두는 릴레이션으로 표현된다. 또한 개념적 설계에서 표현된 개체 타입과 관계 타입의 속성은 모두 릴레이션을 구성하는 속성으로 표현된다. 제약조건은 릴레이션의 스키마 선언이나 트랜잭션 설계, 혹은 응용 프로그램 또는 문서에 반영되도록 해야 한다. 트랜잭션은 릴레이션을 이용하기 때문에 일반적으로 논리적 데이터베이스 설계와 함께 세부적으로 설계된다.

고려사항 8. 데이터 이상이 최소화되도록 설계해야 한다.

데이터 이상은 데이터 무결성에 손상을 주기 때문에 최소화되어야 한다. 데이터 이상을 최소화함으로써 데이터 중복성을 최소화하고 데이터 일관성과 무결성을 극대화할 수 있다. 관계형 데이터베이스에서 데이터 이상을 최소화하기 위해 모든 릴레이션이 일정한 수준의 정규형에 존재하도록 정규화가 이루어져야 한다.

8.2 관계형 데이터베이스 설계 프로세스

실세계를 데이터베이스로 반영하기 위한 설계 절차는 개념적 설계, 논리적 설계, 물리적 설계 순으로 이미 2장에서 설명되었다. 또한, ER 모델을 이용한 개념적 설계 절차와 방법에 대해 3장에서 그림 3.19를 기반으로 이미 소개되었다. 이 절에서는 3장에서 소개한 ER 모델을 이용한 개념적 설계 절차와 함께 도출된 개념적 설계 결과를 관계형 데이터베이스 스키마로 변환하는 논리적 설계 과정을 소개하고, 이 과정을 그림 8.1과 같이 순차적으로 연속된 단계들인 실세계 정의, 개념적 설계, 논리적 설계에서 행하는 작업을 자세히 소개한다.

8.2.1 실세계 정의

그림 8.1에서 단계 0과 단계 7을 제외한 나머지 단계 1부터 단계 6까지의 개념적 설계 과정은 그림 3.19 기반으로 3.3절에서 이미 소개한 개념적 설계 과정과 같다. 단, 3.3절과는 다르게 개념적 설계 과정의 첫 단계인 단계 0의 실세계 정의를 새롭게 소개한 것은 데이터베이스 설계자가 후속 단계 진행에 앞서 실세계에 대한 시스템 분석을 통해 개념적 설계를 위한 모델링 요소들을 미리 파악하고 정리하도록 하는 데 있다. 실세계 정의는 실세계를 시스템적 측면에서 서술하는 과정으로 시스템 분석을 통해 실세계를 구성하는 구성요소, 각 구성요소의 특성, 구성요소 간의 관계, 존재하는 제약조건들을 다음에 설명한 내용과 방법으로 표현하는 단계이다.

단계 0. 실세계를 분석하여 시스템 측면에서 문장으로 자연스럽게 정의한다.

이 단계는 실세계를 문장으로 서술하는 단계로서 실세계의 구성요소들과 이들 간의 관계를 자연스럽게 문장으로 표현한다. 꼭 필요한 구성요소 속성도 문장으로 나타내도록 한다. 또한, 실세계에 존재하는 규칙과 규정, 법 내지는 관행을 포함하여 데이터베이스나 응용 프로그램 혹은 운영 및 관리 지침 문서에 반영되어야 하는 제약조건들도 문장으로 표현하도록 한다. 이 규칙 혹은 제약조건에는 대응 카디널리티에 대한 내용도 포함된다.

실세계 정의는 개체나 관계 차원이 아닌 개체 집합과 관계 집합 차원에서 문장으로 서술한다. 이렇게 개체 집합과 관계 집합 차원에서 서술하는 이유는 논리적 설계 결과인 릴레이션 스키마는 개체 차원에서 이루어지지 않고 개체 집합 정보로 구성한 개체 타입 차원에서 이루어지기 때문이다. 실세계나 개념적 설계

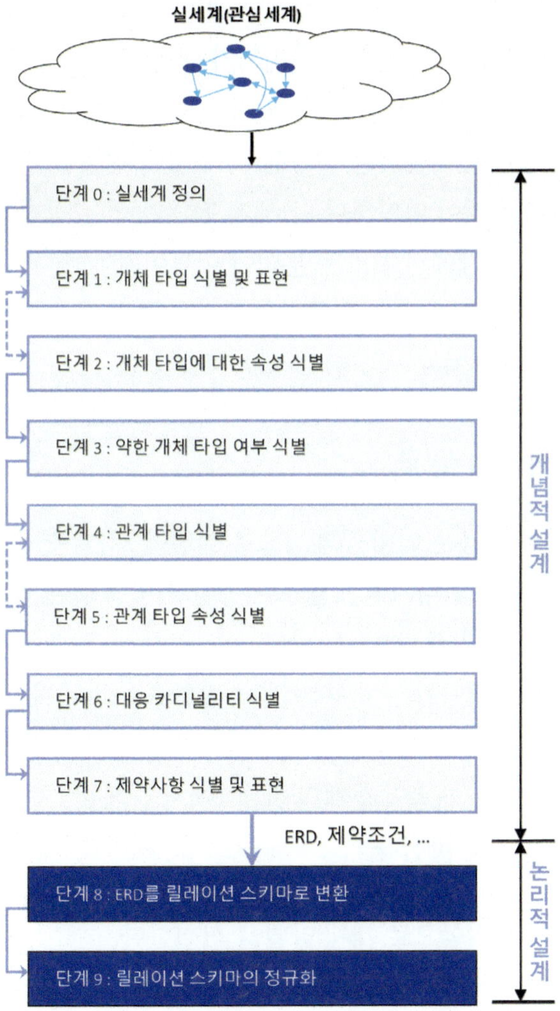

그림 8.1 ER 모델링부터 관계형 데이터베이스 설계까지의 절차

의 개체 타입과 관계 타입은 논리적 설계에서 모두 릴레이션의 스키마로 표현된다.

다음은 실세계 정의 단계에서 문장으로 자연스럽게 표현되어야 할 요소들이다.

- 실세계를 구성하는 구성요소 및 구성요소의 특성(즉, 속성)
- 구성요소 사이의 관계와 관계의 특성(즉, 속성)
- 실세계에서 구성요소와 관계에 존재하는 제약조건

이 요소들을 반영하여 실세계를 문장으로 표현하는 이유는 이 문장 서술은 데이터베이스화 할 실세계에 대한 시스템적 분석을 명확하게 하며 이를 바탕으로 하면 개념적 설계에서 실세계를 명확하고 구체적으로 나타낼 수 있도록 유도하고 설계 작업 또한 한층 수월해지기 때문이다.

사실, 실세계 정의 단계는 시스템 분석 단계에 해당하며 개념적 설계 단계의 일부로 포함하지 않을 수도 있다. 그렇다 하더라도 개념적 설계를 위해서는 시스템 분석 없이 진행할 수 없으므로 그림 8.1과 같이 개념적 설계 과정의 일부로 포함하는 것이 마땅하다. 실세계 정의가 없는 상태에서 개념적 설계가 진행된다면 단계 1부터 단계 7까지의 모든 단계에서 시스템 분석이 이루어져야 한다. 물론 실세계 정의가 선행되더라도 그 내용이 어느 정도 상세한가에 따라 후속 단계에서 시스템 분석 수준과 그 정도가 달라질 뿐, 개념적 설계 결과가 나올 때까지 실세계에 대한 시스템 분석은 지속된다.

8.2.2 ER 모델을 이용한 개념적 설계

ER 모델을 이용한 개념적 설계 내용은 이미 구체적으로 설명한 3장 부분을 다시 참고하기 바란다. 이 절에서는 설명 없이 단계만 나열하기로 한다. ER 모델을 이용한 개념적 설계는 단계 0의 실세계 정의를 바탕으로 문장 하나하나를 분석함으로써 진행된다.

일반적으로 문장 중에 나타나는 명사들은 대부분 개체 집합을 나타내며 동사를 비롯한 술어들은 관계 집합을 나타낸다. 또한, 명사를 수식하는 형용사 등의 수식어는 대부분 속성에 해당하는데 이 점을 유념하면서 후속 단계들을 진행한다. 다음은 개념적 설계의 단계 1에서 단계 6까지 3.3절에서 소개한 그대로 나열한 것으로 자세한 설명은 3.3절을 참조 바란다.

단계 1. 실세계를 구성하는 개체 집합으로 개체 타입을 식별한다.
단계 2. 개체 집합의 속성을 식별하여 개체 타입에 반영함으로써 개체 타입을 구조화한다.
단계 3. 식별된 각 개체 타입이 강한 개체 타입인지 약한 개체 타입인지를 구분한다.

단계 4. 실세계로부터 개체 타입들 사이에 존재하는 관계 타입을 식별한다.
단계 5. 실세계로부터 관계 타입이 갖는 속성들을 식별한다.
단계 6. 실세계로부터 관계 타입에 관련된 개체 타입들 사이에서 대응 카디널리티를 식별한다.

개념적 설계의 마지막인 단계 7은 제약사항을 식별하여 표현하는 단계로 이에 대한 자세한 설명은 다음과 같다.

단계 7. 실세계 정의로부터 대응 카디널리티를 제외한 제약사항을 ER 모델로 반영하고 ER 모델로 반영할 수 없는 제약사항은 문장으로 정리하여 나열한다.

실세계 정의 문장 중에서 단계 6의 대응 카디널리티를 제외한 제약사항을 구별해야 한다. 구별된 제약사항들을 모두 ER 모델로 반영할 수 있는 것은 아니다. 단계 6의 대응 카디널리티는 ER 모델로 표현할 수 있다. 하지만, 개체가 개체 집합에 속할 조건이나 참조 무결성을 유지하기 위한 조건, 속성 자체나 속성들 사이에 존재하는 조건 등은 ER 모델로 표현할 수 없으며 이 조건들은 릴레이션 스키마 선언이나 트랜잭션, 혹은 응용 프로그램이나 운영 유지보수 문서에 반영해야 할 대상들이다. 이 제약조건들은 후속 단계들에서 반영할 내용이므로 문장으로 정리하여 문서화한다. 개념적 설계 과정에서 결과로 나온 ERD와 제약사항들을 포함하는 문서들은 논리적 설계 과정 시작에서 기초로 사용되므로 실세계에 대해 누락된 요소나 일치하지 않는 잘못된 내용들은 논리적 설계에서 오류를 갖는 데이터베이스 설계로 이어진다. 이런 설계는 결국 필요한 정보를 얻지 못하거나 저장된 데이터를 잃게 되거나 심지어는 실세계와는 거리가 먼 오류를 포함하는 정보를 얻는 데이터베이스의 구현으로 이어진다는 점을 잊지 말자.

8.2.3 관계형 데이터베이스의 논리적 설계

논리적 설계는 개념적 설계 결과로서 산출된 ERD와 문서를 기반으로 진행된다. 관계형 데이터베이스의 논리적 설계에서 개념적 설계로 산출된 ERD는 관계형 데이터베이스의 릴레이션 스키마로 변환되고 변환된 각 릴레이션 스키마는 정규화를 거침으로써 관계형 데이터베이스의 논리적 설계가 이루어진다. 이에 대한 자세한 설명은 다음과 같다.

단계 8. ERD를 릴레이션 스키마로 변환하고 변환된 릴레이션 스키마의 기본 키를 설정한다.

ERD로부터 릴레이션 스키마로의 변환하는 방법과 릴레이션의 기본 키를 설정하는 방법은 8.3절에서 자세히 소개된다.

단계 9. ERD로부터 변환된 각 릴레이션에 대하여 정규화를 진행한다.

이 단계에 대해서는 8.4절에서 소개되며 가장 자세한 설명은 7장에서 이미 소개되었다. 자세한 내용을 위해 7.3절을 참조 바란다.

8.3 ERD의 릴레이션 변환

ERD로부터 릴레이션 스키마로의 변환과 릴레이션의 기본 키 설정은 앞으로 소개할 적용 규칙들에 따라 진행하며 이 규칙들에 대해 자세히 설명하기 위해 그림 8.2의 ERD를 사용하고자 한다. 그림 8.2에서 실선으로 밑줄 친 속성은 해당하는 강한 개체 타입의 기본 키를 나타내고 점선으로 밑줄 친 속성 A21은 약한 개체 타입 E2의 구분자(discriminator)임을 주시하자.

이 단계에서 변환해야 할 구체적 대상과 방법에 대해서는 8.3.1절부터 8.3.5절까지에서 하나씩 상세하게 소개한다.

8.3.1 강한 개체 타입의 릴레이션 변환

ERD에서 개체 타입이 강한 개체 타입인지 또는 약한 개체 타입인지에 따라 개체 타입을 릴레이션으로 변환하는 방법이 다르다. 강한 개체 타입을 릴레이션으로 변환하는 규칙은 다음과 같다.

규칙 1. (강한 개체 타입의 릴레이션 변환과 기본 키 설정)

- **규칙 적용 조건** : ERD에서 개체 타입이 강한 개체 타입인 조건
- **적용 대상** : ERD에서 모든 강한 개체 타입

(1) **릴레이션 변환** : ERD의 모든 강한 개체 타입은 그 명칭과 속성들을 그대로 릴레이션의 명칭과 속성들로 변환한다.

(2) **기본 키 설정** : 강한 개체 타입의 기본 키를 변환한 릴레이션의 기본 키로 삼는다.

그림 8.2의 ERD에서 강한 개제 타입은 단일 사각형으로 표시된 E1, E3, E4, E5, E6, E7이며 규칙 1에 따라 각 객체 타입에 속한 속성들을 포함시켜 다음과 같이 각각 E1, E3, E4, E5, E6, E7 명칭의 릴레이션들로 변환한다. 여기에서 개체 타입 E2는 약한 개체 타입이므로 규칙 1을 적용하는 변환에서 제외된다.

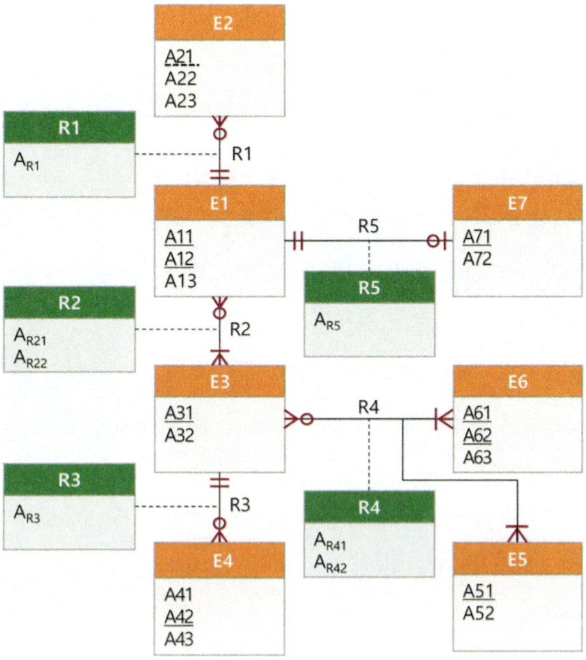

그림 8.2 관계형 데이터베이스로의 변환을 위한 ERD 예

> *E1*(*<u>A11</u>*, *<u>A12</u>*, *A13*)
> *E3*(*<u>A31</u>*, *A32*)
> *E4*(*<u>A41</u>*, *<u>A42</u>*, *A43*))
> *E5*(*<u>A51</u>*, *A52*)
> *E6*(*<u>A61</u>*, *<u>A62</u>*, *A63*)
> *E7*(*<u>A71</u>*, *A72*)

이들 각 릴레이션들에서 기본 키는 규칙 1에 따라 릴레이션으로 변환하는 개체 타입의 기본 키로 하며 앞의 변환된 각 릴레이션의 속성들에서 기본 키에 해당하는 속성은 밑줄로 표시되었다.

8.3.2 약한 개체 타입의 릴레이션 변환

ERD에서 약한 개체 타입의 개체는 그 개체의 존재를 결정하는 식별 개체에 의해 식별되기 때문에 단독으로 릴레이션으로 변환될 수 없으므로 이를 고려하여 약한 개체 타입을 릴레이션으로 변환해야 한다. α를 구분자로 하는 약한 개체 타입 E_α에 대해 E_β를 식별 개체 타입이라 하고 E_β의 기본 키를 β라 할 때 약한 개체 타입을 릴레이션으로 변환하는 규칙은 다음과 같다.

규칙 2. (약한 개체 타입의 릴레이션 변환, 기본 키 설정, 참조 무결성)

- **규칙 적용 조건** : ERD에서 개체 타입이 약한 개체 타입인 조건
- **적용 대상** : ERD에서 모든 약한 개체 타입(이 규칙에서 약한 개체 타입을 E_α로 하고 α는 E_α의 구분자, E_β는 β를 기본 키로 갖는 식별 개체 타입의 릴레이션으로 한다)

(1) **릴레이션 변환** : E_α의 속성들과 E_β의 기본 키 β 속성들을 합쳐서 E_α 명칭의 릴레이션으로 변환한다.

(2) **기본 키 설정** : E_α의 구분자 속성과 릴레이션 E_β의 기본 키 β 속성들을 합친 $\alpha \cup \beta$를 릴레이션 E_α의 기본 키로 삼는다.

(3) **참조 무결성 제약조건** : β는 변환 릴레이션의 외래 키로서 식별 개체 타입으로부터 변환한 릴레이션 E_β의 기본 키를 참조하는 참조 무결성 제약조건을 갖는다.

그림 8.2의 ERD에서 약한 개체 타입 E2는 규칙 2에 의해 자신의 속성 A21, A22, A23와 강한 개체 타입 E1의 기본 키인 A11과 A12를 포함하여 릴레이션 *E2*(*A11*, *A12*, *A21*, *A22*, *A23*)로 변환된다.

규칙 2에 따라 식별 개체 타입 E1에 대응하는 릴레이션 E1의 기본 키 A11, A12와 릴레이션 E2의 구분자 A21을 합쳐서 {A11, A12, A21}이 변환된 릴레이션 E2의 기본 키가 된다. 또한, 속성 A11과 A12는 릴레이션 E1을 참조하는 외래 키이므로 변환된 최종 릴레이션은 다음과 같다.

E2(<u>*A11*</u>, <u>*A12*</u>, <u>*A21*</u>, *A22*, *A23*)

여기에서, {A11, A12}는 릴레이션 E2의 외래 키로서 릴레이션 E1의 기본 키 {A11, A12}를 참조하는 참조 무결성 제약조건을 갖는다.

8.3.3 관계 타입의 릴레이션 변환

ERD의 관계 타입을 릴레이션으로 변환하고 변환된 릴레이션의 기본 키를 결정하는 것은 관계 타입의 종류와 대응 카디널리티에 따라 달라진다. 이 내용에서 소개하는 관계 타입의 변환은 먼저 다음에 소개되는 규칙 3를 적용하여 변환을 위한 관계 타입의 이름과 속성들을 갖는 임시 릴레이션으로 잠시 변환하고 관계 타입의 조건에 따라 다시 그 이후에 설명할 규칙 3.1에서 규칙 3.5 중에서 해당하는 규칙을 적용하여

기본 키와 외래 키 그리고 참조 무결성 제약조건을 반영한 최종 릴레이션으로 변환한다.

변환 방법을 자세히 설명하기에 앞서 설명을 위해 사용할 기호를 먼저 정의하기로 하자. 여기에서 정의되는 기호들은 재설명 없이 8.3.3절 전체에 걸쳐 사용되므로 기호와 정의를 잘 기억하자.

■ 기호와 정의

설명을 위해 8.3.3절에서 사용하는 기호와 그 정의는 다음과 같다.

- ERD에서 릴레이션으로 변환하고자 하는 관계 타입을 R이라 하고 이 관계 타입 R에 참여하는 모든 개체 타입들을 E_α, E_β, ..., E_γ라 하며 이들의 기본 키를 각각 α, β, ..., γ 라 한다. 여기에서, α, β, ..., γ 각각은 하나 이상의 속성들로 구성된 기본 키임을 주시하자.
- 관계 타입 R에 참여하는 모든 개체 타입 E_α, E_β, ..., E_γ를 규칙 1 과 규칙 2에 따라 변환한 릴레이션들을 각각 릴레이션 E_α, E_β, ..., E_γ라 하고 이 릴레이션의 기본 키 또한 각각 α, β, ..., γ라 한다.
- 한편, 개체 타입에 대한 어떠한 설명 없이 단지 '릴레이션 E_K'라 표현할 때, 이 릴레이션 E_K는 기본 키가 K인 개체 타입 E_K로부터 변환된 릴레이션을 의미한다. 게다가, 릴레이션 E_K의 기본 키 또한 K로서 규칙 1과 규칙 2를 비롯한 변환 규칙에 따라 정해진 키이다.
  규칙 1과 규칙 2에 따라 개체 타입의 명칭과 변환된 릴레이션의 명칭이 같다는 점을 주시하자. 개체 타입인지 아니면 변환된 릴레이션인지는 명칭 앞에 '개체 타입' 혹은 '릴레이션'을 명기하여 구분한다.
- 관계 타입 R에서 두 개체 타입만이 참여할 때(이를 이항 관계라 함) 두 개체 타입을 E_α와 E_β로 표시한다. 여기에서, 앞의 기호 정의에 따라 개체 타입 E_α의 기본 키는 α, 개체 타입 E_β의 기본 키는 β이다.
- 관계 타입 R의 모든 속성을 b_1, b_2, ..., b_n으로 표시한다.

(1) 관계 타입의 임시 릴레이션 변환

ERD에서 관계 타입 R의 변환은 우선 다음의 규칙 3에 따라 임시 릴레이션으로 변환하되, 이 임시 릴레이션은 반드시 후속으로 규칙 3.1부터 규칙 3.5 중에 해당하는 규칙에 따라 최종으로 변환해야 한다.

규칙 3. (관계 타입의 임시 릴레이션 변환, 기본 키 설정, 참조 무결성)
- **규칙 적용 조건** : ERD에서 ISA 관계도 종합화 관계도 아닌 관계 타입인 조건
- **적용 대상** : ERD의 모든 관계 타입

(1) **임시 릴레이션 변환** : 관계 타입 R은 동일한 명칭의 임시 릴레이션 R로 하고 임시 릴레이션 R의 스키마의 속성들은 다음으로 구성한다.

$$\alpha \cup \beta \cup ... \cup \gamma \cup \{b_1, b_2, ..., b_n\}$$

여기에서, α, β, ..., γ는 ERD에서 관계 타입 R에 참여하는 개체 타입들을 규칙 1과 2에 따라 변환한 릴레이션 E_α, E_β, ..., E_γ의 기본 키이고 b_1, b_2, ..., b_n은 각각 관계 타입 R의 속성이다.

(2) **최종 릴레이션 변환** : 관계 타입 R이 다음에 설명할 규칙 3.1.1 혹은 규칙 3.2.1의 조건에 해당하지 않으면 이 임시 릴레이션 R이 최종의 변환 릴레이션이 된다. 하지만, 만일 이 규칙의 조건에 해당하면, 조건을 만족하는 규칙을 적용하여 변환한 릴레이션이 최종 릴레이션이 된다.

(3) **기본 키 설정** : 기본 키는 다음에 설명할 규칙 3.1부터 규칙 3.5(즉, 규칙 3.1, 규칙 3.1.1, 규칙 3.2, 규칙 3.2.1, 규칙 3.3, 규칙 3.4, 규칙 3.5)의 조건 중에서 관계 타입 R이 만족하는 규칙을 적용하여 설정한다.

(4) **참조 무결성 제약조건** : 참조 무결성 제약조건은 다음에 설명할 규칙 3.1부터 규칙 3.5(즉, 규칙 3.1, 규칙 3.1.1, 규칙 3.2, 규칙 3.2.1, 규칙 3.3, 규칙 3.4, 규칙 3.5)의 조건 중에서 관계 타입 R이 만족하는 규칙을 적용하여 설정한다.

한편, 규칙 3을 적용하여 변환한 임시 릴레이션의 최종 릴레이션 변환과 기본 키 설정 그리고 참조 무결성 제약조건은 관계 타입의 대응 카디널리티와 관여하는 개체 타입의 수에 따라 달라진다. 관여하는 개체 타입의 수가 둘인 관계 타입을 **이진 관계(binary relation)** 혹은 **이항 관계**라 하고 관여하는 개체 타입의 수가 n(≥3)인 관계 타입을 **n-차 관계(n-ary relation)** 혹은 **n-항 관계**라 하는데, 관계 타입이 이진 관계인지 아니면 n-차 관계인지에 따라 기본 키 설정 방법과 최종 변환 방법이 다르다. 기본 키 설정은 이 관계 유형에 따라 규칙 3.1에서 규칙 3.5까지의 규칙을 따른다.

(2) 1:1 대응 카디널리티의 이진 관계에서 기본 키의 설정과 결합

관계 타입 R이 개체 타입 E_α와 E_β 사이의 이진 관계이고 대응 카디널리티가 1 대 1이면, 규칙 3에서 임시 변환한 릴레이션의 기본 키와 참조 무결성을 다음 규칙 3.1에 따라 결정한다.

규칙 3.1. (규칙 3을 적용한 임시 릴레이션의 관계 타입이 1:1 이진 관계인 경우, 기본 키 설정과 참조 무결성)

- **규칙 적용 조건** : ERD에서 관계 타입 R이 이진 관계이고 대응 카디널리티가 1:1인 조건
- **적용 대상** : 규칙 3에 따라 변환한 후의 임시 렐레이션 R

(1) **기본 키 설정** : 규칙 3에 따라 $\alpha \cup \beta \cup \{b_1, b_2, ..., b_n\}$를 속성으로 갖는 임시 릴레이션 R에서 기본 키는 α와 β 중에서 속성의 수가 같다면 둘 중 하나를 기본 키로 선택한다. 하지만 α와 β에서 속성의 수가 다르면 기본 키의 최소성 원칙에 따라 α와 β 중에서 속성의 수가 더 적은 것을 기본 키로 삼는다.

(2) **참조 무결성 제약조건** : 임시 릴레이션 R에서 α와 β는 외래 키로서 각각 릴레이션 E_α와 릴레이션 E_β의 기본 키를 참조하는 참조 무결성 제약조건을 갖는다.

그림 8.2에서 R5는 두 개체 타입 E1과 E7 사이의 1:1 대응 카디널리티의 이진 관계이므로 규칙 3.1의 조건에 해당한다. 관계 타입 R5를 릴레이션으로 변환하기 위해, 우선, 규칙 3을 먼저 적용하면 관계 타입의 명칭 R5가 변환 임시 릴레이션의 명칭이 된다. 그리고 관계 타입 R5에 관여하는 개체 타입들을 8.3.1절에서 변환한 릴레이션 E1과 E7의 기본 키 {A11, A12}와 기본 키 {A71} 그리고 개체 타입 R5가 가지고 있는 속성 A_{R5}가 임시 릴레이션 R5를 구성하는 속성이 되어 결과적으로 임시 릴레이션 *R5(A11, A12, A71,* A_{R5}*)*로 변환된다. 이때, 임시 릴레이션 R5의 기본 키는 규칙 3.1에 따라 릴레이션 E1의 기본 키 {A11, A12}와 릴레이션 E2의 기본 키 {A71} 중 속성의 수가 적은 {A71}을 기본 키로 선택한다. 이렇게 하여 관계 타입 R의 임시 변환 릴레이션을 다시 나타내면 다음과 같다.

R5(A11, A12, <u>A71</u>, A_{R5}*)*

여기에서, {A11, A12}는 릴레이션 *E1(<u>A11</u>, <u>A12</u>, A13)*의 기본 키를 참조하는 *R5(A11, A12, <u>A71</u>,* A_{R5}*)*의 외래 키이며 {A71}은 개체 타입 E2를 변환한 릴레이션 *E7(<u>A71</u>, A72)*의 기본 키를 참조하는 외래 키로서의 참조 무결성 제약조건을 갖는다.

규칙 3.1은 1:1 대응 카디널리티를 갖는 관계 타입을 새로운 릴레이션으로 변환하는 방법이다. 개체 집합 E1과 E7 사이의 1:1 대응 관계 타입 R5의 예에서 변환된 릴레이션들을 모두 나열하면 다음과 같다.

E1(<u>A11</u>, <u>A12</u>, A13)
E7(<u>A71</u>, A72)
R5(A11, A12, <u>A71</u>, A_{R5}*)*

(3) 1:1 대응 카디널리티의 이진 관계에서 릴레이션 결합

한편, 앞의 관계 타입 R5의 예에서 만일 개체 타입 E7의 개체 집합의 모든 개체가 이 관계에 참여한다면 $R5(A11, A12, \underline{A71}, A_{R5})$에서 기본 키 A71의 값들이 $E7(\underline{A71}, A72)$에서 A71의 값들과 동일하게 되고 기본 키 또한 같아서 기본 키에 대한 함수적 종속성에 따라 두 릴레이션 $E7(\underline{A71}, A72)$와 $R5(A11, A12, \underline{A71}, A_{R5})$를 하나로 병합해도 무방하다. 릴레이션 E7과 R5는 이 두 릴레이션을 하나로 병합한 릴레이션을 무손실 분해해서 생긴 것으로 볼 수 있다. 하지만, 무손실 분해인데다 이 두 릴레이션의 기본 키가 동일하므로 역으로 이 두 릴레이션을 하나의 릴레이션으로 병합할 수 있다. 사실, 그림 8.2의 관계 타입 R5에서 개체 타입 E1과 E7 사이의 대응 카디널리티를 살펴보면 개체 타입 E7의 임의의 한 개체에 대해 반드시 개체 타입 E1의 한 개체가 대응하므로 두 릴레이션을 하나로 병합할 수 있는 조건이 성립된다.

두 릴레이션의 병합은 개체 타입에서 변환된 릴레이션의 스키마 속성에 관계 타입에서 변환된 릴레이션의 스키마 속성을 추가하고 이 관계 타입의 릴레이션을 삭제함으로써 이루어진다. 따라서, 앞의 예에서 릴레이션 E7의 스키마 ($\underline{A71}$, A72)에 R5의 스키마 (A11, A12, $\underline{A71}$, A_{R5})를 추가하여 $E7(\underline{A71}, A11, A12, A72, A_{R5})$로 병합하고 $R5(A11, A12, \underline{A71}, A_{R5})$는 삭제한다. 이때 릴레이션 R5의 삭제에 따라 R5의 외래 키 정보와 참조 무결성 제약조건 또한 모두 삭제하는 한편, R5의 외래 키이던 {A11, A12}가 릴레이션 E7의 외래 키로서 릴레이션 E1의 기본 키를 참조하는 참조 무결성 제약조건을 갖는다. 다음은 이 작업을 거쳐 그림 8.2에서 개체 타입 E1과 E7 사이의 관계 타입 R5를 기본 키와 함께 최종으로 변환한 릴레이션들이다.

$E1(\underline{A11}, \underline{A12}, A13)$
$E7(\underline{A71}, A72, A11, A12, \boldsymbol{A_{R5}})$ (릴레이션 E7과 R5를 합친 스키마로서 {A11, A12}는 릴레이션 E1의 기본 키를 참조하는 외래 키이다)
(릴레이션 $R5(A11, A12, \underline{A71}, A_{R5})$와 이 릴레이션의 참조 무결성 제약조건은 삭제)

이처럼 두 릴레이션을 병합하면, 질의를 처리할 때 조인 연산 비용이 감소하는 장점이 있다. 앞의 병합 이전의 릴레이션들 E1, E7, R5에서 릴레이션 E1으로부터 E7의 정보를 얻으려면 이 둘을 연결하는 릴레이션 R5를 거쳐야 하는데 이를 위해서는 이 세 릴레이션을 모두 조인해야 한다. 하지만, 병합을 통해 릴레이션은 E1과 E7의 둘로 줄어들고 또한 이 병합에서 E7이 외래 키를 통해 E1과의 연계 정보를 직접 포함하므로 릴레이션 E1으로부터 E7의 정보를 얻기 위해 세 릴레이션 대신 두 릴레이션만 조인하게 되어 조인 횟수가 감소는 이점을 얻을 수 있다. 개체 타입 E_α와 E_β 사이의 1:1 대응 관계 타입 R에서 규칙 1, 규칙 2 그리고 규칙 3을 차례로 적용했을 때 변환된 릴레이션이 각각 E_α, E_β, R이고 규칙 3.1을 적용하여 α가 R의 기본 키로 결정되었다고 하자. 이때, 관계 타입 R에서 개체 타입 E_α의 어떤 개체이든 반드시 개체 타입 E_β의 한 개체가 관계를 갖는다면 다음 규칙 3.1.1을 적용하여 두 릴레이션을 하나로 병합할 수 있다.

규칙 3.1.1. (규칙 3.1을 적용한 임시 릴레이션이 1:1 이진 관계 타입인 경우, 임시 릴레이션 결합 조건과 결합, 기본 키 설정, 참조 무결성)

- **규칙 적용 조건** : 규칙 3.1의 조건(ERD에서 관계 타입 R이 이진 관계이고 대응 카디널리티가 1:1인 조건)에서 개체 타입 E_α의 각 개체가 개체 타입 E_β의 한 개체와 반드시 관계를 갖는 조건
- **적용 대상** : 이진 관계의 1:1 대응 카디널리티에 대한 규칙 3.1 적용 후 기본 키 α(릴레이션 E_α의 기본 키를 참조)의 임시 릴레이션 R과 릴레이션 E_α

(1) **릴레이션 결합** : 릴레이션 R과 릴레이션 E_α에서 겹치지 않는 릴레이션 R의 속성들(즉, R−α의 속성들)을 릴레이션 E_α에 추가한 후 임시 릴레이션 R을 제거(삭제)한다.

(2) **기본 키 설정** : 속성이 추가된 릴레이션 E_α의 기본 키는 속성 추가 이전의 E_α의 기본 키 α로 변함이 없다.

(3) **참조 무결성 제약조건** : 병합에서 릴레이션 E_α에 추가되는 β는 외래 키로서 E_β의 기본 키를 참조하는 참조 무결성 제약조건을 갖는다. 한편, 규칙 3.1에서 임시 릴레이션 R에 부여된 참조 무결성 제약조건은 무효화 한다.

(4) **최종 변환 릴레이션** : 규칙 3.1의 임시 릴레이션 R이 이 규칙 3.1.1의 조건을 만족하면 이 규칙을 적용한 결과가 ERD 관계 타입 R을 변환한 최종 릴레이션이 된다. 이 규칙 3.1.1의 조건을 만족하지 않는 경우, 규칙 3.1를 적용한 결과가 ERD의 관계 타입 R에 대한 최종 변환 릴레이션이 된다.

(4) 1:n 혹은 n:1 대응 카디널리티의 이진 관계에서 기본 키의 설정과 결합

한편, 관계 타입이 강한 개체 타입 사이의 이진 관계이고 대응 카디널리티가 1:n 혹은 n:1인 경우의 기본 키 설정 규칙은 다음과 같다.

규칙 3.2. (규칙 3을 적용한 임시 릴레이션의 관계 타입이 1:n 혹은 n:1 이진 관계인 경우, 기본 키 설정과 참조 무결성)

- **규칙 적용 조건** : ERD에서 관계 타입 R이 이진 관계이고 대응 카디널리티가 1:n 혹은 n:1인 조건
- **적용 대상** : 규칙 3에 따라 변환한 후의 임시 렐레이션 R

(1) **기본 키 설정** : ERD의 관계 타입 R에서 대응 카디널리티가 n에 해당하는 개체 타입의 변환 릴레이션의 기본 키가 규칙 3에서 도출한 임시 릴레이션 R의 기본 키가 된다.

(2) **참조 무결성 제약조건** : 임시 릴레이션 R에서 α와 β는 외래 키로서 각각 릴레이션 E_α와 릴레이션 E_β의 기본 키를 참조하는 참조 무결성 제약조건을 갖는다.

그림 8.2에서 관계 타입 R3는 개체 타입 E3과 E4 사이에서 1:n 대응 카디널리티를 갖는다. 따라서, 우선 규칙 3을 적용하면 임시 릴레이션 *R3(A31, A42, A_{R3})*이 도출된다. 게다가 관계 타입 R3는 규칙 3.2 조건에 해당하므로 규칙 3.2를 적용하면 기본 키는 n에 해당하는 개체 타입을 변환한 릴레이션인 E4의 기본 키의 속성 A42가 된다. 따라서, 변환된 임시 릴레이션은 다음과 같다.

> *R3(A31, <u>A42</u>, A_{R3})*
>
> 여기에서, {A31}, {A42}는 릴레이션 R3의 외래 키로서 릴레이션 E3과 E4의 기본 키 {A31}과 {A42}를 각각 참조하는 참조 무결성 제약조건을 갖는다.

한편, 규칙 3.2의 조건에 따라 규칙 3과 규칙 3.2를 적용할 경우 릴레이션 사이에서 불필요한 데이터 중복성이 발생하는 경우가 있다. 이에 대해 그림 8.3을 예를 들어 설명하면 다음과 같다.

그림 8.3은 1:n 대응에서 n에 해당하는 개체 타입의 각 개체에 대해 대응 카디널리티 1에 해당하는 개체 타입의 한 개체가 반드시 대응하는 관계 타입의 두 가지 예이다. 그림 8.3의 두 예에서 관계 타입 R7의 대응 카디널리티를 보면, 개체 타입 E11의 각 개체는 개체 타입 E10의 한 개체와 반드시 대응 관계가 있으며, 따라서 E11의 모든 개체는 R7 관계 타입의 관계에 참여한다. 그림 8.3의 ERD는 지금까지의 변환 규칙 조건 중에서 규칙 1, 규칙 3, 규칙 3.2의 조건에 해당하며 이 규칙들을 차례로 적용하여 변환한 릴레이션들은 다음과 같다.

E10(<u>A101</u>, A102)	(규칙 1을 적용하여 변환한 릴레이션)
E11(<u>A111</u>, A112, A113)	(규칙 1을 적용하여 변환한 릴레이션)
R7(A101, <u>A111</u>)	(규칙 3, 규칙 3.2를 적용하여 변환한 릴레이션)

*E11(<u>A111</u>, A112, A113)*과 *R7((A101, <u>A111</u>)*에서 기본 키는 {A111}으로 동일한 속성임을 주시하자. 게다가 개체 타입 E11의 모든 개체는 개체 타입 E10의 개체와 관계를 갖는다. 따라서, *R7(A101, <u>A111</u>)*에서

그림 8.3 1 : n 대응 카디널리티의 관계 집합 예

기본 키 {A111}에 나타나는 모든 기본 키 값들이 *E11*(*A111*, *A112*, *A113*)의 A111에서 동일하게 나타나므로 중복성이 생긴다. 그런데, 이 두 릴레이션 *E11*(*A111*, *A112*, *A113*)과 *R7*(*A101*, *A111*)은 하나의 릴레이션으로 합쳐도 아무런 문제가 발생하지 않는다. 즉, 릴레이션 R7에서 A111은 기본 키로서 함수적 종속성 A111 → A101 이 성립하고 A111은 원래 E11의 기본 키이므로 종속자인 A101을 E11에 추가하더라도 함수적 종속 관계 측면에서 문제가 되지 않는다. 또한, E11의 기본 키는 {A111}로 변함이 없다.

따라서 두 릴레이션을 합칠 때 다음과 같이 두 릴레이션에서 겹치지 않는 릴레이션 R7의 속성 {A101}을 릴레이션 E11에 추가한 후 릴레이션 R7을 삭제해도 문제가 없다.

> *E10*(*A101*, *A102*)
> *E11*(*A111*, *A112*, *A113*, *A101*) (릴레이션 E11과 R7을 합친 스키마로서 {A101}은 릴레이션 E10을 참조하는 외래 키이다.)
> (E11으로 합쳤으므로 릴레이션 *R7*(*A101*, *A111*)와 참조 무결성 제약조건은 삭제함)

이때, E11에 추가된 속성 {A101}은 릴레이션 R7의 외래 키로서 릴레이션 E10의 기본 키를 참조하는 참조 무결성이 존재하게 됨을 주시하자.

이를 종합하여 일반화하면 다음 규칙 3.2.1과 같다.

규칙 3.2.1 (규칙 3.2을 적용한 임시 릴레이션이 1:n 혹은 n:1 이진 관계 타입인 경우, 임시 릴레이션 결합 조건과 결합, 기본 키 설정, 참조 무결성)

- **규칙 적용 조건** : 규칙 3.2의 조건(ERD에서 관계 타입 R이 이진 관계이고 대응 카디널리티가 1:n 혹은 n:1인 조건)에서 E_α를 대응 카디널리티 n에 해당하는 개체 타입이라 할 때, 개체 타입 E_α의 각 개체가 개체 타입 E_β의 한 개체와 반드시 관계를 갖는 조건
- **적용 대상** : 이진 관계의 1:n 혹은 n:1 대응 카디널리티에 대한 규칙 3.2 적용 후 기본 키 α(릴레이션 E_α의 기본 키를 참조)의 임시 릴레이션 R과 릴레이션 E_α

(1) **릴레이션 결합** : 임시 릴레이션 R과 릴레이션 E_α에서 겹치지 않는 임시 릴레이션 R의 속성들(즉, R−α의 속성들)을 릴레이션 E_α에 추가한 후 임시 릴레이션 R을 제거(삭제)한다.

(2) **기본 키 설정** : 속성이 추가된 릴레이션 E_α의 기본 키는 속성 추가 이전의 E_α의 기본 키 α로 변함이 없다.

(3) **참조 무결성 제약조건** : 릴레이션 E_α에 추가되는 β는 외래 키로서 E_β의 기본 키를 참조하는 참조 무결성 제약조건을 갖는다. 한편, 규칙 3.2에서 임시 릴레이션 R에 부여된 참조 무결성 제약조건은 무효화 한다.

(4) **최종 변환 릴레이션** : 규칙 3.2의 임시 릴레이션 R이 이 규칙 3.2.1의 조건을 만족하면 이 규칙을 적용한 결과가 ERD 관계 타입 R을 변환한 최종 릴레이션이 된다. 이 규칙 3.2.1의 조건을 만족하지 않는 경우, 규칙 3.2를 적용한 결과가 ERD의 관계 타입 R에 대한 최종 변환 릴레이션이 된다.

(5) n:m 대응 카디널리티의 이진 관계에서 기본 키와 참조 무결성 설정

다음은 관계 타입이 이진 관계이고 대응 카디널리티가 n:m인 경우의 기본 키 설정 규칙이다.

규칙 3.3. (규칙 3을 적용한 임시 릴레이션의 관계 타입이 n:m 이진 관계인 경우, 기본 키 설정과 참조 무결성)

- **규칙 적용 조건** : ERD에서 관계 타입 R이 이진 관계이고 대응 카디널리티가 n:m인 조건
- **적용 대상** : 규칙 3에 따라 변환한 후의 임시 렐레이션 R

(1) **기본 키 설정** : 임시 릴레이션 R의 속성 집합인 $\alpha \cup \beta \cup \{b_1, b_2, \ldots, b_n\}$에서 $\alpha \cup \beta$가 기본 키가 된다. 여기에서 α와 β는 각각 릴레이션 E_α와 E_β의 기본 키임을 주시하자.

(2) **참조 무결성 제약조건** : 임시 릴레이션 R에서 α와 β는 외래 키로서 각각 릴레이션 E_α와 릴레이션 E_β의 기본 키를 참조하는 참조 무결성 제약조건을 갖는다.

(3) **최종 변환 릴레이션** : 규칙 3의 임시 릴레이션 R에 이 규칙에 의한 기본 키 설정과 참조 무결성 제약조건을 반영함으로써 ERD의 관계 타입 R에 대한 최종 변환 릴레이션이 된다.

그림 8.2에서 관계 타입 R2가 규칙 3.3의 조건에 해당한다. 이에 따라 우선 규칙 3를 적용하면 관계 타입 R2에 참여하는 두 개체 타입을 규칙 1에 따라 변환한 릴레이션 E1과 E3의 기본 키 {A11, A12}와 {A31} 그리고 R2의 속성 A_{R21}, A_{R22}로 구성된 임시 릴레이션 *R2*(*A11*, *A12*, *A31*, A_{R21}, A_{R22})가 도출된다.

이 임시 릴레이션 R2에 규칙 3.3을 적용하면 R2의 기본 키는 변환된 릴레이션 E1과 E3의 기본 키 속성들을 합해서 {A11, A12} ∪ {A31} = {<u>*A11*</u>, <u>*A12*</u>, <u>*A31*</u>}가 되며 변환된 최종 릴레이션은 다음과 같다.

R2(<u>*A11*</u>, <u>*A12*</u>, <u>*A31*</u>, A_{R21}, A_{R22})

여기에서, 릴레이션 R2의 키 {A11, A12}과 {A31}는 둘 다 외래 키로서 참조 릴레이션 E1과 E3의 기본 키인 {A11, A12}과 {A31}를 각각 참조하는 참조 무결성 제약조건을 갖는다.

(6) n-차 관계의 관계 타입에서 기본 키와 참조 무결성 설정

지금까지 소개한 관계 타입에 대한 릴레이션 변환 규칙들은 이진 관계를 중심으로 소개해 왔다. 하지만, 관계에 참여하는 개체 타입들은 두 개로만 한정된 것은 아니며 세 개 이상인 사례들도 얼마든지 존재한다. n-차 관계라 하더라도 이 관계 타입을 여러 개의 이진 관계 타입을 이용하여 표현할 수 있다. 그렇더라도, 여기에서는 세 개 이상의 개체 타입이 관계에 참여하는 n-차 관계 타입 R을 규칙 3을 적용하여 변환한 임시 릴레이션 R에서 기본 키와 참조 무결성 제약조건을 설정하는 규칙을 소개한다.

규칙 3.4. (규칙 3을 적용한 임시 릴레이션의 관계 타입이 모두 다 대 다인 3-차 이상의 관계인 경우, 기본 키 설정 과 참조 무결성)

- **규칙 적용 조건** : ERD에서 관계 타입 R이 3-차 이상의 관계이고 대응 카디널리티가 모두 다 대 다인 조건
- **적용 대상** : 규칙 3에 따라 변환한 후 $\alpha \cup \beta \cup \ldots \cup \gamma \cup \{b_1, b_2, \ldots, b_n\}$의 속성들을 스키마로 하는 임시 릴레이션 R

(1) **기본 키 설정** : 임시 릴레이션 R의 관계 타입 R에 참여하는 개체 타입들의 릴레이션 E_α, E_β, ..., E_γ의 기본 키 α, β, .., γ의 속성들을 모두 모은 $\alpha \cup \beta \cup \ldots \cup \gamma$의 속성들이 임시 릴레이션 R의 기본 키가 된다.

(2) **참조 무결성 제약조건** : α, β, ..., γ는 각각 릴레이션 R의 외래 키로서 각각 릴레이션 E_α, E_β, ..., E_γ의 기본 키를 참조하는 참조 무결성 제약조건을 갖는다.

(3) **최종 변환 릴레이션** : 규칙 3의 임시 릴레이션 R에 이 규칙 3.4을 적용한 결과가 ERD의 관계 타입 R에 대한 최종 변환 릴레이션이 된다.

그림 8.2에서 관계 타입 R4는 3-차 관계이고 모두 다 대 다인 대응 카디널리티를 가지므로 규칙 3.4의 조건에 해당한다. 우선, 규칙 3를 적용하면, 관계 타입 R4의 속성 A_{R41}과 A_{R42}, 그리고 릴레이션 E3, E5, E6 각각의 기본 키인 {A31}, {A51}, {A61, A62}의 속성들로 구성된 릴레이션 *R4(A31, A51, A61, A62,* A_{R41}, A_{R42}*)*가 변환된 임시 릴레이션 R이 된다.

이 임시 릴레이션 R에서 기본 키는 규칙 3.4를 적용하면 릴레이션 E3, E5, E6의 기본 키 속성들로 이루어진 {A31, A51, A61, A62}이므로 변환된 최종 릴레이션은 다음과 같다.

R4(<u>A31</u>, <u>A51</u>, <u>A61</u>, <u>A62</u>, A_{R41}, A_{R42}*)*

여기에서, 릴레이션 R2의 키 {A31}, {A51}, {A61, A62}는 모두 외래 키로서 참조 릴레이션 E3, E5, E6의 기본 키인 {A31}, {A51}, {A61, A62}를 각각 참조하는 참조 무결성 제약조건을 갖는다.

한편, n-차 관계의 관계 타입 R에서 참여하는 개체 타입 중 대응 카디널리티가 1에 해당하는 개체 타입이 오직 한 개라면 변환된 릴레이션 R의 기본 키에서 그 개체 타입의 기본 키 속성들을 제외하더라도 릴레이션 R의 튜플들을 유일하게 구별할 수 있다. 이 이유에 대한 논리적 설명은 학습자 여러분의 몫으로 남기도록 한다. 따라서, 기본 키의 최소성에 따라 이 개체 타입의 기본 키를 릴레이션 R의 기본 키 구성에서 제외해야 하며, 다음 규칙 3.5는 이에 대한 적용 규칙이다.

규칙 3.5. (규칙 3을 적용한 임시 릴레이션의 관계 타입이 3-차 이상의 관계이고 대응 카디널리티가 1 에 해당하는 개체 타입이 오직 한 개인 경우, 기본 키 설정과 참조 무결성)

- **규칙 적용 조건** : ERD에서 관계 타입 R이 3-차 이상의 관계이고 대응 카디널리티가 1에 해당하는 개체 타입이 오직 한 개인 조건
- **적용 대상** : 규칙 3에 따라 변환한 후 $\alpha \cup \beta \cup \ldots \cup \gamma \cup \{b_1, b_2, \ldots, b_n\}$의 속성들을 스키마로 하는 임시 렐레이션 R

(1) **기본 키 설정** : ERD에서 대응 카디널리티가 1인 개체 타입의 릴레이션의 기본 키를 δ라 할 때, $(\alpha \cup \beta \cup \ldots \cup \gamma) - \delta$ 가 임시 릴레이션 R의 기본 키가 된다.

(2) **참조 무결성 제약조건** : $\alpha, \beta, \ldots, \gamma$는 각각 릴레이션 R의 외래 키로서 각각 릴레이션 $E_\alpha, E_\beta, \ldots, E_\gamma$의 기본 키를 참조하는 참조 무결성 제약조건을 갖는다.

(3) **최종 변환 릴레이션** : 규칙 3의 임시 릴레이션 R에 이 규칙에 의한 기본 키 설정과 참조 무결성 제약조건을 반영함으로써 ERD의 관계 타입 R에 대한 최종 변환 릴레이션이 된다.

그림 8.4의 두 ERD 예에서 먼저 규칙 1을 적용하면 다음의 릴레이션들로 변환되며 규칙 2는 약성 개체 집합이 없으므로 적용되지 않는다.

E12(*<u>A121</u>*, *A122*)
E13(*<u>A131</u>*, *A132*)
E14(*<u>A141</u>*, *<u>A142</u>*, *A143*)

관계 타입 R8은 규칙 3.5의 조건에 해당한다. 하지만, 규칙 3.5를 적용하기 전에 먼저 규칙 3를 적용하면 R8에 관여하는 개체 타입의 릴레이션 E12, E13, E14의 각 기본 키 {A121}, {A131}, {A141, A142}와 R8의 속성 A_{R8}를 합쳐서 임시 릴레이션 *R8*(A121, *A131*, *A141*, *A142*, A_{R8})이 도출된다.

그림 8.4 3-차 관계 타입에서 대응 카디널리티 1에 해당하는 개체 타입이 한 개인 예

이제, 기본 키 설정을 위해 규칙 3.5를 적용하면, 대응 카디널리티에서 1에 해당하는 개체 타입의 릴레이션 E13의 기본 키를 제외한 나머지 개체 타입의 릴레이션 E12와 E14의 기본 키 속성을 합친 {A121, A141, A142}가 임시 릴레이션 R의 기본 키가 되며 이를 반영하여 변환한 최종 릴레이션은 다음과 같다.

> *R8*(*A121*, *A131*, *A141*, *A142*, A_{R8})
>
> 여기에서, {A121}과 {A131}, {A141. A142}는 R8의 외래 키로서 각각 릴레이션 E12, E13, E14의 기본 키를 참조하는 참조 무결성 제약조건을 갖는다.

(7) 관계 타입의 변환을 위한 규칙 적용 절차 흐름도

그림 8.5는 ERD의 관계 타입을 릴레이션 스키마로 변환하기 위한 규칙 적용 절차에 대해 요약하여 전체 흐름도를 나타낸 것이다. 앞의 규칙들과 그림 8.5에서 잘 볼 수 있듯이, 관계 타입 변환에서 우선 규칙 3 적용을 시작으로 관계 타입과 대응 카디널리티에 따라 절차적으로 변환이 이루어진다.

이 흐름도에서 '규칙 3.1.1 조건?'으로 표시된 판단 기호는 1:1 대응 카디널리티 조건의 규칙 3.1을 적용한 후에 릴레이션 스키마를 병합하기 위해서 규칙 3.1.1 적용을 위한 조건을 만족하는지의 가부를 따지는 부분이다. '규칙 3.2.1 조건?' 판단 기호 또한 1:n 대응 카디널리티 조건의 규칙 3.2을 적용한 후에 릴레이션 스키마를 병합하기 위해서 규칙 3.2.1 적용을 위한 조건을 만족하는지의 가부를 따지는 부분이다.

한편, 그림 8.5의 n-차 관계 타입의 변환에서 대응 카디널리티가 1에 해당하는 개체 타입이 오직 한 개이면 규칙 3.5를 적용하고 아니면 규칙 3.4를 적용하는 판단 부분도 반영되었다. 그림 8.5에서 제시된 절차는 ERD에서 각 관계 타입을 릴레이션 스키마로 변환하는 중요한 절차이므로 반드시 기억하자.

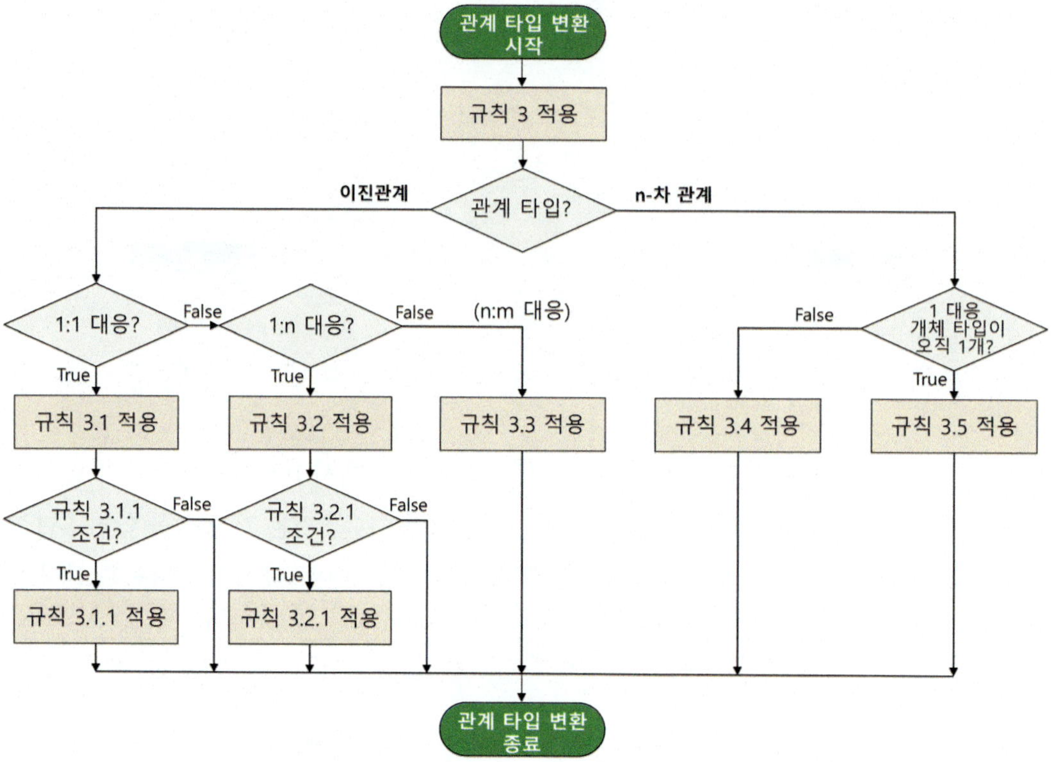

그림 8.5 관계 타입의 변환 절차에 대한 전체 흐름도

8.3.4 일반화 관계의 릴레이션 변환

3.1.3절에서 우리는 ISA 관계와 상속성에 대해 자세히 살펴본 바 있다. **일반화(generalization)** 관계인 ISA 관계는 상위 개체 타입의 속성들을 하위 개체 타입이 상속받는 상속성의 특성을 갖는다. ERD의 ISA 관계에서 상위 개체 타입과 하위 개체 타입들을 릴레이션으로 변환할 때 상속성이 반영되는 데 상위 개체 타입과 하위 개체 타입들 사이의 조건에 따라 변환 방법이 달라진다.

ISA 관계에서 릴레이션의 변환 방법을 설명하기 위한 기호로 상위 개체 타입을 A, 하위 개체 타입들을 B_i(i=1, 2, ..., n)로 표시하고, 릴레이션 A는 개체 타입 A의 가능한 모든 개체의 집합, 릴레이션 B_i는 하위 개체 타입 B_i의 가능한 모든 개체의 집합이라 하자.

(1) ISA 관계가 완전 서로소 일반화 관계인 경우의 릴레이션 변환

완전 서로소 일반화 관계에서 개체 집합 A에 속하는 개체는 반드시 오직 하나의 하위 개체 집합 B_i에만 속하고 모든 B_i의 개체들을 합치면 개체 집합 A의 개체들과 같으며 B_i들 사이에 공유되는 개체는 존재하지 않는다. 완전 서로소 일반화 관계에 대한 개념은 3.1.3절의 ISA 관계와 상속성을 참조하자. 이때 우리는 다음의 두 가지 경우에서 릴레이션 변환 방법을 생각할 수 있다.

경우 1. 개체 타입 A가 ISA 관계 이외의 다른 관계 타입에 참여하지 않는 경우

경우 1은 그림 8.6 (a)와 같이 완전 서로소 일반화 관계에서 상위 개체 타입인 사람이 하위 개체 타입이 아닌 다른 개체 타입과 관계를 갖지 않는 경우이다. 이 경우, 사람 개체 집합의 모든 개체는 군인 개체 집합 아니면 비군인 개체 집합으로 나뉘므로 사람 개체 타입의 모든 속성을 군인과 비군인 개체 타입에 모두 상속하고 제거할 수 있다. 이처럼, 상위 개체 집합 A에 속한 모든 개체는 하위 개체 집합 B_i들로 완전히 분산되기 때문에 개체 타입 A의 모든 속성들을 하위 개체 타입 B_i들로 상속한 후 제거할 수 있다.

경우 2. 개체 타입 A가 ISA 관계는 물론 다른 관계 타입에도 참여하는 경우

경우 2는 그림 8.6 (b)와 같이 ISA 관계에서 상위 개체 타입인 사람이 하위 개체 타입이 아닌 다른 개체 타입과 관계를 갖는 경우이다. 이 경우는 경우 1처럼 사람 개체 타입의 속성들을 군인과 비군인 하위 개체 타입에 상속하고 제거하면 다른 개체 타입과의 관계와 이 관계를 갖는 사람 개체들이 모두 제거되기 때문에 문제가 생긴다. 즉, 개체 집합 A에 속한 개체 중에는 하위 개체 타입 B_i들이 아닌 다른 개체 집합의 개체와 관계를 갖기 때문에 개체 타입 A을 경우 1처럼 제거할 수 없다. 대신 개체 타입 A의 변환 릴레이션에 최소의 속성들만 남기고 개체 타입 A의 모든 속성을 상속하여 앞 절들에서 소개한 규칙들에 따라 하위 개체 타입 B_i를 변환한 릴레이션 B_i에 새롭게 추가할 수 있다.

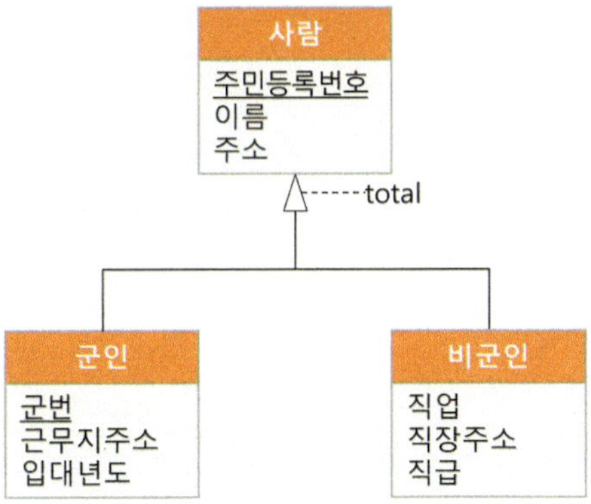

(a) 경우 1에 해당하는 ISA 관계

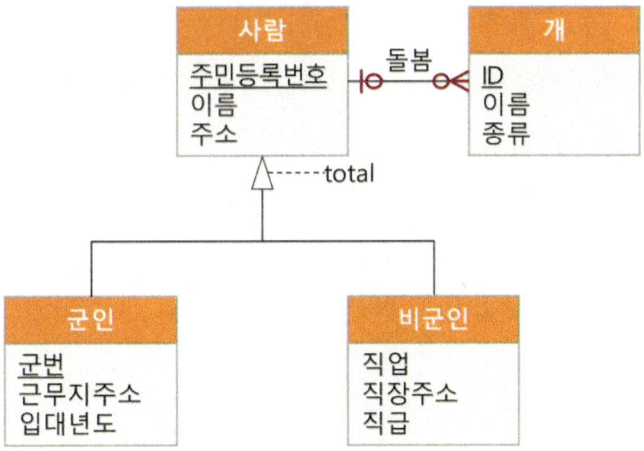

(b) 경우 2에 해당하는 ISA 관계

그림 8.6 두 가지 경우의 완전 서로소 ISA 관계

이 두 경우 중에서 우선 경우 1에 대한 릴레이션 변환 규칙을 소개하면 다음과 같다.

규칙 4.1. (완전 서로소 ISA 관계에서 상위 개체 타입이 ISA 관계 이외의 다른 관계에 참여하지 않는 경우의 릴레이션 변환과 기본 키 설정)

- **규칙 적용 조건** : ERD에서 ISA 관계가 완전 서로소이고 상위 개체 타입 A가 하위 개체 타입 B_i들 이외의 다른 개체 타입과 아무 관계도 갖지 않는 조건
- **적용 대상** : ERD의 ISA 관계에서 상위 개체 타입 A와 모든 하위 개체 타입 B_i에 대해 앞 절의 규칙들에 따라 현재까지 변환된 릴레이션 A와 모든 릴레이션 B_i

(1) **상위 개체 타입의 변환** : ERD의 상위 개체 타입 A에 대해 앞의 규칙들을 적용해서 변환해 온 릴레이션 A를 삭제한다.

(2) **하위 개체 타입의 변환** : ERD의 각 하위 개체 타입 B_i에 대해 앞 절의 규칙들을 적용하여 변환해 온 릴레이션 B_i의 속성들에 릴레이션 A의 모든 속성을 상속성에 의해 새롭게 추가함으로써 새로운 변경 릴레이션 B_i의 속성들로 한다.

(3) **기본 키 설정(하위 개체 타입 B_i)** : 새로운 변경 릴레이션 B_i의 기본 키는 변경 이전 릴레이션 B_i의 기본 키로 한다. 만약 변경 이전 릴레이션 B_i에 기본 키가 없었다면 릴레이션 A의 기본 키 속성들을 새로운 변경 릴레이션 B_i의 기본 키로 한다.

다음은 경우 2에 대한 릴레이션 변환 규칙이다.

규칙 4.2. (완전 서로소 ISA 관계에서 상위 개체 타입이 ISA 관계 이외의 다른 관계에 참여하는 경우의 릴레이션 변환과 기본 키 설정)

- **규칙 적용 조건** : ERD에서 ISA 관계가 완전 서로소이고 상위 개체 타입 A가 하위 개체 타입 B_i들 이외의 다른 개체 타입과 관계를 갖는 조건
- **적용 대상** : ERD의 ISA 관계에서 상위 개체 타입 A와 모든 하위 개체 타입 B_i에 대해 앞 절의 규칙들에 따라 현재까지 변환된 릴레이션 A와 모든 릴레이션 B_i

(1) **상위 개체 타입의 변환** : ERD의 상위 개체 타입 A에 대해 앞의 규칙들에 따라 변환해 온 릴레이션 A를 기본 키 속성들만으로 구성한다.

(2) **하위 개체 타입의 변환** : ERD의 각 하위 개체 타입 B_i에 대해 앞 절의 규칙들을 적용하여 변환해 온 릴레이션 B_i에 릴레이션 A의 모든 속성을 상속성에 의해 새롭게 추가함으로써 새로운 변경 릴레이션 B_i의 속성들로 한다.

(3) **기본 키 설정(상위 개체 집합 A)** : 새로 변경된 릴레이션 A의 기본 키는 그대로 릴레이션 A의 기본 키로 한다.
(4) **기본 키 설정(하위 개체 타입 B_i)** : 새로운 변경 릴레이션 B_i의 기본 키는 변경 이전 릴레이션 B_i의 기본 키로 한다. 만약 변경 이전 릴레이션 B_i에 기본 키가 없었다면 릴레이션 A의 기본 키 속성들을 새로운 변경 릴레이션 B_i의 기본 키로 한다.
(5) **참조 무결성 제약조건** : 릴레이션 A로부터 새로운 변경 릴레이션 B_i에 추가된 속성들 중 릴레이션 A의 기본 키는 릴레이션 B_i의 외래 키로서 릴레이션 A의 기본 키를 참조하는 참조 무결성 제약조건을 갖는다.

앞의 규칙을 적용한 예를 들어보자. 앞의 규칙들이 적용되기 전에 먼저 앞 절에서 소개한 규칙들이 먼저 진행된다. 그림 8.6 (a)의 ERD에서 모든 개체 타입은 강성 개체 타입이므로 규칙 1의 조건과 적용 대상에 해당하며 규칙 2는 적용 조건에 해당하지 않는다. 따라서, 규칙 1을 ERD의 각 개체 타입에 적용하면 다음의 변환 릴레이션이 도출된다.

사람(주민등록번호, 이름, 주소)
군인(군번, 근무지주소, 입대년도)
비군인(직업, 직장주소, 직급)

그림 8.6 (a)의 ISA 관계는 규칙 3 계열의 어떤 규칙 조건에도 해당하지 않으며 단지 규칙 4.1의 규칙 적용 조건에 해당한다. 먼저 규칙 4.1의 (1)을 적용하면 상위 개체 타입인 사람 개체 타입을 변환한 사람 릴레이션은 삭제된다. 이어서 규칙 4.1의 (2)를 하위 개체 타입들에 대해 지금까지 변환한 군인과 비군인 릴레이션에 각각 적용하면, 두 새로운 변환 릴레이션의 스키마는 다음과 같이 사람 릴레이션의 속성들인 주민등록번호, 이름, 주소가 상속되어 추가된다.

*군인(군번, 근무지주소, 입대년도, **주민등록번호, 이름, 주소**)*
*비군인(직업, 직장주소, 직급, **주민등록번호, 이름, 주소**)*

이 새로운 변경 릴레이션에서 굵은 글꼴로 표시한 주민등록번호, 이름, 주소 속성은 상위 개체 타입인 사람의 속성들이며 상속성에 의해 상속받은 속성들을 나타낸다. ERD의 군인 개체 타입에 대해 이어서 규칙 4.1의 (3)을 적용하면, 변경 이전의 군인 릴레이션의 기본 키가 {군번}이기 때문에 새로운 군인 릴레이션도 기본 키가 {군번}이 되어 밑줄로 표시되었다. 반면, 비군인 개체 타입의 비군인 릴레이션은 원래 기본 키가 없었으므로 상위 개체 타입인 사람 릴레이션으로부터 상속받은 기본 키인 {주민등록번호}가 새로운 군인 릴레이션의 기본 키가 되었음을 주시하자.

한편, 새로운 군인과 비군인 릴레이션에서 주민등록번호 속성은 원래 사람 릴레이션에서 상속되었지만, 규칙 4.1의 (1)에 의해 사람 릴레이션이 삭제되었기 때문에 참조 무결성에는 해당하지 않고 순수한 두 변경 릴레이션의 속성으로 취급된다. 한편, 그림 8.6 (b)의 ERD에서 ISA 관계는, 앞에서 설명한 것처럼, 완전 서로소 일반화 관계에서 상위 개체 타입인 사람이 ISA 관계 이외에도 다른 관계 타입인 개에 참여하므로 규칙 4.2의 조건에 해당한다. 사람 상위 개체 타입의 원래 릴레이션 *사람(주민등록번호, 이름, 주소)*는 3개의 속성을 갖지만 규칙 4.2의 (1)을 적용하여 기본 키만으로 구성하고, 각 하위 개체 타입의 릴레이션은 규칙 4.2의 (2)를 적용하여 자신의 속성들과 상위 개체 타입을 변환한 사람 릴레이션의 모든 속성들과 합쳐서 구성한 릴레이션으로 변환한다. 다음은 규칙 4.2의 (1)부터 (5)까지 모두 적용한 결과이며 각 릴레이션에서 상속받은 속성들은 굵은 글꼴로 표시했다.

사람(주민등록번호)
군인(군번, 근무지주소, 입대년도, ***주민등록번호, 이름, 주소****)*
비군인(직업, 직장주소, 직급, ***주민등록번호, 이름, 주소****)*

여기에서, 군인 릴레이션과 비군인 릴레이션의 {주민등록번호} 키는 이 두 릴레이션의 외래 키로서 사람 릴레이션의 기본 키를 참조하는 참조 무결성 제약조건을 갖는다.

(2) ISA 관계가 완전 서로소 관계가 아닌 경우의 릴레이션 변환

그림 8.7 (a)와 (b)의 ISA 관계는 규칙 4.1과 4.2의 조건에 모두 해당하지 않는 경우들을 보여준다. 그림 8.7 (a)는 고등학생 개체 집합과 대학생 개체 집합 모두에 속하지 않는 사람 개체가 존재하는 ISA 관계를 나타낸다. 이 경우, 사람 개체는 오직 사람 개체 집합에만 속하므로 사람 개체 타입을 삭제할 수 없다.

한편, 그림 8.7 (b)는 학생이면서 교수인 사람 개체가 존재함을 나타낸다. 게다가, 학생 개제 집합에도 교수 개체 집합에도 모두 속하지 않는 사람 개체가 존재할 수 있다. 이 경우에도 그림 8.7 (a)의 ISA 관계처럼 사람 개체 타입을 삭제하지 못한다.

그림 8.7 (a)의 ISA 관계처럼 어떠한 하위 개체 집합 B_i에도 속하지 않는 상위 개체 집합 A의 개체가 존재하거나 혹은 그림 8.7 (b)의 ISA 관계처럼 둘 이상의 하위 개체 집합에 속하는 개체 집합 A의 개체가 존재하는 경우 다음의 규칙 4.3에 따라 릴레이션으로 변환한다.

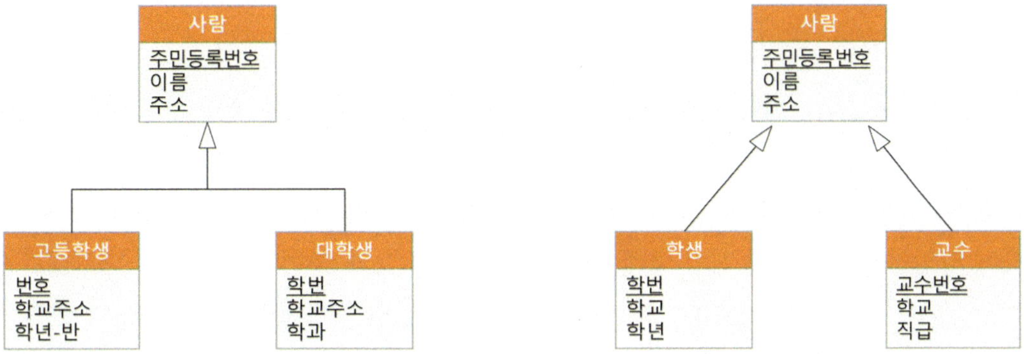

(a) 비중복, 비전체 (b) 중복 가능

그림 8.7 완전 서로소 일반화 관계가 아닌 경우들

규칙 4.3. (규칙 4.1과 규칙 4.2의 조건에 해당하지 않는 ISA 관계의 릴레이션 변환과 기본 키 설정)

- **규칙 적용 조건** : ERD에서 규칙 4.1과 규칙 4.2의 규칙 적용 조건이 아닌 ISA 관계인 조건
- **적용 대상** : ERD의 ISA 관계에서 상위 개체 타입 A와 모든 하위 개체 타입 B_i에 대해 앞의 규칙들에 따라 현재까지 변환된 릴레이션 A와 모든 릴레이션 B_i

(1) **상위 개체 타입의 변환** : ERD의 상위 개체 타입 A에 대해 앞 절의 규칙들에 따라 변환해 온 릴레이션 A를 변환 없이 그대로 최종 릴레이션으로 한다.

(2) **하위 개체 타입의 변환** : ERD의 각 하위 개체 타입 B_i에 대해 앞 절의 규칙들을 적용하여 변환해 온 릴레이션 B_i에 릴레이션 A의 기본 키만 새로 추가함으로써 새로운 변경 릴레이션 B_i의 속성들로 한다.

(3) **기본 키 설정(상위 개체 집합 A)** : 릴레이션 A의 기본 키는 그대로 릴레이션 A의 기본 키로 한다.

(4) **기본 키 설정(하위 개체 타입 B_i)** : 새로운 변경 릴레이션 B_i의 기본 키는 변경 이전 릴레이션 B_i의 기본 키로 한다. 만약 변경 이전 릴레이션 B_i에 기본 키가 없었다면 릴레이션 A의 기본 키 속성들을 새로운 변경 릴레이션 B_i의 기본 키로 한다.

(5) **참조 무결성 제약조건** : 릴레이션 A로부터 새로운 변경 릴레이션 B_i에 추가된 속성들은 릴레이션 B_i의 외래 키로서 릴레이션 A의 기본 키를 참조하는 참조 무결성 제약조건을 갖는다.

그림 8.7 (a)와 (b)의 두 예는 일반화 종류는 다르지만 규칙 4.3의 조건에 해당하므로 규칙 적용 방법은 같다. 따라서 그림 8.7 (b) 예에 대해서만 규칙 4.3의 적용을 소개하고자 한다. 먼저, 규칙 4.3을 적용하기 전에 앞 절에서 소개한 변환 규칙들을 적용해야 하며 그림 8.7 (b)의 ERD의 개체 타입에 대해 이 규칙들을 적용하여 변경된 릴레이션들은 다음과 같다.

사람(<u>주민등록번호</u>, 이름, 주소)
학생(<u>학번</u>, 학교, 학년)
교수(<u>교수번호</u>, 학교, 직급)

그림 8.7 (b)의 ISA 관계는 완전 서로소 관계가 아니므로 규칙 4.3의 규칙 적용 조건에 해당한다. 따라서, 상위 개체 타입인 사람에 대한 사람 릴레이션은 규칙 4.3의 (1)과 (3)에 따라 변함없이 그대로 릴레이션 *사람(<u>주민등록번호</u>, 이름, 주소)*가 된다. 하지만, 하위 개체 타입인 학생에 대해 규칙 4.3의 (2)를 적용하면 학생 릴레이션에 상위 개체 타입의 릴레이션 사람의 기본 키를 추가하며 규칙 4.3의 (4)에 따라 기본 키는 변경 전 릴레이션의 기본 키인 {학번}이 새로운 변경 릴레이션의 기본 키가 된다. 교수 릴레이션에 대해서도 같은 규칙들을 적용하고 새롭게 변경된 학생 릴레이션과 교수 릴레이션에 규칙 4.3의 (5)를 적용하면 다음의 최종 변환 릴레이션들과 참조 무결성 제약조건이 도출된다.

사람(<u>주민등록번호</u>, 이름, 주소)
*학생(<u>학번</u>, 학교, 학년, **주민등록번호**)*
*교수(<u>교수번호</u>, 학교, 직급, **주민등록번호**)*

여기에서, 학생 릴레이션과 교수 릴레이션의 {주민등록번호} 키는 이 두 릴레이션의 외래 키로서 사람 릴레이션의 기본 키를 참조하는 참조 무결성 제약조건을 갖는다.

8.3.5 종합화(aggregation)의 릴레이션 변환

초기 ER 모델에서 관계 타입은 개체 타입 사이에서만 존재하기 때문에 관계 타입 간의 관계를 표현할 수 없었다. 3.1.4절에서 소개한 **종합화(aggregation)**는 관계 타입이 개체 타입 간에 존재하면서 관계 타입 간의 관계를 추상화를 통해 나타낼 수 있도록 하는 역할을 한다. 3.1.4절의 그림 3.9와 같이 수행 관계 타입과 관리 관계 타입을 ER 모델에서 직접 링크로 연결할 수 없으므로 종합화는 수행 관계 타입과 이에 참여하는 개체 타입들을 하나로 묶어 추상화하여 하나의 개체 타입처럼 다룰 수 있도록 한다. 이렇게 종합화한 추상 개체 타입을 수행 관계 타입 명칭을 본떠서 수행-종합화 개체 타입이라 부르기로 하자. 이렇게 하면 그림 3.10에서처럼 관리 관계 타입은 수행-종합화 개체 타입과 관리자 개체 타입이 참여하는 이진 관계가 된다. 그림 8.8은 그림 3.10의 각 관계 타입에 대응 카디널리티를 추가하고 추상 개체 타입의 이름을 수행-종합화로 명명한 것으로 이 그림으로 종합화에서의 릴레이션 변환을 설명하기로 한다.

그림 8.8의 ERD에서 릴레이션이 모두 강한 개체 타입이므로 먼저 규칙 1을 적용하면 직원, 업무, 지점, 관리자 개체 타입은 각각 다음의 릴레이션으로 변환된다.

직원(<u>ID</u>, 이름, 주소)
업무(<u>업무코드</u>, 업무명)
지점(<u>지점명</u>, 주소)
관리자(<u>ID</u>, 이름, 주소)

그 다음의 규칙 2는 약한 개체 타입이 없으므로 그 다음 순서인 관계 타입에 대한 규칙 3을 적용해야 한다.

우선 그림 8.8의 ERD에서 속성이 없는 수행 관계 타입에 대해 규칙 3을 적용하면 임시 릴레이션은 *수행(직원:ID, 업무코드, 지점명)*이 된다. 수행 릴레이션의 기본 키 설정은 규칙 3.5를 적용한다. 그 이유는 수행 관계 타입은 세 개체 타입 사이의 3-차 관계를 가지면서 대응 카디널리티가 1에 해당하는 개체 타입이 지점 개체 타입 한 개이므로 규칙 3.5의 조건을 만족하기 때문이다. 따라서 지점 개체 타입의 기본 키인 {지점명}을 제외하고 직원과 업무 개체 타입의 기본 키를 합한 {직원:ID, 업무코드}가 수행 릴레이션의 기본 키가 된다. 여기에서 직원:ID는 직원 개체 타입의 ID 속성을 나타낸 것으로 관리자 개체 타입의 ID 속성과 구

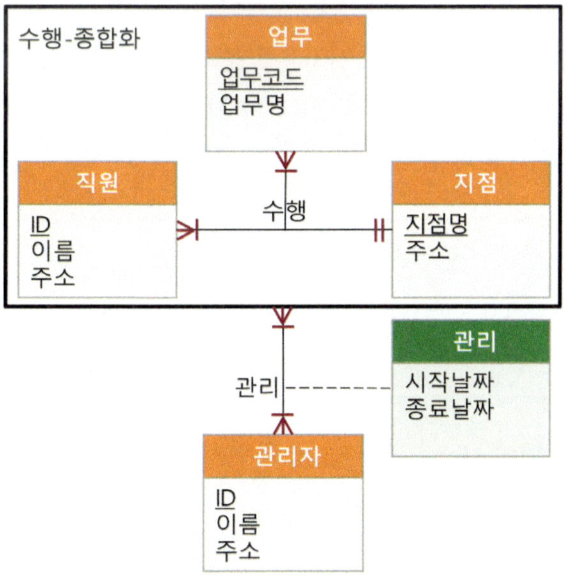

그림 8.8 종합화 관계 예

분하기 위해 릴레이션 명칭에 콜론(:)으로 속성명과 구분하여 표시한 것이다.

한편, 문제는 관리 관계 타입을 릴레이션으로 변환하는 데 있다.

그림 8.8에서 관리 관계 타입은 수행-종합화 개체 타입과 관리자 개체 타입 사이에서 n:m 대응 관계를 갖는다. 따라서, 규칙 3.3에 따라 별도의 관리 릴레이션으로 변환해야 하는데, 이를 위해서는 수행-종합화 개체 타입의 기본 키가 결정되어야 한다. **종합화 개체 타입의 가상적인 기본 키는 종합화 개체 타입에서 대표 관계 타입의 변환 릴레이션의 기본 키로 한다**. 따라서, 그림 8.8에서 수행-종합화 개체 타입의 대표 관계 타입인 수행 관계 타입을 변환한 수행 릴레이션의 기본 키 {직원:ID, 업무코드}를 수행-종합화 개체 타입의 가상적인 기본 키로 한다.

수행-종합화 개체 타입에 기본 키가 결정되었으므로, 이제, 관리 관계 타입에도 규칙 3을 적용할 수 있다. 규칙 3을 관리 관계 타입에 적용하면 이 관계 타입에 참여하는 수행-종합화 개체 타입의 기본 키인 {직원:ID, 업무코드}와 관리자 개체 타입의 기본 키인 {관리자:ID} 그리고 관리 개체 타입의 속성인 시작날짜와 종료날짜를 모두 합쳐서 다음의 임시 릴레이션으로 변환한다.

> *관리(직원:ID, 업무코드, 관리자:ID, 시작날짜, 종료날짜)*

아직 기본 키와 참조 무결성 제약조건이 설정되지 않았으므로 규칙 3의 후속 규칙들을 적용하여 결정해야 한다. 관리 관계 타입은 이진 관계이고 n:m 대응 카디널리티를 가지므로 규칙 3.3 조건에 해당한다. 따라서, 수행-종합화 개체 타입의 기본 키인 {직원:ID, 업무코드}와 관리자 개체 타입의 기본 키인 {관리자:ID}의 속성을 합친 {직원:ID, 업무코드, 관리자:ID}가 관리 릴레이션의 기본 키가 되며 최종적인 관리 릴레이션과 참조 무결성 조건은 다음과 같다.

> *관리(<u>직원:ID</u>, <u>업무코드</u>, <u>관리자:ID</u>, 시작날짜, 종료날짜)*
>
> 여기에서, 직원:ID, 업무코드, 관리자:ID는 외래 키로서 각각 릴레이션 직원, 업무, 관리자의 기본 키를 참조하는 참조 무결성 제약조건을 갖는다.

이 예를 가지고 지금까지 설명한 내용을 기반으로 종합화 관계의 관계 타입을 릴레이션으로 변환하는 일반 규칙을 소개하면 다음 규칙 5와 같다.

규칙 5. (종합화된 추상 개체 타입이 참여하는 관계 타입 R의 릴레이션 변환과 참조 무결성)

- **규칙 적용 조건** : ERD에서 관계 타입이 종합화된 추상 개체 타입이 참여하는 관계인 조건
- **적용 대상** : ERD에서 종합화된 추상 개체 타입이 참여하는 모든 관계 타입 R

다음 단계로 관계 타입 R을 릴레이션 R로 변환한다.

단계 1. 종합화된 추상 개체 타입 A에 대한 추상 릴레이션 A의 속성들은 추상 개체 타입 A 내부의 대표 관계 타입을 8.3.3 절의 규칙들을 적용하여 변환한 릴레이션의 속성들로 설정한다.

단계 2. **단계 1**에서 대표 관계 타입을 변환한 릴레이션의 기본 키를 추상 릴레이션 A의 기본 키(가상 기본 키)로 설정한다.

단계 3. **단계 2**에서 설정한 추상 릴레이션 A의 기본 키를 이용하여 관계 타입 R에 대해 8.3.3절의 규칙 3을 적용하여 임시 릴레이션으로 변환한다.

단계 4. 규칙 3 이후의 관계 타입 변환 규칙 중 관계 타입 R에 적용되는 규칙을 **단계 3**의 임시 릴레이션에 적용하여 최종 릴레이션과 기본 키 설정 그리고 참조 무결성 제약조건을 도출한다.

8.4 릴레이션의 정규화

8.3절의 8.3.1절부터 8.3.5절까지 소개한 규칙을 적용해서 ERD의 개체 타입과 관계 타입을 변환한 릴레이션들은 대부분 제 3 정규형 혹은 Boyce-Codd 정규형을 만족한다. 그럼에도 불구하고 목표로 하는 정규형을 만족하지 못하는 릴레이션이 있을 수 있으므로 변환한 모든 릴레이션을 대상으로 7장에서 소개한 정규화를 진행한다.

이를 위해 데이터베이스의 릴레이션들이 무슨 정규형에 있도록 할 것인가에 대한 목표 정규형을 정하고 각 릴레이션이 어느 정규형에 있는지를 체크하면서 7.4절에서 소개한 방법에 따라 무손실 분해를 진행한다. 무손실 분해의 정규화 과정에서 목표 정규형을 만족하지 못하는 무손실 분해한 각 릴레이션 또한 목표 정규형을 만족할 때까지 계속 무손실 분해해 나간다. 무손실 분해를 통해 모든 릴레이션이 목표 정규형을 만족하면 그 릴레이션들이 바로 논리적 설계인 관계형 데이터베이스 설계의 최종 릴레이션이 된다. 무손실 분해된 릴레이션에서 기본 키가 새로 설정될 수 있다. 한편, 분해되기 전 릴레이션의 외래 키와 참조 무결성은 분해로 형성된 릴레이션 중 적어도 하나에는 계속 유지되어야 한다.

정규화가 끝나면 후속 작업으로 최종 릴레이션들에 대해 아직 결정되지 않은 속성 도메인, 성능이 우려되는 릴레이션들의 병합 혹은 수평 분할, 무결성 제약조건, 보안 데이터와 보안 수준, 저장 데이터의 구성

과 접근 방법, 데이터 격리성 수준, 인덱스를 설정할 키와 명칭 부여, 데이터 복구 등은 후속적인 논리적 설계와 물리적 설계를 통해 결정하거나 설계하고, 이들 중 데이터 정의어(DDL)을 이용하여 반영 가능한 것들을 릴레이션 생성과 함께 데이터베이스로 구현한다. 여기에서, 무결성 제약조건 중 일부는 데이터 정의어를 통해 반영된다. 하지만, 무결성을 유지하는 방법은 실세계에서 응용에 따라 달라지는 경우가 많기 때문에 이 경우에는 응용을 구현한 트랜잭션이나 응용 프로그램 혹은 운영·유지보수 관리 지침 문서 등에 반영해야 한다. 하지만, 무결성 유지 문제가 트랜잭션이나 응용 프로그램으로 모두 해결될 수 있는 것은 아니며, 이 경우 무결성 유지의 책임은 담당자, 즉, 책임을 맡은 사용자의 몫이다.

CHAPTER 9

실세계 시스템 중심의 데이터베이스 설계와 구현 예

8장에서 우리는 실세계 정의부터 시작하여 릴레이션 정규화에 이르기까지 관계형 데이터베이스의 전체 설계 과정에서 절차적으로 어떤 설계 단계를 거치고 각 단계에서 무엇을 어떻게 해야 하는지를 다루었다.

이 단원에서는 8장에서 소개한 절차에 따라서 실세계를 대상으로 개념적 설계와 논리적 설계를 통해 관계형 데이터베이스를 실제로 설계하고 구축하는 과정을 보인다. 이를 통해 8장에서 소개한 설계 과정과 방법을 적용한 예를 실세계를 대상으로 보임으로써 ER 모델링 기반의 관계형 데이터베이스 설계 절차와 방법을 익히고 적용할 수 있도록 하는 기회를 갖고자 한다. 이 단원은 비교적 매우 단순한 강의 실세계 시스템을 대상으로 관계형 데이터베이스를 설계하는 단계들과 각 단계에서 행하는 작업의 적용 과정을 8장에서 소개한 내용을 바탕으로 자세히 소개한다. 여기에서 간단한 실세계를 택한 이유는 복잡한 실세계를 선택하면 ER 모델링 과정과 ERD가 복잡해짐에 따라 개념적 설계 과정에 너무 매몰되어 자칫 ERD를 관계형 데이터베이스 스키마로 변환하는 절차와 방법의 적용을 소홀히 할 가능성이 있기 때문이다. 또한, 설계 과정의 각 단계에서 꼭 필요한 작업과 방법을 소개함으로써 설계 과정을 좀 더 쉽게 이해하고 적용할 수 있도록 하기 위함이다.

이 단원의 구성은 다음과 같다. 먼저, 9.1절은 강의 시스템 실세계를 대상으로 8.2.1절에서 소개한 단계 0의 실세계 정의를 적용한 예를 가지고 실세계를 정의하는 내용을 다룬다. 9.2절은 이 실세계 정의 예를 기반으로 8.2.2절에서 소개한 단계들을 차례로 적용하면서 강의 실세계 시스템에 대한 최종 ERD와 제약조건들을 유도하는 개념적 설계 과정을 단계적으로 보인다. 9.3절은 9.2절에서 도출한 최종 ERD와 제약조건들을 가지고 8.3절의 릴레이션 변환 방법과 7.4절의 정규화 방법을 각각 적용하여 8.2.3절에서 소개한 단계 8과 단계 9를 차례로 수행하는 과정을 보인다. 이 과정에서 최종 ERD를 릴레이션들로 변환하고 정규화를 거쳐 최종 릴레이션 스키마들로 유도하는 과정이 상세히 소개된다. 그리고, 9.4절은 데이터베이스의 구현에 앞서 속성 타입과 참조 무결성 결정에서 고려할 사항들을 소개한 후, 마지막으로 9.5절에서 제약조건을 반영하여 SQL 언어로 최종 릴레이션들을 생성한 예와 릴레이션 생성에 반영하지 못한 제약조건을 어떻게 반영해야 하는지를 소개한다.

9.1 강의 실세계 정의

8.2.1절에 소개한 단계 0 내용에 따라 강의 실세계를 다음과 같이 정의한다. 자세한 설명은 다음에 서술된 설명을 참고하고 필요하면 8.2.1절을 다시 참고하기를 권한다.

단계 0. 실세계를 분석하여 시스템 측면에서 문장으로 자연스럽게 정의한다.

표 9.1은 강의 시스템을 문장으로 표현한 것이다. 표 9.1의 강의 실세계의 정의는 실세계인 강의 시스템의 구성요소들과 이들 간의 관계 그리고 구성요소와 관계에서 식별된 제약사항들을 포함하며 이 내용을 문장으로 표현한 것이다.

표 9.1의 강의 시스템 정의 문장은 강의 실세계를 잘 알지 못하는 한 바로 작성할 수 있는 것은 아니다. 실세계 시스템에 대한 정의는 미리 그 대상 실세계에 대한 세밀한 시스템 분석을 통해 시스템적으로 정확히 파악되어야 문장으로 정리할 수 있다. 문장으로 정리하는 가운데 파악되지 않은 정보는 글로 명확하게 표현할 수 없기 때문에 명확히 문장으로 표현되지 않는 정보는 다시 시스템 분석을 통해 파악한 후 다시 문장으로 정리할 필요가 있다.

표 9.1의 강의 시스템 정의에서 각 구성요소는 개체 차원이 아닌 개체 집합 차원에서 표현되었으며 관계들 또한 개체 사이의 관계가 아닌 개체 집합 사이의 관계 집합 차원에서 표현되었음을 주시하자. 강의 시스템의 구성요소들 사이에 존재하는 규칙들(제약조건들)도 문장으로 표현되었다.

표 9.1 강의 시스템 정의

강의 시스템은 학과, 교수, 학생, 강좌, 교과목, 강의실, 교재 등으로 구성된다. 학과는 단과대학에 소속되며 교수와 학생은 학과에 소속된다. 단, 교수와 학생은 단지 한 학과에만 소속되며 둘 이상의 소속 관계는 허용되지 않는다. 교수는 한 강좌 이상을 담당하여 강의해야 한다. 한 강좌를 두 명 이상의 교수가 강의할 수는 없다. 한 교과목에 대해 여러 개의 강좌가 개설될 수 있지만 한 강좌에 여러 개의 교과목이 대응할 수는 없다. 교수가 담당한 강좌에는 강의를 위해 이용되는 교재가 존재한다. 한 강좌에 대하여 여러 개의 교재가 이용될 수 있다. 또한 한 교재가 여러 강좌에 이용될 수도 있다. 각 강좌에는 강의실이 배정된다. 강좌에는 요일과 시간(교시)이 정해져야 한다.

표 9.1의 강의 시스템 정의는 사실상 시스템 정의에 대한 기본 핵심 내용만 담아서 아주 간단하게 나타낸 것이다. 실제 복잡한 실세계에서는 시스템 분석을 통해 많게는 수십 쪽이 넘는 시스템 분석 보고서를 작성하여 시스템 정의가 이루어질 수 있으며 시스템 정의를 이어진 문장으로만 표현한 것이 아닌 구조화된 형식으로 문서화 하는 것이 더욱 바람직하다. 단, 그 내용에는 실세계 시스템의 구성요소, 구성요소 간의 관계, 구성요소 특성과 관계 특성, 제약사항 등이 담겨야 한다.

표 9.1의 강의 시스템 정의 문장을 강의 시스템 구성요소, 구성요소 특성(구성요소의 속성을 의미), 구성요소 간의 관계, 관계 특성(관계의 속성을 의미), 제약조건 등으로 문장들을 분류하면 다음 표 9.2와 같다.

표 9.2 강의 시스템 정의 문장 분류

분류 항목	구분번호	분류된 문장
구성요소	1	강의 시스템은 학과, 교수, 학생, 강좌, 교과목, 강의실, 교재 등으로 구성된다
구성요소 특성	2	강좌에는 요일과 시간(교시)이 정해져야 한다
구성요소 간의 관계	3	교수와 학생은 학과에 소속된다
	4	**교수는 한 강좌 이상을 담당하여 강의해야 한다**
	5	**한 교과목에 대해 여러 개의 강좌가 개설될 수 있다**
	6	교수가 담당한 강좌에는 강의를 위해 이용되는 교재가 존재한다
	7	각 강좌에는 강의실이 배정된다
제약조건	8	교수와 학생은 단지 한 학과에만 소속되며 둘 이상의 소속 관계는 허용되지 않는다
	4	**교수는 한 강좌 이상을 담당하여 강의해야 한다**
	9	한 강좌를 두 명 이상의 교수가 강의할 수는 없다
	5	한 교과목에 대해 여러 개의 강좌가 개설될 수 있다
	10	한 강좌에 여러 개의 교과목이 대응할 수는 없다
	11	한 강좌에 대해 여러 개의 교재가 이용될 수 있다
	12	한 교재가 여러 강좌에 이용될 수도 있다

표 9.2에서 굵게 표시한 4번과 5번 문장은 구성요소 간의 관계를 나타냄과 동시에 제약조건에 해당하므로 중복된 분류 항목임을 주시하자.

9.2 강의 시스템의 개념적 설계

8.2.2절에서 설명한 단계적 절차에 따라 개념적 설계를 진행해 보자. 8.2.2절은 3.3절을 요약한 내용이므로 더 자세한 설명이 필요하면 3.3절을 다시 참고하자. 표 9.2와 같이 분류된 문장을 중심으로 ER 모델로 표현하다 보면 표 9.2에서 분류한 문장에 표현되지 않은 개체 집합이나 개체 집합의 속성, 관계 집합과 관계 집합의 속성, 제약조건이 새롭게 식별될 수도 있다. 심지어 잘못된 실세계 분석으로 분류된 문장에 오류가 있을 수도 있다.

이때에는 표 9.1의 실세계 정의에 새로운 식별 내용을 추가 반영하거나 오류가 있는 문장을 수정하고 이 내용을 표 9.2의 문장 분류에 반영한 다음, 그림 9.1부터 완성해가는 ERD에 반영하도록 하자. 이렇게 하여 표 9.1부터 문서화하면 데이터베이스 대상인 실세계 시스템에 대한 이해와 함께 설계자뿐만 아니라 데이터베이스 구축한 후 운영하고 유지보수하는 데이터베이스 담당자가 ERD가 어떻게 도출되었는지를 추적할 수 있으며 데이터베이스 유지보수를 위해 어느 부분을 어떻게 추가해야 할지를 신속히 파악할 수 있다.

단계 1. 실세계를 구성하는 개체 집합으로 개체 타입을 식별한다.

실세계를 구성하는 개체 집합은 표 9.2에서 실세계 표현 문장을 분류한 구분번호 1번의 구성요소 문장을 중심으로 식별하며 이에 따라 ER 모델로 표현하면 그림 9.1과 같다. 이 단계에서는 개체 집합의 속성들이 아직 식별되지 않음에 따라 개체 타입으로 스키마화 되지 않았음을 주시하자.

단계 2. 개체 집합의 속성을 식별하여 개체 타입에 반영함으로써 개체 타입을 구조화한다.

표 9.2에서 구분번호 2번 문장인 '강좌에는 요일과 시간(교시)이 정해져야 한다'에서 요일과 시간은 강좌 개체 집합이 갖는 속성이 되며 개체 집합의 속성이 모두 갖춰짐에 따라 개체 집합이 개체 타입으로 구조화된다.

데이터베이스 구축 이후의 사용(운영) 단계에서 각 속성의 값은 그 개체 집합에 속하는 개체에 대한 정보를 나타낸다. 그러므로 각 개체 집합의 속성을 식별할 때 표 9.1과 표 9.2의 강의 시스템 정의 문장 중에 구성요소(즉, 개체 집합)의 특성(속성)이 언급되어 있지 않더라도 구성요소(즉, 개체 집합)의 속성을 실세

그림 9.1 개체 집합들을 나타내는 강의 시스템 ERD

계 측면에서 충분히 식별하되, 8.1.1절의 고려사항 3에서 제시했듯이, 그 속성 정보를 참조할 필요성이 있는가를 예측하고 판단하여 필요한 속성은 반드시 ERD에 반영하고 불필요한 속성들은 반영하지 않는다. 이 단계에서 예를 들기 위해 식별한 각 개체 집합의 속성들이 그림 9.2에서 표현된다.

개념적 설계에 대해 다룰 내용이 너무 많아서 3.4절의 개념적 설계 단계 2에서의 속성과 기본 키 식별에서 속성 도메인과 속성값 체계 그리고 부여 방법에 대한 설계에 대해 자세히 언급하지 않았다. 여기에서, 속성 도메인 설계란 속성이 값으로 가질 수 있는 값의 범위에 대한 설계를 의미하며, 필요에 따라 속성이 갖는 값의 체계를 설계해야 할 수도 있다. 우리가 잘 알고 사용하는 주민등록번호 체계가 실세계에서 이미 설계된 주민번호 속성 도메인의 한 예이다. 주민등록번호 체계는 앞의 6자리가 생년월일을, 나머지 7자리 중 첫 번째 숫자는 남녀 구분, 2~3번째 숫자는 출생신고 도시, 4~5번째 수자는 출생신고 읍면동, 6번째 숫자는 출생신고 순서, 7번째 숫자는 주민등록번호 위조를 막기 위한 체크 디지트(check digit)로 구성되어 국가 차원에서 매우 신중하게 설계된 대표적인 예로서, 이처럼 속성은 그 값의 체계에 따라 속성 도메인도 달라진다. 속성값 체계는 주민등록번호처럼 실세계에서 이미 설계된 것일 수도 있고 실세계를 기반으로 새로 설계해야 하는 것일 수도 있다.

속성값 체계와 속성값 부여 방법은 개체 타입에서 기본 키와 후보 키 그리고 구분자를 결정하는 데 직접적인 영향을 줄 수 있다. 따라서, 이 키들을 결정하기 전에 가능한 한 속성의 값 체계와 부여 방법을 결정할

그림 9.2 개체 집합(개체 타입)과 속성을 나타내는 강의 시스템 ERD

필요가 있다. 그 한 예로 바로 다음에 소개되는 단계 3에서 강좌 개체 타입의 강좌번호 속성의 값을 어떻게 그 체계를 설정하고 어떻게 값을 부여하느냐에 따라 구분자가 될 수도 있고 기본 키가 될 수도 있으며 이에 따라 약한 개체 타입이 될 수도 있고 강한 개체 타입이 될 수도 있음을 보인다. 자세한 설명은 이 절의 단계 3을 참조 바란다. 한편, 속성값 체계와 속성값 부여 방법은 반드시 실세계를 반영하여 설계해야 한다. 따라서, 속성의 도메인과 속성값 체계를 개념적 설계에서 결정할 필요가 있다.

개체 집합에 속성들이 식별되면 기본 키를 설정한다. 기본 키 역시 실세계를 기준으로 식별해야 한다. 기본 키 대신 구분자가 기본 키처럼 식별될 수도 있다. 기본 키이든 구분자이든 기본 키 표시를 위해 속성 이름에 실선으로 밑줄 표시한다. 구분자는 다음 단계 3의 존재 종속성을 따져서 약한 개체 타입은 구분자가 점선 밑줄로 표시된다. 단, 지금 단계에서는 관계 타입이 식별되지 않아서 아직 약한 개체 타입인지 여부가 결정되어 있지 않으므로 모든 개체 집합의 기본 키 혹은 구분자 역할을 수행하는 속성들을 실선 밑줄로 표시한다. 그림 9.2의 강의 시스템 실세계 ER 모델링에서 모든 개체 집합의 기본 키와 구분자 역할의 키가 우선 실선 밑줄로 표시되었음을 주시하자. 한편, 그림 9.2의 강좌 개체 타입에서 강좌번호 속성은 한 강좌가 일주일에 한 번 이상 열리는 실세계를 가정해서 설정한 것이다. 그리고 강의 시스템 실세계 예에서는 해당 교과목에 대해 강좌의 강좌번호를 0부터 시작하여 강좌가 개설될 때마다 하나씩 증가시키는 것으로 가정하자. 강좌가 일주일에 한 번만 열리는 실세계에서 한 강좌번호에 대해 그 강좌의 요일과 시간은 하나만 대응할 수 있다. 하지만, 강좌가 일주일에 한 번 이상 열리는 실세계는 한 강좌번호에 대해 그 강좌의 요일과 시간은 하나 이상 대응할 수 있으므로 그림 9.2의 강좌 개체 타입에서 요일 속성과 시간 속성으로 구성된 요일시간 복합 속성으로 나타내고 중괄호({})를 이용하여 다중 값 속성으로 표시했다. 3.2절 표 3.4의 IE 표기법 개념 요소에서 속성 이름의 앞과 뒤에 중괄호({}) 표시는 그 속성이 하나 이상의 값을 가질 수 있는 다중 값 속성임을 나타낸다는 점을 기억하자.

그림 9.2의 학생과 교수 개체 타입에서도 전화번호 속성에 중괄호({})를 표시하여 다중 값 속성임을 나타냈다. 우리는 학생과 교수가 하나 이상의 전화를 가질 수 있는 실세계를 가정하여 다중 값 속성으로 표시한 것이다. 만일 실세계에서 대표 전화번호 하나만으로도 충분하다면 단일 값 속성으로 취급해도 된다. 이처럼 속성 유형에 대한 처리도 실세계에 따라 정해야 함을 주시하자. 그림 9.2의 교재 개체 타입에서 저자 속성 또한 다중 값 속성으로 처리했다. 한 교재를 여러 저자가 개발할 수 있는 보편적인 실세계를 가정했기 때문이다. 그러나, 실세계에서 대표 저자 한 명에 대한 정보로도 충분하다면 단일 값 속성으로 처리해도 무방하다.

그림 9.2의 학생 개체 타입에서 학생이 어느 학과에 소속하는지에 대한 소속학과와 같은 속성을 표현하

지 않았음을 주목하자. 그 이유는 학생이 속한 학과에 대한 정보는 학과 고유의 정보로서 학생과 학과 사이의 관계에서 결정되는 정보이며, 이 정보는 학과 개체 집합이 이미 그림 9.2의 ERD에 표현되었고 학과 정보는 이 개체 집합에 속한 고유 정보이므로 학과 개체 타입에는 표현하지 않았다. 만약 ERD에 학과 개체 집합이 없다면 학생 개체 집합의 속성으로 표현한다. 이처럼 개체 집합 E에 표현하고자 하는 속성 A가 ERD에 표현된 다른 개체 집합 E′의 고유 속성으로서 E′과의 관계에서 생기는 정보라면 ERD에서는 개체 집합 E에 표현하지 않고 그 속성이 속해야 하는 개체 집합 E′에만 할당해서 표현한다. 즉, **단계 2에서 한 개체 집합의 속성을 결정할 때 이 속성은 ERD 내에 존재하는 다른 개체 집합의 고유 속성이 아닌 순수한 자기 자신의 고유 속성만 고려하면 된다.**

하지만, 속성의 주체는 아니지만 그 속성이 꼭 필요한 개체 집합이 있을 때, 그 속성의 주체에 해당하는 개체 집합이 ERD에 표현되지 않았다면 그 주체 개체 집합을 ERD에 표현하여 포함할 필요가 있는지 다시 고려해보고, 그래도 표현할 필요가 없다면 그 속성 표현이 필요한 개체 집합에 부여한다. 그림 9.2와 같이 학과 개체 집합에 단대번호 속성(단과대학 번호를 의미함)이 학과 개체 집합 고유의 속성이 아님에도 불구하고 학과 개체 집합에 부여한 이유는 ERD에는 단대번호의 주체에 해당하는 개체 집합은 없는데 학과에 대한 소속 단과대학의 번호 정보에 관심이 있기 때문이다.

단계 3. 식별된 각 개체 타입이 강한 개체 타입인지 약한 개체 타입인지를 구분한다.

강의 시스템에서 실세계를 구성하는 구성요소들은 그림 9.2의 ERD에서 개체 타입들로 표현되었다. 이제 존재 종속성을 고려하여 강한 개체 타입과 약한 개체 타입을 구분하자. 이 구분은 유사한 실세계라도 실세계에 주어진 법과 규칙 등의 규범에 따라 다를 수 있으므로 실세계를 잘 분석해서 구분해야 한다.

강의 시스템 실세계 예의 단계 2에서 교과목 각각에 대해 강좌의 강좌번호를 0부터 시작하여 개설될 때마다 하나씩 증가시켜 가는 것으로 가정했음을 기억하자. 따라서, 강좌번호는 해당 교과목에 대해 처음 개설되면 1, 두 번째 개설되면 2, 이렇게 해서 n 번째 개설되면 n이 되기 때문에 다른 교과목들 사이에서 같은 강좌번호의 강좌들이 있을 수 있다. 따라서, 강좌번호만 가지고는 어느 교과목의 강좌인지 알 수 없으므로 반드시 교과목의 과목번호가 대응해야 어느 교과목의 강좌인지 구별해서 관련 정보를 얻을 수 있다. 이 경우에 교과목 개체는 식별 개체가 되고 강좌 개체는 홀로 정보 구분이 안 되므로 약한 개체가 된다. 이때 약한 개체 타입인 강좌의 강좌번호는 구분자일 뿐 기본 키가 되지 못한다. 어느 교과목에서 개설된 강좌인지를 유일하게 식별할 수 없는 이유이다. 유일한 식별을 위해선 강좌 개체 타입의 구분자에 반드시 식별 개체 타입인 교과목의 기본 키를 합쳐야 한다.

매우 중요한 것은, 사실, 약한 개체가 될지 혹은 강한 개체가 될지는 실세계에서 강좌번호를 부여하는 방법에 의존한다는 점이다. 만일 강좌번호를 부여할 때 교과목들로부터 개설되는 모든 강좌 사이에서 강좌번호가 유일하게 부여된다면 {강좌번호} 속성은 모든 강좌를 유일하게 식별해 주기 때문에 기본 키가 되어 강좌 개체는 강한 개체가 된다. 즉, 실세계의 강좌번호 속성에서 모든 개설 강좌를 통틀어서 서로 다른 강좌번호를 부여한다면 강좌번호는 기본 키가 되므로 강좌 개체는 강한 개체가 된다. 이때, 강좌가 개설된 교과목에 대한 정보는 단계 4에서 두 강한 개체 타입인 강좌와 교과목 사이에서 식별되는 관계를 통해 얻을 수 있게 된다.

우리 예에서는 앞에서 가정한 강좌번호 부여 방법의 실세계에 따라 그에 맞춰 강좌 개체 집합은 약한 개체 집합으로 하고 교과목 개체 집합은 강좌 개체 집합의 식별 개체 집합으로 한다. 사실, 약한 개체 타입과 식별 개체 타입은 단계 4에서 관계 타입을 식별할 때 강좌번호를 부여하는 방법에 따라 더 정확히 구분될 수 있다. 따라서, 단계 3은 단계 4와 함께 진행하는 것이 더욱 바람직할 수 있다.

그림 9.3에서 약한 개체 타입으로 구분된 강좌 개체 집합의 구분자인 {강좌번호}는 점선 밑줄로 변경하여 표시했다. ER 모델의 IE 표기법에서 약한 개체 타입의 표현은 여러 방법으로 할 수 있으며 그 방법들에 대해서는 3.2절의 표 3.4와 표 3.5를 참조하자. 그림 9.3은 단순히 표 3.4의 방법에 따라 약한 개체 타입을 표현했다. 좀 더 눈에 띄도록 하기 위해서는 표 3.5 표기를 따르는 것도 좋다.

그림 9.3 약한 개체 타입(강좌 개체 타입)을 구분한 강의 시스템 ERD

단계 4. 실세계로부터 개체 타입들 사이에 존재하는 관계 타입을 식별한다.

관계 타입 식별은 표 9.2에서 분류된 문장 중에서 구분번호 3, 4, 5, 6, 7번에 해당하는 구성요소 사이의 관계 문장들을 중심으로 명사(구성요소)와 술어(또는 동사)를 파악함으로써 식별할 수 있다. 예를 들어 구분번호 3번 문장인 '교수와 학생은 학과에 소속된다'는 '교수는 학과에 소속된다' 문장과 '학생은 학과에 소속된다' 문장의 두 문장으로 분리할 수 있다. '교수는 학과에 소속된다' 문장에서 보통명사에 해당하는 교수와 학과는 이미 단계 1에서 개체 집합으로 식별되었으며, 술어에 해당하는 '소속된다'가 바로 이 두 개체 집합 사이의 관계 집합이 된다. 마찬가지로 '학생은 학과에 소속된다' 문장에서 '소속된다'는 학생 개체 집합과 학과 개체 집합 사이에 관계를 맺어주는 관계 집합이 된다.

ERD에서 관계 타입 명칭은 서로 달라야 하므로 학생 개체 집합과 학과 개체 집합 사이의 소속 관계 집합, 그리고 교수 개체 집합과 학과 개체 집합 사이의 소속 관계 집합을 구별하기 위해 각각 학생소속 관계 집합과 교수소속 관계 집합으로 이름을 구분하여 그림 9.4와 같이 반영했다.

표 9.2의 구분번호 4번 문장인 '교수는 한 강좌 이상을 담당하여 강의해야 한다'에서 명사인 교수와 강좌는 각각 개체 집합으로 단계 1에서 ERD로 식별되어 표현되고 단계 2에서 개체 타입으로 이미 구조화되었음을 주시하자. 한편, 술어인 '담당하여 강의해야 한다' 문장은 교수 개체 집합과 강좌 개체 집합 사이의 관계 집합을 나타내므로 이 관계 집합을 강의라는 이름으로 반영한 내용이 그림 9.4의 ERD에서 표현된다.

이와 같은 방법으로 표 9.2의 구분번호 5, 6, 7의 문장으로부터 명사와 술어를 분리함으로써 관계 집합을

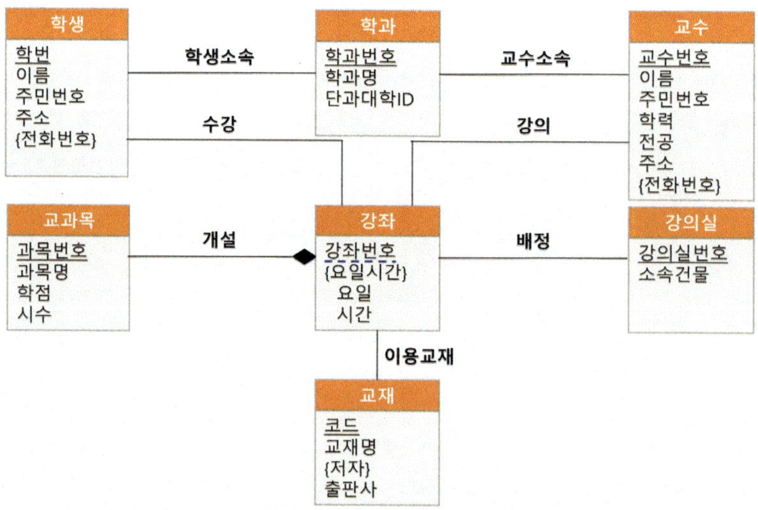

그림 9.4 개체 타입, 속성, 관계 타입을 나타내는 강의 시스템 ERD

쉽게 구별할 수 있으며, 각각 개설, 이용교재, 배정 명칭의 관계 집합으로 구별하여 그림 9.4의 ERD에 표현하였다.

그림 9.4에서 눈여겨볼 관계 집합은 학생과 강좌 개체 집합 사이의 수강 관계 타입이다. 표 9.1과 표 9.2에서 수강 관계 집합과 관련된 문장이 없다. 이처럼 ER 모델링 과정에서 새로운 관계 집합이 식별될 수 있다. 이러한 상황이 생기면 앞에서 이미 설명했듯이 표 9.1의 실세계 정의에 반영하여 수정하고 그 후속 작업 과정을 검토하고 수정한 뒤에 그림 9.4에 반영하도록 한다.

한편, 개체 타입에서 속성값을 부여하는 방법과 개체 집합 사이의 관계를 식별하는 과정에서 개체 집합이 강한 개체 집합인지 아니면 약한 개체 집합인지가 구분될 수 있다. 그 이유는 존재 종속성은 존재 관계에서 비롯되는데 존재 관계는 기본 키가 될 수 있는 키 값을 부여하는 방법에 따라 달라질 수 있기 때문이다. 따라서, 단계 3과 단계 4를 합쳐서 진행하는 것이 더 바람직할 수 있다. 단계 3의 예에서 자세히 설명했듯이, 단계 3에서 강좌 개체 집합은 우리가 가정한 실세계의 특성을 고려해서 약한 개체 집합으로 구분된 것이다. 이 실세계의 가정에서 강좌는 교과목을 기반으로 개설되며, 따라서, 교과목 없이는 강좌가 존재할 수도 구분될 수도 없다.

그림 9.4의 ERD에서 약한 개체 타입을 명확하게 표현하기 위해, 3.2절 표 3.4의 기호를 이용하여 강좌 개체 집합의 구분자인 강좌번호 속성에 점선 밑줄로 표시하고 표 3.5절의 기호를 이용하여 존재 종속성의 개설 관계 집합 링크가 약한 개체 집합인 강좌와 연결되는 부분을 검은 마름모로 표시했다. 이에 따라 개설 관계 집합 링크에서 검은 마름모가 없는 부분이 자동으로 식별 개체 집합이 된다.

중요한 점은 약한 개체 집합의 구분자는 기본 키가 아니며 약한 개체 집합의 기본 키는 3.1.2절에서 존재 종속성과 약한 개체를 소개할 때 이미 설명한 것처럼 식별 개체 집합의 기본 키와 이 구분자를 합쳐서 약한 개체 타입의 기본 키로 삼는다는 점을 주시하자. 이에 따라, 그림 9.3의 ERD에서 강좌 개체 집합의 기본 키는 식별 개체 타입인 {과목번호}와 강좌 개체 집합의 구분자 {강좌번호}를 합쳐서 {과목번호, 강좌번호}가 된다. 하지만, 아직 ERD가 완성된 것이 아니고 완성되더라도 논리적 설계에서 최종 결정되는 것이므로 현재로는 잠재적인 기본 키임을 명심하자.

그림 9.4의 ERD에서 아직 관계 집합의 속성과 대응 카디널리티가 표시되지 않았으며 이들은 다음 단계인 단계 5와 단계 6에서 각각 식별된다.

단계 5. 실세계로부터 관계 타입이 갖는 속성들을 식별한다.

표 9.1과 표 9.2에서 관계 집합에 대한 속성은 언급되지 않았다. 하지만 지금까지의 개념적 설계 결과인

ERD의 관계 집합을 중심으로 ERD에 표현할 필요가 있는 속성들이 존재하는지 고려해보아야 한다. 그림 9.5의 ERD에서 교과목에 대한 강좌가 개설될 때, 즉, 개설 관계가 이루어질 때, 개설년도와 개설 학기가 정해지기 때문에 이들을 속성으로 개설 관계 집합에 부여했다.

한편, 강좌의 요일과 시간은 강의실 배정 여부에 따라 정해진다. 즉, 강좌의 요일과 시간이 정해지더라도 그 요일과 시간에 해당 강의실이 다른 강좌에 배정되어 있으면 배정할 수 없다. 따라서, 강좌 개체 집합의 요일과 시간 속성은 강좌가 강의실과 배정 관계가 형성될 때 결정됨을 알 수 있으며, 강좌 개체 집합의 요일과 시간 속성은 사실상 배정 관계 집합의 속성들이다. 이에 따라, 그림 9.5 ERD의 배정 관계 집합의 요일 속성과 시간 속성의 복합 속성인 요일시간은 강좌 개체 집합의 복합 속성인 요일시간과 중복되므로 강좌로부터 삭제하고 이 속성들을 묶어서 복합 속성인 요일시간으로 하여 배정 관계 집합의 속성으로 부여했다. 그림 9.5의 ERD에서 강좌 개체 집합의 요일과 시간 속성과 요일시간 복합 속성을 흐리게 표시한 것은 이 속성들이 강좌 개체 집합에서 삭제됨을 나타내기 위함이다.

한편, 그림 9.5의 EDR에서 배정 개체 집합의 요일시간 속성은 복합 속성이면서 다중 값 속성으로 표시되었다. 이렇게 한 이유는 단계 3에서 자세히 설명했듯이 강좌가 강의실에 배정될 때 강좌가 일주일에 두 번 이상 열릴 수 있는 실세계를 가정했기 때문에 다중 값 속성으로 결정한 것이며, 복합 속성으로 처리한 것은 강의실이 강좌에 배정될 때 요일과 시간이 개별적으로 결정되는 것이 아니라 한꺼번에 결정되기 때

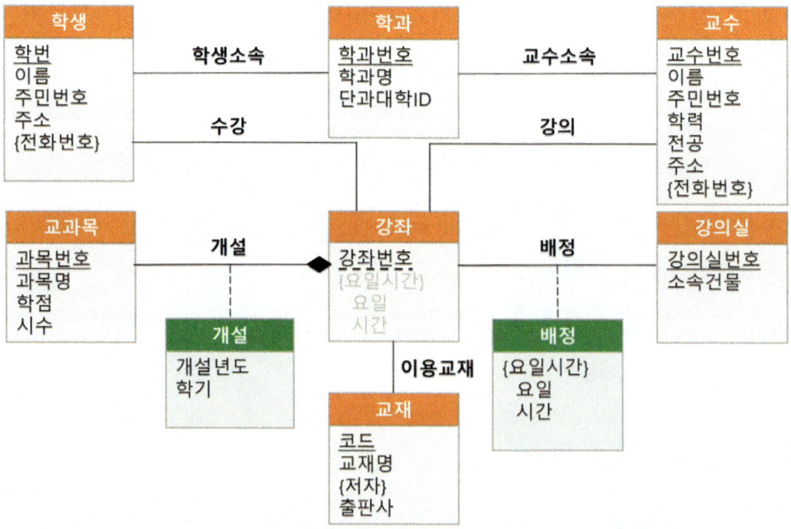

그림 9.5 관계 집합의 속성을 표현한 강의 시스템 ERD

문이다. 대학에서 강좌는 일반적으로 일주일에 두 번 이상 강의가 진행되므로 같은 강좌에 대해 둘 이상의 요일과 시간에 같거나 다른 강의실이 배정될 수 있다.

하지만, 모든 강좌가 일주일에 한 번만 강의가 진행되는 실세계에서는 배정 관계 집합의 요일시간 속성을 다중 값 속성이 아닌 단일 값 속성으로 표현해야 한다. 이때는, 이 관계 집합의 복합 속성 요일시간에서 중괄호를 제외하고 단일 값 속성으로 표현할 수 있다.

이상과 같이 관계 집합에 속성들을 식별하여 할당함으로써 강의 시스템 실세계는 그림 9.5의 ERD에서 나타나듯이 관계 타입으로 구조화된다.

단계 6. 실세계로부터 관계 타입에 관련된 개체 타입들 사이에서 대응 카디널리티를 식별한다.

표 9.2에서 분류한 제약조건들인 구분번호 8, 4, 9, 5, 10, 11, 12번들은 모두 대응 카디널리티와 관련된 문장들이다. 이 문장들을 중심으로 대응 카디널리티와 관련된 관계 타입과 관련 개체 타입들과 대응 카디널리티를 식별하면 표 9.3과 같다.

표 9.3 강의 시스템 정의 문장 분류에 의한 대응 카디널리티 식별

관계 타입	관련 개체 타입	대응 카디널리티 (cardinality)	제약조건 문장 구분번호
교수소속	학과 : 교수	1 : n	8
학생소속	학과 : 학생	1 : n	8
강의	교수 : 강좌	1 : n	4, 9
수강	**학생 : 강좌**	**n : m**	**새로 식별됨**
개설	교과목 : 강좌	1 : n	5, 10
이용교재	강좌 : 교재	n : m	11, 12
배정	**강좌 : 강의실**	**n : m**	**새로 식별됨**

표 9.3에서 수강 관계 타입과 배정 관계 타입에 대한 대응 카디널리티 제약조건은 표 9.1과 표 9.2에서 언급되지 않았음에도 불구하고 새로 식별된 것이다. 새로 식별된 원인은 강의 시스템을 문장으로 표현할 때 제약조건이 완벽하게 식별되지 않아서 발생한 결과이다. 이 경우에는 앞에서 설명한 것처럼 새롭게 식별되거나 수정된 내용을 먼저 표 9.1의 실세계 정의에 반영하고 이에 따라 표 9.2를 수정한 다음 단계 1부터 시작하여 후속 단계들을 거치면서 수정할 사항들을 반영하도록 하자. 그 후 다시 이 단계에서 수정된 표 9.1과 표 9.2를 중심으로 표 9.3 수정 사항을 반영한다. 그림 9.6은 표 9.3의 대응 카디널리티를 반영한 ERD

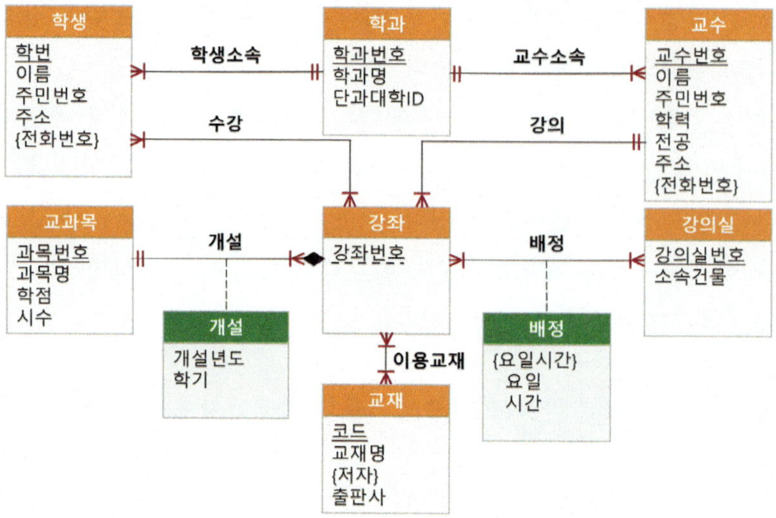

그림 9.6 대응 카디널리티를 반영한 강의 시스템 실세계의 최종 ERD

이다. 표 9.4는 새로 식별한 대응 카디널리티 제약사항을 구분번호 13부터 구분번호 16까지 추가한 것을 보여준다. 구분번호 17과 18은 새로 식별한 제약사항이지만 대응 카디널리티 제약사항은 아니다.

표 9.4 강의 시스템 제약조건 목록

구분번호	제약조건 문장	ERD 반영 여부
8	교수와 학생은 단지 한 학과에만 소속되며 둘 이상의 소속 관계는 허용되지 않는다	반영
4	교수는 한 강좌 이상을 담당하여 강의해야 한다	반영
9	한 강좌를 두 명 이상의 교수가 강의할 수 없다	반영
5	한 교과목에 대해 여러 개의 강좌가 개설될 수 있다	반영
10	한 강좌에 여러 개의 교과목이 대응할 수 없다	반영
11	한 강좌에 여러 개의 교재가 이용될 수 있다	반영
12	한 교재가 여러 강좌에 이용될 수도 있다	반영
13	**학생은 여러 강좌를 수강할 수 있다.**	**반영**
14	**한 강좌를 여러 학생이 수강할 수 있다.**	**반영**
15	**한 강좌에 여러 강의실이 배정될 수 있다.**	**반영**
16	**한 강의실에 여러 강좌가 배정될 수 있다.**	**반영**
17	**교수의 학력은 박사 또는 석사이어야 한다**	**미반영**
18	**학생은 한 학기에 7개 이상의 강좌를 수강할 수 없다**	**미반영**

단계 7. 실세계 정의로부터 대응 카디널리티를 제외한 제약사항을 ER 모델로 반영하고 ER 모델로 반영할 수 없는 제약사항은 문장으로 정리하여 나열한다.

표 9.1과 표 9.2의 강의 시스템 문장 정의에서 식별된 대응 카디널리티에 관한 제약조건들 외에 식별되지 않은 다양한 제약조건들을 실세계를 기준으로 새롭게 식별하여 문서화한다. 표 9.4에서 굵은 글자로 나타낸 구분번호 13번부터 18번까지의 제약조건은 새로 식별한 제약조건들을 나타낸다. 표 9.4에서 이 제약조건이 ERD에 반영되었는지를 표시했으며 ERD에 반영되지 않은 제약조건은 관계형 데이터베이스를 설계할 때 제약조건으로 반영하거나 트랜잭션이나 응용 프로그램에 반영하고 나머지는 문서에 반영하여 데이터베이스 운영 책임자에게 가이드라인으로 제시한다. 표 9.4는 데이터베이스 설계 예를 보여주기 위한 것으로 제약사항들을 매우 간단하게 나타내었다. 실제의 현장 설계에서는 실세계를 기준으로 각 속성에 대한 값의 범위를 포함한 무결성 제약조건들이 충분히 식별되어 ERD와 함께 문서화해서 이 문서가 논리적 설계의 기반으로 이용되어야 한다.

개념적 설계 단계에서의 최종 결과는 그림 9.6과 같은 최종 ERD와 충분히 식별된 제약조건들 그리고 최종 ERD의 도출 과정을 단계별 ERD와 함께 상세한 설명으로 나타낸 문서이다.

이 결과들을 모두 포함해서 하나 혹은 그 이상의 문서로 정리하여 문서화함으로써 논리적 설계의 충분한 기초가 되도록 하는 것은 물론, 데이터베이스의 구현 후 운영하는 가운데 유지보수에서 활용할 수 있도록 하는 것이 꼭 필요하다.

9.3 강의 시스템의 논리적 설계

논리적 설계는 개념적 설계에서 도출한 ERD와 제약조건 목록을 가지고 8.3절과 8.4절에 따라 진행한다. 지금까지 진행해 온 강의 시스템 실세계 예에서는 9.2절에서 도출된 그림 9.6의 최종 ERD과 표 9.4의 제약조건을 가지고 관계형 데이터베이스 설계를 진행한다. 특히, 그림 9.6의 강의 시스템 최종 ERD는 8.3절의 규칙들에 따라 릴레이션과 릴레이션 스키마를 도출하기 위해 사용된다.

관계형 데이터베이스 스키마 도출을 위한 논리적 설계는 8.2.3절에서 소개된 다음의 순서로 진행한다. 여기에서 단계 8은 8.3절의 규칙을 적용하고 단계 9는 8.5절의 가이드라인에 따라 7.4절을 적용한다.

단계 8. ERD를 릴레이션 스키마로 변환하고 변환된 릴레이션 스키마의 기본 키를 설정한다.

단계 9. ERD로부터 변환된 각 릴레이션에 대하여 정규화를 진행한다.

8.2.3절에서 소개했듯이, 그림 9.6의 강의 시스템 실세계에 대한 최종 ERD에서 릴레이션과 릴레이션 스키마로 변환해야 할 대상은 개체 타입과 관계 타입이다. 이 ERD에서 개체 타입과 관계 타입을 릴레이션과 릴레이션 스키마로 변환하는 과정을 각각 9.3.1절과 9.3.2절에서 각각 소개하고 변환된 릴레이션에 대한 정규화 과정은 9.3.3절에서 소개한다.

9.3.1 개체 타입의 릴레이션 스키마 변환

8.3.1절의 규칙 1과 8.3.2절의 규칙 2는 각각 강한 개체 타입과 약한 개체 타입을 해당 릴레이션 스키마의 릴레이션으로 변환하는 방법이다. 그림 9.6의 강의 시스템 실세계의 최종 ERD에서 강좌 개체 타입을 제외하고 모두 강한 개체 타입이므로 규칙 1에 따라 각 개체 타입을 같은 이름의 독립된 릴레이션으로 대응시키고 개체 타입의 모든 속성 또한 그 릴레이션의 스키마에 같은 이름의 속성으로 구성한다. 또한, 개체 타입의 기본 키를 릴레이션의 기본 키로 한다.

한편, 강좌 개체 타입은 약한 개체 타입이므로 8.3.2절의 규칙 2를 적용하면 강좌 개체 타입을 릴레이션으로 변환한 *강좌*(*강좌번호*) 스키마에 관계 타입에 참여하는 교과목 식별 개체 타입의 기본 키 {과목번호}를 포함시켜 릴레이션 *강좌*(*과목번호*, *강좌번호*)로 변환한다. 이때 기본 키는 식별 개체 타입의 기본 키 속성과 약한 개체 타입의 구분자 속성을 합친 것이므로 {과목번호, 강좌번호}가 된다.

이렇게 해서 도출한 임시 릴레이션은 표 9.5와 같다. 표 9.5에서 릴레이션의 기본 키는 밑줄로 표시되었으며 다중 값 속성은 전화번호 속성과 저자 속성에서 중괄호({})로 표시되었음을 주시하자.

표 9.5 강의 시스템 ERD에서 8.3.1절의 규칙1, 2에 따라 개체 타입을 변환한 임시 릴레이션

개체 타입	변환 릴레이션	적용 규칙
학과	학과(<u>학과번호</u>, 학과명, 단대번호)	8.3.1절 규칙 1
교수	교수(<u>교수번호</u>, 이름, 주민번호, 학력, 전공, 주소, {전화번호})	8.3.1절 규칙 1
학생	학생(<u>학번</u>, 이름, 주민번호, 주소, {전화번호})	8.3.1절 규칙 1
교과목	교과목(<u>과목번호</u>, 과목명, 학점, 시수)	8.3.1절 규칙 1
강좌	강좌(<u>과목번호</u>, <u>강좌번호</u>), 참조 무결성 : 과목번호 속성은 교과목의 과목번호 속성을 참조하는 외래 키이다.	8.3.1절 규칙 2
교재	교재(<u>코드</u>, 교재명, {저자}, 출판사)	8.3.1절 규칙 1
강의실	강의실(<u>강의실번호</u>, 소속건물)	8.3.1절 규칙 1

9.3.2 관계 타입의 릴레이션 스키마 변환

그림 9.6의 ERD는 단계 7에서 관계 타입에 대해 ER 모델에서 표현할 수 없는 제약사항들을 제외하고 모두 반영한 최종 ERD이다. 이 최종 ERD와 표 9.5의 ERD 개체 타입들의 변환된 릴레이션들을 참고하여 관계 타입의 릴레이션 스키마 변환이 진행된다. 한편, 관계 타입을 릴레이션 스키마로 변환하는 절차가 8.3.3절의 그림 8.5에 전체 흐름도로 명확히 잘 제시되었다. 그림 9.6의 최종 ERD에서 각 관계 타입에 대해 8.3.3절의 그림 8.5에서 제시한 절차에 따라 규칙들을 적용하는 과정을 살펴보자.

(1) 교수소속 관계 타입의 변환

그림 9.6의 ERD에서 교수소속 관계 타입은 학과 개체 타입과 교수 개체 타입 사이에서 1:n 대응 카디널리티를 갖는다. 관계 타입으로 우선 무조건 규칙 3을 적용하면 교수소속 관계 타입은 속성을 갖지 않으므로 두 개체 타입을 변환한 표 9.5의 교수와 학과 릴레이션의 기본 키인 {교수번호}와 {학과번호}를 합친 {교수번호, 학과번호}가 교수소속 관계 릴레이션의 스키마가 된다. 게다가 교수소속 관계 타입은 1:n 대응 카디널리티를 가지므로 규칙 3.2를 적용하면 대응 카디널리티 n에 해당하는 교수 개체 타입의 기본 키 {교수번호}가 교수소속 릴레이션의 기본 키를 구성한다. 규칙 3과 규칙 3.2를 차례로 적용한 후의 교수소속 관계 릴레이션과 이 교수소속 관계 타입에 참여한 개체 타입들로부터 이미 변환되어 있던 릴레이션들을 나열하면 다음과 같다.

학과(<u>학과번호</u>, 학과명, 단대번호)	(표 9.5)
교수(<u>교수번호</u>, 이름, 주민번호, 학력, 전공, 주소, {전화번호})	(표 9.5)
교수소속(<u>교수번호</u>, 학과번호)	(8.3.3절 규칙 3과 규칙 3.2 적용)

• 참조 무결성 : 교수소속 릴레이션의 교수번호 속성은 교수 릴레이션의 교수번호 속성을 참조하는 외래 키. 학과번호 속성은 학과 릴레이션의 학과번호 속성을 참조하는 외래 키

그림 9.6의 ERD를 가지고 규칙 3.2의 후속 규칙인 규칙 3.2.1의 조건을 교수소속 관계 타입에 대해 따져보면, 교수 개체에 대해 반드시 하나의 학과 개체가 존재하고 대응 카디널리티에서 n에 해당하는 개체 타입이 교수이므로 규칙 3.2.1 적용 조건에 해당한다. 규칙 3.2.1을 적용하면, 대응 카디널리티 n에 해당하는 교수 개체 타입의 변환 릴레이션은 *교수(<u>교수번호</u>, 이름, 주민번호, 학력, 전공, 주소, {전화번호})*이므로 교수소속 릴레이션 스키마에서 교수 릴레이션 스키마와 겹치지 않는 학과번호 속성을 교수 릴레이션에 추가하고 교수소속 릴레이션과 참조 무결성을 삭제한다.

따라서, 학과번호 속성 추가로 인해 교수 릴레이션 스키마만 다음의 (스키마 1)와 같이 변경된다.

> 교수(<u>교수번호</u>, 이름, 주민번호, 학력, 전공, 주소, {전화번호}, 학과번호) **(스키마 1)**
>
> • 참조 무결성 : 학과번호 속성은 학과 릴레이션의 학과번호 속성을 참조하는 외래 키

(2) 학생소속 관계 타입의 변환

그림 9.6의 최종 ERD에서 학생소속 관계 타입 또한 학과 개체 타입과 학생 개체 타입 사이에서 1:n 대응 카디널리티를 갖는다. 또한, 그림 9.6 ERD의 대응 카디널리티에서 학생은 반드시 어느 한 학과에 속하는 관계를 가지므로 교수소속 관계 타입과 마찬가지로 규칙 3, 규칙 3.2, 규칙 3.2.1 조건에 해당한다.

규칙 3과 규칙 3.2를 적용하면 학생소속 관계 타입으로부터 *학생소속(<u>학번</u>, 학과번호)* 릴레이션으로 변환되지만, 이 릴레이션은 규칙 3.2.1에 따라 대응 카디널리티 n에 해당하는 학생 릴레이션 스키마로 병합되면서 관련된 참조 무결성과 함께 삭제된다. 이때, *학생소속(<u>학번</u>, 학과번호)* 릴레이션에서 학생 릴레이션의 속성과 겹치지 않는 학과번호 속성이 외래 키로 학생 릴레이션 스키마에 추가되어 학생 릴레이션 스키마만 (스키마 2)와 같이 변경된다.

> 학생(<u>학번</u>, 이름, 주민번호, 주소, {전화번호}, 학과번호) **(스키마 2)**
>
> • 참조 무결성 : 학과번호 속성은 학과 릴레이션의 학과번호 속성를 참조하는 외래 키

(3) 강의 관계 타입의 변환

그림 9.6의 최종 ERD에서 강의 관계 타입은 교수와 강좌 개체 타입 사이에서도 1:n 대응 카디널리티를 갖는다. 또한, 그림 9.6 ERD의 강의 관계 타입의 대응 카디널리티에서 한 강좌에는 반드시 한 명의 교수가 대응하므로 교수소속과 학생소속 관계 타입과 마찬가지로 규칙 3, 규칙 3.2, 규칙 3.2.1 조건에 해당한다.

관계 타입의 변환에서 항상 주의할 점은 관련된 개체 타입을 고려할 때 ERD의 개체 타입을 고려하는 것이 아니라 그 개체 타입으로부터 변환된 가장 최근의 릴레이션을 고려해야 한다는 점이다. 따라서 ERD의 강의 관계 타입을 변환할 때 ERD의 강좌 개체 타입 대신 표 9.5의 강좌(<u>과목번호</u>, <u>강좌번호</u>) 릴레이션을 가지고 이 릴레이션의 기본 키 {과목번호, 강좌번호}를 고려하여 변환해야 한다.

규칙 3과 규칙 3.2를 적용은 학생소속 관계 타입의 변환처럼 강의 관계 타입으로부터 *강의(<u>과목번호</u>, <u>강좌번호</u>, 교수번호)* 릴레이션으로 변환되지만, 이 릴레이션 또한 규칙 3.2.1에 따라 대응 카디널리티 n에 해

당하는 강좌 릴레이션 스키마로 병합되면서 삭제된다. 이때, 강좌 릴레이션의 속성과 겹치지 않는 교수번호 속성이 다음과 같이 외래 키로 강좌 릴레이션 스키마에 추가되어 변경된다.

> 강좌(<u>과목번호</u>, <u>강좌번호</u>, 교수번호) **(스키마 3)**
>
> • 참조 무결성 : 과목번호 속성은 교과목 릴레이션의 과목번호 속성을 참조하는 외래 키. 교수번호 속성은 교수 릴레이션의 교수번호 속성을 참조하는 외래 키

(4) 수강 관계 타입의 변환

수강 관계 타입은 그림 9.6의 최종 ERD에서 학생과 강좌 개체 타입 사이에서 이항 관계이면서 m:n 대응 카디널리티를 가지므로 규칙 3과 규칙 3.3의 조건에 해당한다.

먼저, 규칙 3을 적용하면 *수강(학번, 과목번호, 강좌번호)* 릴레이션으로 변환되고 이 릴레이션에 규칙 3.3을 적용하면 수강 릴레이션의 기본 키는 학생 릴레이션의 기본 키인 {학번} 속성과 강좌 릴레이션의 기본 키인 {과목번호, 강좌번호}를 합친 {학번, 과목번호, 강좌번호}가 된다, 게다가, 규칙 3.3에 따라 학번 속성은 학생 릴레이션을 참조하는 외래 키이고 과목번호, 강좌번호 속성은 강좌 릴레이션을 참조하는 외래 키이다. (스키마 4)는 이를 반영한 수강 릴레이션 스키마이다.

> 수강(<u>학번</u>, <u>과목번호</u>, <u>강좌번호</u>) **(스키마 4)**
>
> • 참조 무결성 : 학번 속성은 학생 릴레이션의 학번 속성을 참조하는 외래 키. (과목번호, 강좌번호) 키는 강좌 릴레이션의 (과목번호, 강좌번호) 키를 참조하는 외래 키

이 수강 릴레이션에서 과목번호 속성은 원래 그 근원이 교과목 릴레이션임을 주시하자.

(5) 개설 관계 타입의 변환

그림 9.6 ERD의 개설 관계 타입에서 교과목 개체 타입과 강좌 개체 타입 사이에서 1:n 대응 카디널리티를 갖는다. 개설 관계 타입 또한 규칙 3과 규칙 3.2의 조건에 해당하므로 학생소속 관계 타입처럼 먼저 규칙 3과 규칙 3.2를 차례로 적용한다. 개설 관계 타입의 변환된 릴레이션은 (스키마 5)와 같다.

> 개설(<u>과목번호</u>, <u>강좌번호</u>, 개설년도, 학기) (규칙 3 적용) **(스키마 5)**
>
> • 참조 무결성 : 과목번호 속성은 교과목 릴레이션의 과목번호 속성을 참조하는 외래 키. 강좌번호 속성은 강좌 릴레이션의 강좌번호 속성을 참조하는 외래 키

그림 9.6의 ERD를 가지고 개설 관계 타입에 대해 규칙 3.2.1의 조건을 따져보면, 강좌 개체에 대해 반드시 하나의 교과목 개체가 존재하고 대응 카디널리티에서 n에 해당하는 개체 타입이 강좌이므로 규칙 3.2.1 적용 조건에 해당한다. 대응 카디널리티 n에 해당하는 강좌 개체의 릴레이션 변환에서 가장 최근에 수정된 (스키마 3)의 *강좌*(*과목번호*, *강좌번호*, *교수번호*)이므로 (스키마 5)의 개설 릴레이션 스키마에서 겹치지 않는 속성인 개설년도와 학기 속성들을 추가하고 (스키마 5)의 개설 릴레이션과 참조 무결성을 삭제하면 강좌 릴레이션은 (스키마 6)이 된다.

강좌(과목번호, 강좌번호, 교수번호, 개설년도, 학기) (규칙 3.2.1 적용) **(스키마 6)**

- 참조 무결성 : 과목번호 속성은 교과목 릴레이션의 과목번호 속성을 참조하는 외래 키. 교수번호 속성은 교수 릴레이션의 교수번호 속성을 참조하는 외래 키

(6) 이용교재 관계 타입의 변환

그림 9.6의 ERD에서 이용교재 관계 타입은 강좌와 교재 개체 타입 사이에 이항 관계이면서 m:n 대응 카디널리티를 갖는다. 따라서, 이 관계 타입은, 수강 관계 타입과 마찬가지로 규칙 3과 규칙 3.3의 조건에 해당하므로 이 규칙들을 수강 관계 타입과 같은 방법으로 적용하여 릴레이션으로 변환한다. 가장 최근의 강좌 개체 타입의 변환 릴레이션은 (스키마 6) 이므로 기본 키는 {과목번호, 강좌번호}이고 식별 개체 타입에 대한 교재 릴레이션의 기본 키는 표 9.5에서 {코드}이므로 이용교재 개체 타입은 동일한 이름의 이용교재 릴레이션으로 (스키마 7)과 같이 변환된다.

이용교재(과목번호, 강좌번호, 코드) **(스키마 7)**

- 참조 무결성 : (과목번호, 강좌번호) 키는 강좌 릴레이션의 (과목번호, 강좌번호) 키를 참조하는 외래 키. 코드 속성은 교재 릴레이션의 코드 속성을 참조하는 외래 키

(7) 배정 관계 타입의 변환

그림 9.6의 ERD에서 배정 관계 타입도 강좌와 강의실 개체 타입 사이에서 이항 관계이면서 n:m 대응 카디널리티를 갖는다. 이 관계와 대응 카디널리티 유형은 규칙 3과 규칙 3.3의 조건에 해당하므로 이 규칙들을 수강과 이용교재 관계 타입과 같게 적용하여 별도의 릴레이션으로 변환하면 된다.

이에 따라, 먼저, 규칙 3을 적용하면, 강좌 개체 타입의 가장 최근 변환 릴레이션은 (스키마 6) 이므로 기본 키는 {과목번호, 강좌번호}이고 식별 개체 타입에 대한 강의실 릴레이션의 기본 키는 표 9.5에서 {강의

실번호}이므로, 배정 관계 타입의 변환 릴레이션은 배정이라는 이름으로 명명하고 이 관계 타입의 요일시간 복합 속성을 포함한다. 이어서 규칙 3.3을 적용하면 배정 릴레이션의 기본 키는 두 릴레이션의 기본 키들을 합친 {과목번호, 강좌번호, 강의실번호}가 된다.

(스키마 8)은 규칙 3과 규칙 3.3을 차례로 적용하여 배정 관계 타입을 변환한 릴레이션이다. 그림 9.6 ERD에서 요일시간 복합 속성은 요일 속성과 시간 속성으로 구성되므로 이 내용을 (스키마 8)의 *요일시간(요일, 시간)*으로 표현했으며 요일시간 속성이 다중 값 속성임을 표현하기 위해 {*요일시간(요일, 시간)*}으로 중괄호({})로 표시했음을 주시하자.

배정(<u>과목번호</u>, <u>강좌번호</u>, <u>강의실번호</u>, {요일시간(요일, 시간)}) **(스키마 8)**

- 참조 무결성 : (과목번호, 강좌번호) 키는 강좌 릴레이션의 (과목번호, 강좌번호) 키를 참조하는 외래 키. 강의실번호 속성은 강의실 릴레이션의 강의실번호 속성을 참조하는 외래 키

9.3.3 강의 시스템 ERD에서 변환된 릴레이션들

강의 실세계를 중심으로 9.1절의 강의 시스템 실세계 정의를 기반으로 9.2절에서 개념적 설계 절차를 통해 그림 9.6의 최종 강의 시스템 ERD와 표 9.4의 강의 시스템 제약조건을 도출했다.

9.3.1절의 표 9.5는 그림 9.6의 강의 시스템 ERD를 가지고 8.3.2절에서 소개한 규칙들에 따라 모든 개체 타입을 릴레이션으로 변환하여 나열한 것이다. 표 9.5에서 제시한 릴레이션 스키마들은 임시적인 것으로 최종 릴레이션 스키마는 아니며, ERD의 관계 타입들을 8.3.3절에서 소개한 규칙들을 적용하는 과정에서 표 9.5의 릴레이션 스키마들이 변경되거나 혹은 새로운 릴레이션이 추가된다.

9.3.2절에서 강의 시스템 ERD의 관계 타입을 릴레이션 스키마로 변환하는 과정에서 표 9.5로부터 릴레이션 스키마가 변경되거나 새롭게 추가되는 릴레이션들은 다음과 같다.

■ 표 9.5에서 스키마가 변경되는 릴레이션 스키마

(스키마 1)의

교수(<u>교수번호</u>, 이름, 주민번호, 학력, 전공, 주소, {전화번호}, 학과번호)

- 참조 무결성 : 학과번호 속성은 학과 릴레이션의 학과번호 속성을 참조하는 외래 키

(스키마 2)의

> 학생(<u>학번</u>, 이름, 주민번호, 주소, {전화번호}, 학과번호)
>
> • 참조 무결성 : 학과번호 속성은 학과 릴레이션의 학과번호 속성를 참조하는 외래 키

(스키마 6)의

> 강좌(<u>과목번호</u>, <u>강좌번호</u>, 교수번호, 개설년도, 학기)
>
> • 참조 무결성 : 과목번호 속성은 교과목 릴레이션의 과목번호 속성을 참조하는 외래 키. 교수번호 속성은 교수 릴레이션의 교수번호 속성을 참조하는 외래 키

■ 표 9.5에 새롭게 추가되는 릴레이션과 릴레이션 스키마

(스키마 4)의

> 수강(**<u>학번</u>, <u>과목번호</u>, <u>강좌번호</u>**)
>
> • 참조 무결성 : 학번 속성은 학생 릴레이션의 학번 속성을 참조하는 외래 키. (과목번호, 강좌번호) 키는 강좌 릴레이션의 (과목번호, 강좌번호) 키를 참조하는 외래 키

(스키마 7)의

> 이용교재(**<u>과목번호</u>, <u>강좌번호</u>, <u>코드</u>**)
>
> • 참조 무결성 : (과목번호, 강좌번호) 키는 강좌 릴레이션의 (과목번호, 강좌번호) 키를 참조하는 외래 키. 코드 속성은 교재 릴레이션의 코드 속성을 참조하는 외래 키

(스키마 8)의

> 배정(**<u>과목번호</u>, <u>강좌번호</u>, <u>강의실번호</u>**, {요일시간(요일, 시간)})
>
> • 참조 무결성 : (과목번호, 강좌번호) 키는 강좌 릴레이션의 (과목번호, 강좌번호) 키를 참조하는 외래 키. 강의실번호 속성은 강의실 릴레이션의 강의실번호 속성을 참조하는 외래 키

표 9.6은 이 변경 내용들을 표 9.5에 반영하여 수정한 릴레이션들을 나열한 것이다. 이 표 9.6에서 굵은

글씨체의 속성은 표 9.5의 릴레이션 스키마에서 수정된 속성 부분을 나타내며, 릴레이션 이름과 함께 릴레이션 속성들까지 모두 굵은 글씨체로 나타낸 것은 표 9.5에 새로 추가된 릴레이션을 나타낸다.

표 9.6 그림 9.5의 강의 시스템 ERD를 변환한 릴레이션들

릴레이션	외래 키와 참조 릴레이션	
	외래 키	참조 릴레이션과 키
학과(학과번호, 학과명, 단대번호)	–	–
교수(교수번호, 이름, 주민번호, 학력, 전공, 주소, {전화번호}, **학과번호**)	학과번호	학과:학과번호
학생(학번, 이름, 주민번호, 주소, {전화번호}, **학과번호**)	학과번호	학과:학과번호
교과목(과목번호, 과목명, 학점, 시수)	–	–
강좌(**과목번호**, 강좌번호, **교수번호**, **개설년도**, **학기**)	과목번호	교과목:과목번호
	교수번호	교수:교수번호
교재(코드, 교재명, {저자}, 출판사)	–	–
강의실(강의실번호, 소속건물)	–	–
수강(학번, 과목번호, 강좌번호)	학번	학생:학번
	과목번호	강좌:과목번호
	강좌번호	강좌:강좌번호
이용교재(과목번호, 강좌번호, 코드)	과목번호	강좌:과목번호
	강좌번호	강좌:강좌번호
	코드	교재:코드
배정(과목번호, 강좌번호, 강의실번호, {요일시간(요일, 시간)})	과목번호	강좌:과목번호
	강좌번호	강좌:강좌번호
	강의실번호	강의실:강의실번호

9.3.4 릴레이션에 대한 정규화

릴레이션의 정규화를 위해 먼저 릴레이션이 만족하는 정규형을 검사해야 한다. 릴레이션이 특정 정규형을 만족하는지 아닌지는 데이터베이스의 대상 실세계에서 속성값을 어떻게 다루어야 하는가에 달려있으므로 이에 대한 사항들이 대부분 개념적 설계에서 식별되어 제약사항이나 요구사항으로 미리 문서화함으로써 정규화 과정에서 사용될 필요가 있다.

속성값을 다루는 방법에 따라 달라지는 정규형 만족 여부의 예를 들면, 표 9.6의 학생 릴레이션에서 이름 속성은 모든 사람이 하나의 이름만 가지므로 제 1 정규형에 존재한다. 하지만 전화번호 속성은 이와는 다르다. 실세계에서 한 학생이 두 대 이상의 스마트 폰을 소유할 수 있기 때문이다. 이때, 전화번호 속성은 두 개 이상의 값을 가질 수 있어서 원자성을 만족하지 못하므로 학생 릴레이션은 제 1 정규형에 있지 않다. 따라서, 무손실 분해를 통해 정규화를 진행해야 한다. 하지만, 설계자가 데이터베이스에 입력할 때 대표전화 하나만 입력하도록 한다면 원자성을 만족하며 이로 인한 무손실 분해는 필요하지 않다.

함수적 종속성도 마찬가지이다. 예를 들어, 표 9.6의 강의 시스템 실세계에서 교수가 여러 전공을 가질 수 있고 그래서 교수 릴레이션에서 교수의 다른 전공마다 다른 튜플로 릴레이션에 저장한다고 가정하자. 그러면, 교수번호 속성값은 같지만 다른 전공 속성값을 갖는 둘 이상의 튜플이 존재할 수 있으므로 함수적 종속성 *교수번호→전공*은 더 이상 성립하지 않는다. 하지만, 실세계에서 규정 등을 통해 교수의 전공을 하나만 인정한다면 이 함수적 종속성은 타당하다. 또한, 원래 교수의 전공은 여러 개 있을 수 있지만, 설계자가 대표 전공 하나만 입력하도록 설계하더라도 실세계에서 용납된다면 이 함수적 종속성 또한 타당하게 된다.

함수적 종속성이 타당한가의 여부는 대부분 상식적이고 보편적이지만 이처럼 절대적인 것은 아니며 실세계에 따라 달라진다. 따라서, 함수적 종속성을 따질 때는 데이터베이스 시스템을 도입하고자 하는 대상 실세계를 기준으로 해야 함을 기억하자.

ER 모델에서 변환된 릴레이션은 일반적으로 BCNF를 만족한다. 그럼에도 불구하고, 지금 소개할 예와 같이 변환된 각 릴레이션이 원하는 정규형에 존재하지 않을 수 있다. 또한, 변환 규칙에 따라 릴레이션으로 변환하더라도 ERD 작성의 오류나 기타 이유로 인해 기본 키로 설정했던 키가 더 이상 기본 키가 아닌 경우도 생긴다. 이와 같은 이유로 변환된 각 릴레이션에 대해 정규형을 따져서 정규화를 진행할 필요가 있다.

표 9.6에 나열된 릴레이션을 중심으로 제 1 정규형부터 BCNF를 체크하여 정규형을 만족하지 않으면 정규화를 진행하는 몇 가지 예를 소개해 보기로 하자. 앞에서 설명했듯이 함수적 종속성을 중심으로 하는 정규형 체크는 실세계를 기준으로 하므로 실세계에 따라 달라질 수 있음을 유념하자.

(1) 학과 릴레이션의 정규형 검사와 정규화

- **제 1 정규형 테스트** : 표 9.6의 학과 릴레이션이 제 1 정규형을 만족하는지를 살펴보자. 한 학과의 학과번호와 학과명은 하나만 존재한다. 또한, 한 학과가 속한 단과대학도 하나만 존재한다. 따라서, 각 속성은 하나의 값만 가지므로 학과 릴레이션은 제 1 정규형을 만족한다.
- 학과 릴레이션 스키마에서 식별된 함수적 종속성은 다음과 같다. 함수적 종속성에서 중괄호({})는 IE 표기법의 반복 표시가 아니고 종속자들을 묶어서 표시하는 기호임을 기억하자.

학과번호→{학과명, 단대번호}	(함수적 종속성 1)
학과명→{학과번호, 단대번호}	(함수적 종속성 2)

- **제 2 정규형 테스트** : {학과번호} 속성은 학과 릴레이션에서 기본 키이다. 앞의 함수적 종속성에서 학과명 속성과 단대번호 속성은 각각 기본 키인 {학과번호}에 함수적 종속이고 기본 키는 단순 속성이기 때문에 모든 속성은 기본 키에 완전 함수적 종속이다. 따라서, 학과 릴레이션은 제 1 정규형을 만족하고 모든 속성이 기본 키에 완전 함수적 종속이므로 제 2 정규형에 존재한다.
- **제 3 정규형 테스트** : (함수적 종속성 1)에서 학과번호 → 학과명이고 (함수적 종속성 2)에서 *학과명 →단대번호* 이므로 *학과번호→단대번호* 로 전이 종속이 되는 것으로 보이지만, 이와는 별도로, (함수적 종속성 1)의 *학과번호→단대번호* 함수적 종속성에서 학과번호가 주어지면 단대번호가 학과명 없이도 독립적으로 결정되므로 전이 종속이 아닌 직접적인 함수적 종속이다. 학과 릴레이션이 제 2 정규형을 만족하고, 학과 릴레이션의 모든 속성이 기본 키 {학과번호}에 전이 종속이 아닌 함수적 종속성을 가지므로 제 3 정규형에 존재한다.
- **BCNF 테스트** : (함수적 종속성 1)과 (함수적 종속성 2)에서 모든 속성은 학과번호 속성 아니면 학과명 속성을 결정자로 하는 함수적 종속성을 갖는다. 학과번호 속성은 기본 키이기 때문에 후보 키이며 학과명 속성 또한 유일성과 최소성을 갖춘 후보 키이므로 모든 함수적 종속성에서 결정자가 후보 키이다. 따라서, 학생 릴레이션은 제 3 정규형에 존재하고 모든 함수적 종속성에서 결정자가 후보 키이므로 BCNF에 존재한다.

(2) 교수 릴레이션의 정규형 검사와 정규화

- **제 1 정규형 테스트** : 표 9.6의 교수 릴레이션의 제 1 정규형 만족 여부를 살펴보자. 교수 릴레이션 스키마에서 전화번호 속성은 다중 값 속성으로 표시된 점을 주시하자. 교수 릴레이션 스키마에서 학력 속성은 최종학력으로 하나만 값으로 입력하는 것으로 가정하자.

  그러면, 실세계에서 한 명의 교수에 대해 전화번호만 제외하고 교수의 이름, 주민번호, 학력, 전공, 주소는 각각 그 값이 하나만 존재한다. 또한, 교수가 속한 학과도 하나만 존재한다. 하지만, 전화번호 속성이 다중 값 속성, 즉, 반복 그룹 속성이므로 교수 릴레이션은 제 1 정규형에 존재하지 않는다.

  이 반복 그룹을 하나로 취급하면, 결정자는 교수번호 속성이므로 7.4.1절에서 소개한 반복 그룹 무손실 분해 규칙을 적용한다. 그 결과로, 반복 그룹 속성인 전화번호 속성과 결정자인 교수번호 속성으로 이루어진 (스키마 9)의 릴레이션 스키마와 전화번호 속성을 제외한 속성들로 이루어진 (스키마 10)의 릴레이션 스키마로 정규화된다. 릴레이션이 제 1 정규형을 만족하지 못할 때의 무손실 분해 규칙은 7.4.1절의 「(3) 무손실 분해」 부분을 참조하자.

교수_전화번호(<u>교수번호</u>, <u>전화번호</u>) **(스키마 9)**

- 참조 무결성 : 교수번호 속성은 교수 릴레이션의 교수번호 속성을 참조하는 외래 키

교수(<u>교수번호</u>, 이름, 주민번호, 학력, 전공, 주소, 학과번호) **(스키마 10)**

- 참조 무결성 : 학과번호 속성은 학과 릴레이션의 학과번호 속성을 참조하는 외래 키

이때, 분리되는 (스키마 9)의 릴레이션 이름을 부여하는 규칙은 없지만, 무손실 분해 이전의 교수 릴레이션에 전화번호 속성을 고려하여 릴레이션 명칭을 교수_전화번호로 부여했다. 또한, (스키마 9)의 교수_전화번호 릴레이션에서 전화번호 속성을 단일 속성으로 취급함으로써 교수번호 값을 전화번호 한 개마다 대응하여 반복해서 표현하게 되며, 따라서, 기본 키는 {교수번호, 전화번호}가 된다. 그리고, 교수번호 속성은 교수 릴레이션의 기본 키 {교수번호}를 참조하는 교수_전화번호 릴레이션의 외래 키가 된다.

이제 (스키마 9)와 (스키마 10)의 두 릴레이션은 모든 속성이 하나의 값만 가지므로 모두 제 1 정규형에 존재한다.

- 이제 (스키마 9)의 교수_전화번호 릴레이션과 (스키마 10)의 교수 릴레이션의 정규형을 검사하기 위해 두 릴레이션의 함수적 종속성을 식별하면 각각 (함수적 종속성 4)과 (함수적 종속성 5)와 같다. 앞에서 설명한 것처럼 함수적 종속성에서 중괄호({})는 IE 표기법의 반복 표시가 아니고 종속자들을 묶어서 표시하는 기호임을 또 기억하자.

- **교수_전화번호 릴레이션의 함수적 종속성**
  기본 키인 {교수번호, 전화번호}를 제외한 속성에 대한 함수적 종속성은 없다. (함수적 종속성 3)
- **교수 릴레이션의 함수적 종속성**
  교수번호→{이름, 주민번호, 학력, 전공, 주소, 학과번호} (함수적 종속성 4)
  주민번호→{교수번호, 이름, 학력, 전공, 주소, 학과번호} (함수적 종속성 5)

- **제 2 정규형 테스트** : 제 2 정규형 테스트는 무손실 분해한 교수_전화번호 릴레이션과 교수 릴레이션 각각에 대해 진행해야 한다.

  교수_전화번호 릴레이션은 제 1 정규형을 만족하고 (함수적 종속성 3)에서 기본 키를 제외한 다른 속

성이 없으므로 기본 키에 대해 완전 함수적 종속성을 가지므로 제 2 정규형을 만족한다.

교수 릴레이션 또한, 제 1 정규형을 만족하고 (함수적 종속성 4)에서 이 릴레이션의 모든 속성이 기본 키인 {교수번호}에 완전 함수적 종속이므로 제 2 정규형을 만족한다.

- **제 3 정규형 테스트** : 제 3 정규형 또한 제 2 정규형의 결과 릴레이션 각각에 대해 검사해야 한다. 제 2 정규형 테스트에서 교수_교수번호 릴레이션과 교수 릴레이션 모두에서 무손실 분해가 없었으므로 앞의 (함수적 종속성 3), (함수적 종속성 4), (함수적 종속성 5)가 모두 유효하다.

  교수_전화번호 릴레이션은 기본 키 이외의 속성이 없으므로 전이 종속이 존재하지 않는다.

  또한, 교수 릴레이션은 (함수적 종속성 4)에서 모든 속성값이 각각 기본 키인 {교수번호} 속성값이 주어질 때 다른 속성값을 거치지 않고 직접 알 수 있는 값이므로 전이 종속적이지 않다.

  따라서, 교수_전화번호 릴레이션과 교수 릴레이션은 모두 제 2 정규형을 만족하고 전이 종속적이지 않으므로 제 3 정규형을 만족한다.

- **BCNF 테스트** : BCNF 테스트는 제 3 정규형 테스트와 정규화 결과의 모든 릴레이션을 대상으로 진행해야 한다. 두 릴레이션이 제 2 정규형과 제 3 정규형 테스트와 정규화에서 어떠한 무손실 분해가 없었으므로 (함수적 종속성 3)부터 (함수적 종속성 5)까지의 함수적 종속성이 모두 유효하다.

  교수_전화번호 릴레이션은 제 3 정규형을 만족하고 (함수적 종속성 3)에서 기본 키 이외의 속성에 대한 함수적 종속성이 없으므로 BCNF를 만족한다.

  교수 릴레이션에서 (함수적 종속성 4)는 결정자가 기본 키인 {교수번호}이고 기본 키는 후보 키이므로 이 함수적 종속성의 결정자는 후보 키이다. 그리고, (함수적 종속성 5)에서 결정자인 주민번호 속성 또한 후보 키이다. 따라서, 교수 릴레이션이 제 3 정규형을 만족하고 모든 함수적 종속성에서 결정자가 후보 키이므로 BCNF를 만족한다.

(3) 학생 릴레이션의 정규형 검사와 정규화

표 9.6의 학생 릴레이션에 대한 정규형 검사 및 정규화의 방법과 내용은 앞에서 진행한 교수 릴레이션의 정규형 검사 및 정규화와 거의 같다. 교수 릴레이션과 마찬가지로, 학생 릴레이션의 전화번호 속성이 다중값 속성인 반복 그룹이므로 제 1 정규형을 만족하지 않기 때문에 (스키마 11)과 (스키마 12)처럼 무손실 분해한다. (스키마 11)의 학생_전화번호 릴레이션과 (스키마 12)의 학생 릴레이션에 대해 이후에 진행되는 제 2 정규형과 제 3 정규형 그리고 BCNF의 정규형 검사와 정규화는 각각 교수_전화번호 릴레이션과 교수 릴레이션에 대해 진행한 것과 거의 동일하므로 생략하기로 하며, 결국, 이들 정규형 검사와 정규화 결과는 (스키마 11)과 (스키마 12)로 변함없다.

학생_전화번호(<u>학번</u>, <u>전화번호</u>)	**(스키마 11)**
• 참조 무결성 : 학번 속성은 학생 릴레이션의 학번 속성을 참조하는 외래 키	
학생(<u>학번</u>, 이름, 주민번호, 주소, **학과번호**)	**(스키마 12)**
• 참조 무결성 : 학과번호 속성은 학과 릴레이션의 학과번호 속성을 참조하는 외래 키	

(4) 교과목 릴레이션의 정규형 검사와 정규화

- **제 1 정규형 테스트** : 표 9.6의 교과목 릴레이션에서 학점이란 100점 기준의 성적을 의미하는 것이 아니라 그 교과목에 부여된 학업성취 등급을 말하며 시수란 일주일 단위의 수업시간을 나타낸다. 이 릴레이션에 대한 제 1 정규형을 살펴보면, 기본 키인 교과목번호 속성값이 주어질 때 교과목명 값은 하나만 대응한다. 교과목에서 과목번호에 대해 그 교과목에 대한 학점과 시수는 모두 값이 하나씩만 대응하므로 모든 속성이 단순 속성이다. 따라서, 교과목 릴레이션은 제 1 정규형을 만족한다.
- 교과목 릴레이션 스키마에서 식별된 함수적 종속성은 (함수적 종속성 6)과 (함수적 종속성 7)과 같다. 실세계에서 과목명은 모든 학과를 통틀어 서로 다른 것으로 가정했다. 만일 실세계에서 과목명이 학과 내에서는 모두 다르지만, 학과 간에 과목번호는 다르면서 같은 과목명의 교과목이 있을 수 있다면 (함수적 종속성 7)은 제거해야 한다.

과목번호→{과목명, 학점, 시수}	(함수적 종속성 6)
과목명→{과목번호, 학점, 시수}	(함수적 종속성 7)

- **제 2 정규형 테스트** : 교과목 릴레이션에서 기본 키는 단일 속성인 과목번호이다. (함수적 종속성 6)에서 기본 키인 {과목번호} 속성에 교과목의 모든 속성이 함수적으로 종속되고 기본 키는 단순 속성이므로 모든 속성이 기본 키에 완전 함수적 종속이다. 그러므로, 교과목 릴레이션은 제 2 정규형에 존재한다.
- **제 3 정규형 테스트** : (함수적 종속성 6)과 (함수적 종속성 7)에서 두 함수적 종속성 *과목번호→과목명* 과 *과목명→학점* 이 *과목번호→학점* 으로 전이 종속이 되는 것으로 보이지만, 이와는 별도로, (함수적 종속성 6)의 *과목번호→학점* 함수적 종속성에서 학점이 과목번호에 전이 종속 없이 직접적 함수적으로 종속된다. 그 이유는 과목번호가 있으면 과목명과는 관계없이 바로 학점을 알 수 있기 때문이다. 학과 릴레이션이 제 2 정규형을 만족하고, 모든 속성이 기본 키 {과목번호}에 전이 종속이 없는

함수적 종속성을 가지므로 제 3 정규형을 만족한다.

- **BCNF 테스트** : (함수적 종속성 6)과 (함수적 종속성 7)에서 모든 속성은 과목번호 속성 아니면 과목명 속성을 결정자로 하는 함수적 종속성을 갖는다. 한편, 과목번호 속성은 기본 키이기 때문에 후보 키이고 학과명 속성 또한 유일성과 최소성을 갖는 후보 키이므로 모든 함수적 종속성에서 결정자가 후보 키이다. 따라서, 교과목 릴레이션은 제 3 정규형을 만족하면서 모든 함수적 종속성에서 결정자가 후보 키이므로 BCNF에 존재한다.

(5) 강좌 릴레이션의 정규형 검사와 정규화

- **제 1 정규형 테스트** : 9.2절에서 소개한 단계 2의 개체 집합 속성 식별과 단계 3의 약성 개체 집합 구분에서 우리는 교과목에 대해 개설되는 강좌의 강좌번호는 처음에 0에서 시작해서 개설될 때마다 하나씩 증가시키는 실세계를 가정했음을 기억하자. 표 9.6의 강좌 릴레이션에서 {과목번호, 강좌번호}는 기본 키이므로 두 속성은 단일 값을 갖는 속성이다. 게다가. 과목번호와 강좌번호가 주어지면 이 강좌를 강의한 교수는 그림 9.6 ERD의 대응 카디널리티에서 오직 한 명만 대응하기 때문에 하나의 값만 대응하며 개설년도와 학기도 각각 하나만 대응한다. 따라서 모든 속성이 단일 값을 가지므로 강좌 릴레이션은 제 1 정규형에 존재한다. 한편, 강좌 릴레이션은 기본 키 {과목번호, 강좌번호}에 대해 (함수적 종속성 8)이 식별된다. 이 함수적 종속성은 우리가 가정한 실세계에서 강좌번호 부여 방법에 따라 식별한 것으로 다른 대학 실세계에서는 다른 함수적 종속성이 식별될 수 있다는 점을 기억하자.

{과목번호, 강좌번호}→{교수번호, 개설년도, 학기}	(함수적 종속성 8)

- **제 2 정규형 테스트** : 9.2절의 개념적 설계 단계 3에서 우리는 교과목 각각에 대해 강좌의 강좌번호를 0부터 시작하여 개설될 때마다 하나씩 증가시켜가는 것으로 가정했다. 따라서, 기본 키 {과목번호, 강좌번호}에서 과목번호 속성만 가지고 강좌를 강의하는 교수를 구분할 수 없으며 언제 개설된 것인지에 대한 개설년도와 학기도 알 수 없다. 마찬가지로 강좌번호 속성만 가지고는 같은 강좌번호의 개설된 다른 교과목들이 존재할 수 있기 때문에 강의하는 교수와 개설된 개설년도와 학기 또한 알 수 없다. 반드시 어느 교과목으로부터 개설된 강좌인지를 알아야 이 강좌를 강의한 교수와 개설된 개설년도와 학기를 유일하게 결정할 수 있다. 따라서, 교수번호, 개설년도, 학기 속성은 각각 강좌 릴레이션의 기본 키인 {과목번호, 강좌번호}에 완전 함수적 종속이다.

  결국, 강좌 릴레이션은 제 1 정규형을 만족하고 모든 속성이 기본 키에 완전 함수적 종속이므로 제 2

정규형을 만족한다.

- **제 3 정규형 테스트** : (함수적 종속성 8) 이외에는 기본 키 속성을 제외한 교수번호, 개설년도, 학기 속성들 사이에는 어떠한 함수적 종속이 없으므로 기본 키에 대한 전이 종속은 존재하지 않는다. 강좌 릴레이션은 앞에서 보였듯이 제 2 정규형을 만족하고 기본 키에 대한 전이 종속이 없으므로 제 3 정규형을 만족한다.
- **BCNF 테스트** : 유일한 함수적 종속성인 (함수적 종속성 8)에서 결정자는 기본 키 {과목번호, 강좌번호}이며 기본 키는 후보 키이다. 강좌 릴레이션은 모든 함수적 종속성에서 결정자가 후보 키이므로 BCNF를 만족한다. 그러므로, 표 9.6의 강좌 릴레이션은 그 자체가 변함없이 BCNF를 만족한다.

(6) 교재 릴레이션의 정규형 검사와 정규화

교재 릴레이션에서 저자 속성은 다중 값 속성이며 이 릴레이션에 대한 정규형 검사와 무손실 분해 과정은 교수 릴레이션에서 진행한 정규형 검사와 무손실 분해 과정과 거의 같다. 그러므로, BCNF를 만족하는 무손실 분해 결과만 제시하고자 하며 자세한 정규형 검사와 무손실 분해 과정은 여러분에게 연습문제로 남기고자 한다. 그리고, (스키마 13)의 교수_저자 릴레이션은 저자 속성의 다중 값 각각에 같은 코드 속성 값을 대응시켜서 제 1 정규형을 만족시킨다는 점을 주시하자.

교재_저자(<u>코드</u>, <u>저자</u>)	**(스키마 13)**
• 참조 무결성 : 코드 속성은 교재 릴레이션의 코드 속성을 참조하는 외래 키	
교재(<u>코드</u>, 교재명, 출판사)	**(스키마 14)**

(7) 강의실 릴레이션의 정규형 검사와 정규화

강의실 릴레이션의 속성은 모두 단일 값을 가진다. 이 릴레이션에 대한 정규형 검사는 학과 릴레이션의 정규형 검사와 거의 같으므로 이 검사 과정을 참조하여 정규형 검사를 하면, 무손실 분해 없이 표 9.6의 강의실 릴레이션 그 자체가 BCNF를 만족함을 알 수 있다. 이에 대한 정규형 검사 과정은 앞의 학과 릴레이션의 정규형 검사 과정과 같으므로 여러분의 연습문제로 남긴다.

(8) 수강 릴레이션의 정규형 검사와 정규화

표 9.6의 수강 릴레이션은 모든 속성이 기본 키를 구성하며 모든 속성은 단일 값을 가지므로 제 1 정규형에 존재한다. 그리고, 기본 키 이외의 속성은 존재하지 않으므로 기본 키에 완전 함수적 종속으로 제 2 정규

형을 만족하며 전이 종속 또한 없으므로 제 3 정규형에 존재한다. 게다가, 릴레이션의 모든 속성이 기본 키인 경우는 그 자체로 BCNF에 존재한다. 따라서, 표 9.6의 수강 릴레이션은 어떠한 무손실 분해 없이 BCNF를 만족한다.

(9) 이용교재 릴레이션의 정규형 검사와 정규화

표 9.6의 이용교재 릴레이션 또한 모든 속성이 기본 키를 구성하며, 이에 따라, 수강 릴레이션과 같은 이유로 BCNF를 만족한다. 자세한 설명은 앞의 수강 릴레이션의 정규형 검사 설명을 참조 바란다.

(10) 배정 릴레이션의 정규형 검사와 정규화

- **제 1 정규형 테스트** : 표 9.6의 배정 릴레이션에서 요일시간 속성은 다시 요일 속성과 시간 속성으로 구성된 복합 속성이자 동시에 다중 값 속성인 반복 그룹으로 그림 9.7 (a)는 그 한 예를 보여준다. 9.2절의 개념적 설계 단계 3에서 가정한 강좌 개체 타입의 강좌번호 속성값 부여 방법의 강의 시스템 실세계를 고려하면, 교과목에서 개설된 강좌가 강의실에 배정될 때 비로소 해당 강좌와 강의실에 대해 하나 이상의 배정 요일과 시간이 결정되는 것이므로 이 반복 그룹에 대해 (함수적 종속성 9)가 성립한다.

{과목번호, 강좌번호, 강의실번호}→{{요일시간(요일, 시간)}}　　(함수적 종속성 9)

(함수적 종속성 9)는 결정자인 {과목번호, 강좌번호, 강의실번호}가 하나 이상의 여러 요일시간 값들의 그룹을 결정한다는 것을 의미하며, 여기에서 요일시간 속성은 복합 속성이므로 하나의 요일시간

배정

과목번호	강좌번호	강의실번호	요일시간	
			요일	시간
CS001	003	W6-215	화요일	3교시
			수요일	6교시
			목요일	2교시
CS002	003	W6-215	월요일	3교시
			화요일	5교시
			수요일	8교시
CS005	002	W6-303	화요일	3교시
			수요일	3교시
			목요일	5교시

(a) 반복 그룹을 갖는 릴레이션

배정

과목번호	강좌번호	강의실번호	요일	시간
CS001	003	W6-215	화요일	3교시
CS001	003	W6-215	수요일	6교시
CS001	003	W6-215	목요일	2교시
CS002	003	W6-215	월요일	3교시
CS002	003	W6-215	화요일	5교시
CS002	003	W6-215	수요일	8교시
CS005	002	W6-303	화요일	3교시
CS005	002	W6-303	수요일	3교시
CS005	002	W6-303	목요일	5교시

(b) 반복 그룹을 해체한 릴레이션

그림 9.7 릴레이션에서 반복 그룹의 해체

속성값은 요일 속성값과 시간 속성값으로 이루어진 하나의 튜플로 간주할 수 있다. 그림 9.7 (a)의 예를 들면, 과목번호 CS001에서 개설된 강좌번호 003의 강좌가 강의실번호 W6-215에 배정된 요일시간은 {(화요일, 3교시), (수요일, 6교시), (목요일, 2교시)}의 3개의 튜플로 이루어진 그룹이다.

(함수적 종속성 9)에서 반복 그룹의 결정자는 {과목번호, 강좌번호, 강의실번호}이므로 7.4.1절에서 소개한 반복 그룹 무손실 분해 규칙을 적용할 수 있다. 그러면, 반복 그룹 속성인 요일시간 속성과 결정자인 {과목번호, 강좌번호, 강의실번호} 속성으로 이루어진 (스키마 15)의 릴레이션 스키마와 반복 그룹인 요일시간 속성을 제외한 속성들만으로 이루어진 (스키마 16)의 릴레이션 스키마로 엉뚱하게 정규화된다.

배정(<u>과목번호</u>, <u>강좌번호</u>, <u>강의실번호</u>, {요일시간(요일, 시간)}) (스키마 15)
강좌_강의실_배정(<u>과목번호</u>, <u>강좌번호</u>, <u>강의실번호</u>) (스키마 16)

- 참조 무결성 : 강좌_강의실_배정 릴레이션의 키 (과목번호, 강좌번호, 강의실번호)는 배정 릴레이션의 키 (과목번호, 강좌번호, 강의실번호)를 참조하는 외래 키

이 두 릴레이션 스키마에서 문제는 (스키마 15)에서 존재한다. (스키마 15)는 무손실 분해하기 전의 배정 릴레이션의 스키마와 동일하기 때문이다. 이 릴레이션에서 반복 그룹을 제거하기 위해 또 무손실 분해하더라도 원래의 릴레이션 스키마와 동일하므로 결국 무한정 반복해도 반복 그룹을 제거할 수 없다. 이 현상이 생긴 이유는 무손실 분해의 대상인 릴레이션의 스키마가 반복 그룹과 그 반복 그룹의 결정자로만 구성되었기 때문이다. 즉, 반복 그룹 무손실 분해 규칙을 적용하여 두 개의 릴레이션으로 분리할 때, 그 중 한 릴레이션의 스키마는 결정자와 반복 그룹으로 릴레이션 스키마를 구성하는 가운데 원래의 릴레이션 스키마가 되기 때문이다. 결국, (스키마 15)와 (스키마 16)는 잘못한 무손실 분해이므로 모두 제거하고 무손실 분해 이전 릴레이션을 대상으로 제 1 정규형을 만족하도록 해야 한다.

결정자와 반복 그룹만으로 구성된 릴레이션의 스키마는 그림 9.7 (a)와 (b)의 예처럼, 우선, 반복 그룹의 값에 대해 결정자의 속성값들을 그림 9.7 (b)의 점선 사각형 내부처럼 반복 대응시켜서 반복 그룹을 해체하여 모든 속성이 원자값을 갖도록 한다.

하지만, 관계형 데이터베이스는 원래 복합 속성을 허용하지 않기 때문에 반복 그룹에서 복합 속성은 먼저 그 복합 속성을 구성하는 속성들로 대체하여 해체해야 한다. (함수적 종속성 9)와 관련한 그림 9.7 (a)의 예에서 요일시간 속성은 복합 속성이므로 반복 그룹을 해체하기 위해 먼저 그림 9.7 (b)의 속성들과 같이 요일 속성과 시간 속성으로 대체되었다. 그 후 그림 9.7 (b)의 점선 사각형 내부처럼 결정

자 키값을 반복 대응시켜서 모든 속성이 원자값을 갖도록 한 예이다.

한편, 릴레이션에서 반복 그룹이 해체됨에 따라 반복 그룹의 결정자와 그 반복 그룹 사이의 함수적 종속성은 그 결정자가 반복 그룹 자체에 대한 결정자일 뿐, 해체된 반복 그룹에 속한 각 구성 값에 대한 결정자가 더 이상 아니므로 릴레이션에 대한 함수적 종속성을 다시 식별해야 한다. 기본 키 또한 무효화 될 수 있으므로 필요시 함수적 종속성을 기반으로 기본 키를 다시 설정해야 한다.

(스키마 17)은 앞에서 제시한 방법에 따라 복합 속성의 반복 그룹을 해체하여 재구성한 배정 릴레이션의 스키마로서 반복 그룹이 해체됨에 따라 아직 기본 키를 설정하지 않고 나타낸 스키마이다.

배정(과목번호, 강좌번호, 강의실번호, 요일, 시간) **(스키마 17)**

- 참조 무결성 : (과목번호, 강좌번호) 키는 강좌 릴레이션의 (과목번호, 강좌번호) 키를 참조하는 외래 키. 강의실번호 속성은 강의실 릴레이션의 강의실번호 속성을 참조하는 외래 키

- 이제 반복 그룹을 해체한 (스키마 17)을 중심으로 새로운 함수적 종속성을 식별하자.

  우선, 반복 그룹을 해체하기 전에 반복 그룹의 결정자였던 {과목번호, 강좌번호, 강의실번호}가 요일 속성과 시간 속성에 대한 결정자인지를 알아보자.

  그림 9.7 (b)를 보면 알 수 있듯이, 과목번호 CS001, 강좌번호 003, 강의실번호 W6-215에 대응하는 요일이 첫 번째 튜플에서 세 번째 튜플까지 화요일, 수요일, 목요일의 세 값이 대응하므로 {과목번호, 강좌번호, 강의실번호}는 더 이상 요일 속성의 결정자가 될 수 없다. 또한 시간 속성값도 3교시, 6교시, 2교시의 세 값이 대응하므로 더 이상 시간 속성의 결정자도 아니다.

  사실, 속성의 수가 늘어남에 따라 타당성을 따져야 할 함수적 종속성의 수는 기하급수적으로 늘어난다. 원래, (스키마 17)의 배정 릴레이션 스키마에서 함수적 종속성을 식별하기 위해서는 결정자의 속성이 한 개일 때의 함수적 종속성부터 시작해서 결정자의 속성이 다섯 개일 때까지의 함수적 종속성 조합을 모두 고려해서 식별해야 한다. 하지만, 우리의 예에서 이들 함수적 종속성들을 모두 고려하기에는 너무 많은 반복적인 내용이 지면을 할애하므로 타당하게 식별된 함수적 종속성과 언뜻 보기에 타당할 것 같지만 실세계를 통해 자세히 살펴보면 타당하지 않지만 혼동하기 쉬운 몇 가지 타당하지 못한 함수적 종속성 예만 소개하도록 한다.

  우선, 타당한 함수적 종속성을 소개하자. 강좌에 강의실이 배정되었을 때 교과목에 개설된 강좌와 요일과 시간을 알면 그 강좌에 대해 그 요일과 시간에 강의실은 오직 하나만 대응한다. 따라서 (함수적 종속성 10)이 식별된다.

{과목번호, 강좌번호, 요일, 시간}→{강의실번호}	(함수적 종속성 10)

언뜻 보기에 타당할 것 같지만 자세히 따져보면 타당하지 않은 몇 가지 함수적 종속성 예들을 살펴보자. 9.2절의 개념적 설계 단계 3에서 소개한 강의 시스템 실세계의 가정과 더불어 같은 강좌가 같은 강의실에서 같은 날짜의 다른 시간에 두 번 이상 열릴 수 있다고 가정하자. 이때, 강좌에 강의실이 배정되어 교과목에 개설된 강좌, 강의실, 요일을 안다고 해도 같은 요일의 다른 시간에 같은 강좌가 열릴 수도 있으므로 함수적 종속성 {과목번호, 강좌번호, 강의실번호, 요일}→{시간}은 성립하지 않는다.

또한, 함수적 종속성 {강의실번호, 요일, 시간}→{과목번호, 강좌번호}도 성립하는 것처럼 보인다. 하지만 강좌가 개설되는 개설년도가 다르면 같은 강의실과 같은 요일과 같은 시간에 다른 교과목에 대한 강좌가 개설될 수 있어서 여러 교과목과 이에 따른 여러 강좌번호가 대응할 수 있으므로 이 함수적 종속성은 타당하지 않게 된다.

함수적 종속성 {과목번호, 강의실번호, 요일, 시간}→{강좌번호}도 언뜻 보기에는 타당한 것처럼 보인다. 하지만, 이 또한, 같은 교과목과 같은 강의실 그리고 같은 요일과 시간이라 하더라도 개설년도가 다르면 다른 강좌가 개설될 수 있어서 두 개 이상의 강좌번호가 대응될 수 있으므로 타당하지 않다.

이제 (함수적 종속성 10)을 가지고 제 2 정규형부터 BCNF까지 검사와 함께 필요시 정규화를 진행하기로 하자.

- **제 2 정규형 테스트** : (함수적 종속성 10)에서 결정자와 종속자의 속성들을 모두 합치면 (스키마 17)의 배정 릴레이션의 스키마의 모든 속성에 해당한다. 따라서 이 함수적 종속성의 결정자인 {과목번호, 강좌번호, 요일, 시간}는 수퍼 키이다.

  (함수적 종속성 10)의 수퍼 키 {과목번호, 강좌번호, 요일, 시간}에서 한 속성이라도 빠지면 한 개 이상의 여러 강의실이 대응할 수 있으며 그 이유는 다음과 같다.

  이 수퍼 키에서 과목번호가 빠지면 같은 강좌번호, 같은 요일, 같은 시간이 주어지더라도 어느 교과목의 강좌인지 구별할 수 없어 둘 이상의 여러 과목번호와 함께 여러 강의실이 대응될 수 있다. 또한, 이 수퍼 키에서 강좌번호가 빠지면, 같은 과목번호와 요일 그리고 시간이 주어지더라도 개설년도가 다를 경우 같은 요일과 시간 그리고 같은 교과목에서 다른 강좌가 개설될 수 있고 이와 유관 혹은 무관하게 강의실 또한 다를 수 있어서 여러 강좌번호와 여러 강의실번호가 대응될 수 있다. 그리고 수퍼 키 {과목번호, 강좌번호, 요일, 시간}에서 요일이 빠지면 교과목의 강좌번호와 시간이 주어지더라도 그 강좌가 열리는 여러 요일이 대응할 수 있고 요일에 따라 여러 강의실이 대응할 수 있다. 마지막으로, 이 수퍼 키에서 시간이 빠지면 같은 교과목의 강좌에서 같은 요일의 다른 시간에 다른 강의실이 배정될 수 있어 둘 이상의 시간과 여러 강의실번호가 대응될 수 있다. 따라서, 시간이 정해지지 않으면 하나의 강의실번호로 정해지지 않는다.

이상으로 볼 때, (함수적 종속성 10)에서 모든 속성은 수퍼 키인 {과목번호, 강좌번호, 요일, 시간}에 완전 함수적 종속이다. 게다가, (스키마 17)의 배정 릴레이션에서 이 결정자보다 더 적은 수의 수퍼 키는 존재하지 않으므로 기본 키이다. 그러므로 배정 릴레이션은 제 1 정규형을 만족하고 모든 속성이 기본 키에 대해 완전 함수적 종속이므로 제 2 정규형을 만족한다.

- **제 3 정규형 테스트** : (함수적 종속성 10) 이외에는 기본 키 속성을 제외하고 강의실번호 속성이 유일하므로 기본 키에 대한 전이 종속은 존재하지 않는다. 배정 릴레이션은 앞에서 보였듯이 제 2 정규형을 만족하고 기본 키에 대한 전이 종속이 없으므로 제 3 정규형을 만족한다.
- **BCNF 테스트** : (함수적 종속성 10)에서 유일한 결정자 {과목번호, 강좌번호, 요일, 시간}는 기본 키로서 후보 키이다. 배정 릴레이션에서 유일한 함수적 종속성의 결정자가 기본 키이므로 BCNF를 만족한다.

(스키마 17)의 배정 릴레이션은 BCNF를 만족하므로 제 2 정규형 검사에서 식별한 기본 키를 표시한 스키마가 (스키마 18)에서 제시된다.

배정(<u>과목번호</u>, <u>강좌번호</u>, 강의실번호, <u>요일</u>, <u>시간</u>)	**(스키마 18)**

- 참조 무결성 : (과목번호, 강좌번호) 키는 강좌 릴레이션의 (과목번호, 강좌번호) 키를 참조하는 외래 키. 강의실번호 속성은 강의실 릴레이션의 강의실번호 속성을 참조하는 외래 키

지금까지 9.3.4절에서 행한 BCNF까지의 정규화를 통해 무손실 분해되거나 기본 키가 변경된 표 9.6의 릴레이션들을 정리하면 다음과 같다.

- 표 9.6의 교수 릴레이션 : (스키마 9)의 교수_전화번호 릴레이션과 (스키마 10)의 교수 릴레이션으로 무손실 분해
- 표 9.6의 학생 릴레이션 : (스키마 11)의 학생_전화번호 릴레이션과 (스키마 12)의 학생 릴레이션으로 무손실 분해
- 표 9.6의 교재 릴레이션 : (스키마 13)의 교재_저자 릴레이션과 (스키마 14)의 교재 릴레이션으로 무손실 분해
- 표 9.6의 배정 릴레이션 : 표 9.6의 배정 릴레이션의 복합 속성과 반복 그룹을 해체한 후 기본 키를 재설정한 (스키마 18)

이와 같이 표 9.6의 모든 릴레이션에 대해 무손실 분해하거나 기본 키를 재설정한 릴레이션들이 표 9.7에서 굵은 글씨체로 표시되었다. 표 9.7의 모든 릴레이션은 강의 실세계를 대상으로 개념적 설계와 논리적 설계를 모두 포함한 실세계 정의 단계인 단계 0부터 단계 9의 정규화에 이르기까지 모든 단계를 거쳐 도출한 최종 릴레이션들이다.

표 9.7 표 9.6의 릴레이션에서 정규화를 적용한 최종 릴레이션들

릴레이션	외래 키와 참조 릴레이션	
	외래 키	참조 릴레이션과 키
학과(학과번호, 학과명, 단대번호)	–	–
교수(교수번호, 이름, 주민번호, 학력, 전공, 주소, 학과번호)	학과번호	학과:학과번호
교수_전화번호(교수번호, 전화번호)	**교수번호**	**교수:교수번호**
학생(학번, 이름, 주민번호, 주소, 학과번호)	학과번호	학과:학과번호
학생_전화번호(학번, 전화번호)	**학번**	**학생:학번**
교과목(과목번호, 과목명, 학점, 시수)	–	–
강좌(과목번호, 강좌번호, 교수번호, 개설년도, 학기)	과목번호	교과목:과목번호
	교수번호	교수:교수번호
교재(코드, 교재명, 출판사)	–	–
교재_저자(코드, 저자)	**코드**	**교재:코드**
강의실(강의실번호, 소속건물)	–	–
수강(학번, 과목번호, 강좌번호)	학번	학생:학번
	과목번호	강좌:과목번호
	강좌번호	강좌:강좌번호
이용교재(과목번호, 강좌번호, 코드)	과목번호	강좌:과목번호
	강좌번호	강좌:강좌번호
	코드	교재:코드
배정(과목번호, 강좌번호, 강의실번호, 요일, 시간)	과목번호	강좌:과목번호
	강좌번호	강좌:강좌번호
	강의실번호	강의실:강의실번호

9.4 속성 타입과 참조 무결성

관계형 데이터베이스 논리적 설계 단계에서 모든 속성의 타입이 결정되어야 한다. 릴레이션의 속성 타입은 개념적 설계 단계에서 속성값 구성 체계에 따라 결정된 속성 도메인을 가장 잘 수용할 수 있는 데이터

타입으로 정한다. 많은 경우 속성 도메인은 실세계를 바탕으로 설계되고 결정된다.

표준 SQL에서 여러 표준 데이터 타입을 제공하지만, 그 종류가 풍부하지 않아서 상용 데이터베이스 시스템들은 대부분 더 많은 여러 데이터 타입들을 지원한다. 데이터 언어에서 지원하는 데이터 타입이 속성 도메인을 충분히 커버하지 못할 때는 제약조건을 부여하여 릴레이션 생성에 반영하거나 9.5.2절에서 소개하는 방법으로 적절하게 다룰 수 있다.

강의 시스템 실세계에 대해 9.5.1절에서 소개하고자 하는 릴레이션 생성 예에서 우리는 실세계를 크게 벗어나지 않는 범위에서 속성 타입을 임의로 정하여 제시했다. 하지만, 앞에서 설명한 것처럼 속성값의 체계와 타입은 실세계를 기반으로 별도로 개념적 설계에서 잘 설계한 후 관계형 데이터베이스 설계 단계에서 반영해야 함을 잊지 말자.

한편, 정규화 과정을 통해 릴레이션 스키마가 모두 결정되었으므로, 논리적 설계 단계에서 참조 무결성과 관련하여 릴레이션의 외래 키가 참조하는 참조 릴레이션에서 튜플이 삭제되거나 갱신될 때 그 튜플을 참조하는 튜플들을 연쇄 삭제 혹은 연쇄 갱신해야 할 지 여부도 실세계를 바탕으로 결정해야 한다.

한편, 9.5절에서 소개하는 릴레이션 생성 예에서 우리는 많은 설명을 줄이기 위해 이러한 참조 무결성 반영 여부에 대한 결정 과정 없이 실세계에서 크게 벗어나지 않는 범위 내에서 임의로 설정하여 릴레이션을 생성했음을 미리 알린다. 성능을 높이기 위한 인덱스 생성이나 릴레이션 병합, 릴레이션 접근 방법과 구성 등의 구체적인 물리적 설계 내용도 생략되었음을 미리 알린다.

9.5 관계형 데이터베이스 구현

표 9.7의 최종 릴레이션 스키마들과 설계에서 반영된 제약조건들을 가지고 최종 릴레이션들에 적용 가능한 제약조건을 반영한 릴레이션들을 생성함으로써 관계형 데이터베이스가 구현된다. 제약조건 중에서 관계형 데이터베이스에 반영되지 못한 제약조건들은 트랜잭션이나 응용 프로그램에 반영하고 반영하지 못한 제약조건들은 사용자 설명서에 가이드라인으로 제공해야 한다.

9.5.1 릴레이션 생성

최종으로 도출된 표 9.7의 각 릴레이션과 표 9.4의 제약조건을 가지고 제약조건의 전부 혹은 일부를 만족하는 릴레이션을 SQL DDL로 생성하면 다음과 같다.

• **학과 릴레이션 생성** : 표 9.7에 따라 학과 릴레이션은 다음과 같이 생성된다. 여기에서 학과번호 속성이 기본 키이므로 not null로 선언된다.

```
create table 학과
  ( 학과번호 char(8) not null,
    학과명    char(14),
    단대번호  int(3),
    primary key(학과번호) )
```

• **교수 릴레이션 생성** : 교수 릴레이션 역시 표 9.7의 교수 릴레이션 스키마에 따라 생성된다. 교수번호 속성이 기본 키이므로 primary key 선언과 함께 not null로 선언되며 표 9.4의 교수의 학력은 '박사' 혹은 '석사'이어야 한다는 제약조건을 check 도메인 제약조건으로 반영했다.

한편, 학과번호 속성은 학과 릴레이션의 학과번호 속성을 참조하는 외래 키로 선언했다. 외래 키 선언에서 on delete cascade on update cascade가 선언됨에 따라 학과 릴레이션에서 학과번호의 튜플이 삭제되거나 학과번호 속성값이 새로운 값으로 바뀌면 연쇄적으로 이 튜플을 참조하는 교수 릴레이션의 튜플들을 삭제하거나(on delete cascade) 이 튜플들의 학과번호 속성값을 새로운 값으로 변경하도록(on update cascade) 선언했다.

```
create table 교수
  ( 교수번호          char(5) not null,
    이름              char(10),
    주민번호          char(14),
    학력              char(4),
    전공              char(16),
    주소              char(30),
    학과번호          char(8),
    primary key (교수번호),
    foreign key (학과번호) references 학과(학과번호)
                      on delete cascade
                      on update cascade,
    check(학력='박사' or 학력='석사') )
```

- **교수_전화번호 릴레이션 생성** : 교수_전화번호 릴레이션 역시 표 9.7의 교수 릴레이션 스키마에 따라 생성된다. {교수번호, 전화번호}가 기본 키이므로 primary key 선언과 함께 두 속성은 not null로 선언되었다. 또한, 교수번호 속성은 교수 릴레이션의 교수번호를 참조하는 외래 키로 선언했다. 그리고, 외래 키 선언에서 on delete cascade on update cascade가 선언됨에 따라 교수 릴레이션에서 튜플이 삭제되거나 튜플의 교수번호 속성값이 새로운 값으로 바뀌면 연쇄적으로 이 튜플을 참조하는 교수_전화번호 릴레이션의 튜플들을 삭제하거나 혹은 이 튜플들의 교수번호 속성값을 새로운 값으로 변경하도록 선언했다.

```
create table 교수_전화번호
 ( 교수번호        char(8) not null,
   전화번호        char(14) not null,
   foreign key (교수번호) references 교수(교수번호)
                   on delete cascade
                   on update cascade,
   primary key(교수번호, 전화번호) )
```

- **학생 릴레이션 생성** : 학생 릴레이션도 표 9.7의 학생 릴레이션 스키마에 따라 생성된다.

학번 속성이 기본 키이므로 primary key 선언과 함께 not null로 선언되었다. 학과번호 속성은 학과 릴레이션의 학과번호 속성을 참조하는 외래 키로 선언했다. 외래 키 선언에서 on delete cascade on update cascade가 선언됨에 따라 학과 릴레이션에서 튜플이 삭제되거나 튜플의 학과번호 속성값이 새로운 값으로 바뀌면 연쇄적으로 그 튜플을 참조하는 학생 릴레이션의 튜플들을 찾아 삭제하거나 혹은 이 튜플들의 학과번호 속성값을 새로운 변경 값으로 갱신하도록 선언했다.

```
create table 학생
 ( 학번            char(5) not null,
   이름            char(10),
   주민번호        char(14),
   주소            char(30),
   학과번호        char(8),
   primary key (학번),
   foreign key (학과번호) references 학과(학과번호)
                   on delete cascade
                   on update cascade )
```

- **학생_전화번호 릴레이션 생성** : 학생_전화번호 릴레이션 역시 표 9.7의 학생 릴레이션 스키마에 따라 생성된다. {학번, 전화번호}가 기본 키이므로 primary key 선언과 함께 두 속성은 not null로 선언되었다. 또한, 학번 속성은 학생 릴레이션의 학번를 참조하는 외래 키로 선언했다. 그리고, 외래 키 선언에서 on delete cascade on update cascade가 선언됨에 따라 학생 릴레이션에서 튜플이 삭제되거나 튜플의 학번 속성값이 새로운 값으로 바뀌면 연쇄적으로 이 튜플을 참조하는 학생_전화번호 릴레이션의 튜플들을 삭제하거나 혹은 이 튜플들의 학번 속성값을 새로운 값으로 변경하도록 선언했다.

```
create table 학생_전화번호
  ( 학번            char(8) not null,
    전화번호        char(14) not null,
    foreign key (학번) references 학생(학번)
                    on delete cascade
                    on update cascade,
    primary key(학번, 전화번호) )
```

- **교과목 릴레이션 생성** : 교과목 릴레이션이 표 9.7의 교과목 릴레이션 스키마에 따라 생성된다. 기본 키는 과목번호이므로 not null로 선언되며 학점과 시수가 각각 3학점과 4시간 이하로 check 구문에 의해 도메인 제약조건으로 새로 반영되었음을 주시하자.

```
create table 교과목
  ( 과목번호        char(5) not null,
    과목명          char(10),
    학점            int(1),
    시수            int(1),
    primary key(과목번호),
    check (학점>=1 and 학점<=3),
    check (시수>=1 and 시수<= 4) )
```

- **강좌 릴레이션 생성** : 강좌 릴레이션도 표 9.7의 강좌 릴레이션 스키마에 따라 생성된다. 기본 키는 {과목번호, 강좌번호}이므로 두 속성이 not null로 선언된다. 과목번호 속성과 교수번호 속성은 각각 교과목 릴레이션과 교수 릴레이션의 속성이므로 이 릴레이션들의 과목번호 속성과 교수번호 속성을 참조하는 외래 키로 선언했지만, 강좌 릴레이션에 대한 연쇄 삭제나 연쇄 갱신은 허용하지 않았다. 한편, 매년 학기는 1학기 아니면 2학기이므로 학기 속성에 대한 도메인 제약조건을 check절로 선언함으

로써 1 아니면 2만 입력되도록 했다.

```
create table 강좌
  ( 과목번호          char(5) not null,
    강좌번호          char(7) not null,
    교수번호          char(5),
    개설년도          int(4),
    학기              int(1),
    primary key(과목번호, 강좌번호),
    foreign key(과목번호) references 교과목(과목번호),
    foreign key(교수번호) references 교수(교수번호),
    check (학기 >= 1 and 학기<=2) )
```

- **교재 릴레이션 생성** : 교재 릴레이션 역시 표 9.7의 교재 릴레이션 스키마에 따라 선언되며 코드 속성이 기본 키로서 not null로 선언된다.

```
create table 교재
  ( 코드              char(6) not null,
    교재명            char(16),
    출판사            char(16),
    primary key(코드) )
```

- **교재_저자 릴레이션 생성** : 교재_저자 릴레이션 역시 표 9.7의 교재_저자 릴레이션 스키마에 따라 선언되며 {코드, 저자}가 기본 키로서 두 속성이 모두 not null로 선언된다. 교재_저자 릴레이션의 코드 속성은 교재 릴레이션의 코드 속성을 참조하는 외래 키로 선언했다. 게다가, 외래 키 선언에서 on delete cascade on update cascade가 선언됨에 따라 교재 릴레이션에서 교재가 삭제되거나 갱신되면 교재_저자 릴레이션에서도 그 교재의 저자 튜플들을 연쇄적으로 삭제하거나 그 튜플들에서 코드 속성 값을 연쇄적으로 갱신되도록 했다.

```
create table 교재_저자
  ( 코드              char(6) not null,
    저자              char(10) not null,
    primary key(코드, 저자),
    foreign key(코드) references 교재(코드)
                      on delete cascade
                      on update cascade )
```

- **강의실 릴레이션 생성** : 강의실 릴레이션도 표 9.7의 강의실 릴레이션 스키마에 따라 선언되며 강의실 번호 속성이 기본 키로서 not null로 선언된다.

```
create table 강의실
  ( 강의실번호          char(5) not null,
    소속건물            char(14),
    primary key(강의실번호) )
```

- **수강 릴레이션 생성** : 표 9.7의 수강 릴레이션 스키마에 따라 수강 릴레이션이 선언된다. 기본 키는 {학번, 과목번호, 강좌번호} 속성들로 모두 not null로 선언되며 이들 속성은 외래 키로서 학생 릴레이션과 강좌 릴레이션을 참조하므로 참조 무결성을 유지하도록 선언했다. 학생이 자퇴 등으로 학생 릴레이션에서 삭제되면 그 학생의 수강도 연쇄 삭제되도록 on delete cascade로 선언했다. 또한 강좌가 폐강되면 그 강좌에 대한 수강 정보도 삭제되어야 하므로 연쇄 삭제되도록 했다.

```
create table 수강
  ( 학번              char(5) not null,
    과목번호          char(5) not null,
    강좌번호          char(7) not null,
    primary key(학번, 과목번호, 강좌번호),
    foreign key(학번) references 학생(학번)
                      on delete cascade,
    foreign key(과목번호, 강좌번호) references 강좌(과목번호, 강좌번호)
                      on delete cascade)
```

- **이용교재 릴레이션 생성** : 표 9.7의 이용교재 릴레이션 스키마에 따라 이용교재 릴레이션이 선언된다. 기본 키는 {과목번호, 강좌번호, 코드}로 모든 속성이 not null로 선언된다. 한편, 이 속성들은 모두 외래 키이므로 강좌 릴레이션과 교재 릴레이션을 참조하는 것으로 선언함으로써 수강 릴레이션처럼 데이터베이스 관리 시스템에 의해 이 릴레이션 튜플의 모든 속성값에 대해 참조 무결성을 자동으로 보호할 수 있도록 했다.

```
create table 이용교재
  ( 과목번호            char(5) not null,
    강좌번호            char(7) not null,
    코드                char(6) not null,
    primary key(과목번호, 강좌번호, 코드),
    foreign key(과목번호, 강좌번호) references 강좌(과목번호, 강좌번호),
    foreign key(코드) references 교재(코드) )
```

- **배정 릴레이션 생성** : 표 9.7의 배정 릴레이션 스키마에 따라 배정 릴레이션이 선언된다. 기본 키는 {과목번호, 강좌번호, 요일, 시간}으로 모두 not null로 선언된다. 이 속성들 또한 강좌 릴레이션과 강의실 릴레이션을 참조하는 외래 키로 선언함에 따라 데이터베이스 관리 시스템에 의해 참조 무결성을 자동으로 보호할 수 있도록 했다. 그리고 배정 릴레이션의 요일 속성은 월요일에서 금요일 사이의 값을 갖도록 하고 시간 속성은 오전 9시부터 오후 5시(17시) 사이의 값을 갖도록 check절로 무결성 제약 조건을 부여했다.

```
create table 배정
  ( 과목번호            char(5) not null,
    강좌번호            char(7) not null,
    강의실번호          char(5),
    요일                char(2) not null,
    시간                int(2) not null,
    primary key(과목번호, 강좌번호, 요일, 시간),
    foreign key(과목번호, 강좌번호) references 강좌(과목번호, 강좌번호),
    foreign key(강의실번호) references 강의실(강의실번호),
    check (요일='월' or 요일='화' or 요일='수' or 요일='목' or 요일='금'),
    check (시간 >= 9 and 시간 <= 17) )
```

9.5.2 제약조건의 반영

9.2절의 단계 7의 결과로 식별된 표 9.4의 제약조건들을 9.5.1절에서 SQL을 통해 릴레이션 생성에 반영한 후 아직 미반영된 표 9.4의 18번 제약조건인 '학생은 한 학기에 7개 이상의 강좌를 들을 수 없다'를 데이터 무결성을 위해 반영해야 하는데 이처럼 릴레이션에서 반영할 수 없는 제약조건들을 반영하는 방법에는 네 가지가 있다.

첫 번째 방법은 SQL로 trigger를 선언하는 방법이다. 표 9.4의 14번 제약조건 예에서 trigger 선언의 내용은 수강 릴레이션에 대한 수강 튜플 삽입 연산에서 튜플이 삽입되기 전에 그 튜플의 학번 속성값을 이용하여 그 속성값을 갖는 튜플의 개수를 count 함수로 구하고 그 수가 6이면 삽입을 거부하는 것이다. Trigger 연산 문은 수강 릴레이션에 튜플 삽입 연산이 실행될 때마다 DBMS에 의해 자동으로 실행되어 무결성 제약조건이 유지된다.

두 번째 방법은 데이터베이스에 접근하는 트랜잭션에 반영하는 것이다. 제약조건을 체크하고 조건에 따라 처리하는 코드를 트랜잭션에 반영하여 처리하는 방법이다. 트랜잭션에 대해서는 10장, 11장, 12장에 걸쳐 자세히 소개한다.

세 번째 방법은 제약조건을 응용 프로그램에 코드로 반영하는 방법이다. Trigger와 트랜잭션의 경우는 이들 모두 DBMS에 의해 수행되므로 빈번한 실행으로 인해 매번 제약조건을 체크하고 처리하는 작업이 다수의 트랜잭션과 응용 프로그램들이 공유하는 DBMS에 부하를 증가시키는 요인이 될 수 있다. 그러므로, 조건 체크가 매우 복잡하고 제약조건을 체크하는 연산의 많은 부분이 DBMS와는 독립적으로 응용 프로그램에서 직접 행해지는 것이라면 DBMS에 부하를 줄이는 방법이기도 하다.

Trigger나 트랜잭션을 이용할 것인지 아니면 응용 프로그램을 이용할 것인지 결정하는 문제는 DBMS가 그 제약조건의 구현을 지원할 수 있는지와 제약조건의 복잡도와 실행 빈도수가 DBMS의 부하에 미치는 영향 그리고 유지보수의 수월성 등을 포함한 여러 사항들을 고려하여 판단해야 한다. 모든 제약조건을 이 방법 중에서 하나만 선택해서 구현하는 것은 아니며 일부는 trigger, 일부는 트랜잭션에, 나머지 일부는 응용 프로그램에 나누어 반영할 수도 있고 아니면 이들 세 가지 중 두 가지로 나누어 반영할 수도 있다.

마지막 네 번째 방법은 제약조건을 권한과 책임 있는 담당자가 체크하고 무결성 유지를 위해 데이터 연산을 조작하도록 하는 것이다. 이 방법에서 담당자의 실수가 빈번히 발생할 수 있고 또한 담당자의 크고 작은 무지와 실수가 데이터베이스 무결성에 대한 심각한 손상으로 이어질 수 있다. 이 방법은 앞의 방법들로 해결되지 않고 사람이 부득이하게 개입해야 할 때 사용하는 것이 좋다. 이 방법을 적용해야 할 때는 설명이나 가이드라인이 충분히 반영된 문서와 교육을 통해 담당자와 관련자들에게 전달되어 숙지되도록 해야 한다.

CHAPTER 10

트랜잭션 개념과 성질

데이터베이스로부터 데이터를 읽고, 쓰고, 갱신하고, 삭제하는 하나 이상의 데이터베이스 접근 연산(명령어)들로 이루어진 프로그램 단위를 **트랜잭션(transaction)**이라고 한다. 트랜잭션의 개념과 특성에 대해서는 이 단원에서 자세히 다루겠지만 일단 설명을 위해 트랜잭션이란 데이터베이스에 접근하는 하나의 프로그램이라고 이해하자. 트랜잭션은 데이터베이스가 존재하는 디스크로부터 데이터를 읽어와서 처리하고 기록하는 연산들로 구성된다. 디스크로부터 데이터를 읽거나 기록하는 연산은 처리 속도 향상을 위해 디스크에 직접 이루어지지 않고 항상 메인 메모리를 매개로 이루어진다. 특히 트랜잭션에서 데이터를 삽입하고 갱신하고 삭제하는 연산은 그 결과가 디스크의 데이터베이스로 반영되기 전에 연산 처리 결과가 메인 메모리에 일시적으로 저장되는데 이 상태에서 메인 메모리의 데이터와 데이터베이스의 해당 데이터 사이에 불일치가 생긴다. 이에 대한 자세한 설명이 10.1절에서 소개된다.

읽고 기록하는 여러 연산으로 구성된 트랜잭션에서 일부 기록 연산의 처리 결과는 데이터베이스에 반영되었으나 나머지 기록 연산들이 실행되지 않은 상태에서 정전이나 여러 하드웨어 혹은 소프트웨어 결함으로 실행이 중단되면 데이터베이스와 실세계 사이에 데이터 불일치가 생길 수 있다. 그 한 가지 예가 계좌이체 트랜잭션이다. 계좌이체 트랜잭션에서 송금을 위해 송금할 금액을 데이터베이스의 송금 계좌 데이터에서 빼서 기록한 후 입금할 계좌 데이터에 더하기 전에 처리가 중단되면 데이터베이스는 송금은 됐는데 입금은 되지 않은 상태를 반영하게 되므로 실세계와의 데이터 불일치 문제가 생긴다. 이에 관련한 내용이 10.2절과 10.4절에서 자세히 소개된다.

한편, 대부분의 DBMS는 처리 효율성을 높이기 위해 트랜잭션에 대한 **동시 처리(concurrent processing)** 환경을 제공한다. 동시 처리 환경에서 DBMS는 트랜잭션을 하나씩 처리해 가는 대신 여러 트랜잭션의 연산을 번갈아가며 처리한다. 이 환경에서는 같은 데이터를 공유하면서 둘 이상의 트랜잭션이 동시에 실행될 때 데이터 무결성 문제가 생길 수 있다. 이러한 데이터 무결성 문제와 그 해결 방법이 12장에서 자세히 소개된다.

이렇듯 앞에서 언급한 처리 환경과 상황에서 트랜잭션의 실행은 데이터 불일치 내지 데이터 무결성 손상 문제를 일으킬 수 있는데, 이 단원에서는 이러한 데이터 무결성을 보장하기 위해 트랜잭션이 갖추어야 할 성질을 소개하고자 한다. 이를 위한 이 단원의 구성은 다음과 같다.

먼저 10.1절은 디스크에 존재하는 데이터베이스로부터 데이터를 읽거나 기록할 때 메인 메모리를 매개로 하는 원리를 살펴보고 그 이유를 소개한다.

10.2절은 트랜잭션이 갖추어야 하는 성질 중 **원자성(atomicity)**에 대해 소개한다. 트랜잭션의 원자성은 트랜잭션의 **전부 혹은 전무(all or none)** 실행의 원리로 트랜잭션이 완전히 실행되든가 아니면 아예 실행

되지 않든가 하는 성질이다. 트랜잭션이 완료되지 못한 채 실행이 중단되면, DBMS의 복구 시스템은 원자성을 보장하기 위해 트랜잭션이 실행 중에 변경한 데이터 값들을 원래대로 복구시키는데 이에 대해서는 11장에서 자세히 다룬다.

10.3절은 트랜잭션이 실행하기 시작해서 완료되거나 취소될 때까지 트랜잭션이 가지는 여러 상태와 이들 사이의 천이 관계를 소개한다. 트랜잭션 상태와 천이 관계는 데이터 불일치 문제와 함께 트랜잭션의 원자성과 깊이 관련된다. 10.4절은 원자성을 포함하여 트랜잭션이 갖는 네 가지 성질과 각 성질이 보장되지 않을 때 무슨 문제가 생기는지를 살펴본다. 이 단원의 마지막 절인 10.5절은 트랜잭션의 성질 중의 하나인 격리성(isolation)의 수준에 대해 간단히 언급한다.

10.1 데이터베이스 접근 원리

데이터베이스는 디스크와 같은 보조 메모리(즉, 보조 기억장치)에 저장되며 트랜잭션을 구성하는 명령어에 의해 디스크에 저장된 데이터를 메인 메모리로 읽어오거나 메인 메모리에 있는 데이터를 디스크에 저장하기도 한다. 데이터베이스에 저장된 데이터의 **갱신(update)**은 갱신할 데이터를 그 데이터베이스가 저장된 디스크로부터 메인 메모리로 읽어와서 새로운 값으로 수정한 후 디스크에 기록하는 과정을 거친다. 데이터베이스 접근에서 디스크와 메인 메모리 사이의 판독과 기록 원리를 자세히 알아보기로 하자.

10.1.1 블록과 버퍼

데이터 **판독(read)**이란 처리하고자 하는 데이터를 메인 메모리(메모리 변수)로 읽어 들이는 작업을 말하며 데이터 **기록(write)**이란 메인 메모리(메모리 변수)의 데이터를 보조 메모리로 출력하는 작업을 말한다.

블록(block)이란 보조 메모리와 메인 메모리 사이에서 데이터를 실제로 판독하거나 기록하는 단위를 말한다. 블록의 크기는 DBMS에 의해 결정되며 일반적으로 수백 바이트에서 수 킬로바이트에 이른다. 연속으로 저장된 데이터들을 블록 크기로 묶어서 하나의 블록으로 만드는 것을 **블록킹(blocking)**이라 한다.

블록의 크기가 512 바이트라 할 때 프로그램에서 1 바이트 데이터를 읽는다면 실제로 읽는 데이터는 그 데이터를 포함하는 블록 전체인 512 바이트를 읽는다. 사실, 보조 메모리의 모든 데이터는 블록을 형성하여 저장되며, 따라서, 보조 메모리에 저장되는 데이터베이스 역시 하나 이상의 일정 크기의 블록들로 구성된다.

보조 메모리의 데이터 블록을 메인 메모리로 판독할 때 메인 메모리에는 그 블록을 읽어 들일 기억 공간이 필요한데, 그 기억 공간을 **입력 버퍼(input buffer)**라고 한다. 한편, 보조 메모리에 블록을 기록할 때도 기록하기 전에 메인 메모리에서 블록 크기만큼의 데이터를 담아둘 기억 공간이 필요한데, 이 기억 공간을 **출력 버퍼(output buffer)**라 한다. 입력 버퍼는 메인 메모리로 데이터 판독만을 위한 버퍼로, 출력 버퍼는 보조 메모리에 데이터 기록만을 위한 버퍼로 사용되기도 하지만, 앞에서 설명한 것처럼, 데이터 갱신을 위해서는 해당 데이터를 메모리로 가져와서 수정한 것을 기록해야 하므로 갱신을 위한 버퍼는 입력 버퍼이면서 출력 버퍼로도 사용한다.

디스크 상에 저장된 블록을 **물리적 블록(physical block)** 혹은 **디스크 블록(disk block)**이라 부르며 메인 메모리 버퍼에 일시적으로 저장된 블록을 **버퍼 블록(buffer block)**이라 한다. 또한, 디스크 블록이 일시적으로 저장된 버퍼를 **디스크 버퍼(disk buffer)**라고 한다.

그러면 디스크로부터 1 바이트를 읽더라도 왜 수백 바이트 내지 수 킬로바이트에 해당하는 블록을 전부 읽어야 할까? 그리고, 왜 버퍼를 도입해서 데이터 판독과 기록을 복잡하게 한 것일까? 이에 대한 해답으로 10.1.2절과 10.1.3절에서 데이터 판독과 기록에 대해 살펴본 후 10.1.4절에서 다루도록 한다.

10.1.2 데이터 판독

데이터 **판독(read)**이란 처리하고자 하는 데이터를 메인 메모리(메모리 변수)로 입력하는 작업이다. 데이터베이스로부터 데이터를 읽고 처리하는 트랜잭션에서 어떠한 일들이 일어나는지를 알아보자.

그림 10.1은 트랜잭션에서 아직 메인 메모리로 읽지 않은 데이터 항목 D를 읽어서 처리하기 위해 read(D) 연산을 처리하는 일련의 과정을 보여준다. 데이터 항목 D를 포함하는 디스크 블록을 B_D라 하자. 트랜잭션에서 read(D)를 수행하면 DBMS는 데이터 항목 D를 포함하는 블록 B_D(블록1)를 읽어 들이기 위한 버퍼를 메인 메모리 내에 마련한 후 그 블록을 버퍼로 읽어 들인다. 그림 10.1에서 input(B_D)는 메인 메모리에 버퍼를 할당하고 데이터 항목 D를 포함하는 블록 B_D를 이 버퍼로 읽어들이는 연산이다. 버퍼는 여러 데이터 항목의 값들을 포함하므로 데이터 항목 D의 값인 a만 트랜잭션 내의 작업 영역인 지역 변수 D로 복사한다. 트랜잭션은 데이터 항목 D의 값을 지역 변수 D에 임시로 저장해서 처리한다.

이후에 read(E) 연산을 또 실행하게 되면 먼저 데이터 항목 E를 포함하는 디스크 블록이 버퍼 내에 있는지를 조사한 후, 존재하면 버퍼로부터 E의 값인 b를 트랜잭션의 해당 지역 변수로 복사한다. 일반적으로 read(X) 연산은 먼저 버퍼에 데이터 항목 X가 존재하는지를 조사한 후 있으면 버퍼로부터 그 값을 지역 변수 X로 복사하고 버퍼에 존재하지 않으면 input(B_X) 연산을 수행하여 버퍼를 마련한 후 디스크 접근을 통해 X의 값을 포함하는 블록 B_X를 버퍼로 읽어 들인다. 그 후에 버퍼에 있는 데이터 항목 X의 값을 해당 지역 변수 X로 복사함으로써 read(X) 연산이 완성된다.

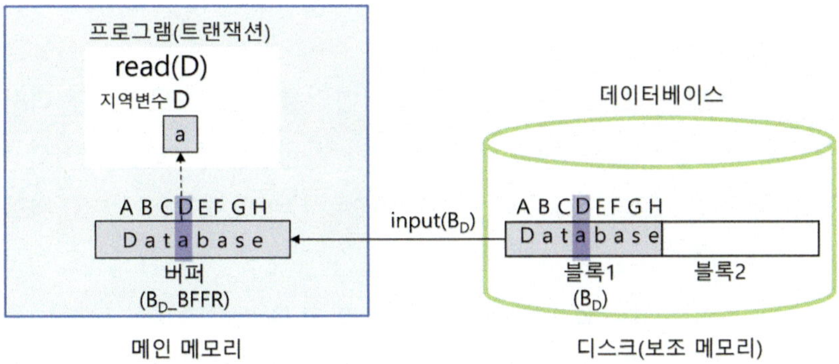

그림 10.1 데이터 판독 과정

데이터 항목 X를 지역 변수 X로 읽어 들이는 연산을 read(X), X를 포함하는 블록 B_X를 읽어들이는 버퍼를 B_X_BFFR이라 하고, 버퍼에서 X에 해당하는 데이터의 위치를 x라 할 때, 이 연산을 알고리즘으로 나타내면 다음과 같다.

■ 알고리즘 : read(X) 연산

if (데이터 항목 X의 값이 버퍼에 부재?) **then** input(B_X);
X = B_X_BFFR[x];

이 알고리즘에서 사용된 input(B_X)의 연산은 다음과 같다.

■ 알고리즘 : input(B_X) 연산

데이터 항목 X 값을 포함한 블록 B_X를 읽기 위한 버퍼 B_X_BFFR을 메인 메모리에 할당한다;
블록 B_X를 버퍼 B_X_BFFR로 읽어 들인다;

이 알고리즘에서 한 가지 의문이 있을 수 있다. 데이터 항목 X의 값이 버퍼에 있는지를 어떻게 알 수 있을까? 해답은 read(X) 연산과 DBMS에 있다. read(X) 연산은 DBMS가 수행하는데, DBMS가 read(X) 연산에서 버퍼에 없는 데이터 항목 X를 포함하는 블록 B_X를 버퍼로 읽는 input(B_X) 연산을 수행할 때 해당 블록에 대한 버퍼의 메모리 위치 정보와 그 버퍼가 어떤 데이터 항목을 포함하는지에 대한 정보를 알 수 있다. DBMS는 이 정보를 가지고 해당 데이터 항목 값이 메인 메모리 내에 존재하는지, 있다면 어느 버퍼에 존재하는지, 그리고 해당 버퍼 내에서의 어느 위치에 있는지를 알 수 있다.

10.1.3 데이터 기록

데이터 기록(write)이란 메인 메모리(메모리 변수)의 데이터를 보조 메모리로 출력하기 위한 작업이며 데이터 기록도 데이터 판독과 같이 블록, 버퍼, 지역 변수가 이용된다. 하지만, 데이터 기록은 트랜잭션의 지역 변수 값에 대한 기록 연산으로 시작되는데, 그림 10.2는 데이터베이스에 데이터를 기록하는 과정을 나타낸다.

이 그림에서 write(D)는 데이터 항목 D에 해당하는 지역 변수 D의 값 A를 기록하는 연산으로 데이터 항목 D를 포함하는 버퍼가 메인 메모리에 존재하는지를 검사한다. 포함하는 버퍼가 없으면, input(B_D) 연산을 수행하여 메인 메모리에 버퍼 B_D_BFFR을 할당하고, 데이터 항목 D를 포함하는 블록 B_D를 그 버퍼로 읽어 들인 후, 버퍼 내의 데이터 항목 D 값 위치에 값 A를 기록한다. input(B_D) 연산을 수행하는 과정에서 만약 디스크에 블록 B_D가 없으면, 디스크로부터 새로운 블록 B_D를 할당받아 데이터베이스에 반영하고, 그 블록을 버퍼로 읽어 들인 후, 버퍼 내의 데이터 항목 D 위치에 값 A를 반영한다. 일반적으로 대부분의 기록 연산은 이 상태에서 디스크에 완전히 기록하지 않은 채 버퍼에 이렇게 반영한 것만으로 끝난다. 버퍼에 기록한 데이터 항목 값이 디스크에 완전히 반영되는 것은 트랜잭션의 모든 명령어가 실행되어 완료되거나 혹은 새로운 데이터가 데이터베이스에 삽입되는 과정에서 버퍼가 완전히 꽉 채워졌거나 혹은 commit과 같은 강제적인 명령으로 이루어진다. 하지만, commit과 같은 강제 명령이 아닌 이상 실제로 버퍼에 기록한 값을 디스크에 반영하는 것은 시스템에 의해 주어진 조건에 따라 이루어지기 때문에 사용자는 대부분 언제 디스크로 반영되는지 알지 못한다.

버퍼의 내용을 디스크 블록에 반영하는 것을 버퍼를 비운다고 말하며, 그림 10.2에서 output(B_D) 연산이

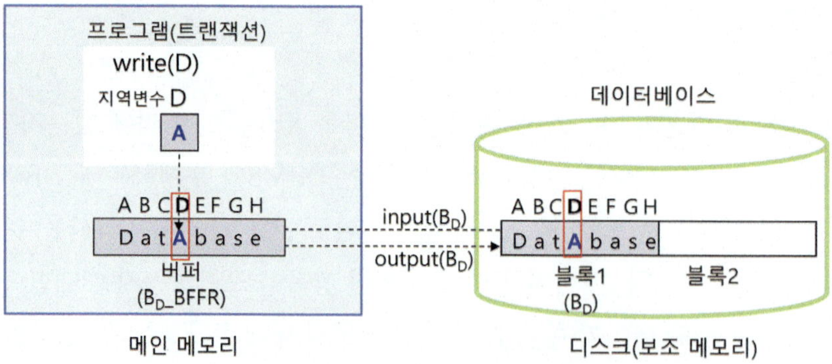

그림 10.2 데이터 기록 과정

바로 데이터 항목 D 값을 포함한 버퍼를 해당 물리적 블록 B_D로 비우는 연산이다.

버퍼의 내용이 디스크에 반영될 때, 버퍼 내의 해당 데이터 항목 값만 해당 블록에 반영되는 것이 아니라 버퍼 내용 전체가 해당 블록에 반영된다. 디스크로부터 데이터를 버퍼로 읽어 들일 때와 마찬가지로 버퍼의 내용을 디스크에 기록하는 것도 이미 설명한 것처럼 블록 단위로 이루어지기 때문이다.

지역 변수 X의 값을 데이터베이스의 데이터 항목 X로 기록하는 연산을 write(X)라 하고 데이터 항목 X를 포함하는 버퍼와 버퍼에서 X의 위치를 각각 B_X_BFFR와 x라고 할 때 이 연산을 알고리즘으로 나타내면 다음과 같다.

■ 알고리즘 : write(X) 연산

```
if (데이터 항목 X의 값이 버퍼에 부재?) then input(Bx);
Bx_BFFR[x] = X ;
```

시스템에 의해 자동으로 실행되거나 commit과 같은 명령에 의해 강제로 버퍼 내용을 디스크에 반영하는 output(B_X) 연산은 다음과 같다.

■ 알고리즘 : output(B_X) 연산

```
데이터 항목 X 값을 포함한 버퍼 Bx_BFFR 내용 전체를 데이터베이스의 해당 디스크 블록에 기록한다;
```

그러면 기록 연산은 왜 실제로 디스크에 기록 데이터를 반영하지 않고 대부분 버퍼 기록만으로 끝나는 것일까? 이에 대한 자세한 대답이 10.1.4절에서 소개된다.

10.1.4 블록과 버퍼를 사용하는 이유

(1) 왜 블록과 버퍼를 이용하는가?

10.1.2절과 10.1.3절에서 우리는 트랜잭션의 작업공간(즉, 지역 변수)과 블록 사이에 버퍼를 두고 데이터베이스 데이터를 판독하고 기록하는 과정을 자세히 살펴보았다.

그러면 왜 디스크로부터 데이터를 블록 단위로 판독하거나 기록해야 하고 버퍼는 복잡하게 왜 사용해야 하는 것일까?

메인 메모리에서 데이터를 읽거나 기록하는 **메모리 접근 시간(memory access time)**은 디스크로부터 데이터를 읽거나 기록하는 **디스크 접근 시간(disk access time)**보다 훨씬 빠르다. 메모리 접근은 전자적으로 매우 빠르게 이루어지는 반면 디스크 접근은 데이터가 있는 디스크 위치로 판독/기록 헤더가 놓일 때까지 헤더의 이동과 디스크 회전이 필요한데, 이 작업이 기계적으로 이루어지기 때문에 메모리 접근에 비해 매우 느린 것이다. 트랜잭션의 데이터 판독이나 기록 연산에서 그 트랜잭션은 그 연산이 이루어질 때까지 대기해야 한다. 그러므로 트랜잭션이 판독 혹은 기록 연산에서 이 대기 시간을 최소화하기 위해서는 디스크 접근 횟수를 최소화하는 것이 우선이다.

그림 10.3 (a)와 (b)는 트랜잭션의 판독 연산에서 각각 블록과 버퍼를 사용하지 않는 경우와 사용하는 경우의 처리 과정을 나타낸다. 이 그림에서 실선 화살표는 디스크 접근을 나타내고 점선은 메모리 내에서의 메모리 접근을 나타낸다. 그림 10.3 (a)에서 볼 수 있듯이, 블록과 버퍼를 사용하지 않는 경우는 데이터를 읽을 때마다 매번 매우 느린 디스크 접근이 요구되는 반면, 블록과 버퍼를 사용하는 경우는 그림 10.3 (b)와 같이 1번의 디스크 접근 후에는 매번 버퍼에 대한 빠른 메모리 접근만 요구되므로 판독 연산마다 수반되는 트랜잭션의 대기 시간이 최소화된다.

일반적으로 여러 개의 데이터가 연속으로 저장된 상태에서 트랜잭션이 어느 한 데이터를 읽은 후 다른 데이터를 또 읽고자 할 때, 읽고자 하는 데이터는 방금 읽은 데이터의 바로 다음 혹은 그 근처에 있을 가능성이 매우 크다. 데이터베이스는 관련성 있는 데이터들끼리 연속으로 저장하는 데다 연속된 데이터들을 한 블록으로 묶는다. 그러므로 블록 내에서 한 데이터가 읽혀서 그 블록이 메인 메모리의 버퍼로 옮겨지면 그다음에 읽을 데이터는 그 버퍼 내에 있을 가능성이 매우 커서 데이터를 버퍼로부터 지역 변수로 옮기는 메모리 접근만 필요할 뿐이다.

트랜잭션의 기록 연산에서 블록과 버퍼를 사용하는 이유는 판독 연산과 거의 유사하다. 이를 설명하기

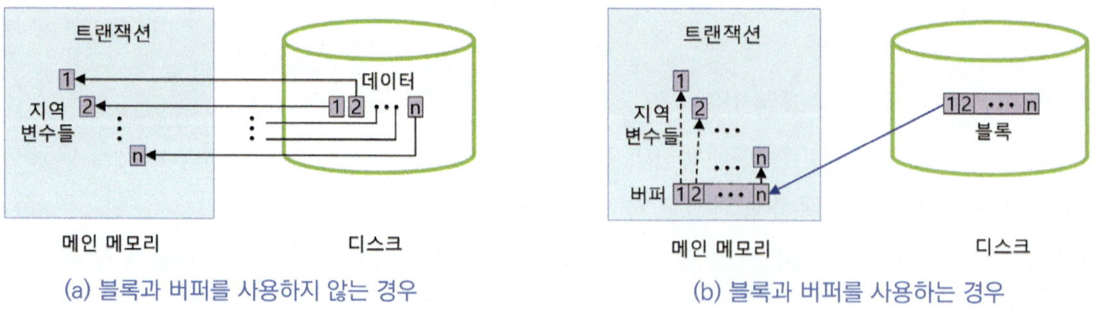

그림 10.3 판독 연산에서 블록과 버퍼 사용 여부에 따른 처리 과정

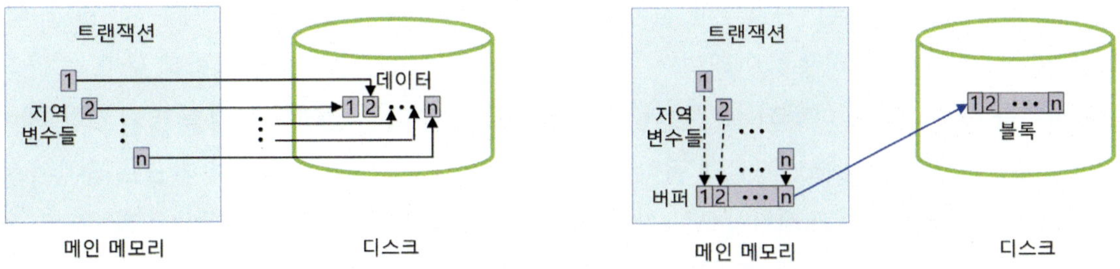

(a) 블록과 버퍼를 사용하지 않는 경우　　(b) 블록과 버퍼를 사용하는 경우

그림 10.4 기록 연산에서 블록과 버퍼 사용 여부에 따른 처리 과정

위해 그림 10.4 (a)와 (b)를 살펴보자. 그림 10.4 (a)와 (b)는 트랜잭션의 기록 연산에서 각각 블록과 버퍼를 사용하지 않는 경우와 사용하는 경우의 처리 과정을 나타낸다. 그림에서 보는 것처럼, 그림 10.4 (a)는 트랜잭션의 지역 변수 데이터에 대해 기록 연산을 실행할 때마다 매번 매우 느린 디스크 접근이 필요한 반면, 그림 10.4 (b)에서는 버퍼가 꽉 찰 때까지 지역 변수 데이터를 버퍼에 저장함으로써 매우 빠른 메모리 접근이 이루어지므로 기록 연산에 수반되는 트랜잭션의 대기 시간이 최소화된다.

(2) 블록과 버퍼를 적용한 실생활 예

블록과 버퍼 개념을 사용하는 예를 실생활에서 살펴보면 생각 외로 매우 많다.

예전부터 라면을 좋아하는 사람들은 많다. 라면을 마트에서 자주 사서 집으로 가져와서 먹는 방법을 살펴보자. 여러 가지 방법이 있겠지만, 한 가지 방법은 라면을 먹고 싶을 때마다 마트에 들러서 한 개씩 사서 집으로 가져와 먹는 방법이 있다. 이 방법은 두 달 동안 20개의 라면을 먹는다고 할 때, 20번을 마트에 들러야 한다. 하지만, 또 다른 방법으로 라면을 자주 먹을 것을 예상해서 마트에 한 번 들릴 때, 라면 20개가 들어있는 한 상자를 사서 집으로 가져온 후, 먹고 싶을 때마다 이미 집으로 가져온 라면 상자에서 하나씩 꺼내서 먹는 방법이 있다.

두 가지 방법을 비교해보면 라면 한 개씩 사는 방법은 라면을 먹고 싶을 때마다 매번 마트에 가서 라면을 사서 집으로 가져와야 하므로 마트에 20번 들려서 20번 집으로 가져와야 하는 시간이 걸리지만, 마트에 가서 20개가 든 라면 한 상자를 사서 집으로 가져오는 방법은 마트에서 한 번만 들러서 집으로 가져온 후에는 마트에 들리지 않고 집에 있는 상자에서만 꺼내면 되므로 마트에 19번 가서 집으로 가져오는 시간이 줄어든다.

사실 우리 실생활에서는 라면뿐만 아니라 물건을 살 때 자주 많이 사용하는 소모품이라면 마트에서 박스 단위로 사서 집에 가져다 놓고 필요할 때마다 꺼내서 사용한다. 이 예에서 데이터베이스가 저장된 보조 메모리, 메인 메모리, 블록, 버퍼, 지역 변수 값에 해당하는 것은 각각 무엇인지 생각해 보자. 또한, 이 예가 트랜잭션의 판독 연산에 해당하는지 아니면 기록 연산에 해당하는지를 연관시켜 생각해 보자.

블록과 버퍼를 사용하는 또 하나의 실생활의 예를 들어 보자. 우리는 집에서 휴지를 많이 사용하는데 집에서 사용한 휴지를 밖에 있는 쓰레기장에 버리는 방법을 생각해 보자. 그 한 가지 방법으로 집에서 사용한 휴지가 생길 때마다 밖에 있는 쓰레기장으로 가서 버리는 것을 생각할 수 있다. 그러나 일반적으로 우리는 그렇게 하지 않는다. 대부분 집마다 휴지통 하나씩 두고 버려야 할 휴지가 생기면 우선 휴지통에 모은다. 그러다가 휴지통이 가득 차면 그때 휴지통의 휴지들을 쓰레기 봉지에 담아서 밖에 있는 쓰레기장에 버린다. 이때, 집안에서 휴지통을 사용하는 이유를 생각해 보자. 이 예에서 메인 메모리, 보조 메모리, 블록, 버퍼, 지역 변수 값에 해당하는 것은 각각 무엇인지 생각해 보자. 또한, 이 예가 트랜잭션의 판독 연산에 해당하는지 혹은 기록 연산에 해당하는지도 생각해 보자.

10.1.5 SQL 명령과 판독·기록 연산

10.1.2절과 10.1.3절에서 우리는 데이터베이스 판독과 기록의 원리를 살펴보고 read(X) 연산과 write(X) 연산을 함께 소개했다. SQL에서 데이터 조작을 위해 많이 사용하는 연산이 바로 검색, 삽입, 갱신, 삭제에 해당하는 SELECT, INSERT, UPDATE, DELETE 연산이다. 이 각 연산이 앞에서 살펴본 read 연산과 write 연산에 어떻게 관련되는지를 살펴보자.

다음의 SELECT 연산이 read 연산 혹은 write 연산과 어떻게 관련되는지를 살펴보자.

```
SELECT 이름
FROM 학생
WHERE 학번=2025
```

이 연산은 학생 릴레이션으로부터 학번 데이터 항목이 2025인 튜플을 포함하는 블록을 버퍼로 읽고 그 튜플에서 이름 속성에 해당하는 값을 지역 변수로 가져와서 보여주는 절차를 수행하므로 데이터베이스 접근은 판독 연산, 즉, read(X) 연산만을 포함한다.

한편, 아래의 INSERT 연산이 read 연산 혹은 write 연산과 어떻게 관련되는지를 살펴보자.

```
INSERT INTO 학생
VALUES(2026, '홍세호', '컴퓨터과학과', '010-1177-2333', '원주시')
```

언뜻 생각하기에 이 INSERT 연산은 데이터베이스 릴레이션에 튜플을 삽입하는 명령으로 10.1.3절에서 소개한 output(B_X) 연산만으로 이루어진 연산으로 생각할 수 있지만 사실 그렇지 않다. 10.1.3절에서 write(X) 연산에 관해 소개했듯이, write(X) 연산은 버퍼가 없는 경우 X가 저장될 블록에 대해 input(B_X) 연산을 수반한다. X를 저장하기 위해 새로운 블록이 필요하면 새로운 블록 B_X를 데이터베이스에 할당하고 input(B_X) 연산을 수행하여 그 블록을 버퍼로 읽어온다. 따라서 INSERT는 기록 연산 write(X)은 물론 이 연산 이전에 X가 저장될 블록에 대한 input(B_X) 연산을 수반한다.

UPDATE 연산은 항상 read(X) 연산과 write(X) 연산을 모두 포함한다. 갱신하기 위한 튜플을 읽어와야 하므로 판독 연산이 우선 실행되고 갱신 후 갱신 튜플을 다시 재기록해야 하므로 기록 연산이 실행된다.

DELETE 연산 또한 UPDATE 연산과 마찬가지로 read(X) 연산과 write(X) 연산을 모두 필요로 한다. 그 이유는 삭제할 튜플을 먼저 찾아서 해당 블록을 버퍼로 읽어온 후 버퍼에서 삭제할 튜플만 제거한 후 다시 해당 블록에 재기록해야 하기 때문이다. 이처럼, SELECT 연산만 read(X) 연산만을 포함하고, INSERT 연산은 삽입되는 튜플을 저장할 블록에 대한 판독 연산과 write(X) 연산을 포함하며, UPDATE와 DELETE 연산은 모두 read(X) 연산과 write(X) 연산을 반드시 수반한다. 이러한 이유로 앞으로의 트랜잭션 설명에서 필요할 때를 제외하고 SQL 연산 문 대신 read(X) 연산과 write(X) 연산의 조합으로 표현하고자 한다.

10.2 트랜잭션과 원자성

10.1절에서 우리는 **트랜잭션(transaction)**을 「데이터베이스로부터 데이터를 읽고 쓰고 갱신하고 삭제하는 하나 이상의 데이터베이스 접근 연산들로 이루어진 프로그램」으로 소개한 바 있다. 데이터베이스를 포함하여 트랜잭션을 일반화하여 간단히 정의한다면 트랜잭션이란 「일련의 여러 행위 또는 부분 작업들로 이루어진 한 단위의 작업」이라 할 수 있다.

일반화한 트랜잭션의 한 예로 여러분이 대형 마트에서 쇼핑한다고 하자. 한 번의 쇼핑으로 운동화도 사고, 티셔츠도 사고, 쌀도 사고, 사과 한 박스도 사고, 우유도 사고, 배추도 샀다면 하나의 쇼핑 작업 즉, 하나의 쇼핑 트랜잭션인 셈이다. 운동화 구입부터 배추 구입까지의 일련의 행위 혹은 작업들은 각각 이 쇼핑 트랜잭션을 구성하는 부분 행위(작업)이다. 이 쇼핑 트랜잭션의 결과를 결재하게 되면 매출 전표에 운동화부터 배추까지의 모든 구입 물품 목록과 각 물품의 구입 금액이 출력되는데, 목록에 적힌 물품은 해당 물품의 구입 행위, 즉, 부분 행위의 결과이다.

만일 여러분이 결재 후에 티셔츠가 마음에 안 들어서 반납하고 취소한다면, 대부분의 마트는 이를 처리하기 위해 이미 완료된 이 쇼핑 트랜잭션 취소를 통해 구입한 물품들을 먼저 모두 취소하고, 그 티셔츠만 뺀 나머지 물품들에 대해 다시 하나의 새로운 트랜잭션으로 처리하는 것을 종종 볼 수 있다.

그러면, 티셔츠만 취소해서 그 금액만큼만 돌려주면 되지 왜 그 트랜잭션 전체를 취소한 후 티셔츠만 뺀 나머지 물품들을 묶어서 다시 하나의 트랜잭션으로 결재 처리하는 것일까?

그 이유를 알기 위해 신용카드와 연관 지어 설명하면 조금 더 쉽게 이해할 수 있다. 신용카드를 이용하는 결재는 구입 목록에 있는 각 물품 단위로 이루어지는 것이 아니라, 하나의 쇼핑 트랜잭션 단위로 하여 구입 목록의 물품 전체에 대해 한 개의 합산 금액으로 처리하기 때문에 구입 물품 개개에 대해 결재취소 처리를 할 수 없기 때문이다. 여러분들도 여러 개의 물건을 사고 신용카드로 결재하는 경우, 명세표에는 각 물건과 가격 그리고 합산 금액이 표시되지만, 신용카드가 연계된 통장에서는 합산 금액 하나만 결재된 것을 볼 수 있을 것이다.

이제 데이터베이스에서의 트랜잭션 개념에 대해 알아보자. **데이터베이스 트랜잭션(database transaction)**이란 일련의 연산(명령어)들로 이루어진 하나의 프로그램으로 그 연산 중에는 데이터베이스를 읽거나 기록하거나 갱신하는 연산들이 포함된다. 데이터베이스에서 트랜잭션에 해당하는 작업은 바로 그 트랜잭션을 구성하는 프로그램으로, 이 프로그램이 하나의 작업 단위, 즉, 처리 단위가 된다. 또한 데이터베이스 트랜잭션을 구성하는 부분 행위는 프로그램을 구성하는 연산들로서 이 연산 중에 데이터베이스 접근과 관련된 연산이 있는 셈이다. 따라서, 우리가 말하는 트랜잭션은 데이터베이스를 판독하거나 기록하는 하나 이상의 연산을 포함한다.

트랜잭션(transaction)이란 처리와 관련한 하나의 단위인데, 앞의 대형 마트 쇼핑 트랜잭션 예에서 티셔츠 구입 취소만은 허락되지 않듯이, 트랜잭션에서도 부분 작업 취소, 즉, 일부 연산 취소는 허락되지 않으며 일부분을 취소하더라도 전체를 취소해야 한다. 트랜잭션의 부분 작업을 취소한다는 것을, 다르게 말하면, 트랜잭션의 나머지 부분은 취소하지 않고 허락된다는 말과 같은데, 바로 앞에서 설명했듯이, 트랜잭션에서 일부분 취소, 즉, 부분 승인은 용납되지 않는다.

마찬가지로, 데이터베이스 트랜잭션(이제부터 트랜잭션이라 함은 데이터베이스 트랜잭션을 의미하는 것으로 한다)도 일부는 실행되고 그 후 오류나 시스템 장애 등으로 인해 실행이 완전히 중단되어 나머지가 실행되지 않는 경우는 허락되지 않는다. 설사 모든 연산이 실행되어 종료된 후라도 데이터베이스에 아직 반영되지 않고 메모리에 남아 있는 실행 결과가 메모리 버퍼에 있을 수 있으므로 이 결과가 디스크의 데이터베이스에 완전히 반영되어야 트랜잭션이 완료된다. 여기에서 여러분들은 한 가지 의문 사항이 있을 수 있다. 트랜잭션의 모든 연산이 **종료**되었다는 것이 트랜잭션이 **완료(commit)**되었다는 것과 다른 것인가?

대답은 '그렇다' 이다. 그 이유는 버퍼와 관련되어 있다. 10.1.3절에서 설명했듯이 데이터베이스의 기록 연산들은 대부분 버퍼에만 기록하는 것으로 진행된다. 앞에서 설명했듯이, 버퍼의 내용을 데이터베이스에 반영하는 것은 데이터베이스관리 시스템의 규칙에 따라 이루어지므로 사용자들은 언제 반영되는지 알 수 없다. 트랜잭션에서 마지막 명령어가 실행되어 종료되더라도 트랜잭션이 변경하거나 새로 생성한 데이터 일부는 아직 데이터베이스에 반영되지 않고 버퍼에만 남아 있게 된다. 트랜잭션의 마지막 명령이 종료되면, 데이터베이스관리 시스템은 데이터베이스에 미반영된 버퍼의 데이터를 데이터베이스에 기록해서 트랜잭션 실행 결과를 완전히 반영하게 되는데, 이 과정에서 오류나 시스템 장애에 의해 이 작업이 중단되면 버퍼 내용이 손실되어 그 내용을 데이터베이스에 반영할 수 없게 된다. 버퍼는 메인 메모리 일부이므로 오류나 장애로 인하여 트랜잭션이나 시스템 작업이 중단되면 버퍼의 내용을 잃게 된다는 점을 주시하자.

트랜잭션은 그 실행에서 완전히 실행되거나 아니면 아예 실행되지 않던가 해야 하는데 이러한 성질을 트랜잭션의 **원자성(atomicity)**이라 한다. 원래 원자(atom)란 그 존재가 전부 혹은 전무(all or none)로서 일부만 있는 상태로 존재할 수 없듯이 트랜잭션도 아예 실행이 안 된 것이 되든가 아니면 완전히 실행된 것이 되든가 해야지 일부만 실행되어서는 안되는 것이다.

그림 10.5는 원자성이 지켜지지 않은 트랜잭션을 보여준다. 이 그림에서 트랜잭션의 정상적 실행이 불가능함에 따라 데이터베이스가 완전히 변경되지 못하고 일부만 변경된다. 트랜잭션의 원자성에 따라 트랜잭션이 부분만 실행되고 중단되면 그림 10.6 (a)와 같이 데이터베이스를 트랜잭션 실행 이전 상태로 만들고, 트랜잭션이 완료되면 그림 10.6 (b)처럼 트랜잭션에 의한 변경 데이터는 데이터베이스에 완전히 반영된다.

그러면, 왜 트랜잭션은 원자성을 갖춰야 하는가? 그리고 어떻게 트랜잭션이 원자성을 갖추도록 할 수 있을까? 이에 대한 해답이 10.4절에서 소개되며 11장에서 복구 방법에 대해 자세히 다룬다.

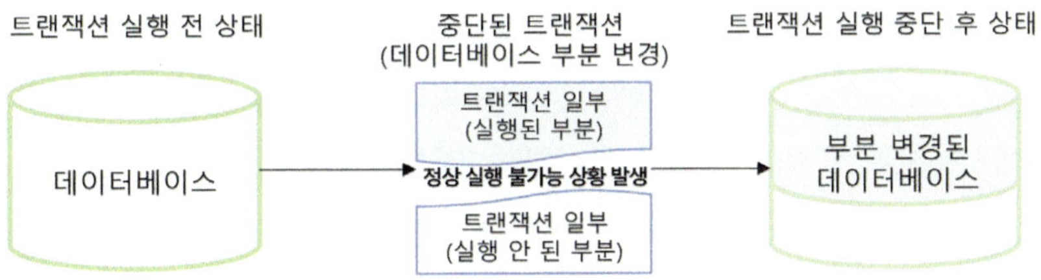

그림 10.5 원자성이 지켜지지 않은 트랜잭션

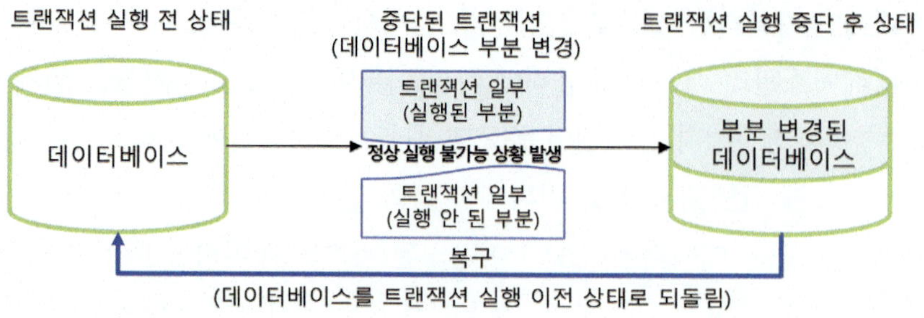

(a) 실행 중단된 트랜잭션과 데이터베이스 복구(전무 실행)

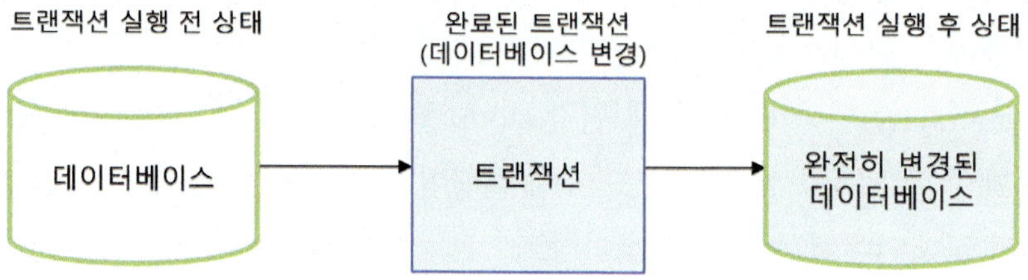

(b) 완료된 트랜잭션과 데이터베이스(전부 실행)

그림 10.6 트랜잭션 원자성

10.3 트랜잭션의 상태

트랜잭션은 실행하기 시작해 원자성에 따라 완료되거나 철회될 때까지 다음의 여러 상태를 갖는다.

- **활동(active)** 상태 : 트랜잭션이 실행 중인 상태
- **부분 완료(partially committed)** 상태 : 트랜잭션이 마지막 명령어를 실행한 직후의 상태
- **실패(failed)** 상태 : 정상적 실행이 더 이상 진행할 수 없게 된 상태
- **철회(aborted)** 상태 : 원자성에 따라 데이터베이스가 트랜잭션 실행 이전 상태로 되돌려진 상태
- **완료(committed)** 상태 : 트랜잭션이 성공적으로 완결한 상태

트랜잭션의 상태는 처리되는 조건에 따라 다른 상태로의 천이가 일어나는데, 그림 10.7은 트랜잭션 실행 시작부터의 상태 천이 관계와 천이 조건을 화살표와 화살표 근처의 설명으로 나타낸다.

처음 트랜잭션이 실행되면 정상적인 **활동(active)** 상태가 된다. 활동 상태에서 트랜잭션의 마지막 명령어가 실행된 직후에는 **부분 완료(partially committed)** 상태가 되는데 이 상태에서는 마지막 명령어를 마쳤

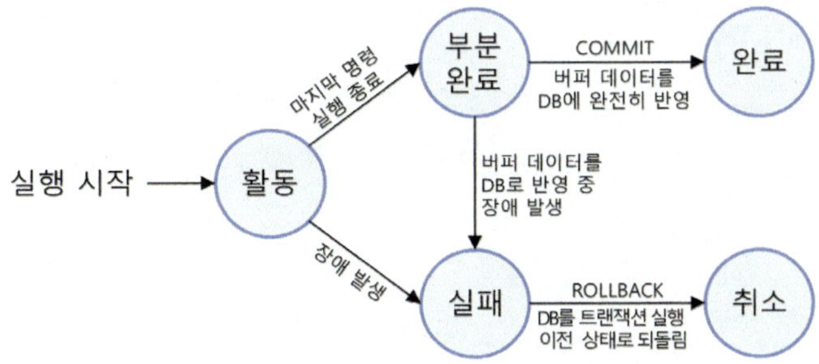

그림 10.7 트랜잭션 상태 천이

다 하더라도 트랜잭션 실행 후 일부 데이터를 담고 있는 버퍼의 내용이 데이터베이스에 반영이 안 된 상태이다. 이 상태에서 남아있는 버퍼의 내용이 전부 데이터베이스에 반영되면 **완료(committed)** 상태가 된다. 하지만 부분 완료 상태에서 버퍼의 내용을 데이터베이스에 반영하는 과정에서 장애가 발생하면 트랜잭션은 **실패(failed)** 상태로 천이된다. 또한, 트랜잭션이 활동 상태에서 에러와 같은 장애로 인해 정상적 실행이 불가능하게 될 때도 **실패(failed)** 상태로 바뀐다. 실패 상태에서 데이터베이스가 트랜잭션 실행 이전 상태로 되돌려지면 **철회(aborted)** 상태가 된다.

트랜잭션에서 마지막 명령어 다음에는 **commit** 명령이 뒤따르는데 이 명령은 부분 완료 상태에서 남아있는 버퍼의 내용을 데이터베이스에 반영함으로써 트랜잭션을 완료 상태로 전환한다. 한편, **rollback**은 데이터베이스를 트랜잭션 실행 이전 상태로 되돌리는 트랜잭션 연산으로 정상적 실행이 불가능한 것으로 체크될 때 사용한다.

그림 10.8은 MS-SQL을 이용하여 트랜잭션을 사용하는 예이다. 이 예에서 트랜잭션은 BEGIN TRANSACTION으로 실행을 시작하고 20번째 줄의 COMMIT TRANSACTION에서 완료된다.

이 트랜잭션에 대한 설명은 다음과 같다.

3~4번째 줄에서 변수 @Id와 @Name을 각각 정수와 가변 문자열로 선언한 후 6~7번째 줄에서 이 변수에 각각 1004와 '홍길동'으로 값을 부여한다. 그 다음, 9번째 줄에서 INSERT 명령으로 ID와 NAME을 속성으로 하는 ID_NAME_TABLE 릴레이션에 두 변수의 값을 속성값으로 하는 튜플을 삽입 한 후, 11번째 줄에서 SELECT 문과 IF 문을 이용하여 방금 삽입한 @Id의 튜플이 존재하는지를 체크하여 존재하지 않으면 에러이므로 ROLLBACK TRANSACTION 명령으로 데이터베이스를 이 트랜잭션 실행 이전 상태, 즉, 9번째 줄의 INSERT 명령 실행 이전 상태로 되돌린다. 만일 11번째 줄의 IF문이 참이면 9번째 줄의 삽입 명령이 정상적으로 실행된 것이므로 18번째 줄의 UPDATE 명령으로 이름을 '이길동'으로 갱신한 후, 20번

```
1     BEGIN TRANSACTION
2
3     DECLARE        @Id      INT
4     DECLARE        @Name  VARCHAR(50)
5
6     SET   @Id = 1004
7     SET   @Name = '홍길동'
8
9     INSERT ID_NAME_TABLE(ID, NAME) VALUES(@Id, @Name)
10
11    IF NOT EXISTS (SELECT * FROM ID_NAME_TABLE WHERE ID = @Id)
12    BEGIN
13       ROLLBACK TRANSACTION
14       PRINT '에러 : 데이터가 없음!'
15       RETURN
16    END
17
18    UPDATE ID_NAME_TABLE SET NAME = '이기홍' WHERE ID = @Id
19
20    COMMIT TRANSACTION
```

그림 10.8 MS-SQL에서의 트랜잭션 예

째 줄의 COMMIT TRANSACTION 명령으로 데이터베이스에 버퍼의 내용을 모두 반영함으로써 트랜잭션은 완료 상태가 된다.

트랜잭션의 시작과 rollback과 완료는 그 문법이 데이터베이스 시스템 제품마다 다르지만, 트랜잭션의 상태 개념을 알고 지금 설명한 예를 이해한다면 다른 제품에서도 트랜잭션 이해와 사용이 쉬워질 것이다.

10.4 트랜잭션의 ACID 성질

트랜잭션의 ACID 성질은 트랜잭션이 데이터베이스의 데이터를 안전하게 처리해서 문제가 발생하지 않게 실행됨을 보장하는 4가지 성질로서 ACID의 A는 **Atomicity(원자성)**, C는 **Consistency(일관성)**, I는 **Isolation(격리성)**, D는 **Durability(영속성)**을 의미하는 것으로 각 성질이 무엇인지는 다음 설명과 같다. 각각에 대한 이해를 위해 더 자세한 내용은 이 설명 후에 예를 들어 소개하도록 한다.

- **원자성(Atomicity)** : 트랜잭션의 모든 연산의 수행 결과가 데이터베이스에 전부 반영되거나 혹은 전부 반영되지 않거나 하여 트랜잭션이 전부 실행되거나 아니면 전부 실행되지 않거나 하는 **전부 혹은**

전무(all or none) 성질

- **일관성(Consistency)** : 트랜잭션 실행 이전이나 이후에도 데이터베이스의 일관성을 보존하는 성질
- **격리성(Isolation)** : 여러 개의 트랜잭션이 동시에 실행되는 환경에서 한 트랜잭션에 의해 생성된 최종 결과가 아닌 중간 결과를 다른 트랜잭션이 접근할 수 없도록 하는 성질. 이 성질에서 트랜잭션의 최종 결과만 다른 트랜잭션이 접근할 수 있으며 이 성질을 통해 시스템은 동시에 실행 중인 모든 트랜잭션이 하나씩 차례로 실행한 것처럼 보장한다.
- **영속성(Durability)** : 트랜잭션이 성공적으로 완료된 후, 그 트랜잭션에 의한 데이터베이스의 변경 결과는 시스템 장애가 발생하더라도 지속되어야 하는 성질

```
T1:   read(A)
      A := A - 5,000,000
      write(A)
      read(B)
      B := B + 5,000,000
      write(B)
```

ACID의 각 성질에 관해 소개했지만, 이 성질 각각이 무엇인지 그리고 왜 보장되어야 하는지 선뜻 이해가 가지 않을 것이다. 따라서 이에 대해 예를 들어 자세히 소개해 보자.

자세한 설명을 위해 우측의 간단한 트랜잭션 T_1을 소개한다. T_1은 어떤 사람의 계좌 A에서 다른 사람의 계좌 B로 5,000,000원을 이체하는 트랜잭션을 간단히 나타낸 것이다. 트랜잭션 T_1를 가지고 ACID 성질이 보장되어야 하는 이유를 10.4.1절부터 10.4.4절에 걸쳐 설명하고자 한다.

10.4.1 원자성 손상의 문제점

우선 트랜잭션의 **원자성(atomicity)**에 대해 설명하기로 하자. 트랜잭션의 원자성에 대해서는 10.2절에서 상세히 소개한 바 있지만 데이터베이스 트랜잭션의 원자성이 왜 중요한지에 대한 좀 더 명확한 설명이 필요하다.

그림 10.9는 트랜잭션 T_1의 원자성이 손상된 예를 나타낸 것으로, T_1이 write(A) 연산까지 실행하여 데이터베이스로 반영된 후 실행 중단 상황이 발생한 예를 나타낸다.

여기에서 발생한 문제점을 살펴보자. T_1을 실행하기 이전의 데이터베이스를 살펴보면, A 계좌에는 10,000,000원, B 계좌에는 20,000,000원이었는데 T_1이 완전히 실행된다면 A 계좌에서 5,000,000원을 빼고 B 계좌에는 5,000,000원을 더해서 A 계좌에는 5,000,000원, B 계좌에는 25,000,000원이 남아야 한다. 그런데, A 계좌에서 5,000,000원을 빼기만 하고 T_1의 실행이 중단되어 B 계좌에는 더하지 못하는 바람에 그림

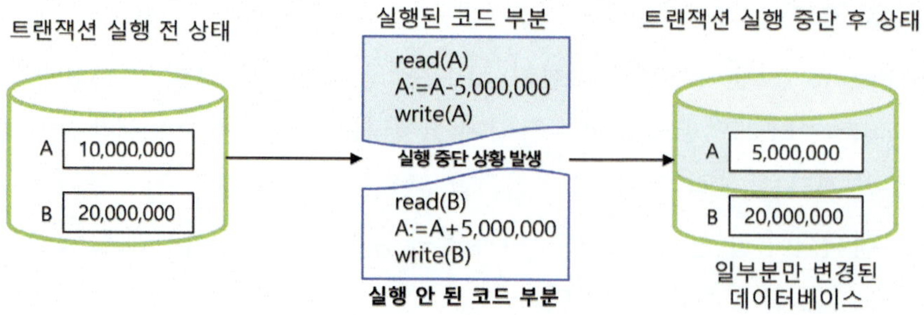

그림 10.9 트랜잭션의 원자성이 손상된 예

10.9의 일부만 변경된 데이터베이스처럼 A 계좌만 5,000,000원으로 변경되고 B 계좌는 변경 없이 그대로 20,000,000원이 되어 T_1의 원자성이 손상되었다. 트랜잭션 실패에서 원자성 손상의 문제는 T_1을 통해 계좌 이체를 시도하다 A 계좌에서 5,000,000원만 빠지고 계좌이체가 완결되지 못하여 이 주인은 이체도 못 하고 금전적 손해만 입게 된 점이다. 이처럼 트랜잭션의 원자성 손상은 데이터베이스의 부분 변경으로 인해 다음에 설명할 일관성 손상으로 인한 실세계의 혼란을 초래할 수 있다.

10.4.2 일관성 손상의 문제점

트랜잭션 T_1이 성공적으로 완료된다면 수행 전에 A 계좌는 10,000,000원, B 계좌는 20,000,000원이고 수행 후에는 A 계좌는 5,000,000원 B 계좌는 25,000,000원이 되어 수행 전이든 후이든 A + B의 합은 일관되게 30,000,000원으로 동일하다. 이것이 T_1에 대한 일관성 요구사항이다. 하지만, 앞의 그림 10.9 원자성 손상 예에서 트랜잭션의 수행 전에는 A + B의 합이 30,000,000원인데 후에는 25.000.000원으로 일관성이 손상되었다. 일관성 손상은 모순을 의미하므로 실세계의 혼란을 불러온다. 개별 트랜잭션에 대한 일관성 보장은 그 트랜잭션을 코딩하는 응용 프로그래머의 책임이다. 일관성 유지는 앞에서 소개한 **무결성 제약 조건(integrity constraint)**을 자동 검사함으로써 가능할 수 있다.

10.4.3 격리성 손상의 문제점

격리성 손상은 여러 프로그램이 동시에 실행되는 다중 프로그래밍 환경에서 발생한다. 문제점을 설명하기 위해 두 트랜잭션 T_2와 T_3을 소개하자. T_2와 T_3는 그림 10.10과 같이 잔액이 1,000,000원인 동일한 계좌 A로부터 출금하는 트랜잭션들이다.

T_2	T_3	연산 실행 후 데이터베이스 (T_2, T_3 실행 이전 A=1,000,000)
read(A) A:=A-1,000,000 write(A)	read(A) A:=A-300,000 write(A)	

그림 10.10 계좌 A에서 1,000,000원을 찾는 트랜잭션 T_2와 300,000원을 찾는 트랜잭션 T_3

그림 10.10에서 T_2는 계좌 A에서 1,000,000원을 찾고 T_3은 같은 계좌 A에서 300,000원을 찾는 트랜잭션이다. 계좌 A에는 잔액이 1,000,000원이므로 트랜잭션이 몇 개이든 찾는 금액을 모두 합하여 1,000,000원만 찾을 수 있다. 가족과 본인이 각각 현금카드와 예금 통장으로 ATM기와 은행에서 찾는다면 두 트랜잭션은 동시에 실행될 수도 있다. 다중 프로그래밍 환경에서 두 트랜잭션 T_2와 T_3가 동시에 실행될 때는 두 트랜잭션의 연산은 시스템에 의해 번갈아 가며 처리된다. 두 트랜잭션 사이에 연산 처리 순서는 실행 환경에 따라 달라지며 시스템에 의해 결정되므로 사용자로서는 알 수 없지만, 여기에서는 시스템이 그림 10.11의 실행순서로 T_2와 T_3의 연산을 처리한다고 가정하자. 그림 10.11에서 맨 오른쪽 열은 데이터베이스에서 같은 행에 있는 연산을 실행한 후 A 계좌의 잔액을 나타낸다.

여기에서 혼동하지 말아야 할 사항은 다음과 같으며 이 사항을 유의하면서 그림 10.11을 실행순서에 따라 코드를 이해해 보자.

- read(A)는 데이터베이스에서 데이터 항목 A의 값을 해당 트랜잭션의 지역 변수 A로 읽어 들이는 연산이다. 따라서, read(A)에서의 A는 데이터베이스의 데이터 항목과 동시에 지역 변수를 나타낸 것이고 수식 「A:=A-1,000,000」에서의 A는 트랜잭션 내의 지역 변수를 나타낸다.

실행 순서	T_2	T_2 변수 A 값	T_3	T_3 변수 A 값	연산 실행 후 데이터베이스 (T_2, T_3 실행 이전 A=1,000,000)
1	read(A)	1,000,000			A=1,000,000
2			read(A)	1,000,000	A=1,000,000
3	A:=A-1,000,000	0			A=1,000,000
4	write(A)	0			A=0
5			A:=A-300,000	700,000	A=0
6			write(A)	700,000	A=700,000

그림 10.11 트랜잭션 T_2와 T_3의 연산 실행순서와 데이터 항목(잔액) A의 변경 값

- T_2의 read(A)와 T_3의 read(A)는 동일한 데이터 항목 A를 읽는 연산이지만 T_2와 T_3의 각자 지역 변수 A로 데이터 항목 A의 값을 읽어 들인다.
- 두 트랜잭션의 수식 「A:=A-1,000,000」와 「A:=A-300,000」에서 동일한 A 명칭을 사용하지만 각각 T_2와 T_3의 지역 변수이므로 다른 변수이다.
- T_2의 write(A)와 T_3의 write(A)는 각자의 지역 변수 A의 값을 데이터베이스의 동일한 데이터 항목 A로 기록하는 연산이다.

그림 10.11의 실행순서에 따라 데이터베이스의 데이터 항목 A 값의 변화를 설명하면 다음과 같다.

- **실행순서 1.** T_2가 데이터 항목 A를 데이터베이스로부터 판독하여 지역 변수 A로 가져오므로 데이터베이스의 데이터 항목 A의 값은 변함없이 1,000,000이 되고 T_2의 지역 변수 A 또한 1,000,000이 된다.
- **실행순서 2.** T_3 역시 동일한 1,000,000값의 데이터 항목 A를 데이터베이스로부터 판독하여 지역 변수 A로 가져오므로 데이터 항목 A의 값 또한 변함없이 1,000,000이 되고 T_3의 지역 변수 A 또한 1,000,000이 된다.
- **실행순서 3.** T_2가 실행순서 1에서 읽어들인 지역 변수 A의 값에서 1,000,000을 빼므로 T_2의 지역 변수 A의 값은 0이 된다.
- **실행순서 4.** 실행순서 3에서 T_2의 지역 변수 A 값이 0이고 이 값이 데이터 항목 A에 기록되므로 기록되는 데이터 항목 A의 값은 0이 된다(여기에서는 write(A) 연산이 수행되면 데이터 항목 A에 바로 반영되는 것으로 가정하자).
- **실행순서 5.** 실행순서 2에서 T_3이 지역 변수 A로 읽어 들인 1,000,000에서 300,000을 빼므로 T_3의 지역 변수 A의 값은 700,000이지만 지역 변수 A가 데이터 항목은 아니므로 실행순서 4의 데이터 항목 값은 그대로 변함없이 0이 된다.
- **실행순서 6.** 실행순서 5에서 T_3의 지역 변수 A 값이 700,000이고 이 값이 데이터 항목 A에 기록되므로 기록되는 데이터 항목 A의 값은 0에서 700,000으로 변경된다.

이 예에서 T_2와 T_3의 동시 실행은 결국 잔액이 1,000,000인 계좌에서 1,000,000과 300,000을 찾고 게다가 700,000의 잔액을 남겼다. 이것은 실세계에서는 절대로 있어서는 안 되는 일이다. T_2가 먼저 1,000,000을 찾으면 잔액이 0으로 T_3의 300,000원 출금은 불가능해야 한다. 이 문제는 T_2가 read(A) 연산으로 데이터 항목 A 값 1,000,000을 지역 변수 A로 읽어 들여서 A의 값에서 1,000,000을 뺀 0을 write(A) 연산으로 데이터 항목 A에 반영한 후 이 최종값 0을 T_3의 read(A) 연산에서 읽도록 해야 하는데 그렇게 하지 못한 데에서 비롯되었다. 즉, T_2 실행에 의한 최종 데이터값이 데이터베이스 데이터 항목에 반영될 때까지 그 데이터 항목에 대해 다른 트랜잭션이 접근할 수 없도록 격리(배제)해야 하는데 그렇게 되지 못했다. 앞 절에서 소개한 일관성(consistency) 손상이 하나의 트랜잭션에 의해 발생 가능한 것이라면 격리성(isolation) 손상은 동시 실행 환경에서 다수의 트랜잭션이 같은 데이터 항목을 공유하는 데에서 발생한다.

10.4.4 영속성 손상의 문제점

앞의 원자성 손상의 문제점에서 소개한 계좌이체 트랜잭션 T_1이 성공적으로 완료된 후에 디스크의 데이터베이스에는 A 계좌에 500만원, B 계좌에 2,500만원이 저장된다. 이후 발생한 디스크 장애로 인해 B 계좌의 2500만원이 손상되어 판독이 불가능하면 개인에게 큰 피해가 발생한다. 계좌이체 트랜잭션 T_1이 성공적으로 완료된 후 트랜잭션을 행한 사용자에게 계좌이체가 이루어졌음이 고지되었을 때 시스템 장애로 인해 송금 결과가 손상되는 일은 없어야 한다. **영속성(durability)**은 트랜잭션이 성공적으로 완료되면 트랜잭션 완료 후에 발생한 어떠한 시스템 장애에도 불구하고 데이터베이스에 수행한 모든 변경이 손상 없이 영속함을 보장한다. 이를 위해 다음을 확실하게 함으로써 영속성을 보장한다.

- 트랜잭션이 수행한 데이터베이스 변경 내용을 그 트랜잭션이 완전히 끝나기 전에 디스크에 기록해야 한다.
- 트랜잭션이 수행한 데이터베이스 변경에 관한 정보를 디스크에 기록하되, 그 정보는 데이터베이스 시스템이 하드웨어 결함이나 에러 등으로 인한 장애 발생 후 재시작되었을 때 데이터베이스 변경 내용을 재구성할 수 있을 정도로 충분해야 한다.

11장에서 소개되는 **복구 시스템(recovery system)**이 트랜잭션의 원자성과 함께 영속성 보장을 지원한다.

10.5 트랜잭션의 격리성 수준

데이터베이스 시스템은 동시에 다수의 트랜잭션을 실행하는 환경을 제공하는데, 그 이유는, 여러 트랜잭션을 처리할 때, 트랜잭션을 하나씩 순차적으로 처리하게 되면 처리해야 할 다른 트랜잭션들은 **대기 시간(waiting time)**이 길어지고 시스템이 단위 시간당 처리하는 트랜잭션 수(즉, **처리율(throughput)**) 또한 낮아지기 때문이다. 따라서 대부분의 데이터베이스 시스템은 다수 트랜잭션의 동시 실행 환경을 제공함으로써 대기 시간을 줄이고 처리율을 높인다. 시스템의 트랜잭션 동시 실행 환경에 대해서는 10.4절에서 격리성 손상의 문제점에서 잠깐 소개되었을 지라도 더 상세한 설명을 위해서는 12.1절을 참조하기 바란다.

트랜잭션의 격리성을 통해 데이터 무결성을 보장하기 위해 시스템은 각 트랜잭션이 읽고 기록하는 데이터 항목에 대해 무결성이 보장될 수 있을 때까지 다른 트랜잭션이 읽거나 기록하지 못하도록 격리해야 한다. 이 경우 같은 데이터 항목을 읽거나 기록해야 하는 다른 트랜잭션은 그동안 기다리게 되어 대기 시간이 길어지고 처리율이 낮아진다. 또한, 격리성 보장 방법에 따라 트랜잭션이 rollback 되어야 하는 오버헤드도 생길 수 있다. 이렇게 되면 시스템이 제공하는 트랜잭션 동시 실행 환경의 이점이 줄어든다.

이러한 이유로 SQL 표준은 트랜잭션이 철저한 격리성을 통해 데이터 무결성을 완벽히 유지하는 것뿐만 아니라 데이터 무결성을 일부 손상하더라도 동시 실행의 이점을 얻을 수 있도록 하는 기능을 제공한다. 이를 위해 SQL 표준은 데이터 무결성이 손상되는 종류들을 구분하고 각 손상 종류에 대한 보호 여부에 따라 격리성 수준을 4가지로 분류하여 트랜잭션이 자신의 격리성 수준을 명시할 수 있도록 함으로써 데이터 무결성 보호 수준을 결정할 수 있도록 한다.

격리성 수준의 종류와 각 수준에 따라 보장되는 데이터 무결성 수준에 대한 개념은 12장에서 소개되는 동시성 제어와 함께 이해할 필요가 있으며, 이러한 이유로 자세한 설명은 12장에서 특히 12.5절에서 좀 더 상세히 소개된다.

CHAPTER 11

복구 시스템

10장에서 우리는 트랜잭션 실행 환경에서 데이터 무결성을 보장하기 위한 트랜잭션의 네 가지 성질인 ACID에 대해 살펴보았다. ACID 성질 중 원자성은 트랜잭션의 연산들이 모두 실행되어 완료가 되든가 아니면 아예 실행되지 않든가 하는 전부 혹은 전무(all or none) 성질로 소개했다.

트랜잭션이 완료(committed) 상태가 되지 못한 채 실행이 중단되어 원자성이 손상되면 데이터베이스의 상태는 10.2절과 10.4절에서 자세히 설명했듯이 트랜잭션 연산의 일부분만 데이터베이스에 반영하게 됨으로써 데이터 불일치 문제를 일으킨다. 그때의 데이터베이스는 트랜잭션을 전부 실행한 것도 아니고 전무 실행한 것도 아닌 데이터 불일치 상태가 될 수 있다.

이 단원은 트랜잭션에 대한 전부 혹은 전무 실행의 원리인 원자성을 보장하는 **복구 시스템(recovery system)**을 소개한다. 이 단원에서 자세히 소개할 복구 시스템의 원리를 간단히 소개하자면, 복구 시스템은 트랜잭션 실행에서 트랜잭션이 시작되거나 혹은 데이터베이스에 기록 연산이 실행되거나 트랜잭션이 완료될(committed) 때마다 그 내용 정보를 안전한 다른 보조 기억 장치에 먼저 기록하고 데이터베이스로의 데이터 기록은 그 후 반영한다. 그러다가 데이터베이스 시스템 실행이 중단되는 상황이 일어나고 나서 나중에 데이터베이스 시스템이 다시 실행되면서 복구 시스템이 실행되면, 복구 시스템은 안전한 보조 기억 장치에 이미 기록해 놓은 트랜잭션의 실행 내용을 뒤져서 데이터베이스를 트랜잭션이 완전히 완료된(committed) 후의 상태로 만들거나 아니면 트랜잭션 시작 이전 상태로 되돌려서 원자성을 보장한다.

이 단원은 먼저 11.1절에서 트랜잭션 실행이 중단되는 원인과 기억장치에 대한 여러 가지 유형을 살펴보고 그 특징을 살펴본다. 11.2절은 복구를 위해 데이터베이스 이외의 필요한 정보 기록이 없으면 트랜잭션 복구에 의한 원자성 보장이 불가능함을 제시한다. 11.3절은 트랜잭션이 시작될 때부터 트랜잭션의 실행 내용 정보를 저장하는 파일인 로그와 기록되는 로그 레코드의 정보 내용를 소개하고 두 복구 연산인 UNDO 연산과 REDO 연산을 소개한다. 이 단원의 핵심인 11.4절은 세 가지 복구 방법을 소개한다. 각 복구 방법 소개에서 기록되는 로그 레코드의 내용 그리고 로그 레코드를 기록하는 방법(로깅 방법)과 복구 방법을 소개하고 그 방법을 적용하는 로깅과 복구 예를 소개한다. 특히, 11.4절에서 소개되는 체크포인트 방법은 실제로 많은 데이터베이스 시스템들이 도입해서 사용하는 활용성이 높은 복구 방법이므로 주의 깊게 살펴볼 필요가 있다. 마지막으로 11.5절에서는 로그를 사용하지 않는 복구 방법을 소개한다.

11.1 장애(failure)

11.1.1 장애의 유형과 특성

하드웨어 또는 소프트웨어의 오류로 인해 실행 중인 작업을 성공적으로 수행할 수 없는 상황을 장애(failure)라 한다. 데이터베이스 시스템에서 발생할 수 있는 장애의 유형은 다양하며 장애 유형에 따라 해결 방법도 달라진다. 데이터베이스 시스템에서 고려해야 할 장애 유형은 다음과 같다.

- 트랜잭션 장애(transaction failure). 트랜잭션 수행 중에 발생하는 장애로 트랜잭션 장애를 발생시키는 원인에 해당하는 에러는 다음의 두 종류이다.
  - 로직 에러(logic error). 트랜잭션이 잘못된 입력, 데이터 부재, 오버플로우, 초과된 자원 한도와 같은 내부 조건과 잘못 작성된 코드 때문에 장애를 발생시키며 정상적 실행을 더 이상 계속할 수 없게 된다.
  - 시스템 에러(system error). 시스템이 교착상태(deadlock)와 같이 트랜잭션이 더 이상 정상적인 실행을 계속할 수 없는 비정상적인 상태로 진입해서 발생한다. 시스템 에러가 해결되었을 때 트랜잭션은 다시 실행할 수 있다.
- 시스템 크래시(system crash). 하드웨어 결함이나 데이터베이스 소프트웨어 혹은 운영체제 내의 버그(bug)로 인해 데이터가 순간에 소멸할 수 있는 메인 메모리와 같은 휘발성 기억장치(volatile storage)에 저장된 내용이 손실되고 트랜잭션 처리가 중단되는 유형의 장애를 말한다. 이 유형의 장애는 시스템을 중단시키더라도 데이터가 한 번 저장되면 컴퓨터가 꺼지더라도 데이터가 남아있는 디스크와 같은 비휘발성 기억장치(non-volatile storage)를 손상시키지 않는다고 가정하는데 이러한 가정을 장애-중단 가정(fail-stop assupmtion)이라 한다. 잘 설계된 시스템들은 하드웨어와 소프트웨어 레벨에서 수많은 내부 체크를 하는데 이 체크를 통해 에러가 생기면 디스크를 안전하게 보호하는 가운데 시스템이 멈추도록 하므로 장애-중단 가정이 터무니 없는 것은 아니다.
- 디스크 장애(disk failure). 디스크 접근에서 데이터 전송 연산 중에 헤드 크래시나 장애의 결과로 디스크 블록 내용을 손실하는 장애이다. 다른 디스크로의 데이터 복사 또는 DVD나 테이프와 같이 3차 저장 매체로의 보관용 백업이 이 장애를 복구하는 데 사용될 수 있다.

시스템이 장애로부터 복구하는 방법을 결정하기 위해서는 데이터 저장을 위해 사용된 장치의 장애 유형을 식별할 필요가 있다. 그 후 이 장애 유형이 어떻게 데이터베이스에 영향을 주는지를 고려해야 한다. 그래야 장애에도 불구하고 데이터베이스 일관성과 트랜잭션 원자성을 보장하는 알고리즘을 제안할 수 있다. **복구 알고리즘(recovery algorithm)**이라 부르는 이 알고리즘은 다음의 두 작업으로 구성된다.

- 장애로부터 복구할 수 있도록 충분한 정보를 확보하기 위해, 트랜잭션이 정상적으로 처리되는 동안 수행되는 작업
- 데이터베이스 일관성, 트랜잭션 원자성과 영속성을 보장하는 상태로 데이터베이스 내용을 복구하기 위해, 장애 후에 수행되는 작업

11.1.2 기억장치의 유형과 특성

트랜잭션 원자성과 영속성을 보장하는 방법을 더 잘 이해하기 위해 기억장치의 유형을 알아볼 필요가 있다. 장애가 발생할 때 어느 기억장치에 저장된 데이터는 손실되지만 다른 유형의 기억장치에 저장된 데이터는 손실되지 않는다. 데이터가 손실되지 않는 기억장치라 하더라도 영구히 보존되는 것은 아니다.

기억장치는 저장된 데이터의 손실 정도에 따라 다음의 유형들로 구분된다.

- **휘발성 기억장치(volatile storage).** 시스템 크래시 장애가 발생하거나 전원 공급이 중단되면 저장된 데이터가 손실되는 기억장치이다. 휘발성 기억장치의 예로 메인 메모리와 캐시 메모리가 있다. 휘발성 기억장치에 대한 접근 속도는 매우 빠른데, 이유는 이 유형의 기억장치 자체가 매우 빠르기도 하고 또한 데이터를 직접 접근할 수 있기 때문이다.
- **비휘발성 기억장치(non-volatile storage).** 시스템 크래시 장애나 전원 공급이 중단되어도 저장된 데이터가 손실되지 않는 기억장치이다. 비휘발성 기억장치의 예는 온라인 저장을 위해 사용하는 자기 디스크와 플래시 메모리와 같은 보조기억장치 그리고 보관용 저장을 위해 사용하는 광 미디어와 자기 테이프와 같은 3차 기억장치를 포함한다. 현대 기술에서 비휘발성 기억장치는 임의 접근을 위해 특별히 사용하는 휘발성 기억장치보다 느리다. 그러나, 보조기억장치와 3차 기억장치 모두 정보 손실로 이어질 수 있는 장애에 약하다.
- **안정성 기억장치(stable storage).** 저장된 데이터가 절대로 손실되지 않는 기억장치를 말한다. 사실, 기억장치에 저장된 데이터가 절대로 손실되지 않는다는 것은 이론적으로 보장할 수는 없다. 설령 안정성 기억장치의 존재가 이론적으로 불가능할지라도 데이터 손실이 거의 발생하지 않도록 하는 기술을 가지고 가깝게 근사시킬 수는 있다. 안정성 기억장치를 구현하기 위해 독립적인 장애 모드를 갖는

여러 개의 비휘발성 기억장치 미디어(보통 디스크)에 정보를 중복시킨다. 안정성 기억장치에 변경이 가해지는 동안 장애가 정보 손실을 유발하지 않음을 보장하도록 주의 깊게 변경이 진행되어야 한다.

이와 같은 여러 기억장치의 유형 구분이 실제로는 앞에서 제시한 것보다 덜 명확할 수 있다. 예를 들어, 어떤 시스템들(예를 들어 일부 RAID 제어기들)은 배터리 백업을 제공해서 시스템 크래시나 전력 공급 중단에도 메인 메모리에 전력이 공급되어 저장된 정보가 손실되지 않을 수 있다.

트랜잭션의 영속성 보장을 위해 그 트랜잭션이 실행한 변경 정보가 안정성 기억장치에 기록될 필요가 있다. 트랜잭션의 원자성을 보장하기 위해서도 안정성 기억장치가 요구되는데 트랜잭션이 변경한 내용이 데이터베이스로 반영되기 전에 변경 정보를 포함하는 **로그 레코드(log record)**(로그 레코드에 대해서는 11.3절에서 자세히 소개된다)를 안정성 기억장치에 먼저 기록할 필요가 있다. 시스템이 영속성과 원자성을 보장하는 정도는 안정성 기억장치가 정말로 얼마나 안정적인가에 달려있다. 어떤 경우들에서는 디스크 상에 단일 복사가 충분한 것으로 생각할 수 있지만, 데이터의 가치가 매우 높고 트랜잭션이 매우 중요한 응용에서는 다중 복사, 즉, 안정성 기억장치에 대한 이상적인 개념에 더욱 가까운 것을 필요로 한다.

11.2 원자성과 복구 가능성

10.2절과 10.4절에서 트랜잭션의 원자성과 원자성이 보장되지 않을 경우의 문제점에 대해 살펴보았다. 이제 원자성이 손상되었을 때 어떻게 트랜잭션 실행 이전 상태로 복구할 수 있는지 그 방법에 대한 아이디어를 소개해 보자. 그림 11.1은 10.4절에서 소개한 계좌이체 트랜잭션 T_1에 대해 10.1.2절과 10.1.3절에서

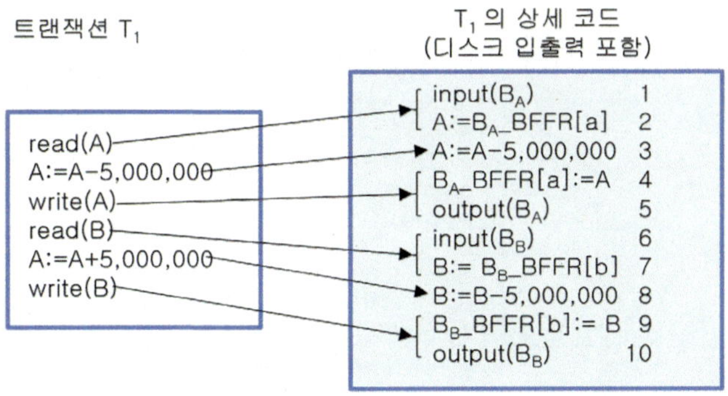

(여기에서, a와 b는 각각 버퍼 B_A_BFFR과 B_B_BFFR에서 데이터 항목 A와 B 값의 위치임)

그림 11.1 트랜잭션 T_1에 대한 상세 코드

소개한 read(X) 및 write(X) 연산과 관련하여 디스크 입출력 수준에서의 input(B_X)과 output(B_X) 연산 수준의 코드를 나타낸 것이다. 이 그림에서 B_A와 B_B는 각각 데이터 항목 A와 B를 포함하는 디스크 블록임을 기억하자. 또한, B_A_BFFR과 B_B_BFFR은 각각 디스크 블록 B_A와 B_B에 대응하는 버퍼를 나타내고 소문자로 표현된 a와 b는 각각 버퍼에서 데이터 항목 A와 B의 값을 포함하는 B_A_BFFR과 B_B_BFFR에서의 위치를 나타냄을 기억하자. 그림 11.1에서 T_1 상세 코드 옆의 숫자는 설명을 위해 각 연산에 대한 일련번호를 나타낸다. 여기에서 유의해야 할 것은 그림 11.1의 T_1 상세 코드에서 output(B_A) 연산은 반드시 5번 위치에서 행해지지 않을 수도 있다는 점이다. 10.1.2절과 10.1.3절에서도 언급한 것처럼 이 연산은 데이터베이스 시스템에 의해 수행되어 사용자는 알 수 없다. 따라서 output(B_A) 연산은 5번을 포함한 그 위치 이후의 어떤 곳에서도 실행될 수도 있다.

또한, 그림 11.2는 트랜잭션 T_1의 실행 전 상태의 데이터베이스에서 T_1의 실행에 따른 데이터베이스 변

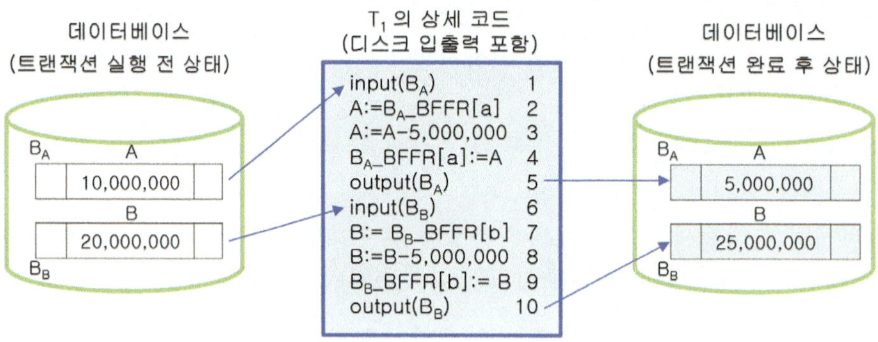

(a) 트랜잭션 완료의 경우

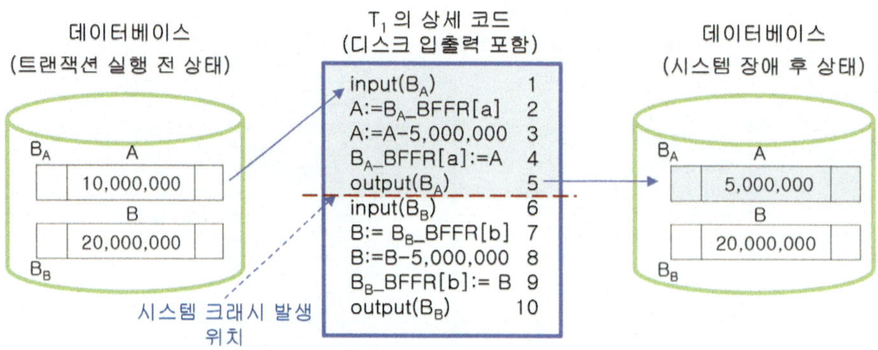

(b) 트랜잭션 장애의 경우

그림 11.2 트랜잭션 T_1에 대한 상세 코드와 디스크 입출력

경 관계를 나타낸 것이다. 여기에서 우리가 주시할 점은 T_1 상세 코드에서 장애는 그림 11.2 (a)의 1번에서 10번 중 혹은 10번 이후에도 어디서나 일어날 수 있다는 것이다. 예를 들어, T_1의 write(A) 연산을 수행하다 장애가 발생한다면 상세 코드에서 4번만 수행하고 5번을 수행하지 못할 수 있고, 또는, 5번을 수행 후에 발생할 수도 있다. 그림 11.2 (b)의 상세 코드에서 점선으로 나타낸 것과 같이 5번 연산 수행 후 장애가 발생했을 때 데이터 항목 A의 값이 500만원이고 B의 값은 그대로 2,000만원이 된다. 이 지점에서 장애 발생의 문제는 A 계좌에서 500만원은 빠졌는데 B 계좌로는 이체가 되지 않아서 원자성이 손상된다는 데에 있다. 이를 해결하려면 데이터베이스를 T_1의 시작 이전 상태로 되돌려야 하는데, 장애 발생 후 시스템이 재가동되더라도 디스크에 기록된 A 계좌 금액이 T_1에 의해 이미 500만원이 되어 이 변경된 데이터베이스 정보만으로는 실행 이전의 A 계좌 금액인 1,000만원으로 되돌릴 수 없다. 또한, T_1 상세 코드 어느 부분에서 장애가 발생했는지 알 수 있다면 그 부분부터 역추적하면서 역으로 연산하여 복구할 수 있을 가능성이 있지만, 이 변경된 데이터베이스만으로는 어느 부분에서 장애가 발생했는지 알 수 없다. 게다가 변경된 데이터베이스만으로는 트랜잭션 T_1이 완료(commit) 상태에서 시스템 장애가 발생한 것인지 아니면 실패(failed) 상태에서 발생한 것인지도 알 수 없다. 장애가 T_1의 실패 상태에서 발생했는지 아니면 완료 상태에서 발생했는지에 따라 데이터베이스를 T_1의 실행 이전 상태로 복구할지 아니면 완전히 끝난 상태로 반영할지를 결정할 수 있는데 이를 알지 못하면 데이터베이스 복구가 불가능하다.

지금까지의 문제점을 살펴보면 데이터베이스만으로는 트랜잭션의 원자성 손상 문제를 해결할 수 없다는 결론을 내릴 수 있으며 데이터베이스 외의 다른 정보가 더 필요함을 알 수 있다. 이를 위해 우리는 데이터베이스를 변경하는 트랜잭션의 기록 연산이 실행될 때마다 **로그(log)**라 불리는 별도의 파일에 연산 내용을 기록하는 **로그 기반 복구(log-based recovery)** 방법을 소개한다. 로그 기반 복구 방법 외에도 데이터베이스를 구성하는 모든 블록의 위치 정보를 담은 페이지 테이블을 복사한 후 변경하고자 하는 데이터 항목을 지닌 블록을 새로운 빈 블록에 복사하여 갱신하고 복사 페이지 테이블에서 원래 블록의 위치 정보를 새로운 블록의 위치로 교체하여 사용하는 **섀도우 페이징(shadow paging)**이란 기법도 소개한다.

11.3 로그와 복구 연산

11.3.1 로그와 로그 레코드

앞 절에서 간략하게 언급했듯이 **로그(log)**란 데이터베이스를 변경하는 트랜잭션의 모든 활동을 기록한 파일로 데이터베이스 시스템의 복구 방법에서 가장 널리 사용된다. 로그는 트랜잭션의 여러 종류 연산에 대응하는 **로그 레코드(log record)**들로 구성되며 로그 레코드는 트랜잭션의 해당 연산 내용을 포함한다.

이상적으로 볼 때 로그는 데이터베이스 복구를 위한 정보를 담고 있어서 손상되면 안 되므로 안정성 기억장치에 기록되어야 한다. 하지만 안정성 기억장치는 이상적인 기억장치일 뿐 존재하지 않으므로 일반적으로 데이터베이스가 존재하는 디스크와는 다른 별도의 디스크를 마련해서 그곳에 로그 파일을 생성한다. 때로는 하나 이상의 디스크를 마련해서 중복해서 기록하기도 하는데 디스크 중 하나에 로그 파일이 손상되더라도 다른 디스크의 로그가 중복되어 있어 데이터베이스 복구가 가능하기 때문이다. 11.1.2절에서 소개한 안정성 기억장치의 의미를 좀 더 확장하여 손상될 확률이 매우 낮거나 혹은 손상이 있더라도 기록된 내용을 복구할 확률이 매우 높은 기억장치를 우리는 안정성 기억장치로 부르기로 한다.

갱신 로그 레코드(update log record)는 트랜잭션에 의해 데이터베이스에 기록 연산(write(X) 연산)이 행해질 때마다 그 연산의 내용을 로그에 기록하는 로그 레코드이다. 갱신 로그 레코드는 $<T, X, V_{old}, V_{new}>$의 내용을 기록하며 이 레코드는 트랜잭션 T가 데이터 항목 X를 원래 데이터 값이 V_{old}이었는데 V_{new}로 변경했다는 의미를 나타낸다. 갱신 로그 레코드의 각 구성요소는 다음을 나타낸다:

- **트랜잭션 식별자(T).** write(X) 연산을 수행하는 트랜잭션의 식별자(id)로서 트랜잭션이 실행될 때 시스템에 의해 부여된다.
- **데이터 항목 식별자(X).** 기록 대상인 데이터 항목에 대한 유일한 식별자이며, 대개, 메타데이터를 통해 그 데이터 항목의 데이터 값이 저장된 디스크 상의 위치와 대응되어 그 데이터 항목 값의 블록에 대한 블록 식별자와 블록 내에서 상대적 위치인 오프셋(offset)으로 구성된다.
- **갱신 이전 값(V_{old}).** 트랜잭션 T가 데이터 항목 X를 갱신하기 이전의 원래 값
- **갱신 값(V_{new}).** 트랜잭션 T가 데이터 항목 X를 갱신한 후의 갱신 값

갱신 로그 레코드 타입 이외에 다른 타입의 로그 레코드들이 존재하는데 트랜잭션 처리가 행해지는 동안 다음과 같이 트랜잭션 실행 시작(start)과 완료(commit) 그리고 철회(abort)를 기록하기 위한 레코드들이다:

- **<T start>.** 트랜잭션 T가 시작되었음을 알리기 위한 로그 레코드로서 트랜잭션 T가 시작할 때 데이터베이스 시스템(즉, DBMS)이 로그에 기록한다.
- **<T commit>.** 트랜잭션 T가 완료되었음(committed)을 알리기 위한 로그 레코드로서 이 레코드는 트랜잭션 T의 마지막 연산이 실행되고 나서 아직 로그에 기록되지 않고 메인 메모리에 남아있는 모든 갱신 로그 레코드들이 차례로 로그에 반영된 후 기록된다. 이 로그 레코드가 기록된 후에야 데이터베이스에 기록되지 않고 남아있는 데이터에 대한 버퍼 내용이 데이터베이스에 반영된다.

- **<T abort>**. 트랜잭션 T가 철회되었음(aborted)을 알리기 위한 로그 레코드이다. <T start>, <T commit>, <T, X, V_{old}, V_{new}> 로그 레코드들을 이용하여 실패한(failed) 트랜잭션 T에 의해 변경된 데이터베이스를 실행 이전으로 복구한 후 기록된다.

로그 기반 복구에서는 트랜잭션이 write(X) 연산의 실행으로 데이터베이스의 데이터항목이 변경되기 전에 반드시 그 연산에 대응하는 갱신 로그 레코드를 생성해서 로그에 추가해야 한다. 로그 레코드를 생성해서 로그에 추가하는 작업을 **로깅(logging)**이라 한다. 그림 11.3은 트랜잭션 T_1 실행에서의 로깅 방법과 그 과정을 보여준다. 이 그림에서 사용자 혹은 응용 프로그램을 통해 트랜잭션 실행 요청이 들어오면 데이터베이스 시스템은 우선 트랜잭션 식별자(이 예에서는 T_1이라 하자)를 부여한 후 T_1 실행이 시작되었음을 알리는 로그 레코드 <T_1 start>를 로그에 기록한다. 그 후 데이터베이스를 변경하는 write 연산이 실행될 때마다 이 연산에 대한 갱신 로그 레코드를 먼저 생성한 다음에 이 연산을 실행한다. 한편 **데이터베이스 변경(database modification)**은 write 연산으로 메인 메모리 내의 버퍼 내용을 변경하거나 혹은 이 버퍼 내용을 디스크 블록에 기록하는 output 연산의 실행을 통해 이루어진다. 트랜잭션에서 write 연산 이외의 read 연산이나 지역 변수 값의 변경은 데이터베이스 변경에 해당하지 않는다. 따라서, 이들은 대응하는 로그 레코드도 없고 로그에 기록되지도 않는다.

이에 따라 그림 11.3에서의 로깅 예를 들어보자. 트랜잭션 T_1이 시작될 때 <T_1 start> 로그 레코드를 로그에 기록한다. 하지만, read(A) 연산과 그 다음의 A:=A-5,000,000 연산은 각각 데이터베이스 변경 연산이 아니므로 이에 해당하는 로그 레코드도 없고 로그에 기록되지도 않는다. 다음 연산인 write(A) 실행 시 이 연산과 관련된 버퍼 내용을 변경하는 「B_A_BFFR[a]:=A」(그림 11.1과 11.2 참조)가 실행되기 전에 먼저 변경 전의 A 값 10,000,000원과 변경된 후의 5,000,000원을 가지고 이를 알리는 갱신 로그 레코드 <T_1, A, 10,000,000, 5,000,000>을 만들어서 로그에 기록한 후 버퍼 내용 변경을 통해 데이터베이스를 변경한다. 그래서 해당 트랜잭션이 실행한 write 연산에 대해 값을 변경한 데이터 항목과 그 데이터 항목에 대한 연산

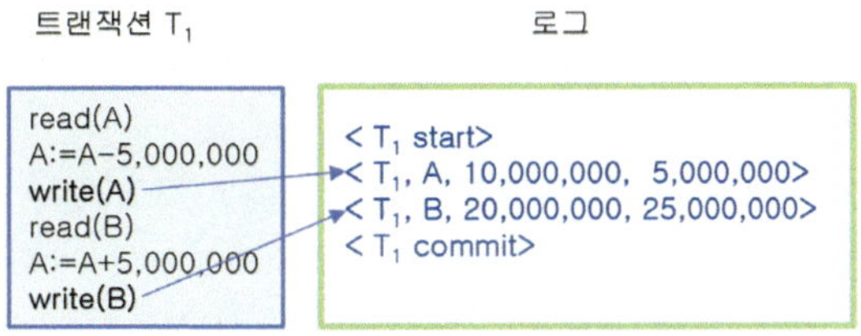

그림 11.3 트랜잭션 T_1의 로깅 결과

실행 이전 값과 이후의 값을 모두 알 수 있고, 트랜잭션이 실패했는지 아니면 완료되었는지를 로그에서 <T_1, commit> 로그 레코드의 존재 여부에 따라 알 수 있다. 또한, 이 갱신 로그 레코드를 가지고 디스크의 해당 데이터 항목 값을 write 연산 실행 이전 값으로 복원할 수도 있고 실행 이후 값으로 반영할 수도 있다. 그림 11.3은 T_1의 마지막 연산인 write(B)에 대해서도 write(A)와 마찬가지로 B_B_BFFR[b]:=B를 실행하기 전에(그림 11.1과 11.2 참조) 갱신 로그 레코드 <T_1, B, 20,000,000, 25,000,000>을 생성하여 로그에 먼저 기록한 것을 보여준다. 트랜잭션 T_1의 마지막 연산에서 모든 로그 레코드가 기록되었으므로 바로 <T_1 commit> 로그 레코드를 기록한다. <T_1 commit> 로그 레코드가 기록되었다 하더라도 디스크 상의 데이터베이스에 대한 모든 변경이 이루어진 것으로 생각하면 안 된다. 그림 11.3에 대한 설명에서 우리는 write 연산이 실행될 때마다 갱신 로그 레코드를 생성하여 먼저 로그에 기록한 후 바로 데이터베이스에 반영하는 것으로 설명했지만, <T_1 commit> 로그 레코드가 기록될 때까지 데이터베이스에 변경된 데이터 항목 값을 반영하는 output(B_A) 연산과 output(B_B) 연산이 아직 실행되지 않고 지연될 수도 있다. <T_1 commit> 레코드가 기록된 후에는 그때까지 디스크 상의 데이터베이스 블록을 변경하지 못한 채 메인 메모리 남아있는 버퍼 내용을 output 연산을 통해 모두 반영한다. <T_1 commit> 레코드가 기록되었다 하더라도 그 이후 남아있는 버퍼 내용을 디스크 상의 데이터베이스 블록으로 반영하는 도중에 시스템 크래시와 같은 장애가 발생할 수 있으며 이 때 데이터베이스는 트랜잭션의 완료된 상태를 반영하지 못하게 된다.

11.3.2 UNDO 연산과 REDO 연산

트랜잭션의 원자성을 보장하기 위해서는 로깅하는 방법과 복구 방법이 함께 연계되어야 한다.

예를 들어, 복구 시간의 효율성을 위해 로깅 방법(즉, 로깅 알고리즘)에서는 로그 레코드의 타입과 갱신 로그 레코드가 담아야 할 정보들을 정하고 언제 어떻게 로그 레코드들을 기록할 것인지가 미리 정해져야 한다. 11.3.1절에서 우리는 로그 레코드의 종류와 구조를 살펴보았지만 모든 로깅과 복구 방법에서 반드시 이 종류와 구조를 택해야 하는 것은 아니며 효율적인 로깅과 복구를 위해 새로운 종류의 로그 레코드을 추가하거나 뺄 수 있고 로그 레코드 구조 또한 새로운 구성요소를 추가하거나 제외하여 사용할 수도 있다.

이렇듯 복구 알고리즘은 다음 사항을 포함한 여러 요인을 고려해서 설계되어야 한다.

- 트랜잭션이 마지막 명령에서 데이터베이스 변경 일부가 메인 메모리의 디스크 버퍼에만 존재하고 디스크의 데이터베이스에는 아직 반영되지 않았더라도 그 트랜잭션은 완료(commit)될 필요가 있다.
- 트랜잭션이 활동 상태에서 데이터베이스를 변경한 후 실패(failure)하면 철회(abort)될 필요가 있다.

트랜잭션 복구(transaction recovery)는 로그의 로그 레코드들을 이용한다. 트랜잭션의 마지막 연산에 대한 **commit 로그 레코드**가 로그에 기록되었을 때 우리는 그 **트랜잭션이 완료되었다(committed)**고 말한다. 트랜잭션이 완료되었다 하더라도 버퍼에 남아있는 데이터 변경 사항들을 디스크 블록들로 반영하는 중에 시스템 크래시와 같은 장애가 발생할 수 있다. 이 경우, 시스템이 재실행될 때, **복구 시스템(recovery system)**은 로그에 저장된 트랜잭션의 각 로그 레코드를 가지고 명시된 데이터 항목에 해당하는 데이터베이스 데이터 항목을 그 로그 레코드의 갱신 값(V_{new})으로 기록함으로써 트랜잭션을 온전한 완료 상태로 만들 수 있다. 한편, 트랜잭션이 장애 등으로 인해 실패 상태가 되면 그 트랜잭션의 로그 레코드들을 대상으로 각 로그 레코드에 명시된 데이터 항목을 찾아서 갱신 이전 값(V_{old})으로 기록함으로써 데이터베이스를 원래 상태(철회 상태)로 되돌릴 수 있다. 데이터베이스의 원래 상태로 되돌려진 트랜잭션은 재실행을 통해 작업이 완료되도록 할 수 있다.

이러한 방법을 이용하여 시스템은 다음의 UNDO 연산(트랜잭션 실행 취소 연산)과 REDO(트랜잭션의 재실행 연산)을 적절히 수행한다:

- **UNDO 연산.** 로그로부터 트랜잭션의 로그 레코드들을 대상으로 각 로그 레코드에 기록된 데이터 항목을 찾아 그 로그 레코드에 명시된 갱신 이전 값(V_{old})으로 기록함으로써 데이터베이스를 트랜잭션 실행 이전 상태(철회 상태)로 되돌리는 연산
- **REDO 연산.** 로그로부터 트랜잭션의 로그 레코드들을 대상으로 각 로그 레코드에 기록된 데이터 항목을 찾아 그 로그 레코드에 명시된 갱신 값(V_{new})으로 기록함으로써 데이터베이스를 트랜잭션이 온전히 실행 완료된 상태로 만드는 연산

UNDO 연산을 소개하기 위해 앞의 계좌이체 트랜잭션 T_1에 대해 그림 11.4 (a)와 같은 실패 상황에서 그림 11.4 (b)를 가지고 복구 과정의 예를 들어보자. T_1의 실행 이전 초기에의 데이터 항목 A와 B는 각각 10,000,000원과 20,000,000원임을 기억하자. 그림 11.4 (a)는 로깅을 하면서 T_1이 데이터 항목 A를 읽고 5,000,000원을 뺀 다음 write(A) 연산을 실행 후 크래시가 발생한 것을 보여준다.

이 그림에서 원으로 표시된 번호는 write(A) 연산에서 로깅을 포함한 실행순서를 나타낸다. write(A) 연산 실행 이전에 뺄셈 연산에서 A가 초기에 10,000,000원에서 5,000,000원으로 변경되었으므로, 이 변경된 A 값을 버퍼로 반영하기에 앞서 10,000,000원이었던 A 값이 새로운 값인 5,000,000원으로 변경되었음을 알리는 로그 레코드 <T_1, A, 10,000,000, 5,000,000>을 로그에 기록한다(①). 11.3.1절에서 설명한 것처럼 로그 레코드 기록이 버퍼 기록이나 output 연산에 앞서야 한다는 점을 유념하자. 그 후 버퍼 B_A_BFFR[a]에 A의 값

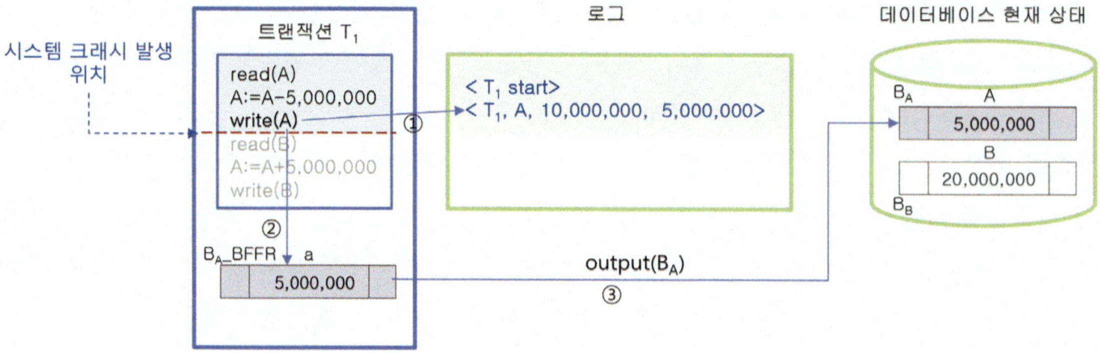

(a) T_1의 실행과 장애 발생 (T_1의 실행 전 데이터베이스 상태 : A=10,000,000, B=20,000,000)

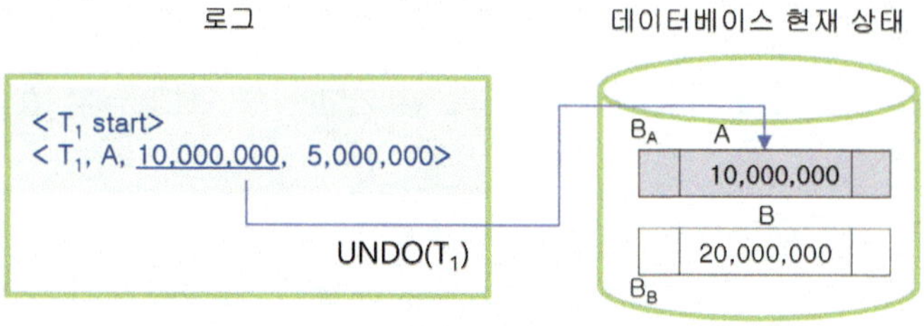

(b) UNDO(T_1) 실행에 의한 복구

그림 11.4 UNDO 연산과 복구

5,000,000원을 반영하고(②), 버퍼 B_A_BFFR[a]를 블록 B_A를 기록한(③) 후 시스템 크래시가 발생함에 따라 그 이후의 연산들을 수행하지 못하고 데이터베이스의 A와 B에서 실세계와 데이터 불일치가 발생한다.

주어진 트랜잭션에 대한 로그 레코드들에서 start 로그 레코드(즉, <T start>)는 존재하는데 commit 로그 레코드(즉, <T commit>)가 존재하지 않으면, 트랜잭션이 실행한 모든 write 연산에 대한 로그 레코드가 로그에 반영되었다고 단정할 수 없고 실패로 인해 실행되지 못한 write 연산이 남아있을 가능성이 크기 때문에 그 트랜잭션에 대해 UNDO 연산을 해야 한다.

따라서, 그림 11.4 (b)와 같이 T_1에 대해 UNDO 연산, 즉, UNDO(T_1)를 수행하기 위해 로그에서 트랜잭션 T_1의 로그 레코드 <T_1, A, 10,000,000, 5,000,000>를 이용하여 데이터베이스의 데이터 항목 A를 갱신 이전 값인 10,000,000원으로 기록함으로써 T_1 실행 이전의 데이터베이스로 복구시킨다.

트랜잭션 T에 대해 UNDO 연산을 실행한 결과는 T에 대해 UNDO 연산을 여러 번 실행한 결과와 항상 같다. 즉,

UNDO(T)=UNDO(UNDO(T))=UNDO(UNDO(UNDO(T)))=...=UNDO(UNDO...(UNDO(T))...)

가 성립한다. 그 이유는 UNDO 연산은 한 번 행하든 여러 번 행하든 같은 데이터 항목에 대해 갱신 이전 값으로 기록하는데 이 값은 유일하기 때문이다.

한편, REDO 연산의 예는 그림 11.5에서 소개된다. 그림 11.5 (a)는 트랜잭션 T_1의 마지막 연산 write(B)를 실행하기 전에 먼저 로그 레코드 <T_1, B, 20,000,000, 25,000,000>를 기록하고(①) T_1의 마지막 연산이 실행되었으므로 <T_1 commit> 로그 레코드를 기록한 후(②) B_B_BFFT[b]에 반영하고(③) 버퍼 B_B_BFFT 내용을 디스크 블록으로 반영하려던 순간에 시스템 크래시가 발생한 상태를 보여준다. 이 상황에서 시스템이 재실행될 때 로그에는 T_1에 대해 <T_1 start>와 <T_1 commit>의 두 로그 레코드가 존재한다. <T_1 commit>이 존재한다는 것은 바로 T_1이 접근한 모든 데이터 항목에 대해 갱신 로그 레코드가 존재하고 이 각 로그 레코드는 또한 T_1이 갱신한 데이터 항목과 값을 포함하므로 REDO 연산을 실행하여 T_1을 완전히

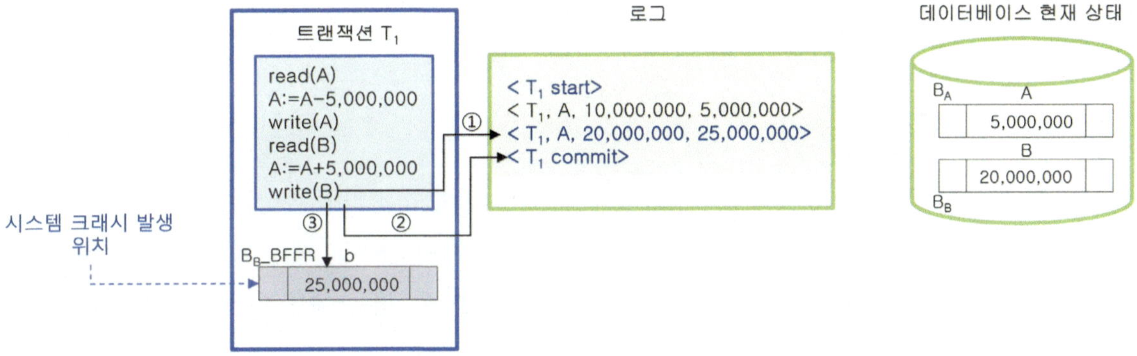

(a) T_1의 실행과 장애 발생(T_1의 실행 전 데이터베이스 상태 : A=10,000,000, B=20,000,000)

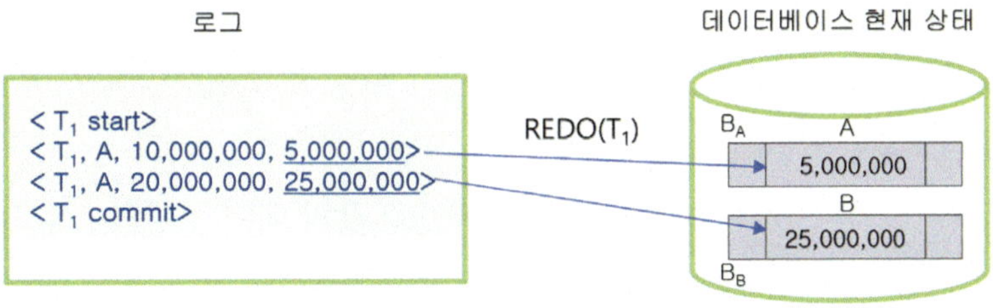

(b) REDO(T_1) 실행에 의한 복구

그림 11.5 REDO 연산과 복구

실행 완료한 이후의 데이터베이스 상태로 만들 수 있음을 의미한다. 그림 11.5 (b)는 T_1에 대한 REDO 연산인 REDO(T_1)의 실행을 나타낸다. 이 연산에서는 <T_1 start> 이후부터 <T_1 commit> 사이의 T_1에 대한 갱신 로그 레코드들에 대해 나타나는 순서대로 각 갱신 로그 레코드의 갱신 값을 데이터베이스의 해당 데이터 항목에 반영한다. 시스템 크래시 이전에 데이터 항목 A는 이미 디스크에 5,000,000으로 갱신된 값이 반영되었을지라도 REDO(T_1) 연산에서 다시 갱신 값으로 반영되어야 한다. 그 이유는 write(A) 연산에서, 그림 11.5 (a)에 나타난 것과는 다르게, 갱신 값이 버퍼에만 기록된 채 <T_1 commit> 레코드가 기록된 직후 시스템 크래시가 발생할 때까지도 디스크 블록에 기록되지 않을 수도 있었기 때문이다.

UNDO 연산과 마찬가지로 트랜잭션 T에 대해 REDO 연산을 실행한 결과도 역시 T에 대해 REDO 연산을 여러 번 실행한 결과와 항상 같다. 즉,

REDO(T)=REDO(REDO(T))=REDO(REDO(REDO(T)))=...=REDO(REDO...(REDO(T))...)

가 성립한다. 그 이유 역시 REDO 연산은 한 번 행하든 여러 번 행하든 같은 데이터 항목에 대해 갱신 값으로 기록하는데 이 값 또한 유일하기 때문이다.

11.3.3 동시 트랜잭션

다중 트랜잭션에 대한 별도의 명확한 설명은 없었지만 10.4절에서 격리성 손상의 문제점을 설명할 때 다중 트랜잭션 실행 환경에 대해 이미 일부 소개되었다. 이 소개에서 아무런 제약 없이 두 개의 트랜잭션이 동일한 데이터를 공유할 때 데이터 무결성 문제가 발생할 수 있다는 점을 예를 들어 설명했음을 기억하자. 일반적으로 둘 이상의 트랜잭션이 동시에 실행되면서 같은 데이터를 공유할 때 데이터 무결성 손상이 발생할 수 있는데, 같은 데이터를 공유하는 다수의 트랜잭션 간에 공유 데이터 접근을 제어하여 데이터 무결성 손상이 발생하지 않도록 하는 것을 **동시성 제어(concurrency control)**라고 한다. 동시성 제어 개념과 방법에 대해서는 12장에서 상세히 다루도록 하고 여기에서는 다중 트랜잭션이 동시에 실행될 때 로그에 로그 레코드들이 어떻게 기록되는지를 소개하자.

그림 11.6은 데이터베이스에서 각각 2,000,000과 1,000,000 값의 데이터 항목 A와 B에 접근하는 세 트랜잭션 T_4, T_5, T_6을 보여준다. 이 그림에서 원으로 표시된 숫자는 데이터베이스 시스템이 세 개의 트랜잭션을 동시에 실행하는 가운데 번갈아 가며 실행하는 연산 순서의 한 예를 나타내는데, 사실상, 실행순서는 시스템에 의해 그때그때의 실행 상황에 따라 달라질 수 있다. 이 실행에서 T_4와 T_6은 같은 데이터 항목 B를

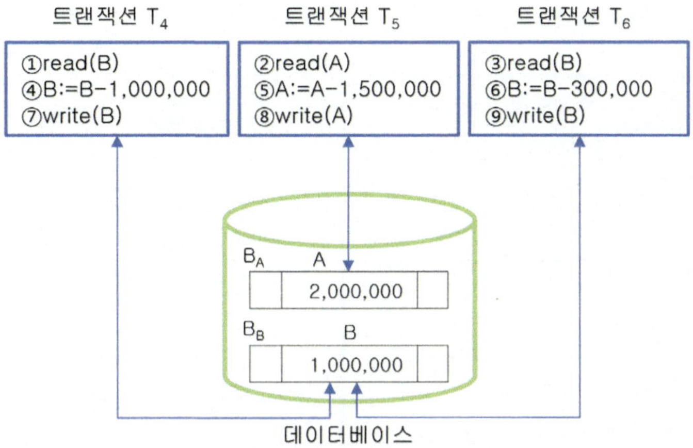

그림 11.6 다중 트랜잭션의 실행 예

공유하고 있음을 주시하자.

그림 11.6의 실행 순서에서 그림 11.7 (a)와 (b)는 ① ~ ③ 까지 연산 실행 후와 ④ ~ ⑥ 까지 연산 실행 후의 지역 변수 A와 B의 값과 버퍼와 로그의 상태를 각각 보여준다. 그림 11.7 (a)와 (b)의 로그 내용은 트랜잭션의 실행 요청 순서에 따라 시스템이 start 로그 레코드를 각각 기록한 것으로, 우리는 이 세 개의 트랜잭션에 대해 실행 요청이 T_4, T_5, T_6 순서로 거의 동시에 이루어진 것으로 가정한다. 그림 11.7 (a)에서 볼 수 있듯이 트랜잭션 T_4와 T_6의 각 read(B) 연산은 데이터 항목 B에 대한 같은 디스크 블록을 판독하는 연산일지라도 시스템은 트랜잭션마다 서로 다른 버퍼를 메모리에 할당한다. T_6의 read(B) 연산(③)이 T_4의 write(B) 연산(⑦) 이전에 수행되어 데이터 항목 B가 갱신되기 전에 판독하므로 T_4와 T_6이 각각 자신의 버퍼 안으로 읽어오는 디스크 블록 내용은 같다. 그리고,그림 11.7 (b)에서 ④, ⑤, ⑥ 연산은 모두 해당 트랜잭션의 지역 변수 연산이므로 연산 실행 후 해당 지역 변수의 값은 변경되지만 각 버퍼의 내용은 변함이 없음을 알 수 있다.

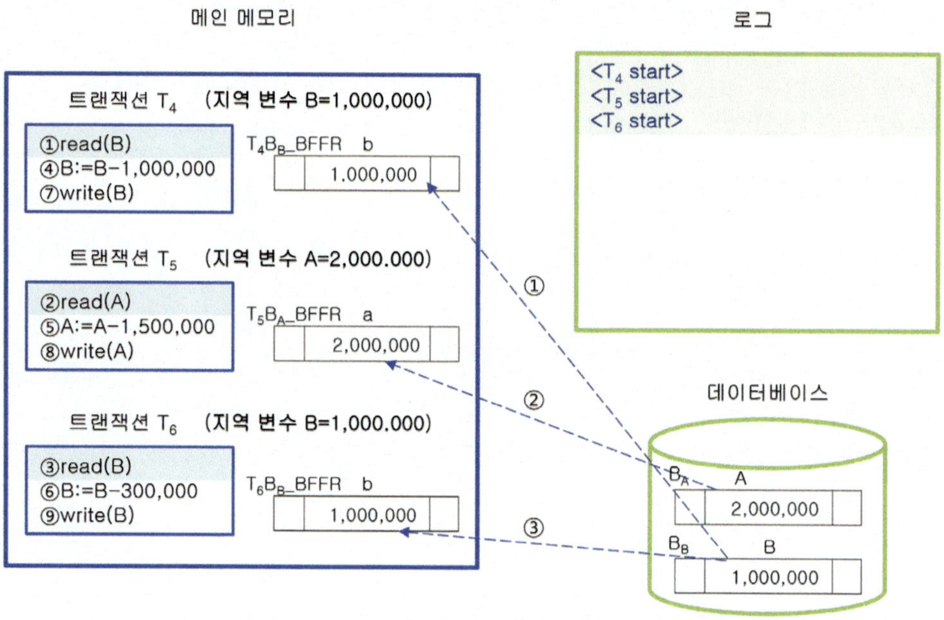

(a) ① ~ ③ 연산까지 실행 후의 로그 상태

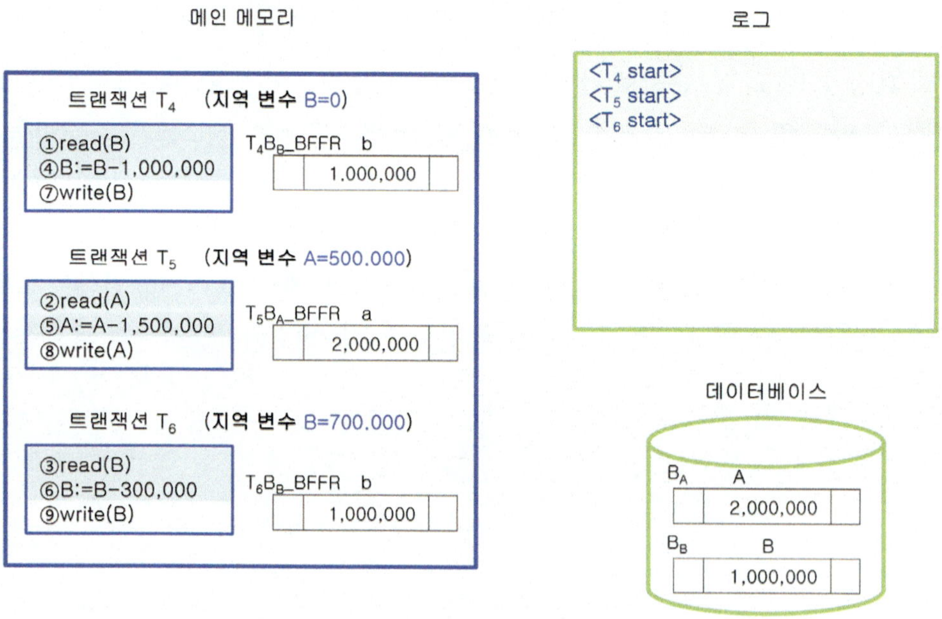

(b) ④ ~ ⑥ 연산까지 실행 후의 로그 상태

그림 11.7 ① ~ ⑥ 연산까지 실행 후의 로그 상태

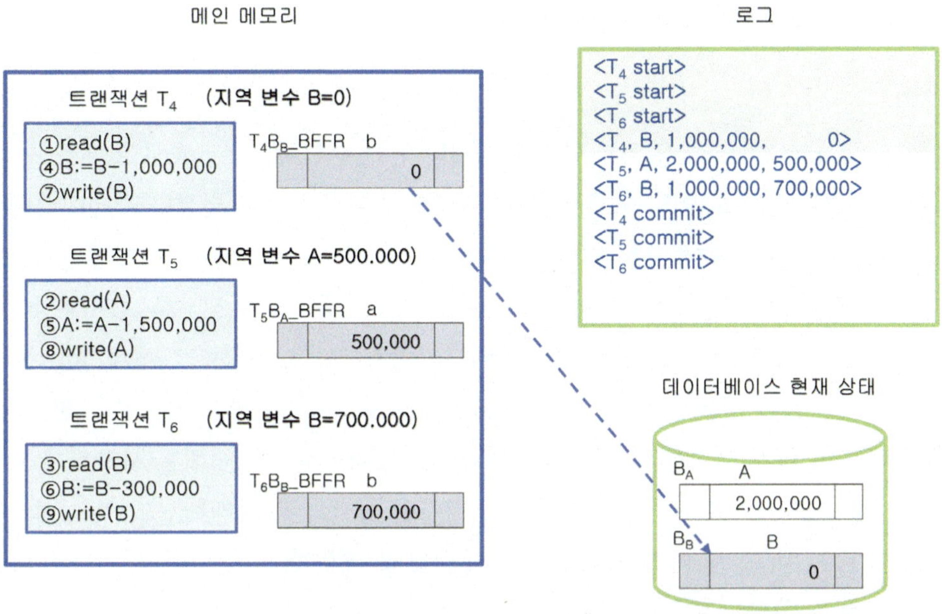

그림 11.8 ⑦ ~ ⑨ 연산까지 실행 및 T_4B_B_BFFR 버퍼만 디스크로 반영 후의 로그 상태

그림 11.8은 ① ~ ⑥ 연산까지 실행 후인 그림 11.7의 로그 상태에서 ⑦, ⑧, ⑨ 순서로 연산을 수행한 후의 지역 변수, 버퍼, 그리고 로그의 상태를 보여준다. 따라서, 여러 트랜잭션이 동시에 수행되더라도 시스템은 트랜잭션들 사이에서 연산을 번갈아 실행하며, 특히, 연산 중에서 write 연산은 그 트랜잭션의 식별자, 연산 대상의 데이터 항목, 실행 이전의 데이터 항목 값, 실행 후의 갱신 값으로 구성한 갱신 로그 레코드를 로그에 기록한다. 그림 11.8은 또한 세 트랜잭션이 모두 완료되어 commit 로그 레코드를 각각 기록한 것을 보여준다. 하지만, 그림 11.8은 T_4B_B_BFFR 버퍼만 디스크 블록에 반영하고 나머지 두 버퍼 T_5B_A_BFFR과 T_6B_B_BFFR 내용은 아직 데이터베이스에 반영되지 않은 상태임을 보여 준다.

11.4 로그 기반의 로깅과 복구 방법들

로그 기반 복구에는 여러 가지 방법이 제안되었다. 여기에서는 지연 갱신(**deferred modification**) 방법과 즉시 갱신(**immediate modification**) 방법, 체크포인트(**checkpoint**) 방법을 차례로 소개한다.

11.4.1 지연 갱신 방법

(1) 로깅 방법

지연 갱신(deferred modification)은 트랜잭션의 마지막 연산 수행 후 commit 로그 레코드(<T commit>)가 기록될 때까지 변경된 모든 데이터를 트랜잭션의 지역 변수에 임시로 저장하고 데이터베이스 변경은 commit 로그 레코드를 기록한 후에 모든 지역 변수에 저장된 값을 한꺼번에 데이터베이스로 반영하도록 미루는 방법이다. 이 방법은 앞 절에서 소개한 갱신 로그 레코드의 <T, X, V_{old}, V_{new}> 구성에서 V_{old}를 뺀 <T, X, V_{new}> 구성 형식으로 로그 레코드를 기록하는데, 이처럼 갱신 로그 레코드에서 연산 실행 이전의 값이 없고 실행 후의 갱신 값만 있는 로그 레코드를 **redo 전용(redo-only) 로그 레코드**라 한다. 나머지 로그 레코드의 기록 방법은 앞에서 설명한 방법과 유사하다. 즉, 트랜잭션 T가 실행을 시작하게 되면 <T start> 로그 레코드를 기록하고 write 연산에 따라 갱신이 행해지면 갱신 값을 트랜잭션의 지역 변수에 저장하고 갱신 로그 레코드 <T, X, V_{new}>를 기록한다. 갱신이 행해질 때 메인 메모리의 지역 변수 변경 이외에는 버퍼나 디스크에는 어떠한 기록도 일어나지 않는다. T의 마지막 연산이 실행되면 <T commit> 로그 레코드를 로그에 기록한 후에 비로소 트랜잭션에 저장된 지역 변수 값들을 버퍼를 통해 디스크에 있는 데이터베이스의 해당 데이터 항목에 모두 기록한다. 이 방법은 트랜잭션이 갱신된 모든 데이터 항목을 메인 메모리의 지역 변수로 저장해야 하는데 갱신 데이터 항목이 많은 경우에는 메모리 공간의 오버헤드가 있다. 그리고, 트랜잭션이 갱신한 데이터를 읽기 위해서는 디스크로부터 읽어 오는 대신 지역 변수로부터 값을 읽어 와야 한다.

(2) 복구 방법

시스템이 크래시된 후 다시 시작되었을 때 지연 갱신 방법의 복구 방법은 매우 간단하다. 트랜잭션 T에 대해 로그에서 <T start>는 기록되어 있지만 <T commit> 레코드가 존재하지 않는다면 이것은 무엇을 의미할까? 이것은 데이터 갱신이 지역 변수에서만 행해지고 디스크의 데이터베이스에는 어떠한 갱신도 없었던 것을 의미한다. 따라서, 데이터베이스를 트랜잭션 실행 이전 상태로 복구하기 위한 어떤 작업도 필요 없으므로 지연 갱신에서 UNDO 연산은 없다. 그 반면, 로그에 <T start>와 <T commit> 레코드가 모두 존재하면 이것은 또 무슨 의미일까? 이것은 트랜잭션 시작 <T start> 이후 write 연산으로 갱신된 모든 데이터 항목 값들은 <T commit> 로그 레코드 사이에 <T, X, V_{new}> 형태로 모두 기록한 후 트랜잭션의 지역 변수 값들을 디스크로 반영하는 과정 중에 크래시가 일어난 것을 의미한다. 따라서, <T start> 이후 <T commit>이 나타날 때까지 차례로 나타나는 각 <T, X, V_{new}> 레코드에 대해 데이터베이스의 데이터 항목 X를 찾아 V_{new}

값으로 변경하면 데이터베이스를 트랜잭션이 완전히 실행 완료된 상태로 만들 수 있다. 따라서 T에 대한 REDO(T) 연산은 로그의 <T, X, V_{new}>에서 디스크의 데이터 항목 X에 대해 V_{new} 값으로 변경하면 된다. 결국, 지연 갱신 복구 방법에서 UNDO 연산은 불필요하며 오직 REDO 연산만 요구된다.

(3) 지연 갱신 방법의 로깅과 복구 예

지연 갱신 복구 방법에서 로깅과 복구 예를 소개하기 위해 그림 11.9와 같이 세 개의 트랜잭션을 고려하자. 각 트랜잭션은 자세한 설명이 없어도 쉽게 이해할 수 있을 것이다.

그림 11.10은 지연 갱신 방법에서 그림 11.9의 트랜잭션과 데이터베이스 갱신을 고려한 하나의 실행 절차와 데이터베이스 갱신 내용을 보여준다. 이 그림 11.10에서 실행순서 열은 동시 실행 환경에서 트랜잭션 T_7, T_8, T_9의 명령어들이 실행되는 순서를 나타내며 바탕이 주황색으로 표시된 각 트랜잭션의 변수 열(즉, T_7 변수, T_8 변수, T_9 변수 열)은 실행순서에 해당하는 트랜잭션의 연산을 실행한 직후에 변경된 지역 변수의 값을 나타낸다. 또한, 맨 오른쪽의 데이터베이스 열은 실행순서의 해당 트랜잭션 연산 실행 후에 변경되는 데이터 항목의 값을 나타낸다. 여기에서, 희미한 회색 수식은 등호(=)를 중심으로 데이터베이스 변경이 없는 데이터 항목과 값을 나타내며 밑줄 친 검정 수식은 등호(=)를 중심으로 변경되는 데이터 항목과 변경 값을 각각 나타낸다. 특히, 우측 데이터베이스 열에서 주황색 바탕색으로 표시된 수식은, 그림에는 표현되지 않았지만, 바로 이전 실행순서에 해당하는 트랜잭션의 연산(사실상 이 트랜잭션의 마지막 연산임)을 수행한 직후 지연 갱신 방법에 따라 그 트랜잭션의 commit 로그 레코드 기록이 있었음을 나타낸다. 그림 11.10의 맨 우측 위의 데이터베이스 셀에서 트랜잭션을 실행하기 전의 데이터베이스 데이터 항목 A, B, C의 값은 각각 2000, 1000, 300임을 나타낸다.

T_7	T_8	T_9
read(A)	read(C)	read(B)
A := A-500	C := C+700	B := B-300
write(A)	write(C)	write(B)
read(B)		
B := B+500		
write(B)		

그림 11.9 트랜잭션 T_7, T_8, T_9

실행순서	T_7	T_7 변수	T_8 변수	T_8 변수	T_9	T_9 변수	데이터베이스(실행 전: A=2000, B=1000, C=300)
1	read(A)	A=2000					A=2000, B=1000, C=300
2	A := A-500	A=1500					A=2000, B=1000, C=300
3	write(A)	**A=1500**					A=2000, B=1000, C=300
4			read(C)	C= 300			A=2000, B=1000, C=300
5			C := C+700	C=1000			A=2000, B=1000, C=300
6			write(C)	**C=1000**			A=2000, B=1000, C=300
7							A=2000, B=1000, **C=1000**
8					read(B)	B=1000	A=2000, B=1000, C=1000
9					B := B-300	B= 700	A=2000, B=1000, C=1000
10					write(B)	**B= 700**	A=2000, B=1000, C=1000
11							A=2000, **B= 700,** C=1000
12	read(B)	B= 700					A=2000, B= 700, C=1000
13	B := B+500	B=1200					A=2000, B= 700, C=1000
14	write(B)	**B=1200**					A=2000, B= 700, C=1000
15							**A=1500,** B= 700, C=1000
16							A=1500, **B=1200**, C=1000
							A=1500, B=1200, C=1000 (완료 후 데이터베이스)

그림 11.10 다중 트랜잭션 실행과 지연 갱신 방법의 실행 과정

그림 11.10의 세 번째 실행순서에서 T_7이 write(A) 연산을 했지만, 데이터베이스에 바로 반영되지 않고 <T_7, A, 1500> 로그 레코드만 바로 로그에 기록한다. 이 로그 레코드의 기록이 그림 11.10에서 명시적으로 나타나 있지 않지만 대신 실행순서 3의 T_7 변수 난에 A=1500을 진하게 나타내고 밑줄로 표시하여 나타낸 것이다. 이 연산 결과를 디스크로 반영하는 것은 15번째 실행순서로 지연된다. 그 이유는, 지연 갱신 방법의 로깅 방법에서 설명했듯이, 데이터 항목의 갱신은 트랜잭션의 지역 변수에서만 이루어지고 디스크로의 반영은 14번째 실행순서인 T_7의 마지막 연산에서 <T_7 commit> 로그 레코드가 로그에 기록된 후 모두 한꺼번에 이루어지기 때문이다.

한편, 6번째 실행순서는 T_8의 지역 변수가 1000인 상태에서 write(C) 연산을 수행함으로써, 그림 11.10에서는 나타나지 않았지만, 그림 11.11 (a)와 같이 지연 갱신 방법의 로깅 방법에 따라 먼저 로그에 로그 레코드 <T_8, C, 1000>을 기록한다. 그다음에는 이 연산이 마지막 연산이므로 그림 11.11 (a)와 같이 <T_8 commit> 로그 레코드를 로그에 기록한 후 7번째 실행순서에서 T_8의 지역 변수 C의 값인 1000을 데이터베이스의 데이터 항목 C에 1000으로 기록한다(C=1000). 이때, 나머지 데이터 항목의 값들은 변경 없이 그대로 남는다.

트랜잭션 8번째 실행순서부터 11번째 실행순서에 이르기까지 T_9도 T_8과 마찬가지로 실행되며, 특히, 9번째 실행순서에서 B=700이 된 상태에서 10번째의 write(B) 연산은 디스크에 바로 반영되지 않고 먼저 <T_9, B, 700> 로그 레코드를 로그에 기록한 후 이 연산이 T_9의 마지막 연산이므로 <T_9 commit> 로그 레코

드를 로그에 기록하고 나서 11번째 실행순서에서 데이터 항목 B에 대한 700으로의 기록이 진행된다.

실행순서 3과 실행순서 14에서 트랜잭션 T_7의 write(A) 연산과 write(B) 연산에 대한 디스크 기록은 앞에서 설명했듯이 T_7이 완료(committed) 상태가 될 때까지 지연된다. T_7의 마지막 연산인 실행순서 14의 write(B) 연산에서 로그 레코드 <T_7, B, 1200>과 <T_7 commit>을 그림 11.11 (a)와 같이 차례로 기록한 후에야 비로소 그림 11.10의 실행순서 15와 16에서 지역 변수 A와 B의 값 1500과 1200을 디스크의 데이터베이스에 각각 기록한다.

그림 11.11 (a)는 3개 트랜잭션이 정상적으로 완료된 후의 로그 내용을 나타낸다. 트랜잭션들을 그림 11.10의 순서로 실행하면서 동시에 안정성 저장장치에 그림 11.11 (b)와 같이 로깅을 행하는 중에 그림에 표시된 지점에서 시스템 크래시가 발생했다고 하자. 이 로그의 마지막 로그 레코드 <T_9, B, 700>을 그림 11.10의 실행순서 10번과 11번을 대조하여 살펴보면, 지연 갱신 방법 특성상 10번의 write(B) 연산의 로그 레코드를 기록한 후 <T_9 commit> 로그 레코드를 로그에 기록하기 전에 시스템 크래시가 발생한 것으로 추정할 수 있으며 이때 실행순서 11에서 지역 변수 B 값인 700이 아직 데이터베이스로 반영되지 않은 상태이다.

데이터베이스 시스템이 재실행되면 복구 시스템은 먼저 로그로부터 로그 레코드를 하나씩 스캔하면서 복구한다. 3개의 트랜잭션 중에서 로그에 T_7과 T_9는 <T start> 형식의 로그 레코드가 있지만 <T commit> 형식의 로그 레코드가 없고 T_8만 이 두 로그 레코드가 존재하므로 오직 T_8만이 REDO 시킬 대상이 되고 나머지 두 트랜잭션은 UNDO 시킬 대상이다. 하지만 지연 갱신 방법에서 UNDO 연산이 없으므로 T_7과 T_9에 대해 이미 UNDO 연산을 한 것이나 다름없다.

지연 갱신 방법에서 유일한 복구 방법인 REDO 연산을 소개하자. 로그를 한 번 스캔하여 REDO 대상 트

(a) 정상적 완료 후의 로그 예

(b) 시스템 크래시 발생 로그 예

그림 11.11 지연 갱신 방법에서 정상적 완료와 시스템 크래시 발생 시 로그 예

랜잭션들이 결정되면, 로그의 첫 번째 로그 레코드부터 시작하여 차례대로 하나씩 로그 레코드를 읽어 가며 REDO할 트랜잭션들을 대상으로 복구를 시작한다. 읽은 로그 레코드가 <T, X, V_{new}> 구조의 redo 전용 로그 레코드이고 이 로그 레코드에서 트랜잭션 T가 REDO 대상일 경우, 데이터베이스의 데이터 항목 X를 V_{new} 값으로 기록한다. 만약 읽은 레코드가 redo 전용 로그 레코드가 아니거나 redo 전용 로그 레코드라 하더라도 그 레코드의 트랜잭션이 REDO 대상이 아니면 무시하고 다음 로그 레코드를 읽어서 똑 같은 방법으로 처리한다. 그림 11.11 (b)의 로그를 그림 11.10과 관련해서 살펴볼 때 그림 11.10의 실행순서 11부터는 실행되지 못하므로 데이터베이스는 실행순서 10까지의 상태로, 이때 그림 11.10의 실행순서 10의 데이터베이스에서 A=2000, B=1000, C=1000임을 이해하자. 그림 11.10과 관련된 그림 11.11 (b)의 예에서 앞의 설명에 따라 복구된 최종 결과는 데이터 항목 C만 1000으로 다시 기록되고 나머지 데이터 항목 A와 B는 각각 변경 없이 그대로 2000과 1000이 된다.

만약 복구 과정 중에 시스템 크래시가 일어난다면 이와 같은 과정을 되풀이할 수 있다. 즉, 로그를 처음부터 읽어서 REDO 대상인 트랜잭션들을 식별하고 다시 로그 처음부터 끝까지 로그 레코드를 읽어가며 앞에서 설명한 것과 똑같이 처리한다. 트랜잭션에 대한 REDO 연산은 여러 번 반복 실행하더라도 데이터베이스는 REDO 연산을 한 번 실행한 결과와 같다는 점을 기억하자. 즉,

REDO(T)=REDO(REDO(T))=REDO(REDO(REDO(T)))=...=REDO(REDO...(REDO(T))...)

11.4.2 즉시 갱신 방법

(1) 로깅 방법

즉시 갱신(**immediate modification**) 방법은 11.3.1절에서 소개한 다음의 세 종류의 로그 레코드를 사용한다. 로그 레코드 구성에 대한 자세한 설명은 11.3.1절을 참고 바란다.

- <T, X, V_{old}, V_{new}> 구성 형식의 갱신 로그 레코드
- <T start> 로그 레코드
- <T commit> 로그 레코드

로그 레코드를 기록하는 내용은 다음과 같이 11.3.1절에서 소개한 로깅 내용과 같다.

- 트랜잭션 T가 시작되면 <T start> 로그 레코드를 로그에 기록한다.
- 트랜잭션 T가 write 연산으로 원래 데이터 항목 X의 값을 V_{old}에서 V_{new}로 변경하면, 먼저 <T, X, V_{old},

V_{new}> 갱신 로그 레코드를 로그에 기록한 후 갱신된 버퍼 내용을 바로 디스크 블록에 반영한다.

- 트랜잭션 T의 마지막 연산이 완료되면 <T commit> 로그 레코드를 로그에 기록한다.

하지만, 즉시 갱신 방법은 write 연산에서 이 연산의 갱신 로그 레코드를 먼저 로그에 기록한 후 바로 기록할 데이터 항목의 값을 디스크에 반영함으로써 데이터베이스를 즉시 갱신한다. 즉, 즉시 갱신 방법은 로깅 단계에서 write 연산이 실행될 때마다 로깅 후 바로 데이터 항목 값 변경을 위한 데이터베이스 디스크 접근이 행해진다. 따라서, 이 방법은 변경 내용을 메인 메모리의 지역 변수에 저장하는 지연 갱신 방법에 비해 디스크 접근 횟수가 많아지므로 트랜잭션 실행 속도 측면에서 오버헤드가 있다.

(2) 트랜잭션 rollback

10.3절에서 이미 **트랜잭션 rollback** 연산에 대해 데이터베이스를 트랜잭션의 실행 이전 상태로 되돌리는 연산으로 트랜잭션의 정상적 완료가 불가능한 것으로 체크될 때 사용하는 것으로 소개한 바 있다. 지금은 시스템 크래시의 복구 과정 뿐만 아니라 정상적인 연산 과정에서도 적용 가능한 특정 트랜잭션에 대한 rollback 연산을 소개하고자 한다. 트랜잭션의 **rollback 연산**은 로그의 맨 처음 로그 레코드부터 시작하여 차례로 진행되는 것이 아니다. 오히려, 로그의 맨 마지막 로그 레코드부터 시작하여 로그의 앞 쪽으로 거슬러 가면서 역으로 진행된다. 여기에서, 우리는 REDO 전용 로그 레코드와 <T abort> 로그 레코드가 어떻게 로깅되는 지를 살펴보고자 한다. 트랜잭션 T에 대한 **rollback 연산 알고리즘**은 다음과 같다:

RollBack(T) 연산 알고리즘

단계1 로그로부터 트랜잭션 T의 맨 마지막 로그 레코드를 LogRecord로 읽는다.

단계2 LogRecord가 NULL이 아니면(즉, 로그의 맨 앞이 아니면), 다음을 진행한다.

  2.1 LogRecord가 <T, X, V_{old}, V_{new}> 형식의 갱신 로그 레코드이면, 다음을 수행한다.

    2.1.1 V_{old}를 데이터베이스의 데이터 항목 X에 기록한다.

    2.1.2 V_{old}를 사용하여 구성한 redo 전용 로그 레코드 <T, X, V_{old}>를 로그의 맨 마지막에 기록한다 (여기에서, <T, X, V_{old}>는 T가 변경했던 데이터 항목 X의 값을 V_{old}로 복원했음을 의미한다).

  2.2 LogRecord가 <T start>이면, 로그 레코드 <T abort>를 로그 맨 마지막에 기록하고 rollback 연산을 종료한다(<T abort>는 T에 대한 rollback이 모두 완료되었음을 의미한다).

  2.3 LogRecord가 갱신 로그 레코드도 아니고 <T start> 로그 레코드도 아니면, 로그에서 현재 로그 레코드의 앞쪽으로 스캔하면서 그 다음으로 찾은 T의 로그 레코드를 LogRecord로 읽고 단계2를 다시 수행한다.

단계3 rollback 연산을 종료한다.

이 알고리즘에서 소개한 redo 전용 로그 레코드인 <T, X, V_{old}>와 <T abort> 로그 레코드의 역할에 대해서는 11.4.4절의 「**(4) 로그 레코드 <T, X, V>와 <T abort>의 역할**」에서 소개한다. 미리 알고자 하면 이 내용을 바로 참조하자.

Rollback(T) 연산 알고리즘을 살펴보면 알 수 있듯이 rollback 연산은 로그 맨 끝에서 역으로 거슬러 스캔해 가며 진행된다. 단계2의 2.1, 2.2, 2.3은 로그 레코드의 유형에 따라 각각 다른 수행 작업을 보여준다. 로그 레코드가 갱신 로그 레코드인 경우, 단계2.1.1에서 데이터 항목 X에 대해 V_{old}로 기록하여 연산 이전 상태로 값을 복원하는데, 특이한 것인 단계2.1.2에서 V_{old}를 가지고 **redo 전용 로그 레코드(redo-only log record)** <T, X, V_{old}>를 구성하여 로그 맨 마지막 위치에 기록한다는 점이다. 이렇게 로그를 거슬러 가면서 단계2.3에서 <T start>를 만나면 <T abort>를 로그 맨 마지막 위치에 기록하고 트랜잭션 T에 대한 rollback 연산은 종료된다. 만약 T가 실행되던 중에 write(X) 연산을 먼저 수행하고 write(Y) 연산을 나중에 수행했다면 로깅 과정에서 <T, X, X_{old}, X_{new}> 로그 레코드가 로그에 먼저 기록되고 로그 레코드 <T, Y, Y_{old}, Y_{new}>는 그 뒤쪽에 기록될 것이다. 하지만, T가 rollback 될 때는 로그 스캔이 역으로 진행됨에 따라 로그에는 이들에 대응하는 redo 전용 로그 레코드에서 <T, Y, Y_{old}>가 <T, X, X_{old}> 보다 먼저 기록되므로 트랜잭션 T의 write 연산 순서와는 역순으로 redo 전용 레코드가 기록됨을 알 수 있다.

(3) 복구 방법

즉시 갱신 방법에서 복구는 11.3.2절에서 소개한 UNDO 연산과 REDO 연산을 모두 사용한다. 복구 작업은 **REDO 단계(REDO phase)**와 **UNDO 단계(UNDO phase)**로 구성되는데 먼저 REDO 단계가 실행된 후 그 결과를 가지고 이어서 UNDO 단계가 진행된다.

REDO 단계는 로그의 맨 처음 로그 레코드부터 차례로 하나씩 읽어가며 REDO 연산을 진행하며 그 과정 중에 UNDO 시킬 트랜잭션들을 구분한다. 이를 위해 REDO 단계는 UNDO 연산을 해야 하는 트랜잭션들의 집합인 **undo-리스트**를 비어있는 상태로 시작하고, 차례로 읽은 로그 레코드 유형에 따라 다음을 실행한다.

- 로그 레코드가 갱신 로그 레코드, 즉, 〈T, X, V_{old}, V〉 형태의 갱신 로그 레코드이거나 혹은 〈T, X, V〉 형태의 redo 전용 로그 레코드이면 데이터 항목 X의 값을 V로 변경한다.
- 로그 레코드가 〈T start〉 로그 레코드이면 **undo-리스트**에 트랜잭션 T(정확히는 트랜잭션 식별자)를 삽입한다.
- 로그 레코드가 〈T commit〉 로그 레코드이거나 〈T abort〉 로그 레코드이면 **undo-리스트**로부터 트랜잭션 T를 제거한다.

REDO 단계에서 나타난 <T, X, V> 형태의 redo 전용 로그 레코드를 **보상 로그 레코드** 혹은 **CLR(Compensation Log Record)**이라고 하는데, CLR과 <T abort> 로그 레코드는 사실 UNDO 단계에서 기록되는 로그 레코드들이다. 이 유형의 로그 레코드들이 **Rollback(T) 연산 알고리즘**에서 이미 잠깐 소개되었을지라도, 이들이 어떻게 로그에 기록되며 어떤 역할을 하는지는 REDO 단계 실행 후 이어지는 UNDO 단계를 설명할 때 자세히 소개된다. 사실, 이 로그 레코드들이 로그에 기록되었다는 것은 지금 진행 중인 복구 이전에도 이미 UNDO 단계가 실행되어 복구가 진행된 적이 있음을 의미한다.

로그를 맨 처음부터 스캔하는 과정 중 <T start> 로그 레코드가 기록되었지만 <T commit>이나 <T abort> 로그 레코드가 없으면 트랜잭션 T는 완료되지 않은 것이므로 UNDO 연산의 대상이 되어 undo-리스트에 남게 된다. 하지만 <T commit>이나 <T abort> 로그 레코드가 존재하면 트랜잭션 T는 이미 완료(commit)되었거나 이전에 이미 복구되어 철회(abort)된 트랜잭션이므로 undo-리스트에서 제외된다.

REDO 단계의 실행에서 알 수 있듯이, REDO 단계는 모든 트랜잭션의 기록(write) 연산과 관련된 로그 레코드, 즉, 모든 갱신 로그 레코드 <T, X, V_{old}, V>에 대해 데이터 항목을 새로운 값으로 기록함에 따라 모든 트랜잭션에 대해 REDO 연산을 실행한다. 따라서, UNDO 시킬 트랜잭션들까지도 일단 모두 REDO 된다는 점을 주시할 필요가 있다.

REDO 단계 실행 후 바로 실행되는 UNDO 단계는 REDO 단계에서 UNDO 되어야 하는데 오히려 REDO 된 트랜잭션들의 로그 레코드를 대상으로 모두 UNDO 연산을 수행하는 단계이다. REDO 단계 실행 후 undo-리스트는 UNDO 해야 하는 트랜잭션들만 포함하는데, UNDO 단계는 이 undo-리스트에 존재하는 트랜잭션들의 로그 레코드들만을 대상으로 UNDO 작업을 진행한다. 시스템이 로깅할 때 트랜잭션의 연산 순서에 따라 로그 레코드를 기록하기 때문에, undo-리스트의 트랜잭션을 rollback 하여 데이터베이스를 실행 이전 상태로 되돌리기 위해서는 로그 레코드 기록 순서와는 역 순서로 UNDO 연산을 진행해야 한다. 이를 위해 UNDO 단계는 가장 최근에 기록된 마지막 로그 레코드부터 시작하여 역순서로 진행하면서 undo-리스트에 있는 트랜잭션들이 모두 rollback될 때까지 UNDO 연산을 진행한다.

REDO 단계에서 식별된 undo-리스트를 가지고 UNDO 단계를 수행하는 내용과 절차는 다음과 같으며 로그의 맨 마지막 로그 레코드를 시작으로 다음은 진행한다.

- 로그 레코드가 갱신 로그 레코드, 즉, 〈T, X, V, V_{new}〉 형태의 갱신 로그 레코드이면 데이터베이스 데이터 항목 X의 값을 V로 변경하고 로그 끝에 〈T, X, V〉 redo 전용 로그 레코드를 기록한다.
- 로그 레코드가 〈T, X, V〉 형태의 redo 전용 로그 레코드이거나 〈T abort〉 로그 레코드이면 무시하고 다음에

진행할 로그 레코드(즉, 로그에서 현재 처리 중인 로그 레코드의 앞에 있는 로그 레코드)를 읽어서 앞의 단계부터 다시 수행한다.

- 로그 레코드가 〈T start〉 로그 레코드이면 로그 맨 끝에 〈T abort〉 로그 레코드를 기록하고 **undo-리스트**로부터 트랜잭션 T를 제거한다.
- **undo-리스트**가 빈 상태가 되면 UNDO 단계를 종료하고 빈 상태가 아니면 바로 앞의 로그레코드를 읽어서 맨 앞 단계부터 다시 수행한다.

(4) 즉시 갱신 방법의 로깅과 복구 예

즉시 갱신 방법에서 로깅 방법을 설명하기 위해 그림 11.9의 3개 트랜잭션 T_7, T_8, T_9를 다시 예로 들어보자. 그림 11.12는 3개 트랜잭션의 연산 실행과 데이터베이스 갱신 작업을 포함하여 트랜잭션 시작부터 완료에 이르기까지의 실행 과정의 한 예를 보여주고 있다. 이 그림에서 각 실행순서에 따라 트랜잭션의 지역 변수에 저장되는 과정은 생략했다. 이 실행순서에 맞춰서 로깅을 수행한 예가 그림 11.13 (a)에서 제시된다.

트랜잭션 T_7의 실행 요청이 들어오면 시스템은 그림 11.13 (a)처럼 로그 맨 처음에 <T_7 start>를 기록한 후 그림 11.12의 실행순서 1의 read(A) 연산을 시작한다. 실행순서 3의 write(A) 연산 실행에서 먼저 그림 11.13 (a)의 로그에 <T_7, A, 2000, 1500>을 기록한 후 즉시 4번 실행순서에서 디스크의 데이터 항목 A의 값

실행순서	T_7	T_8	T_9	데이터베이스 실행전 : A=2000, B=1000, C=300
1	read(A)			
2	A := A-500			
3	write(A)			
4				A=1500
5		read(C)		
6		C := C+700		
7		write(C)		
8				C=1000
9			read(B)	
10	크래시 지점		B := B-300	
11	↓		write(B)	
12				B= 700
13	read(B)			
14	B := B+500			
15	write(B)			
16				B=1200
				A=1500, B=1200, C=1000 (완료 후 데이터베이스)

그림 11.12 다중 트랜잭션 실행과 즉시 갱신 방법의 실행 과정

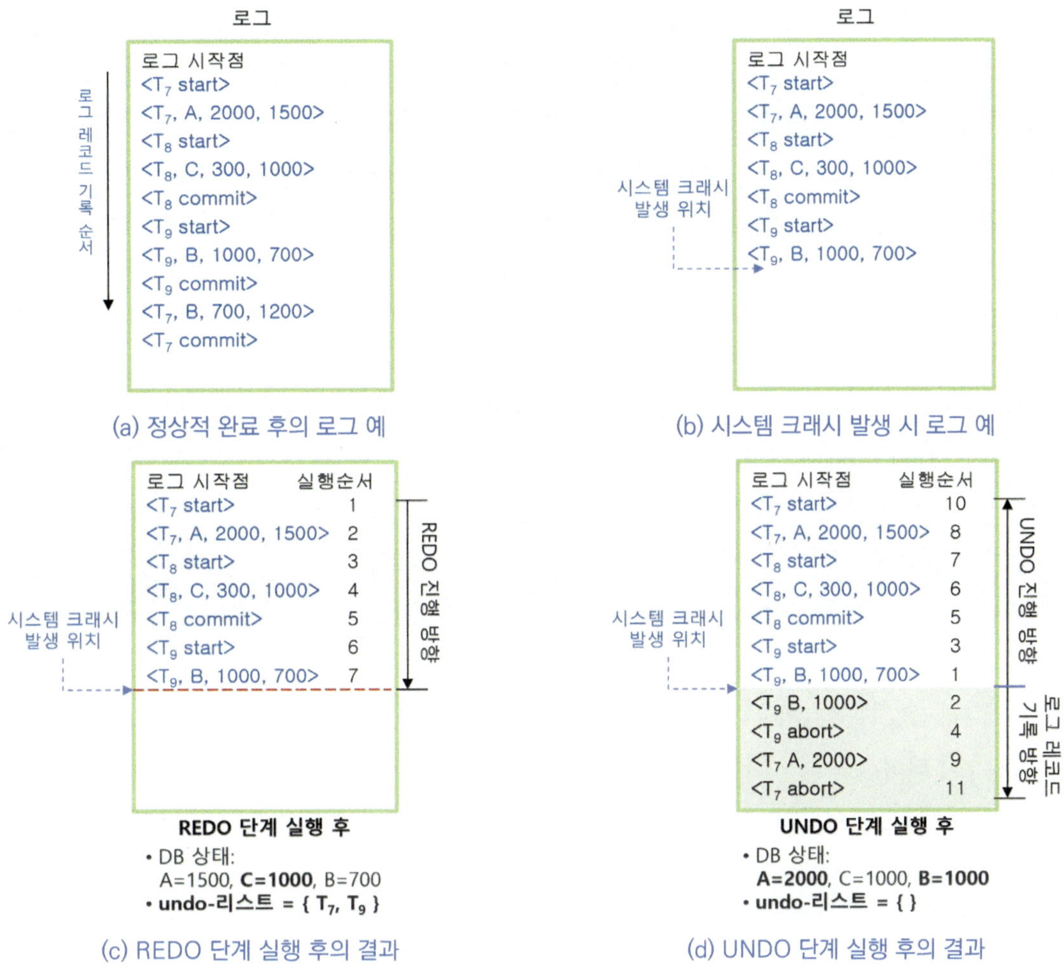

그림 11.13 즉시 갱신 방법에서 시스템 크래시 발생과 복구 예

을 새로운 값인 1500으로 기록한다. 실행순서 7과 8에서도 같은 절차로 진행된다. 실행순서 7의 T_8의 write(C) 연산 실행에서 먼저 그림 11.13 (a)의 로그에 <T_8, C, 300, 1000>을 기록한 후 즉시 8번 실행순서에서 디스크의 데이터 항목 C의 값을 새로운 값인 1000으로 갱신한다. 실행순서 11과 12 그리고 실행순서 15와 16에서도 이와 유사한 순서와 절차로 실행된다.

한편, 이렇게 트랜잭션의 연산들에 대해 로깅하면서 그림 11.12의 실행순서 11에서 트랜잭션 T_9의 write(B) 연산에 따라 로그 레코드 <T_9, B, 1000, 700>을 기록한 후 바로 디스크의 데이터 항목 B를 기록하는 중에 시스템 크래시가 생겼다고 하자. 이때, 로그의 기록 내용이 그림 11.13 (b)에서 제시된다.

그림 11.13 (b)의 로그 상태에서 복구 방법에 따라 먼저 실행되는 REDO 단계 과정이 그림 11.13 (c)에서 제시된다. REDO 단계는 이 그림처럼 화살표 방향으로 진행되는데, 이 진행 과정에 대해 그림 11.13 (c)의 실행순서에 따라 자세히 설명하면 다음과 같다. REDO 단계가 실행될 때 undo-리스트는 빈 상태, 즉, undo-리스트 = { }에서 시작한다. 그리고, 이때 데이터베이스는 A=1500, B=1000, C=1000이다. 다음의 실행순서는 그림 11.13 (c)의 실행순서를 의미한다.

- **실행순서 1.** 로그 레코드가 <T_7 start>이므로 undo-리스트에 트랜잭션 T_7이 추가되어 undo-리스트 = { T_7 }이 된다.
- **실행순서 2.** 로그 레코드 <T_7, A, 2000, 1500>이 갱신 로그 레코드이므로 데이터베이스 데이터 항목 A를 변경 후 값인 1500으로 기록한다.
- **실행순서 3.** 로그 레코드가 <T_8 start>이므로 undo-리스트에 트랜잭션 T_8이 추가되어 undo-리스트 = { T_7, T_8 }이 된다.
- **실행순서 4.** 로그 레코드 <T_8, C, 300, 1000>이 갱신 로그 레코드이므로 데이터베이스 데이터 항목 C를 변경 후 값인 1000으로 기록한다.
- **실행순서 5.** 로그 레코드가 <T_8 commit>이므로 undo-리스트에서 트랜잭션 T_8이 제거되어 undo-리스트 = { T_7 }이 된다.
- **실행순서 6.** 로그 레코드가 <T_9 start>이므로 undo-리스트에 트랜잭션 T_9가 추가되어 undo-리스트 = { T_7, T_9 }이 된다.
- **실행순서 7.** 로그 레코드 <T_9, B, 1000, 700>이 갱신 로그 레코드이므로 데이터베이스 데이터 항목 B를 변경 후 값인 700으로 기록한다. 그리고, 이 로그 레코드가 로그에서 마지막이므로 REDO 단계를 종료한다. 한편, REDO 단계의 결과 중 하나인 undo-리스트 = { T_7, T_9 }임을 주시하자.

이 REDO 단계 실행 후의 데이터베이스 내용은 그림 11.13 (c)에서처럼 A=1500, B=700, C=1000이고 undo-리스트 = { T_7, T_9 }가 된다.

앞의 실행순서에 따라 REDO 단계가 실행되었지만, 데이터베이스가 완전히 복구된 것은 아니다. 그림 11.13 (b)와 (c)의 로그에서 T_8은 실행순서 3과 5에서 각각 <T_8 start>와 <T_8 commit> 로그 레코드가 존재하므로 트랜잭션 T_8은 REDO 되어야 하지만, 트랜잭션 T_7과 T_9는 각각 <T_7 start>와 <T_9 start> 로그 레코드만 존재하므로 rollback 되어야 한다. 이에 따라 T_8은 REDO 연산이 실행되어 실행순서 4에서 데이터 항목 C의 값이 새로운 값인 1000으로 기록되었지만, 트랜잭션 T_7은 실행순서 2에서 UNDO 연산이 실행되지 않고 오히려 REDO 연산이 실행되어 데이터 항목 A의 값이 실행 이전 값인 2000 대신 새로운 값인 1500이 기록되었다. 마찬가지로 트랜잭션 T_9에서도 데이터 항목 B 역시 실행순서 7에서 새로운 값인 700으로 기록되어 UNDO 되지 못하고 REDO가 되었다. 그럼에도 REDO 단계는 REDO 되어야 할 트랜잭션들에 대해서는 모두 REDO 연산을 수행한다는 점을 주시하자.

REDO 단계 실행 후에 실행되는 UNDO 단계는 REDO 단계 결과 중의 하나인 undo-리스트를 가지고 진행된다. 그림 11.13 (d)는 앞의 REDO 단계 예를 가지고 UNDO 단계를 실행한 결과를 보여준다. 이 그림에서 보듯이 UNDO 단계는 로그의 맨 마지막 로그 레코드에서 시작해서 처음 로그 레코드 방향으로 역순으로 진행한다. 이 단계에서 일어나는 redo 전용 로그 레코드와 <T, abort> 로그 레코드의 기록은 로그의 맨 마지막 로그 레코드의 다음부터 순방향으로 차례로 진행된다. 그림 11.13 (c)의 REDO 단계 실행 후 A=1500, B=700, C=1000의 데이터베이스 상태에서 UNDO 단계 실행 과정을 그림 11.13 (d)의 실행순서에 따라 설명하면 다음과 같다.

- **실행순서 1과 2.** 실행순서 1에서 로그 레코드 <T_9, B, 1000, 700>은 갱신 로그 레코드이고 T_9은 undo-리스트 = { T_7, T_9 }에 존재하여 rollback 해야 할 트랜잭션이므로 데이터베이스 데이터 항목 B를 이전 값인 1000으로 기록하고, 실행순서 2에서 redo 전용 로그 레코드인 <T_9, B, 1000>을 로그 끝에 기록한다(이 로그 레코드의 쓰임새에 대해서는 11.4.4절의 「**(4) 로그 레코드 <T, X, V>와 <T abort>의 역할**」에서 소개하며 궁금하면 바로 이 내용을 참조 바란다).
- **실행순서 3과 4.** 실행순서 3에서 로그 레코드 <T_9 start>가 나타남에 따라 지금까지 진행된 UNDO 작업으로 데이터베이스를 트랜잭션 T_9의 실행 이전 상태로 이미 되돌려져서 철회(abort)된 것이므로 실행순서 4에서 <T_9 abort> 로그 레코드를 기록하고 undo-리스트에 트랜잭션 T_9를 제거하여 undo-리스트 = { T_7 }이 된다.
- **실행순서 5.** <T_8 commit> 로그 레코드에서 트랜잭션 T_8은 undo-리스트 = { T_7 }에 없으므로 REDO 단계에서 이미 복구된 것이다. 따라서, 이 로그 레코드에 대해 처리할 작업은 없으므로 무시되어 다음 실행순서 6이 진행된다.
- **실행순서 6.** <T_8, C, 300, 1000> 로그 레코드에서도 트랜잭션 T_8은 undo-리스트 = { T_7 }에 없으므로 REDO 단계에서 이미 복구된 것이다. 따라서, 이 로그 레코드에 대해 처리할 작업은 없으므로 무시되어 다음 실행순서 7이 진행된다.
- **실행순서 7.** <T_8 start> 로그 레코드에서도 트랜잭션 T_8은 undo-리스트 = { T_7 }에 없으므로 REDO 단계에서 이미 복구된 것이다. 따라서, 이 로그 레코드에 대한 처리할 작업은 없으므로 무시되어 다음 실행순서 8이 진행된다.

- **실행순서 8과 9.** 실행순서 8에서 로그 레코드 <T_7, A, 2000, 1500>은 갱신 로그 레코드이고 T_7은 undo-리스트 = { T_7 }에 존재하여 rollback 해야 할 트랜잭션이므로 데이터베이스 데이터 항목 A를 연산 실행 이전 값인 2000으로 기록하고 실행순서 9에서 redo 전용 로그 레코드인 <T_7, A, 2000>을 로그 끝에 기록한다.
- **실행순서 10과 11.** T_7은 아직 undo-리스트 = { T_7 }에 있는데 실행순서 10에서 로그 레코드 <T_7 start>가 나타남에 따라 지금까지 진행된 UNDO 작업으로 데이터베이스를 트랜잭션 T_7의 실행 이전 상태로 이미 되돌려져서 철회(abort)된 것이므로 실행순서 11에서 <T_7 abort> 로그 레코드를 로그 끝에 기록하고 undo-리스트에서 트랜잭션 T_7을 제거한다.
- **실행순서 11 후.** undo-리스트 = { }가 되어 UNDO 단계가 종료된다.

이 UNDO 단계를 통해 복구가 완료된 후의 데이터베이스는 A=2000, B=1000, C=1000 이 되어 시스템 크래시로 인해 실행에 실패한 T_7과 T_9가 변경한 A=1500, B=700은 이전 값인 2000과 1000으로 각각 복구되었다.

11.4.3 체크포인트 방법

(1) 로깅 방법

시스템 크래시가 발생하면 시스템 재실행 시 복구를 위해 로그에 기록된 모든 트랜잭션에 대해 UNDO 대상인지 아니면 REDO 대상인지를 결정해야 한다. 이를 위해 앞에서 소개한 지연 갱신 방법과 즉시 갱신 방법은 로그 전체를 조사해야 한다. 이러한 방법은 다음의 오버헤드를 갖는다:

- 로깅 기간이 길고 많은 데이터베이스 연산이 실행되었다면 로그의 크기가 매우 커지게 되는데, 이 경우, 로그에 기록된 모든 트랜잭션에 대해 로그 전체를 처음부터 조사하여 REDO 연산을 실행하고 다시 역순으로 UNDO 연산을 진행하는 것은 매우 시간 낭비적이다.
- 복구 알고리즘에 따라 REDO 할 필요가 있는 트랜잭션 중 대부분은 갱신 데이터를 이미 데이터베이스로 기록했을 가능성이 매우 크다. 이 트랜잭션들을 REDO 하는 것이 데이터베이스에 손상을 주진 않지만, 그럼에도 불구하고, 이미 기록된 값들을 REDO 연산으로 다시 같은 값들로 기록하는 이중 기록과 이로 인한 긴 복구 시간을 초래한다.

이러한 오버헤드를 피하고자 제안된 방법이 바로 **체크포인트(checkpoint)** 방법이다. 체크포인트 방법에서 로깅은 일정한 시간 간격을 두고 주기적으로 **체크포인트 연산(checkpoint operation)**을 수행한다. 체크포인트 연산의 내용과 절차를 소개하기 전에 먼저 새로운 유형의 로그 레코드인 체크포인트 로그 레코드를 소개하도록 하자. **체크포인트 로그 레코드(checkpoint log record)**란 체크포인트 연산 시점에서 실행 중인 트랜잭션들, 즉, **활동 트랜잭션들(active transactions)**의 집합을 말한다. 우리는 이 로그 레코드를 <checkpoint {T_i, T_j, ..., T_k}>로 나타내며, 여기에서 T_i, T_j, ..., T_k는 각각 체크포인트 연산 시점에서 실행 중인 트랜잭션들이다.

체크포인트 연산은 시스템에 의해 주기적으로 자동 실행되며, 이 연산 실행 중에는 다음 작업이 순서대로 실행되는 것 이외에는 어떠한 데이터 갱신 작업도 실행되지 않는다. 체크포인트 연산에서 로그도 파일이므로 버퍼링을 한다는 점을 고려하여 이해해야 한다.

- 먼저, 로그에 대해 버퍼링 되어 메인 메모리에 현재 남아있는 모든 로그 레코드들을 로그에 기록한다.
- 그다음, 이전의 체크포인트 연산 이후 디스크에 반영하지 않은 모든 갱신된 블록들을 포함하는 버퍼들을 디스크로 출력한다.
- 마지막으로, 체크포인트 로그 레코드 〈checkpoint {T_i, T_j, ..., T_k}〉를 로그에 기록한다.

로깅 작업은 체크포인트 연산을 포함하여 다음과 같이 진행된다.

- 트랜잭션 실행이 요청되면 시스템은 트랜잭션에 고유식별자 T를 부여하여 로그에 〈T start〉 로그 레코드를 기록한다.
- 트랜잭션 T가 데이터 항목 X의 값이 원래 V_{old}였는데 V_{new}로 변경하면 갱신 로그 레코드 〈T, X, V_{old}, V_{new}〉를 로그로 기록한다.
- 일정한 시간 간격을 두고 주기적으로 체크포인트 연산을 실행한다.
- 트랜잭션 T의 마지막 연산이 완료되면 〈T commit〉 로그 레코드를 로그에 기록한다.

앞의 트랜잭션 연산별 로깅 연산에서 로그에 대응하는 버퍼링이 데이터베이스 디스크 블록에 대한 버퍼링과 함께 시스템에 의해 복잡하게 진행된다. 체크포인트 연산은 항상 먼저 로그 버퍼 내의 모든 로그 레코드들을 로그에 출력한 후, 이전까지 갱신된 모든 블록에 대응하는 버퍼들을 디스크의 데이터베이스로 출력하고, 마지막으로 체크포인트 로그 레코드를 출력하는 순서로 진행되어야 함을 잊지 말자. 이 순서가 어긋나면 데이터베이스에 데이터 불일치가 생길 수 있으며, 이 상태에서 복구가 영영 불가능할 수도 있다.

(2) 복구 방법

이제 시스템 크래시가 발생한 후 데이터베이스 시스템이 재시작되었을 때 체크포인트 방법에서 어떻게 복구가 진행되는지를 알아보자.

체크포인트 방법에서도 복구는 REDO 연산을 수행하는 **redo 단계(redo phase)**와 UNDO 연산을 수행하는 **undo 단계(undo phase)**의 두 단계로 구성되는데, 즉시 갱신 방법에서의 복구 과정과 마찬가지로 redo 단계를 먼저 진행하고 그 과정에서 얻은 정보를 가지고 undo 단계를 진행한다.

즉시 갱신 방법의 redo 단계는 로그의 첫 번째 로그 레코드부터 시작해서 마지막 로그 레코드까지 하나씩 읽어가며 전체 로그 레코드를 대상으로 REDO 작업을 진행하면서 UNDO 시킬 트랜잭션들을 선별한다. 이와는 달리 체크포인트 방법의 redo 단계는 로그의 마지막 체크포인트 로그 레코드부터 읽기 시작하여 마지막 로그 레코드까지 하나씩 읽어가며 REDO 작업을 진행하면서 UNDO 시킬 트랜잭션들을 선별한다. undo 단계에서는 로그의 마지막 로그 레코드를 읽기 시작하여 거꾸로 읽어가면서 redo 단계에서 식별한 undo-리스트 트랜잭션들에 대해 UNDO 연산을 진행하는데 이 과정은 즉시 갱신 방법의 UNDO 단계와 같다.

체크포인트 방법에서 복구의 장점은 로그의 마지막 체크포인트 로그 레코드부터 스캔하므로 REDO 작업을 위해 로그 전체를 읽지 않아도 된다는 점이다.

아래에서 소개되는 **Redo_ Phase 알고리즘**은 체크포인트 복구 방법에서 redo 단계를 수행하는 알고리즘이다.

Redo_Phase 알고리즘

단계1 로그로부터 마지막 체크포인트 로그 레코드 <checkpoint {T_i, T_j, ...T_k}>를 읽고 undo-리스트 = {T_i, T_j, ...T_k}로 undo-리스트를 초기화한다.

단계2 로그로부터 체크포인트 로그 레코드의 다음 로그 레코드를 LogRecord로 읽는다.

단계3 LogRecord가 로그의 끝이 아니면, 다음을 진행한다.

- 3.1 LogRecord가 <T, X, V_{old}, V_{new}> 형식(갱신 로그 레코드)이거나 <T, X, V> 형식(redo 전용 레코드)이면, 이 로그 레코드에 대해 redo를 행한다. 즉, 데이터베이스의 데이터 항목 X에 대해 <T, X, V_{old}, V_{new}>는 V_{new}를, <T, X, V>는 V를 기록한다.
- 3.2 LogRecord가 <T start>이면 undo-리스트에 T를 추가한다.
- 3.3 LogRecord가 <T abort>이거나 <T commit>이면 undo-리스트로부터 T를 제거한다.
- 3.4 로그로부터 다음 로그 레코드를 LogRecord로 읽는다.

단계4 return undo-리스트

Redo_ Phase 알고리즘에 대한 다음 설명에서 괄호 안은 그 설명에 해당하는 **Redo_ Phase 알고리즘**의 단계 번호를 나타낸다.

redo 단계는 로그에 기록된 마지막 체크포인트 로그 레코드를 읽는 것에서 시작한다. 이때, 체크포인트 로그 레코드에 있는 모든 트랜잭션을 undo-리스트로 삽입하여 초기화한다(**Redo_Phase 알고리즘** 단계1). 마지막 체크포인트 레코드의 다음 로그 레코드부터 마지막 로그 레코드에 이르기까지 로그 레코드를 하나씩 읽어가며(**Redo_Phase 알고리즘** 단계2) REDO 시킬 로그 레코드(즉, <T, X, V_{old}, V_{new}>와 <T, X, V> 형식의 모든 로그 레코드)에 대해 REDO 작업을 진행한다. 이 REDO 작업에서 <T, X, V_{old}, V_{new}>는 데이터 항목 X를 V_{new}로 기록하고, <T, X, V>는 데이터 항목 X를 V로 기록한다(**Redo_Phase 알고리즘** 단계3.1). 11.4.2절의 트랜잭션 rollback에서 **Rollback(T) 연산 알고리즘**을 소개할 때, 이 알고리즘의 단계2.1.2에서 구성하여 기록한 <T, X, V>의 V는 이 로그 레코드에 대응하는 트랜잭션 T 연산의 실행 이전 값이므로, REDO 작업을 통해 데이터 항목 X를 V로 기록한다는 것은 사실상 T 연산의 실행 이전 값으로 되돌리는 것과 같다.

redo 단계에서는 바로 앞에서 설명한 것처럼 갱신 로그 레코드에 대해서는 갱신된 값으로 진행하고 redo 전용 레코드에 대해서는 이전 값으로의 복원 작업을 진행하면서, 다른 한편으로는, UNDO 시킬 트랜잭션들의 리스트, 즉, **undo-리스트**를 다음과 같이 구성한다.

- 로그에서 처음에 읽은 체크포인트 로그 레코드에 기록된 모든 트랜잭션은 그 체크포인트 연산 시점에서 실행 중이어서 완료되지 않은 것들이므로, 우선, 모두를 undo-리스트에 삽입한다(**Redo_Phase 알고리즘** 단계1).
- 읽은 로그 레코드가 <T start> 로그 레코드이면 당연히 T가 실행되어 완료되지 않은 것이므로 트랜잭션 T를 undo-리스트에 추가한다(**Redo_Phase 알고리즘** 단계3.2).
- 읽은 로그 레코드가 <T commit>이거나 <T abort>이면 T는 이 로그 레코드 이전까지 수행된 REDO 작업을 통해 T가 기록한 모든 데이터 항목에 대해 이미 새로운 값으로 변경되었거나 원래 값으로 복구가 이루어진 것이다. 따라서, UNDO 연산 대상이 아니므로 T를 undo-리스트에서 제거한다(**Redo_Phase 알고리즘** 단계3.3).

Redo_Phase 알고리즘의 단계3.1에서 다음과 같은 의문이 생길 수 있다.

> 단계3.1의 <T, X, V_{old}, V_{new}> 혹은 <T, X, V> 로그 레코드에서 <T commit> 혹은 <T abort> 로그 레코드가 나타나지도 않았는데 어떻게 데이터 항목 X를 V_{new} 혹은 V로 기록하여 트랜잭션이 완료(commit)된 것처럼 처리하는 것일까?

이에 대한 대답은 **Undo_Phase 알고리즘**에 있다. **Redo_Phase 알고리즘**은 단계3.1에서 마지막 체크포인트 로그 레코드에 기록된 트랜잭션들과 그 이후에 실행이 시작되거나 완료된 모든 트랜잭션들에 대해 트랜잭션 완료 여부와는 무관하게 무조건 새로운 값 혹은 redo 전용 로그 레코드 값으로 기록한다. 하지만, **Redo_Phase 알고리즘**의 단계3.2와 단계3.3에서 UNDO 시킬 트랜잭션들의 목록인 undo-리스트가 정해지면, **Undo_Phase 알고리즘**은 이 리스트의 트랜잭션들에 대해 트랜잭션의 마지막에서부터 해당 트랜잭션의 <T start> 로그 레코드가 나타날 때까지 거꾸로 진행하면서 데이터 항목 X를 V_{old}로 기록해 나간다. 이 과정에서 **Redo_Phase 알고리즘**의 단계3.1에서 해당 데이터 항목이 무조건 V_{new} 혹은 V로 기록되더라도 undo-리스트의 트랜잭션이라면 다시 V_{old}로 기록되어 원래 값으로 복원된다.

아래에서 소개되는 **Undo_Phase 알고리즘**은 체크포인트 복구 방법에서 undo 단계를 수행하는 알고리즘이다.

Undo_Phase(undo-리스트) 알고리즘

실행조건1. undo-리스트는 Redo_Phase 알고리즘이 리턴한 UNDO 시킬 트랜잭션들의 리스트이다.

실행조건2. 로그로부터 로그 레코드를 읽기 위한 위치를 나타내는 판독 포인터와 로그 레코드를 로그 마지막 위치에 기록하기 위한 기록 포인터 등 두 개의 서로 다른 파일 포인터를 사용해야 한다.

단계1 로그에서 판독 포인터와 기록 포인터의 위치를 로그 끝으로 한다.

단계2 undo-리스트가 빈 상태가 아니면 빈 상태가 될 때까지 다음을 반복 수행한다.

- 2.1 로그의 현재 판독 포인터 위치에서 바로 앞쪽에 있는 로그 레코드를 LogRecord로 읽는다.
- 2.2 LogRecord에 기록된 트랜잭션 T가 undo-리스트에 있으면, 다음을 수행한다.
  - 2.2.1 LogRecord가 <T, X, V_{old}, V_{new}> 형식의 갱신 로그 레코드이면, 다음을 수행한다
    - 2.2.1.1 V_{old}를 데이터베이스의 데이터 항목 X에 기록한다.
    - 2.2.1.2 V_{old}를 사용하여 구성한 redo 전용 로그 레코드 <T, X, V_{old}>를 로그의 맨 마지막에 기록한다.
  - 2.2.2 LogRecord가 <T start>이면, 로그 레코드 <T abort>를 로그 맨 마지막에 기록하고 undo-리스트로부터 T를 제거한다.

단계3 실행을 종료한다.

Undo_Phase 알고리즘에 대한 다음의 설명에서 괄호 안은 그 설명에 해당하는 Undo_Phase 알고리즘의 단계 번호를 나타낸다.

undo 단계에서 시스템은 redo 단계에서 리턴된 undo-리스트의 모든 트랜잭션을 대상으로 로그 끝에서 시작해서(Undo_Phase 알고리즘 단계1) 로그 레코드를 하나씩 거꾸로 읽어가면서(Undo_Phase 알고리즘 단계2.1) undo-리스트가 빈 상태가 될 때까지 단계2.1과 단계2.2를 차례로 반복 수행한다(Undo_Phase 알고리즘 단계2).

읽은 로그 레코드의 트랜잭션이 undo-리스트에 존재하면 11.4.2절의 트랜잭션 rollback 연산인 Rollback(T) 연산 알고리즘에서 소개한 로그 레코드처럼 undo 작업을 행한다(Undo_Phase 알고리즘 단계2.2). 단, 차이점은 읽은 로그 레코드가 <T start>일 때, 트랜잭션 rollback 연산에서처럼, <T abort>를 로그 맨 마지막에 기록하되, 이는 T가 접근한 모든 데이터 항목에 대해 원래 상태로 모두 복원을 마친 것이므로 undo-리스트로부터 제거하는 것이다(Undo_Phase 알고리즘 단계2.2.2).

Redo_Phase 알고리즘의 단계3.1에서 해당 데이터 항목이 무조건 V_{new} 혹은 V로 기록되더라도 undo-리스트의 트랜잭션이라면(단계2.2) 단계2.2.1에서 다시 V_{old}로 기록되어 이전 값으로 복원되는 점을 주의 깊게 이해하자.

11.4.4 체크포인트 방법의 로깅과 복구 예

(1) 로깅과 REDO 연산 예1

체크포인트 방법의 로깅과 복구 방법에 대한 예를 그림 11.9의 트랜잭션 T_7, T_8, T_9를 가지고 소개하도록 하자. 그림 11.14는 시스템이 이 트랜잭션들을 실행하는 중에 체크포인트 방법으로 로깅한 예를 나타낸다.

그림 11.15는 마지막 체크포인트 로그 레코드를 REDO 시작점으로하여 Redo_Phase 알고리즘의 단계3을 실행한 예이다. 이 그림에서 T_7, T_8, T_9 실행 이전의 데이터베이스 상태는 A=2000, B=1000, C=300이었는데 T_7, T_8, T_9 시작 후에 시스템 크래시가 발생하여 REDO 연산 직전의 데이터 항목 A, B, C의 값이 각각 1500, 1000, 1000인 상태임을 그림 11.15로부터 확인하자. 여기에서 우리는 데이터 항목 B의 값이 원래 1000이었는데 그대로 1000으로 변경이 없는 점을 비추어볼 때, 트랜잭션 T_9의 write(B) 연산 실행에서 마지막 로그 레코드 <T_9, B, 1000, 700>을 먼저 로깅했지만 디스크의 데이터 항목 B를 새로운 값인 700으로 기록하지 못하고 시스템 크래시가 발생한 것임을 추측할 수 있다.

그림 11.15에서 맨 왼쪽은 체크포인트 방법으로 복구를 위한 REDO 단계의 실행순서 번호를 나타내며, 실행순서 번호의 각 행에서 각 열은 그 실행 순서 번호의 로그 레코드에 REDO 작업을 했을 때 복구되는 데

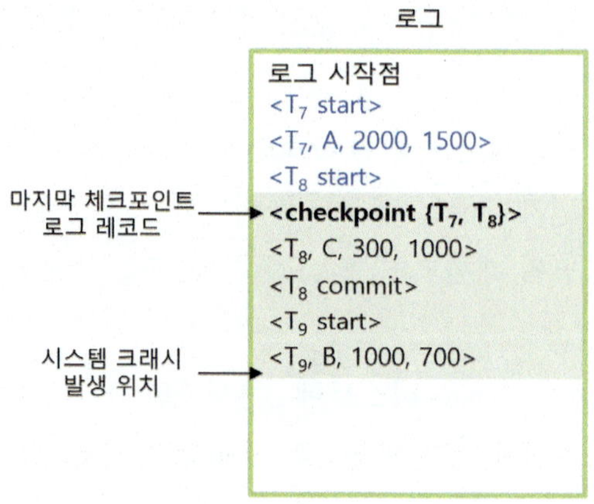

그림 11.14 체크포인트 방법의 로깅 예

이터 항목 A, B, C의 값과 undo-리스트의 상태를 각각 차례로 나타낸다. 그림 11.15에서 희미한 회색의 값은 로그 레코드에 대한 REDO 작업 후에도 해당 데이터 항목 혹은 undo-리스트가 새로운 기록이나 변경 없이 이전과 같음을 의미하며, 로그 레코드의 REDO 작업 후 새롭게 기록되거나 변경된 값은 밑줄 친 검은색으로 표현되었다. 이 그림에서 체크포인트 로그 레코드의 바로 오른쪽은 REDO 시작점과 REDO 연산 진행 방향을 화살표로 나타낸 것이다.

(T_7, T_8, T_9 실행 이전의 데이터베이스 상태 : A=2000, B=1000, C=300)

REDO 순서	로그		REDO에 의해 변경되는 데이터 항목의 값			undo-리스트
			A	B	C	
REDO 직전 상태			1500	1000	1000	{ }
	<T_7 start>					
	<T_7 A, 2000, 1500>	REDO				
	<T_8 start>	진행방향				
1	<checkpoint {T_7, T_8}>	REDO 시작점	1500	1000	1000	{T_7, T_8}
2	<T_8 C, 300, 1000>		1500	1000	1000	=
3	<T_8 commit>		1500	1000	1000	{T_7}
4	<T_9 start>		1500	1000	1000	{T_7, T_9}
5	<T_9 B, 1000, 700>		1500	700	1000	=
REDO 후 최종 상태			1500	700	1000	{T_7, T_9}

그림 11.15 체크포인트 복구 방법에서의 REDO 연산의 실행 과정 예1

그림 11.15의 로그에서 REDO 연산 단계는 다음과 같이 실행된다.

- **REDO 순서 1** : <checkpoint {T_7, T_8}> 읽기
  Redo_Phase 알고리즘의 단계1에 따라 그림 11.15의 REDO 순서 1 행과 같이 undo-리스트를 {T_7, T_8}로 초기화한다.
- **REDO 순서 2** : <T_8, C, 300, 1000> 읽기
  Redo_Phase 알고리즘의 단계2를 수행한 것으로 이 알고리즘의 다음 단계인 단계3.1에서 읽은 레코드가 <T, X, V_{old}, V_{new}> 형식이므로 REDO 작업을 적용하여 그림 11.15의 REDO 순서 2 행과 같이 1000을 데이터 항목 C에 기록한다.
- **REDO 순서 3** : <T_8 commit> 읽기
  T_8이 완료된 것으로서 **Redo_Phase 알고리즘**의 단계3.3에 해당하므로 현재의 undo-리스트={T_7, T_8}에서 T_8를 제거하여 그림 11.15의 REDO 순서 3 행과 같이 undo-리스트={T_7}이 된다.
- **REDO 순서 4** : <T_9 start> 읽기
  새로 트랜잭션이 시작된 것으로서 **Redo_Phase 알고리즘**의 단계3.2에 해당하므로 현재의 undo-리스트={T_7}에 T_9를 새로 추가하여 그림 11.15의 REDO 순서 4 행과 같이 undo-리스트={T_7, T_9}가 된다.
- **REDO 순서 5** : <T_9, B, 1000, 700> 읽기
  이 로그 레코드는 <T, X, V_{old}, V_{new}> 형식이므로 **Redo_Phase 알고리즘**의 단계3.1을 적용하여 그림 11.15의 REDO 순서 5 행과 같이 데이터 항목 B를 700으로 기록한다.

이 순서에 따라 REDO 연산으로 최종적으로 반영된 A, B, C의 데이터 항목은 각각 1500, 700, 1000이 되고 UNDO 연산 대상 트랜잭션들인 undo-리스트={T_7, T_9}가 된다.

여기에서 주시할 점은 트랜잭션 T_9가 UNDO 연산 대상임에도 REDO 순서 5의 로그 레코드 <T_9, B, 1000, 700>에 대해 데이터 항목 C를 이전 값인 1000 대신 새로운 값인 700으로 기록한 것이다. 이 점이 바로 **복구 방법**에서 설명한 의문에 해당한다. 사실, REDO 단계가 끝나야만 UNDO 연산 대상의 트랜잭션들이 undo-리스트를 통해 결정되기 때문에, REDO 단계 중에는 처음부터 트랜잭션의 데이터 항목을 REDO 시킬지 아니면 UNDO 시킬지를 전혀 알 방법이 없다. 따라서, 편의상 REDO 연산에서는 마지막 체크포인트 로그 레코드 이후의 모든 데이터 항목에 대해 새로운 값으로 먼저 기록하면서 UNDO 연산 대상 트랜잭션들을 undo-리스트에 모은 다음, **Undo_Phase 알고리즘**에서 로그의 마지막부터 역으로 추적하면서 이 알고리즘의 단계2.2.1.1에서 undo-리스트에 존재하는 트랜잭션의 연산에 대해 로그 레코드를 가지고 실행 이

전 값으로 데이터 항목 값을 되돌린다. 그리고는 Undo_Phase 알고리즘의 단계2.2.1.2에서 그 되돌린 사실을 redo 전용 로그 레코드로 기록한다. 여기에서 redo 전용 로그 레코드는 UNDO 단계 과정에서 기록된다는 점을 주시하면서 이어서 소개되는 Undo_Phase 알고리즘의 예를 살펴보자.

(2) UNDO 연산 예1

앞에서 설명한 트랜잭션의 복구는 Redo_Phase 알고리즘으로 시작해서 Undo_Phase 알고리즘으로 완성된다. 복구 과정에서 Redo_Phase 알고리즘이 먼저 시작된다. 이 알고리즘은 로그에 기록된 마지막 체크포인트 로그 레코드를 시작으로 이 이후 기록된 모든 갱신 로그 레코드를 이용하여 데이터베이스의 해당 데이터 항목을 변경된 새로운 값으로 기록하므로 REDO 시킬 트랜잭션들에 대해서는 원자성을 보장한다. 그러나, UNDO 시킬 트랜잭션들의 모든 데이터 항목에 대해서는 트랜잭션 실행 이전 상태로 되돌리기는커녕 오히려 새로운 값들로 기록함으로써 UNDO 시킬 트랜잭션들에 대해서는 원자성이 보장되지 않는다. 이러한 UNDO 대상의 트랜잭션들에 대해 원자성을 보장하는 알고리즘이 바로 Undo_Phase 알고리즘이다.

이제 앞의 예에서 Redo_Phase 알고리즘의 결과를 가지고 Undo_Phase 알고리즘을 적용하는 예를 소개하자. 그림 11.16이 바로 이에 대한 실행 과정을 나타낸다. 그림에서 UNDO 순서 열의 번호는 UNDO 작업이 진행되는 순서를 나타낸다. 그림에서 희미한 회색의 값은 로그 레코드에 대한 UNDO 작업의 결과에서 데이터 항목의 경우 해당 항목의 기록이 없음을 의미하며 undo-리스트의 경우는 변경이 없음을 나타낸다. 하지만 기록 혹은 변경이 있는 경우는 밑줄 친 검은색으로 표현되었다. Undo_Phase 알고리즘은 로그의 맨 마지막 로그 레코드를 기준으로 UNDO를 위한 로그 레코드 읽기는 역방향으로 진행하고 로그 레코드 기록은 순방향으로 진행되는 등 두 반대 방향으로 진행된다. 따라서, 그림 11.16을 잘 이해하기 위해서는 UNDO 순서 1에 해당하는 로그의 맨 마지막 로그 레코드를 기준으로 UNDO 순서 번호에 따라 역방향과 순방향의 양방향으로 진행하면서 Undo_Phase 알고리즘이 어떻게 적용되는지를 이해할 필요가 있다. 그림 11.16의 맨 아래 행인 「REDO 후 UNDO 이전 상태」 행에서 제시된 데이터 항목 A, B, C의 값과 undo-리스트는 그림 11.15의 Redo_Phase 알고리즘 적용 결과의 최종 상태를 나타낸 것이다. 이 최종 상태를 가지고 Undo_Phase 알고리즘을 적용한 그림 11.16의 예를 다음과 같이 UNDO 연산 순서를 차례로 따라가면서 잘 이해해 보자.

- **UNDO 순서 1** : <T_9, B, 1000, 700> 읽기

  Redo_Phase 알고리즘이 끝나면 로그 파일의 판독 포인터는 Undo_Phase 알고리즘의 단계1에서 언급한 로그 끝에 이르게 되고 이어서 단계2.1에서 마지막 로그 레코드를 읽는다. Undo_Phase 알고리

즘의 단계2.2에서 이 로그 레코드의 트랜잭션 T_9가 undo-리스트={T_7, T_9}에 있고 읽은 로그 레코드가 알고리즘 단계2.2.1에서 <T, X, V_{old}, V_{new}> 형태의 갱신 레코드이므로 **Undo_Phase 알고리즘**의 단계 2.2.1.1에 따라 **Redo_Phase 알고리즘**에서 새로운 값 700으로 기록된 데이터 항목 B를 1000으로 기록하여 되돌린다. 그리고 바로 UNDO 순서 2를 진행한다.

- **UNDO 순서 2** : <T_9, B, 1000> redo 전용 로그 레코드 기록하기
  UNDO 순서 1에서 데이터 항목 B의 값을 1000으로 기록한 후 바로 **Undo_Phase 알고리즘**의 단계 2.2.1.2을 수행하여 이 기록 사실을 <T_9, B, 1000>에 담아 로그에 기록한다.
- **UNDO 순서 3과 순서 4** : <T_9 start> 읽기와 <T_9 abort> 기록하기
  UNDO 순서 3에서 **Undo_Phase 알고리즘**의 단계2.1에 따라 <T_9 start>를 읽는다. T_9가 undo-리스트 ={T_7, T_9}에 포함된 가운데 <T_9 start> 로그 레코드를 만났다는 것은 트랜잭션 T_9에 대해 모든 데이터 항목을 T_9의 실행 이전 값으로 이미 복원하여 UNDO 작업을 모두 마친 것을 의미한다. 따라서, **Undo_Phase 알고리즘**의 단계2.2.2를 적용하여 UNDO 순서 4에서 <T_9 abort>를 로그에 기록하고

UNDO 순서	로그		UNDO에 의해 변경되는 데이터 항목의 값			undo-리스트
			A	B	C	
UNDO 최종 상태			**2000**	**1000**	**1000**	**{ }**
11	<T_7 start>		2000	1000	1000	{T_7}
9	<T_7 A, 2000, 1500>	UNDO 읽기 방향 ↑	**2000**	1000	1000	{T_7}
8	<T_8 start>		1500	1000	1000	{T_7}
7	**<checkpoint {T_7, T_8}>**		1500	1000	1000	{T_7}
6	<T_8, C, 300, 1000>		1500	1000	1000	{T_7}
5	<T_8 commit>		1500	1000	1000	{T_7}
3	<T_9 start>		1500	1000	1000	{T_7, T_9}
1	<T_9, B, 1000, 700>		1500	**1000**	1000	{T_7, T_9}
		UNDO 시작점				
2	**<T_9, B, 1000>**	기록 방향 ↓	1500	1000	1000	{T_7, T_9}
4	**<T_9 abort>**		1500	1000	1000	**{T_7}**
10	**<T_7, A, 2000>**		2000	1000	1000	{T_7}
12	**<T_7 abort>**		2000	1000	1000	**{ }**
REDO 후 UNDO 이전 상태			**1500**	**700**	**1000**	**{T_7, T_9}**

그림 11.16 체크포인트 복구 방법에서의 UNDO 연산의 실행 과정 예1

undo-리스트={T_7, T_9}로부터 T_9를 제거하여 undo-리스트={T_7}로 한다.

- **UNDO 순서 5** : <T_8 commit> 읽기
  이 로그 레코드에서 T_8은 undo-리스트={T_7}에 포함되어 있지 않으므로 이미 **Redo_Phase 알고리즘**에서 REDO 작업이 이루어진 트랜잭션이다. 따라서, **Undo_Phase 알고리즘**의 단계2.2에 해당하지 않으므로 아무런 실행 없이 그다음 순서를 진행한다.
- **UNDO 순서 6** : <T_8, C, 300, 1000> 읽기
  이 로그 레코드에서 T_8은 undo-리스트={T_7}에 포함되어 있지 않다. 따라서, UNDO 순서 5와 같은 이유로 **Undo_Phase 알고리즘**의 단계2.2에 해당하지 않으므로 그다음 순서를 진행한다.
- **UNDO 순서 7** : <checkpoint {T_7, T_8}> 읽기
  체크포인트 로그 레코드는 **Undo_Phase 알고리즘**의 단계2.2.1의 조건인 <T, X, V_{old}, V_{new}) 형식의 갱신 로그 레코드도 아니고 단계2.2.2의 조건인 <T start> 형식의 로그 레코드도 아니므로 아무런 실행 없이 그다음 순서를 진행한다.
- **UNDO 순서 8** : <T_8 start> 읽기
  이 로그 레코드에서 T_8은 undo-리스트={T_7}에 포함되어 있지 않다. 따라서, **Undo_Phase 알고리즘**의 단계2.2에 해당하지 않으므로 아무런 실행 없이 그다음 순서를 진행한다.
- **UNDO 순서 9와 순서 10** : <T_7, A, 2000, 1500> 읽기와 <T_7, A, 2000> 기록하기
  UNDO 순서 9에서 읽은 <T_7, A, 2000, 1500> 로그 레코드에서 T_7은 undo-리스트={T_7}에 포함되어 있으므로 **Undo_Phase 알고리즘**의 단계2.2에 해당하고 <T, X, V_{old}, V_{new}> 형식이므로 단계2.2.1.1에 따라 데이터 항목 A를 2000으로 복원하고 이 사실을 UNDO 순서 10에서 <T_7, A, 2000> 로그 레코드로 기록한다.
- **UNDO 순서 11과 순서 12** : <T_7 start> 읽기와 <T_7 abort> 기록하기
  UNDO 순서 11에서 UNDO 연산 수행 중에 <T_7 start> 로그 레코드를 만났다는 것은 T_7이 undo-리스트={T_7}에 포함되어 있으므로 트랜잭션 T_7에 대해 모든 데이터 항목을 T_7의 실행 이전 값으로 이미 복원하여 UNDO 연산을 모두 마친 것을 의미한다. 따라서, UNDO 순서 12에서 **Undo_Phase 알고리즘**의 단계2.2.2를 적용하여 <T_9 abort>를 로그에 기록하고 undo-리스트={T_7}로부터 T_7을 제거하여 undo-리스트={ }이 된다. 이에 따라 undo-리스트가 빈 상태이므로 **Undo_Phase 알고리즘**의 단계2에서 벗어나 단계3에서 실행이 모두 종료된다.

따라서, **Undo_Phase 알고리즘**을 적용한 결과, 데이터베이스는 A=2000, B=1000, C=1000으로 복원되는 것을 알 수 있다.

(3) 복구 중 시스템 크래시의 복구

이제 다음 의문에 대한 답을 알아가는 과정을 통해 <T, X, V>와 <T abort> 로그 레코드의 역할을 함께 알아보자.

> **Undo_Phase 알고리즘** 실행 과정에서 트랜잭션 T가 undo-리스트에 있을 때 〈T, X, V_{old}, V_{new}〉 형태의 갱신 레코드가 나타나면 로그에 〈T, X, V_{old}〉 형태의 redo 전용 로그 레코드를 기록하고, 〈T start〉 로그 레코드가 나타나면 〈T abort〉 로그 레코드를 로그에 기록하는 이유는 무엇일까?

이 의문에 대한 답을 알아가기 위해 그림 11.16에서 UNDO 단계를 실행하는 중에 UNDO 순서 10의 실행 후 UNDO 순서 11을 실행하기 전에 시스템 크래시가 발생했다고 가정하자. 이 크래시는 그림 11.14 체크포인트 방법의 로깅 예에서의 시스템 크래시가 1차 발생하여 **Redo_Phase 알고리즘**을 수행한 후 **Undo_Phase 알고리즘**을 수행하는 과정 중에 발생한 2차 시스템 크래시란 점을 알 수 있다. 그림 11.17은 그림 11.16에서 UNDO 순서 11 이전에 시스템 크래시가 발생한 것이므로 **Undo_Phase 알고리즘**의 단계2.2.2가 실행되지 못해서 그림 11.16의 UNDO 순서 12의 <T_7 abort> 로그 레코드가 기록되지 않은 것을 보여준다.

이 2차 크래시에서 데이터 항목 A, B, C의 값은 각각 2000, 1000, 1000으로, 2차 크래시 복구를 위한 REDO 연산에서 데이터 항목들의 초기값들은 각각 이 값들이 된다. 그림 11.17은 2차 크래시 때의 로그 내용을 가지고 **Redo_Phase 알고리즘**을 적용하는 과정을 보여준다.

그림 11.17과 그림 11.15의 두 REDO 연산의 실행 과정을 비교해보자. 시스템 크래시 발생 시점에서 데이터베이스 상태가 달라서 복구 시점에서 데이터 항목 A와 B의 값은 다를지라도 그림 11.17의 첫 번째 로그 레코드 <T_7 start>부터 REDO 순서 5번까지의 로그 레코드 내용은 그림 11.15의 로그 내용과 같다. 따라서, 그림 11.17의 REDO 순서 1번부터 5번까지 REDO 과정은 그림 11.15의 REDO 순서 1번부터 5번까지의 복구 과정과 같다. 여기까지 복구 과정에서의 데이터 항목 A, B, C의 값은 각각 2000, 700, 1000이고 undo-리스트={T_7, T_9}가 된다.

두 그림의 REDO 복구 내용에서 다른 부분은 그림 11.17에서 REDO 순서 6번, 7번, 8번 부분인데, 이 부분은 1차 시스템 크래시에서 복구를 위한 UNDO 연산 과정에서 2차 시스템 크래시의 발생 때까지 기록된 부분이다. 이 부분이 REDO 순서 5 다음에 이어서 **Redo_Phase 알고리즘**에서 어떻게 처리되는지를 살펴보자.

- **REDO 순서 6** : <T_9, B, 1000> 읽기

  이 로그 레코드는 **Redo_Phase 알고리즘**의 단계3.1에 해당하므로 데이터 항목 B를 1000으로 기록한다. <T_9, B, 1000>은 사실 첫 번째 시스템 크래시에서 마지막 로그 레코드였던 <T_9, B, 1000, 700>에 대해 앞의 「**(2) UNDO 연산 예1**」에서 설명한 UNDO 순서 2의 UNDO 과정에서 기록된 것으로 트랜잭션 T_9의 실행 이전 값인 1000으로 재기록되는 것을 주의 깊게 보도록 하자.

- **REDO 순서 7** : <T_9 abort> 읽기

  이 로그 레코드는 첫 번째 시스템 크래시의 「**(2) UNDO 연산 예1**」 UNDO 순서 3에서 <T_9 start> 로그 레코드를 읽음에 따라 트랜잭션 T_9에 대한 UNDO 연산이 모두 행해져서 UNDO 순서 4에서 <T_9 abort>를 기록함에 따라 로그에 남게 된 것이다. 따라서, <T_9 abort>는 트랜잭션 T_9에 대한 UNDO 연산이 모두 이미 완료된 것을 나타내므로 **Redo_Phase 알고리즘**의 단계3.3에 따라 undo-리스트={T_7, T_9}로부터 T_9를 제거하여 undo-리스트={T_7}으로 T_7만 남게 된다.

- **REDO 순서 8** : <T_7, A, 2000> 읽기

(T_7, T_8, T_9 실행 이전의 데이터베이스 상태 : A=2000, B=1000, C=300)

REDO 순서	로그		REDO에 의해 변경되는 데이터 항목의 값			undo-리스트
			A	B	C	
REDO 이전 상태			**2000**	**1000**	**1000**	-
	<T_7 start>					-
	<T_7, A, 2000, 1500>	**REDO 진행방향**				-
	<T_8 start>					-
1	**<checkpoint {T_7, T_8}>**	**REDO 시작점**	2000	1000	1000	**{T_7, T_8}**
2	<T_8, C, 300, 1000>	↓	2000	1000	**1000**	{T_7, T_8}
3	<T_8 commit>		2000	1000	1000	**{T_7}**
4	<T_9 start>		2000	1000	1000	**{T_7, T_9}**
5	<T_9, B, 1000, 700>		2000	**700**	1000	{T_7, T_9}
6	**<T_9, B, 1000>**		2000	**1000**	1000	{T_7, T_9}
7	**<T_9 abort>**		2000	1000	1000	**{T_7}**
8	**<T_7, A, 2000>**	↓	**2000**	1000	1000	{T_7}
REDO 후 최종 상태			**2000**	**1000**	**1000**	**{T_7}**

그림 11.17 체크포인트 복구 방법에서의 REDO 연산의 실행 과정 예2

첫 번째 시스템 크래시로부터 복구를 위한 「(2) UNDO 연산 예1」 UNDO 단계의 UNDO 순서 9에서 <T_7, A, 2000, 1500>을 읽고 데이터 항목 A를 2000으로 복구한 다음, UNDO 순서 10에서 <T_7, A, 2000>을 기록한 것이다. **Redo_Phase 알고리즘** 단계3.1에 따라 데이터 항목 A를 2000으로 기록한다. 이 2000은 데이터 항목 A에 대한 T_7 실행 이전 값임을 기억하자.

두 번째 시스템 크래시를 복원하기 위해 로그의 마지막 체크포인트 로그 레코드를 시작으로 REDO 순서 1번부터 REDO 순서 8번까지 **Redo_Phase 알고리즘**을 차례로 적용한 후의 데이터 항목 A, B, C는 각각 2000, 1000, 1000이고 undo-리스트={T_7}이 된다.

이 **Redo_Phase 알고리즘** 결과를 가지고 이제 **Undo_Phase 알고리즘**을 적용해 보자. 이 적용 과정이 그림 11.18에서 제시되며 각 UNDO 순서에 대한 설명은 다음과 같다.

UNDO 순서	로그		UNDO에 의해 변경되는 데이터 항목의 값			undo-리스트
			A	B	C	
UNDO 후 최종 상태			**2000**	**1000**	**1000**	**{ }**
12	<T_7 start>	↑	2000	1000	1000	{T_7}
10	<T_7, A, 2000, 1500>		**<u>2000</u>**	1000	1000	{T_7}
9	<T_8 start>	**UNDO** 읽기 방향	2000	1000	1000	{T_7}
8	**<checkpoint {T_7, T_8}>**		2000	1000	1000	{T_7}
7	<T_8, C, 300, 1000>		2000	1000	1000	{T_7}
6	<T_8 commit>		2000	1000	1000	{T_7}
5	<T_9 start>		2000	1000	1000	{T_7}
4	<T_9, B, 1000, 700>		2000	1000	1000	{T_7}
3	<T_9, B, 1000>		2000	1000	1000	{T_7}
2	<T_9 abort>		2000	1000	1000	{T_7}
1	<T_7, A, 2000>		2000	1000	1000	{T_7}
		UNDO 시작점				
11	**<T_7, A, 2000>**	기록 방향	2000	1000	1000	{T_7}
13	**<T_7 abort>**	↓	2000	1000	1000	**{ }**
REDO 후 UNDO 이전 상태			**2000**	**1000**	**1000**	**{T_7}**

그림 11.18 체크포인트 복구 방법에서의 UNDO 연산의 실행 과정 예2

- **UNDO 순서 1** : <T_7, A, 2000> 읽기

  Undo_Phase 알고리즘의 단계1과 단계2.1로부터 로그의 마지막 레코드 <T_7, A, 2000>을 읽고 undo-리스트={T_7}이므로 **Undo_Phase 알고리즘**의 단계2.2 조건에 해당하지만, 로그 레코드 형식이 <T, X, V_{old}, V_{new}>도 아니고 <T start>도 아니어서 단계2.2.1과 단계2.2.2 조건에 맞지 않으므로 아무런 실행 없이 그다음을 실행한다.

- **UNDO 순서 2 ~ 9** : 각 순서에서의 로그 레코드 읽기

  그림 11.18의 UNDO 순서 8을 제외한 UNDO 순서 2부터 순서 9까지 읽은 로그 레코드의 트랜잭션은 undo-리스트={T_7}에 있는 트랜잭션 T_7과 무관하므로 **Undo_Phase 알고리즘**의 단계2.2 조건에 맞지 않는다. 한편, UNDO 순서 8의 <checkpoint {T_7, T_8}> 로그 레코드도 <T, X, V_{old}, V_{new}> 형식도 아니고 <T start> 형식도 아니므로 **Undo_Phase 알고리즘**의 단계2.2.1과 단계2.2.2 조건에 맞지 않는다. 따라서, 각 UNDO 순서에서는 데이터 항목과 undo-리스트에 아무런 변화가 없고 다음 UNDO 순서를 실행한다.

- **UNDO 순서 10과 순서 11** : <T_7, A, 2000, 1500> 읽기와 <T_7, A, 2000> 기록하기

  UNDO 순서 10에서 읽은 로그 레코드는 T_7이 undo-리스트={T_7}에 존재하고 <T, X, V_{old}, V_{new}> 형식이므로 **Undo_Phase 알고리즘**의 단계2.2.1 조건을 만족한다. 그러므로, **Undo_Phase 알고리즘**의 단계2.2.1.1에 따라 데이터 항목 A에 2000을 기록하고 단계2.2.1.2에 따라 UNDO 순서 11에서 <T_7, A, 2000>을 기록한다.

- **UNDO 순서 12과 순서 13** : <T_7 start> 읽기

  12번째 UNDO 순서의 <T_7 start> 로그 레코드에서 T_7이 undo-리스트={T_7}에 존재하여 **Undo_Phase 알고리즘**의 단계2.2를 만족하고 단계2.2.2에 해당하므로 UNDO 순서 13의 <T_7 abort> 로그 레코드를 로그 마지막에 기록하고 undo-리스트에서 제거함에 따라 undo-리스트가 빈 상태가 되므로 단계2 조건을 벗어나 단계3에서 **Undo_Phase 알고리즘**이 종료되어 복구가 모두 완료된다.

Undo_Phase 알고리즘의 완료 후에 데이터베이스는 그림 11.18과 같이 A=2000, B=1000, C=1000으로 재복구된다.

(4) 로그 레코드 〈T, X, V〉와 〈T abort〉의 역할

REDO 단계를 수행하는 과정에서 redo 전용 로그 레코드 <T, X, V>의 역할과 <T abort>의 역할이 간접적으로 소개되었다.

REDO 단계에서 읽은 <T, X, V> 로그 레코드는 이전에 트랜잭션 T에 대한 데이터 항목 X의 복구 과정, 더 정확하게는 UNDO 연산 과정이 이미 있었음을 의미한다. 즉, <T, X, V> 로그 레코드는 UNDO 연산 과정에서 기록되며 트랜잭션 T가 데이터 항목 X를 실행 이전 값 V로 복구했음을 나타낸다.

이 로그 레코드 형식에서 구체적으로 표현되지 않았지만, 이 로그 레코드에는 사실 추가 필드를 하나 더 갖는데, 이 필드에는 이미 복구한 원래의 로그 갱신 레코드인 <T, X, V_{old}, V_{new}>의 바로 앞 로그 레코드를 다음에 UNDO 작업을 진행할 로그 레코드로 하여 그 순서 번호인 **LSN(Log Sequence Number)**을 저장한다.

이때, REDO 단계 후 바로 진행되는 UNDO 단계에서 이 LSN 필드는 이 필드의 <T, X, V> 로그 레코드에서부터 이 로그 레코드에 대응하는 <T, X, V_{old}, V_{new}> 로그 레코드에 이르기까지 그 사이에 있는 모든 갱신 로그 레코드는 이미 UNDO 된 것이므로 이들을 다시 UNDO 시키는 반복 작업을 피하고 바로 다음에 UNDO 연산이 진행될 로그 레코드로 바로 넘어갈 수 있도록 하는 역할을 한다. 사실, 앞에서 소개한 그림 11.18의 **Undo_Phase 알고리즘** 적용 예는 redo 전용 로그 레코드에 LSN 필드를 적용하지 않았기 때문에 UNDO 순서 1과 순서 12 사이의 로그 레코드들에 대한 undo 작업에서 이전의 시스템 1차 크래시 때 한 번 그리고 2차 크래시 때 또 한 번의 동일한 반복 작업을 포함한다. 하지만, 이번에는 LSN 필드를 적용하여 반복 작업을 피하는 예를 들어보자.

그림 11.18의 UNDO 순서 1의 <T_7, A, 2000>은 1차 시스템 크래시 복구를 위한 UNDO 단계에서 그림 11.16의 UNDO 순서 9의 갱신 로그 레코드인 <T_7, A, 2000, 1500>을 가지고 데이터 항목 A 값을 T_7 실행 이전인 2000으로 되돌린 후 그림 11.16의 UNDO 순서 10에서 로그에 기록한 redo 전용 로그 레코드이다. 따라서, <T_7, A, 2000> 로그 레코드의 LSN 필드에 값을 부여한다면 LNS 필드는 <T_7, A, 2000, 1500>의 앞에 놓인 <T_7 start> 로그 레코드의 위치인 순서 번호를 갖게 된다. 이 redo 전용 로그 레코드의 LSN 필드를 적용하여 그림 11.18의 UNDO 연산을 다시 설명하면, 맨 처음 UNDO 순서 1에서 첫 로그 레코드 <T_7, A, 2000>를 읽게 되면 이 redo 전용 로그 레코드의 LSN 필드 값으로 중간 로그 레코드들을 거치지 않고 바로 UNDO 순서 12에 위치한 <T_7 start>로 건너뛰게 되어 그사이의 로그 레코드들에 대한 반복된 처리 작업뿐만 아니라 UNDO 순서 4와 순서 7의 갱신 로그 레코드의 undo 연산에 따른 UNDO 순서 11과 순서 13의 기록도 모두 피함에 따라 UNDO 단계가 훨신 효율적으로 처리된다. 이러한 역할을 하는 의미에서 redo 전용 로그 레코드를 **보상 로그 레코드**라고도 부르며 간단히 **CLR(Compensation Log Record)**로 표기하기도 한다.

이제 <T abort> 로그 레코드의 역할에 대해 살펴보자. 이미 살펴본 바와 같이 REDO 연산은 로그 레코드들을 통해 트랜잭션이 접근한 데이터 항목들의 값을 트랜잭션이 변경한 값으로 기록하는 한편, 시스템 크래시로 실행이 완료되지 못하고 중단된 트랜잭션들을 undo-리스트로 선별한다. 이 선별 과정에서 **Redo_Phase 알고리즘**은 <T abort> 로그 레코드가 나타나면 트랜잭션 T는 UNDO 연산으로 이미 실행 이전 상태로 복구된 트랜잭션이므로 undo-리스트로부터 제외한다. 따라서 이 트랜잭션은 UNDO 연산의 복구 대상에서 제외되어 복구에서 수반되는 불필요한 디스크 접근을 줄인다. 이처럼 <T abort> 로그 레코드는 시스템 크래시의 복구 과정에서 트랜잭션 T가 이미 복구되었음을 알리는 로그 레코드로서 이후 발생하는 시스템 크래시로부터의 복구에서 그 트랜잭션에 대한 중복된 복구 작업을 막아주는 역할을 한다.

11.5 쉐도우 카피 방법과 쉐도우 페이징 방법

쉐도우 카피(shadow copy) 방법과 **쉐도우 페이징(shadow paging)** 방법은 로그 기반 복구 방법과는 달리 로그와 로깅 그리고 복구 연산이 요구되지 않는 방법이다. 이 두 방법에 대해 자세히 살펴보자.

(1) 쉐도우 카피(shadow copy) 방법

쉐도우 카피(shadow copy) 방법은 파일과 같은 작은 크기의 데이터베이스에 적용할 수 있는 매우 단순하지만 매우 비효율적인 방법으로 트랜잭션의 원자성(atomicity)과 영속성(durability)을 지원한다. 이 방법은 데이터베이스를 사용하는 활동(active) 상태의 트랜잭션이 오직 한 개만 존재하고 데이터베이스가 단순히 디스크에 있는 파일이라는 전제하에서 고안된 방법으로 여러 트랜잭션이 동시에 실행되는 환경에서는 사용될 수 없는 방법이다. 그림 11.19는 쉐도우 카피 방법에 대한 과정을 나타낸다. 그림 11.19 (a)에서 볼 수 있듯이 **데이터베이스 포인터(db-pointer)**는 저장된 데이터베이스의 위치를 나타내는데 이 포인터는 데이터베이스 접근을 위해 사용된다. 트랜잭션이 시작되면, 이 포인터를 가지고 데이터베이스에 접근하여 그림 11.19 (b)와 같이 데이터베이스 내용을 똑같이 복사하는데, 이때 원본 데이터베이스를 **쉐도우 카피(shadow copy)**라 한다. 복사 이후에 그림 11.19 (b) 처럼 트랜잭션 처리 작업은 원본 데이터베이스 대신 데이터베이스 복사본을 대상으로 진행한다. 즉, 데이터베이스에 대한 데이터 삽입, 삭제, 갱신, 검색과 같은 데이터베이스 변경과 검색 연산은 모두 복사한 데이터베이스를 가지고 행하며, 따라서 트랜잭션 처리 중에 데이터베이스 원본은 어떠한 변경도 없다. 트랜잭션이 종료되면 다음 절차에 따라 완료(commit)가 진행된다.

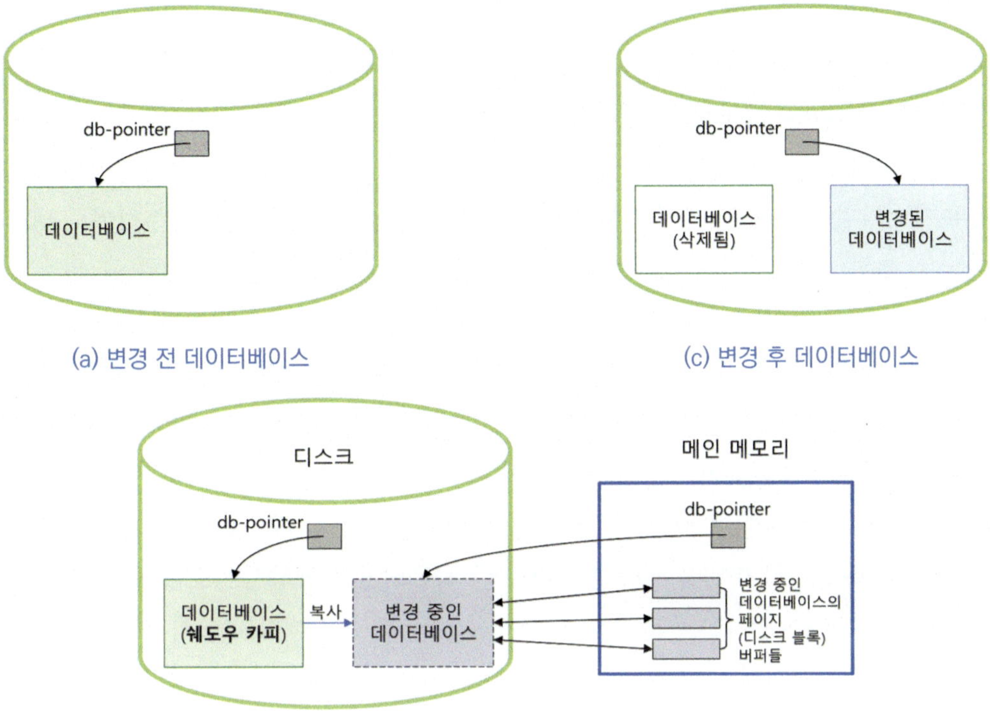

(a) 변경 전 데이터베이스

(c) 변경 후 데이터베이스

(b) 복사 후 변경 중인 데이터베이스

그림 11.19 쉐도우 카피 복구 방법

- 운영체제에 요청하여 새로운 데이터베이스의 모든 페이지(블록)들이 디스크에 기록되도록 한다. 이때 데이터베이스의 변경을 위해 메인 메모리에 남아있던 버퍼 내용들이 새로운 데이터베이스로 반영된다. 이 과정이 그림 11.19 (b)에서 제시된다.
- 운영체제가 모든 페이지를 디스크로 기록한 후에 데이터베이스 시스템은 새로운 데이터베이스를 가리키도록 디스크 내의 db-pointer를 갱신한다. 그림 11.19 (c)는 db-pointer가 새롭게 변경된 데이터베이스를 가리키는 것을 보여준다.
- 그리고 원본 데이터베이스는 삭제한다.

쉐도우 카피 방법에서 디스크 상의 db-pointer가 새로운 데이터베이스를 가리키도록 하는 연산이 맨 나중에 수행된다. 그러므로, db-pointer 갱신 이전에 시스템 크래시가 발생하면 시스템이 재시작할 때 원본 데이터베이스가 변경 없이 그대로 남아있고 디스크의 db-pointer가 변경 없이 이 원본 데이터베이스를 가리키므로 별도의 복구작업이 필요 없다. 이 경우, 변경 중이던 데이터베이스는 더 이상 필요 없으므로 단순히 이 데이터베이스의 삭제만으로 트랜잭션을 철회(abort)할 수 있다.

그런데, 만약 디스크의 db-pointer를 갱신하는 중에 시스템 크래시가 발생하면 어떻게 될까? 이 경우에는 새로운 db-pointer의 일부만 기록되고 나머지 부분은 기록되지 못해서 새로운 데이터베이스도 원본 데이터베이스도 모두 가리키지 못하게 될 것이다. 하지만, 다행인 것은 디스크의 블록 혹은 적어도 섹터(디스크의 주소가 부여되는 기록 단위로서 블록은 하나 이상의 섹터들로 구성된다)의 기록 연산은 모두 원자성(atomicity)이 보장된다는 점이다. db-pointer의 크기는 일반적으로 섹터 크기보다 작은데다 섹터 맨 앞부터 일부분만 차지하도록 해서 db-pointer 갱신이 반드시 반영되도록 하면 문제가 없다. db-pointer가 디스크에서 갱신된 후에 시스템 크래시가 발생하면 시스템이 재시작할 때 db-pointer는 이미 새로운 데이터베이스를 가리키므로 트랜잭션은 완료(commit) 상태에 있게 된다.

텍스트 편집 작업은 순전히 데이터베이스 응용 영역이라 할 수는 없지만 쉐도우 카피 방법을 이용하는 한 예이다. 편집 작업은 편집한 파일을 저장하면 완료 상태가 되고 저장하지 않으면 원래 파일로 남기 때문에 하나의 온전한 트랜잭션으로 볼 수 있다. 파일 편집을 위해 텍스트 에디터를 시작하면 텍스트 에디터는 원본 파일을 새 파일로 복사한다. 그 이후 편집 작업을 하는 동안에는 복사된 새 파일에 편집한 내용을 반영하며 원본 파일에는 어떠한 변경도 없다. 변경된 파일을 저장하게 되면 텍스트 에디터는 새 파일이 원본 파일의 이름을 갖도록 rename 명령을 사용한다. 물론, 이 rename 명령은 이미 새 파일에 의해 구식이 된 원본 파일을 삭제한다. 이와 같이 원본 파일 삭제와 새로운 파일에 실제 이름을 부여하는 rename 명령은 기존 파일 시스템에 의해 원자성 연산으로 구현된다.

이 방법은 트랜잭션 하나를 실행하는데 전체 데이터베이스의 복사를 수반하기 때문에 이 방법을 구현한다면 크기가 큰 데이터베이스에서 매우 비효율적일 수밖에 없다. 또한, 이 방법에서 한 트랜잭션이 실행될 때 다른 트랜잭션은 동시에 실행될 수 없다.

(2) 쉐도우 페이징(shadow paging) 방법

앞에서 소개한 쉐도우 카피 방법은 파일 수준의 데이터베이스 전체에 대한 복사가 필요하지만 **쉐도우 페이징(shadow paging)** 방법은 복사 수준을 전체 데이터베이스 대신 페이지 단위로 한정함에 따라 데이터베이스 일부분의 복사만 요구된다.

디스크는 많은 블록들로 구성되며 블록을 **페이지(page)**라고 부르기도 한다. 데이터베이스는 여러 개의 페이지로 구성되는데 페이지들은 물리적으로 연속해서 저장되는 것은 아니지만 데이터 항목에 접근하기 위해서는 그 데이터 항목이 몇 번째 페이지에 저장되어 있는지를 알아야 한다. **페이지 테이블(page table)**

이 바로 디스크에서 물리적으로 분산된 페이지들의 순서 정보를 포함하는 페이지 위치 포인터들의 모임이다. 페이지 테이블은 데이터베이스를 구성하는 페이지 순서에 따라 연속적으로 저장된 포인터 항목들로 구성되며 첫 번째 항목은 데이터베이스의 첫 번째 페이지에 대한 포인터를, 두 번째 항목은 데이터베이스의 두 번째 페이지의 포인터를, 일반적으로 n 번째 항목은 데이터베이스의 n 번째 페이지에 대한 포인터를 포함한다.

한편, 시스템은 현재 사용하지 않는 빈 페이지(자유 공간)들의 리스트를 관리하는데 이 리스트를 **자유 공간 리스트(free space list)**라 한다. 데이터 저장을 위해 새로운 디스크 공간이 필요하면 이 리스트로부터 페이지를 할당하여 데이터를 저장하고 데이터 저장 공간으로 할당된 페이지는 그 리스트로부터 제거된다. 또한, 페이지에서 데이터가 삭제되어 더 이상 사용하지 않게 되면 나중에 재사용하기 위해 그 페이지를 이 자유 공간 리스트로 환원한다. 때때로 삭제된 페이지가 접근할 수 있는 포인터 정보까지 잃은 채 자유 공간 리스트로 환원되지 않을 수 있는데 이 페이지는 접근할 수 있는 정보가 없어서 활용할 수가 없다. 이처럼 접근할 수 있는 경로가 없는 저장 공간을 **쓰레기(garbage)**라고 한다.

그림 11.20은 쉐도우 페이징 기법을 위한 구성요소와 트랜잭션 실행 이전의 상태를 나타낸다. 그림 11.20에서 볼 수 있듯이 쉐도우 페이징 방법은 페이지들로 구성된 데이터베이스, 데이터베이스의 페이지들에 대한 위치 포인터들을 갖는 페이지 테이블 그리고 페이지 테이블에 대한 **포인터(pt-pointer)**로 구성된다. 그림 11.20에서 데이터베이스를 구성하는 페이지들은 색상으로 표시하고 흰색은 디스크에서 자유 공간 페이지를 나타낸다. 페이지 테이블은 데이터베이스를 구성하는 각 페이지에 대한 위치 정보를 포함한다. 페이지 테이블 또한 한 개 이상의 페이지에 저장되어 표현해야 하지만 그림 11.20에서는 이해를 돕기 위해 별도로 나타내었다. 데이터베이스 크기가 매우 크면 구성하는 페이지 수가 많아져서 페이지 테이블을 구성하기 위한 페이지 수 또한 많아진다.

그림 11.20에서 페이지 테이블 포인터인 pt-pointer는 페이지 테이블의 위치를 가리킨다. 쉐도우 카피 방법에서 트랜잭션이 데이터베이스에 접근하기 위해 db-pointer를 이용하듯이 쉐도우 페이징 방법에서 pt-pointer는 데이터베이스 페이지 위치 정보를 담고 있는 페이지 테이블에 접근하기 위해 사용된다. 한편 쉐도우 카피 방법에서 db-pointer는 데이터베이스에 대한 위치 포인터이지만 쉐도우 페이징 방법에서 pt-pointer는 페이지 테이블에 대한 위치 포인터임을 주시하자. 이 pt-pointer 역시 한 개의 페이지 내로 충분히 저장될 수 있으며 페이지에 저장된 형태로 표현해야 하지만 그림 11.20에서 이해를 돕기 위해 별도로 표현했다. 그림 11.20은 쉐도우 페이징 방법의 구성요소들에 대해 트랜잭션을 실행하기 이전 상태에 대한 한 예를 나타낸 것이다.

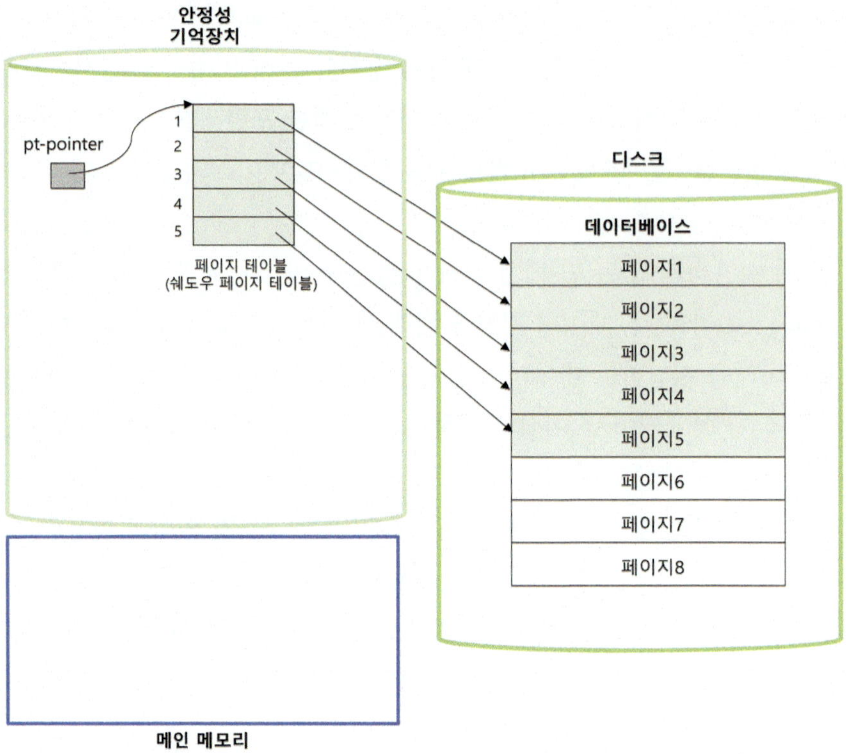

그림 11.20 쉐도우 페이징 방법의 구성요소와 상태(트랜잭션 실행 이전의 상태)

그림 11.21은 트랜잭션이 실행 중일 때 구성요소들의 상태에 대한 예를 보여준다. 트랜잭션 실행 요청이 발생하면 시스템은 먼저 pt-pointer가 가리키는 페이지 테이블에 접근하여 이 페이지 테이블을 똑같이 메인 메모리에 복사한 후 트랜잭션 실행 중에는 이 복사본 페이지 테이블을 이용하는데, 원본에 해당하는 페이지 테이블을 **쉐도우 페이지 테이블(shadow page table)**이라 하고 복사본 페이지 테이블을 **현재 페이지 테이블(current page table)**이라 한다. 그림 11.21에서 '복사1'이 이 과정을 나타낸다. 쉐도우 페이지 테이블은 트랜잭션 실행 중이든 실행 후이든 상관없이 어떠한 변경도 일어나지 않는다. 트랜잭션 실행 중에는 오직 현재 페이지 테이블만이 사용되며 변경도 이 테이블에 대해서만 행해진다.

현재 페이지 테이블이 메인 메모리에 복사된 상태에서 트랜잭션이 실행 중에 write(X) 연산으로 데이터 항목 X가 저장된 데이터베이스 i 번째 페이지 p를 변경하면 시스템은 다음을 순차적으로 수행한다:

1. B_X를 데이터 항목 X를 포함하는 페이지라 할 때, i 번째 페이지 p에 해당하는 버퍼가 메인 메모리에 존재하지 않으면 시스템은 input(B_X)를 수행하여 메인 메모리에 페이지 버퍼 B_X_BFFR를 할당하고

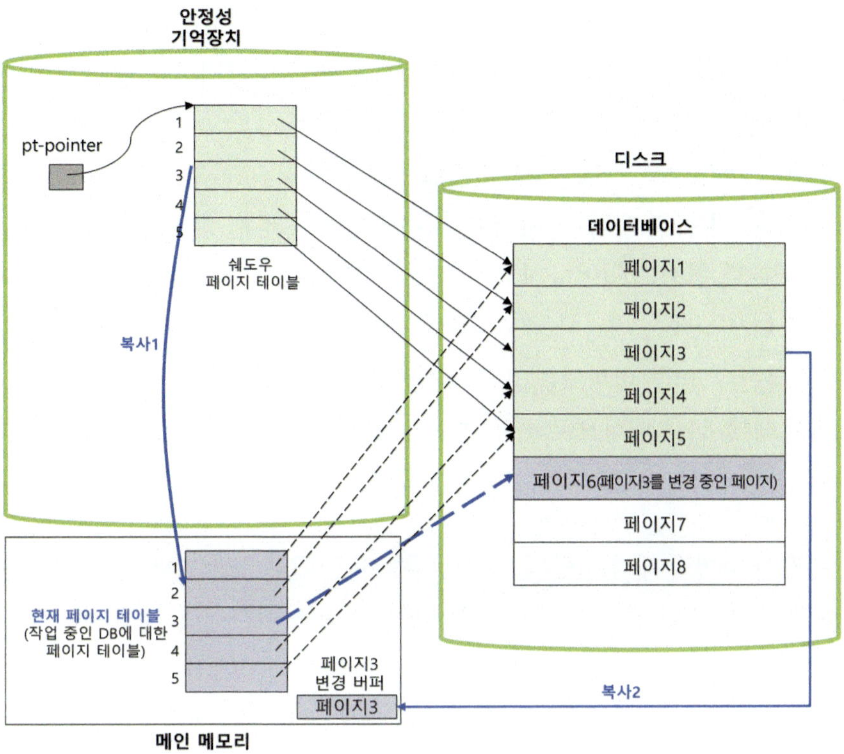

그림 11.21 쉐도우 페이징 방법의 구성요소와 상태(트랜잭션 실행 중의 상태)

페이지 B_X를 버퍼 B_X_BFFR로 읽어온다.

그림 11.21은 변경되는 페이지를 데이터베이스의 3 번째 페이지인 페이지3이라 가정하고 메인 메모리에 있는 페이지3 버퍼가 바로 데이터베이스의 페이지3을 읽어 온 버퍼임을 나타낸다.

2. write(X) 연산이 i 번째 페이지 p에 대한 트랜잭션의 첫 번째 연산이면 시스템은 다음에 따라 현재 페이지 테이블을 변경한다.
   - 시스템은 디스크의 자유 공간 리스트에서 빈 페이지 q를 하나 찾아서 자유 공간 리스트에서 제거하고 이 페이지에 i 번째 페이지 p의 내용을 복사한다.

     그림 11.21에서 페이지6가 자유 공간 리스트로부터 제거되고 페이지3의 변경 내용을 저장한 페이지이다.
   - 시스템은 현재 페이지 테이블의 i 번째 항목이 페이지 p 대신 페이지 q의 위치를 가리키도록 변경한다. 그리고 이 이후 페이지 p에 대한 모든 변경은 페이지 p에 반영되는 것이 아니라 대응하는 메

인 메모리 버퍼 B_X_BFFR를 통하여 페이지 q에 반영될 것이다. 결국, 버퍼 B_X_BFFR의 변경 내용은 페이지 p에 기록되는 것이 아니라 페이지 q에 기록되며 그러므로 페이지 p의 내용은 어떠한 변경도 일어나지 않는다.

그림 11.21에서 현재 페이지 테이블의 3번째 항목이 페이지6을 굵은 점선 화살표가 가리키도록 한 것을 볼 수 있다. 이 이후 페이지3에 대한 트랜잭션의 모든 변경은 페이지 3 버퍼에서 일어나며 페이지 3에는 어떠한 변경도 일어나지 않는다. 그리고 페이지3 버퍼의 내용은 페이지 6에 기록된다.

3. 시스템은 write(X) 연산에서 변경하는 X의 값을 메인 메모리에 할당한 페이지 버퍼 B_X_BFFR의 해당 항목 위치에 기록한다. 이후 버퍼 B_X_BFFR 내용의 기록은 페이지 p가 아닌 페이지 q에 행해진다.
   그림 11.21에서 페이지3을 대상으로 하는 변경은 페이지3 버퍼에서 이루어지며 페이지3 버퍼의 내용은 페이지3이 아닌 페이지6으로 디스크 기록을 통해 반영될 것이다.

데이터베이스 변경이 일어날 때마다 앞의 연산 절차들이 진행된다. 이 연산 내용과 그림 11.21을 보면 알 수 있듯이, 트랜잭션 실행 중 데이터베이스에 어떠한 변경이 일어나더라도 해당 데이터베이스 페이지의 변경은 원본이 아닌 복사된 다른 페이지에서 일어날 뿐 원본 페이지에서는 일어나지 않는다. 그리고 페이지 테이블에 대한 변경 또한 현재 페이지 테이블에서만 일어날 뿐 원본 페이지 테이블인 쉐도우 페이지 테이블에서는 어떠한 변경도 없다. 게다가 pt-pointer 또한 쉐도우 페이지 테이블을 가리킨다. 따라서, 트랜잭션 실행 중에 시스템 크래시가 발생한 후 시스템이 재실행되더라도 그림 11.21과 그림 11.20을 비교하면 알 수 있듯이 데이터베이스는 트랜잭션 실행 이전 상태 그대로이다. 그러므로 쉐도우 페이징 방법은 트랜잭션 실행 중에 시스템 크래시가 발생하더라도 복원을 위한 UNDO 연산이 필요 없다.

트랜잭션이 종료되면 완료(commit) 절차가 다음과 같이 수행되며 그림 11.22는 그 과정을 보여준다.

1. 메인 메모리에 남아있는 트랜잭션 실행과 관련된 모든 페이지 버퍼들의 내용을 해당 데이터베이스 페이지들로 저장함으로써 최종으로 반영한다.
   그림 11.22에서 메인 메모리에 남아있는 페이지3 변경 버퍼의 내용이 페이지6로 반영된다.
2. 메인 메모리에 있는 현재 페이지 테이블을 안정성 기억장치에 쉐도우 페이지 테이블과는 다른 위치에 복사한다. 이때, 복사된 페이지 테이블을 **신 쉐도우 페이지 테이블(new shadow page table)**이라 하고 원래의 페이지 테이블을 **구 페이지 테이블(old shadow page table)**이라 부른다.
   그림 11.22에서 '복사'로 표시된 굵은 실선 화살표가 바로 메인 메모리의 현재 페이지 테이블을 안전성 기억장치로 복사하는 것을 보여준다.

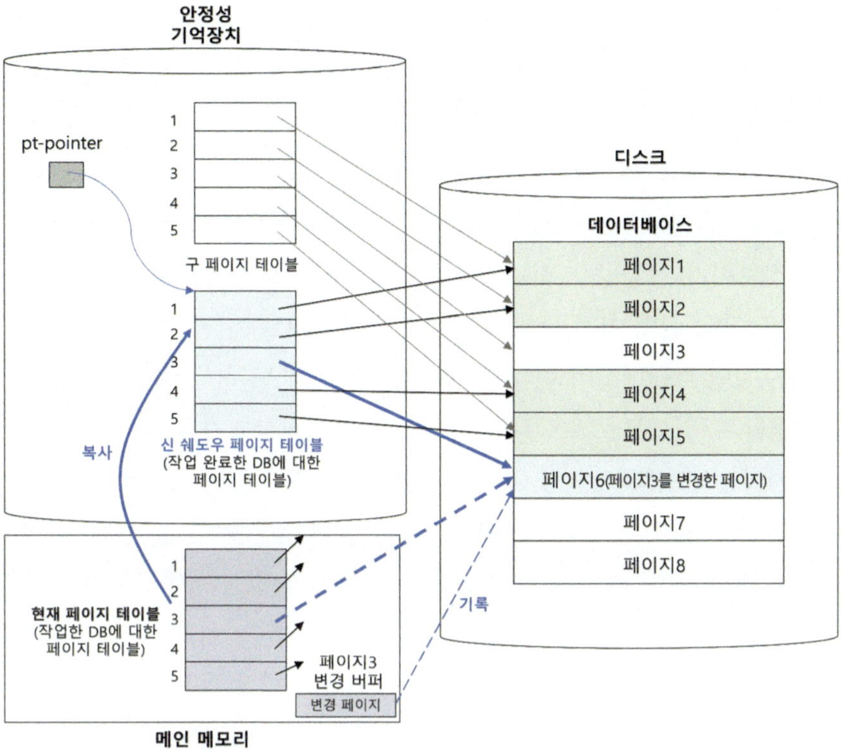

그림 11.22 쉐도우 페이징 방법의 구성요소와 상태(트랜잭션 완료 후의 상태)

3. 페이지 테이블 포인터 pt-pointer를 안정성 기억장치에 복사한 신 쉐도우 페이지 테이블의 위치로 변경한다.

   그림 11.22에서 pt-pointer가 트랜잭션이 완료되었을 때 현재 페이지 테이블 내용의 신 쉐도우 페이지 테이블을 가리키는 것을 볼 수 있다.

이 완료 절차에서도 마지막 완료 절차인 pt-pointer 변경 절차 이전에 시스템 크래시가 발생하면 복원할 때 pt-pointer는 트랜잭션 실행에서 아무런 변경이 없는 원본인 쉐도우 페이지 테이블을 가리킨다. 그리고 쉐도우 페이지 테이블 항목 또한 변경이 없는 원본 데이터베이스 페이지들을 가리킨다. 그러므로 데이터베이스는 트랜잭션 실행 이전 상태 그대로이므로 UNDO 작업이 별도로 요구되지 않고 트랜잭션은 바로 철회(abort) 상태가 된다.

문제는 마지막 완료에서 안정성 pt-pointer 변경 중에 안정성 기억장치에 복사한 신 쉐도우 페이지 테이블의 포인터 일부만 변경하고 나머지가 반영되지 않은 상태에서 시스템 크래시가 발생할 수 있다는 점이다. 이런 경우 쉐도우 페이지 테이블에 대한 위치 정보가 손상되고 신 쉐도우 페이지 테이블의 위치 정보 또한 손상되기 때문에 원래 데이터베이스와 변경된 새로운 데이터베이스 둘 다 접근할 수 없게 된다. 하지만 이 문제는 쉐도우 카피 방법에서 설명한 것처럼 디스크에 블록 혹은 적어도 섹터 기록 연산은 원자성을 보장하고 pt-pointer는 한 섹터 내에 충분히 기록할 수 있으므로 pt-pointer 변경에서 시스템 크래시가 발생하더라도 시스템이 재시작되면 pt-pointer는 쉐도우 페이지 테이블의 위치 정보이거나 아니면 신 쉐도우 페이지 테이블의 위치 정보이거나 둘 중의 하나일 것이다. pt-pointer가 쉐도우 페이지 테이블의 위치 정보이면 데이터베이스는 트랜잭션 실행 이전 상태에 접근할 수 있어 트랜잭션 철회 상태가 되고 신 쉐도우 페이지 테이블의 위치 정보이면 트랜잭션이 변경한 데이터베이스의 모든 페이지에 접근할 수 있는 신 쉐도우 페이지 테이블을 접근할 수 있으므로 트랜잭션은 완료(commit) 상태가 된다. 따라서, 결론적으로 말하면, **쉐도우 페이징 방법에서는 UNDO 연산과 REDO 연산 둘 다 필요 없다.**

이 방법에서 pt-pointer가 손상되면 쉐도우 페이지 테이블에 접근할 수 없고 쉐도우 페이지 테이블 또한 손상되면 데이터베이스 페이지에 접근할 수 없으므로 이 둘은 안정성 기억장치에 저장할 필요가 있다. 쉐도우 페이지 테이블 위치를 신 쉐도우 페이지 테이블 위치로 변경하거나 혹은, 시스템 크래시 후 시스템 재실행에서도 쉐도우 페이지에 접근할 수 있어야 하므로 pt-pointer의 위치를 고정할 필요가 있다.

쉐도우 페이징 방법은 쉐도우 카피 방법과 마찬가지로 둘 이상의 트랜잭션을 동시에 실행할 수 없는 단점을 갖는다. 데이터베이스의 같은 데이터 항목을 여러 트랜잭션이 동시에 읽거나 기록하는 경우 12장에서 소개되는 동시성 제어를 통해 데이터베이스의 무결성이 보존되어야 한다. 하지만 쉐도우 페이징 방법에서는 트랜잭션마다 각자의 현재 페이지 테이블과 데이터베이스 페이지 복사본을 사용하기 때문에 여러 트랜잭션이 동시에 같은 데이터 항목을 읽거나 변경하는 경우 동시성 제어가 되지 않으므로 데이터베이스에서 데이터 불일치(data inconsistency)가 발생할 수 있다.

이 방법은, 또한, 쉐도우 페이지 테이블과 현재 페이지 테이블 복사를 수반하므로 데이터베이스가 매우 크면 구성하는 페이지 수들도 매우 많아져서 페이지마다 위치 정보를 포함해야 하는 쉐도우 페이지 테이블 크기 또한 커진다. 그러므로, 페이지 테이블 저장에 많은 수의 페이지들이 필요하게 된다. 결국, 트랜잭션 시작 이전에 쉐도우 페이지 테이블 복사와 트랜잭션 완료 과정에서 현재 페이지 테이블 복사 작업은 많은 수의 페이지를 디스크로부터 읽고 기록해야 하는 오버헤드로 작용하여 트랜잭션 처리 성능에 적지 않은 영향을 미칠 수 있다.

데이터베이스를 디스크에 저장할 때, 데이터 관련성으로 인해 함께 자주 사용하는 데이터들을 서로 연속된 페이지에 저장하거나 가까운 위치의 페이지에 저장하면 하나씩 차례로 접근하는 시간을 줄일 수 있다. 이처럼 접근 관련성이 높은 데이터들이 근처에 모여있는 정도를 **데이터 지역성** 혹은 **데이터 집약성(data locality)**이라 한다. 접근 관련성이 높은 데이터들이 근처에 모여있을수록 데이터 집약성이 강하다 혹은 높다고 하고 먼 곳에 흩어져 있을수록 집약성이 약하다 혹은 낮다고 말한다. 아쉽게도 쉐도우 페이징 방법은 데이터 집약성이 낮은 방법이다. 서로 관련성 있는 데이터들이 연속하거나 가까운 페이지에 저장되어 있다 하더라도 데이터의 변경 과정에서 자유 공간 리스트에서 빈 페이지를 할당받아 가까운 원본 페이지에 저장한 데이터를 복사하여 사용한다. 이때 할당받아 복사한 페이지는 접근 관련성이 있는 다른 데이터의 페이지와 가깝지 않을 가능성이 크기 때문에 **데이터 집약성**이 약해질 가능성이 크다. 데이터 집약성이 약하면 관련성이 있는 데이터들에 접근하는데 디스크 헤드가 이동하는 거리가 길어져서 속도가 느려진다.

CHAPTER 12

동시성 제어

데이터베이스 시스템은 일반적으로 여러 개의 트랜잭션을 동시에 실행하는데 그 이유는 운영체제에서 다중 프로그래밍을 도입한 것과 같이 트랜잭션을 하나씩 처리할 때의 긴 대기 시간과 낮은 처리 효율성을 개선하고자 하는 데 있다.

이러한 다중 트랜잭션의 동시 실행 환경에서 문제는 데이터베이스에서 동일한 데이터 항목을 둘 이상의 다른 트랜잭션 연산이 접근할 때 격리성이 보장되지 않아서 데이터 무결성이 손상된다는 점이다.

이 단원은 다중 트랜잭션의 동시 실행 환경에서 이처럼 격리성이 보장되지 않아서 생기는 데이터 무결성 문제를 살펴보고 격리성 보장을 위한 동시성 제어 방법들을 소개하고자 한다. 여기에서 동시성 제어 기법이란 다중 트랜잭션의 동시 실행 환경에서 데이터 무결성을 위해 격리성 보장을 위한 방법으로 이해하자.

이 단원의 구성은 다음과 같다. 12.1절은 다중 트랜잭션의 동시 실행 환경을 소개하고 이 환경에서 격리성이 보장되지 않아 데이터 무결성이 손상되는 예와 이를 통해 동시성 제어가 필요한 이유를 소개한다. 12.2절은 동시성 제어 기법들을 소개하기 전에 실행순서를 갖는 모든 트랜잭션 연산으로 구성되는 스케줄 개념을 소개한다. 또한, 다른 두 트랜잭션의 연산 사이에 실행순서를 바꾸기 위한 충돌 개념을 소개하고, 실행하더라도 데이터 불일치 문제가 발생하지 않는 직렬가능 스케줄 개념을 소개한다.

이 단원의 핵심이 12.3절과 12.4절에서 소개된다. 먼저, 12.3절에서 로크(lock) 연산을 기반으로 하는 동시성 제어 방법들이 소개된다. 이 절에서 2단계 로킹 규약과 그래프 기반 규약 그리고 각 방법의 장단점이 소개된다. 12.4절은 트랜잭션이 시작될 때 DBMS가 트랜잭션에 유일하게 부여하는 타임스탬프를 동시성 제어에 이용하는 방법들이 소개된다. 트랜잭션의 타임스탬프를 동시성 제어에 이용하는 타임스탬프 기반 규약과 이 규약을 개선한 토마스 기록 규칙, 그리고 트랜잭션의 모든 연산을 우선 무조건 실행하여 그 결과를 메인 메모리에 임시로 반영한 다음에 타임스탬프를 이용하여 데이터베이스로의 반영 가능 여부를 따지는 검증 기반 규약이 각각 이 절에서 소개된다. 마지막으로 12.5절은 트랜잭션의 격리성 수준과 수준별 일관성 손상을 소개하고 SQL 표준에서 격리성 수준을 설정하는 구문과 이 표준을 수용하는 상용 데이터베이스 시스템들 그리고 JTBC에서 격리성 수준 설정을 위한 메소드와 파라미터를 소개한다.

12.1 동시 실행 환경과 동시성 제어

12.1.1 트랜잭션 동시 실행 환경

10장과 11장에서는 단일 트랜잭션 중심으로 복구 시스템과 관련하여 설명해 왔으며 트랜잭션들의 동시 실행에 대해서는 10.3절에서 격리성(isolation) 손상의 문제점을 소개할 때 별도의 언급 없이 잠깐 소개한 바 있다.

데이터베이스 시스템은 대부분 트랜잭션 하나만 실행하는 것이 아니라 동시에 여러 개의 트랜잭션을 실행한다. 그 이유는 운영체제가 **다중 프로그래밍(multiprogramming)**을 도입한 이유와 같다.

트랜잭션에서 디스크 접근을 제외한 다른 연산 처리는 컴퓨터 메인 프로세서(즉, CPU)가 처리하지만 디스크 접근 연산은 컴퓨터 메인 프로세서가 아닌 디스크 입출력을 담당하는 전용 프로세서(이를 **채널(channel)**이라 함)가 전담하여 처리한다. 시스템이 데이터를 디스크로부터 판독하거나 기록하는 디스크 접근 시간에 비해 메인 메모리의 데이터에 접근하는 메인 메모리 접근시간이 훨씬 빠르다.

트랜잭션이 데이터 판독이나 기록을 위해 디스크에 접근하는 동안 트랜잭션은 대기하면서 시간을 낭비하게 되는데 이렇게 되면 후속으로 처리해야 할 트랜잭션들도 그만큼 **대기 시간(waiting time)**이 길어지게 된다. 다른 한편으로, 컴퓨터 메인 프로세서도 채널이 디스크 판독 혹은 기록 연산을 끝낼 때까지 아무 연산도 처리할 수 없게 되어 자원을 활용하지 못하는 낭비를 가져온다. 컴퓨터 메인 프로세서가 어떠한 연산도 처리하지 못하고 있는 시간을 **유휴 시간(idle time)**이라고 하는데 운영체제나 대부분의 데이터베이스 시스템은 컴퓨터 메인 프로세서의 유휴 시간을 최소화하여 단위 시간당 처리하는 연산량인 **처리율(throughput)**을 최대한으로 높이려는 방법을 사용하고 있다. 요약하자면, 시스템이 동시 실행 환경을 도입하는 이유는 트랜잭션의 평균 대기 시간을 줄이고 처리율을 높이고자 하는 데 있다.

이러한 이유로 시스템은 여러 트랜잭션을 동시에 처리하면서 한 트랜잭션이 디스크 판독 혹은 기록을 위한 상태가 되면 채널이 그 처리 작업을 하도록 하고 채널이 그 디스크 접근을 진행하는 동안 시스템은 다른 트랜잭션을 실행함으로써 다른 트랜잭션의 대기 시간을 줄이고 컴퓨터 메인 프로세서의 처리율을 높이게 되는 것이다. 이때 트랜잭션들은 같은 컴퓨터 메인 프로세서에 의해 처리되므로 트랜잭션 중심의 연산 처리 측면에서 보면 여러 트랜잭션이 같은 컴퓨터 메인 프로세서를 공유하여 사용하는 셈이다.

12.1.2 격리성 손상과 동시성 제어

트랜잭션의 동시 실행 환경에서 동일한 데이터 항목을 둘 이상의 트랜잭션이 공유하여 동시에 접근할 때 **데이터 불일치(data inconsistency)**로 인한 **데이터 무결성(data integrity)**의 손상 문제가 발생할 수 있다. 이 문제는 10.3절의 트랜잭션 상태에 대한 설명 중 **격리성(isolation) 손상의 문제점**을 소개할 때 그림 10.10과 그림 10.11을 예로 들어 이미 설명되었다. 이에 대한 자세한 설명이 필요하면 이 부분을 반드시 참조바란다.

이 설명에서 우리는 1,000,000원의 잔액을 값으로 갖는 동일한 데이터 항목 A에 대해 1,000,000원을 찾는 트랜잭션인 T_2와 300,000원을 찾는 트랜잭션 T_3를 동시에 수행했을 때 총합 1,300,000원을 찾고도 700,000원의 잔액이 남는, 실세계에서는 절대 일어나서는 안 되는 결과를 볼 수 있었다. 이 문제의 원인은 트랜잭션 T_2가 데이터 항목 A의 변경된 최종 값을 디스크에 반영할 때까지 다른 트랜잭션이 이 데이터 항목을 읽거나 기록할 수 없도록 해야 하는데 그 이전에 T_3가 데이터 항목 A를 미리 읽었기 때문임을 설명한 바 있다.

그림 10.10과 그림 10.11의 예는 격리성이 하나의 데이터 항목에 대해 보장되지 않았을 때 발생하는 문제를 보여준다. 둘 이상의 데이터 항목이 연계되어 데이터 무결성과 관련될 때 트랜잭션은 관련된 데이터 항목 모두를 격리성 손상으로 인한 문제가 발생하지 않을 때까지 격리해야 할 때도 있다. 그림 12.1은 이 설명을 위한 두 트랜잭션 예를 나타낸다.

이 예에서 T_{10}은 계좌 A에서 계좌 B로 500원을 이체하는 트랜잭션이고 T_{11}은 A 계좌와 B 계좌의 각 잔액을 합하여 출력하는 트랜잭션이다. 트랜잭션 T_{10}이 실행되기 이전에 계좌 A의 잔액은 700원이고 계좌 B의 잔액이 300원이라 한다면 T_{10}이 실행된 후에 A 계좌 잔액은 500원이 빠졌으므로 200원, B 계좌의 잔액은 500원이 더해졌으므로 800원으로, 이 두 잔액을 합하면 1,000원이 되어 T_{10} 실행 이전의 두 계좌의 합인 1,000원과 동일하다. 따라서, T_{10} 실행에서 데이터 무결성 조건은 두 계좌 잔액 A와 B의 합은 T_{10} 실행 이전이나 완료 후나 같아야 한다는 것이다. 사실, 같은 값을 A 계좌에서 빼서 B 계좌에 더했기 때문에 A 계좌와 B 계좌의 잔액의 합은 T_{10} 실행 전이든 후이든 같을 수밖에 없다. 따라서, T_{10}과 T_{11} 중 어느 것이 먼저 실행되든 아니면 동시에 실행되든 두 트랜잭션이 완료된 후 T_{11}의 display(A+B) 연산으로 출력된 값은 항상 1,000원이어야 한다.

그림 12.2는 T_{10}과 T_{11}을 동시 실행할 때 두 데이터 항목 A와 B를 격리하지 못한 실행순서를 보여준다. 그림 12.2의 실행순서에 따라 데이터 항목 A와 B 값의 변화를 설명하면 다음과 같다.

T_{10}	T_{11}	연산 실행 후 데이터베이스 (T_{10}, T_{11} 실행 이전 A=700, B=300)
read(A) A:=A - 500 write(A) read(B) B:=B+500 write(B)	read(A) read(B) display(A+B)	

그림 12.1 두 개의 같은 데이터 항목을 사용하는 트랜잭션 T_{10}과 T_{11}

실행순서	T_{10}	T_{10} 변수 A, B 값	T_{11}	T_{11} 변수 A, B 값	연산 실행 후 데이터베이스 (T_{10}, T_{11} 실행 이전 A=700, B=300)
1	read(A)	A=700			A=700, B=300
2	A:=A - 500	A=200			A=700, B=300
3	write(A)	A=200			**A=200**, B=300
4			read(A)	A=200	A=200, B=300
5			read(B)	B=300	A=200, B=300
6			**display(A+B)**	**(A+B)=500**	A=200, B=300
7	read(B)	B=300			A=200, B=300
8	B:=B+500	B=800			A=200, B=300
9	write(B)	B=800			A=200, **B=800**

그림 12.2 두 개의 데이터 항목에 대해 격리성이 손상된 동시 실행 예

- **실행순서 1.** T_{10}이 데이터 항목 A의 값을 데이터베이스로부터 판독하여 지역 변수 A로 가져오므로 지역 변수 A의 값은 700원이 된다.
- **실행순서 2.** T_{10}이 실행순서 1에서 읽어 들인 지역 변수 A의 값에서 500원을 빼므로 T_{10}의 지역 변수 A의 값은 200원이다.
- **실행순서 3.** 실행순서 2에서 T_{10}의 지역 변수 A 값이 200원이고 이 값이 데이터 항목 A에 기록되므로 기록되는 데이터 항목 A의 값은 200원이 된다(여기에서는 write(A) 연산이 수행되면 데이터 항목 A에 바로 반영되는 것으로 가정한다).
- **실행순서 4.** T_{11}이 데이터 항목 A의 값 200원을 데이터베이스로부터 판독하여 지역 변수 A로 읽어 들이므로 지역 변수 A의 값은 200원이 된다. T_{10}의 지역 변수 A와 T_{11}의 지역 변수 A는 명칭은 같지만 서로 다른 기억 장소임을 기억하자.
- **실행순서 5.** T_{11}이 데이터 항목 B를 데이터베이스로부터 판독하여 지역 변수 B로 가져오므로 지역 변수 B의 값은 300원이 된다.
- **실행순서 6.** T_{11}이 display(A+B) 연산을 수행하여 실행순서 4와 실행순서 5에서 읽어 들인 지역 변수 A와 B의 값이 각각 200원과 300원이므로 A+B=500원을 출력한다.
- **실행순서 7.** T_{10}이 데이터 항목 B를 데이터베이스로부터 판독하여 지역 변수 B로 가져오므로 지역 변수 B의 값은 300원이 된다.
- **실행순서 8.** T_{10}이 실행순서 7에서 읽어 들인 지역 변수 B의 값 300원에 500원을 더하므로 T_{10}의 지역 변수 B의 값은 800원이다.

- **실행순서 9.** 실행순서 8에서 T_{10}의 지역 변수 B 값이 800원이고 이 값이 데이터 항목 B에 기록되므로 기록되는 데이터 항목 B의 값은 800원이 된다.

실행순서 1부터 9까지 실행했을 때 데이터 항목 A와 B의 값은 각각 200원과 800원이 되어 데이터베이스 항목의 기록값에는 문제가 없다. 게다가 T_{10}의 실행 전이나 실행 후의 두 데이터 항목 A+B의 값은 1,000원으로 언뜻 보기에는 문제가 없어 보인다. 그러나, 문제는 실행순서 6에서 존재한다. 무결성에 대한 합리적 조건은 두 트랜잭션의 실행 전이든 후이든 동시 실행이든 무관하게 A+B의 값은 1,000원이어야 하는데 500원이 출력되었다.

이 문제의 원인은 T_{10}이 데이터 항목 A에서 500을 뺀 후부터는 데이터 항목 B에 이 500을 더해서 데이터베이스에 기록할 때까지 T_{11}이 데이터 항목 B를 읽지 못하도록 격리해야 하는데 그렇게 하지 못한 데에서 비롯된 것이다. 즉, 실행순서 6의 display(A+B) 연산을 실행하기 전에 실행순서 4에서는 500원을 뺀 데이터 항목 A의 값 200원을 읽고 실행순서 5에서는 아직 500원이 더해지지 않은 데이터 항목 B의 값 300원을 읽었기 때문이다.

이 예는 무결성에 관련된 두 데이터 항목을 공유하는 두 개의 트랜잭션이 동시에 실행될 때 어느 한 트랜잭션이 기록한 데이터 항목을 다른 트랜잭션이 접근하고자 한다면, 다른 데이터 항목의 변경 값마저 기록할 때까지 그 접근을 지연시켜야 함을 보여준다. 즉, 트랜잭션 실행에서 무결성에 관련된 데이터 항목들은 무결성 조건을 만족할 때까지 다른 트랜잭션들의 접근으로부터 격리해야 한다.

이 예와 같이 공유로 인한 문제가 발생하지 않을 때까지 트랜잭션이 변경한 데이터 항목을 다른 트랜잭션이 접근할 수 없도록 제어를 통해 격리해야 하는데, 이처럼 트랜잭션의 동시 실행 환경에서 격리성을 보장하는 제어 작업을 **동시성 제어(concurrency control)**라고 한다. 동시성 제어를 통해 트랜잭션이 현재 처리 중인 데이터 항목에서 다른 트랜잭션이 그 데이터 항목에 대해 판독 혹은 기록 연산을 실행하더라도 문제가 발생하지 않으면 그 연산 실행을 허락할 수 있다. 하지만, 앞에서 소개한 무결성 손상 등의 문제가 발생할 가능성이 있으면 실행 중인 트랜잭션이 데이터 항목을 처리하여 문제가 발생하지 않을 때까지 다른 트랜잭션의 그 연산을 지연시키거나 거절해야 한다. 이와 같은 동시성 제어 방법들에 대해서는 12.3절과 12.4절에서 소개한다.

12.1.3 기아상태와 교착상태

동시 실행 환경인 다중 프로그래밍 환경에서 프로세스(실행 중인 프로그램)는 실행을 위해 필요한 컴퓨터 자원을 모두 시스템으로부터 할당받아야 처리가 진행된다. 프로세스가 자원을 할당받으면 프로세스가 그 자원을 **점유했다(hold)**고 말한다. 일반적으로 **기아상태(starvation)**란 필요한 컴퓨터 자원을 계속해서 할당받지 못하고 그 자원의 할당을 계속 기다리는 상태를 말한다. 프로세스가 기아상태가 되면 그 프로세스는 아무 연산도 실행하지 못한 채 계속해서 지연된다.

여러 트랜잭션의 동시 실행 환경도 기아상태 문제를 유발할 수 있다. 실행에 필요한 데이터 항목 또한 컴퓨터 자원이다. 트랜잭션이 실행에 필요한 데이터 항목을 점유하지 못하면 그 트랜잭션은 그 데이터 항목을 점유할 때까지 아무 연산도 실행하지 못한 채 계속해서 기다려야 한다. 트랜잭션이 다른 트랜잭션들 사이에서 오직 한 트랜잭션만 점유할 수 있고 동시에 둘 이상의 트랜잭션이 점유해서 공유하여 사용할 수 없는 데이터 항목에 대해 확보(점유) 경쟁에서 밀리게 되면, 실행에 필요한 데이터 항목을 계속해서 점유하지 못해서 실행이 지연되는 상황이 발생한다. 12.3절에서 소개되는 일부 동시성 제어 방법들은 기아상태가 발생할 수 있는 방법들이다.

동시 실행 환경에서 또 하나의 문제점은 교착상태이다. **교착상태(deadlock)**란 어느 한 시점에서 오직 한 프로세스만 점유할 수 있고 둘 이상의 프로세스들이 동시에 점유하여 공유하면서 사용할 수 없는 자원들에 대해 각 프로세스가 처리에 필요한 자원을 점유한 상태에서 다른 프로세스가 점유한 자원을 기다리는 상황이 여러 프로세스 사이에서 순환적으로 형성된 상태로, 관여된 모든 프로세스는 더 이상 실행되지 못하고 점유하고자 하는 자원을 무한으로 기다리는 상태를 말한다. 교착상태에 관여된 프로세스들은 결국 어떠한 연산도 실행하지 못하고 기다리고 있는 자원을 무한히 기다릴 뿐이다.

동시 실행 환경에서 둘 이상의 트랜잭션이 동시에 공유하면서 사용할 수 없는 데이터 항목들에 대해 데이터 항목의 점유와 동시에 다른 트랜잭션이 점유한 데이터 항목을 기다리는 트랜잭션들 사이의 순환 관계에서 교착상태가 발생할 수 있다. 교착상태에서 벗어나는 방법은 일반적으로 교착상태 탐지와 복구, 교착상태 예방, 교착상태 회피 등의 세 가지 종류의 방법이 있는데 트랜잭션의 동시 실행 환경에서는 교착상태 탐지와 복구 그리고 교착상태 예방 방법을 주로 사용한다.

교착상태 탐지와 복구(deadlock detection and recovery) 방법은 주기적으로 교착상태가 발생했는지를 탐지하는 알고리즘을 수행하여 교착상태가 탐지되면 교착상태에 관련된 트랜잭션 중에서 한 트랜잭션을 선정하여 그 트랜잭션을 rollback을 통해 철회(abort)한다. 교착상태에 연루된 트랜잭션 중에서 rollback 시킬 트랜잭션을 **희생자(victim)**라 하는데, 희생자를 선정하는 방법에는 여러 가지가 있지만, 여기에서는 소개하지 않기로 한다. 트랜잭션이 rollback 되면 그 트랜잭션이 점유한 데이터 항목들을 모두 해제하기 때문에 해제한 데이터 항목을 기다리던 트랜잭션이 그 데이터 항목을 점유하여 사용할 수 있게 됨에 따라 실행이 진행될 수 있다. 실행이 다시 진행되는 트랜잭션은 진행 중에 혹은 완료 후에 점유했던 데이터 항목을 해제하게 되는데, 이때 해제된 데이터 항목을 기다리던 교착상태에 있는 또 다른 트랜잭션이 이 데이터 항목을 점유하여 실행이 진행된다. 이처럼 교착상태에 있던 트랜잭션들이 rollback 된 트랜잭션을 시작으로, 해제된 데이터 항목을 기다리던 트랜잭션이 점유하여 사용한 후 자신이 점유한 데이터 항목들을 또 해제하는 일이 순환적 대기를 형성한 트랜잭션들 사이에서 연쇄적으로 일어날 수 있도록 함으로써 교착상태를 해결한다. 교착상태 탐지와 복구 방법은 현재 데이터베이스 시스템에서 가장 많이 도입하여 사용하고 있는 방법이다.

교착상태 예방(deadlock prevention) 방법은 교착상태가 발생하지 않도록 하는 일정한 규약에 따라 트랜잭션이 데이터 항목을 점유하도록 함으로써 교착상태를 미리 방지하는 방법이다. 이 방법에서 일정한 규약이란 교착상태가 발생하는 조건 중 하나를 만족하지 못하게 하는 규칙을 말한다. 그 예로서 낮은 우선순위의 트랜잭션이 점유 중인 데이터 항목을 높은 우선순위의 트랜잭션이 점유할 수 있도록 하거나 모든 데이터 항목에 순서를 부여하여 트랜잭션이 데이터 항목을 사용하고자 할 때는 부여 순서에 따라 점유하여 사용할 수 있도록 함으로써 교착상태에 이르게 하는 트랜잭션들 사이의 순환 대기 조건을 방지하는 방법 등을 들 수 있다. 이 방법들에서 낮은 우선순위의 트랜잭션은 기아상태가 될 수 있고 데이터 항목마다 순서를 부여하거나 혹은 데이터 항목 간에 계층 순서를 두어야 하며 트랜잭션도 우선순위를 부여하거나 규약에 따라 코딩을 해야 하는 등의 번거로움 내지 오버헤드가 존재한다.

12.2 트랜잭션 스케줄과 직렬성

12.2.1 스케줄(schedule)

여러 트랜잭션이 동시에 실행될 때 실행되는 트랜잭션들 사이에서 연산 순서에 따라 읽거나 기록한 데이터 항목의 값이 달라질 수 있다. 그림 10.10의 두 트랜잭션 T_2와 T_3의 실행순서가 그림 12.3과 같다고 할 때 어떤 결과가 생기는지 알아보자.

그림 12.3의 실행순서 4에서 T_3의 read(A) 연산이 지역 변수 A로 읽는 값은 실행순서 3에서 T_2가 기록한 0원이 되므로 실행순서 5와 6을 통해 기록되는 데이터 항목의 최종 값은 -300,000이 되어 그림 10.11에서 A의 최종값인 700,000과는 큰 차이를 보인다.

또 하나의 예로서 그림 12.1의 두 트랜잭션 T_{10}과 T_{11}의 동시 실행에서 실행순서가 그림 12.4와 같다고

실행 순서	T_2	T_2 변수 A 값	T_3	T_3 변수 A 값	연산 실행 후 데이터베이스 (T_2, T_3 실행 이전 A=1,000,000)
1	read(A)	**1,000,000**			A=1,000,000
2	A:=A-1,000,000	0			A=1,000,000
3	write(A)	0			**A=0**
4			read(A)	**0**	A=0
5			A:=A-300,000	-300,000	A=0
6			write(A)	-300,000	**A=-300,000**

그림 12.3 그림 10.10의 두 트랜잭션 T_2와 T_3의 연산 실행순서와 결과

할 때 display(A+B) 연산이 무슨 결과를 출력하는지 살펴보자. 이 연산 실행순서는 그림 12.2의 실행순서 4와 5에서 T_{10}의 read(A) 연산과 read(B) 연산을 트랜잭션 T_{10}이 데이터 항목 B에 대해 800을 기록하는 write(B) 연산 뒤로 지연한 것이다. 그 결과로 그림 12.2에서 display (A+B) 연산의 출력 결과는 500원이었지만 그림 12.4에서 이 연산의 출력 결과는 1,000원으로 데이터 무결성 조건을 만족한 것을 알 수 있다.

여러 트랜잭션이 동시에 실행되는 환경에서 그림 12.2, 그림 12.3, 그림 12.4와 같이 각 트랜잭션의 연산들을 실행순서대로 나열한 것을 **스케줄(schedule)**이라 부른다. 한 트랜잭션 내에서 연산들의 선후 실행순서는 여러 트랜잭션의 연산들로 이루어진 스케줄에서도 지켜져야 한다. 즉, 어느 한 트랜잭션 T의 임의의 두 명령어 I_i와 I_j에서 I_i가 I_j 보다 먼저 실행된다면 스케줄에서도 T의 명령어 I_i는 명령어 I_j 보다 먼저 실행되는 순서로 나열되어야 한다. 그림 12.5에서 볼 수 있듯이 명령어 한 개로만 이루어진 세 트랜잭션 T_i, T_j, T_k에 대한 스케줄의 수는 3!=6 개임을 알 수 있으며, 짐작했겠지만, 각각 여러 개의 연산으로 이루어진 트

실행 순서	T_{10}	T_{10} 변수 A, B 값	T_{11}	T_{11} 변수 A, B 값	연산 실행 후 데이터베이스 (T_{10}, T_{11} 실행 이전 A=700, B=300)
1	read(A)	A=700			A=700, B=300
2	A:=A - 500	A=200			A=700, B=300
3	write(A)	A=200			**A=200**, B=300
4	read(B)	B=300			A=200, B=300
5	B:=B+500	B=800			A=200, B=300
6	write(B)	B=800			A=200, **B=800**
7			read(A)	A=200	A=200, B=800
8			read(B)	B=800	A=200, B=800
9			**display(A+B)**	**(A+B)=1,000**	A=200, B=800

그림 12.4 그림 12.1의 두 트랜잭션 T_{10}와 T_{11}의 다른 연산 실행순서와 결과

스케줄 0-1

실행 순서	T_i	T_j	T_k
1	read(A)		
2		write(B)	
3			read(A)

스케줄 0-2

실행 순서	T_i	T_j	T_k
1	read(A)		
2			read(A)
3		write(B)	

스케줄 0-3

실행 순서	T_i	T_j	T_k
1		write(B)	
2	read(A)		
3			read(A)

스케줄 0-4

실행 순서	T_i	T_j	T_k
1		write(B)	
2			read(A)
3	read(A)		

스케줄 0-5

실행 순서	T_i	T_j	T_k
1			read(A)
2	read(A)		
3		write(B)	

스케줄 0-6

실행 순서	T_i	T_j	T_k
1			read(A)
2		write(B)	
3	read(A)		

그림 12.5 명령어 한 개인 세 트랜잭션 T_i, T_j, T_k에 대한 3!(=6) 개의 스케줄

랜잭션들을 대상으로 만들 수는 있는 스케줄의 수는 트랜잭션의 연산 수가 많아지고 트랜잭션의 수가 많아짐에 따라 기하급수적으로 늘어난다.

12.2.2 직렬 스케줄(serial schedule)과 직렬가능 스케줄(serializable schedule)

트랜잭션들을 하나씩 순차적으로 처리하는 것으로 트랜잭션들의 연산들을 트랜잭션 처리 순서대로 나열한 스케줄을 **직렬 스케줄(serial schedule)**이라 한다. 그림 12.3의 스케줄은 T_2의 연산들 다음에 T_3의 연산들이 나열되어 있으므로 직렬 스케줄에 해당한다. 그림 12.4의 스케줄 또한 T_{10}의 연산들 이후에 T_{11}의 연산들이 나열되므로 직렬 스케줄이다. 하지만, 그림 12.2의 스케줄은 T_{10}의 연산들 사이에 T_{11}의 연산들이 나열되어 두 트랜잭션을 순차적으로 실행하는 것이 아니므로 직렬 스케줄이 아니다.

직렬 스케줄은 트랜잭션에서 격리성(isolation)이 완벽히 보장된다. 트랜잭션이 완료될 때까지 다른 트랜잭션이 실행되지 않기 때문에 트랜잭션이 접근한 모든 데이터 항목들은 트랜잭션이 완료될 때까지 격리되는 효과를 얻는다. 따라서, 둘 이상의 트랜잭션들 사이에서 연산 실행을 인터리빙하는 **비직렬 스케줄(non-serial schedule)**은 데이터 불일치 문제를 일으킬 수 있지만 직렬 스케줄은 이 문제에서 자유로운 스케줄이다.

직렬 스케줄은 저절로 이루어지는 격리성 덕분에 트랜잭션들의 동시적 실행으로 인한 데이터 불일치 문제로부터 자유롭지만 동시 실행 환경의 이점을 전혀 갖지 못하는 스케줄이다. **사실, 우리가 필요로 하는 스케줄은 격리성을 보장하면서 동시에 동시 실행 환경의 이점을 살리는 스케줄**일 것이다.

T_{10}	T_{12}
read(A)	read(A)
A:=A - 500	A:=A*0.8
write(A)	write(A)
read(B)	read(B)
B:=B+500	B:=B*1.2
write(B)	write(B)

그림 12.6 트랜잭션 T_{10}과 T_{12}

앞에서 소개한 T_{10}과 함께 그림 12.6의 트랜잭션 T_{12}를 고려하자.

그림 12.7은 이 두 트랜잭션으로 구성할 수 있는 두 개의 직렬 스케줄을 나타낸다(일반적으로 n개의 트랜잭션에서 직렬 스케줄은 n! 개가 생성될 수 있다). 두 트랜잭션의 실행 전에 데이터 항목 A의 값을 700, 데이터 항목 B의 값을 300이라 할 때, 그림 12.7 (a) 순서의 직렬 스케줄로 실행했을 때 데이터 항목 A의 최종값은 160이고 데이터 항목 B의 최종값은 960이 된다. 하지만 그림 12.7 (b) 순서의 직렬 스케줄로 실행하면 A의 최종값은 60이 되고 B의 값은 860이 된다. 따라서 직렬 스케줄이라 하더라도 트랜잭션의 실행순서에 따라 스케줄 실행의 결과가 달라질 수 있다는 점을 알 수 있다. 하지만, 이 두 직렬 스케줄 실행에 따른 결과는 트랜잭션의 코드에 논리적 오류의 문제가 없는 한 데이터 불일치에 따른 무결성 손상의 문제가 없다는 점을 주시하자.

앞에서 우리는 우리가 필요로 하는 스케줄이 격리성을 보장하면서 동시에 동시 실행 환경의 이점을 살리는 스케줄임을 강조했다. 그러한 스케줄이 어떤 스케줄일까? 그 대답은 의외로 간단하다. 비직렬 스케줄이지만 실행했을 때 그 결과가 직렬 스케줄과 똑 같은 스케줄이면 된다.

두 스케줄이 실행한 결과가 같을 때 이 두 스케줄은 **동등하다(equivalent)**고 말한다. 그리고, 비직렬 스케

실행 순서	T_{10}	T_{12}
1	read(A)	
2	A:=A - 500	
3	write(A)	
4	read(B)	
5	B:=B+500	
6	write(B)	
7		read(A)
8		A:=A*0.8
9		write(A)
10		read(B)
11		B:=B*1.2
12		write(B)

(a) $T_{10} \rightarrow T_{12}$ 순서의 직렬 스케줄(스케줄 1)

실행 순서	T_{10}	T_{12}
1		read(A)
2		A:=A*0.8
3		write(A)
4		read(B)
5		B:=B*1.2
6		write(B)
7	read(A)	
8	A:=A - 500	
9	write(A)	
10	read(B)	
11	B:=B+500	
12	write(B)	

(b) $T_{12} \rightarrow T_{10}$ 순서의 직렬 스케줄(스케줄 2)

그림 12.7 두 트랜잭션 T_{10}과 T_{12}로 가능한 2개의 스케줄(스케줄 실행 이전의 데이터베이스: A=700, B=300)

줄이면서 직렬 스케줄과 동등한 스케줄을 **직렬가능 스케줄(serializable schedule)**이라 부른다. 직렬가능 스케줄로 실행한 결과는 직렬 스케줄로 실행한 결과와 같으므로 직렬가능 스케줄이 바로 우리가 바라던 격리성을 보장하면서 동시에 동시 실행의 이점을 살리는 스케줄이다.

그림 12.8의 스케줄 3과 스케줄 3-1은 서로 동등 스케줄이다. 게다가 스케줄 3과 스케줄 3-1은 그림 12.7의 직렬 스케줄(스케줄 1)과 동등한데, 따라서 이 두 스케줄은 직렬가능 스케줄이다.

이들 세 스케줄이 동등 스케줄인지를 알아보기 위해 먼저 그림 12.8에서 스케줄 3를 실행한 후의 결과인 데이터 항목 A와 B의 값을 알아보자. 스케줄 3을 실행하기 전의 데이터 항목 A의 값을 700, 데이터 항목 B의 값을 300이라 하면, 실행순서 1에서 읽은 데이터 항목 A의 값인 700에서 실행순서 2에서 500을 뺀 200을 데이터 항목 A에 기록한 것을 실행순서 4에서 T_{12}의 지역 변수에 읽으므로 실행순서 4 실행 후의 T_{12}의 지역 변수 A의 값은 200이다. 실행순서 5에서는 이 값에 0.8을 곱하므로 T_{12}의 지역 변수 A의 값은 다시 160이 되고 실행순서 6에서 이 값을 데이터 항목 A에 기록하므로 기록되는 데이터 항목의 값은 160이 된다. 이 이후 실행순서 7부터 실행순서 12까지는 데이터 항목 A에 대한 어떤 연산도 없으므로 데이터 항목 A의 값은 이 스케줄을 모두 실행한 후에도 160 그대로 남게 되어 스케줄 1 실행 후의 데이터 항목 A 결과값과 같다. 이와 마찬가지로 스케줄 3의 실행순서 7부터 12까지 데이터 항목 B의 최종 결과값을 계산하면 960이 되어 데이터 항목 B 또한 스케줄 1 실행 후의 데이터 항목 B의 값과 같다. 따라서, 스케줄 3은 직렬 스케줄인 스케줄 1과 동등하며 그러므로 직렬가능 스케줄이다. 하지만, 스케줄 3은 스케줄 2와는 동등하지

스케줄 3

실행순서	T_{10}	T_{12}
1	read(A)	
2	A:=A - 500	
3	write(A)	
4		read(A)
5		A:=A*0.8
6		write(A)
7	read(B)	
8	B:=B+500	
9	write(B)	
10		read(B)
11		B:=B*1.2
12		write(B)

스케줄 3-1

실행순서	T_{10}	T_{12}
1	read(A)	
2	A:=A - 500	
3	write(A)	
4		read(A)
5		A:=A*0.8
6	**read(B)**	
7		write(A)
8	B:=B+500	
9	write(B)	
10		read(B)
11		B:=B*1.2
12		write(B)

그림 12.8 직렬 스케줄인 스케줄 1과 동등한 비직렬 스케줄들(스케줄 실행 이전의 데이터베이스: A=700, B=300)

않다. 실행 후의 데이터 항목 A와 B의 값이 모두 다르기 때문이다.

그림 12.8의 스케줄 3은 또한 스케줄 3-1과 동등한 직렬가능 스케줄임을 쉽게 증명할 수 있다. 이에 대한 증명은 앞과 같은 방법을 이용하므로 여기에서 자세한 설명은 생략한다.

12.2.3 스케줄 실행순서의 교환

이번에는 그림 12.8의 스케줄 3에서 두 트랜잭션 T_{10}과 T_{12} 사이의 연산 처리 순서를 스케줄의 실행 결과가 변경되지 않는 범위 내에서 바꿀 수 있는지에 대해 분석해 보자.

이를 위해 다시 스케줄 3 실행 전의 데이터 항목 A의 값은 700 그리고 데이터 항목 B의 값은 300이라고 가정하자. 그리고 T_i를 트랜잭션이라 하고 O_j를 T_i의 연산이라 할 때, 단순성을 위해, T_i:O_j는 트랜잭션 T_i의 연산 O_j를 의미하는 것으로 하자.

그림 12.8의 스케줄 3에서 실행순서 3의 T_{10}:write(A) 연산과 실행순서 4의 T_{12}:read(A)의 실행순서는 바꿀 수 없다. 그 이유는 실행순서를 바꾸기 전에 실행순서 4에서 T_{12}가 read(A) 연산으로 읽는 지역 변수 A의 값은 실행순서 1, 2, 3을 통해 T_{10}에 의해 저장된 데이터 항목 A의 값인 200이지만, 실행순서를 바꾸면 T_{10}이 실행순서 3의 write(A) 연산 이전의 데이터 항목 A의 값인 700을 읽게 되므로 실행순서 6에서 최종으로 기록되는 데이터 항목의 값이 달라지기 때문이다.

이번에는 스케줄 3에서 실행순서 6의 T_{12}:write(A) 연산과 실행순서 7의 T_{10}:read(B) 연산의 실행순서를 스케줄의 실행 결과에 영향을 주지않고 바꿀 수 있는지 분석해 보자. 이 연산은 서로 다른 데이터 항목 A와 B에 대한 연산이므로 실행순서를 바꾸더라도 T_{12}:write(A) 연산으로 기록되는 데이터 항목 A의 값은 160이고 T_{10}:read(B) 연산으로 지역 변수 B로 읽는 값은 300으로 변함이 없다. 스케줄에서 순서를 바꾼 연산 이후의 순서는 동일하므로 최종 결과에도 지장이 없다. 그러므로, 스케줄 3에서 실행순서 6과 실행순서 7을 바꾼 스케줄은 스케줄 3과 동등 스케줄이다. 일반적으로 스케줄의 연속된 두 연산에서 처리하는 데이터 항목이 서로 다르면 두 연산의 실행순서는 바꿀 수 있음을 쉽게 알 수 있다. 스케줄 3에서 실행순서 6과 7을 바꾼 스케줄이 바로 그림 12.8의 스케줄 3-1이다. 서로 다른 두 트랜잭션에서 연속한 연산의 실행순서를 실행 결과에 영향을 미치지 않는 가운데 바꿀 수 있는 두 스케줄은 실행 결과가 서로 같기 때문에 서로 동등하다.

앞에서와 같은 방법으로 그림 12.8 스케줄 3-1의 실행순서 6의 T_{10}:read(B) 연산에서 읽는 데이터 항목 B가 실행순서 5의 T_{12}:A:=A*0.8 연산에서 처리하는 데이터 A와 다르므로 이 두 연산의 실행순서도 바꿀 수 있고, 연이어서 이 T_{10}:read(B) 연산은 또한 그림 12.8 실행순서 4의 T_{12}:read(A) 연산과도 데이터 항목이 다르므로 실행순서를 바꿀 수 있다. 이렇게 해서 얻은 스케줄이 그림 12.9의 스케줄 3-2이다.

스케줄 3-2

실행순서	T_{10}	T_{12}
1	read(A)	
2	A:=A - 500	
3	write(A)	
4	**read(B)**	
5		read(A)
6		A:=A*0.8
7		write(A)
8	B:=B+500	
9	write(B)	
10		read(B)
11		B:=B*1.2
12		write(B)

스케줄 3-3(스케줄 1)

실행순서	T_{10}	T_{12}
1	read(A)	
2	A:=A - 500	
3	write(A)	
4	read(B)	
5	B:=B+500	
6	write(B)	
7		read(A)
8		A:=A*0.8
9		write(A)
10		read(B)
11		B:=B*1.2
12		write(B)

그림 12.9 스케줄 3-1에서 실행순서를 바꿔서 생성된 스케줄들

그림 12.9의 스케줄 3-2에서 실행순서 8의 T_{10}:B:=B+500 연산과 실행순서 9의 T_{10}:write(B) 연산의 각각에 대해 앞의 실행순서 교환과 같은 방법으로 차례로 실행하면 그 결과로 그림 12.9의 직렬 스케줄인 스케줄 3-3, 즉, 스케줄 1을 얻을 수 있다.

12.2.4 충돌(conflict)

앞에서 우리는 스케줄 3-1에서 실행 결과에 영향을 미치지 않고 실행순서를 바꿀 수 있는 예를 살펴보고 궁극적으로 직렬 스케줄인 스케줄 1으로 변경할 수 있음을 살펴보았다. 이제부터 우리는 스케줄에서 어떤 연속된 연산들이 실행 결과에 영향을 주지 않고 실행순서를 바꿀 수 있는 것인지를 알아보고자 한다.

T_i와 T_j를 서로 다른 두 트랜잭션이라 하고 T_i의 연산 I와 T_j의 연산 J를 스케줄에서 연속된 두 연산으로서, 각각 동일한 데이터 항목 Q에 대한 read(Q) 연산이거나 write(Q) 연산이라 하자.

이때, 나열될 수 있는 연속된 연산 형태의 종류는 그림 12.10에서 제시된 4가지 경우로 각 종류에 대해 실행순서를 바꿨을 때의 문제점들을 분석해 보자.

- **I=read(Q), J=read(Q) 인 형태.** 그림 12.10 (a)가 바로 이 형태를 나타낸 것이다. 실행순서 n에서 T_i가 데이터 항목 Q를 읽고 바로 이어 실행순서 n+1에서 T_j가 같은 데이터 항목 Q를 읽기 때문에 데이터 항목 Q로부터 같은 값을 읽게 된다. 실행순서를 바꾸더라도 데이터 항목 Q로부터 같은 값을 읽게 되

므로 아무런 문제가 없다. 따라서, 스케줄에서 동일한 항목에 대한 두 트랜잭션의 연속된 read 연산은 순서가 바뀌어도 문제가 되지 않음을 알 수 있다.

- **I=read(Q), J=write(Q) 인 형태.** 그림 12.10 (b)가 이 형태에 해당한다. 이 형태는 그림 12.10 (b)의 실행순서 n에서 T_i는 T_j가 새로운 값으로 기록하기 전인 데이터 항목 Q 값을 읽는다. 그러나, 실행순서를 바꾸면 T_j가 write 연산으로 기록한 데이터 항목 Q의 새로운 값을 T_i가 읽게 되어 T_i는 실행순서를 바꾸기 전인 Q 값과는 다른 값을 읽을 수 있으므로 T_i의 후속 처리 결과에 영향을 미친다. 따라서, 이 형태의 연속된 연산은 실행순서가 중요하며 순서를 바꾸면 안 된다.
- **I=write(Q), J=read(Q) 인 형태.** 그림 12.10 (c)가 이 형태에 해당한다. 이 형태는 그림 12.10 (c)의 실행순서 n에서 T_i가 새로운 값으로 기록한 데이터 항목 Q 값을 T_j가 읽는다. 그러나, 실행순서를 바꾸면 T_j는 T_i가 새로운 값으로 기록하기 전인 데이터 항목 Q 값을 읽게 되어 T_j는 실행순서를 바꾸기 전인 Q 값과는 다른 값을 읽게 될 수 있으므로 T_j의 후속 처리 결과에 영향을 미친다. 따라서, 이 형태의 연속된 연산 역시 실행순서가 중요하며 두 연산의 실행순서를 바꾸면 안 된다. 이에 대한 예로서 그림 12.8의 스케줄 3에서 실행순서 3과 4를 바꾸고자 할 때 T_{12}가 지역 변수 A에 어떤 값을 읽게 되는지 이미 소개했듯이 실행순서 4에서 T_{12}가 읽는 A의 값은 200이지만 실행순서를 바꿨을 때 읽는 값은 700

read-read (충돌 없음)

실행 순서	T_i	T_j
…	…	…
n	read(Q)	
n+1		read(Q)
…	…	…

(a) I=read(Q), J=read(Q)

read-write 충돌

실행 순서	T_i	T_j
…	…	…
n	read(Q)	
n+1		write(Q)
…	…	…

(b) I=read(Q), J=write(Q)

write-read 충돌

실행 순서	T_i	T_j
…	…	…
n	write(Q)	
n+1		read(Q)
…	…	…

(c) I=write(Q), J=read(Q)

write-write 충돌

실행 순서	T_i	T_j
…	…	…
n	write(Q)	
n+1		write(Q)
…	…	…

(d) I=write(Q), J=write(Q)

그림 12.10 다른 두 트랜잭션에서 연속된 연산 형태의 종류

으로 달라짐을 보였다.

- **I=write(Q), J=write(Q) 인 형태.** 그림 12.10 (d)가 이 형태에 해당한다. 일반적인 트랜잭션은 한 번 기록한 데이터 항목을 다시 읽지 않기 때문에 두 트랜잭션 T_i와 T_j의 처리 결과에는 어떠한 영향도 끼치지 않는다. 하지만, 스케줄에서 이 연산 다음에 다른 트랜잭션 T_k의 read(Q) 연산이 있다면, 지역 변수 Q에 읽는 값은 두 연산의 실행순서에 따라 달라진다. 만일 그림 12.10 (d)와 같이, T_i의 write(Q) 연산보다 T_j의 write(Q) 연산이 나중에 실행된다면 T_j에 의한 Q 값이 데이터베이스에 마지막으로 기록되는 값이 될 것이고, 이 값을 다음에 실행되는 T_k의 read(Q) 연산이 읽을 것이다. 하지만, 실행순서가 바뀌면 마지막에 데이터 항목에 기록되는 값은 T_i의 write(Q) 연산으로 기록되는 값이므로 다음 연산인 T_k의 read(Q)가 읽는 Q 값은 T_j에 의한 Q 값과는 다른 값을 읽게 된다. 그리고, 스케줄에서 이 두 연산 이후에 다른 트랜잭션의 write(Q) 연산이 존재하지 않는다면, T_i와 T_j의 write(Q) 중에서 나중에 수행되는 write(Q)의 Q 값이 데이터베이스에 남게 되므로 이 두 연산의 실행순서는 데이터베이스 상태에 영향을 준다.

스케줄에 포함된 서로 다른 두 트랜잭션 T_i와 T_j에서 T_i의 I 연산과 T_j의 J 연산이 동일한 데이터 항목에 대한 연산으로 실행순서가 연속이고 이 연산 중 최소한 하나가 write 연산이면 두 연산 I와 J는 **충돌한다(conflict)**고 말한다. 그림 12.10에서 (a)를 제외하고 (b), (c), (d)는 I와 J 연산이 충돌하는 경우들에 해당한다. 그림 12.10에서 (b)의 충돌이면 **read-write 충돌(read-write conflict)**이라 하고, (c)의 충돌이면 **write-read 충돌(write-read conflict)**이라 하며, (d)의 충돌이면 **write-write 충돌(write-write conflict)**이라 한다.

12.2.5 충돌 직렬가능 스케줄(conflict serializable schedule)

스케줄에서 충돌이 발생한 연산들은 실행순서를 바꿀 수 없다. 앞에서 설명한 것처럼 실행순서를 바꾸면 읽는 값이 달라지거나 데이터베이스에 기록되는 값이 달라져서 데이터 불일치 문제가 생길 수 있기 때문이다. 앞의 스케줄 연산의 실행순서 교환 분석에서 그림 12.8에서 소개한 스케줄 3의 실행순서 3인 T_{10}:write(A) 연산과 실행순서 4의 T_{12}:read(A) 연산은 실행순서에 따라 T_{12}의 지역 변수 A로 읽는 값이 다르므로 실행순서를 바꿀 수 없음을 이미 살펴보았다. 이것을 연산 충돌 측면에서 보면, 스케줄에서 연속한 이 두 연산은 다른 트랜잭션의 연산이면서 같은 데이터 항목 A에 대해 T_{10}이 write 연산이므로 서로 충돌한다. 이러한 이유에서도 두 연산의 실행순서는 바꿀 수 없다.

하지만, 연산 충돌이 없는 **비충돌 연산(nonconflicting operations)**은 실행순서를 교환할 수 있다. 스케줄에서 연속한 다른 트랜잭션의 두 read 연산은 데이터 항목이 같든 다르든 상관없이 모두 읽는 연산이므로 실행순서를 바꿔도 같은 값을 읽는다. 또한, 스케줄 3에서 스케줄 3-1과 스케줄 3-2를 거쳐 스케줄 1로 이르는 과정에서 다른 트랜잭션의 연속한 두 연산이 각각 다른 데이터 항목에 대한 연산이면 두 연산의 순서를 바꾼 스케줄과 동등하며, 따라서, 두 스케줄의 실행 결과가 같음을 알 수 있었다. 이를 종합하여 연산 비충돌의 종류를 나열하면 다음과 같으며, 따라서, 아래의 각 비충돌 연산은 실행순서를 교환해도 실행 결과에 지장을 주지 않는다.

- 같은 데이터 항목 A에 대한 T_i의 read(A) 연산과 T_j의 read(A) 연산
- 다른 데이터 항목 A와 B에 대한 T_i의 read(A) 연산과 T_j의 read(B) 연산
- 다른 데이터 항목 A와 B에 대한 T_i의 read(A) 연산과 T_j의 write(B) 연산
- 다른 데이터 항목 A와 B에 대한 T_i의 write(A) 연산과 T_j의 read(B) 연산
- 다른 데이터 항목 A와 B에 대한 T_i의 write(A) 연산과 T_j의 write(B) 연산
- T_i의 read와 write 연산 이외의 연산(예: 산술연산)과 T_j의 read과 write 연산을 포함한 모든 연산
- T_j의 read와 write 연산 이외의 연산(예: 산술연산)과 T_i의 read와 write 연산을 포함한 모든 연산

스케줄 S가 두 비충돌 연산의 실행순서를 교환하여 스케줄 S′로 변환할 수 있으면 스케줄 S와 S′은 **충돌 동등(conflict equivalent)하다**고 말한다. 따라서, 두 비충돌 연산의 순서 교환은 스케줄의 실행 결과에 전혀 영향을 주지 않으므로 충돌 동등한 스케줄들은 같은 실행 결과를 생산한다. 앞에서 소개한 스케줄 3, 스케줄 3-1, 스케줄 3-2, 스케줄 1은 비충돌 연산들을 교환하여 서로 변환 가능한 스케줄이므로 서로 간에 충돌 동등한 스케줄들이다.

그림 12.11의 스케줄 3과 스케줄 3-4는 서로 충돌 동등하지 않은 스케줄이다. 그 이유는 스케줄 3에서 스케줄 3-4로 변환이 가능하려면 스케줄 3의 실행순서 3의 T_{10}:write(A)와 실행순서 4의 T_{12}:read(A)가 교환 가능해야 하는데 두 연산은 동일한 데이터 항목 A에 대해 write-read 충돌이 있어서 교환할 수 없기 때문이다.

스케줄 S가 직렬 스케줄과 충돌 동등하면 스케줄 S는 **충돌 직렬가능(conflict serializable)하다**고 말하며 스케줄 S를 **충돌 직렬가능 스케줄(conflict serializable schedule)**이라 부른다. 스케줄 3와 스케줄 3-1 그리고 스케줄 3-2는 모두 직렬 스케줄인 스케줄 1과 충돌 동등하며, 따라서 각각은 충돌 직렬가능 스케줄이다.

충돌 직렬가능 스케줄이 아닌 예가 그림 12.11의 스케줄 3-4이다. 그 이유를 설명하면 다음과 같다. 그림 12.11의 스케줄 3-4가 비충돌 연산들 사이에서 실행순서 교환으로 직렬 스케줄로 변환이 가능하기 위해서는 그림 12.7의 스케줄 1이나 스케줄 2의 직렬 스케줄로 변환 가능해야 하는데, 그러려면 스케줄 1처럼 스

스케줄 3

실행 순서	T_{10}	T_{12}
1	read(A)	
2	A:=A - 500	
3	write(A)	
4		read(A)
5		A:=A*0.8
6		write(A)
7	read(B)	
8	B:=B+500	
9	write(B)	
10		read(B)
11		B:=B*1.2
12		write(B)

스케줄 3-4

실행 순서	T_{10}	T_{12}
1	read(A)	
2	A:=A - 500	
3		read(A)
4	write(A)	
5		A:=A*0.8
6		write(A)
7	read(B)	
8	B:=B+500	
9	write(B)	
10		read(B)
11		B:=B*1.2
12		write(B)

그림 12.11 충돌 동등하지 않은 스케줄들

케줄 3-4의 실행순서 9인 T_{10}:write(B) 연산이 비충돌 연산의 교환을 통해 실행순서 3의 T_{12}:read(A) 앞으로 오거나 혹은 그림 12.7의 스케줄 2처럼 스케줄 3-4의 실행순서 12인 T_{12}:write(B) 연산이 비충돌 연산의 교환을 통해 실행순서 1의 T_{10}:read(A)의 앞에 와야 한다. 결국, 스케줄 1과 스케줄 2 각각에서 볼 수 있듯이, 직렬 스케줄로 변환되기 위해서는 실행순서 교환에서 최종적으로 두 트랜잭션 중 어느 한 트랜잭션의 충돌 연산의 실행순서가 다른 트랜잭션의 충돌 연산들 사이에 끼어 있어서는 안 된다. 하지만, 스케줄 3-4에서 실행순서 4의 T_{10}:write(A)는 실행순서 3의 T_{12}:read(A) 연산과 충돌하고 또한 실행순서 6의 T_{12}:write(A) 연산과도 충돌하기 때문에 실행순서 교환에서 이 두 연산 사이를 벗어날 수 없으므로 실행순서가 T_{12}의 연산들 사이에 끼어 있게 되어 결국 스케줄 3-4를 비충돌 연산의 교환을 통해 충돌 동등한 직렬 스케줄로 바꾸는 것은 불가능하다.

충돌 직렬가능 스케줄은 모두 직렬가능 스케줄이다. 하지만 직렬가능 스케줄이라 해서 모두 충돌 직렬가능 스케줄인 것은 아니다. 이를 설명하기 위해 그림 12.12의 스케줄 4와 스케줄 5의 실행 결과를 비교해 보자. 스케줄 4은 비직렬 스케줄로서 모든 트랜잭션이 write(Q) 연산을 한다. 특히, T_{13}과 T_{14}는 read(Q) 연산이 없이 데이터 항목 Q에 대한 write 연산만 하는데, 이렇게 데이터 항목에 대해 읽지 않고 기록(write)만 하는 연산을 **맹목 쓰기(blind write)** 혹은 **맹목 기록** 연산이라 한다.

트랜잭션에서 맹목 쓰기 연산의 데이터 항목은 연산 실행 전에 그 데이터 항목을 읽는(read) 연산이 없으

스케줄 4

실행순서	T_{13}	T_{14}	T_{15}
1		Q:=100	
2		write(Q)	
3			read(Q)
4			Q:=Q+50
5	Q:=300		
6	write(Q)		
7			write(Q)

스케줄 5

실행순서	T_{13}	T_{14}	T_{15}
1	Q:=300		
2	write(Q)		
3		Q:=100	
4		write(Q)	
5			read(Q)
6			Q:=Q+50
7			write(Q)

그림 12.12 직렬가능 스케줄이지만 충돌 직렬가능 스케줄이 아닌 예: 스케줄 4

므로 다른 트랜잭션 연산으로부터 아무런 영향을 받지 않는다. 따라서, 트랜잭션 T_{13}, T_{14}, T_{15} 중에서 다른 트랜잭션에 영향을 받는 트랜잭션은 T_{15}뿐이며, T_{13}이 write(Q)한 데이터 항목 Q 값을 읽느냐 아니면 T_{14}가 write한 데이터 항목 Q 값을 읽느냐에 따라 T_{15}가 write하는 Q 값이 달라진다.

스케줄 4에서 T_{15}는 실행순서 2에서 T_{14}가 write한 데이터 항목 Q의 값 100을 실행순서 3에서 읽고 실행순서 4에서 50을 더한 150을 실행순서 7에서 write 하므로 스케줄 4에서 최종으로 기록되는 Q의 값은 150이다.

한편, 스케줄 5에서도 실행순서 4에서 write한 데이터 항목 Q의 값 100을 실행순서 5에서 읽고 실행순서 6에서 50을 더한 150을 실행순서 7에서 write 하므로 최종으로 기록되는 Q의 값은 스케줄 4와 같이 150이다. 그러므로 두 스케줄의 실행 결과는 같고 스케줄 5는 직렬 스케줄이므로 스케줄 4는 직렬가능 스케줄이다.

하지만, 스케줄 4는 충돌 직렬가능 스케줄은 아닌데 그 이유는 다음과 같다. 스케줄 4에서 실행순서 5의 T_{13}:Q:=300은 read 연산도 write 연산도 아니므로 실행순서 4 그리고 실행순서 3 연산과 차례로 그 실행순서를 바꿀 수 있고, 이어서, 실행순서 6의 T_{13}:write(Q) 연산 역시 실행순서 4의 T_{15}:Q:=Q+5 연산과는 같은 이유, 즉, T_{15}:Q:=Q+5 연산이 read 연산도 write 연산도 아닌 이유로 실행순서를 바꿀 수 있다. 하지만, 이 이후에 이 T_{13}:write(Q) 연산은 실행순서 3의 T_{15}:read(Q) 연산과 read-write 충돌이므로 더 이상 T_{15}:read(Q) 연산 앞으로 실행순서 교환을 통해 바꿀 수 없다. 게다가, 실행순서 7의 T_{15}:write(Q) 연산과도 write-write 충돌이므로 T_{15}:write(Q) 연산 뒤로도 바꿀 수 없다. 그래서, 스케줄 4에서 실행순서 6의 T_{13}:write(Q) 연산은 그 실행순서가 실행순서 3의 T_{15}:read(Q) 연산과 실행순서 7의 T_{15}:write(Q) 연산 사이에서 비충돌 교환으로는 벗어날 수 없어 결국 직렬 스케줄로 변환할 수 없으므로 스케줄 4는 충돌 직렬가능 스케줄이 아니다.

따라서, 충돌 직렬가능 스케줄은 모두 직렬가능 스케줄이지만 직렬가능 스케줄이라 해서 모두 충돌 직렬가능 스케줄인 것은 아니다.

12.2.6 뷰 직렬가능 스케줄(view serializable schedule)

앞 절에서 우리는 충돌 동등 개념에 대해 다루었다. 이 절에서는 충돌 동등보다 덜 제한적인 뷰 동등 개념을 소개한다. 충돌 동등과 마찬가지로 뷰 동등 또한 트랜잭션의 read 연산과 write 연산만을 가지고 그 여부를 판단한다. 같은 트랜잭션들로 구성된 두 스케줄 S와 스케줄 S′이 다음 세 조건을 모두 만족하면 **뷰 동등(view equivalent)하다**고 말한다.

- **조건 1.** 모든 각 데이터 항목 Q에 대하여, 어떤 트랜잭션이 스케줄 S에서 Q의 초기값(즉, 스케줄이 시작할 때의 Q의 값)을 read 하면, 스케줄 S′에서도 그 트랜잭션이 Q의 초기값을 read 한다.
- **조건 2.** 모든 각 데이터 항목 Q에 대하여, 스케줄 S에서 트랜잭션 T_j가 write(Q) 연산으로 생성한 Q의 값을 트랜잭션 T_i가 read(Q) 연산으로 읽으면, 스케줄 S′에서도 T_j가 이 write(Q) 연산으로 생성한 Q의 값을 트랜잭션 T_i가 read(Q) 연산으로 읽는다.
- **조건 3.** 모든 각 데이터 항목 Q에 대하여, 스케줄 S에서 마지막 write(Q) 연산을 하는 트랜잭션 T가 있다면, 그 트랜잭션 T은 스케줄 S′에서도 마지막 write(Q) 연산을 한다.

조건 1과 조건 2에서 각 트랜잭션 T는 두 스케줄 S와 S′에서 같은 값을 읽게 되어 같은 결과를 산출한다. 게다가 조건 3은 조건 1과 조건 2와 결합하여 모든 데이터 항목에 대해 두 스케줄이 최종으로 같은 값으로 기록되도록 한다.

뷰 동등한 두 스케줄은 모든 데이터 항목에 대해 동일한 값을 기록하므로 직렬 스케줄과 뷰 동등한 스케줄은 모든 각 데이터 항목에 대해 직렬 스케줄과 동일한 결과를 산출한다. 스케줄 S가 직렬 스케줄과 뷰 동등하면 스케줄 S는 **뷰 직렬가능(view serializable)하다**고 말하며 스케줄 S를 **뷰 직렬가능 스케줄(view serializable schedule)**이라 부른다. 이에 따라 **스케줄 S가 뷰 직렬가능하면 S는 직렬가능하다**.

그림 12.12의 맹목 쓰기의 예에서 스케줄 4와 스케줄 5는 뷰 동등한데 그 이유를 설명해 보자. 이유를 설명하기 위해 우선 두 스케줄이 접근하는 데이터 항목은 유일하게 Q이며 Q에 대해서만 앞의 세 조건이 만족함을 보이면 된다.

우선, 뷰 동등 조건 1이 만족되는지 여부를 살펴보면, 스케줄 4에서 Q의 초기값을 read 하는 트랜잭션은 실행순서 3에서 T_{15}인데, 스케줄 5의 실행순서 5에서도 T_{15}가 Q를 맨 처음 읽음에 따라 Q의 초기값을 read 한다. 그러므로, 뷰 동등 조건 1을 만족한다.

뷰 동등 조건 2에 대해, 스케줄 4에서 한 트랜잭션이 write 한 데이터 항목 Q를 다른 트랜잭션이 read 하는 부분이 실행순서 2의 T_{14}:write(Q) 연산과 실행순서 3의 T_{15}:read(Q) 연산으로 T_{14}가 write 한 데이터 항목 Q의 값을 T_{15}가 read 한다. 스케줄 5에서도 이 관계가 실행순서 4와 5에서 각각 T_{14}:write(Q) 연산과 T_{15}:read(Q) 연산으로 유지되고 있음을 알 수 있다. 따라서, 뷰 동등 조건 2를 만족한다.

뷰 동등 조건 3에 대해, 스케줄 4에서 데이터 항목 Q에 대해 마지막으로 기록하는 트랜잭션은 T_{15}인데, 스케줄 5에서도 Q를 마지막으로 기록하는 트랜잭션은 T_{15}이다. 따라서, 뷰 동등 조건 3을 만족한다.

뷰 동등 조건 1, 2, 3을 모두 만족하므로 두 스케줄 S와 S′은 뷰 동등이며 스케줄 S′이 직렬 스케줄이므로 스케줄 S는 뷰 직렬가능 스케줄이다. 앞 절에서 그림 12.12의 스케줄 4가 직렬가능하지만 충돌 직렬가능하지 않음을 살펴보았다. 하지만, 바로 앞에서 살펴보았듯이 스케줄 4는 뷰 직렬가능 스케줄이다. 이 절에서 완전히 증명한 것은 아니지만, 결론적으로 말하면, 충돌직렬 스케줄은 뷰 직렬 스케줄이다. 하지만, 그 역은 성립하지 않는데, 스케줄 4가 충돌 직렬가능하지 않지만 뷰 직렬가능함을 보여주는 한 예이다. 스케줄 4처럼 충돌 직렬가능하지 않은 뷰 직렬가능한 모든 스케줄에서는 맹목 쓰기 연산이 존재한다.

뷰 직렬가능 스케줄인지 여부를 판단하려면 뷰 동등 여부를 검사해야 하는 데, 이 검사는 계산적 복잡도가 매우 높아서 이 개념을 실제로 사용하지는 않는다.

12.2.7 직렬가능성과 충돌 직렬가능성을 소개한 이유

지금까지 우리는 직렬 스케줄은 트랜잭션의 격리성을 보장하므로 데이터 불일치와 같은 무결성 손상을 일으키지 않는 안전한 스케줄임을 설명해왔다. 또한, 직렬가능한 비직렬 스케줄은 직렬 스케줄과 같은 결과를 산출하기 때문에 트랜잭션의 격리성 보장과 동시 실행의 장점을 둘 다 얻을 수 있는 스케줄임을 강조해왔다. 그런데 비직렬 스케줄이 주어질 때 이 스케줄이 직렬가능 스케줄인지 아닌지는 어떻게 알 수 있을까?

한 가지 방법은 이 스케줄의 직렬 스케줄들을 모두 실행하여 그 결과들 중 하나가 주어진 비직렬 스케줄의 실행 결과와 일치하는지를 검사하는 것이다.

하지만, 앞에서 소개했듯이 트랜잭션이 n 개일 때 생성될 수 있는 직렬 스케줄의 수는 n! 개인데, 이 방법은 n!의 직렬 스케줄을 모두 실행하고 주어진 비직렬 스케줄도 실행해서 이 비직렬 스케줄과 동일한 결과의 스케줄이 있는지를 비교해야 하므로 이 방법은 매우 비효율적이고 비현실적인 방법이다. 이럴 바에는 차라리 비직렬 스케줄로 실행하는 것이 아니라 트랜잭션이 시작한 순서대로 직렬 스케줄로 한 번만 실행하는 편이 훨씬 낫다. 게다가 이 방법은 동시 실행에 따른 짧은 응답 시간과 높은 처리율의 성능 효율성은 전혀 기대할 수 없다.

또 한 가지 방법으로 비직렬 스케줄이 주어질 때, 다른 트랜잭션들 사이에서 연속한 비충돌 연산을 교환하여 직렬 스케줄로 변환 가능한지를 검사해서 변환 가능하면 실행하는 방법이다. 이 방법 또한 주어진 비직렬 스케줄에 대해 일일이 직렬 스케줄로 변환 가능한지를 검사하는 오버헤드가 있는 데다 직렬 스케줄로 변환 가능하지 않으면 그 스케줄을 실행할 수 없으므로 새로운 스케줄을 다시 생성하고 다시 직렬가능성을 검사해야 하는 등 이러한 작업을 다시 반복해야 하는 문제가 있다.

앞에서 소개한 두 방법은 실시간 환경의 데이터베이스 시스템에서 비현실적이기도 하다. 이 두 방법은 이미 스케줄을 구성하는 주어진 n 개의 트랜잭션에서 출발한다. 하지만 실시간 다중 트랜잭션 환경에서는 스케줄에 트랜잭션이 미리 주어지는 것이 아니라 실시간으로 새로운 트랜잭션이 시작되어 트랜잭션 연산들이 새롭게 추가되는 등 시간에 따라 스케줄이 동적으로 지속해서 변화한다. 즉, 시간에 따라 새로운 트랜잭션과 실행 연산들이 추가되고 실행순서가 실시간으로 결정되기 때문에 주어진 트랜잭션들과 그 연산들로 미리 구성된 스케줄을 대상으로 하는 앞의 방법들은 실시간 처리 환경에서는 적용할 수 없다.

비직렬 스케줄이 충돌 직렬가능한 지 혹은 직렬가능한 지를 검사하는데 큰 오버헤드가 있고 게다가 이 검사가 실시간 환경에서 비현실적이라면 왜 스케줄의 직렬가능성과 충돌 직렬가능성을 소개한 것일까?

이에 대한 해답은 직렬가능성에 대한 검증의 대상 혹은 초점이 개개의 비직렬 스케줄에 있는 것이 아니라 동시성 제어 방법에 있다. 우리가 따지고자 하는 것은 실시간으로 지속해서 변하는 스케줄에 대해 일일이 직렬가능성을 검증하려고 하는 것이 아니다. 그 대신 어떤 동시성 제어 방법이 제시되면 그 방법이 직렬가능한 비직렬 스케줄을 생성하는 방법인지를 증명하고자 하는 것이다. 제안한 동시성 제어 방법이 항상 직렬가능한 비직렬 스케줄을 생성한다는 것이 증명될 때, 이 증명은 그 동시성 제어 방법을 사용하면 데이터 일관성 문제로부터 자유로움을 보장한다. 따라서, 동시성 방법이 제안될 때에는 제안한 동시성 제어 방법이 직렬가능한 스케줄을 생성한다는 것을 증명할 필요가 있다.

충돌 직렬가능한 스케줄을 생성하는 동시성 제어 방법들을 12.3절과 12.4절에서 소개한다. 12.3절에서 **로크 기반 규약(lock-based protocols)**을 소개하고 12.4절에서 **타임스탬프 기반 규약(timestamp- based protocols)**을 소개한다. 이 방법들이 항상 충돌 직렬가능 스케줄을 생성한다는 데 대한 증명은 이 책에서 다루고자 하는 범위를 벗어나므로 생략하기로 한다.

12.3 동시성 제어 스킴: 로크 기반 규약

(1) 로그 관리자(lock manager)와 로크(lock) 연산

로크 기반 규약 혹은 로크 기반 프로토콜들을 이해하기 위해서는 **로크 관리자(lock manager)**와 **로크(lock)**에 대해 먼저 이해해야 한다.

동시성 제어 방법으로서 로크 기반 프로토콜을 사용하는 데이터베이스 관리 시스템에는 **로크 관리자(lock manager)**가 있다. 로크 기반 프로토콜에서 트랜잭션이 데이터 항목을 read하거나 write하기 위해서는 로크 관리자에게 그 데이터 항목에 대한 사용 승인을 얻어야 한다. 트랜잭션은 사용하고자 하는 데이터 항목이 있으면 사용하기 전에 미리 그 데이터 항목에 대한 사용 승인을 로크 관리자에게 요청한다. 트랜잭션이 사용 승인을 로크 관리자에게 요청하고 로크 관리자로부터 승인 결과 메시지를 받아서, 이 메시지에 따라 후속 연산 처리를 진행하거나 아니면 사용 승인을 얻을 때까지 기다리는 연산이 **lock 연산**이다. 트랜잭션이 사용하고자 하는 데이터 항목에 대해 lock 연산을 통해 로크 관리자에게 사용 승인을 요청하는 것을 그 데이터 항목에 대한 **로크 요청(lock request)**이라 하고 승인 메시지를 받게 되면 **트랜잭션이 그 데이터 항목을 로크했다** 혹은 **로킹했다** 혹은 그 **데이터 항목에 대한 로크를 점유했다(hold)**라고 한다.

로크 관리자가 트랜잭션으로부터 데이터 항목에 대한 로크 요청을 받으면 로크 관리자는 그 데이터 항목에 대해 사용 승인을 하기 전에 충돌이 발생하는지 안 하는지를 검사하여 충돌 가능성이 없으면 그 로크 요청을 받아들여 **승인(grant) 메시지**를 로크 연산의 결과로 요청 트랜잭션에게 전달해서 그 데이터 항목을 사용할 수 있도록 한다. 로크 연산이 이 승인 메시지를 받으면 요청 트랜잭션에서 다음 순서의 연산 실행이 진행된다. 하지만, 로크 관리자의 충돌 여부 검사에서 충돌이 발생하면 **대기 메시지**를 로크 연산 결과로 전달해서 요청 트랜잭션이 승인 메시지를 받을 때까지 기다리게 한다. 이를 위해 로크 관리자는 트랜잭션들이 요청하는 각 데이터 항목에 대해 그 데이터 항목을 사용 중이거나 대기 중인 트랜잭션들을 **연결 리스트(linked list)**로 관리한다.

트랜잭션은 lock 연산으로 로크 관리자를 통해 로크를 점유한 데이터 항목을 사용한 후 더 이상 필요가 없으면 **unlock 연산**을 통해 로크 관리자에게 데이터 항목에 대한 **로크해제(unlock)**(혹은 **로크 release**)를 요청한다. 데이터 항목에 대한 로크해제를 요청받은 로크 관리자는 그 데이터 항목에 대한 연결 리스트로부터 그 트랜잭션에 해당하는 노드를 제거하고 로크가 해제되었음을 로크해제 요청 트랜잭션에게 알림으로써 데이터 항목에 대한 로크를 해제한다. 그 후 데이터 항목에 대한 연결 리스트에서 대기 중인 트랜잭션 중에서 충돌이 발생하지 않는 트랜잭션(혹은 트랜잭션들)을 선택하여 로크를 점유하게 한 후, 이 트랜잭션에게 승인 메시지를 전달한다. 승인 메시지를 받은 트랜잭션들은 대기 중이던 lock 연산을 마치고 다음 연산을 진행한다.

동시 실행 환경에서 둘 이상의 트랜잭션이 동시에 공유할 수 없는 데이터 항목들에 대해 점유와 동시에 대기하는 트랜잭션들의 순환 관계에서 교착상태가 발생할 수 있음을 12.1절에서 소개했다. 또한, 교착상태가 발생했을 때 그 해결 방법으로서 **교착상태 탐지와 복구** 방법을 간략히 소개한 바 있다. 이 방법에서, 시스템은 로크 관리자를 통해 교착상태로 인해 순환 대기 상태에 있는 트랜잭션 중 한 희생자 트랜잭션을 선정하고 그 트랜잭션에 대한 rollback 연산을 진행한다. 이 과정에서 로크 관리자는 철회되는 이 희생자가 점유했던 데이터 항목들에 대한 모든 로크를 강제로 해제한다. 그다음에 로크 관리자는 로크가 강제로 해제된 데이터 항목에 대해 로크 점유를 위해 대기 중이던 트랜잭션에게 lock 승인 메시지를 보내어 그 데이터 항목에 접근할 수 있도록 함으로써 연루된 트랜잭션들이 교착상태부터 연쇄적으로 벗어날 수 있도록 한다.

로크는 기본적으로 다음의 두 모드로 구분된다.

- **공유-모드(shared-mode).** 트랜잭션이 데이터 항목에 대해 read 연산만 하고자 할 때 사용하는 모드로 그림 12.13처럼 S로 표시한다. 트랜잭션이 요청을 통해 로크 관리자로부터 데이터 항목에 대한 **공유-모드 로크(shared-mode lock)**를 획득했다면 이 트랜잭션은 이 데이터 항목에 대해 read 연산만 가능할 뿐 write 연산은 할 수 없다.
- **배타적-모드(exclusive-mode).** 트랜잭션이 데이터 항목에 대해 read 연산 후 write 연산을 하고자 할 때 또한 write 연산만 하고자 할 때 사용하는 모드로 그림 12.13처럼 X로 표시한다. 트랜잭션이 요청을 통해 로크 관리자로부터 데이터 항목에 대한 **배타적-모드 로크(exclusive-mode lock)**를 획득했다면 이 트랜잭션은 이 데이터 항목에 대해 read 연산과 write 연산을 모두 할 수 있다.

모든 트랜잭션은 데이터 항목에 수행하는 연산 종류에 따라 적절한 모드의 로크를 동시성 제어 관리자인 로크 관리자에게 요청한다. 요청을 받은 로크 관리자는 그림 12.13의 **로크-호환 행렬(lock-compatibility matrix)** comp를 이용하여 로크를 허용할지 아니면 기다리게 할지를 결정한다. 그림 12.13의 행렬에서 행은 S 행과 X 행을 갖고 열 또한 S 열과 X 열을 갖는다. 이 행렬은 데이터 항목에 대해 행에 해당하는 모드의 로크가 이미 한 트랜잭션에 의해 점유된 상태에서 다른 트랜잭션으로부터 열에 해당하는 로크 요청이 올 때 그 행과 열에 해당하는 칸이 true이면, 그 요청을 허용해서 그 데이터 항목에 대한 로크를 점유할 수 있게 하고 false이면 로크를 점유할 때까지 대기하도록 하는 데 사용된다.

	S	X
S	true	false
X	false	false

그림 12.13 로크-호환 행렬 comp

데이터 항목이 공유-모드(S-모드) 로크가 걸려 있는 상태에서 트랜잭션으로부터 공유-모드(S-모드) 로크 요청이 오면 행렬 comp의 S 행 S 열이 true이므로 로크 관리자는 그 데이터 항목에 대한 이 로크 점유를 허용한다. S-모드는 트랜잭션이 앞으로 로크를 점유하고자 하는 데이터 항목에 대해 read 연산만 수행하고자 하는 로크 모드이다. 데이터 항목 Q에 대해 트랜잭션 T_i에 의해 이미 S-모드 로크가 점유된 상태에서 다른 트랜잭션 T_j가 S-모드 로크를 요청하는 경우, T_i와 T_j 둘 다 read 연산만 수행하고자 하는 것이므로 충돌이 발생하지 않기 때문에 true가 된다.

같은 데이터 항목에 접근하고자 하는 두 트랜잭션 중 적어도 한 트랜잭션이 write 연산을 수행할 때 충돌이 발생함을 12.2.4절에서 이미 소개한 바 있다. 그림 12.13의 로크-호환 행렬이 바로 충돌이 생기는 연산에서 false가 된다. 배타적-모드 로크(X-모드)는 write 연산을 수행하고자 하는 로크이므로 read 연산만 수행하려는 S-모드 로크와 충돌(read-write 충돌 혹은 write-read 충돌)함은 물론이고 wirte 연산을 수행하고자 하는 X-모드 로크와도 충돌(write-write 충돌)한다. 따라서, 로크-호환 행렬에서 트랜잭션들이 모두 S-모드로 점유하고자 하는 로크인 경우만 제외하고는 X-모드로 점유된 상태에서 S-모드나 X-모드로 점유하고자 하는 로크는 모두 false가 된다.

트랜잭션이 어느 한 모드로 이미 로킹한 데이터 항목에 대해 다른 트랜잭션이 어떤 모드로 로크 점유를 승인받았다면 두 모드는 **호환가능하다(compatible)**라고 말한다. 따라서, 같은 데이터 항목에 대해 이미 로킹한 트랜잭션과 로크 요청을 하는 트랜잭션 사이에서 항상 호환가능하면 모두 S-모드인 경우이며 이를 제외하고는 모두 호환가능하지 않다.

S-모드로 로킹이 된 데이터 항목은 다수의 트랜잭션에 의해 S-모드로 로크하여 동시에 공유할 수 있다. 하지만, 트랜잭션에 의해 X-모드로 로킹된 데이터 항목은 그 트랜잭션에 의해 독점적으로 점유된 것이므로 다른 트랜잭션에 의한 로킹 점유 시도는 어떤 모드이든 대기 상태에 있게 된다.

앞으로의 설명을 위해 데이터 항목 Q에 대한 다음 두 모드의 lock 연산을 소개한다.

- **lock-S(Q).** 데이터 항목 Q에 대한 S-모드(공유-모드)의 lock 연산
- **lock-X(Q).** 데이터 항목 Q에 대한 X-모드(배타적-모드)의 lock 연산

그림 12.14는 이 두 lock 연산을 사용하는 두 트랜잭션을 나타낸다. 이 그림에서 트랜잭션T_{16}은 배타적-모드의 lock-X 연산을 사용한 예이다. 트랜잭션 T_{16}은 데이터 항목 B에 대해 read 연산(read(B))과 write 연산(write(B))을 모두 수행하므로 B에 대한 read 연산을 수행하기 전에 lock-X(B) 연산을 통해 배타적-모드

T_{16}	T_{17}
lock-X(B)	lock-S(A)
read(B)	read(A)
B:=B - 500	unlock(A)
write(B)	lock-S(B)
unlock(B)	read(B)
lock-X(A)	unlock(B)
read(A)	display(A+B)
A:=A+500	
write(A)	
unlock(A)	

그림 12.14 로크 연산을 포함하는 트랜잭션 T_{16}과 T_{17}

의 로크 점유를 시도한다. 또한, T_{16}은 데이터 항목 B에 대한 write 연산을 수행한 후 즉시 unlock(B) 연산을 통해 로크를 해제하여 다른 트랜잭션이 이 데이터 항목을 로크하여 사용할 수 있도록 한다. 이와 마찬가지로 트랜잭션 T_{16}은 또한 데이터 항목 A에 대해 lock-X(A) 연산 다음에 데이터 항목 A에 대한 read(A) 연산과 write(A) 연산 후 즉시 unlock(A) 연산을 수행한다. 트랜잭션이 데이터 항목에 대해 X-모드로 로크를 점유하고 있는 동안 다른 트랜잭션은 어떤 모드로 로크를 하든 그 데이터 항목에 대한 로크가 unlock될 때까지 대기해야 한다.

그림 12.14의 트랜잭션 T_{17}은 S-모드 로크를 사용한 예이다. T_{17}은 데이터 항목 A에 대해 read 연산(read(A))만 수행하므로 read 연산을 수행하기 전에 lock-S(A) 연산을 통해 S-모드의 로크 점유를 시도한다. read(A) 연산 수행 후에는 즉시 unlock(A) 연산을 통해 데이터 항목 A에 대한 S-모드 로크를 해제한다. 데이터 항목 B에 대해서도 마찬가지로 read(B) 연산 전후로 lock-S(B) 연산과 unlock(B) 연산이 배치되었다. S-모드로 로크가 점유된 데이터 항목에 대해 다른 트랜잭션이 S-모드 로크를 시도하면 두 S-모드는 호환가능하므로 로크 점유가 허용된다. 하지만 이 데이터 항목에 대해 다른 트랜잭션이 X-모드로 로크를 시도하면 그 트랜잭션은 로크를 점유할 때까지 대기해야 한다.

(2) 로크만으로 보장되지 않는 직렬가능성

lock 연산은 동시에 사용하고자 하는 데이터 항목에 대해 트랜잭션 간에 충돌 발생의 여지가 있으면 대기하도록 하고 없으면 로크 점유를 통해 해당 트랜잭션이 그 데이터 항목에 접근할 수 있게 하면서 unlock 연산 때까지 다른 트랜잭션의 접근을 지연시킬 수 있다. 하지만, lock 연산을 사용한다고 해서 직렬가능성이 항상 보장되는 것은 아니다. 그 예로 그림 12.14의 두 트랜잭션 T_{16}과 T_{17} 그리고 동시성-제어 관리자인

실행 순서	T_{16}	T_{17}	동시성-제어 관리자 (로크 관리자)	변수와 데이터베이스 실행전 DB : A=1000, B=2000
1	lock-X(B)			A=1000, B=2000
2			grant-X(B, T_{16})	A=1000, B=2000
3	read(B)			A=1000, B=2000
4	B:=B - 500			A=1000, B=2000
5	write(B)			A=1000, **B=1500**
6	unlock(B)		unlock(B, T_{16})	A=1000, B=1500
7		lock-S(A)		A=1000, B=1500
8			grant-S(A, T_{17})	A=1000, B=1500
9		read(A)		**변수A=1000,** A=1000, B=1500
10		unlock(A)	unlock(A, T_{17})	A=1000, B=1500
11		lock-S(B)		A=1000, B=1500
12			grant-S(B, T_{17})	A=1000, B=1500
13		read(B)		**변수B=1500,** A=1000, B=1500
14		unlock(B)	unlock(B, T_{16})	A=1000, B=1500
15		display(A+B)		**display : 2500,** A=1000, B=1500
16	lock-X(A)			A=1000, B=1500
17			grant-X(A, T_{16})	A=1000, B=1500
18	read(A)			A=1000, B=1500
19	A:=A+500			**변수A=1500,** A=1000, B=1500
20	write(A)			**A=1500,** B=1500
21	unlock(A)		unlock(A, T_{16})	A=1500, B=1500

그림 12.15 트랜잭션 T_{16}, T_{17}과 로크 관리자 사이의 스케줄 5의 실행 과정

로크 관리자 사이의 상호작용과 데이터베이스 변화를 보여주는 그림 12.15에서 제시된 스케줄 5의 실행 과정을 살펴보자.

이 두 트랜잭션 T_{16}과 T_{17}이 수행되기 전에 데이터 항목 A와 B의 값이 각각 1000과 2000이라 하자. T_{16}이 먼저 수행되고 이어서 T_{17}이 그다음에 수행되면 T_{16}이 데이터 항목 B에서 500을 빼서 그 500을 다시 데이터 항목 A에 더하므로 A와 B의 값은 둘 다 1500이 되어 display(A+B)에 의해 디스플레이 되는 값은 3000이 된다. 또한, T_{16}이 수행되기 전에 T_{17}이 먼저 수행되더라도 데이터 항목 A와 B는 변함없이 각각 1000, B는 2000 그대로이므로 display(A+B)에 의해 디스플레이되는 값 역시 3000이 된다. 따라서, T_{16}과 T_{17}에 대한 직렬 스케줄의 경우, 실행순서와는 상관없이 디스플레이 되는 값은 3000이 되어야 한다.

그런데, 그림 12.15의 스케줄 5의 실행 과정을 자세히 살펴보자. 실행순서 1에서 트랜잭션 T_{16}이 로크 관리자에게 데이터 항목 B에 대한 X-모드 로크를 요청한다. 실행순서 2에서 로크 관리자는 데이터 항목 B에 로크가 점유되어 있지 않으므로 로크 점유를 승인한다. 이 실행순서에서 grant-X(B, T_{16})은 로크 관리자가 데이터 항목 B에 대한 X-모드 로크를 T_{16}에게 승인하는 연산이다.

실행순서 3과 4에서 트랜잭션 T_{16}은 지역 변수 B로 데이터 항목 B의 값 2000을 읽고 500을 뺀 1500을 실행순서 5에서 데이터 항목 B에 기록함으로써 디스크에 기록되는 데이터 항목 B의 값은 1500이 된다. 그리고 실행순서 6에서 T_{16}은 데이터 항목 B에 대한 로크 점유를 해제한다.

실행순서 7에서 트랜잭션 T_{17}은 데이터 항목 A에 대한 S-로크를 요청하여 실행순서 8에서 로크 관리자로부터 S-로크 승인을 얻어 A에 대한 S-로크를 점유한다. 실행순서 8에서 grant-S(A, T_{17})은 로크 관리자가 트랜잭션 T_{17}에게 데이터 항목 A에 대한 S-로크 점유 요청을 승인하는 연산이다. 승인을 얻은 T_{17}은 실행순서 9에서 데이터 항목 A 값인 1000을 지역 변수 A로 읽은 다음, 실행순서 10에서 바로 unlock 연산으로 데이터 항목 A에 대한 로크를 해제한다. 바로 다음에 실행순서 11에서 T_{17}은 데이터 항목 B에 대해 S-로크 요청한 후 실행순서 12에서 즉시 승인을 얻어 실행순서 13에서 데이터 항목 B의 값 1500을 변수 B로 읽고 실행순서 14에서 바로 로크를 해제한다. 실행순서 15에서는 읽어 들인 변수 A의 값 1000과 B의 값 1500을 더한 2500을 출력한다.

앞의 설명에서 두 트랜잭션 T_{16}과 T_{17}에서 어느 것이 먼저 수행되든 직렬로 실행되면 실행 결과 3000을 출력해야 하는데 스케줄 5는 2500을 실행 결과로 출력한다. 문제는 여기에서 생긴다. 스케줄 5는 어떤 직렬 스케줄과도 실행 결과가 일치하지 않으므로 비직렬가능 스케줄이며, 그 결과로 결국 데이터 불일치를 발생시키는 바람직하지 못한 스케줄이다.

그러면 lock와 unlock 연산을 사용했음에도 두 트랜잭션이 직렬가능 스케줄이 되지 못한 이유는 무엇일까? 이에 대한 해답이 바로 이어 12.3.1절에서 설명된다.

12.3.1 2단계 로킹 규약(2-phase locking protocol)

(1) 로크 연산만으로 직렬가능성이 보장되지 않는 이유

앞에서 우리는 로크 연산을 이용한다고 해서 직렬가능성이 보장되지 않는 예를 살펴보았다. 그렇다면, 그 이유는 무엇일까? 그림 12.14로부터 T_{16}이 일종의 계좌이체와 같은 트랜잭션이라는 것을 짐작했을 것이다. T_{16}은 B 계좌에서 A 계좌로 500을 이체하는 트랜잭션으로 볼 수 있다. T_{17}은 두 계좌를 읽어서 더하여 출력하는 트랜잭션인데 데이터 일관성을 위해서는 계좌이체가 이미 진행되었다면 이체가 모두 이루어진 후의 A 계좌와 B 계좌를 읽어서 더 한 것을 출력해야 한다. 그러므로 그림 12.15에서 계좌 B를 읽고 500을 빼서 B 계좌에 기록한 후 A 계좌를 읽고 그 잔액에 더하여 기록할 때까지 A 계좌를 다른 트랜잭션(여기에서는 T_{17})이 읽지 못하도록 격리해야 한다. 하지만, 스케줄 5는 그러한 조치가 없이, 500을 빼서 B 계좌에 기록한 후에는(실행순서 1 ~ 실행순서 5) 바로 로크를 해제하여(실행순서 6) 트랜잭션 T_{17}이 로크를 점유하여 읽을 수 있게 함으로써(실행순서 7 ~ 실행순서 9) A 계좌로 500이 이체되기 전(즉, 더해지기 전)의 값을 읽게 되어(실행순서 9) 데이터 불일치가 생긴 것이다.

(2) 2단계 로킹 규약과 충돌 직렬가능성

이제 우리는 충돌 직렬가능성을 보장하는 한 가지 방법으로 **2단계 로킹 규약(2-phase locking protocol)**을 소개한다.

2단계 로킹 규약에서 모든 트랜잭션은 다음의 두 단계로 lock 연산과 unlock 연산을 수행한다.

- **확장 단계(growing phase).** 트랜잭션이 lock 연산으로 사용하고자 하는 데이터 항목들에 대한 로크를 점유해 가는 단계로 lock 연산 사이에는 unlock 연산이 없는 단계
- **축소 단계(shrinking phase).** 트랜잭션이 unlock 연산으로 사용한 데이터 항목에 대한 로크 해제를 해가는 단계로 unlock 연산 사이에는 lock 연산이 없는 단계

2단계 로킹 규약의 트랜잭션은 먼저 확장 단계에 진입하여 필요한 데이터 항목들을 점유하면서 사용한 후에는 축소 단계에 진입해서 점유한 데이터 항목들을 하나씩 해제하는 순서로 실행된다.

스케줄에서 트랜잭션이 마지막 로크(확장 단계의 끝)를 얻는 지점을 **로크 지점(lock point)**이라 하는데, 2단계 로킹 규약을 적용한 스케줄에서 트랜잭션들은 로크 지점 순으로 충돌 직렬가능하다. 즉, 로크 지점 순서로 나열된 직렬 스케줄과 같은 데이터베이스 결과를 생성한다.

그림 12.16은 트랜잭션 T_{16}과 T_{17}에 각각 2단계 로킹 규약을 적용한 트랜잭션 T'_{16}과 T'_{17}을 보여준다. 트

T'_{16}	T'_{17}
lock-X(B)	lock-S(A)
read(B)	lock-S(B)
B:=B - 500	read(A)
write(B)	read(B)
lock-X(A)	unlock(B)
unlock(B)	unlock(A)
read(A)	display(A+B)
A:=A+500	
write(A)	
unlock(A)	

그림 12.16 트랜잭션 T_{16}과 T_{17}에 2단계 로킹 규약을 적용한 트랜잭션

랜잭션 T'_{16}에서 lock-X(B) 연산과 lock-X(A) 연산 사이에는 unlock 연산이 없고 unlock(B) 연산과 unlock(A) 연산 사이에는 lock 연산이 없으므로 2단계 로크 규약을 따르고 있다. 또한, T'_{17}도 lock-S(A) 연산과 lock-S(B) 연산 사이에는 unlock 연산이 없고 unlock(A) 연산과 unlock(B) 연산 사이에 lock 연산이 없으므로 2단계 로크 규약을 따르고 있음을 주시하자.

그림 12.15의 트랜잭션 T_{16}은 lock-X(B) 연산(실행순서 1)과 lock-X(A) 연산(실행순서 16) 사이에 unlock(B) 연산(실행순서 6)이 존재하고 게다가 unlock(B) 연산(실행순서 6)과 unlock(A) 연산(실행순서 21) 사이에 lock-X(A) 연산(실행순서 16)이 존재하므로 2단계 로킹 규약을 따르지 않고 있다. 그림 12.15의 트랜잭션 T_{17}도 2단계 로킹 규약을 따르지 않는데 그 이유에 대해서는 여러분들이 설명해 보기 바란다.

앞에서 언급했듯이 2단계 로킹 규약은 충돌 직렬가능성을 보장한다. 즉, 2단계 로킹 규약을 따르는 트랜잭션들로 구성된 스케줄은 직렬 스케줄과 같은 결과를 산출하는데 이에 대한 증명은 생략하기로 한다.

(3) 교착상태

한편, 2단계 로킹 규약은 교착상태가 발생할 수 있는데 그 예가 그림 12.17 스케줄 6의 일부분으로 제시된다. 스케줄 6의 실행순서 1에서 T'_{16}은 데이터 항목 B에 대해 로크를 배타적으로 점유한다. 그 후 실행순서 4에서 T'_{17}은 데이터 항목 A에 대해 S-모드 로크로 점유하여 실행순서 5에서 지역 변수 A로 읽어 들인 후 실행순서 6에서 데이터 항목 B에 대해 S-모드 로크 점유를 시도하지만 이미 실행순서 1에서 T'_{16}에 의해 X-모드 로크가 점유되어 있으므로 T'_{17}은 T'_{16}이 이 로크를 unlock할 때까지 대기한다. 그 상태에서 T'_{16}은 실행순서 7에서 데이터 항목 B에 대한 write 연산을 수행하고, 실행순서 8에서 데이터 항목 A에 대해 X-모드 로크 점유를 시도하지만, A는 실행순서 4에서 T'_{17}에 의해 이미 S-모드로 로크가 점유되어 있으므로 T'_{16}도 T'_{17}

실행 순서	T'_{16}	T'_{17}	설명
1	lock-X(B)		T'_{16}이 B에 대해 로크 점유
2	read(B)		
3	B:=B - 500		
4		lock-S(A)	T'_{17}이 A에 대해 로크 점유
5		read(A)	
6		lock-S(B)	T'_{16}이 B를 unlock할때까지 대기
7	write(B)		
8	lock-X(A)		T'_{17}이 A를 unlock할때까지 대기 (교착상태 발생)
…			

그림 12.17 2단계 로킹 규약의 교착상태 발생 예(스케줄 6의 일부 실행 부분)

이 이 로크를 unlock할 때까지 대기한다.

T'_{16}과 T'_{17} 각자가 로크를 점유한 데이터 항목을 로크를 해제할 때까지 서로 기다림에 따라 두 트랜잭션은 대기 상태 이후의 연산을 더 이상 수행하지 못하고 무한 대기 상태로 교착상태가 된다. 따라서, 이 예를 통해 2단계 로킹 규약은 교착상태가 발생 가능함을 알 수 있다.

(4) 연쇄 rollback

트랜잭션 T_i의 결과가 트랜잭션 T_j의 결과에 반영되고 T_j의 결과가 트랜잭션 T_k에 반영되는 등 산출 결과가 연쇄적으로 영향을 받았을 때, T_i가 rollback 되면 연쇄적으로 영향을 받은 T_j를 트랜잭션 수행 전 상태로 rollback 시키고 이어서 T_j에 영향을 받은 T_k도 rollback 되어야 하는 것은 당연하다.

트랜잭션의 **연쇄 rollback(cascading rollback)**이란 어느 한 트랜잭션이 rollback 될 때 이 트랜잭션에 영향을 받은 트랜잭션들이 연쇄적으로 rollback 되는 것을 말한다.

2단계 로킹 규약은 연쇄 rollback의 가능성이 있는데, 그 한 예가 그림 12.18의 스케줄 7이다. 단순성을 위해 스케줄 7에서 트랜잭션 T_{18}, T_{19}, T_{20}은 각각 설명에 필요한 lock, unlock, read, write 연산을 제외한 다른 연산들은 모두 생략했다. 예를 들어, 실행순서 2와 3은 이들 사이에서 실행순서 2에서 지역 변수 A로 읽어 들인 데이터 항목 A의 값을 그 뒤에 변경하는 연산이 생략되었는데, 이 예에서 우리는 실행순서 2와 실행순서 3 사이에서 A의 값을 변경하고 변경된 A가 실행순서 3에서 기록되는 것으로 생각하자. 실행순서 6과 7 사이와 실행순서 9와 10 사이에서도 지역 변수로 읽어 들인 값을 변경하여 write 연산으로 해당 데이터 항목에 기록하는 것으로 생각하자.

스케줄 7에서 트랜잭션 T_{18}은 실행순서 5의 unlock 연산을 시작으로 축소 단계에 접어들었으며 실행순서 7의 write(B) 연산 이후 아직 unlock(B) 연산이 실행되지 않아서 완료되지 않은 상태이다. 트랜잭션 T_{19}는 마지막 연산으로 완료된 상태에서(실행순서 11) 트랜잭션 T_{20}이 read(A) 연산 후(실행순서 13) T_{18}에서 아직 unlock(B)을 실행하지 못한 채 실행순서 14에서 시스템 장애가 발생하면, 시스템이 복구될 때 T_{18}은 완료되지 않은 상태이므로 먼저 rollback 되어야 한다. 이어서 T_{19}는 T_{18}의 write(A) 연산(실행순서 3)으로 기록된 데이터 항목 A를 읽고(실행순서 9) 처리하여 write(A) 연산으로 기록(실행순서 10)함에 따라 이 기록값이 T_{18}의 write(A) 연산(실행순서 3)에 영향을 받은 것이므로 T_{19} 또한 rollback 되어야 한다. 게다가, rollback 되어야 하는 T_{19}의 write(A) 연산(실행순서 10)으로 기록된 데이터 항목 A를 읽은(실행순서 13) T_{20} 또한 rolllback 되어야 한다. 이렇듯 실행순서 14에서의 장애 발생은 T_{18}, T_{19}, T_{20} 순서로 줄줄이 연쇄 rollback을 유발한다.

실행순서	T_{18}	T_{19}	T_{20}
1	lock-X(A)		
2	read(A)		
3	write(A)		
4	lock-X(B)		
5	unlock(A)		
6	read(B)		
7	write(B)		
8		lock-X(A)	
9		read(A)	
10		write(A)	
11		unlock(A)	
12			lock-S(A)
13			read(A)
14	장애발생		

그림 12.18 연쇄 rollback이 요구되는 2단계 로킹 규약 스케줄(스케줄 7) 일부분 예

strict 2단계 로킹 규약(strict two-phase locking protocol)은 2단계 로킹 규약에서 연쇄 rollback을 피할 수 있는 규약이다. strict 2단계 로킹 규약은 2단계 로킹 규약을 수정한 것으로 2단계 로킹 규약을 그대로 따르면서 트랜잭션이 완료(commit)할 때까지 배타적-모드의 모든 로크 점유를 지속시킨다. 따라서, 그 트랜잭션이 write 연산으로 기록한 데이터는 그 트랜잭션이 완료할 때까지 다른 트랜잭션이 read 연산을 하지 못하도록 배타적-모드 로크로 계속 점유되도록 한다.

연쇄 rollback을 피할 수 있는 2단계 로킹 규약의 또 다른 버전은 **rigorous 2단계 로크 규약(rigorous two-phase locking protocol)**이다. 이 방법은 트랜잭션이 완료(commit)할 때까지 모든 로크(공유-모드와 배타적-모드 모두 포함) 점유를 지속시킨다. 이 규약에서 트랜잭션들은 완료되는 순서로 직렬화가 가능하다.

연쇄 rollback을 피하기 위한 앞의 두 방법은 데이터 항목에 대해 트랜잭션이 완료할 때까지 로크를 계속 점유하기 때문에 동시성 수준이 감소할 수밖에 없다는 점을 잘 이해하자.

(5) 복구가능성(recoverability)과 완료 종속성(commit dependency)

11장에서 다룬 복구 방법에서 그림 12.18 스케줄 7의 트랜잭션 T_{19}와 같이 이미 완료(commit)한 트랜잭션에 대해 rollback 하는 것은 소개되지 않았으며 사실상 11장에서 소개한 알고리즘에서 T_{19}의 복구는 불가능하다. 여기에서는 동시성을 높이면서 이 **복구가능성(recoverability)**을 보장하는 방법을 간단히 소개한다.

완료되지 않은(uncommitted) 데이터 항목, 즉, 완료되지 않은(uncommitted) 트랜잭션이 write 연산으로

기록한 데이터 항목에 대해 시스템은 그 데이터 항목에 마지막 write 연산을 실행한 트랜잭션을 기록한다. 그러면서 다른 트랜잭션 T가 완료되지 않은 데이터 항목에 대한 read 연산을 할 때마다, 그 데이터 항목에 대해 마지막 write 연산을 실행한 트랜잭션에 대한 트랜잭션 T의 **완료 종속성(commit dependency)**을 기록한다. 여기에서, 완료 종속성이란 완료되지 않은 트랜잭션 T_{uc}가 write 연산으로 기록한 데이터 항목을 T가 read 연산으로 읽었음을 나타내는 정보이며, 따라서, 이 완료되지 않은 트랜잭션 T_{uc}가 rollback 되면 트랜잭션 T도 연쇄적으로 rollback 되어야 한다. 그런데, 트랜잭션 T_{uc}가 완료(commit)하기 전에 트랜잭션 T가 먼저 완료해 버리면 이미 완료한 T를 rollback 할 수 없게 된다. 그러므로, 트랜잭션 T는 완료 종속성을 갖는 모든 트랜잭션이 완료할 때까지 먼저 완료할 수 없고, 오직 완료 종속성을 갖는 모든 트랜잭션이 완료한 후에야 비로소 완료할 수 있다. 만약 T가 완료 종속성을 갖는 트랜잭션 중에서 어느 하나라도 철회(abort)된다면 트랜잭션 T 역시 철회되어야 한다.

(6) 로크 변환(lock conversion) : upgrade 연산과 downgrade 연산

아래의 두 트랜잭션 T_{21}과 T_{22}를 잘 살펴보자. 이 두 트랜잭션은 중요한 몇몇 read 연산들과 트랜잭션 T_{21}은 한 개의 write 연산을 보여준다.

이 두 트랜잭션에서 T_{21}이 직렬가능성이 보장되도록 하기 위해서는 read(D_1) 연산 이전에 먼저 데이터 항목 D_1에 대한 배타적-모드의 로크 점유(lock-X(D_1))를 하고 이에 대한 unlock은 write(D_1) 연산 뒤에서 이루어져야 한다.

이 로크 연산으로 T_{21}이 시작되어 데이터 항목 D_1에 대한 X-모드 로크 점유가 먼저 이루어진다면 데이터 항목 D_1과 D_2에 대해 모두 공유-모드 로크 점유만 필요한 T_{22}는 T_{21}에 의해 데이터 항목 D_1의 로크 점유로부터 시작해서 write(D_1) 연산이 끝나고 unlock 연산이 이루어질 때까지 대기해야 하므로 동시성 수준이 낮게 된다.

하지만, 트랜잭션 T_{21}에서 read(D_1) 이전에 lock-S(D_1) 연산으로 공유-모드로 로크를 점유해서 다른 트랜잭션들이 배타적-모드가 아닌 공유-모드로 D_1을 공유할 수 있도록 하고 write(D_1) 연산 바로 이전에

T_{21}	T_{22}
read(D_1)	read(D_1)
read(D_2)	read(D_2)
read(D_3)	display(D_1+D_2)
read(D_4)	
write(D_1)	

lock-X(D_1) 연산으로 배타적-모드로 강화한다면, 이 이전까지 T_{22}는 데이터 항목 D_1에 대해 공유-모드 로크를 점유하고 read 연산을 수행할 수 있게 되어 동시성 수준을 높일 수 있다.

이처럼 동시성 수준을 높이기 위해 배타적 로크 점유 수준을 높이거나 혹은 낮추는 것을 **로크 변환(lock conversion)**이라 하며, 로크 변환에서 **upgrade 연산**은 로크 점유 수준을 공유-모드에서 배타적-모드로 높이는 연산이고 **downgrade 연산**은 배타적-모드에서 공유-모드로 낮추는 연산이다. 한편, 2단계 로킹 규약에서 이 두 로크 변환 연산을 사용하기 위해서는 반드시 upgrade 연산은 확장 단계에서 그리고 downgrade 연산은 축소 단계에서 사용해야 한다.

그림 12.19는 두 트랜잭션 T_{21}과 T_{22}와 관련하여 upgrade 로크 변환 연산을 적용한 스케줄 예를 보여준다. 쉬운 이해를 위해 그림 12.19에서 read 연산과 write 연산을 생략하고 lock과 unlock 연산 그리고 upgrade 연산만으로 이루어진 스케줄의 골격만 나타내었다. 이 스케줄에서 트랜잭션 T_{22}는 T_{21}보다 늦게 실행되었을지라도 T_{21}과 동시에 실행되면서 오히려 먼저 종료되는 것을 알 수 있다.

트랜잭션이 데이터 항목 Q에 대해 upgrade(Q)를 이용하여 배타적-모드로 로크를 점유하고자 할 때 이미 Q에 대해 공유-모드로 로크를 점유한 다른 트랜잭션이 있다면 당연히 로크 점유가 해제될 때까지 대기해야 한다.

기본적인 2단계 로크 규약과 마찬가지로 로크 변환을 적용한 2단계 로크 규약은 충돌 직렬가능 스케줄을 생산하며 트랜잭션들은 로크 지점으로 직렬가능하다.

실행순서	T_{21}	T_{22}
1	lock-S(D_1)	
2		lock-S(D_1)
3	lock-S(D_2)	
4		lock-S(D_2)
5	lock-S(D_3)	
6	lock-S(D_4)	
7		unlock(D_1)
8		unlock(D_2)
9	**upgrade(D_1)**	
10	unlock(D_1)	
11	unlock(D_2)	
12	unlock(D_3)	
13	unlock(D_4)	

그림 12.19 트랜잭션 T_{21}과 T_{22}에서 로크 변환 연산 upgrade를 적용한 스케줄 예(스케줄 8)

게다가, 배타적 로크 점유가 트랜잭션이 commit 할 때까지 지속된다면 앞에서 소개했듯이 연쇄 rollback은 발생하지 않는다. strict 2단계 로킹 규약과 rigorous 2단계 로킹 규약은 상용 데이터베이스 시스템에서 많이 사용된다. 단순하지만 넓게 사용하는 방법으로 트랜잭션이 read 연산이나 write 연산을 요청할 때 시스템은 이 연산에 적합한 lock 연산과 unlock 연산을 다음과 같이 자동으로 생성하고 실행한다. 여기에서, 트랜잭션의 read 연산과 write 연산의 실행도 트랜잭션이 요청을 통해 시스템이 실행함을 주시하자.

- 트랜잭션의 read(Q) 연산을 실행할 때 시스템은 먼저 lock-S(Q) 연산을 생성하여 행하고 바로 이어서 이 read(Q) 연산을 진행한다.
- 트랜잭션의 write(Q) 연산을 실행할 때 시스템은 그 트랜잭션이 이미 Q에 대해 공유-모드 로크를 점유했는지를 검사한다. 만약 그렇다면 시스템은 먼저 upgrade(Q) 연산을 생성하여 행하고 이어서 write(Q) 연산을 진행한다. 그렇지 않고 공유-모드 로크 점유가 없으면 시스템은 lock-X(Q) 연산을 생성하여 행하고 write(Q) 연산을 진행한다.
- 트랜잭션이 commit이나 abort된 후에는 그 트랜잭션에 의해 점유된 모든 로크는 각각에 대해 자동으로 생성된 unlock 연산의 실행으로 해제된다.

12.3.2 그래프 기반 규약(graph based protocol)

앞의 2단계 로킹 규약이 아닌 다른 로크 기반 규약에는 각 트랜잭션의 데이터베이스 접근방법에 대한 추가 정보가 필요하다. 추가 정보량에 따라 다양한 종류가 존재하지만, 가장 단순한 한 가지 방법은 접근하는 데이터 항목에 대한 순서를 미리 정하는 것이다. 이 사전 정보를 가지고 2단계 로킹 규약이 아니더라도 충돌 직렬가능성을 보장하는 로크 규약을 구성하는 것이 가능하다.

데이터 항목들 사이에 순환(cycle)이 없는 부분 순서 관계(→)를 부여하여 데이터 항목 간에 부분 순서가 $d_i \rightarrow d_j$인 경우 트랜잭션이 d_i와 d_j에 모두 접근하려면 d_j에 접근하기 전에 먼저 d_i에 접근한 후 d_j에 접근하도록 한다. 부분 순서는 데이터 항목 집합이 **데이터베이스 그래프(database graph)**라 부르는 **부분 순서 유향 비순환 그래프(partially ordered directed acycle graph)**를 형성한다. 그림 12.20은 트리 형태의 데이터베이스 그래프를 나타내며 화살표 →는 데이터베이스의 데이터 항목 $d_1, d_2, ..., d_{12}$ 사이의 부분 순서를 나타낸다.

그래프 기반 규약(graph-based protocol)은 데이터베이스 그래프를 이용하여 부분 순서의 로킹을 이용한다. 이 절에서는 단순한 형태의 그래프 기반 로킹 규약의 하나로 **트리 규약(tree protocol)**을 소개한다. 트

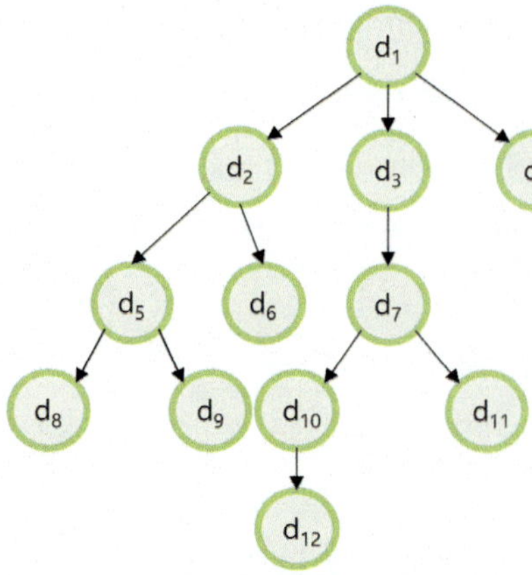

그림 12.20 데이터 항목에 대한 데이터베이스 그래프

리 규약은 접근하고자 하는 데이터 항목에 대해 오직 배타적-로크 연산, 즉, lock-X 연산만을 사용하고, 기껏해야 한 번 로크할 수 있으며, 모든 트랜잭션은 다음의 규칙을 따라야 한다.

- 트랜잭션 T의 첫 번째 로크는 어떤 데이터 항목이든 할 수 있다.
- 첫 번째 로크를 점유한 이후 트랜잭션 T가 데이터 항목 Q를 로크하려면 Q의 부모 데이터 항목이 T에 의해 로크되어 있어야 한다.
- 트랜잭션 T가 로크 점유한 데이터 항목은 언제든지 그 로크를 해제할 수 있다.
- 트랜잭션 T는 로크 점유했다가 해제한 데이터 항목을 다시 로크할 수는 없다.

트리 규약을 따르는 트랜잭션 예들이 그림 12.20의 데이터베이스 그래프를 중심으로 그림 12.21에서 제시된다. 이해하기 쉽도록 이 그림에서 트랜잭션들은 모두 트리 규약에 따라 데이터 항목에 대한 lock-X 연산과 unlock 연산만 나타냈으며 이들을 제외한 나머지 연산들은 모두 제외했다.

그림 12.22는 트리 규약을 준수한 트랜잭션 T_{23}, T_{24}, T_{25}, T_{26}으로 구성된 스케줄을 보여준다. 이 스케줄에서 각 트랜잭션은 첫 번째 로크 점유 이후부터는 모든 로크에서 부모 데이터 항목을 로크 점유한 상태에서 이루어지는 것을 알 수 있다.

그림 12.22의 스케줄 9는 그림 12.18의 스케줄 7에서와 같은 이유때문에 12.3.1절에서 소개한 복구 가능성과 rollback 비연쇄성을 보장할 수는 없다. 복구가능성에 관해서는 12.3.1절의 「**(5) 복구가능성(recoverability)과 완료 종속성(commit dependency)**」에서 제시한 방법을 참조하자. 또한 연쇄 rollback을 피하는 방

T_{23}	T_{24}	T_{25}	T_{26}
lock-X(d_2)	lock-X(d_5)	lock-X(d_3)	lock-X(d_7)
lock-X(d_5)	lock-X(d_8)	lock-X(d_7)	lock-X(d_{11})
lock-X(d_6)	unlock(d_5)	unlock(d_3)	unlock(d_7)
unlock(d_2)	unlock(d_8)	unlock(d_7)	unlock(d_{11})
lock-X(d_8)			
unlock(d_5)			
unlock(d_6)			
unlock(d_8)			

그림 12.21 트리 규약을 따르는 트랜잭션 T_{23}, T_{24}, T_{25}, T_{26}

법으로는 12.3.1절 「**(4) 연쇄 rollback**」에서 소개한 **strict 2단계 로킹 규약**과 **rigorous 2단계 로킹 규약** 내용을 다시 참조하자.

실행순서	T_{23}	T_{24}	T_{25}	T_{26}
1	lock-X(d_2)			
2		lock-X(d_5)		
3		lock-X(d_8)		
4		unlock(d_5)		
5	lock-X(d_5)			
6		unlock(d_8)		
7			lock-X(d_3)	
8			lock-X(d_7)	
9			unlock(d_3)	
10				lock-X(d_7)
11			unlock(d_7)	
12	lock-X(d_6)			
13	unlock(d_2)			
14				lock-X(d_{11})
15				unlock(d_7)
16	lock-X(d_8)			
17				unlock(d_{11})
18	unlock(d_5)			
19	unlock(d_6)			
20	unlock(d_8)			

그림 12.22 트리 규약의 충돌 직렬가능 스케줄(스케줄 9)

트리 규약을 따르는 트랜잭션들로 구성된 스케줄은 충돌 직렬가능하다. 교착상태도 발생하지 않기 때문에 이로 인한 어떠한 rollback도 없다. 또한, unlock이 언제든지 가능해서 2단계 로킹 규약에 비해 unlock을 더 빨리할 수 있으므로 트랜잭션의 로크 점유를 위한 대기시간을 감소시켜 동시성을 높일 수 있다. 트리 프로토콜은 이러한 점에서 2단계 로킹 규약에 비해 장점이 있다. 그러나, 트리 규약은 접근하지 않는 데이터 항목도 로크해야 하는 오버헤드가 생길 수 있다. 그림 12.20에서 데이터 항목 d_1과 d_{12}만을 접근하려 한다면 처음에 d_1을 로크하여 접근한 후부터는 데이터베이스 그래프에서 이 데이터 항목들 사이의 데이터 항목 d_3, d_7, d_{10}을 차례로 로크를 해야 한다. 이 경우 추가적인 로킹은 로킹 오버헤드를 증가시키고 대기시간을 증가시킬 수 있으며 잠재적으로 동시성을 감소시킬 수 있다. 게다가 데이터 항목 사이의 부분 순서와 같은 사전 지식이 없으면 트리의 루트를 로크해야 하는데 이때는 동시성이 크게 감소한다. 한편, 트리 규약으로 생성할 수 없는 충돌 직렬가능 스케줄들이 존재할 수 있다. 트랜잭션들에 대해 2단계 로킹 규약으로는 생성할 수 하지만 트리 규약으로는 생성할 수 없는 충돌 직렬가능 스케줄들이 실제로 존재한다.

12.4 동시성 제어 스킴: 타임스탬프 기반 규약

지금까지 소개한 로크 기반 규약들은 사용할 데이터 항목의 접근을 위해 로크 점유를 요청한 트랜잭션들 사이에 비호환(incompatible) 모드로 충돌이 발생하면, 가장 먼저 로크를 점유한 트랜잭션이 접근할 수 있도록 함으로써 직렬가능성을 보장하는 순서를 실행 시간에 결정한다. 직렬가능성을 보장하는 또 한 가지 방법은 트랜잭션들 사이에 순서를 미리 결정하고 이들의 연산 사이에 충돌이 발생하면 빠른 순서를 갖는 트랜잭션의 연산일 때만 실행할 수 있게 하는 방법인데 이 방법 중 가장 일반적인 방법이 12.4.1절에서 소개하는 **타임스탬프 순서 규약(timestamp ordering protocol)**이다.

이 절에서는 타임스탬프에 대한 기본 개념을 바로 다음에서 먼저 소개하고 이어서 세부 절들에서 타임스탬프를 이용한 동시성 제어 방법들을 각각 소개한다.

■ 타임스탬프(timestamp)

타임스탬프 기반 동시성 제어 스킴에서 **타임스탬프(timetamp)**란 시스템이 어떤 대상에게 유일하게 부여하는 시간 혹은 수자와 같은 비교 가능한 값을 말하며, 시스템은 항상 먼저 부여하는 타임스탬프보다 나중에 부여하는 타임스탬프가 더 크도록 그 값을 부여한다. 타임스탬프는 기본적으로 실행하고자 하는 트랜잭션과 접근한 데이터 항목에 부여된다. 먼저, 트랜잭션의 **타임스탬프(timestamp)**는 사용자 혹은 응용 프로그램의 실행 요청으로 트랜잭션의 실행이 시작되기 전에 데이터베이스 시스템이 먼저 그 트랜잭션에 유일하게 부여한다. 앞으로 단순한 설명을 위해 트랜잭션 T에 대한 타임스탬프를 TS(T)로 표현하기로 하자.

시스템이 타임스탬프를 부여할 때 매우 중요한 것은 트랜잭션 T_i에 $TS(T_i)$가 부여된 상태에서 새로운 트랜잭션 T_j 실행이 시스템에 요청되면 시스템은 T_j의 실행을 시작하기 전에 먼저 T_j에 $TS(T_i)<TS(T_j)$가 되도록 타임스탬프 $TS(T_j)$를 부여해야 한다는 점이다. 결국, 타임스탬프의 자격은 먼저 부여한 타임스탬프보다는 나중에 부여한 타임스탬프가 더 큰 조건이면 된다. 시스템은 트랜잭션의 실행 시작 순서대로 타임스탬프를 부여하므로 나중에 시작되는 트랜잭션의 타임스탬프는 먼저 시작된 트랜잭션의 타임스탬프보다 클 수밖에 없다.

타임스탬프 체계를 부여하는 방법은 여러 가지가 있을 수 있지만, 여기에서는 다음의 두 가지 방법을 소개한다.

- 시스템 클록으로 시스템 시간을 이용하는 방법. 실행 요청에 따라 시스템이 트랜잭션 실행을 시작하기 전에 시스템의 클록 시간을 그 트랜잭션의 타임스탬프로 부여하는 방법이다.
- 카운터를 이용하는 방법. 트랜잭션의 논리적 순서를 결정하기 위한 것으로 실행을 위해 사용자 혹은 응용 프로그램의 요청으로 트랜잭션이 시스템에 들어올 때마다 하나씩 증가시켜서 들어 온 순서에 해당하는 카운터를 그 트랜잭션에 부여하는 방법이다.

트랜잭션의 타임스탬프는 직렬가능성 순서와 관련된다. 즉, 서로 다른 두 트랜잭션 T_i와 T_j의 타임스탬프가 $TS(T_i)<TS(T_j)$이면, 시스템은 타임스탬프 기반 규약으로 생성된 스케줄이 T_i 실행 이후에 T_j가 실행되는 직렬 스케줄과 동등한 직렬가능 스케줄임을 보장한다.

타임스탬프 기반 규약이 직렬가능 스케줄이 되기 위해서는 트랜잭션에 대한 타임스탬프 이외에도 트랜잭션들이 접근한 각 데이터 항목 Q에 대해서도 다음 두 종류의 타임스탬프가 요구된다.

- **W-timestamp(Q).** 이 타임스탬프는 가장 최근에 write(Q) 연산을 성공적으로 수행한 트랜잭션의 타임스탬프이다. 따라서, 데이터 항목 Q에 대해 write(Q) 연산을 성공적으로 수행한 트랜잭션들의 타임스탬프들 중에서 가장 큰 값이다.
- **R-timestamp(Q).** 이 타임스탬프는 가장 최근에 read(Q) 연산을 성공적으로 수행한 트랜잭션의 타임스탬프이다. 따라서, 데이터 항목 Q에 대해 read(Q) 연산을 성공적으로 수행한 트랜잭션들의 타임스탬프들 중에서 가장 큰 값이다.

이 두 타임스탬프의 정의로부터 우리는 이 두 종류의 타임스탬프는 데이터 항목 Q에 대해 트랜잭션이 새로운 write(Q) 연산이나 read(Q) 연산을 성공적으로 실행할 때마다 갱신됨을 알 수 있다.

12.4.1 타임스탬프 순서 규약(timestamp ordering protocol)

타임스탬프 순서 규약(timestamp ordering protocol)은 실행 중인 스케줄이 트랜잭션의 타임스탬프 순서로 된 직렬 스케줄과 동등한 직렬가능 스케줄이 되도록 유도하는 기법이다. 이 기법은 같은 데이터 항목에 대해 충돌이 발생한 서로 다른 두 트랜잭션의 연산에서 시스템은 먼저 시작된 작은 타임스탬프의 트랜잭션의 연산이 나중에 시작된 더 큰 타임스탬프의 트랜잭션의 연산보다 먼저 수행되도록 유도한다. 따라서, 충돌이 발생한 데이터 항목에 대해 나중에 시작된 트랜잭션(즉, 더 큰 타임스탬프의 트랜잭션)의 연산으로 이미 먼저 접근이 이루어진 상태에서 이 트랜잭션보다 먼저 시작된 트랜잭션(즉, 더 작은 타임스탬프의 트랜잭션)의 연산으로 접근하고자 할 때는 데이터 항목에 대한 접근 순서가 트랜잭션들의 시작 순서와 일치하지 않고 바뀜에 따라 비직렬가능 스케줄이 될 수 있으므로 그 연산은 실행이 거절되고 그 연산의 트랜잭션은 rollback 된다. rollback된 트랜잭션은 재실행함으로써 더 큰 값의 새로운 타임스탬프를 얻게 되므로 충돌에 따른 직렬가능성 검사에서 이 트랜잭션의 연산들이 실행될 가능성을 높인다. 하지만, 트랜잭션이 rollback 될 때 이미 접근했던 모든 데이터 항목의 값들을 그 트랜잭션의 실행 이전 상태로 되돌려야 하므로 이에 따른 오버헤드를 수반한다. 지금까지 간략하게 설명한 **타임스탬프-순서-규약**의 상세한 알고리즘이 그림 12.23에서 제시된다. 트랜잭션 T_i가 데이터 항목 Q에 대해 read(Q) 혹은 write(Q) 연산을 할 때 그림 12.23에서 제시된 **타임스탬프-순서-규약 알고리즘**의 파라미터는 T_i, I, Q로서 T_i는 그 트랜잭션 id, I는 실행하고자 하는 read 혹은 write 연산, Q는 이 연산의 데이터 항목을 나타낸다.

이 알고리즘에서 I(Q) 연산은, 이 연산이 read(Q) 연산인지 write(Q) 연산인지에 따라, 비교해야 할 충돌 종류가 달라진다.

그림 12.23 알고리즘의 라인 1에서는, I(Q) 연산이 read(Q) 연산인 경우, read-write 충돌에서 직렬가능성을 따지기 위해 라인 2에서 가장 최근에 write 연산으로 Q에 접근한 다른 트랜잭션의 타임스탬프인 W-timestamp(Q)와 비교한다. 이 비교에서 $TS(T_i) < W\text{-timestamp}(Q)$이면 T_i가 시스템으로부터 먼저 시작되어 작은 타임스탬프를 받았음에도 나중에 시작된 큰 타임스탬프의 트랜잭션이 데이터 항목 Q에 write 연산으로 이미 먼저 접근했음을 의미하다. 따라서, 데이터 항목에 대한 접근 순서가 트랜잭션들의 시작 순서와 일치하지 않고 바뀜에 따라 비직렬가능 스케줄이 될 가능성이 있으므로 I(Q) 연산인 read(Q) 연산이 거절되고(라인3) 트랜잭션 T_i는 이미 접근 기회를 잃었기 때문에 rollback 된다(라인 4). 하지만 $TS(T_i)$와

타임스탬프-순서-규약 알고리즘

실행조건. 이 알고리즘의 입력 파라미터는 T_i, I, Q이며, Q는 데이터 항목을, I는 Q에 대한 read 연산 혹은 write 연산을, T_i는 Q에 대해 I 연산을 하고자 하는 트랜잭션 식별자를 나타낸다.

실행 결과. 이 알고리즘은 트랜잭션 T_i의 I 연산을 중심으로 충돌 연산에 대한 직렬가능성을 체크하여 보장되지 않으면 I 연산 실행의 거절과 함께 T_i를 rollback하고 타임스탬프 순서로 직렬가능성이 보장되면 I 연산을 실행한 후 접근한 데이터 항목의 타임스탬프를 변경한다.

```
1    do    case   I(Q) = read(Q)
2                 do    case      TS(Ti) < W-timestamp(Q)
3                                 I(Q) 연산(즉, read(Q) 연산)을 거절한다;
4                                 Ti를 rollback 한다; break;
5                       otherwise
6                                 I(Q) 연산(즉, read(Q) 연산)을 실행한다;
7                                 R-timestamp(Q) = TS(Ti); break;
8                 endcase
9          case   I(Q) = write(Q)
10                do    case      TS(Ti) < R-timestamp(Q)
11                                I(Q) 연산(즉, write(Q) 연산)을 거절한다;
12                                Ti를 rollback 한다; break;
13                      case      TS(Ti) < W-timestamp(Q)
14                                I(Q) 연산(즉, write(Q) 연산)을 거절한다;
15                                Ti를 rollback 한다; break;
16                      otherwise
17                                I(Q) 연산(즉, write(Q) 연산)을 실행한다;
18                                W-timestamp(Q) = TS(Ti);
19                endcase
20   endcase
```

그림 12.23 **타임스탬프-순서 규약** 알고리즘

W-timestamp(Q)의 비교에서 $TS(T_i) \geq$ W-timestamp(Q)이면(라인5) 시스템에서 먼저 시작된 트랜잭션이 write 연산으로 먼저 Q에 접근한 것이므로 접근 순서와 트랜잭션들의 시작 순서가 일치해서 직렬가능성이 보장되므로 I(Q) 연산인 read(Q) 연산을 실행한다(라인6). 또한, 이 실행이 T_i가 데이터 항목 Q를 가장 최근에 read 연산을 한 것이므로 R-timestamp(Q)를 T_i의 타임스탬프인 $TS(T_i)$로 변경한다(라인7).

타임스탬프-순서-규약 알고리즘에 T_i의 연산 I(Q)가 write(Q) 연산이면(라인9) write-read 충돌과 write-write 충돌의 두 종류 충돌에 대한 직렬가능성을 조사해야 하는데, 그림 12.23의 라인10이 바로 write-read 충돌의 직렬가능성을 조사하는 부분이고 라인13이 write-write 충돌의 직렬가능성을 조사하는 부분이다.

먼저 라인10의 write-read 충돌 조사에서 가장 최근에 데이터 항목 Q를 read 연산으로 접근한 트랜잭션의 타임스탬프인 R-timestamp(Q)와 T_i의 타임스탬프인 TS(T_i)를 비교한다. TS(T_i)가 R-timestamp(Q)보다 작다면(라인10) T_i가 먼저 시작되어 작은 타임스탬프를 받았음에도 나중에 시작된 더 큰 타임스탬프의 다른 트랜잭션이 먼저 read 연산으로 데이터 항목 Q에 접근했음을 의미한다. 따라서, 데이터 항목에 대한 접근 순서가 트랜잭션들의 시작 순서와 일치하지 않고 바뀜에 따라 비직렬가능 스케줄이 될 수 있으므로 T_i의 연산 I(Q)인 write(Q) 연산은 거절되고(라인11) T_i를 rollback 한다(라인12).

그림 12.23에서 라인13은 write-write 충돌에서 직렬가능성을 조사하기 위해 TS(T_i)와 W-timestamp(Q)를 비교하는 부분이다. TS(T_i)가 W-timestamp(Q)보다 작다면(라인13), T_i가 먼저 시작되었음에도 나중에 시작된 다른 트랜잭션이 write 연산으로 데이터 항목 Q에 먼저 접근했기 때문에, write-read 충돌에서와 같은 이유로, 비직렬가능 스케줄이 될 수 있으므로 T_i의 연산 I(Q)인 write(Q) 연산이 거절되고(라인14) T_i를 rollback 한다(라인15).

T_i의 I(Q) 연산인 write(Q) 연산에서 라인10과 라인13의 경우가 아니라면(라인16), write-read 충돌과 write-write 충돌에서 가장 최근에 데이터 항목 Q에 read 연산 혹은 write 연산으로 접근한 트랜잭션은 트랜잭션 자신인 T_i이거나 아니면 먼저 실행이 시작된 트랜잭션이다. 따라서, 이 트랜잭션들보다 나중에 시작된 T_i가 write 연산을 수행하더라도 직렬가능성이 보장되므로 T_i의 write(Q) 연산을 실행하고(라인17) 가장 최근에 데이터 항목 Q에 write 연산으로 접근한 트랜잭션이 T_i이므로 W-timestamp(Q)를 T_i의 타임스탬프인 TS(T_i)로 변경한다.

타임스탬프 순서 규약에 따라 실행되는 스케줄은 트랜잭션에 부여되는 타임스탬프 순서의 직렬 스케줄과 충돌 직렬가능하다. 트랜잭션의 타임스탬프 순서에 따라 데이터 항목의 접근 순서가 결정되기 때문에 교착상태도 발생하지 않는다. 또한, 타임스탬프 순서 비교에 따라 연산을 실행할 것인지 아니면 거절하고 rollback 할 것인지가 바로 결정되므로 로킹 기반 기법과 같이 데이터 항목에 대해 로크를 점유할 때까지 대기하는 경우도 없다.

하지만 이 기법은 앞의 알고리즘에서도 알 수 있듯이 트랜잭션이 rollback 되는 오버헤드가 발생한다. 또한, 접근하는 데이터 항목이 많거나 긴 시간 동안 실행되는 트랜잭션은 접근해야 하는 데이터 항목에 대해 더 큰 타임스탬프를 갖는 다른 트랜잭션에 의해 먼저 접근될 기회가 많아지므로 rollback 될 가능성이 더 커진다. 오랜 시간 동안 실행되었던 트랜잭션이 rollback 되면 오랜 시간 동안 실행한 결과는 rollback 되어 무의미할 뿐만 아니라 rollback 소요 시간도 길어진다. 게다가, 긴 실행 시간을 갖는 트랜잭션은 다시 실행되더라도 같은 이유로 다시 rollback 될 가능성이 커서 기아상태가 될 수도 있다.

12.4.2 토마스 기록 규칙(Thomas' write rule)

토마스 기록 규칙(Thomas' write rule)은 타임스탬프 순서 규약을 조금 수정해서 rollback 가능성을 더 낮추고 잠재적으로 동시성을 약간 더 높이는 방법으로, 그림 12.24 (a)의 스케줄 10의 예를 가지고 설명하도록 하자. 이 그림에서 각 스케줄의 트랜잭션의 연산은 설명의 단순성을 위해 read 연산이나 write 연산만 나타냈을 뿐, 이 연산들 사이에 있을 수 있는 산술연산과 같은 다른 종류의 연산은 생략했다. 따라서, 각 트랜잭션에서 이들 산술연산이 있을 수 있음을 가정하고 T_{27}과 T_{28}의 wirte(Q) 연산에서 기록되는 Q의 값은 다를 수 있음을 명심하자.

스케줄 10에서 T_{28}의 wirte(Q) 연산은 데이터 항목 Q를 읽는 연산은 없고 오직 Q에 대한 write 연산만 존재하므로 맹목 쓰기 연산이다. 트랜잭션의 첫 번째 연산을 시작하기 바로 전에 그 트랜잭션의 타임스탬프가 부여된다고 가정하면 그림 12.24 (a)의 스케줄 10에서 $TS(T_{27}) < TS(T_{28})$ 이 되고 이 타임스탬프에 대응하는 직렬 스케줄은 그림 12.24 (b)의 스케줄 11이 될 것이다. 직렬 스케줄 11을 살펴보면 실행순서 2에서 T_{27}이 write(Q)로 기록한 데이터 항목 Q의 값은 바로 다음에 T_{28}의 write(Q) 연산으로 무시되어 결국 T_{28}이 기록한 값만 남게 된다. 따라서, 스케줄 10의 실행순서 3의 write(Q) 연산을 실행하지 않고 무시하면 그 결과는 직렬 스케줄인 스케줄 11과 같게 된다. 스케줄 10에서 트랜잭션 T_{27}의 write(Q) 연산처럼 다른 트랜잭션의 맹목 쓰기와 충돌이 발생하면 이 연산의 실행을 무시할 수 있는데 이러한 연산을 **쓸모없는 연산(obsolete operation)**이라 한다. 한편, 그림 12.24 (a)의 스케줄 10을 가지고 그림 12.23의 타임스탬프-순서-규약 알고리즘을 적용해 보자. 처음 실행하는 트랜잭션들로 간주하여 데이터 항목 Q에 대한 R-timestamp(Q)와 W-timestamp(Q)는 시스템이 각각 0으로 초기화한 값으로 시작하는 것으로 가정하자. 그림 12.25는 DBMS가 타임스탬프-순서-규약 알고리즘을 스케줄 10에 적용하는 과정에서 각 연산 실행 후 R-timestamp(Q)와 W-timestamp(Q)가 변경되는 과정을 보여준다. 이 알고리즘에서 트랜잭션과 데이터 항목에 대해 타임스탬프가 세밀하게 적용됨에 따라 그림 12.25는 그림 12.24보다 실행순서가 더욱 세분화되어 다른 실행순서 번

실행순서	T_{27}	T_{28}
1	read(Q)	
2		write(Q)
3	**write(Q)**	

(a) 맹목 쓰기를 갖는 스케줄 10

실행순서	T_{27}	T_{28}
1	read(Q)	
2	write(Q)	
3		write(Q)

(b) 스케줄 10에 대한 직렬 스케줄 11

그림 12.24 맹목 기록 연산과 쓸모없는 연산(obsolete operation)

실행순서	T_{27}	T_{28}	연산 실행 후 타임스탬프	
			R-timestamp(Q)	W-timestamp(Q)
0 (실행 시작 전)			0	0
1	TS(T_{27}) 부여		0	0
2	**read(Q)**		0	0
3			TS(T_{27})	0
4		TS(T_{28}) 부여	TS(T_{27})	0
5		**write(Q)** (맹목 쓰기)	TS(T_{27})	0
6			TS(T_{27})	TS(T_{28})
7	**write(Q)** (쓸모없는 연산)		TS(T_{27})	**거절; rollback**

그림 12.25 스케줄 10에 타임스탬프-순서- 규약 알고리즘 적용

호가 부여되었다. 단, 두 그림에서 스케줄 10의 연산 순서는 동일하다. 그림 12.25를 실행순서에 따라 설명하면 다음과 같다. 먼저 실행순서 2의 read(Q) 연산 실행 시작 전에 실행순서 1에서 타임스탬프 TS(T_{27})이 T_{27}에 부여된다. 그 후 실행순서 2의 read(Q) 연산 수행을 위한 그림 12.23의 **타임스탬프-순서-규약 알고리즘**에서 라인1의 조건에 해당하고 또한 이때 TS(T_{27})이 초기값인 W-timestamp(Q)=0보다 크므로 알고리즘의 라인5 조건이 참이 되어 read(Q) 연산이 실행된다(알고리즘 라인6). 그리고, 알고리즘의 라인7에 따라 T_{27}이 가장 최근에 Q에 접근한 트랜잭션이므로 R-timestamp(Q)는 TS(T_{27})이 된다(그림 12.25 실행순서 3).

다음으로 그림 12.25의 실행순서 5 연산 실행을 시작하기 전에 실행순서 4에서 TS(T_{27}) < TS(T_{28})인 타임스탬프 TS(T_{28})이 T_{28}에 부여된 후 실행순서 5의 T_{28}:write(Q) 연산에 대해 **타임스탬프-순서-규약 알고리즘**이 적용된다. T_{28}:write(Q) 연산은 알고리즘의 라인9 조건에 해당하므로 먼저 알고리즘의 라인 10을 비교해야 한다. 라인 10에서 R-timestamp(Q) = TS(T_{27}) < TS(T_{28})되어 조건에 해당하지 않으므로 알고리즘의 라인13으로 넘어가고, 라인 13에서도 W-timestamp(Q) = 0 < TS(T_{28})이므로 알고리즘 라인16의 otherwise 조건에 해당하므로 라인17에서 T_{28}: write(Q) 연산이 실행되고 알고리즘 라인18이 적용되어 그림 12.25의 실행순서 6에서 W-timestamp(Q) = TS(T_{28})이 된다.

그림 12.25에서 스케줄 10의 문제는 실행순서 7에서 **타임스탬프-순서-규약 알고리즘**을 적용할 때 발생한다. 실행순서 7의 T_{27}:write(Q) 연산에 대해 **타임스탬프-순서-규약 알고리즘**이 적용되고 write 연산이므로 알고리즘의 라인9 조건에 해당하여 라인 10이 적용된다. 여기에서 R-timestamp(Q) = TS(T_{27})이므로 다

토마스-기록-규칙 알고리즘

실행조건. 이 알고리즘의 입력 파라미터는 T_i, I, Q이며, Q는 데이터 항목을, I는 Q에 대한 read 연산 혹은 write 연산을, T_i는 Q에 대해 I 연산을 하고자 하는 트랜잭션 식별자를 나타낸다.

실행 결과. 이 알고리즘의 실행 결과는 I 연산이 쓸모없는(obsolete) 연산인 경우 무시하는 것만 제외하고 타임스탬프-순서-규약 알고리즘과 같다.

```
1   do      case  I(Q) = read(Q)
2                 do    case  TS(Ti) < W-timestamp(Q)
3                             I(Q) 연산(즉, read(Q) 연산)을 거절한다;
4                             Ti를 rollback 한다; break;
5                       otherwise
6                             I(Q) 연산(즉, read(Q) 연산)을 실행한다;
7                             R-timestamp(Q) = TS(Ti); break;
8                 endcase
9           case  I(Q) = write(Q)
10                do    case  TS(Ti) < R-timestamp(Q)
11                            I(Q) 연산(즉, write(Q) 연산)을 거절한다;
12                            Ti를 rollback 한다; break;
13                      case  TS(Ti) < W-timestamp(Q)
14                           if not(I(Q)가 쓸모없는 연산) then
15                                   I(Q) 연산(즉, write(Q) 연산)을 거절한다;
16                                   Ti를 rollback 한다;
17                           endif ; break;
18                      otherwise
19                            I(Q) 연산(즉, write(Q) 연산)을 실행한다;
20                            W-timestamp(Q) = TS(Ti);
21                endcase
22  endcase
```

그림 12.26 **타임스탬프-순서-규약** 알고리즘을 보완한 **토마스-기록-규칙** 알고리즘

시 라인13의 비교가 행해진다. 하지만 이 비교에서 $TS(T_{27}) < TS(T_{28})$=W-timestamp(Q)가 되어 참이 되므로 알고리즘 라인14와 15에 따라 그림 12.25의 실행순서 7에서 T_{27}:write(Q) 연산은 거절되고 T_{27}은 rollback 된다.

사실, 그림 12.25의 스케줄 10에서 실행순서 5의 T_{28}:write(Q) 연산은 맹목 쓰기 연산이고 바로 다음의 실

행순서 7의 T_{27}:write(Q) 연산은 쓸모없는 연산이므로, 이미 설명한 것처럼, 타임스탬프-순서-규약 알고리즘을 약간 변경해서 T_{27}:write(Q) 연산을 실행하지 않고 무시한다면 그림 12.24 (b)의 직렬 스케줄 11과 동일한 결과를 생성하면서 트랜잭션 T_{27}의 rollback 오버헤드를 막을 수 있다.

이처럼 토마스 기록 규칙은 타임스탬프 순서 규약을 준수하면서 write-write 충돌에서 데이터 항목에 이미 접근한 트랜잭션보다 먼저 시작된 트랜잭션의 write 연산이 접근하고자 할 때 이 연산이 쓸모없는 연산이면 실행하지 않고 무시하는 방법을 적용한다. 이 내용을 반영하여 타임스탬프-순서-규약 알고리즘을 보완한 토마스-기록-규칙 알고리즘이 그림 12.26에서 제시된다. 이 알고리즘의 라인14~17은 타임스탬프-순서-규약 알고리즘의 라인14~15을 대체한 것으로 나머지 알고리즘 부분은 둘 다 똑같다.

그림 12.24 (a)에서 이미 파악했을지 모르지만, 맹목 쓰기 트랜잭션 연산을 포함하는 스케줄 10은 충돌 직렬가능 스케줄도, 뷰 직렬가능 스케줄도, 직렬가능 스케줄도 모두 아니다.

토마스 기록 규칙은 비직렬가능 스케줄에서 쓸모없는(obsolete) write 연산을 해당 트랜잭션에서 사실상 제거함으로써 뷰 직렬가능하도록 만든다. 스케줄에서 이러한 트랜잭션의 수정을 통해 이 단원에서 소개한 다른 동시성 제어 기법들로는 불가능한 직렬가능 스케줄들의 생성이 가능하게 된다. 즉, 그림 12.24 (a)의 스케줄 10은 충돌 직렬가능하지 않으므로 2단계 로크 규약, 트리 규약, 타임스탬프 순서 규약으로도 실행 불가능한 스케줄이다. 하지만 토마스 기록 규칙에서는 T_{27}:write(Q) 연산 실행을 무시함으로써 그림 12.24 (b)의 직렬 스케줄과 동등한 결과를 생성한다.

12.4.3 검증 기반 규약(validation-base protocol)

스케줄에서 읽기 전용 트랜잭션들이 많은 경우 트랜잭션들 사이에서 충돌 비율이 낮을 수 있다. 이 경우, 스케줄은 동시성 제어가 없어도 일관성이 유지되기도 한다. 동시성 제어 기법은 동시성 제어를 위한 코드 실행과 대기에 의한 트랜잭션 실행 지연과 같은 오버헤드를 유발하는데 이 오버헤드를 감소하려면 다른 방법을 사용할 필요가 있다. 이때, 어려운 점은 어느 트랜잭션이 충돌에 관여될 것인지를 미리 알 수 없다는 점이다. 하지만 트랜잭션의 모든 연산을 실행한 후에는 그 트랜잭션이 충돌에 관여되었는지를 알 수 있으며, 이 경우 트랜잭션이 충돌에 관여되었는지를 판별하는 체크 방법이 필요한데 **검증 기반 규약(validation-base protocol)**이 바로 이 방법을 사용한다. 이 기법에서 트랜잭션은 모든 read 연산과 write 연산을 수행하면서 디스크에 기록 없이 지역 변수로만 읽거나 기록하면서 마지막 연산을 실행하면 다른 트랜잭션들과 충돌에 관여되었는지를 체크한다. 이때, 체크 대상이 되는 트랜잭션은 모든 read 연산과 write 연산 결과를 디스크에 이미 반영했거나 혹은 지역 변수로의 저장을 먼저 마친 트랜잭션이다. 이 체크에서 시간적 순서로 직렬가능성이 보장되면 비로소 지역 변수에 저장된 값들을 모두 디스크에 기록하지만 보장되지 않으면 그 트랜잭션은 어떠한 데이터베이스 기록도 없이 종료된다.

검증 기반 규약은 트랜잭션이 실행되는 동안 읽기 전용 트랜잭션이냐 아니면 갱신 트랜잭션이냐에 따라 2단계 혹은 3단계로 실행되며 그 단계 순서는 그림 12.27과 같고 각 단계에 대한 설명은 다음과 같다.

- **읽기 단계(read phase).** 이 단계에서 시스템은 트랜잭션 T를 실행한다. 그 후 트랜잭션은 디스크에 있는 데이터 항목들의 값을 읽어서 T의 지역 변수들에 저장하고 모든 write 연산을 지역 변수에만 수행할 뿐 실제 데이터베이스에는 기록하지 않는다.
- **검증 단계(validation phase).** 이 단계는 트랜잭션 T의 수행 결과에 대해 직렬가능성 여부를 **검증 테스트(validation test)**한다. 만일 이 검증 테스트에서 성공하면 그다음 단계인 쓰기 단계로 넘어가고 실패하면 기록을 위한 모든 데이터가 지역 변수들에 저장되어 있어서 rollback이 필요 없으므로 시스템은 그 상태에서 트랜잭션 T를 종료한다.

3. **쓰기 단계(write phase).** 트랜잭션 T에 대해 검증 단계의 검증 테스트에서 성공하면 T의 모든 write 연산 결과를 일시적으로 저장하고 있던 지역 변수들의 값들을 데이터베이스에 기록한다. 읽기 전용 트랜잭션은 write 연산이 없으므로 이 단계는 생략된다.

모든 트랜잭션은 앞의 단계들을 순서대로 거쳐야 한다. 그렇지만, 동시에 실행 중인 트랜잭션들은 진행 중인 단계가 서로 다를 수 있다.

검증 테스트를 하려면 언제 이 단계들이 시작 혹은 종료되었는지를 알 필요가 있는데 이를 위해 트랜잭션 T에 그림 12.27과 같이 세 종류의 다른 타임스탬프를 부여해야 한다.

- **StartTS(T).** 이 타임스탬프는 트랜잭션 T가 실행을 처음 시작했을 때의 시간이다.
- **ValidationTS(T)(=TS(S)).** 이 타임스탬프는 T가 읽기 단계를 마치고 검증 단계를 시작했을 때의 시간으로 이 타임스탬프를 TS(T), 즉, 트랜잭션 T의 대표 타임스탬프로 한다.
- **FinishTS(T).** 이 타임스탬프는 트랜잭션 T가 쓰기 단계를 마쳤을 때의 시간이다.

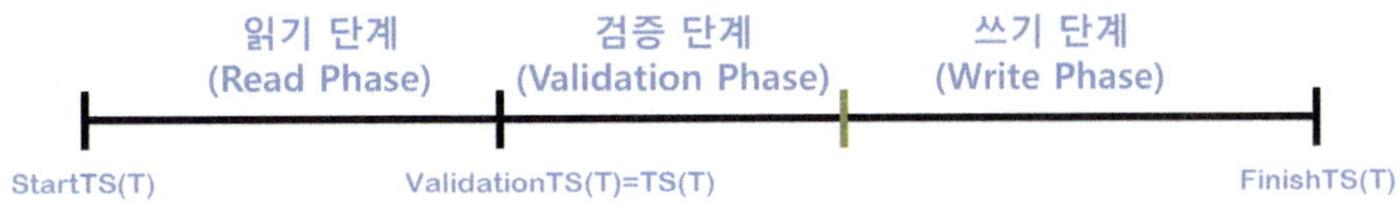

그림 12.27 검증 기반 규약에서 트랜잭션의 실행 단계와 타임스탬프

타임스탬프 순서 규약을 따르는 스케줄이 TS(T) 순서에 따라 실행한 직렬 스케줄과 동일한 결과를 얻는 직렬가능 스케줄인 것처럼, 검증 기반 규약에 따르는 스케줄 또한 앞의 세 종류의 타임스탬프들 중에서 ValidationTS(T)에 따라 순서적으로 처리하는 직렬 스케줄과 결과가 같은 직렬가능 스케줄이다. 따라서, 검증 기반 규약에서는 트랜잭션 T에 대한 ValidationTS(T)를 TS(T)로 간주하며 이것이 앞에서 ValidationTS(T)의 정의와 그림 12.27에서 ValidationTS(T)=TS(T)로 표시한 이유이다.

검증 기반 규약에서의 핵심은 검증 단계에서의 검증 테스트이다. 검증 테스트의 성공 여부에 따라 읽기 단계에서 write 연산으로 트랜잭션의 지역 변수로 기록한 데이터를 실제로 디스크에 기록할지가 결정되기 때문이다.

검증 테스트 방법을 설명하기 위해 트랜잭션 T에 대해 readSet(T)과 writeSet(T)을 다음과 같이 정의하자.

- readSet(T) = { d_r : d_r은 T가 read 연산을 수행한 데이터 항목 }
- writeSet(T) = { d_w : d_w는 T가 write 연산을 수행한 데이터 항목 }

이제 트랜잭션 T_i에 대한 **검증-테스트 알고리즘**을 소개하면 그림 12.28과 같다.

검증-테스트 알고리즘

실행조건. 이 알고리즘의 입력 파라미터는 T_i, I, Q이며, Q는 데이터 항목을, I는 Q에 대한 read 연산 혹은 write 연산을, T_i는 Q에 대해 I 연산을 하고자 하는 트랜잭션을 나타낸다.
실행 결과. 이 알고리즘의 실행 결과로 검증 테스트가 성공하면 true를 리턴하고 실패하면 false를 리턴한다.

```
for    each Tj    with    TS(Tj) < TS(Ti)
       if (FinishTS(Tj) < StartTS(Ti)) then
              return true;
       else if ((StartTS(Ti)<FinishTS(Tj)<ValidationTS(Ti)) and (writeSet(Tj)∩readSet(Ti)=∅)) then
              return true;
       else if (writeSet(Tj)∩readSet(Ti)=∅ and writeSet(Tj)∩writeSet(Ti)=∅)) then
              return true;
       else
              return false;
endfor
```

그림 12.28 **검증-테스트** 알고리즘

그림 12.29 FinishTS(T_j) < StartTS(T_i) 인 경우

트랜잭션 T_i에 대한 검증 테스트는 타임스탬프(즉, ValidationTS)가 T_i의 TS(T_i) (즉, ValidationTS(T_i))보다 작은 모든 각 트랜잭션 T_j를 대상으로 다음 경우에 따라 진행된다.

- **FinishTS(T_j) < StartTS(T_i) 인 경우(검증-테스트 알고리즘** 라인2). 그림 12.29가 이 경우에 해당한다. 이 경우에 T_i는 먼저 실행된 T_j가 디스크에 데이터를 모두 기록해서 끝난 후에 실행이 시작되어 두 트랜잭션 사이에 직렬가능성 순서가 명백히 보장되므로 true가 리턴된다(**검증-테스트 알고리즘** 라인3).
- **StartTS(T_i) < FinishTS(T_j) < ValidationTS(T_i)** 인 경우(**검증-테스트 알고리즘** 라인4). 그림 12.30의 (a), (b), (c) 모두가 이 경우에 해당한다. 이 경우는 트랜잭션 T_i의 읽기 단계를 진행하는 중에 먼저 실행된 트랜잭션 T_j의 write 연산으로 지역 변수들에 저장된 값들이 디스크로 기록되는 것이 겹치는 시간 구간이다. 이 구간에서 T_j와 T_i 사이에 write-read 충돌이 생길 수 있다.
  만일 T_j가 write 하는 데이터 항목들(즉, writeSet(T_j))과 T_i가 read 하는 데이터 항목들(즉, readSet(T_i))이 겹친다면, 즉, writeSet(T_j)∩readSet(T_i)≠∅ 이면 이 둘 사이에 T_j의 write(Q) 연산과 T_i의 read(Q) 연산과의 충돌이 생기는 데이터 항목 Q가 존재한다. 이때, 직렬가능성 순서를 보장하기 위해 T_j가 write 연산으로 디스크에 먼저 기록한 적이 있는 데이터 항목 Q를 T_i가 읽어야 한다. 하지만 이 시간

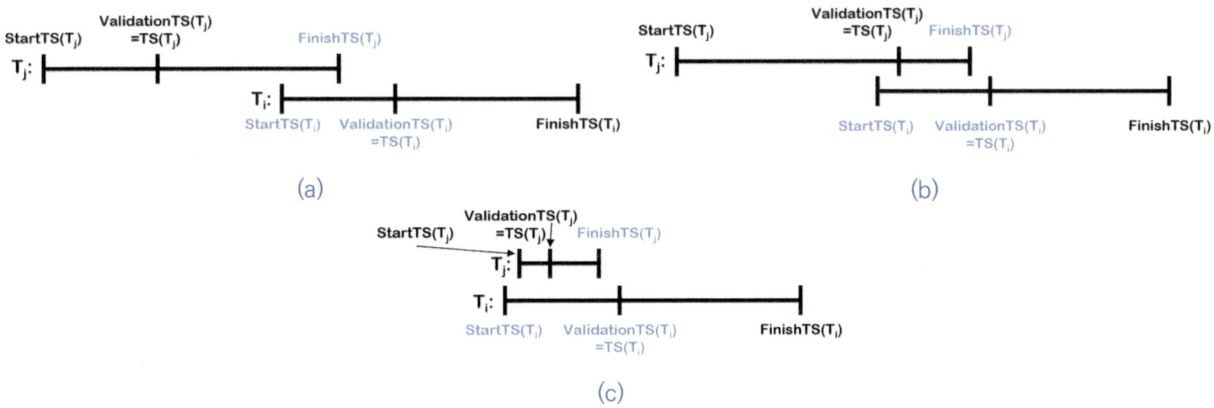

그림 12.30 StartTS(T_i) 〈 FinishTS(T_j) 〈 ValidationTS(T_i) 인 경우

구간에서 T_j의 쓰기 단계가 진행되므로 T_i는 T_j가 디스크에 먼저 기록한 적이 있는 Q를 읽어서 직렬가능 순서가 유지될 수도 있고, 반대로, T_i가 Q를 먼저 읽은 후에 T_j가 Q를 디스크에 기록함으로써 연산 순서가 시간적으로 바뀔 수도 있다. 문제는 이 시간 구간에서 공유하는 데이터 항목 Q에 대해 T_j의 디스크 기록이 먼저인지 T_i의 read 연산이 먼저인지 알 수 없다는 데에 있다. 따라서, $\text{writeSet}(T_j) \cap \text{readSet}(T_i) \neq \varnothing$ 이면 직렬가능성이 보장되지 않는다.

하지만 T_j가 write 하는 데이터 항목들(즉, $\text{writeSet}(T_j)$)과 T_i가 read 하는 데이터 항목들(즉, $\text{readSet}(T_j)$)이 겹치지 않으면, 즉, $\text{writeSet}(T_j) \cap \text{readSet}(T_i) = \varnothing$ 이면 이 두 트랜잭션 사이에는 비직렬가능성이 아예 발생하지 않는다. 게다가, T_j가 write 연산한 데이터 항목들을 모두 디스크에 기록한 시간이 ValidationTS(T_i) 이전이므로(즉, FinishTS(T_j) < ValidationTS(T_i)) T_i의 write 연산과 겹치는 데이터 항목들은 T_j 보다 나중에 디스크에 기록되므로 write-write 충돌에서도 직렬가능성 순서를 보장한다. 따라서, 검증-테스트 알고리즘의 라인4의 조건이면 직렬가능성 순서를 보장하므로 true를 리턴한다.

- **앞의 두 경우가 아니면서 $\text{writeSet}(T_j) \cap \text{readSet}(T_i) = \varnothing$ 이면서 $\text{writeSet}(T_j) \cap \text{writeSet}(T_i) = \varnothing$ 인 경우(검증-테스트 알고리즘** 라인6). 그림 12.31의 (a), (b), (c), (d), (e), (f)의 6가지가 이 경우에 해당한다. 이 경우는 ValidationTS(T_i) < FinishTS(T_j) 이거나 혹은 FinishTS(T_i) < FinishTS(T_j) 인 경우이다. 이 두 경우는 $\text{writeSet}(T_j) \cap \text{readSet}(T_i) = \varnothing$이라 하더라도 두 트랜잭션 T_j와 T_i가 데이터베이스를 기록하는 시간 구간이 겹치기 때문에 읽기 단계를 먼저 마친 T_j가 나중에 읽기 단계를 마친 T_i보다 지역 변수에 저장된 연산 결과를 데이터베이스에 더 늦게 반영할 가능성이 있으므로 직렬가능성 순서를 보장하지 못한다. 하지만 $\text{writeSet}(T_j) \cap \text{readSet}(T_i) = \varnothing$이고 $\text{writeSet}(T_j) \cap \text{writeSet}(T_i) = \varnothing$이라면 두 트랜잭션 사이에서 충돌하는 데이터 항목이 없어서 비직렬가능성을 발생하는 연산이 없으므로 직렬가능성 순서를 보장하므로 true를 리턴한다.

- **앞의 세 가지 경우가 모두 아닌 경우** (**검증-테스트 알고리즘** 라인9). 앞의 세 가지 경우가 아니라면, 두 트랜잭션 T_j와 T_i 사이에 한 개 이상의 충돌이 발생한 연산이 존재 가능해서 이들 사이에서 직렬가능성 순서가 보장되지 않기 때문에 false를 리턴한다(**검증-테스트 알고리즘** 라인10).

검증 기반 규약은 실제 디스크 기록이 write 연산을 실행한 트랜잭션이 검증 테스트를 통과한 후에 일어나기 때문에 연쇄 rollback이 자동으로 방지된다. 하지만, 긴 실행 시간을 갖는 트랜잭션은 실행되는 동안

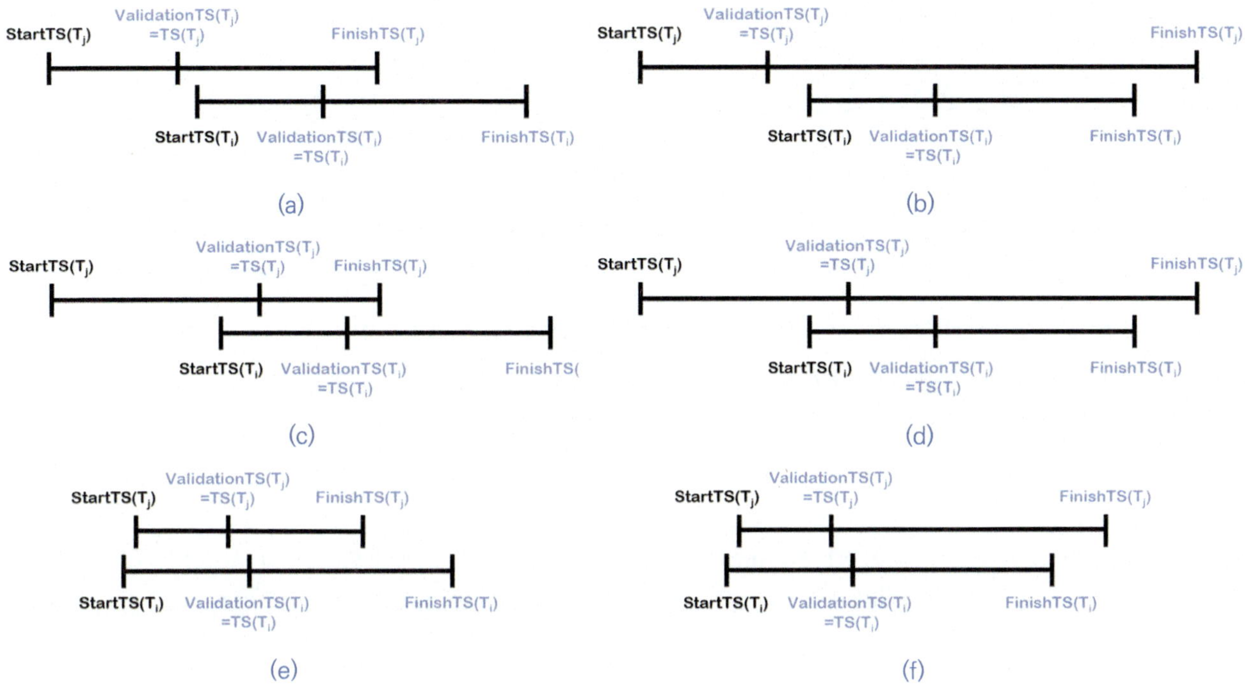

그림 12.31 **검증-테스트** 알고리즘의 라인6인 경우

실행 시간이 짧은 여러 트랜잭션으로 인해 빈번한 충돌과 비직렬가능성이 발생하고 결국 반복적으로 재실행될 수 있으므로 기아상태(starvation)가 될 수 있다. 이러한 기아상태를 회피하기 위해는 긴 실행 시간의 트랜잭션이 끝날 때까지 충돌 트랜잭션들을 일시적으로 봉쇄할 필요가 있다.

동시성 제어 방법에서 로킹 방법과 타임스탬프 순서 규약은 각 read 혹은 write 연산마다 충돌과 직렬가능성을 검사하고 그때마다 기다리거나 rollback 되도록 한다. 이와는 다르게, 검증 기반 규약은 트랜잭션을 모두 실행할 수 있을 것이라는 가정 하에 충돌과 직렬가능성 검사 없이 무조건 모든 연산을 낙관적으로 우선 실행한다. 이처럼 검증 기반 규약과 같은 방법을 **낙관적 동시성 제어(optimistic concurrency control) 방법**이라 한다. 반면에, 로킹 방법과 타임스탬프 순서 규약과 같이 각 read 혹은 write 연산에 대해 실행하기 전에 일일이 충돌과 직렬가능성을 검사하고 그 결과에 따라 실행, 대기, 혹은 rollback 하는 방법을 **비관적 동시성 제어(pessimistic concurrency control) 방법**이라 한다.

12.5 트랜잭션의 격리성 수준

12.5.1 격리성과 일관성 손상

동시 실행 환경에서 스케줄의 직렬성을 완전히 보장하기 위해서는 트랜잭션이 read 혹은 write 하고자 하는 데이터 항목을 데이터 무결성이 보장될 때까지 다른 트랜잭션들로부터 격리해야 한다. 이를 위해 로크 기반 프로토콜은 다른 트랜잭션이 데이터 항목에 대해 점유한 로크가 해제될 때까지 기다려야 하는데 이렇게 되면 동시성 수준이 낮아져서 동시 실행 환경의 장점을 저해하는 요인이 된다.

이에 따라, 10.5절에서 이미 언급했듯이, SQL 표준은 데이터 일관성을 일부 손상하더라도 동시 실행의 이점을 얻을 수 있도록 하는 기능을 제공하는데, 이에 대한 자세한 설명을 위해 먼저 다음의 용어와 개념에 대해 알아보자.

- **더티 읽기(dirty read)**. 아직 미완료(uncommitted) 상태인 다른 트랜잭션 T_i가 write 연산으로 기록한 데이터 항목을 트랜잭션 T가 read 하는 것을 말한다. 미완료 상태의 트랜잭션이 write한 데이터 항목을 우리는 **미완료된 데이터 항목(uncommitted data item)**이라 하고 트랜잭션이 데이터 항목을 기록한 후 완료되었을 때 그 데이터 항목을 **완료된 데이터 항목(commttted data item)**이라 말한다. T_i는 완료 상태가 아니므로 트랜잭션 T가 읽은 데이터 항목의 값은 트랜잭션 T_i가 기록한 최종값이 아닐 수 있으며, 그러므로 트랜잭션 T가 읽은 값은 정확한 값이 아닐 수 있다.

- **반복불가능 읽기(non-repeatable read)**. 다른 트랜잭션 T_i가 write 연산으로 기록한 후 완료된 데이터 항목을 트랜잭션 T가 read 연산으로 읽은 후 같은 데이터 항목을 또다시 read 연산했을 때 서로 다른 값을 읽는 것을 말한다. 이 현상이 발생할 수 있는 한 가지 예를 들면 다음과 같다. 로킹 기반 프로토콜의 경우 완료 상태인 다른 트랜잭션 T_1에 의해 기록된 데이터 항목 Q를 트랜잭션 T가 로킹을 점유하여 읽은 후 다음에 다시 읽을 때까지 로킹 점유를 유지함으로써 다른 트랜잭션으로부터 격리해야 한다. 하지만, 다른 트랜잭션이 기록한 완료된 데이터 항목 Q의 값 V_1을 트랜잭션 T가 읽은 후 로킹 점유를 바로 해제하고, 트랜잭션 T가 데이터 항목 Q를 다시 읽기 전에 또 다른 트랜잭션 T_j가 Q에 대해 다른 값 V_2로 기록하고 완료하게 되면, 그 후 트랜잭션 T가 데이터 항목 Q를 다시 읽을 때 V_2를 읽게 되어 이전에 읽는 값 V_1과는 다른 값을 읽게 된다.

- **팬텀 읽기(phantom read).** 다른 트랜잭션들이 완료된(committed) 상태에서 트랜잭션 T가 조건에 맞

는 데이터를 검색하는 read 연산을 하고 다음에 또 동일한 조건 검색의 read 연산을 할 때 이전의 조건 검색 연산 결과에서는 나타나지 않았던 데이터가 새롭게 나타나거나 혹은 이전에 나타났던 데이터가 없어지는 것을 말한다. 이처럼 팬텀 읽기는 조건을 만족하는 데이터 검색에서 새로운 데이터가 나타나거나 사라지는 현상으로, 동일한 데이터 항목에 대한 반복 읽기에서 읽은 값이 불일치 하는 반복불가능 읽기와는 근본적으로 다르다. 팬텀 읽기는 트랜잭션 T가 조건 검색 연산을 실행한 후 같은 연산을 또 실행하기 전에 다른 트랜잭션이 새로운 데이터를 삽입 혹은 기존 데이터를 삭제하고 완료가 가능한 상황에서 유발된다. 반복불가능 읽기 예에서처럼 빨리 로킹 점유를 해제함으로써 팬텀 읽기가 발생할 수 있다. 하지만, 로킹 점유 해제를 지연하더라도 로킹 단위(locking granularity)가 작으면 팬텀 읽기가 발생할 수 있다. **로킹 단위(locking granularity)** 혹은 **로크 단위**란 한 번에 로크를 점유할 수 있는 데이터 범위를 말한다. 로크 단위는 작게는 튜플에서부터 블록, 테이블, 심지어는 데이터베이스 전체가 될 수 있다. 로크 단위가 튜플이거나 블록처럼 작으면 다른 튜플을 삽입할 수 있거나 혹은 로크가 점유되지 않은 다른 블록에 새로운 데이터를 삽입할 수 있기 때문에 **팬텀 읽기 현상**이 발생할 수 있다.

12.5.2 격리성 수준

시스템에 의한 직렬가능성 보장은 프로그래머가 동시성과 관련한 문제들을 무시하고 트랜잭션을 코딩할 수 있게 하므로 매우 유용하다. 모든 트랜잭션이 혼자 실행되더라도 데이터베이스 일관성을 유지하는 성질을 갖는다면, 직렬가능성은 트랜잭션들이 동시 실행에서도 일관성을 유지함을 보장한다. 하지만, 직렬성을 보장하는데 필요한 규약들은 특정 응용에서 직렬 스케줄과 거의 비슷할 정도의 매우 낮은 동시성 정도를 보인다. 이렇게 되면, 동시성을 높이기 위해 더 약한 수준의 일관성이 사용되기도 하는데, 이때 일관성이 일부 손상되더라도 데이터베이스의 정확성 보장에 대한 부담은 프로그래머에게 주어진다.

SQL 표준에서 트랜잭션은 다른 트랜잭션과 관련하여 비직렬가능한 방식으로 실행할 수 있도록 명시할 수 있다. 이 경우에 트랜잭션의 실행은 일관성이 손상된 결과를 얻을 수 있으며 앞서 소개한 더티 읽기, 반복불가능 읽기, 팬텀 읽기가 일관성 손상의 바로 그 종류이다. SQL 표준은 높은 정밀성을 요구하지 않는 장시간 트랜잭션을 위해 이러한 특성들을 제공한다. 이러한 장시간 트랜잭션들이 직렬가능 방식으로 실행된다면 다른 트랜잭션들의 지연을 유발하기 때문이다. 이렇게 되면 트랜잭션들의 실행에서 동시성은 낮아질 수밖에 없고 결국 동시 실행에서 얻을 수 있는 트랜잭션의 짧은 평균 대기시간과 처리율의 장점은 사라진다.

SQL 표준에서 트랜잭션은 실행에서 허용할 수 있는 일관성 손상 종류에 따라 네 가지 격리성 수준을 명시할 수 있다.

- **READ UNCOMMITTED.** 레벨 0의 가장 낮은 격리성 수준으로서 이 수준으로 명시한 트랜잭션은 완료되지 않은(uncommitted) 다른 트랜잭션이 write 연산한 데이터 항목을 읽을 수 있다. 이 수준에서 시스템은 비직렬가능한 방식으로 트랜잭션을 실행하기 때문에 이 수준의 트랜잭션은 더티 읽기, 반복불가능한 읽기, 팬텀 읽기의 모든 종류의 일관성 손상 결과를 초래할 수 있다.

- **READ COMMITTED.** 레벨1의 격리성 수준으로서 이 수준으로 명시한 트랜잭션은 완료된(committed) 다른 트랜잭션이 write 연산한 데이터 항목만을 읽는다. 이 수준의 트랜잭션은 완료된 다른 트랜잭션이 write 연산한 데이터 항목을 읽기 때문에 더티 읽기는 발생하지 않는다. 하지만, 이 수준의 트랜잭션은 반복불가능 읽기와 팬텀 읽기의 일관성 손상 결과를 초래할 수 있다.

- **REPEATABLE READ.** 레벨2의 격리성 수준으로서 이 수준으로 명시한 트랜잭션은 완료된(committed) 다른 트랜잭션이 write 연산한 데이터 항목만을 읽는다. 그뿐만 아니라, 이 수준의 트랜잭션은 같은 데이터 항목에 대한 두 동일한 read 연산 사이에 다른 트랜잭션이 끼어들어 그 데이터 항목에 대한 write 연산을 할 수 없도록 한다. 따라서, 같은 데이터 항목에 대해 트랜잭션이 read 연산을 여러 번 하더라도 읽은 값은 항상 같다. 이 수준의 트랜잭션은 더티 읽기와 반복불가능한 읽기의 일관성 손상은 발생하지 않는다. 하지만, 팬텀 읽기의 일관성 손상 결과는 발생할 수 있다.

- **SERIALIZABLE.** 레벨 3의 가장 높은 격리성 수준으로서 이 수준으로 명시한 트랜잭션은 직렬가능한 실행을 보장한다. 하지만, 일부 데이터베이스 시스템에서는 어떤 경우에 비직렬가능 실행을 허용가능한 방식으로 이 격리성 수준을 구현한다.

이 네 가지 모든 격리성에서 트랜잭션의 **더티 기록(dirty write)**. 즉, 완료되지(committed) 않았거나 철회된(aborted) 다른 트랜잭션이 이미 기록한 데이터 항목에 트랜잭션이 기록하는 것은 허용되지 않는다.

12.5.3 SQL 표준에서 격리성 수준 설정

여러 데이터베이스 시스템은 트랜잭션을 기본으로 READ COMMITTED 격리성 수준을 기본으로 설정하여 실행한다. SQL 표준에서는 다음 명령어 예와 같이 기본 설정과는 다른 격리성 수준을 명확하게 설정할 수 있다.

```
SET TRANSACTION ISOLATION LEVEL SERIALIZABLE
```

이 예는 트랜잭션의 격리성 수준을 SERIALIZABLE 수준으로 설정하여 직렬가능 실행을 보장하는 명령어이다. 이 명령어에서 실행하고자 하는 트랜잭션에 대해 SERIALIZABLE 대신 REPEATABLE READ, READ COMMITTED, READ UNCOMMITTED 중 원하는 격리성 수준을 선택하여 실행할 수 있다. 이 명령문 형태의 구문은 Oracle, PostgresSQL, SQL Server, MySQL 등에서 지원된다.

사용자는 시스템과의 세션 환경에서 격리성 수준을 설정할 수 있도록 지원받기도 한다. 이를 위해 Oracle은 다음 명령어를 사용한다.

```
ALTER SESSION SET ISOLATION LEVEL = SERIALIZABLE
```

이 명령어에서 '**ALTER SESSION SET**'은 사용자의 세션 환경을 설정 혹은 변경하는 명령어 구문으로 설정된 환경은 세션 동안 지속한다. DB2는 이 구문 대신 '**CHANGE ISOLATION LEVEL**'을 사용한다. 격리성 수준의 변경은 트랜잭션의 다른 명령어들을 실행하기 전에 제일 먼저 행해야 한다.

대부분의 데이터베이스 시스템은 개별 명령어가 실행되자마자 자동으로 완료함으로써 단일 명령어를 마치 하나의 트랜잭션으로 취급한다. 다수의 개별 명령어들이 하나의 단일 트랜잭션으로 실행되기 위해서는 이러한 개별 명령어가 **자동 완료(automatic commit)**되지 않도록 해야 한다. MySQL의 **START TRANSACTION** 명령이 바로 개별 명령어의 완료를 막고 **commit** 명령나 **rollback** 명령이 실행될 때까지의 연속된 명령어들을 하나의 트랜잭션으로 실행되도록 한다. SQL Server는 **START TRANSACTION** 명령 대신 **BEGIN TRANSACTION** 명령을 사용하며 Oracle나 PostgreSQL은 **BEGIN**을 사용한다.

응용 프로그램이 데이터베이스 시스템과 연결을 통해 트랜잭션의 격리성 수준을 설정할 때 격리성 수준 설정과 관련된 API 함수를 제공한다. 그 예로, 우선, JDBC API에서 Connection 인터페이스는 자동 완료 기능을 실행하고 중지하기 위한 **setAutoCommit** 메소드를 제공한다. **setAutoCommit(false)**는 자동 완료 기능을 중지하고 **setAutoCommit(true)** 자동 완료 기능을 실행한다. 또한, JDBC에서 **Connection 인터페이스**의 **setTransactionIsolation** 메소드는 트랜잭션의 격리성 수준을 설정한다. 이 메소드는 int 타입의 파라미터를 가지며 그 인수 값은 격리성 수준에 따라 다음 중 하나를 선택할 수 있다.

- Connection.TRANSACTION_READ_UNCOMMITTED
- Connection.TRANSACTION_READ_COMMITTED
- Connection.TRANSACTION_REPEATABLE_READ
- Connection.TRANSACTION_SERIALIZABLE

다음은 JDBC에서 setTransactionIsolation 메소드와 앞의 인수 값를 이용하여 격리성 수준을 설정한 예이다.

- setTransactionIsolation(Connection.TRANSACTION_SERIALIZABLE)
- setTransactionIsolation(Connection.TRANSACTION_REPEATABLE_READ)
- setTransactionIsolation(Connection.TRANSACTION_READ_COMMITTED)
- setTransactionIsolation(Connection.TRANSACTION_READ_UNCOMMITTED)

격리성 수준은 시스템 성능과 데이터 일관성 사이의 **절충(trade-off) 관계**에서 결정해야 한다. 이미 소개했듯이 직렬가능성 보장을 위해서는 트랜잭션이 다른 트랜잭션이 사용 중인 데이터 항목을 해제할 때까지 기다리거나, 혹은, 직렬가능하게 실행되지 못할 때는 철회되도록 해야 한다. 동시성을 높여 시스템 성능을 향상하려면 격리성 수준을 낮춰야 하는데, 이렇게 되면, 데이터 일관성 손상 정도가 높아질 수 있다. 반대로 데이터 일관성 손상을 적게 하려면 격리성 수준을 높여야 하는데, 이때는 동시성 정도가 낮아져서 시스템 성능이 저하된다.

응용 프로그램의 설계자는 시스템 성능을 향상하기 위해 트랜잭션이 낮은 격리성 수준에서 실행되도록 결정할 수 있다. 성능 향상을 위해 데이터베이스 일관성 손상의 가능성을 열어두는 것이 근시안적일 수 있지만, 발생 가능한 불일치가 응용 프로그램과 관련 없는 것이 확실하다면 이 절충안은 그 자체로 의미가 있다.

격리성 수준을 구현하는 데에는 여러 가지 방법들이 존재한다. 구현 방법이 직렬가능성을 보장하는 한 데이터베이스 응용 프로그램 설계자와 사용자는 성능 문제를 다루는 것을 제외하고는 그 구현 방법에 대한 자세한 것은 알 필요가 없다. 하지만, 어떤 데이터베이스 시스템에서는 격리성 수준을 SERIALIZABLE으로 설정하더라도 비직렬가능한 실행이 있을 수 있는 더 약한 수준의 격리성 수준을 구현하기도 한다. 그러므로, 이처럼 더 약한 격리성 수준이 명시적이든 묵시적이든 사용된다면, 데이터베이스 응용 프로그램 설계자는 사용하려는 데이터베이스 시스템의 격리성 수준에 대해 이와 같은 중요한 구현 특성들을 파악해서 데이터 불일치 가능성을 막거나 최소화할 필요가 있다.

INDEX

D

E

F

G

H

I

J

K

L

M

N

O

P

Q

R

S

T

ㄴ

ㄷ

ㄹ

ㅁ

ㅂ

ㅈ

ㅊ

ㅋ

ㅌ

ㅍ

ㅎ

저자소개

김창화

[학력]

1987.03 ~ 1990.02 고려대학교 일반대학원(전산학전공) 박사

1985.03 ~ 1987.02 고려대학교 일반대학원(전산학전공) 석사

1980.03 ~ 1985.02 고려대학교 수학교육과 학사

[경력]

1989.03 ~ 2024.07 현재 국립강릉원주대학교 컴퓨터공학과 교수

2002.09 ~ 2004.2 Texas A&M University 객원교수

1994.09 ~ 1995.08 Toronto University Post-Doc.겸 객원교수(EIL: Enterprise Integration Lab.)

2014.03 ~ 2024.07 현재 한국정보통신기술협회 특수통신프로젝트그룹(PG903) 의장

2016.03 ~ 2024.07 현재 국립전파연구원 JTC1 SC41(사물인터넷 및 디지털 트윈) 전문위원회 전문위원

2016 ~ 2024 현재 국제표준 ISO/IEC JTC1 SC41(IoT and Digital Twin) 국가대표단

[주요저서]

- 데이터베이스 시스템(편역), 김창화 외 6인, 미래컴, 2004
- 소프트웨어 공학(공저), 김창화 외 1인(공저), 한국방송통신대학교출판부, 1993

실세계 시스템 기반의 데이터베이스 설계

1판 1쇄 인쇄 2024년 11월 04일
1판 1쇄 발행 2024년 11월 08일
저 자 김창화
발 행 인 이범만
발 행 처 **21세기사** (제406-2004-00015호)
경기도 파주시 산남로 72-16 (10882)
Tel. 031-942-7861 Fax. 031-942-7864
E-mail : 21cbook@naver.com
Home-page : www.21cbook.co.kr
ISBN 979-11-6833-166-2

정가 32,000원